Werner Goedecke · Wörterbuch der Werkstoffprüfung

Wörterbuch der Werkstoffprüfung
Dictionary of Materials Testing
Dictionnaire du Contrôle des Matériaux

Werner Goedecke

Die Deutsche Bibliothek – CIP-Einheitsaufnahme

Goedecke, Werner:
Wörterbuch der Werkstoffprüfung : deutsch, englisch, französisch = Dictionary of material testing / Werner Goedecke. – Düsseldorf : VDI-Verl., 1992
   ISBN 3-18-401159-3
NE: HST

© VDI-Verlag GmbH, Düsseldorf 1992

Alle Rechte, auch das des auszugweisen Nachdruckes, der auszugweisen oder vollständigen photomechanischen Wiedergabe (Photokopie, Mikrokopie) und das der Übersetzung, vorbehalten.

Printed in Germany

ISBN 3-18-401159-3

Vorwort

Mit dem vorliegenden dreisprachigen Wörterbuch wird versucht, eine Lücke zu schließen, die der Verfasser nach zahlreichen Gesprächen mit Fachleuten und anderen Beschäftigten auf dem Gebiet des Werkstoffprüfwesens festgestellt hat. Techniker und Ingenieure in Forschungs- und Entwicklungsinstituten, in Materialprüfungsanstalten und in Arbeitsbereichen der Qualitätskontrolle von Industriebetrieben müssen sich in zunehmendem Maße mit dem umfangreichen ausländischen Schrifttum dieses die gesamte Technik berührenden Sondergebietes auseinandersetzen.

Bei der Vorbereitung eigener Veröffentlichungen oder Vorträge in einer Fremdsprache ist der genannte Personenkreis im allgemeinen gezwungen, eine Mehrzahl technischer Wörterbücher zu Rate zu ziehen, in denen die Werkstoffprüfung, wenn überhaupt, nur als Randgebiet behandelt wird; das gleiche gilt für Übersetzer und Korrespondenten auf diesem technischen Querschnittsgebiet. Der Verfasser empfand diesen Mangel spürbar selbst während einer vorübergehenden Tätigkeit für einen Dokumentationsdienst der Bundesanstalt für Materialprüfung.

Die unterbreitete Sammlung von Benennungen auf den Gebieten der zerstörungsfreien und zerstörenden Werkstoffprüfung enthält in deutscher, englischer und französischer Sprache jeweils etwa 12 000 Aufzeichnungen. Sie wird in der Hoffnung angeboten, einem großen Personenkreis eine wirkungsvolle Arbeitshilfe zu vermitteln. Der Verfasser wird jedem Benutzer des dreisprachigen Wörterbuchs dankbar sein, der mit aufbauender Kritik auf Lücken, Unzulänglichkeiten und Fehler des vorliegenden Spezialwörterbuches aufmerksam macht, die sich trotz aller Mühe niemals vermeiden lassen.

Besonderer Dank gebührt dem VDI-Verlag für die gefällige Ausstattung des Gesamtwerkes.

Lindau/Bodensee, Sommer 1992   *Werner Goedecke*

Preface

This trilingual dictionary aims to close a literary gap in the field of material testing which the author could ascertain when collaborating with experts and other employees engaged in this technical field. Engineers and technicians with research and development institutes, with institutions of material testing, with quality control departments of industrial works have to cope with more and more of the voluminous foreign literature in this special field relating to the whole technique.

While preparing ones own publications or reports in a foreign language mentioned persons are generally forced to consult several technical dictionaries, where material testing is only a part of the subjects; the same applies to translators and correspondents in this extensive technical field. The author himself experienced the described deficiencies during his temporary activity for a documentation service of the Bundesanstalt für Materialprüfung.

The submitted compilation of terms in the field of destructive and non-destructive testing of material contains about 12,000 terms in German, English and French, respectively. It is offered in the hope that it will give an effective working aid for many persons. The author will be grateful for any information in regards to deficiencies in the dictionary which cannot be avoided despite most careful work.

The author thanks the VDI-Verlag for the pleasing presentation of the work.

Werner Goedecke

Préface

Ce dictionnaire trilingue vise à supprimer, dans le domaine du contrôle des matériaux, une lacune que l'auteur pouvait constater lors de sa collaboration avec des experts et d'autres personnes s'occupant de ce domaine spécial technique. Les ingénieurs et les techniciens des instituts de recherche et de développement, des institutions du contrôle des matériaux ainsi que du domaine du contrôle de qualité d'entreprises industrielles sont obligés, de plus en plus, d'étudier la littérature étrangère étendue de cette spécialité intéressant la technique entière.

Les personnes mentionnées ci-dessus préparant leurs publications ou conférences dans une langue étrangère sont généralement contraints de consulter plusieurs dictionnaires techniques dans lesquelles, malheureusement, le contrôle des matériaux ne joue qu'un rôle secondaire; les mêmes conditions existent d'ailleurs pour les traducteurs et les correspondants dans ce vaste domaine technique. L'auteur, lui-même, pouvait se rendre compte des insuffisances décrites pendant son activité passagère pour un service de documentation de la Bundesanstalt für Materialprüfung.

La compilation présentée de termes dans le domaine du contrôle destructif et non destructif comporte à peu près 12.000 termes en chaque langue (allemande, anglaise et française). Elle est offerte dans l'espoir qu'elle fournira un instrument de travail efficace à beaucoup de personnes intéressées. L'auteur serait reconnaissant aux utilisateurs pour des indications critiques relatives à des lacunes et des fautes de ce dictionnaire spécial inévitables malgré le plus grand soin.

Je remercie le VDI-Verlag pour ses efforts en éditant ce dictionnaire.

Werner Goedecke

Anmerkungen für den Benutzer des Wörterbuchs

Auf besonderen Wunsch des Verlages und mit Rücksichtnahme auf ausländische Benutzer dieses Wörterbuchs wurde bei den aus dem Griechischen abgeleiteten Wörtern die Schreibweise mit ph statt mit f gewählt. Die Vorsilben *Foto-*, *Fono-* und die Endsilben *-graf*, *-grafie*, *-fon*, *-fonie* sind daher in der Sammlung mit ph geschrieben und müssen ggf. unter ph aufgesucht werden.

Wörter mit mehrfacher Bedeutung sind durch stichwortartige Zusätze in Klammern [ ] definiert.

Notes for the user of the dictionary

By special request of the editor and with respect to foreign users of this dictionary German words relating from Greek with the prefixes *Foto-*, *Fono-* as well as the suffixes *-graf*, *-grafie*, *-fon*, *-fonie* are written with ph; corresponding words therefore have to be looked up under ph.

Terms of manyfold meanings are defined by short entries between brackets [ ].

Notes pour l'utilisateur du dictionnaire

À la demande de l'éditeur et en considération d'utilisateurs étrangers de ce dictionnaire las mots allemands dérivés du grec ont été écrits avec ph au lieu de f. Les préfixes *Foto-*, *Fono-* et les syllables finales *-graf*, *-grafie*, *-fon*, *-fonie* ont été par conséquent reproduits dans ce dictionnaire par ph et le cas échéant doivent être consultés sous ph.

Des termes ambigus sont définis par des interprétations courtes entre crochets [ ].

Inhalt – Contents – Sommaire

Deutsch 1
English 545
Français 625

Deutsch

A

1 abändern v
e vary, change, modify, correct, alter
f varier, changer, modifier, corriger

2 Abänderung f
e variation, change, modification
f variation f, changement m, modification f

3 Abbau m [chemisch]
e decomposition
f décomposition f

4 Abbau m [Energiefeld]
e decay, collapse, reduction
f réduction f, décomposition f

5 abbauen v [Energiefeld]
e decay
f décomposer

6 abbilden v [darstellen]
e represent, figure, graph
f représenter, figurer

7 abbilden v [illustrieren]
e illustrate
f illustrer

8 abbilden v [kopieren]
e copy, reproduce
f copier, reproduire

9 abbilden v [projizieren]
e project
f projeter

10 abbilden v [sichtbar machen]
e visualize, indicate, show
f visualiser, indiquer, montrer

11 Abbildung f [Abbild]
e image
f image f

12 Abbildung f [Darstellung]
e figure, representation
f figure f, représentation f

13 Abbildung f [Illustration]
e illustration
f illustration f

14 Abbildung f [Kopie]
e copy, reproduction
f copie f, reproduction f

15 Abbildung f [Projektion]
e projection, mapping
f projection f

16 Abbildung f, radiometrische
e radiometric image
f image f radiométrique

17 Abbildungsfehler m
e image defect
f défaut m d'image f

18 Abbildungsgüte f
e image quality
f qualité f d'image f

19 Abbildungsverfahren n
e imaging technique
f méthode f de représentation f d'images f/pl

20 abblättern v
e peel (~ off)
f exfolier

21 Abblätterung f
e peeling-off, peeling, lifting
f exfoliation f, écaillage m, écaillement m

22 abblenden v [Kamera]
e diaphragm
f diaphragmer

23 abblenden v [Licht]
 e dim, attenuate, screen off, dip the lights pl
 f tamiser [la lumière], atténuer, se mettre en code m

24 abblocken v [gegen]
 e block [against]
 f bloquer [par rapport m à ...]

25 Abbrand m
 e burning off, burning up, consumption
 f consommation f, usure f, brûlure f

26 abbrechen v [lösen]
 e break off
 f rompre, détacher

27 abbrechen v [unterbrechen]
 e interrupt
 f interrompre

28 Abbrennen n
 e burning off, burning up, consumption
 f consommation f, usure f, brûlure f

29 Abbrennschweißen n
 e welding by sparks pl
 f soudage m par étincelles f/pl

30 Abbrennstumpfschweißen n
 e flash butt welding
 f soudage m bout à bout par étincelles f/pl

31 Abdeckblech n
 e cover sheet
 f tôle f de recouvrement m, tôle f de protection f

32 abdecken v [bedecken]
 e cover, mask
 f couvrir, revêtir, masquer

33 abdecken v [freilegen]
 e uncover
 f découvrir

34 Abdeckplatte f
 e cover plate
 f plaque f de recouvrement m

35 Abdeckscheibe f
 e protective cap
 f calotte f protectrice

36 Abdeckung f [Blende]
 e mask, masking
 f masque m, masquage m

37 Abdeckung f [Deckel]
 e cover, covering, cap, lid
 f couvercle m, recouvrement m, capot m, chapeau m

38 abdichten v
 e seal, pack, tighten, cement
 f étancher, boucher, calfater, serrer, étouper, cimenter

39 Abdichtung f
 e seal, sealing, packing
 f garniture f étanche, calfatage m, étoupage m, joint m

40 Abdruck m [Materialfehler]
 e indentation
 f empreinte f

41 Abdrucktechnik f
 e replica technique
 f technique f réplique

42 Abdrückversuch m
 e interior pressure test
 f épreuve f de pression f intérieure

43 Aberration f
 e aberration
 f aberration f

44 Aberration f, chromatische
 e chromatic aberration
 f aberration f chromatique

45 aberregen v
 e de-energize
 f désexciter, désamorcer

46 Aberregung f
 e de-energization
 f désexcitation f, désamorçage m

47 Abfall m [Abschnitt]
 e cuttings pl, slice, clipping
 f coupon m, morceau m détaché

48 Abfall m [Absinken]
 e drop, fall, loss, decrease, diminishing, diminution, decay
 f chute f, diminution f, décroissance f

49 Abfall m [Müll]
 e waste, scrap
 f déchets m/pl

50 Abfall m [Neigung]
 e slope, descent, fall, declination, declivity
 f pente f, déclivité f

51 Abfall m, atomarer
 e atomic waste
 f déchets m/pl atomiques

52 Abfall m, radioaktiver
 e radioactive waste
 f déchets m/pl radioactifs

53 abfallen v [abnehmen]
 e decrease, reduce, diminish
 f décroître, réduire, diminuer

54 abfallen v [herunterfallen]
 e drop, fall
 f tomber, baisser

55 abfallen v [Spannung]
 e decrease, drop, fall off
 f décroître, baisser

56 abfallend adj (geneigt ~)
 e inclined
 f incliné

57 abfallend adj, stark
 e rapidly declining
 f à chute f rapide

58 Abfallzeit f [Impuls]
 e decay time, fall time
 f temps m de descente f, temps m de décroissance f, temps m de relâchement m

59 Abfallzeit f [Relais]
 e releasing time, drop-out time
 f temps m de décollage m

60 abfangen v [abstützen]
 e stay, understay, timber
 f étançonner

61 abfangen v [Teilchen]
 e capture, intercept, collect
 f collectionner, capturer

62 abfassen v [Bericht]
 e issue
 f éditer

63 Abfassung f [Bericht]
 e issue, version
 f édition f, version f

64 abflachen v
 e flatten, smooth down
 f aplatir, aplanir, niveller, égaliser

65 Abflachung f
 e flattening, smoothing
 f aplatissement m, nivellement m, égalisation f

66 abfragen v [Daten]
 e scan, read out
 f lire

67 abfressen v
 e corrode
 f corroder

68 abfühlen v
 e sense, explore, hunt
 f explorer, balayer

69 abführen v
 e conduct, eliminate
 f emmener, transporter

70 Abgabe f, radioaktive
e radioactive effluent
f effluve m radioactif

71 abgeben v
e put out, give off, emit
f livrer, délivrer, émettre

72 abgereichert adj [Radioelement]
e depleted
f appauvri

73 Abgleich m
e tuning, balance, alignment
f accord m, syntonisation f, alignement m, réglage m, ajustage m, équilibrage m

74 abgleichen v
e tune, balance, adjust, equilibrate
f accorder, syntoniser, aligner, balancer, ajuster, équilibrer

75 Abgleichverfahren n
e tuning method, balancing method, adjustment procedure
f méthode f de syntonisation f, méthode f d'alignement m

76 Abgleitgeschwindigkeit f
e strain rate
f vitesse f de déformation f

77 Abgreifer m
e tapper
f curseur m

78 Abgrenzung f
e delimitation
f délimitation f

79 abhängen v ($\sim$ von)
e depend [$\sim$ on, $\sim$ upon]
f dépendre [de]

80 Abhängigkeit f
e dependence, dependency
f dépendance f

81 Abhebeeffekt m
e lift-off effect, lifting effect
f effet m d'enlevage m, effet m de compensation f de distance f

82 abheben v
e lift
f enlever

83 Abheben n [Schicht]
e peeling-off, peeling, lifting
f exfoliation f, écaillage m, écaillement m

84 Abkanten n
e edging, folding
f pliage m

85 abklingen v [Schwingung]
e die, die out, fade out, damp
f amortir, évanouir, décroître, affaiblir

86 Abklingen n
e dying out, damping, decay
f évanouissement m, amortissement m, étouffement m

87 abkühlen v
e cool down, refrigerate
f refroidir, réfrigérer

88 abkühlen v (sich $\sim$)
e cool off
f se refroidir

89 Abkühlung f
e cooling-down, cooling, refrigeration
f refroidissement m, réfrigération f

90 Abkühlungsgeschwindigkeit f
e cooling rate
f vitesse f de refroidissement m

91 Abkühlungskurve f
e cooling curve
f courbe f de refroidissement m

92 Ablagerung f
e deposit, deposition, precipitate
f dépôt m, précipitation f, sédimentation f

93 Ablauf m [Abfluß]
  e drain, discharge
  f écoulement m

94 Ablauf m [Band]
  e paying-off, winding-off, unwinding, uncoiling
  f déroulement m, glissement m

95 Ablauf m [Entwicklung]
  e evolution
  f évolution f

96 Ablauf m [Patent]
  e expiration
  f expiration f

97 Ablauf m [Vorgang]
  e operation, operating, process, flow
  f opération f, procédé m

98 Ablaufdiagramm n
  e flow diagram, flow chart, sequence chart
  f organigramme m, ordinogramme m

99 ablaufen v [abfließen]
  e drain, discharge
  f s'écouler

100 ablaufen v [Band]
  e pay off, uncoil, wind off
  f dévider, dérouler, glisser

101 ablaufen v [enden]
  e expire, finish
  f expirer, finir

102 ablaufen v [Programm]
  e take place, run down
  f s'écouler

103 ableiten v [abführen]
  e conduct, carry off, eliminate
  f transporter, emmener

104 ableiten v [abzweigen]
  e branch, shunt, derive, divert, turn off
  f brancher, shunter, dériver, se bifurquer

105 ableiten v [allgemein]
  e deduce
  f déduire

106 ableiten v [differenzieren]
  e derive, differentiate
  f dériver, différencier

107 Ableitung f [Abzweigung]
  e branch, branching, branching-off, shunt, tapping, ramification, eduction
  f branchement m, dérivation f, bifurcation f, ramification f, éduction f

108 Ableitung f [Herleitung]
  e derivation
  f dérivation f

109 Ableitung f [Leitungsherabführung]
  e download
  f descente f

110 Ableitung f [mathematisch]
  e derivative
  f dérivée f

111 ablenken v
  e deflect, divert
  f dévier, défléchir

112 Ablenkkraft f
  e deflecting force
  f force f de déviation f

113 Ablenkung f
  e deflection, deviation
  f déviation f, déflexion f, balayage m

114 Ablenkung f, horizontale
  e horizontal deflection/deflexion, horizontal sweep
  f déviation f horizontale, balayage m horizontal

115 Ablenkung f, vertikale
  e vertical deflection/deflexion, vertical sweep
  f déviation f verticale, balayage m vertical

116 ablesbar adj
e readable
f lisible, ... à lire

117 Ablesefehler m
e reading error
f erreur f de lecture f

118 Ablesegenauigkeit f
e reading accuracy
f précision f de lecture f

119 ablesen v
e read
f lire

120 Ablesevorrichtung f
e reading device
f dispositif m de lecture f

121 Ablesung f
e reading, observation
f lecture f, observation f

122 Ablesung f, digitale
e digital reading
f lecture f numérique

123 Ablesung f, direkte
e direct reading
f lecture f directe

124 Ablösemittel n
e solvent, solvent remover
f dissolvant m, moyen m dissolvant

125 ablösen v [chemisch]
e dissolve
f dissoudre

126 ablösen v [entfernen]
e detach, loosen, unbind, separate
f détacher, séparer

127 Ablösung f [Entfernen]
e detachment, separation
f détachement m, séparation f

128 Ablösung f [Schicht]
e peeling-off, peeling, lifting
f exfoliation f, écaillage m, écaillement m

129 Abmaß n
e allowance, deviation, off-size
f déviation f

130 Abmaß n, oberes
e over-allowance, allowance above nominal size
f déviation f supérieure

131 Abmaß n, unteres
e under-allowance, allowance below nominal size
f déviation f inférieure

132 Abmaß n, zulässiges
e allowance
f déviation f permissible

133 abmessen v
e measure
f mesurer

134 Abmessung f
e dimension
f dimension f

135 abmindern v
e reduce
f réduire

136 Abminderung f
e reduction
f réduction f

137 Abnahme f [Abgriff]
e tap, tapping
f prise f

138 Abnahme f [Entfernen]
e demounting
f démontage m, enlèvement m

139 Abnahme f [Übernahme]
e acceptance
f réception f

140 Abnahme f [Verringerung]
 e decrease, reduction, diminution, diminishing, drop, fall, loss, decay, decrement
 f chute f, diminution f, réduction f, baisse f, décroissance f, décroissement m, décrément m

141 Abnahmeprüfung f
 e acceptance test, preservice examination, preservice inspection
 f essai m de réception f, essai m d'homologation f

142 abnehmen v [abheben]
 e lift, unhook
 f enlever, décrocher

143 abnehmen v [abzapfen]
 e tap
 f prendre

144 abnehmen v [Geschwindigkeit]
 e decelerate
 f ralentir

145 abnehmen v [übernehmen]
 e accept
 f recevoir

146 abnehmen v [verringern]
 e decrease, reduce, diminish, depress
 f décroître, réduire, diminuer, baisser

147 abnorm, abnormal adj
 e abnormal, anomalous, irregular
 f anormal, anomal, irrégulier

148 Abnormität f
 e abnormity, anomaly, irregularity
 f anomalie f, irrégularité f

149 abnutzen v
 e wear, use
 f user

150 abnutzen v (sich ~)
 e wear off [away, down, out]
 f s'user

151 abplatten v
 e flatten, smooth
 f aplatir, aplanir, planer, niveller, égaliser

152 Abplattung f
 e flattening, smoothing
 f aplatissement m, égalisation f

153 abplatzen v
 e flake
 f s'écailler

154 Abplatzen n [Schicht]
 e peeling-off, peeling, lifting, flaking
 f exfoliation f, écaillage m, écaillement m

155 abprallen v
 e rebound
 f rebondir

156 abregen v
 e de-energize, de-excitate
 f désexciter

157 Abregung f
 e de-energizing, de-excitation
 f désexcitation f

158 abreiben v
 e abrade, rub, scrub
 f abraser, frotter, émoudre

159 Abreibungsprüfung f
 e abrasion test
 f essai m de frottement m

160 abreichern v
 e deplete, exhaust
 f appauvrir, épuiser

161 Abreicherung f
 e depletion
 f appauvrissement m

162 Abrieb m
 e abrasion, attrition
 f abrasion f

163 **abriebfest** adj
 e resistant to abrasion
 f résistant à l'abrasion f

164 **abriegeln** v
 e block
 f bloquer

165 **Abrollversuch** m
 e button test
 f essai m par roulement m

166 **abrunden** v [rund machen]
 e round
 f arrondir

167 **abrunden** v [Zahl]
 e round off
 f arrondir en bas

168 **abrupt** adj
 e abrupt, sudden, acute
 f abrupt, aigu, brusque, à court terme m

169 **Absatz** m [Kante]
 e edge
 f bord m, arête f

170 **Absatz** m [Niederschlag]
 e deposit, deposition, sediment
 f dépôt m, sédiment m

171 **Absatz** m [Verkauf]
 e sale, market, marketing
 f débit m, vente f

172 **abschalten** v
 e disconnect, cut off, switch off, interrupt
 f interrompre, déconnecter, couper

173 **Abschalten** n
 e disconnection, stop, cutting off, switching off, interruption
 f déconnexion f, coupure f, interruption f, mise f hors circuit m, arrêt m

174 **Abschaltung** f
 → Abschalten n

175 **Abschattierung** f
 e degradation, energy loss
 f dégradation f, perte f d'énergie f

176 **abschätzen** v
 e estimate, tax, evaluate
 f estimer, taxer, évaluer

177 **abscheren** v
 e shear, cut off
 f couper, cisailler

178 **Abscheren** n
 e shearing
 f cisaillement m

179 **Abschirmblech** n
 e baffle shield
 f plaque f de protection f

180 **Abschirmelement** n
 e shielding unit
 f élément m de protection f

181 **abschirmen** v
 e shield, screen, protect
 f blinder, protéger

182 **Abschirmfaktor** m
 e screening factor, shield factor
 f facteur m de blindage m

183 **Abschirmung** f
 e shield, shielding, screen, screening
 f blindage m, écran m, écrannage m

184 **abschleifen** v
 e grind off, abrade, rub off, scrub, smooth
 f abraser, user en frottant, roder, émoudre

185 **abschließen** v [beenden]
 e finish, terminate, end
 f finir, terminer

186 abschließen v [zuschließen]
  e shut, close, seal
  f fermer, serrer

187 Abschluß m [Ende]
  e end, termination
  f fin f, terminaison f

188 Abschluß m [Verschluß]
  e cover, covering, closure, closing
  f clôture f, fermeture f

189 Abschluß m, luftdichter
  e airtight closing
  f clôture f hermétique

190 Abschlußdeckel m
  e cover, covering, cover plate, cap, lid
  f recouvrement m, capot m, couvercle m, chapeau m

191 Abschlußkante f
  e border, rim
  f bordure f

192 Abschlußkappe f
  e cover plate, cover cap, cap end
  f capot m, couvercle m, chapeau m, bouchon m

193 Abschlußschweißung f
  e closure weld
  f soudure f fermante

194 abschneiden v
  e clip, cut off, shear
  f couper, cisailler, trancher

195 Abschnitt m [Abfall]
  e cuttings pl, clipping, slice
  f coupon m, morceau m détaché

196 Abschnitt m [Einteilung]
  e division, section, department
  f division f, section f, département m

197 Abschnitt m [Segment]
  e segment
  f segment m

198 Abschnitt m [Zeitabschnitt]
  e period
  f période f

199 abschrägen v
  e slope, bevel, chamfer
  f chanfreiner

200 Abschrägung f
  e bevelling, chamfer
  f chanfrein m

201 abschrecken v [Metall]
  e quench, chill
  f tremper, refroidir brusquement

202 Abschrecken n
  e quenching
  f trempe f

203 abschwächen v
  e weaken, reduce, diminish, attenuate, soften
  f affaiblir, réduire, atténuer, diminuer

204 Abschwächung f
  e attenuation, damping, reducing, fading
  f atténuation f, affaiblissement m, amortissement m, réduction f

205 Abschwächungsfaktor m
  e attenuation coefficient, attenuation factor, attenuation constant, degree of attenuation
  f facteur m d'atténuation f, coefficient m d'atténuation f, degré m d'atténuation f

206 Abschwächungsfunktion f
  e attenuation function
  f fonction f d'atténuation f

207 Abschwächungsglied n
  e attenuating element, reducing element
  f élément m d'affaiblissement m, élément m de réduction f

208 Abschwächungsgrad m
 e attenuation coefficient, degree of attenuation
 f degré m d'atténuation f, coefficient m d'atténuation f

209 Abschwächungskoeffizient m
 e attenuation coefficient
 f coefficient m d'atténuation f

210 Abschwächungskonstante f
 e attenuation constant
 f constante f d'atténuation f

211 absenken v
 e dip, sink
 f abaisser, plonger, tremper

212 absetzen v [niedersetzen]
 e put down, set down
 f déposer, placer

213 absetzen v [sich niederschlagen]
 e deposit
 f sédimenter

214 absinken v [absetzen]
 e deposit
 f sédimenter

215 absinken v [tiefergehen]
 e drop, sink, sag
 f s'abaisser, tomber, descendre

216 absinken v [verringern]
 e decrease, reduce, diminish, depress
 f décroître, réduire, diminuer, baisser

217 Absinken n
 e decrease, reduction, diminishing, diminution, drop, fall, loss, decay, decrement
 f décroissance f, chute f, diminution f, décroissement m, baisse f, réduction f, décrément m

218 Absolutmessung f
 e absolute measurement
 f mesure f absolue

219 Absolutwert m
 e absolute value
 f valeur f absolue

220 Absorbens n
 e absorbent, absorbing agent
 f absorbant m

221 Absorber m
 e absorber
 f absorbeur m

222 Absorbierbarkeit f
 e absorbability, absorptive power, absorption capacity, absorptivity
 f absorbabilité f, pouvoir m d'absorption f, pouvoir m absorbant

223 absorbieren v
 e absorb, attenuate
 f absorber, atténuer

224 Absorption f
 e absorption
 f absorption f

225 Absorptionseffekt m
 e absorption effect
 f effet m d'absorption f

226 Absorptionsfähigkeit f
 e absorbability, absorptivity, absorption power
 f absorbabilité f, pouvoir m d'absorption f, pouvoir m absorbant

227 Absorptionsfläche f
 e absorption surface
 f surface f d'absorption f

228 Absorptionsgrad m
 e degree of absorption
 f degré m d'absorption f

229 Absorptionsindex m
 e absorption index
 f indice m d'absorption f

230 Absorptionskoeffizient m
  e absorption coefficient, absorptance
  f coefficient m d'absorption f

231 Absorptionskurve f
  e absorption curve
  f courbe f d'absorption f

232 Absorptionslinie f
  e absorption line
  f ligne f d'absorption f

233 Absorptionsmethode f
  e absorption method
  f méthode f d'absorption f

234 Absorptionsmittel n
  e absorbing agent, absorbent
  f absorbant m

235 Absorptionsquerschnitt m
  e absorption cross section
  f section f efficace d'absorption f

236 Absorptionsspektrum m
  e absorption spectrum
  f spectre m d'absorption f

237 Absorptionsverfahren n
  e absorption method
  f méthode f d'absorption f

238 Absorptionsverlust m
  e absorption loss
  f perte f par absorption f

239 Absorptionsvermögen n
  e absorbability, absorbing power, absorptive power, absorption capacity
  f absorbabilité f, pouvoir m absorbant, pouvoir m d'absorption f

240 Absorptionsversuch m
  e absorption test
  f essai m d'absorption f

241 Absorptionswirkung f
  e absorption effect
  f effet m d'absorption f

242 abspalten v
  e split off
  f fissurer, fendre

243 Abspalten n
  e splitting off, chipping
  f fissuration f, détachement m, subdivision f, division f

244 Abspanngelenk n [Freileitung]
  e strain hinge
  f articulation f de haubanage m

245 absperren v
  e block, stop
  f bloquer, stopper, arrêter

246 Absperrschieber m
  e slide valve, gate stop valve [USA]
  f vanne f d'arrêt m, robinet-vanne m

247 abspulen v
  e reel off, wind off, unspool
  f débobiner, dérouler

248 Abstand m
  e distance, spacing, clearance, interval
  f distance f, écart m, écartement m, intervalle m

249 Abstand m, regelmäßiger
  e regular interval
  f intervalle m régulier

250 Abstandseffekt m
  e lifting effect, lift-off effect
  f effet m d'enlevage m, effet m de compensation f de distance f

251 abstandsgleich adj
  e equidistant
  f équidistant

252 Abstandsmesser m
  e distance meter, telemeter
  f télémètre m

253 abstimmen v
  e tune, adjust, syntonize
  f accorder, régler, ajuster, syntoniser

254 Abstimmen n
 e tuning, accordance, syntonization
 f accord m, réglage m, syntonisation f

255 Abstimmung f
 → Abstimmen n

256 Abstimmung f, scharfe
 e sharp tuning
 f syntonisation f aiguë

257 Abstimmung f, ungenaue
 e mistuning, imperfect tuning
 f accord m imparfait

258 Abstimmung f, unscharfe
 e flat tuning
 f syntonisation f lâche

259 abstoßen v
 e repel, repulse
 f repousser

260 Abstoßen n
 e repulsion
 f répulsion f

261 Abstoßung f
 → Abstoßen n

262 abstrahlen v
 e radiate
 f rayonner

263 Abstrahlung f
 e radiation, emission
 f rayonnement m, émission f

264 Abstrahlungsenergie f
 e energy of emission
 f énergie f d'émission f

265 Abstrahlungswinkel m
 e angle of radiation, angle of emission, angle of departure
 f angle m de rayonnement m, angle m d'émission f, angle m de projection f

266 abstufen v
 e grade, graduate, step, divide
 f graduer, échelonner, diviser

267 Abstufung f
 e gradation
 f gradation f

268 abstützen v
 e stay, understay, timber
 f étançonner

269 Abszisse f
 e abscissa [-ae] pl
 f abscisse f

270 Abtastblende f
 e scanning diaphragm
 f diaphragme m d'exploration f

271 Abtastdauer f
 e scanning time
 f temps m d'exploration f

272 abtasten v
 e scan, explore, sense, read, sweep
 f explorer, balayer, palper, lire

273 Abtastfleck m
 e scanning spot
 f tache f exploratrice

274 Abtastgeschwindigkeit f
 e scanning speed, sweep velocity
 f vitesse f d'exploration f, vitesse f de balayage m

275 Abtast-Holographie f
 e scanning holography, scanned-aperture holography
 f holographie f exploratrice

276 Abtastkopf m
 e scanner
 f palpeur m, tête f chercheuse

277 Abtastmethode f
 e scanning method
 f méthode f d'exploration f

278 Abtastöffnung f
 e exploring aperture
 f ouverture f d'exploration f

279 Abtastspule f
 e scanning coil, surface coil, sensing coil
 f bobine f de palpage m

280 Abtaststrahl m
 e scanning beam
 f faisceau m explorateur

281 Abtastsystem n
 e scanning system
 f système m d'exploration f

282 Abtastung f
 e scanning, scan, exploration
 f exploration f, balayage m, palpage m, sondage m

283 Abtastung f, automatische
 e automatic scanning
 f exploration f automatique

284 Abtastung f, manuelle
 e manual scanning
 f exploration f manuelle, palpage m manuel

285 Abtastung f, mechanische
 e mechanical scanning
 f palpage m mécanique

286 Abtastung f, punktförmige
 e spot-type scanning
 f exploration f par points m/pl

287 Abtastung f, schraubenförmige
 e helicoidal scanning
 f palpage m hélicoïdal

288 Abtastverfahren n
 e scanning method
 f méthode f d'exploration f

289 Abtastvorrichtung f
 e scanning device, scanner
 f dispositif m d'exploration f, dispositif m de balayage m, dispositif m de palpage m, dispositif m de sondage m

290 Abtastzeit f
 e scanning time
 f temps m d'exploration f

291 abtauen v
 e defrost, de-ice
 f dégivrer

292 Abtauvorrichtung f
 e defroster, de-icer
 f dégivreur m

293 abtrennen v
 e release, cut off, separate
 f couper, déconnecter, séparer

294 Abtrennung f
 e cut-off, separation
 f cut-off m, coupure f, séparation f

295 Abtrennungsarbeit f
 e expulsion energy
 f énergie f d'expulsion f

296 abtropfen v
 e drop, drip, run
 f égoutter, écouler

297 Abtropfen n
 e dropping, dripping, running
 f égouttage m, écoulement m

298 Abtropffahne f [Löten]
 e run
 f drapeau m d'écoulement m

299 Abtropfnase f [Löten]
 e drip
 f bavure f d'égouttage m

300 Abtropfzeit f
 e drip time, drop time
 f temps m d'égouttement m

301 Abwärtsregelung f
 e downward gain control
 f régulation f décroissante

302 **abwechseln** v
 e alternate
 f alterner

303 **Abwechseln** n
 e alternation, alternating
 f alternation f

304 **abwechselnd** adj
 e alternating, alternative
 f alternatif, alterne

305 **Abwechslung** f
 → Abwechseln n

306 **abweichen** v
 e deviate
 f dévier

307 **Abweichung** f
 e deviation, allowance, off-size
 f déviation f

308 **Abweichung** f, zulässige
 e permissible variation, allowable deviation, tolerance
 f marge f, déviation f admissible, différence f admissible, tolérance f

309 **abwickeln** v
 e unwind, uncoil, wind off
 f débobiner, dévider, dérouler

310 **Abwickeln** n
 e unwinding, uncoiling, winding-off
 f débobinage m, déroulement m

311 **Abwicklungsverfahren** n
 e execution method
 f mode m d'exécution f, principe m d'exécution f

312 **abzapfen** v
 e tap
 f prendre, brancher

313 **abzweigen** v
 e branch, derive, divert, tap off, shunt, turn off, bifurcate
 f brancher, dériver, se bifurquer, shunter

314 **Abzweigung** f
 e branch, branching, branching-off, tapping, education, bifurcation, shunt, ramification
 f branchement m, dérivation f, bifurcation f, ramification f, éduction f

315 **Achromasie** f
 e achromaticity, achromatism
 f achromasie f, achromatisme m

316 **achromatisch** adj
 e achromatic
 f achromatique

317 **achromatisieren** v
 e achromatize
 f achromatiser

318 **Achromatismus** m
 e achromatism
 f achromatisme m

319 **Achse** f [Achswelle]
 e shaft, arbor, spindle, axle
 f arbre m, essieu m, pivot m, axe m

320 **Achse** f [Mittellinie]
 e axis, axes pl, center line
 f axe m

321 **Achsenkreuz** n [Mathematik]
 e coordinate system
 f système m de coordonnées f/pl

322 **Achsennähe** f (in ~)
 e paraxial
 f paraxial

323 **Achsenstrahl** m
 e central ray
 f rayon m normal

324 **Achshöhe** f [Fahrzeug]
 e shaft height
 f hauteur f d'axe m

325 Achslager n
 e axle bearing
 f palier m d'essieu m, coussinet m

326 achsnah adj
 e paraxial
 f paraxial

327 Achswelle f
 e axle shaft
 f essieu m d'axe m

328 Adaptation f
 e adaptation, adaption, matching, accommodation
 f adaptation f, accommodation f

329 Adapter m
 e adapter, matcher, matching unit
 f adaptateur m, pièce f d'adaptation f

330 adaptieren v
 e adapt
 f adapter

331 Adaption f
 → Adaptation f

332 Adatom n
 e adatom
 f adatome m

333 addieren v
 e add
 f additionner

334 Addition f
 e addition
 f addition f

335 Addition f, algebraische
 e algebraic addition
 f addition f algébrique

336 Addition f, geometrische
 e geometric addition
 f addition f géométrique

337 Ader f [Kabel]
 e lead, conductor, wire, core
 f fil m, brin m, conducteur m, âme f

338 Adhäsion f
 e adhesion, adherence
 f adhésion f, adhérence f

339 Adhäsionskraft f
 e adhesive power, adhesive force
 f pouvoir m adhésif, force f adhésive

340 Adion n
 e adion
 f adion m

341 Admittanz f
 e admittance
 f admittance f

342 Adsorbat n
 e adsorbate
 f substance f adsorbée

343 Adsorbens n
 e adsorbent
 f adsorbant m, substance f adsorbante

344 Adsorbierbarkeit f
 e adsorption power, adsorbability, adsorption capacity, adsorption affinity
 f adsorbabilité f, pouvoir m d'adsorption f

345 adsorbieren v
 e adsorb
 f adsorber

346 Adsorption f
 e adsorption
 f adsorption f

347 Adsorptionsfähigkeit f
 e adsorption affinity, adsorbability, adsorption power, adsorption capacity
 f adsorbabilité f, pouvoir m d'adsorption f

348 Adsorptionsmittel n
e adsorbent
f adsorbant m, substance f adsorbante

349 Adsorptionsvermögen n
e adsorption power, adsorbability
f pouvoir m d'adsorption f, adsorbabilité f

350 Aeronautik f
e aeronautics pl
f aéronautique f

351 Affinität f
e affinity
f affinité f

352 Agens n
e agent, medium
f agent m, moyen m

353 Agglomerat n
e cluster
f agglomération f

354 Aggregat n
e aggregate, unit, set, block
f agrégat m, groupe m, bloc m

355 Aggregatzustand m
e state of aggregation
f état m d'agrégation f

356 Aggregatzustand m, fester
e solid state
f état m solide

357 Akkommodation f
e accommodation
f accommodation f

358 akkommodieren v
e accommodate
f accommoder

359 Akku m
e accu, accumulator, storage battery
f accu m, accumulateur m

360 Akkumulation f
e accumulation
f accumulation f

361 Akkumulator m
e accumulator, accu
f accumulateur m, accu m

362 akkumulieren v
e accumulate
f accumuler

363 Aktinität f
e actinism
f actinisme m

364 Aktionsradius m
e radius of action, maximum range
f rayon m d'action f

365 Aktivator m
e activator, activating agent
f activateur m, agent m d'activation f

366 aktivieren v
e activate, radioactivate, excite, stimulate
f activer, radioactiver, stimuler, exciter

367 Aktivierung f
e activation, radioactivation, firing
f activation f, radioactivation f, amorçage m

368 Aktivierungsanalyse f
e activation analysis
f analyse f par activation f

369 Aktivierungsenergie f
e activation energy
f énergie f d'activation f

370 Aktivierungskontrolle f [Radiologie]
e activation check
f contrôle m de l'activation f

371 Aktivierungsmittel n
→ Aktivator m

372 Aktivierungssonde f
 e activation probe
 f sonde f d'activation f

373 Aktivität f
 e activity
 f activité f

374 Aktivität f, spezifische
 e specific activity
 f activité f spécifique

375 Aktivitätsmessung f
 e activity measurement
 f mesure f d'activité f

376 Aktivitätspegel m
 e activity level
 f niveau m d'activité f

377 Akustik f
 e acoustics pl
 f acoustique f

378 akustisch adj
 e acoustic(al), sound ...
 f acoustique, sonore

379 akut adj
 e acute, abrupt, sudden
 f abrupt, aigu, à court terme m, brusque

380 Akzelerator m
 e accelerator
 f accélérateur m

381 akzentuieren v
 e accentuate
 f accentuer

382 Akzeptor m
 e acceptor
 f accepteur m

383 Alarm m
 e alarm
 f alarme f

384 Alarmsignal n
 e alarm signal
 f signal m d'alarme f

385 Aldehydharz m
 e aldehyde resin
 f résine f aldéhydrique

386 Algebra f
 e algebra
 f algèbre f

387 algebraisch adj
 e algebraic
 f algébrique

388 Alitierschicht f
 e aluminide coating
 f couche f de calorisation f

389 Alkalimetall n
 e alkaline metal
 f métal m alcalin

390 Alkohol m
 e alcohol
 f alcool m

391 Alkoholgehalt m
 e percentage of alcohol
 f pourcentage m d'alcool m

392 alkoholisch adj
 e alcoholic(al)
 f alcoolique

393 alkohollöslich adj
 e alcohol soluble
 f soluble dans l'alcool m

394 Allstromgerät n
 e ac-dc unit, ac-dc set, all mains device
 f appareil m tous-courants, poste m tous-courants

395 alpha-aktiv adj
 e alpha active
 f actif alpha

396 Alpha-Aktivität f
 e alpha activity, alpha radioactivity
 f activité f alpha, radioactivité f alpha

397 Alpha-Eisen n
 e alpha iron, ferrite
 f fer m alpha, ferrite f

398 Alpha-Kammer f
 e alpha chamber, alpha counter, alpha counter tube
 f chambre f alpha, tube m compteur alpha

399 alpha-radioaktiv adj
 e alpha radioactive
 f radioactif alpha

400 Alpha-Spektrometer n
 e alpha-ray spectrometer
 f spectromètre m alpha

401 Alpha-Strahlen m/pl
 e alpha rays pl
 f rayons m/pl alpha

402 Alpha-Strahler m
 e alpha radiator, alpha emitter, alpha-ray emitter
 f émetteur m alpha

403 Alpha-Strahlung f
 e alpha radiation
 f radiation f alpha, rayonnement m alpha

404 Alpha-Teilchen n
 e alpha particle
 f particule f alpha, alpha f

405 Alpha-Zähler m
 e alpha counter, alphameter
 f compteur m alpha

406 Alpha-Zählrohr n
 e alpha chamber, alpha counter tube
 f chambre f alpha, tube m compteur alpha

407 Alpha-Zerfall m
 e alpha decay, alpha disintegration
 f désintégration f alpha

408 Alteisen n
 e scrap iron
 f débris m/pl de fer m, ferraille f

409 Alter n
 e age
 f âge m

410 altern v
 e age
 f vieillir

411 Altern n
 e ageing, aging
 f vieillissement m, maturation f

412 Altern n, künstliches
 e artificial aging
 f vieillissement m artificiel

413 alternativ adj
 e alternative
 f alternatif

414 Altersbestimmung f
 e age determination, age measurement
 f détermination f de l'âge m

415 Altersbestimmung f, isotopische
 e isotopic dating
 f datation f par isotopes m/pl

416 Altersprüfung f
 e ageing test
 f essai m de vieillissement m

417 Alterung f
 e ageing, aging, seasoning
 f vieillissement m

418 Alterungsbeständigkeit f
 e resistance to aging/ageing
 f résistance f au vieillissement

419 Alterungsriß m
e ageing induced crack
f fissure f par suite f de vieillissement m

420 Alterungsversuch m
e aging/ageing test
f essai/test m de vieillissement m

421 Aluminium n [Al]
e aluminum [USA], aluminium
f aluminium m

422 Aluminiumband n
e aluminum strip
f ruban m d'aluminium m

423 Aluminiumblech n
e aluminum sheet, aluminum plate
f tôle f d'aluminium m

424 Aluminiumfolie f
e aluminum foil
f feuille f d'aluminium m

425 Aluminiumlegierung f
e aluminum alloy
f alliage m d'aluminium m

426 Aluminium-Schweißverbindung f
e aluminum weld
f soudure f d'aluminium m

427 amorph adj
e amorphous
f amorphe

428 Amperemeter n
e ammeter, amperemeter
f ampèremètre m

429 Amperewindung f
e ampere turn
f ampère-tour m

430 Amplitude f
e amplitude
f amplitude f

431 Amplitudenabweichung f
e amplitude swing
f déviation f des amplitudes f/pl

432 Amplitudenerniedrigung f
e amplitude diminution, decrease of amplitude, amplitude drop
f diminution f de l'amplitude f, réduction f de l'amplitude f, chute f d'amplitude f

433 Amplituden-Frequenzgang m
e amplitude-frequency characteristic, frequency response, amplitude response
f caractéristique f amplitude-fréquence, courbe f de réponse f en fonction f de la fréquence, réponse f en amplitude f

434 Amplitudenfunktion f
e amplitude function
f fonction f d'amplitude f

435 Amplitudengang m
e amplitude response, amplitude-frequency response
f réponse f en amplitude f, courbe f de réponse f en fonction f de la fréquence

436 Amplitudenkorrektur f
e amplitude correction
f correction f d'amplitude f

437 Amplitudenspektrum n
e amplitude spectrum
f spectre m d'amplitudes f/pl

438 Amplitudenüberhöhung f
e amplitude overshooting
f surhaussement m de l'amplitude f

439 Amplitudenüberlagerung f
e superposition of amplitudes pl
f superposition f des amplitudes f/pl

440 Amplitudenverringerung f
  e amplitude diminution, amplitude drop, decrease of amplitude
  f diminution f de l'amplitude f, chute f d'amplitude f, réduction f de l'amplitude f

441 Amplitudenverteilung f
  e amplitude distribution
  f distribution f des amplitudes f/pl

442 Analysator m
  e analyzer, analyser
  f analyseur m

443 Analyse f
  e analysis, analyses pl
  f analyse f

444 Analyse f, **thermische**
  e thermal analysis
  f analyse f thermique

445 analysieren v
  e analyse
  f analyser

446 Analysiergerät n
  e analyzer, analyser
  f analyseur m, dispositif m d'analyse f

447 analytisch adj
  e analytic(al)
  f analytique

448 anbringen v
  e attach, fix, mount (~ on), place, install
  f attacher, placer, poser, installer

449 andauernd adj
  e continuous, constant
  f continu, constant

450 ändern v
  e vary, change, modify, alter, correct
  f varier, changer, modifier, corriger

451 Änderung f
  e variation, change, modification, alteration
  f variation f, changement m, modification f, altération f, déviation f

452 Änderung f, **sprunghafte**
  e discontinuity
  f discontinuité f

453 andrücken v
  e press (~ against), press close (~ to)
  f presser (~ contre), serrer

454 anfahren v [starten]
  e start
  f démarrer, partir

455 Anfälligkeit f [für]
  e susceptibility [to], risk
  f susceptibilité f, risque m

456 Anfang m
  e beginning, start, commencement, opening
  f début m, commencement m, départ m, start m, origine f, naissance f, ouverture f

457 anfänglich adj
  e initial
  f initial

458 Anfangs...
  e initial, original, primary, starting ...
  f initial, originaire, original, originel, primaire

459 Anfangsaktivität f
  e initial activity
  f activité f initiale

460 Anfangsamplitude f
  e initial amplitude
  f amplitude f initiale

461 Anfangsanreicherung f
  e initial enrichment, initial concentration
  f enrichissement m initial, concentration f initiale

462 **Anfangsbedingung** f
  e initial condition
  f condition f initiale

463 **Anfangsbelastung** f
  e initial charge
  f charge f initiale

464 **Anfangsdruck** m
  e initial pressure
  f pression f initiale

465 **Anfangsgeschwindigkeit** f
  e initial speed
  f vitesse f initiale

466 **Anfangskonzentration** f
  e initial concentration, initial enrichment
  f concentration f initiale, enrichissement m initial

467 **Anfangskriechen** n
  e initial creeping, primary creep
  f fluage m primaire

468 **Anfangspermeabilität** f
  e initial permeability
  f perméabilité f initiale

469 **Anfangsphase** f
  e initial phase, starting phase
  f phase f initiale

470 **Anfangsquerschnitt** m
  e original cross-section area
  f aire f de la section initiale

471 **Anfangsspannung** f [elektrisch]
  e initial voltage
  f tension f initiale

472 **Anfangsspannung** f [mechanisch]
  e initial tension
  f tension f initiale

473 **Anfangsstellung** f
  e initial position, starting position
  f position f initiale, position f de départ m

474 **Anfangsstrahlung** f
  e initial radiation
  f rayonnement m initial

475 **Anfangsstrom** m
  e initial current
  f courant m initial

476 **Anfangstemperatur** f
  e starting temperature
  f température f initiale

477 **Anfangswert** m
  e initial value
  f valeur f initiale

478 **Anfangszustand** m
  e initial state
  f état m initial

479 **anfertigen** v
  e manufacture, make
  f fabriquer, produire, faire

480 **Anfertigung** f
  e production, manufacture, making
  f fabrication f, production f

481 **anfeuchten** v
  e moisten, wet, humidify, damp
  f mouiller, humidifier, tremper

482 **Anfeuchten** n
  e humidification, moistening, wetting
  f mouillage m, humectation f, humectage m, trempe f, trempage m

483 **anfordern** v
  e require, request
  f demander

484 **Anforderung** f
  e requirement, request
  f demande f, exigence f

485 **anfressen** v [chemisch]
  e corrode, etch
  f corroder, attaquer

486 Anfressung f
 e local corrosion, pickling void
 f corrosion f locale

487 Angaben f/pl
 e data pl, details pl, indication pl, values pl
 f données f/pl, dates f/pl, valeurs f/pl, indications f/pl

488 angetrieben adj (mechanisch ~)
 e mechanically operated, mechanically driven
 f entraîné mécaniquement

489 angleichen v
 e match, adapt, adjust, equate, assimilate, accommodate
 f adapter, égaliser, accommoder, accorder, assimiler, rajuster/réajuster, réajuster/rajuster

490 Angleichen n
 e matching, adaptation, assimilation, accommodation
 f adaptation f, accommodation f, assimilation f, rajustement m

491 angreifen v [anfressen]
 e corrode, etch
 f corroder, attaquer

492 angrenzend adj
 e adjacent, neighbouring
 f voisin

493 Angriffspunkt m
 e working point, point of application, point of attack, point of impact, contact point
 f point m d'application f, point m d'attaque f

494 Anhaften n
 e adhesion, adherence
 f adhésion f, adhérence f

495 anhaftend adj
 e adherent
 f adhérant

496 anhalten v [stoppen]
 e stop
 f arrêter, s'arrêter, mettre au repos

497 Anhalten n
 e stop
 f arrêt m

498 anhaltend adj
 e continuous, sustained, permanent, constant, persevering
 f continu, permanent, constant, assidu

499 Anhang m
 e appendix, supplement, annex
 f appendice m, supplément m, annexe f

500 anhäufen v
 e accumulate, pile
 f accumuler, amasser

501 Anhäufung f [allgemein]
 e accumulation, concentration, pile
 f accumulation f, concentration f, encombrement m, tas m

502 Anhäufung f [Materialfehler]
 e cluster
 f agglomération f

503 anheben v [hochheben]
 e lift, raise
 f enlever, lever, hausser

504 Anheben n [Signal]
 e peaking, accentuation, emphasizing
 f accentuation f

505 Anheizzeit f
 e heating time, heating-up period
 f temps m de chauffage m

506 Anhydrit n
 e anhydrite
 f anhydrite m

507 Anion n
 e anion
 f anion m

508 anisotrop adj
  e anisotropic
  f anisotropique

509 Anisotropie f
  e anisotropy
  f anisotropie f

510 Anker m [Maueranker]
  e stay, brace, anchor, tie, grappling iron
  f grappin m, tirant m, ancre f

511 Anker m [Relais]
  e tongue, armature
  f palette f, armature f

512 Anker m [Rotor]
  e rotor, armature
  f rotor m, induit m, armature f

513 Anker m [Schiff]
  e anchor
  f ancre f

514 Anker m [Verspannung]
  e gay, stay, truss wire, anchor
  f hauban m

515 ankleben v
  e stick, paste, glue, gum (~ to, ~ on)
  f coller, se coller, adhérer [à], cimenter, afficher, attacher

516 Ankleben n
  e adhesion, adherence
  f adhésion f, adhérence f

517 ankoppeln v
  e couple (~ to)
  f accoupler, coupler, attacher

518 Ankopplung f
  e coupling
  f couplage m

519 Ankopplung f, trockene
  e dry coupling
  f couplage m sec

520 Ankopplungskontrolle f
  e coupling check
  f contrôle m de couplage m

521 Ankopplungsmittel n
  e coupling medium
  f moyen m de couplage m

522 ankuppeln v
  e couple (~ to)
  f accoupler, coupler, attacher

523 Ankuppeln n
  e coupling
  f accouplement m

524 Anlage f [Beilage]
  e annex, appendix, enclosure
  f annexe f, appendice m

525 Anlage f [Einrichtung]
  e installation, device, equipment, facility, plant, establishment
  f installation f, équipement m, établissement m, poste m, usine f, appareil m

526 Anlage f [Entwurf]
  e layout, system, plan, arrangement
  f exposé m, disposition f, tracé m, arrangement m

527 Anlage f, automatische
  e automatic system
  f système m automatique

528 Anlage f, kerntechnische
  e nuclear plant, nuclear facility
  f installation f nucléaire, équipement m nucléaire

529 anlagern v
  e capture, adsorb
  f capturer, adsorber

530 Anlagerung f
  e capture, adsorption
  f capture f, adsorption f

531 Anlaßdauer f [Stahl]
  e tempering time
  f durée f de revenu m

532 anlassen v [Maschine]
  e start, set going, crank
  f démarrer, mettre en marche f

533 anlassen v [Stahl]
  e anneal, temper
  f recuire, adoucir, faire revenir

534 Anlassen n [Maschine]
  e starting, start
  f démarrage m

535 Anlassen n [Stahl]
  e tempering
  f revenu m, adoucissement m

536 Anlaßfarbe f
  e temper colour, annealing colour
  f couleur f de revenu m, teinte f d'échauffement m

537 anlaufen v [Maschine]
  e start, set in motion
  f démarrer, se mettre en marche f

538 anlaufen v [Metall]
  e oxidize, tarnish
  f oxyder, se ternir, chancir, roussir

539 Anlaufen n [Maschine]
  e starting, start, setting in motion
  f démarrage m

540 Anlaufen n [Metall]
  e oxidation
  f oxydation f, ternissure f

541 Anlauffarbe f
  e annealing colour, temper colour
  f couleur f de revenu m, teinte f d'échauffement m

542 Anlaufzeit f [Arbeitsprozeß]
  e starting-up period
  f période f de mise f en marche f

543 anlegen v [errichten]
  e install, plant, found
  f établir, fonder, élever, construire, ériger, planter

544 anlegen v [Schiff]
  e land
  f aborder, accoster, toucher, faire escale f, escaler

545 anlegen v [Spannung]
  e apply (∼ to)
  f appliquer [à], injecter [à]

546 anlegen v [stützen]
  e put (∼ against, ∼ to), lay (∼ against, ∼ to)
  f mettre (contre), placer (contre)

547 anleiten v
  e instruct
  f instruire

548 Anleitung f
  e instruction, direction
  f instruction f, directive f

549 anliegend adj
  e adjacent, neighbouring
  f adjacent, voisin

550 anlöten v
  e solder (∼ to)
  f souder [sur], braser [sur]

551 Anmerkung f
  e note, remark
  f note f, remarque f

552 annähernd adj
  e approximate, approximative
  f approché, approximatif

553 Annäherung f
  e approximation, proximity
  f approximation f, proximité f

554 **Annäherung** f, grobe
 e rough approximation
 f approximation f grossière

555 **Annäherungsverfahren** n
 e approximation method
 f méthode f d'approximation f

556 **Annahme** f [Empfang]
 e acceptance, reception, receipt
 f réception f, acceptation f

557 **Annahme** f [Vermutung]
 e supposition, assumption, hypothesis
 f supposition f, hypothèse f

558 **annullieren** v
 e annul, nullify, cancel
 f annuler, rendre nul

559 **Anode** f
 e anode, plate [USA]
 f anode f, plaque f

560 **anodisch** adj
 e anodic
 f anodique

561 **anomal** adj
 e anomalous, abnormal, irregular
 f anomal, anormal, irrégulier

562 **Anomalie** f
 e anomaly, abnormity, irregularity
 f anomalie f, irrégularité f

563 **anordnen** v [aufbauen]
 e arrange, array, place, assemble, mount, provide
 f arranger, grouper, placer, disposer, installer

564 **Anordnung** f [Anweisung]
 e order, directive
 f ordre m, consigne f, disposition f, directive f

565 **Anordnung** f [Aufstellung]
 e arrangement, array, assembly, assemblage, alignment, mounting, layout, device
 f arrangement m, disposition f, groupement m, montage m, installation f

566 **Anordnung** f [Struktur]
 e structure, configuration, scheme, pattern
 f structure f, configuration f, schéma m

567 **anorganisch** adj
 e anorganic, inorganic
 f anorganique, inorganique

568 **anormal** adj
 e anomalous, abnormal, irregular
 f anormal, anomal, irrégulier

569 **anpassen** v
 e match, adapt, accommodate, fit, adjust, equate, assimilate
 f adapter, accommoder, égaliser, accorder, assimiler, rajuster/réajuster, réajuster/rajuster

570 **Anpaßstück** n
 e matching unit, matcher, adapter
 f pièce f d'adaptation f, adaptateur m

571 **Anpassung** f
 e matching, adaptation, assimilation, accommodation
 f adaptation f, accommodation f, assimilation f

572 **Anpassung** f, falsche
 e mismatching
 f fausse adaptation f

573 **anpassungsfähig** adj
 e adaptable, compatible
 f adaptable, compatible

574 **Anpassungsfähigkeit** f
 e adaptability, compatibility
 f adaptabilité f, compatibilité f

575 **Anpassungsglied** n
 e adapter, matcher, matching unit
 f adaptateur m, pièce f d'adaptation f

576 **Anpassungsvermögen** n
 → Anpassungsfähigkeit f

577 **anpressen** v
 e press (~ on)
 f presser [sur]

578 **anrauhen** v
 e roughen
 f rendre rugueux, gratter, granuler, égratigner

579 **anregen** v
 e excite, stimulate, incite, activate, radioactivate
 f exciter, inciter, activer, radioactiver, stimuler

580 **Anregung** f
 e excitation, stimulation, activation, impulse
 f excitation f, stimulation f, impulsion f

581 **Anregungsenergie** f
 e excitation energy, stimulation energy
 f énergie f d'excitation f, énergie f stimulante

582 **Anregungswahrscheinlichkeit** f
 e probability of excitation
 f probabilité f d'excitation f

583 **anreichern** v
 e enrich, pile, accumulate
 f enrichir, accumuler, amasser

584 **Anreicherung** f
 e enrichment, accumulation, concentration, pile
 f enrichissement m, accumulation f, concentration f, encombrement m, tas m

585 **Anriß** m
 e incipient crack, crack
 f amorce f de crique f, fissure f

586 **Anrißkennlinie** f
 e incipient crack characteristic
 f caractéristique f de l'amorce f de crique f

587 **Anrißlastspielzahl** f
 e number of stress cycles until first incipient crack
 f nombre m des cycles m/pl d'effort m jusqu'à l'amorce f de crique f

588 **Ansatz** m [Haken]
 e lug, ear
 f oreille f, anse f, bout m, porte-agrafe m, épaulement m, saillie f

589 **Ansatz** m [Mathematik]
 e set-up, statement, formulation, arrangement of an equation
 f disposition f, énoncé m

590 **Ansatz** m [Niederschlag]
 e deposit
 f dépôt m

591 **Ansatz** m [Verbindungsstück]
 e joining piece
 f pièce f de jonction f, rallonge f, appendice m, raccord m

592 **Ansatzpunkt** m
 e spot
 f point m de départ m, ouverture f

593 **ansaugen** v
 e suck
 f sucer, aspirer

594 **anschalten** v
 e connect
 f connecter

595 **Anschlag** m
 e stop, stopper, catch, shoulder, buffer, pin, dog, latch, detent
 f arrêt m, butée f, ergot m, taquet m, retient m

596 anschließen v
  e connect, join, contact, plug in, annex, link up with
  f raccorder, connecter, assembler, joindre, contacter, lier, brancher, attacher, accoupler, réunir, ajouter

597 anschließend adj
  e subsequent
  f subséquent

598 Anschluß m
  e connection, interconnection, joining, contact, joint
  f connexion f, raccord m, raccordement m, jonction f, branchement m, liaison f, union f, prise f, contact m

599 anschrauben v
  e bolt, screw (∼ on)
  f visser, serrer, boulonner, goujonner, cheviller

600 anschwellen v
  e grow, rush, rise
  f se gonfler, croître, grossir

601 Anschwellen n
  e growing, hump
  f croissance f, gonflement m, grossissement m

602 Ansicht f
  e view
  f vue f

603 Anspannung f
  e strain
  f effort m, charge f

604 Ansprechempfindlichkeit f
  e response sensitivity
  f sensibilité f de réponse f

605 ansprechen v
  e respond, react, operate, actuate
  f répondre [à], réagir, opérer, actionner, fonctionner

606 ansprechend adj, langsam ∼
  e slow-operating ...
  f à action f lente, à action f retardée

607 ansprechend adj, schnell ∼
  e quick-operating ...
  f à action f rapide, à action f instantanée

608 Ansprechgeschwindigkeit f
  e speed of response
  f vitesse f de réponse f

609 Ansprechgrenze f
  e sensitivity level, detection level, detection limit
  f limite f de détection f

610 Ansprechpegel m
  e operating level
  f niveau m minimum d'actionnement m

611 Ansprechschwelle f
  e response threshold
  f seuil m de réponse f

612 ansteigen v
  e rise, mount, ascend, increase
  f monter, s'élever, augmenter, croître

613 Ansteigen n
  e rise, increase, increasing, ascending
  f montée f, élévation f, augmentation f, accroissement m

614 ansteuern v
  e trigger, drive, release, select
  f commander, déclencher, attaquer, sélectionner

615 Ansteuerung f
  e drive, selection
  f commande f, sélection f, attaque f

616 Anstieg m
  e rise, increase, increasing, ascending
  f montée f, élévation f, augmentation f, accroissement m, croissance f

617 Anstiegszeit f
 e rise time, transition time, building-up time
 f temps m de montée f, temps m d'établissement m, temps m de croissance f

618 Anstoß m [Anregung]
 e stimulation, excitation, activation, impulse
 f stimulation f, excitation f, impulsion f

619 Anstoß m [Zusammenstoß]
 e impact, collision, shock
 f impact m, collision f, choc m

620 anstoßen v
 e push, shock, knock
 f pousser, choquer, heurter

621 anstoßend adj [angrenzend]
 e adjacent, neighbouring
 f adjacent, voisin

622 anstrengen v
 e exert, fatigue, strain
 f fatiguer, outrer, s'efforcer

623 Anstrengung f
 e effort, strain, exertion
 f effort m, fatigue f, contention f, charge f, refoulement m

624 Anstrich m
 e paint, coating, coat
 f peinture f, couche f de peinture f

625 Anstrichprüfung f
 e paint coat test
 f essai m de couche f de peinture f

626 Anteil m [Bestandteil]
 e component, constituent, part, element
 f composant m, constituant m, partie f, partie f constituante, ingrédient m, élément m

627 Anteil m [Portion]
 e portion, proportion, quota pars, fraction
 f part f, portion f, contingent m, quote-part f, fraction f

628 Anteil m, imaginärer
 e imaginary component
 f partie f imaginaire

629 Anteil m, reeller
 e real component
 f partie f réelle

630 anteilmäßig adj
 e proportional
 f proportionnel

631 Antenne f
 e antenna [USA], aerial [GB]
 f antenne f, aérien m

632 Antikatode f
 e anticathode, target
 f anticathode f

633 Antikoinzidenz f
 e anticoincidence
 f anticoïncidence f

634 antimagnetisch adj
 e non-magnetic
 f antimagnétique, non magnétique

635 Antiteilchen n
 e antiparticle
 f antiparticule f

636 antreiben v
 e drive, put in motion, run, work
 f entraîner, mettre en marche f, actionner

637 antreibend adj
 e motive
 f moteur, motrice f

638 Antrieb m
 e drive, propulsion, impulsion
 f entraînement m, propulsion f, commande f, impulsion f, actionnement m

639 Antrieb m, elektrischer
 e electric drive
 f entraînement m électrique

640 Antrieb m, turboelektrischer
 e turbo-electric drive
 f propulsion f turboélectrique

641 Antriebsvorrichtung f
 e driving gear, driving machinery
 f dispositif m d'entraînement m,
   arbre m moteur

642 anwachsen v [ansteigen]
 e rise, increase, ascend
 f croître, monter, augmenter, s'élever

643 Anwachsen n
 e increase, increasing, rise, ascending
 f accroissement m, croissance f,
   augmentation f, élévation f,
   montée f

644 anweisen v
 e instruct
 f instruire

645 Anweisung f
 e order, directive, instruction
 f ordre m, consigne f, directive f,
   disposition f, instruction f

646 anwendbar adj
 e applicable, usual, adaptable
 f applicable, utilisable, adaptable

647 Anwendbarkeit f
 e applicability (~ to)
 f applicabilité f [à]

648 anwenden v
 e apply, use, employ
 f appliquer, utiliser, employer

649 Anwender m
 e user
 f utilisateur m

650 Anwendung f
 e use, application, utilization
 f emploi m, application f, utilisation f,
   usage m, mise f en œuvre f

651 Anwendung f, praktische
 e practical application
 f application f pratique

652 Anwendungsbeispiel n
 e applied example
 f exemple m d'application f

653 Anwendungsbereich m
 e field of application, range of
   application, scope
 f domaine m d'application f, champ m
   d'utilisation f

654 Anwendungsgebiet n
 → Anwendungsbereich m

655 Anzeige f
 e indication, reading
 f indication f, lecture f

656 Anzeige f, digitale
 e digital indication
 f indication f numérique

657 Anzeige f, direkte
 e direct reading
 f lecture f directe

658 Anzeige f, unzureichende
 e poor indication
 f indication f médiocre

659 Anzeigebereich m
 e indicating range
 f gamme f d'indication f

660 Anzeigeeinrichtung f
 e indication equipment, indicating
   device, indicator
 f équipement m indicateur,
   indicateur m

661 Anzeigeempfindlichkeit f
 e sensitivity to indication
 f sensibilité f à l'indication f, capacité f
   d'indication f

662 **Anzeigefähigkeit** f
→ Anzeigeempfindlichkeit f

663 **Anzeigefehler** m
 e indication error
 f erreur f d'indication f

664 **Anzeigeinstrument** n
 e indicating instrument
 f instrument m indicateur

665 **anzeigen** v
 e indicate, show, visualize
 f indiquer, montrer, visualiser

666 **anzeigend** adj (direkt ∼)
 e direct reading ...
 f à lecture f directe

667 **Anzeigendeutung** f
 e interpretation
 f interprétation f

668 **Anzeigevorrichtung** f
 e indication equipment, indicating device, indicator
 f équipement m indicateur, indicateur m

669 **anziehen** v [Magnet]
 e attract
 f attirer

670 **anziehen** v [Schraube]
 e tighten, screw in
 f serrer, tendre

671 **Anziehung** f
 e attraction
 f attraction f

672 **Anziehungskraft** f
 e attraction power, attractive force, attraction
 f force f d'attraction f, force f attractive

673 **anzünden** v
 e light, ignite, fire
 f allumer, enflammer, amorcer

674 **aperiodisch** adj
 e aperiodic, highly damped, non-oscillatory
 f apériodique, non-oscillant

675 **Aperiodizität** f
 e aperiodicity
 f apériodicité f

676 **Apertur** f
 e aperture
 f ouverture f

677 **Aperturblende** f
 e aperture diaphragm
 f diaphragme m d'ouverture f

678 **Aperturkorrektur** f
 e aperture correction
 f correction f d'ouverture f

679 **Aperturverzerrung** f
 e aperture distortion
 f distorsion f d'ouverture f

680 **Apparat** m
 e apparatus, device, set, unit, arrangement, instrument, facility
 f appareil m, dispositif m, instrument m, poste m

681 **Apparatur** f
 e apparatus, arrangement, facility
 f appareillage m, arrangement m

682 **Approximation** f
 e approximation
 f approximation f

683 **Äquipotentialfläche** f
 e equipotential surface
 f surface f équipotentielle

684 **Äquipotentiallinie** f
 e equipotential line
 f ligne f équipotentielle

685 **äquivalent** adj
 e equivalent
 f équivalent

686 Äquivalent n
 e equivalent
 f équivalent m

687 Äquivalentdosis f
 e equivalent dose
 f dose f équivalente

688 Äquivalenz f
 e equivalence
 f équivalence f

689 Arbeit f [allgemein]
 e work, operation, labour, labor [USA]
 f travail m, opération f

690 Arbeit f [Aufgabe]
 e task
 f tâche f

691 Arbeit f [Beschäftigung]
 e job, employment, occupation, business
 f besogne f, occupation f, emploi m

692 Arbeit f [Machart]
 e fabrication, make, mark, workmanship
 f fabrication f, façon f, facture f, marque f

693 Arbeit f [Werk]
 e work, product
 f ouvrage m, œuvre m, produit m

694 Arbeit f, indizierte
 e indicated work
 f travail m indiqué

695 Arbeit f, nützliche
 e useful work, effective work
 f travail m utile, travail m effectif

696 Arbeiten n, fehlerhaftes
 e malfunction(ing)
 f défaillance f, panne f, manque m

697 Arbeitsablauf m
 e sequence of operations pl
 f suite f des opérations f/pl, phase f de travail m

698 Arbeitsbedingung f
 e working condition, operating condition
 f condition f de fonctionnement m, condition f de travail m, condition f d'opération f, condition f de service m

699 Arbeitsbereich m
 e working range, working scope, operation region, field of action, field of activity
 f champ m d'action f, champ m d'activité f

700 Arbeitscharakteristik f
 e dynamic characteristic, operating curve
 f caractéristique f dynamique

701 Arbeitseinsparung f
 e work saving, saving in work
 f épargne f en travail m

702 Arbeitsersparnis f
 → Arbeitseinsparung f

703 Arbeitsfeld n
 e field of activity, working range, operation region
 f champ m d'activité f, champ m d'action f

704 Arbeitsfolge f
 e sequence of operations pl
 f suite f des opérations f/pl, phase f de travail m

705 Arbeitsfrequenz f
 e working frequency
 f fréquence f de travail m, fréquence f de service m

706 Arbeitsgang m
 e working phase
 f phase f de travail m, phase f d'opération f

707 Arbeitsgebiet n
  e working range, working scope, field of action, operation region
  f champ m d'activité f, champ m d'action f

708 Arbeitsgeschwindigkeit f
  e working speed
  f vitesse f de travail m, vitesse f de marche f

709 Arbeitskennlinie f
  e dynamic characteristic, operating curve
  f caractéristique f dynamique

710 Arbeitsperiode f
  e working period, working phase, working cycle, operation cycle, action phase
  f période f de travail m, phase f d'opération f, cycle m d'opération f

711 Arbeitsphase f
  → Arbeitsperiode f

712 Arbeitsprinzip n
  e operating principle
  f principe m d'opération f

713 Arbeitsprozeß m
  e working process
  f procédé m de travail m, opération f

714 Arbeitspunkt m
  e working point, operating point
  f point m de travail m, point m de fonctionnement m

715 Arbeitsschutz m
  e accident prevention
  f protection f du travail, prévoyance f contre les accidents m/pl

716 Arbeitstechnik f
  e working practice, workshop practice
  f mode m de travail m

717 Arbeitstemperatur f
  e operating temperature
  f température f d'opération f

718 Arbeitsverfahren n
  e operating method, working process
  f procédé m de travail m, méthode f d'opération f

719 Arbeitsvermögen n
  [Formänderungsvermögen]
  e specific deformation energy
  f travail m spécifique de déformation f

720 Arbeitsvorgang m
  → Arbeitsverfahren n

721 Arbeitsweise f
  e working principle, mode of working
  f méthode f de fonctionnement m, manière f d'opérer, mode m opératoire

722 Arbeitszeitersparnis f
  e saving in working time
  f épargne f en temps m de travail m

723 Arcatomschweißen n
  e arcatom welding, atomic hydrogen welding
  f soudage m arcatom, soudage m à l'hydrogène m atomique

724 Argon n [Ar]
  e argon
  f argon m

725 Argument n
  e argument
  f argument m

726 arithmetisch adj
  e arithmetic(al)
  f arithmétique

727 Armatur f
  e armature, fittings pl
  f armature f, accessoires m/pl, garniture f

728 Armaturenbrett n
e dash-board, instrument panel, instrument board
f panneau m d'instruments m/pl, tableau m d'instruments m/pl, tableau m de bord m

729 armieren v
e armour, protect
f armer, blinder, protéger

730 Armierung f
e armouring, armour, protection, sheathing
f blindage m, armure f, protection f

731 arretieren v
e arrest, stop, clamp
f arrêter, bloquer

732 Arretierung f
e stop, catch, lock, arresting device
f dispositif m de blocage m

733 Asbest m
e asbestos
f asbeste m, amiante m

734 asbestumhüllt adj
e asbestos covered
f recouvert d'asbeste m, guipé d'amiante m

735 Asbestzementrohrprüfung f
e asbestos cement tube test
f essai m de tube m en ciment m d'asbeste m

736 Asphalt m
e asphalt, bitumen
f asphalte m, bitume m

737 Asphaltdecke f
e asphalt cover
f revêtement m en asphalte m

738 asphaltieren v
e asphalt
f asphalter, bitumer

739 Assoziation f
e association
f association f

740 assoziativ adj
e associative
f associatif

741 astabil adj
e astable
f instable

742 astatisch adj
e astatic
f astatique

743 Astigmatismus m
e astigmatism
f astigmatisme m

744 Asymmetrie f
e asymmetry
f asymétrie f, dissymétrie f

745 asymmetrisch adj
e asymmetric(al)
f asymétrique, dissymétrique

746 Asymptote f
e asymptote
f asymptote f

747 asymptotisch adj
e asymptotic(al)
f asymptotique

748 asynchron adj
e asynchronous, non-synchronous
f asynchrone, non-synchrone

749 Atlas m, metallographischer
e metallographic atlas
f atlas m métallographique

750 Atmosphäre f
e atmosphere
f atmosphère f

751 **atmosphärisch** adj
 e atmospheric(al)
 f atmosphérique

752 **Atom** n
 e atom
 f atome m

753 **Atom** n, angeregtes
 e excited atom
 f atome m excité

754 **Atom** n, fremdes
 e foreign atom, impurity
 f atome m étranger, impureté f

755 **Atom** n, gebundenes
 e bound atom
 f atome m lié

756 **Atom** n, geladenes
 e charged atom
 f atome m chargé

757 **Atom** n, ionisiertes
 e ionized atom
 f atome m ionisé

758 **Atom** n, radioaktives
 e radioactive atom
 f atome m radioactif

759 **Atom**...
 → auch: Kern..., Nuklear ...

760 **Atomanordnung** f
 e atomic arrangement
 f disposition f des atomes m/pl

761 **Atomanregung** f
 e atom excitation, atomic excitation
 f excitation f des atomes m/pl,
  excitation f atomique

762 **atomar** adj
 e atomic(al)
 f atomique

763 **Atomaufbau** m
 e atomic structure
 f structure f atomique

764 **Atombindung** f
 e atomic bond, covalent bond
 f liaison f atomique

765 **Atombindungsenergie** f
 e atomic binding energy
 f énergie f de liaison f atomique

766 **Atomdurchmesser** m
 e atomic diameter
 f diamètre m atomique

767 **Atomelektron** n
 e atomic electron, atom-bound electron
 f électron m atomique

768 **Atomenergie** f
 e atomic energy, nuclear energy
 f énergie f atomique, énergie f
  nucléaire

769 **Atomforschung** f
 e atomic research, nuclear research
 f recherches f/pl atomiques,
  recherches f/pl nucléaires

770 **Atomfrequenz** f
 e atomic frequency
 f fréquence f atomique

771 **atomgetrieben** adj
 e atom-powered
 f à propulsion f nucléaire

772 **Atomgewicht** n
 e atomic weight
 f poids m atomique

773 **Atomgitter** n
 e atomic lattice
 f réseau m atomique

774 **Atomgruppe** f
 e atomic group
 f groupe m atomique

775 **Atomhülle** f
  e atomic shell
  f couche f électronique de l'atome m

776 **Atomindustrie** f
  e atomic industry
  f industrie f atomique

777 **Atomionisation** f
  e atomic ionization
  f ionisation f atomique

778 **atomisch** adj
  e atomic(al)
  f atomique

779 **Atomistik** f
  e atomistics pl
  f atomistique f

780 **atomistisch** adj
  e atomistic(al)
  f atomistique

781 **Atomkern** m
  e atomic nucleus
  f noyau m atomique

782 **Atomkernenergie** f
  e nuclear energy, atomic energy
  f énergie f nucléaire, énergie f atomique

783 **Atomkernfusion** f
  e nuclear fusion
  f fusion f nucléaire

784 **Atomkraftwerk** n
  e atomic energy plant, atomic plant, atomic power plant, nuclear power station
  f centrale f d'énergie f atomique, centrale f d'énergie f nucléaire

785 **Atommasse** f
  e atomic mass
  f masse f atomique

786 **Atommeiler** m
  e atomic pile, nuclear reactor
  f pile f atomique, réacteur m atomique, réacteur m nucléaire

787 **Atommüll** m
  e atomic waste
  f déchets m/pl atomiques

788 **Atomordnungszahl** f, hohe
  e high atomic number
  f nombre m atomique élevé

789 **Atomordnungszahl** f, niedrige
  e small atomic number
  f nombre m atomique faible

790 **Atomphysik** f
  e atomic physics pl, atomics pl
  f physique f atomique

791 **Atomradius** m
  e atomic radius
  f rayon m atomique

792 **Atomrand** m
  e atom surface
  f surface f de l'atome m

793 **Atomschale** f
  e atomic shell
  f enveloppe f d'atome m

794 **Atomschmelzwärme** f
  e atomic heat of fusion
  f chaleur f atomique de fusion f

795 **Atomschwächungsfaktor** m
  e atomic attenuation coefficient
  f coefficient m d'atténuation f atomique

796 **Atomspaltung** f
  e atomic splitting, splitting-up of atoms pl, atomic disintegration
  f désintégration f des atomes m/pl

797 **Atomstruktur** f
  e atomic structure
  f structure f atomique

Atomtechnik

798 Atomtechnik f
  e atomic technique, nuclear technique, atomic science
  f technique f, atomique, technique f nucléaire, atomistique f

799 Atomuhr f
  e atomic clock
  f horloge f atomique

800 Atomumwandlung f
  e atomic transmutation, atomic transformation
  f transmutation f atomique, transformation f d'atome m

801 Atomverschiebung f
  e atomic shift, atomic displacement
  f déplacement m atomique

802 Atomverschmelzung f
  e atomic fusion
  f fusion f atomique

803 Atomverwandlung f
  e atomic transformation, atomic transmutation
  f transformation f atomique, transmutation f d'atome m

804 Atomvolumen n
  e atomic volume
  f volume m atomique

805 Atomwärme f
  e atomic heat
  f chaleur f atomique

806 Atomwellenfunktion f
  e atomic wave function
  f fonction f d'onde f atomique

807 Atomzahl f
  e atomic number, atomic index
  f nombre m atomique, index m atomique

808 Atomzerfall m
  e atomic disintegration, breaking-up of atoms pl, atomic decay
  f désintégration f des atomes m/pl

809 Atomzertrümmerung f
  e atom smashing
  f désagrégation f des atomes m/pl

810 Attenuator m
  e attenuator, attenuation network, attenuator pad
  f atténuateur m, affaiblisseur m

811 Attraktion f
  e attraction
  f attraction f

812 Attrappe f
  e dummy
  f attrape f

813 Ätzbad n
  e etching bath
  f bain m caustique

814 Ätzen n
  e etching, corrosion
  f corrosion f, gravure f

815 ätzen v
  e etch, corrode
  f ronger, mordre, corroder, décaper, graver

816 ätzend adj
  e caustic, corrosive
  f caustique, corrosif

817 Ätzgrübchen n
  e etch pit
  f fossette f

818 Ätzmittel n
  e caustic
  f agent m caustique

819 Ätzspur f
  e etch trace
  f trace f du caustique

820 Aufbau m [Anordnung]
  e array, arrangement, assembly, assemblage, alignment, mounting, device, set-up
  f arrangement m, assemblage m, disposition f, groupement m, installation f, montage m

821 Aufbau m [Konstruktion]
  e construction, lay-out, design, establishment, building-up
  f construction f

822 Aufbau m [Schaltung]
  e mounting, installation, wiring
  f montage m installation f

823 Aufbau m [Struktur]
  e structure, constitution, configuration, composition
  f structure f, constitution f, configuration f, composition f

824 Aufbau m, provisorischer
  e temporary mounting, provisional installation, mock-up
  f montage m provisoire, installation f temporaire

825 aufbauen v
  e mount, array, arrange, assemble, place, provide, construct
  f arranger, grouper, placer, disposer, monter, installer, composer, assembler, construire

826 Aufbereitung f
  e dressing, treatment, grading, processing
  f traitement m, triage m, classement m

827 Aufbewahrungsort m
  e storage room, depot
  f dépôt m

828 aufblinken v
  e blink, flash
  f clignoter

829 aufbrauchen v
  e deplete, exhaust, use up
  f épuiser, appauvrir, consommer, s'user

830 Aufbrauchen n
  e depletion, usage
  f appauvrissement m, usure f

831 aufbringen v
  e apply, use, employ
  f appliquer, utiliser, employer

832 aufdampfen v
  e vapour-deposit, evaporate (~ on), metallize
  f déposer par vaporisation f, métalliser

833 aufdrehen v [öffnen]
  e turn on, advance
  f ouvrir

834 aufdrehen v [Schraube]
  e unscrew
  f dévisser

835 aufdrücken v [einprägen]
  e impress (~ on), inject
  f empreindre, injecter

836 aufdrücken v [Spannung]
  e apply (~ to)
  f appliquer [à]

837 Aufeinanderfolge f
  e succession, suite, sequence
  f succession f, suite f, séquence f

838 aufeinanderfolgend adj
  e successive, consecutive, sequential
  f successif, consécutif, séquentiel

839 auffallend adj
  e remarkable
  f remarquable

840 Auffangelektrode f
  e target electrode, collector electrode, target
  f électrode f de captage m, collecteur m, cible f

841 auffangen v
  e intercept, catch, collect, pick up
  f intercepter, capter, collectionner, prendre

842 Auffangen n
 e interception, collection
 f captage m, interception f, collection f, rassemblage m

843 Auffänger m
 e target, target electrode, collector electrode
 f cible f, collecteur m, électrode f de captage m

844 Auffindbarkeit f
 e detectability
 f détectabilité f

845 auffinden v
 e detect, discover, find (~ out), spot
 f détecter, découvrir, trouver

846 Auffindwahrscheinlichkeit f
 e probable detectability
 f détectabilité f probable

847 Aufgabe f [Absenden]
 e sending, delivery, posting, mailing, booking, checking
 f dépôt m, remise f, expédition f

848 Aufgabe f [Auftrag]
 e task, order, job, lesson
 f tâche f, ordre m, leçon f, devoir m, mission f

849 Aufgabe f [Beendigung]
 e abandonment, giving up, resignation
 f abandon m, résignation f

850 Aufgabe f [Problem]
 e problem
 f problème m

851 aufhalten v [hemmen]
 e stop, intercept, delay, obstruct
 f arrêter, intercepter, obstruer

852 aufhängen v
 e suspend, hang up
 f suspendre, accrocher, étendre

853 Aufhängevorrichtung f
 e suspension device, suspension
 f dispositif m de suspension f, suspension f

854 Aufhängung f
 e suspension
 f suspension f

855 Aufhängung f, federnde
 e elastic suspension, spring suspension
 f suspension f élastique, suspension f à ressort m

856 Aufhängung f, kardanische
 e cardanic suspension, Cardan suspension
 f suspension f cardan

857 Aufhärtungsriß m
 e age-hardening crack
 f fissure f par suite f de durcissement m

858 aufheben v [annullieren]
 e nullify, annul, cancel (~ out)
 f annuler, rendre nul

859 aufheben v [aufbewahren]
 e keep, store, preserve, conserve
 f garder, conserver

860 aufheben v [hochheben]
 e lift, lift up, raise, pick up
 f soulever, lever

861 aufheben v [neutralisieren]
 e neutralize, compensate, equilibrate
 f compenser, neutraliser, équilibrer, supprimer

862 aufheben v (sich ~)
 e cancel, compensate
 f simplifier, compenser l'un par l'autre

863 aufheben v [unterbrechen]
 e interrupt, disconnect
 f interrompre, couper, supprimer

864 aufhellen v
 e bright up, light up, brighten up
 f éclairer, éclaircir

865 Aufhellung f
 e brightening
 f éclairage m, allumage m

866 aufhören v
 e finish, stop, end, cease
 f finir [de], terminer, cesser, achever

867 aufkleben v
 e paste (~ on), stick on, affix
 f coller [sur], afficher, cartonner

868 Aufkohlen n
 e carbonization, carburizing, case-hardening
 f cémentation f, carbonisation f

869 aufladen v
 e charge
 f charger

870 Auflage f [Buch]
 e edition, issue, printing
 f édition f

871 Auflage f [Decke]
 e cover, covering
 f couverture f, enveloppe f, recouvrement m

872 Auflage f [Stütze]
 e support, rest, bearing, stay
 f support m, appui m, coussinet m

873 Auflager n
 e back
 f appui m

874 aufleuchten v
 e flash, blink
 f clignoter

875 Auflicht n
 e incident light
 f lumière f incidente

876 auflösen v [chemisch]
 e dissolve
 f dissoudre

877 auflösen v [lockern]
 e loosen, untie
 f desserrer, défaire

878 auflösen v [Struktur]
 e resolve, define, discriminate
 f résoudre, définir, discriminer

879 auflösen v [zerfallen]
 e decay, dissociate
 f dissocier, décomposer

880 Auflösung f [chemisch]
 e dissolution, dissolving
 f dissolution f

881 Auflösung f [kristallin]
 e dissociation, decay, decomposition
 f dissociation f, décomposition f

882 Auflösung f [Problem]
 e solution
 f solution f

883 Auflösung f [Struktur]
 e resolution, definition, discrimination
 f résolution f, définition f, discrimination f

884 Auflösungsmittel n
 e solvent, solvent remover
 f dissolvant m, moyen m dissolvant

885 Auflösungsvermögen n [Struktur]
 e resolving power, resolution, capability
 f pouvoir m résolvant, pouvoir m de résolution f

886 aufmodulieren v
 e modulate (~ upon)
 f moduler [sur]

887 Aufnahme f [Absorption]
 e absorption
 f absorption f

888 **Aufnahme** f [Foto]
 e take, taking, shot, exposure, exposition
 f prise f, prise f de vue f, cliché m

889 **Aufnahme** f [Immission]
 e immission
 f immission f

890 **Aufnahme** f [Kennlinie]
 e plotting
 f relevé m

891 **Aufnahme** f [Leistung]
 e input, power input
 f puissance f absorbée, consommation f

892 **Aufnahme** f [Speicherung]
 e record, recording, pick-up, registration
 f enregistrement m, prise f

893 **Aufnahmeauswertung** f [Radiographie]
 e definition of the image, image interpretation
 f définition f du cliché, interprétation f de la prise

894 **Aufnahmeband** n [Magnetband]
 e recording tape
 f bande f d'enregistrement m

895 **Aufnahmedauer** f [Belichtungszeit]
 e exposure time
 f temps m de prise f

896 **Aufnahmedauer** f [Speicherdauer]
 e recording time
 f temps m d'enregistrement m

897 **Aufnahmegerät** m [Kamera]
 e camera
 f caméra f, chambre f de prise f

898 **Aufnahmegerät** n [Rekorder]
 e recorder, recording unit, recording apparatus
 f enregistreur m, dispositif m d'enregistrement m

899 **Aufnahmetechnik** f [optisch]
 e exposure techniques pl
 f technique f de prise f [de vue f]

900 **Aufnahmetechnik** f [Speicherung]
 e recording techniques pl
 f méthode f d'enregistrement m

901 **aufnehmen** v [absorbieren]
 e absorb, attenuate, occlude
 f absorber, atténuer

902 **aufnehmen** v [hochheben]
 e lift, lift up, pick up, take up
 f lever, relever, ramasser

903 **aufnehmen** v (in sich ~)
 e house
 f loger

904 **aufnehmen** v [Kennlinie]
 e plot
 f relever

905 **aufnehmen** v [Leistung]
 e receive, take
 f recevoir, prendre, consommer

906 **aufnehmen** v [Photo]
 e take, photograph
 f prendre, photographier

907 **aufnehmen** v [Protokoll]
 e draw up
 f dresser

908 **aufnehmen** v [speichern]
 e record, pick up, map
 f enregistrer, recevoir

909 **Aufnehmer** m
 e probe, transducer
 f capteur m

910 **Aufplatzen** n
 e burst
 f crevassage m

911 **Aufprall** m
 e impact, choc
 f heurt m, choc m, secousse f, impact m

912 **aufprallen** v
 e impact, bounce, bound, hit, strike
 f rebondir, heurter

913 **aufrauhen** v
 e roughen, granulate
 f rendre rugueux, granuler, gratter, égratigner

914 **aufrecht** adj
 e upright, vertical
 f debout, droit, vertical

915 **aufrechterhalten** v
 e sustain, maintain
 f soutenir, maintenir

916 **Aufrechterhaltung** f
 e maintenance
 f maintien m

917 **Aufriß** m
 e elevation, upright projection
 f élévation f, projection f verticale

918 **aufrunden** v [Zahl]
 e round up
 f arrondir par le haut

919 **Aufsatz** m [Artikel]
 e essay, composition, article
 f essai m, composition f, article m

920 **Aufsatz** m [Aufbau]
 e cap, top, hood, dome
 f dôme m, coupole f, chapiteau m, dessus m, cloche f

921 **aufsaugen** v
 e suck (~ up), absorb
 f sucer, aspirer, absorber

922 **aufschaukeln** v
 e step up
 f accroître

923 **Aufschlag** m [Aufprall]
 e impact, choc
 f heurt m, choc m, secousse f, impact m

924 **Aufschmelzungsriß** m
 e liquation crack
 f fissure f de fusion f

925 **Aufsicht** f [Darstellung]
 e top view, plain view
 f vue f en plan m

926 **Aufsicht** f [Kontrolle]
 e control, supervision, watching, inspection
 f contrôle m, surveillance f, inspection f

927 **aufspalten** v
 e split off, split
 f fissurer, fendre

928 **Aufspaltung** f
 e splitting, splitting off, chipping, branch, branching, branching-off, bifurcation
 f fissuration f, subdivision f, branchement m, bifurcation f

929 **Aufspannfeld** n
 e floor slab
 f dalle f de fixation f

930 **Aufspannplatte** f
 e fixing plate, clamping plate
 f plaque f de fixation f

931 **aufspeichern** v
 e store, record, accumulate
 f enregistrer, accumuler

932 **Aufspeicherung** f
 e storage, recording, accumulation
 f enregistrement m, mise f en mémoire f, accumulation f

933 **Aufspüren** n
 e detection
 f détection f

934 aufsteckbar adj
 e attachable, slip-on type
 f relevable

935 aufstecken v
 e plug in, slip on
 f attacher, fixer [sur]

936 aufsteigen v
 e ascend, rise, mount
 f monter, s'élever

937 aufstellen v [aufbauen]
 e erect, set up, mount, install, arrange, array, assemble, place, provide, construct
 f élever, monter, installer, construire, arranger, assembler, mettre debout, placer, poser, dresser, ranger, disposer, empiler

938 aufstellen v [Gleichung]
 e put up [an equation], set up
 f mettre en équation

939 aufstellen v [zusammenstellen]
 e set up, make out, arrange, list
 f grouper, arranger, disposer, dresser

940 Aufstellung f [Aufbau]
 e array, arrangement, assembly, mounting, assemblage, set-up, device
 f arrangement m, installation f, montage m, disposition f, groupement m, installation f, assemblage m

941 Aufstellung f [Hinstellen]
 e putting up, erection, installation
 f érection f, montage m, établissement m, placement m, pose f, installation f

942 Aufstellung f [Zusammenstellung]
 e list, schedule
 f relevé m, liste f

943 aufteilen v
 e distribute, divide, split
 f distribuer, diviser

944 Aufteilung f [Einteilung]
 e division, section, department
 f division f, section f, département m

945 Aufteilung f [Verteilung]
 e distribution, repartition
 f distribution f, répartition f

946 Auftrag m [Überzug]
 e coat, coating
 f couche f, enduit m

947 auftragen v
 e apply, coat, use, employ
 f appliquer, employer, utiliser

948 Auftragsschweißen n
 e built-up welding
 f soudage m à superposition f

949 Auftragsschweißung f
 e built-up weld
 f soudure f à superposition f, apport m par soudure f

950 auftreffen v
 e impinge (∼ at, ∼ upon), strike
 f frapper, incider

951 auftreffend adj [auf]
 e impinging (∼ at)
 f incident (sur)

952 Auftreffgeschwindigkeit f
 e impact speed, bombardment speed
 f vitesse f au choc, vitesse f à l'impact m

953 Auftreffwinkel m
 e angle of impact, angle of incidence
 f angle m d'incidence f

954 auftreten v [geschehen]
 e happen, appear (∼ as), occur, act, crop up
 f se faire, paraître, se présenter (comme)

955 **Auftreten** n
 e occurrence, happening, event
 f occurrence f, apparition f, événement m

956 **Aufwand** m [Kosten]
 e costs pl, expenses pl, expenditure
 f dépenses f/pl, frais f/pl

957 **Aufwand** m [Mühe]
 e pains pl, care, exertion
 f peine f

958 **aufwärmen** v
 e warm up
 f réchauffer

959 **aufwärts** adj
 e upwards
 f en haut, vers le haut

960 **Aufwärtsbewegung** f
 e upward motion
 f mouvement m ascendant

961 **aufweiten** v
 e widen, broaden, ream
 f élargir

962 **Aufweitung** f
 e broadening, bulge-out
 f élargissement m

963 **Aufweitversuch** m
 e drift expanding test
 f essai m d'évasement m

964 **aufwenden** v
 e spend, expend
 f exercer, dépenser

965 **aufwendig** adj
 e expensive, sophisticated, complicated
 f onéreux, coûteux, compliqué

966 **aufwickeln** v
 e reel up, wind up, coil up
 f bobiner, enrouler

967 **aufzeichnen** v [notieren]
 e note
 f noter

968 **aufzeichnen** v [speichern]
 e record, register, map
 f enregistrer

969 **aufzeichnen** v [zeichnen]
 e draw, design, trace, plot
 f dessiner, tracer

970 **Aufzeichnung** f [Bild]
 e image, imaging, picture, display
 f image f

971 **Aufzeichnung** f [Notierung]
 e notice, notification
 f notation f

972 **Aufzeichnung** f [Speicherung]
 e recording, registration, pick-up, storage
 f enregistrement m, mémorisation f, prise f

973 **Aufzeichnungsverfahren** n
 e recording technique
 f méthode f d'enregistrement m

974 **augenblicklich** adj
 e direct, immediate, instantaneous, momentary
 f direct, immédiat, instantané, momentané

975 **Augenblicksamplitude** f
 e instantaneous amplitude
 f amplitude f instantanée

976 **Augenblicksfrequenz** f
 e instantaneous frequency
 f fréquence f instantanée

977 **Augenblickswert** m
 e instantaneous value, momentary value
 f valeur f instantanée

978 **Augenempfindlichkeit** f
  e sensitivity of the eye
  f sensibilité f de l'œil m

979 **Augentäuschung** f
  e optical illusion
  f illusion f optique

980 **Augenträgheit** f
  e persistence of vision
  f inertie f de l'œil m

981 **Auger-Effekt** m
  e Auger effect
  f effet m Auger

982 **Auger-Elektron** n
  e Auger electron
  f électron m Auger

983 **Augerelektronenspektroskopie** f
  e Auger electron spectroscopy, Auger spectroscopy
  f spectroscopie f à électrons m/pl Auger, spectroscopie f Auger

984 **Auger-Spektrometrie** f
  e Auger spectrometry
  f spectrométrie f Auger

985 **Ausbauchung** f
  e bulge
  f bosse f, enflure f, évasement m

986 **ausbessern** v
  e repair, patch, redress, mend, restore, mend up
  f réparer, refaire, raccommoder

987 **Ausbesserung** f
  e repair, redressing, mending, refit, refitment
  f réparation f, raccommodage m, réfection f

988 **Ausbeute** f [Gewinn]
  e gain, yield, profit, efficacy, response
  f gain m, profit m

989 **Ausbeute** f [Wirkungsgrad]
  e efficiency
  f rendement m, débit m

990 **ausbilden** v [gestalten]
  e form, develop
  f former, développer

991 **ausbilden** v [lehren]
  e teach, instruct, train, educate
  f instruire

992 **Ausbildung** f [Gestaltung]
  e formation, perfection, construction, development
  f formation f, perfectionnement m, développement m

993 **Ausbildung** f [Lehre]
  e training, education, instruction
  f éducation f, instruction f

994 **ausbleiben** v
  e fail
  f manquer

995 **ausblenden** v
  e collimate, fade out, blank
  f collimer, couper

996 **ausbohren** v
  e bore out
  f forer, aléser

997 **Ausbrand** m
  e burn-up, burning up, burning off, consumption
  f consommation f, usure f, brûlure f

998 **ausbreiten** v
  e propagate, extend
  f propager, étendre, s'étendre

999 **Ausbreitung** f
  e propagation
  f propagation f

1000 **Ausbreitungsbedingung** f
  e propagation condition
  f condition f de propagation f

1001 **Ausbreitungsgeschwindigkeit** f
 e speed of propagation
 f vitesse f de propagation f

1002 **Ausbreitungsrichtung** f
 e direction of propagation
 f direction f de la propagation

1003 **Ausbreitungsweg** m
 e path of propagation
 f voie f de propagation f

1004 **Ausbrennen** n
 → Ausbrand m

1005 **ausdehnbar** adj [Gas]
 e expansible
 f expansible

1006 **Ausdehnbarkeit** f [Gas]
 e expansibility
 f expansibilité f

1007 **ausdehnen** v
 e expand, dilate, extend, prolong
 f dilater, étendre, détendre, élargir, allonger, prolonger

1008 **Ausdehnung** f [Ausmaß]
 e extent
 f étendue f, dimension f

1009 **Ausdehnung** f [Ausweitung]
 e expansion
 f expansion f, détente f

1010 **Ausdehnung** f [Dehnung]
 e dilatation, dilation, prolongation
 f dilatation f, prolongation f

1011 **Ausdehnung** f [Dimension]
 e dimension, extent
 f dimension f, étendue f

1012 **Ausdehnung** f [Erweiterung]
 e extension
 f extension f

1013 **Ausdehnung** f, radiale
 e radial extent
 f étendue f radiale

1014 **Ausdehnungskoeffizient** m
 e expansion coefficient
 f coefficient m d'expansion f

1015 **Auseinanderklaffen** n
 e gapping
 f être bâillant

1016 **auseinanderlaufen** v
 e diverge
 f diverger

1017 **auseinandernehmen** v
 e dismount
 f démonter

1018 **Ausfall** m
 e failure, fault, mishap, malfunction, defect, accident, trouble, breakdown, average, outage
 f trouble m, panne f, accident m, avarie f, défaillance f, déficience f, manque m, défaut m

1019 **Ausfallgefahr** f
 e danger of failure
 f danger m de défaillance f, danger m de ruine f

1020 **Ausfallrate** f
 e failure rate
 f taux m de défaillance f

1021 **Ausfällung** f
 e deposit, deposition, precipitate
 f dépôt m, précipitation f, sédimentation f

1022 **Ausfallwahrscheinlichkeit** f
 e probability of failure
 f probabilité f de défaillance f

1023 **Ausfallzeit** f
 e down time, outage time
 f temps m de défaillance f, temps m de nonopération f

1024 **Ausfließen** n
  e effusion, effluence, emanation
  f effusion f, effluence f, écoulement m, émanation f

1025 **Ausfluß** m
  e efflux, effluent
  f effluent m

1026 **Ausführbarkeit** f
  e feasibility, practicability
  f practicabilité f

1027 **ausführen** v [machen]
  e make, perform, realize, finish
  f faire, exécuter, réaliser, finir

1028 **Ausführung** f [Modell]
  e model, type, design, make, finish, construction
  f type m, modèle m, présentation f, exécution f, construction f

1029 **Ausführung** f [Verwirklichung]
  e realization, performance
  f réalisation f, performance f

1030 **Ausführung** f, tragbare
  e portable, portable set
  f portable m, version f malette

1031 **Ausführungsbeispiel** n
  e example of execution
  f exemple m d'exécution f, exemple m de réalisation f

1032 **Ausführungsfehler** m
  e execution defect
  f défaut m d'exécution f

1033 **Ausgabe** f [Auflage]
  e issue, edition
  f édition f, émission f

1034 **Ausgabe** f [Computer]
  e output
  f output m, sortie f

1035 **Ausgabe** f [Verteilung]
  e distribution, delivery
  f distribution f, délivrance f

1036 **Ausgabegerät** n
  e output device
  f dispositif m d'output m

1037 **Ausgang** m
  e output, outlet
  f sortie f

1038 **Ausgangs...**
  → auch: Anfangs..., Erst...

1039 **Ausgangsleistung** f
  e output, output power
  f puissance f de sortie f

1040 **Ausgangspegel** m
  e output level
  f niveau m de sortie f

1041 **Ausgangsposition** f
  e initial position, starting position
  f position f initiale, position f de départ m

1042 **ausgangsseitig** adj
  e output ...
  f ... de sortie f, sortant

1043 **Ausgangswert** m [Anfangswert]
  e initial value
  f valeur f initiale, valeur f fondamentale

1044 **Ausgleich** m
  e compensation, balancing, equalization
  f compensation f, équilibrage m

1045 **ausgleichen** v
  e compensate, balance, equalize
  f compenser, équilibrer, balancer, égaliser

1046 **Ausgleichsfilter** m
  e compensating filter
  f filtre m de compensation f, filtre m correcteur

1047 Ausgleichsgewicht n
  e counterweight
  f contre-poids m

1048 Ausgleichsglied n
  e compensator, equalizer, corrector
  f compensateur m, correcteur m

1049 Ausgleichsspannung f
  e compensating voltage, transient voltage
  f tension f compensatrice, tension f de compensation f, tension f transitoire

1050 Ausgleichsstrom m
  e compensating current, transient current
  f courant m compensateur, courant m transitoire

1051 Ausgleichsvorgang m
  e transient phenomenon
  f phénomène m transitoire

1052 ausglühen v
  e anneal, temper
  f recuire, adoucir, faire revenir

1053 aushalten v
  e withstand, resist
  f résister, s'opposer, endurer, soutenir

1054 aushärten v
  e harden
  f tremper

1055 Aushärtung f
  e hardening
  f trempe f

1056 Aushilfs...
  e auxiliary ..., emergency ..., provisional ..., reserve ...
  f ... auxiliaire, ... provisoire, ... de réserve f

1057 auskleiden v
  e coat, line
  f revêtir

1058 Auskleidung f
  e coating, lining
  f revêtement m

1059 auskuppeln v
  e decouple, disengage, disconnect
  f découpler, débrayer, décrocher

1060 Auslagerung f [Anlassen von Metallegierungen]
  e tempering (of metal alloys)
  f revenu m (d'alliages métalliques)

1061 Auslaß m
  e outlet, output
  f sortie f

1062 auslassen v [überspringen]
  e skip, omit
  f sauter, omettre

1063 ausleeren v
  e empty
  f vider

1064 auslegen v [dimensionieren]
  e lay out, arrange
  f disposer, arranger

1065 auslegen v [erklären]
  e interpret, explain
  f interpréter, expliquer

1066 auslegen v [hinlegen]
  e lay out, pay out, place
  f marqueter, placer, poser

1067 Ausleger m
  e cantilever, arm
  f cantilever m, bras m, bras-levier m, console f

1068 Auslegung f [Deutung]
  e interpretation
  f interprétation f

1069 auslenken v
  e deflect, divert
  f défléchir, dévier

1070 Auslenkung f
e deflection, deviation
f déflexion f, déviation f, balayage m

1071 auslöschen v
e extinguish, cancel
f éteindre, supprimer

1072 Auslöseimpuls m
e trigger pulse
f impulsion f trigger, impulsion f de déclenchement m

1073 auslösen v
e release, trigger
f déclencher, libérer

1074 Auslösen n
e release, releasing, tripping
f déclenchement m, relâchement m, libération f

1075 Auslöser m
e releasing device, release, trigger
f déclencheur m

1076 Auslöser m, einstellbarer
e adjustable release
f déclencheur m ajustable

1077 Auslösetaste f
e releasing key
f touche f de libération f

1078 Auslösevorrichtung f
e release mechanism, triggering device
f dispositif m de déclenchement m

1079 Auslösung f
e releasing, release, tripping, opening
f déclenchement m, relâchement m, libération f

1080 Ausmaß n
e extent, amount, dimension
f étendue f, taux m, dimension f

1081 ausmessen v
e measure
f mesurer

1082 ausnutzen v
e utilize
f utiliser, profiter (de)

1083 Ausnutzung f
e utilization, use
f utilisation f, usage m

1084 Ausnutzungsgrad m
e utilization coefficient, efficiency
f taux m d'utilisation f, rendement m

1085 Auspressung f
e expulsion
f expulsion f

1086 ausprobieren v
e try, check, test, prove
f essayer, tester, vérifier, éprouver, contrôler

1087 ausregeln v
e control, monitor
f régler, contrôler, surveiller

1088 Ausregelung f
e control, monitoring, regulation
f contrôle m, surveillance f, réglage m

1089 Ausreißer m [herausfallender Meßwert]
e outlier, run-away/runaway
f fuyard m, observation f extrême aberrante

1090 ausrichten v
e orient, align, dress
f orienter, aligner, dresser

1091 Ausrichtung f
e orientation, alignment, dressing
f orientation f, alignement m, redressement m

1092 ausrüsten v
e equip, fit, provide
f équiper, munir (de), pourvoir (de)

1093 Ausrüstung f
e equipment, fitting out, installation
f équipement m, installation f, garniture f

1094 ausschalten v
e disconnect, cut off, cut out, switch off, interrupt, break (a circuit)
f déconnecter, interrompre, couper, mettre hors circuit m

1095 Ausschalten n
e disconnection, cutting out, cutting off, interruption, switching off, stop
f coupure f, déconnexion f, mise f hors circuit m, interruption f, arrêt m

1096 Ausschalter m
e cut-out switch, circuit breaker, breaker, interrupter, disconnecter
f interrupteur m, disjoncteur m, coupe-circuit m

1097 Ausschaltung f
e switching-off, circuit breaking
f coupure f, déconnexion f, rupture f

1098 Ausschaltvorgang m
e breaking transient phenomenon
f phénomène m de rupture f

1099 Ausscheidungslegierung f
e precipitation alloy
f alliage m de précipitation f

1100 Ausscheidungsriß m
e precipitation induced crack
f fissure f par suite f de durcissement m structural

1101 Ausschlag m
e deflection, deviation, amplitude
f déviation f, déflexion f, balayage m, amplitude f

1102 Ausschnitt m
e sector, section
f secteur m, section f

1103 Ausschuß m [minderwertiges]
e rejects pl, refuse, waste, rubbish
f déchet m, rebut m

1104 Ausschußquote f
e reject quota
f quote-part f de déchet m

1105 Ausschwingdauer f
e dying-out time, decay time
f durée f d'amortissement m

1106 ausschwingen v
e die, die out, fade out, damp
f amortir, décroître, affaiblir, évanouir

1107 Ausschwingen n
e dying-out, damping, decay
f étouffement m, amortissement m, évanouissement m

1108 Ausschwingzeit f
e dying-out time, decay time
f temps m d'amortissement m, période f transitoire finale

1109 Außenabmessung f
e external dimension
f dimension f extérieure

1110 Außenansicht f
e exterior view
f vue f extérieure

1111 Außenbelag m
e exterior layer, outer coating
f couche f extérieure

1112 aussenden v
e emit, send out
f émettre

1113 Aussenden n
e emission, transmission
f émission f, transmission f

1114 Außendurchmesser m
e outside diameter, outer diameter
f diamètre m extérieur

1115 **Außenfehler** m
  e exterior defect
  f défaut m extérieur

1116 **Außenfläche** f
  e outer surface
  f face f extérieure

1117 **außenliegend** adj
  e exterior, external, outdoor, outward, outer
  f extérieur, externe, d'extérieur m, dehors

1118 **Außenlunker** m
  e surface shrink hole
  f retassure f superficielle

1119 **Außenmantel** m
  e outside coating, outer jacket
  f enveloppe f

1120 **Außenschicht** f
  e outer layer
  f couche f externe

1121 **Außenseite** f
  e outside, face, front
  f extérieur m, dehors m

1122 **außenseitig** adj
  e exterior, external, outdoor, outward, outer
  f extérieur, externe, d'extérieur m, dehors

1123 **Außensonde** f, umlaufende
  e encircling outer probe
  f sonde f extérieure tournante

1124 **Außenspule** f
  e outer coil
  f bobine f extérieure

1125 **Außentemperatur** f
  e exterior temperature
  f température f d'extérieur m

1126 **Außenwicklung** f
  e outer winding
  f enroulement m extérieur

1127 **äußerlich** adj
  e exterior, external, outdoor, outward, outer
  f extérieur, externe, d'extérieur m, dehors

1128 **aussetzen** v
  e intermit, interrupt, suspend, failure
  f interrompre, rater, faillir

1129 **Aussetzen** n
  e failure, malfunction, trouble
  f raté m, défaillance f, interruption f, panne f, défaut m

1130 **aussetzend** adj
  e intermittent
  f intermittent

1131 **aussondern** v
  e separate, eliminate
  f séparer, éliminer

1132 **Aussparung** f
  e slot, notch, channel, clearance
  f évidement m, découpe f

1133 **ausstatten** v
  e equip, fit, provide
  f équiper, munir (de), pourvoir (de)

1134 **Ausstattung** f
  e fitting out, equipment, installation, features pl
  f équipement m, installation f, garniture f, arrangement m

1135 **aussteuern** v
  e control, monitor
  f contrôler, régler, surveiller

1136 **Aussteuerung** f
  e control, monitoring, regulation
  f contrôle m, surveillance f, réglage m

1137 **Aussteuerungsbereich** m
  e control range
  f plage f de contrôle m, plage f d'admission f

1138 **Ausstoß** m, radioaktiver
  e radioactive effluent
  f effluve m radioactif

1139 **ausstoßen** v
  e eject, expel, emit, eliminate
  f éjecter, expulser, émettre, éliminer

1140 **ausstrahlen** v
  e radiate, emanate, diffuse
  f rayonner, émaner, diffuser

1141 **Ausstrahlen** n
  e radiating, emanation, radiation
  f radiation f, émanation f

1142 **Ausstrahlung** f
  → Ausstrahlen n

1143 **ausströmen** v
  e stream out, flow out, escape
  f écouler, s'écouler, fuir, s'échapper

1144 **Ausströmen** n
  e efflux, effusion, effluence, emanation
  f écoulement m, effusion f, effluence f, émanation f, fuite f

1145 **Ausstülpung** f
  e protuberance
  f protubérance f

1146 **austasten** v
  e blank, key off
  f supprimer

1147 **Austastimpuls** m
  e blanking pulse
  f impulsion f de suppression f

1148 **Austastlücke** f
  e blanking interval
  f intervalle m de suppression f

1149 **Austastpegel** m
  e blanking level
  f niveau m de suppression f

1150 **Austastsignal** n
  e blanking signal
  f signal m de suppression f

1151 **Austastung** f
  e blanking
  f suppression f

1152 **Austausch** m
  e exchange, interchange
  f échange m

1153 **austauschbar** adj
  e interchangeable, removable
  f interchangeable, amovible

1154 **austauschen** v
  e exchange (∼ for), interchange
  f échanger, inverser, interchanger

1155 **Austauschenergie** f
  e exchange energy
  f énergie f d'échange m

1156 **Austauscher** m
  e exchanger
  f échangeur m

1157 **Austenit** m
  e austenite
  f austénite f

1158 **austenitisch** adj
  e austenitic
  f austénitique f

1159 **austreten** v
  e leave, pass out
  f sortir, quitter

1160 **Austritt** m
  e outlet, output
  f sortie f

1161 Austrittsarbeit f
  e work function
  f travail m d'expulsion f

1162 Austrittswinkel m
  e angle of emergence, angle of reflection
  f angle m de sortie f, angle m de réflexion f

1163 Auswahl f
  e selection, choice
  f sélection f, choix m

1164 auswählen v
  e select, choose
  f sélectionner, choisir

1165 auswandern v [Meßanzeige]
  e get out of range, sweep
  f se déplacer, dévier, balayer

1166 auswechselbar adj
  e interchangeable, removable
  f interchangeable, amovible

1167 auswechselbar adj (gegenseitig ~)
  e interchangeable between each other
  f mutuellement interchangeable

1168 auswechseln v
  e exchange, interchange
  f échanger, interchanger, inverser

1169 Auswechslung f
  e exchange, interchange
  f échange m

1170 ausweiten v
  e expand, wide, stretch
  f dilater, détendre, évaser

1171 Ausweitung f
  e expansion
  f expansion f, détente f

1172 auswerfen v [Lochkarte]
  e eject (cards)
  f éjecter (des cartes)

1173 Auswerteeinrichtung f
  e evaluation system
  f système m d'évaluation f, équipement m de traitement m des données f/pl

1174 Auswerteelektronik f
  e automatic evaluator
  f dispositif m automatique d'évaluation f

1175 Auswertegenauigkeit f
  e evaluating accuracy
  f précision f de l'évaluation f

1176 auswerten v
  e evaluate
  f évaluer

1177 Auswertung f
  e evaluation, assessment, interpretation, rating
  f évaluation f, interprétation f, appréciation f

1178 Auswirkung f
  e effect
  f effet m

1179 auswuchten v
  e balance
  f équilibrer

1180 Auswuchten n, dynamisches
  e dynamic balancing
  f équilibrage m dynamique

1181 Auszählen n
  e counting, count
  f comptage m

1182 Auszeit f
  e dead time
  f temps m mort

1183 Autobereifung f
  e tyre, tire [USA]
  f bandage m

1184 autogen adj
 e autogenous
 f autogène

1185 autogengeschweißt adj
 e autogenously welded
 f soudé à l'autogène

1186 Autogenschweißung f
 e autogenous welding
 f soudage m autogène

1187 Autokollimationskamera f
 e autocollimation camera
 f caméra f autocollimateur, caméra f à autocollimation f

1188 Autokorrelation f
 e autocorrelation
 f autocorrélation f

1189 Autokorrelationsfunktion f
 e autocorrelation function
 f fonction f d'autocorrélation f

1190 Automat m
 e automaton, automatic machine
 f automate m

1191 Automation f
 e automation
 f automation f

1192 automatisch adj
 e automatic(al)
 f automatique

1193 automatisieren v
 e automate
 f automatiser

1194 Automatisierung f
 e automation
 f automation f, automatisation f

1195 Autoradiographie f
 e autoradiography
 f auto-radiographie f

1196 Autoreifen m
 e tyre, tire [USA]
 f bandage m

1197 Autoteil n
 e car element
 f partie f d'auto f

1198 AVG-Diagramm n
 e DGS diagram
 f diagramme m AVG (DGG)

1199 Avogadrosche Zahl f
 e Avogadro's number, Avogadro constant
 f nombre m d'Avogadro

1200 axial adj
 e axial
 f axial

1201 Axialdruck m
 e axial pressure
 f pression f axiale

1202 axialsymmetrisch adj
 e axial symmetric(al)
 f symétrique par rapport m à l'axe m

1203 Axiom n
 e axiom
 f axiome m

1204 Azimut m
 e azimuth
 f azimut m

1205 azimutal adj
 e azimuthal
 f azimutal

B

1206 **Backe** f [Anschlag]
  e cheek, jaw, fence
  f joue f, griffe f, mâchoire f

1207 **Bad** n, elektrolytisches
  e electrolytic bath
  f bain m électrolytique

1208 **Bad** n, galvanisches
  e galvanic bath
  f bain m galvanique

1209 **Bahn** f [Eisenbahn]
  e railway [GB], railroad [USA]
  f chemin m de fer m

1210 **Bahn** f [Gewebe]
  e width
  f lé m

1211 **Bahn** f [Weg]
  e path, track, course, orbit, trajectory
  f chemin m, route f, voie f, sentier m, orbite f, trajectoire f, trace f, course f, parcours m, piste f

1212 **Bajonettverschluß** m
  e bayonet catch, bayonet fixing, bayonet joint, bayonet closure, bayonet lock
  f fermeture f à baïonnette f

1213 **Bakelit** n
  e bakelit
  f bakélite f

1214 **Balance** f
  e balance
  f balance f

1215 **Balken** m [Träger]
  e beam, girder
  f poutre f

1216 **Ballen** m [Bündel]
  e bunch, pack, packet
  f paquet m, groupe m

1217 **Ballon** m
  e balloon, bulb
  f ballon m, ampoule f

1218 **Ballung** f
  e bunching
  f groupement m

1219 **Bananenstecker** m
  e banana pin, banana jack, banana plug
  f fiche f banane

1220 **Band** n [Bereich]
  e band, range
  f bande f, gamme f

1221 **Band** m [Buchband]
  e volume, tome
  f tome m, volume m

1222 **Band** n [Förderband]
  e belt, running belt, conveyor belt
  f courroie f, bande f transporteuse, convoyeur m à bande f

1223 **Band** n [Magnetband]
  e tape, magnetic tape
  f bande f, bande f magnétique

1224 **Band** n [Meßband]
  e line, blade
  f ruban m

1225 **Band** n [Montageband]
  e line, assembly line, production line
  f chaîne f, chaîne f de montage m

1226 **Band** n [Streifen]
  e strip, strap, ribbon, tape, band
  f ruban m, cordon m, bande f

1227 **Band** n, breites
  e wide band
  f large bande f

1228 **Band** n, schmales
 e narrow band
 f bande f étroite

1229 **Band** n, weites
 e wide band
 f large bande f

1230 **Band** n einlegen
 e insert (the tape)
 f insérer la bande f

1231 **Bandage** f
 e bandage
 f bandage m

1232 **Bandbreite** f [Eisenband]
 e tape width, band width
 f largeur f de bande f, largeur f de ruban m

1233 **Bandbreite** f [Frequenzband]
 e bandwidth
 f largeur f de bande f

1234 **Bandbreitenregelung** f
 e bandwidth control
 f réglage m de largeur f de bande f, réglage m de la bande passante

1235 **Banddehnung** f [Frequenzband]
 e band spread, band spreading
 f étalement m de bande f

1236 **Banddehnung** f [Metallband]
 e tape stretching
 f laminage m du ruban

1237 **Bandeisen** n
 e band iron, tape iron, strap iron, hoop iron
 f feuillard m de fer m, fer m en ruban m

1238 **Bandeisen** n, kaltgewalztes
 e cold-rolled steel strip
 f tôle f laminée à froid

1239 **Bandfilter** m
 e band filter
 f filtre m de bande f

1240 **Bandfilterkurve** f
 e band pass response
 f courbe f de réponse f du filtre passe-bande

1241 **Bandlänge** f
 e tape length
 f longueur f de ruban m, longueur f de bande f

1242 **Bandpaß** m
 e band pass, band pass filter
 f filtre m de bande f, filtre m passe-bande

1243 **Bandpaßfilter** m
 e band pass filter
 f filtre m passe-bande

1244 **Bandsperre** n
 e band rejection, band rejection filter, band stop, band stop filter, band elimination filter
 f élimination f de bande f, filtre m d'élimination f de bande f, filtre m coupe-bande, circuit m bouchon

1245 **Bandspreizung** f
 e band spread, band spreading
 f étalement m de bande f

1246 **Barriere** f
 e barrier
 f barrière f

1247 **Base** f
 e base
 f base f

1248 **Basis** f [Basiselektrode]
 e base
 f base f

1249 **Basis** f [Fundament]
 e base, basement, foundation, substructure, bed, pedestal, bottom
 f base f, fondation f, pied m, piédestal m, fondement m, socle m

1250 **Basis** f [Grundlage]
  e basis, base, fundamentals pl
  f base f

1251 **Basis** f [Grundlinie]
  e base, base line
  f base f, ligne f de base f

1252 **Basizität** f
  e basicity
  f basicité f

1253 **Batterie** f
  e battery
  f batterie f, pile f

1254 **batteriebetrieben** adj
  e battery-operated, battery-powered, self-powered
  f alimenté par batterie f, alimenté par pile f

1255 **batteriegespeist** adj
  → batteriebetrieben

1256 **Batteriepol** m
  e battery pole
  f pôle m de batterie f

1257 **Batteriespannung** f
  e battery voltage
  f tension f de batterie f

1258 **Batteriespeisung** f
  e battery supply
  f alimentation f batterie, alimentation f par piles f/pl

1259 **Bau** m [Aufbau]
  e erection, construction
  f érection f, construction f

1260 **Bau** m [Bauart]
  e type, design, style, model, structure, construction
  f style m, structure f, construction f, type m, modèle m, réalisation f

1261 **Bau** m [Bauwerk]
  e building, edifice, construction
  f bâtiment m, édifice m, construction f, maison f

1262 **Bauart** f
  e design, type, model, style, structure, construction
  f réalisation f, style m, type m, construction f, structure f, modèle m

1263 **Bauart** f, übliche
  e standard design, standard type, conventional construction
  f réalisation f conventionnelle, construction f standard

1264 **Bauausführung** f
  e construction
  f exécution f, construction f

1265 **Bauch** m [Schwingungsbauch]
  e antinode, antinoidal point, loop
  f antinœud m, ventre m

1266 **bauchig** adj
  e bellied, convex, bulgy
  f ventru, convexe

1267 **Baueinheit** f
  e construction unit, structural element, structural part, part, component
  f élément m de construction f, partie f constituante, groupe m, composant m

1268 **Bauelement** n
  e part, component, structural element
  f composant m, pièce f détachée, élément m de construction f

1269 **Bauelementprüfung** f [Elektrotechnik]
  e (electric) component test
  f essai m de composants m/pl (électriques)

1270 **Baugrund** m
  e building foundation
  f sol m de fondation f

1271 Baugruppe f
 e construction unit, structural group
 f groupe m de construction f

1272 Baukalkprüfung f
 e test of building lime
 f essai m de chaux f à bâtir

1273 Baukastenprinzip n
 e kit system
 f technique f des kits m/pl, principe m d'éléments m/pl standardisés

1274 Baumaterial f
 e building materials pl
 f matériaux m/pl de construction f

1275 Bauschelastizität f
 e pad elasticity
 f élasticité f de tampons m/pl

1276 Baustahl m
 e construction steel, mild steel
 f acier m de construction f, acier m doux

1277 Baustein m [Einheit]
 e kit, module, assembly, structural element
 f kit m, bloc m fonctionnel, sous-ensemble m, pièce f détachée

1278 Bausteinsystem m
 e kit system, modular construction system, building block system
 f système m des kits m/pl, système m de sous-ensembles m/pl

1279 Baustelle f
 e building site, construction site, building ground, lot, building plot
 f terrain m à bâtir, emplacement m, chantier m

1280 Baustellenprüfung f
 e on-site test, in-situ testing
 f contrôle m in-situ, essai m sur chantier m

1281 Baustoff m
 e building material
 f matériaux m/pl de construction f

1282 Bauteil n
 e component, part, construction unit, structural part, structural member, structural element
 f partie f constituante, pièce f détachée, élément m de construction f, composant m

1283 Bauteil n, einwandfreies
 e perfect structure part
 f élément m sans défaut m

1284 Bauteil n, geklebtes
 e adhesive bonded structure
 f assemblage m collé

1285 Bauteil n, geschweißtes
 e welded structure
 f construction f soudée

1286 Bauweise f
 e type, design, style, construction
 f style m, type m, modèle m, réalisation f, construction f

1287 Bauweise f, gewöhnliche
 e conventional design, standard type
 f réalisation f conventionnelle, construction f standard

1288 Bauwerk n
 e building, edifice, construction
 f bâtiment m, édifice m, maison f, construction f

1289 Bauwesen n
 e civil engineering, architecture
 f travaux m/pl publics, génie m civil, architecture f

1290 beanspruchen v [anstrengen]
 e strain, stress, load, fatigue, exert
 f charger, fatiguer, contraindre, faire travailler, s'efforcer, outrer

1291 beanspruchen v (gering ~)
  e strain slightly
  f peu charger

1292 beanspruchen v (stark ~)
  e strain strongly, load very much
  f charger fortement

1293 Beanspruchung f [Anstrengung]
  e load, stress, strain, effort, exertion, duty
  f charge f, effort m, fatigue f, contrainte f, travail m

1294 Beanspruchung f, äußere
  e external strain
  f effort m externe

1295 Beanspruchung f, dielektrische
  e dielectric stress
  f effort m diélectrique

1296 Beanspruchung f, dynamische
  e dynamic stress
  f contrainte f dynamique, effort m d'oscillation f, charge f oscillante

1297 Beanspruchung f, geringe
  e little load, slight charge
  f petite charge f

1298 Beanspruchung f, innere
  e internal stress
  f effort m interne

1299 Beanspruchung f, mechanische
  e mechanical stress
  f effort m mécanique

1300 Beanspruchung f, mittlere
  e mean load
  f charge f moyenne

1301 Beanspruchung f, schwingende
  e cyclic stress
  f effort m alterné

1302 Beanspruchung f, starke
  e strong load
  f charge f forte, grand effort m

1303 Beanspruchung f, thermische
  e thermal stress
  f contrainte f thermique

1304 Beanspruchung f, übermäßige
  e overload
  f surcharge f

1305 Beanspruchung f, unzulässige
  e unallowed load, inadmissible load
  f effort m inadmissible, charge f défendue

1306 Beanspruchung f, zulässige
  e permissible load, safe load
  f effort m admissible, charge f admissible

1307 beanstanden v
  e complain (~ of), object (~ to)
  f réclamer (contre), s'opposer, critiquer, contester, objecter

1308 Beanstandung f
  e complaint, objection, rejection
  f réclamation f, objection f

1309 bearbeiten v
  e machine, finish, fashion, shape, tool, work
  f usiner, façonner, travailler, traiter

1310 bearbeitet adj (allseitig ~)
  e machined all over
  f travaillé partout

1311 Bearbeitung f
  e machining, finishing, fashioning, working, tooling, treatment
  f usinage m, façonnage m, traitement m, travail m

1312 bebildern v
  e illustrate
  f illustrer

1313 Bebilderung f
  e illustration
  f illustration f

1314 bedämpfen v
  e damp, dampen
  f amortir

1315 Bedämpfung f
  e damping
  f amortissement m

1316 bedecken v
  e cover, mask
  f couvrir, masquer, revêtir

1317 bedienen v
  e operate, work, handle, manipulate, attend (~ to)
  f opérer, desservir, manier, manœuvrer, manipuler

1318 Bedienung f [Betätigung]
  e operation, attendance, handling, control, work, manipulation
  f opération f, maniement m, manipulation f, réglage m

1319 Bedienung f [Personal]
  e operator
  f opérateur m, opératrice f

1320 Bedienungsfehler m
  e operating error
  f erreur f de manœuvre f

1321 Bedienungsknopf m
  e control knob, control button
  f bouton m de commande f, bouton m de réglage m

1322 Bedienungspult n
  e control board, control desk, control console
  f pupitre m de commande f

1323 Bedienungstaste f
  e control key
  f touche f de commande f

1324 Bedingung f
  e condition
  f condition f

1325 beeinflussen v
  e influence, affect
  f influencer, affecter

1326 Beeinflussung f
  e influence
  f influence f

1327 Beeinflussung f, gegenseitige
  e interaction, mutual influence
  f interaction f, interférence f mutuelle

1328 beeinträchtigen v
  e trouble, impair, disturb
  f compromettre, troubler, déranger, perturber

1329 beenden v
  e finish, end, terminate
  f finir, terminer, achever

1330 Beendigung f [Aufgeben]
  e abandonment, giving up, resignation
  f abandon m, résignation f

1331 Beendigung f [Ende]
  e end, termination
  f fin f, terminaison f

1332 Befehl m [Computer]
  e instruction, command
  f instruction f, commande f

1333 Befehlseingabe f
  e indication
  f indication f

1334 befestigen v
  e attach (~ on), fix, mount, fit, install, place, tighten
  f attacher, placer, poser, installer, fixer, serrer

1335 Befestigung f
  e fixing, fixture, attachment, mounting, fastening, tightening
  f fixation f, fixage m, attache f, serrage m

1336 befeuchten v
  e humidify, wet, moisten
  f mouiller, humidifier, humecter

1337 befreien v
  e release, trip, liberate, set free
  f dégager, délivrer, libérer, déclencher, relâcher

1338 Befreiung f
  e releasing, release, tripping, opening
  f déclenchement m, relâchement m, libération f

1339 Beginn m
  e beginning, start, commencement, opening
  f début m, départ m, commencement m, origine f, naissance f, ouverture f

1340 beginnen v
  e begin, start, commence
  f commencer, partir, engager

1341 Begleitwelle f
  e associated wave
  f onde f associée

1342 begrenzen v [abgrenzen]
  e limit, bound, border, separate, define
  f limiter, borner, border

1343 begrenzen v [beenden]
  e stop, finish, terminate, clip
  f finir, terminer

1344 begrenzen v [kollimieren]
  e collimate, fade out, blank
  f collimer, couper

1345 Begrenzer m
  e clipper, limiter
  f limiteur m

1346 Begrenzung f
  e limitation, limit, delimitation, boundary, demarcation
  f limitation f, limite f, délimitation f, borne f, frontière f, bordure f

1347 Behälter m [Container]
  e container
  f container m

1348 Behälter m [Druckkessel]
  e vessel
  f récipient m

1349 Behälter m [Heizkessel]
  e boiler, steam boiler
  f chaudière f, chaudron m

1350 Behälter m [Kasten, Gefäß]
  e box, case, casing, can, cage, tin, receptacle, tub, vat
  f boîte f, boîtier m, récipient m, caisse f, cuve f, cage f

1351 Behälter m [Vorratskessel]
  e tank, reservoir
  f réservoir m

1352 Behälterstutzen m
  e vessel nozzle
  f piquage m de réservoir m

1353 behandeln v [bearbeiten]
  e treat, fashion, finish, machine, shape, tool, work, handle, manipulate, process
  f usiner, façonner, traiter, travailler, manier, manipuler

1354 behandeln v [medizinisch]
  e attend (~ to)
  f soigner

1355 behandeln v [Thema]
  e deal (~ with), relate (~ to), treat
  f concerner, se rapporter [à]

1356 Behandlung f
  e treatment, fashioning, finishing, machining, tooling, working, handling
  f traitement m, usinage m, façonnage m, travail m, manipulation f, manutention f

1357 Behandlungstiefe f
 e treatment depth
 f profondeur f de traitement m

1358 beharren v
 e persist (~ in), continue
 f persister, persévérer, continuer

1359 Beharren n
 e persistence, inertia
 f persistance f, permanence f, inertie f

1360 Beharrungsvermögen n
 e vis inertia, inertia, force of inertia
 f force f d'inertie f

1361 beheben v
 e remove, clear, repair, eliminate
 f réparer, dépanner, éliminer, aplanir

1362 beheizen v
 e heat
 f chauffer

1363 behelfsmäßig adj
 e auxiliary, provisional
 f auxiliaire, provisoire

1364 Beibehalten n
 e maintenance
 f maintien m

1365 beifügen v
 e add
 f ajouter, additionner

1366 Beigabe f
 e addition, admixture, additional charge
 f addition f, additif m, charge f additionnelle

1367 beigeben v
 e add
 f additionner, ajouter

1368 Beilage f
 e annex, appendix, enclosure
 f annexe f, appendice m

1369 beimengen v
 e admix
 f mélanger, ajouter

1370 beimischen v
 → beimengen v

1371 Beimischung f
 e admixture, addition, contaminant
 f addition f, contamination f

1372 Beiwert m
 e coefficient
 f coefficient m

1373 beizen v
 e etch, corrode
 f ronger, mordre, corroder, décaper, graver

1374 Beizen n
 e etching, corrosion
 f corrosion f, gravure f

1375 Beladen n
 e charging, loading
 f chargement m

1376 Belag m [Überzug]
 e coat, coating, film, cover, covering, clothing
 f couche f, film m, couverture f, recouvrement m, enduit m, enveloppe f, dépôt m

1377 Belag m [Unterlage]
 e mat
 f tapis m, plancher m

1378 Belastbarkeit f
 e loading capacity
 f limite f de charge f, capacité f de charge f, charge f limite

1379 belasten v
 e load, charge, fatigue, stress, strain, exert
 f charger, fatiguer, faire travailler, contraindre, outrer, s'efforcer

1380 Belastung f
 e load, charge, loading, stress, strain, effort, exertion, duty
 f charge f, chargement m, effort m, fatigue f, contrainte f, travail m

1381 Belastung f, aussetzende
 e intermittent load
 f charge f intermittente

1382 Belastung f, dauernde
 e continuous load, permanent load
 f charge f constante

1383 Belastung f, dynamische
 e dynamic load
 f charge f dynamique

1384 Belastung f, effektive
 e effective load, active load, actual charge
 f charge f efficace, charge f active

1385 Belastung f, gleichmäßige
 e uniform load
 f charge f uniforme

1386 Belastung f, halbe
 e half load
 f demi-charge f, mi-charge f

1387 Belastung f, höchstzulässige
 e maximum load, load limit
 f charge f maximum, charge f admissible maximum

1388 Belastung f, konstante
 e constant load, permanent load
 f charge f constante, charge f permanente

1389 Belastung f, kurzzeitige
 e momentary load
 f charge f passagère, charge f de courte durée f

1390 Belastung f, maximale
 e maximum load
 f charge f maximum

1391 Belastung f, minimale
 e minimum load
 f charge f minimum

1392 Belastung f, pulsierende
 e oscillating load
 f charge f variable (de ... à ...)

1393 Belastung f, ruhende
 e steady load, dead load
 f charge f constante

1394 Belastung f, schwankende
 e varying load, alternating load
 f charge f variable, charge f alternante

1395 Belastung f, symmetrische
 e symmetric load, balanced load
 f charge f symétrique, charge f équilibrée

1396 Belastung f, ungleichmäßige
 e irregular load
 f charge f irrégulière

1397 Belastung f, unsymmetrische
 e unbalanced load
 f charge f asymétrique

1398 Belastung f, volle
 e full load, complete load
 f pleine charge f, charge f totale

1399 Belastung f, wachsende
 e growing load, rising load
 f charge f croissante

1400 Belastung f, wechselnde
 e changing load, varying load, alternating load
 f charge f variable, charge f variante, charge f alternante, charge f alternative

1401 Belastung f, zügige
 e tensile load
 f effort m de traction f, charge f de traction f, effort m de tension f

1402 Belastung f, zulässige
  e permissible load, allowed load, allowable load, safe load, carrying power
  f charge f admissible

1403 Belastung f, zunehmende
  e rising load, growing load
  f charge f croissante

1404 Belastungsänderung f
  e load variation
  f variation f de charge f

1405 Belastungsdauer f
  e load time, load duration
  f temps m de charge f, durée f de charge f

1406 Belastungsdiagramm n
  e load diagram
  f diagramme m de charge f

1407 Belastungsfall m
  e case of loading
  f cas m de charge f

1408 Belastungsgrenze f
  e load limit, maximum load
  f limite f de charge f, charge f limite

1409 Belastungskennlinie f
  e load characteristic, load graph
  f caractéristique f de charge f

1410 Belastungskontrolle f
  e load control, load surveillance
  f surveillance f de la charge

1411 Belastungskurve f
  e load curve, load line, working line
  f courbe f de charge f, courbe f de débit m

1412 Belastungslinie f
  → Belastungskurve f

1413 Belastungsprobe f
  e load test
  f essai m en charge f, contrôle m de charge f, épreuve f de charge f

1414 Belastungsprüfung f
  → Belastungsprobe f

1415 Belastungsschwankung f
  e load variation, load fluctuation, load change
  f variation f de charge f, fluctuation f de charge f

1416 Belastungszeit f
  e load time, load duration
  f temps m de charge f, durée f de charge f

1417 beleuchten v
  e illuminate, light
  f illuminer, éclairer

1418 Beleuchtung f
  e illumination, lighting
  f illumination f, éclairage m

1419 Beleuchtung f, diffuse
  e diffused lighting
  f éclairage m diffus

1420 Beleuchtung f, direkte
  e direct lighting
  f éclairage m direct

1421 Beleuchtung f, künstliche
  e artificial lighting
  f éclairage m artificiel

1422 Beleuchtungsmesser m
  e luxmeter
  f luxmètre m

1423 Beleuchtungsstärke f
  e illuminance, illumination, luminous intensity
  f intensité f lumineuse, intensité f d'éclairement m, éclairage m

1424 belichten v
  e expose
  f exposer

1425 Belichtung f
 e exposure
 f pose f, exposition f, prise f de vue f

1426 Belichtungsautomat m
 e automatic exposure unit
 f dispositif m automatique de pose f

1427 Belichtungsdauer f
 e exposure time
 f temps m de pose f, durée f d'exposition f

1428 Belichtungsdiagramm n
 e exposure diagram
 f diagramme m des temps m/pl de pose f

1429 Belichtungsmesser m
 e exposure meter, photometer
 f exposimètre m, posemètre m, photomètre m

1430 Belichtungszeit f
 e exposure time
 f temps m de pose f, temps m de prise f, durée f de pose f, durée f d'exposition f

1431 belüften v
 e aerate, air, ventilate
 f aérer, ventiler

1432 Belüftung f
 e ventilation
 f ventilation f

1433 bemerkenswert adj
 e remarkable
 f remarquable

1434 bemustern v
 e sample
 f échantillonner

1435 Bemusterung f
 e sampling
 f échantillonnage m

1436 benachbart adj
 e neighbouring, adjacent
 f voisin, adjacent

1437 benennen v
 e designate, denote
 f désigner, dénoter

1438 benetzen v
 e wet, moisten, humidify
 f mouiller, humidifier

1439 Benetzungsmittel n
 e wetting agent
 f détergent m, agent m humidificateur, agent m d'humectation f

1440 benutzen v
 e use, employ, utilize
 f utiliser, employer, se servir (de)

1441 Benutzer m
 e user, consumer
 f usager m, utilisateur m, consommateur m

1442 Benutzung f
 e use, usage, application
 f usage m, utilisation f, emploi m

1443 beobachten v
 e observe, view, watch
 f observer, voir, regarder

1444 Beobachtung f
 e observation, viewing, watching
 f observation f, mise f en évidence f, mise f au point, remarque f

1445 berechenbar adj
 e calculable, computable
 f calculable

1446 berechnen v
 e calculate, compute
 f calculer

1447 Berechnung f
 e calculation, computation, computing, evaluation
 f calcul m, évaluation f

1448 Berechnung f, ungefähre
e rough estimate
f devis m approximatif, estimation f approximative

1449 Berechnungsbeispiel n
e example of calculation
f exemple m de calcul m

1450 Berechnungsformel f
e formula [of calculation]
f règle f à calcul m

1451 Beregnungsversuch m
e shower test
f essai m d'arrosage m

1452 Bereich m [Abteilung]
e department, section, division
f département m, section f, division f, rayon m

1453 Bereich m [Ausdehnung]
e extent, reach, range, scope
f étendue f, portée f

1454 Bereich m [Band]
e band, range
f bande f, gamme f

1455 Bereich m [Gebiet]
e region, area, domain, zone, district, field, sphere
f région f, domaine m, zone f, district m, régime m

1456 Bereich m [Skala]
e range
f gamme f de lecture f

1457 Bereich m, sichtbarer
e visible region
f région f visible

1458 Bereiche m/pl (mit zwei ~n)
e double-range ...
f ... à deux lectures f/pl

1459 Bereichsschalter m
e range switch, band switch, band selector
f commutateur m de gammes f/pl, sélecteur m de bande f

1460 Bereichswähler m
e band selector
f sélecteur m de gamme f

1461 Berg m [Wellenberg]
e peak, crest
f crête f, sommet m, point m haut

1462 Bericht m
e report, message, account
f rapport m, bulletin m, compte m rendu

1463 berichten v
e report (~ on), inform (~ of), cover
f rapporter, référer, informer, rendre compte m

1464 berichtigen v
e correct, amend, set right
f corriger, rectifier

1465 Berichtigung f
e correction, amendment
f correction f, corrigé m

1466 Berstdruck m
e burst pressure, bursting pressure
f pression f d'éclatement m

1467 beruhigen f
e calm, smooth, stabilize, damp, steady
f calmer, rassurer, stabiliser

1468 Beruhigung f
e damping, smoothing
f stabilisation f

1469 berühren v
e touch, contact, make contact, come into contact
f toucher, contacter

1470 Berührung f [Kontakt]
 e contact, touch
 f contact m, attouchement m

1471 Berührung f [Kurven]
 e osculation
 f osculation f

1472 Berührungslinie f
 e tangent line, tangent, contact line
 f tangente f, ligne f de contact m

1473 berührungslos adj
 e contactless, noncontact
 f sans contact m

1474 Berührungsschutz m
 e protection against accidental contact, shock-proof protection
 f protection f contre le contact accidentel

1475 Beryllium n [Be]
 e beryllium, glucinum
 f béryllium m, glucinium m

1476 beschädigt adj
 e defective, injured, disabled
 f défectueux, endommagé, avarié, désemparé

1477 Beschädigung f
 e damage, injury
 f dommage m, dégât m, lésion f, avarie f

1478 Beschaffenheit f
 e consistence, consistency, condition, nature, state, quality
 f constitution f, consistance f, condition f, nature f, état m, qualité f

1479 Bescheinigung f [über]
 e certificate ($\sim$ on)
 f certificat m [de]

1480 Beschichtung f
 e coating, coat, film
 f couche f, film m, couverte f, couverture f

1481 Beschicken n
 e charging, loading
 f chargement m

1482 Beschickungsfläche f
 e charging area
 f aire f de chargement m

1483 beschießen v
 e bombard
 f bombarder

1484 Beschießen n
 e bombardment
 f bombardement m

1485 beschleunigen v
 e accelerate, speed up
 f accélérer

1486 Beschleuniger m
 e accelerator
 f accélérateur m

1487 Beschleunigung f
 e acceleration
 f accélération f

1488 Beschleunigungsbereich m
 e accelerating area, accelerating region
 f zone f d'accélération f, région f d'accélération f

1489 Beschleunigungselektrode f
 e accelerating electrode
 f électrode f accélératrice, électrode f d'accélération f

1490 Beschleunigungsfeld n
 e accelerating field
 f champ m accélérateur, champ m d'accélération f

1491 Beschleunigungskammer f
 e accelerating chamber
 f chambre f d'accélération f

1492 Beschleunigungskraft f
 e accelerating force
 f force f accélératrice, force f d'accélération f

1493 Beschleunigungsspalt m
  e accelerating gap, accelerating slit
  f fente f d'accélération f

1494 Beschleunigungszone f
  e accelerating area
  f zone f d'accélération f

1495 beschneiden v [Frequenzband]
  e clip, cut off
  f couper

1496 Beschuß m
  e bombardment
  f bombardement m

1497 beseitigen v [Fehler]
  e repair, clear, eliminate, remove
  f réparer, dépanner, éliminer

1498 besichtigen v
  e inspect, view
  f inspecter, examiner

1499 Besichtigung f
  e inspection, examination
  f inspection f, examen m

1500 Besonderheit f
  e feature, speciality
  f propriété f particulière, spécialité f

1501 bespülen v
  e rinse
  f rincer, baigner

1502 Bespülung f
  e rinsing
  f rinçage m

1503 beständig adj
  e constant, continuous, steady, permanent, stable, sustained, persevering
  f constant, continu, permanent, stable, assidu

1504 Bestandteil m
  e part, constituent, component, element
  f partie f, constituant m, partie f constituante, composant m, élément m, ingrédient m

1505 bestehen v (~ aus)
  e consist (~ of), be made up (~ of), be composed (~ of)
  f composer [de], consister [en]

1506 Bestimmung f [Definition]
  e definition
  f définition f

1507 Bestimmung f [Ermittlung]
  e determination, identification, evaluation
  f détermination f, évaluation f

1508 Bestimmung f [Vorschrift]
  e specification, prescription
  f spécification f, prescription f

1509 bestrahlen v
  e irradiate
  f irradier

1510 Bestrahlung f
  e irradiation
  f irradiation f

1511 Bestrahlungskanal m
  e beam hole
  f trou m de faisceau m

1512 Bestrahlungskapsel f
  e irradiation cell
  f capsule f d'irradiation f

1513 Bestrahlungsposition f
  e irradiation position
  f position f d'irradiation f

1514 Bestrahlungsschaden m
  e radiation injury
  f radiolésion f

1515 Bestrahlungstechnik f
  e irradiation technique
  f technique f d'irradiation f

1516 Bestrahlungstrommel f
  e irradiation drum
  f tambour m d'irradiation f

1517 bestücken v [mit]
  e equip (~ with)
  f équiper [de]

1518 Bestückung f
  e equipment
  f équipement m

1519 Bestwert m
  e optimum, optima pl
  f optimum m, optima m/pl

1520 Beta-Aktivität f
  e beta activity, beta-radioactivity
  f activité f bêta, radioactivité f bêta

1521 Beta-Emission f
  e beta emission, beta-ray emission
  f émission f bêta

1522 Beta-Kammer f
  e beta counter
  f compteur m bêta

1523 Beta-Nulleffekt m
  e beta-background
  f fond m bêta

1524 Beta-Phase f
  e beta phase
  f phase f bêta

1525 Betarückstreuung f
  e beta backscattering
  f diffusion f bêta en retour m, rétrodiffusion f bêta

1526 Beta-Strahl m
  e beta ray
  f rayon m bêta

1527 Betastrahler m
  e beta emitter
  f émetteur m bêta

1528 Beta-Strahlung f
  e beta radiation, beta emission, beta-ray emission
  f rayonnement m bêta, radiation f bêta, émission f bêta

1529 betätigen v
  e operate, handle, work, attend (~ to), manipulate, actuate, command, control
  f opérer, manœuvrer, desservir, manier, actionner, fonctionner, commander

1530 Betätigung f
  e operation, handling, attendance, control, work, manipulation, command
  f opération f, maniement m, manipulation f, réglage m, action f, actionnement m, manœuvre f

1531 Betatron n
  e betatron
  f bêtatron m

1532 Beta-Untergrund m
  e beta background
  f fond m bêta

1533 Beta-Zähler m
  e beta counter
  f compteur m bêta

1534 Beton m
  e concrete
  f béton m

1535 betonieren v
  e concrete
  f bétonner

1536 Betonieren n
  e concreting
  f bétonnage m

1537 Betonmantel m
  e concrete envelope
  f enveloppe f en béton m

1538 Betonprüfung f
  e concrete test
  f essai m de béton m

1539 Betonschutz m
  e concrete shield
  f protection f en béton m, carapace f en béton m

1540 **Betonstahlprüfung** f
 e armoured concrete test
 f essai m de béton m armé

1541 **Betonzuschlagprüfung** f
 e test of concrete aggregate
 f essai m d'agrégat m de béton m

1542 **betrachten** v
 e view, observe, watch
 f observer, voir, regarder

1543 **Betrachtung** f [Beobachtung]
 e observation, viewing, watching
 f observation f, mise f en évidence f, remarque f, mise f au point

1544 **Betrachtung** f [Überlegung]
 e consideration
 f considération f, réflexion f

1545 **Betrachtungsabstand** m
 e viewing distance
 f distance f d'observation f

1546 **Betrachtungsbedingung** f
 e viewing condition
 f condition f d'observation f

1547 **Betrachtungsleuchtdichte** f
 e viewing luminous density
 f luminance f d'observation f, luminance f observée

1548 **Betrachtungswinkel** m
 e viewing angle
 f angle m d'observation f

1549 **Betrag** m
 e amount, quantity, magnitude
 f taux m, quantité f

1550 **betreiben** v
 e operate, work, run
 f exploiter, opérer

1551 **Betrieb** m (außer ~)
 e out of service, at rest
 f hors service m

1552 **Betrieb** m (außer ~ setzen)
 e stop, put out of service, put out of operation
 f arrêter, mettre hors service m, mettre hors fonctionnement m

1553 **Betrieb** m [Betriebsablauf]
 e operation, exploitation, service, action, working, functioning
 f opération f, exploitation f, service m, fonctionnement m, action f, marche f

1554 **Betrieb** m (in ~)
 e in service, in gear, working, running
 f en service m, en marche f

1555 **Betrieb** m (in ~ setzen)
 e start, put into service, set to work
 f démarrer, mettre en service m, mettre en marche f

1556 **Betrieb** m [Werk]
 e plant, works pl, installation, factory
 f usine f, fabrique f, installation f

1557 **Betriebsablauf** m
 e operation, exploitation, service, action, working, functioning
 f opération f, exploitation f, service m, fonctionnement m, action f, marche f

1558 **Betriebsbedingungen** f/pl
 e operating condition pl, service conditions pl, working conditions pl
 f conditions f/pl de service m, conditions f/pl de fonctionnement m

1559 **Betriebsdaten** n/pl
 e operating data, working data
 f données f/pl de service m

1560 **Betriebsfestigkeit** f
 e fatigue strength
 f résistance f à la fatigue

1561 **Betriebsprüfung** f
 e functional test
 f essai m de fonctionnement m

1562 Betriebssicherheit f
 e operational safety
 f sécurité f d'exploitation f, sécurité f de marche f

1563 Betriebsstörung f
 e breakdown, operating trouble, interruption, disturbance
 f panne f, trouble m d'exploitation f, dérangement m de service m

1564 Betriebsüberwachung f
 e operation supervision, operating survey, plant surveillance, operating observation, operating control
 f surveillance f d'exploitation f, contrôle m d'exploitation f, observation f du service

1565 Betriebsverhalten n
 e operating behaviour
 f comportement m d'opération f

1566 Betriebsvorschrift f
 e service instruction
 f instruction f de service m

1567 Bett n [Bettung]
 e base, bed, bed-plate, bottom, foundation
 f base f, fondement m, plancher m, socle m

1568 Beugung f
 e diffraction
 f diffraction f

1569 Beugungsbild n
 e diffraction pattern
 f figure f de diffraction f

1570 Beugungsdiagramm n
 → Beugungsbild n

1571 Beugungserscheinung f
 e diffraction phenomenon
 f phénomène m de diffraction f

1572 Beugungsfigur f
 e diffraction pattern
 f figure f de diffraction f

1573 Beugungsfokussierung f
 e diffractional focusing
 f focalisation f diffractive

1574 Beugungsgitter n
 e diffraction grid, diffraction grating
 f réseau m de diffraction f

1575 Beugungsstreuung f
 e diffraction scattering
 f diffusion f diffractive

1576 Beugungsverfahren n
 e diffraction method
 f méthode f de diffraction f

1577 Beugungswinkel m
 e diffraction angle
 f angle m de diffraction f

1578 Beulbeanspruchung f [Platte]
 e buckling stress
 f effort m de flambage m, charge f de pliage m

1579 Beule f
 e bulge, buckle, buckling
 f bosse f, cabosse f, enflure f, voilement m, évasement m

1580 Beulfestigkeit f [Platte]
 e buckling strength, breaking strength
 f résistance f au flambage, résistance f au pliage

1581 Beulspannung f [Platte]
 e buckling strain
 f tension f de flambage m

1582 Beulversuch m [Platte]
 e buckling test
 f essai m de flambage m

1583 Beurteilung f
 e assessment, estimation, interpretation, evaluation, weighting rating
 f appréciation f, estimation f, évaluation f, interprétation f, pondération f

1584 beweglich adj
 e mobile, movable, moving, portable, flexible, loose, transportable
 f mobile, agile, portable, transportable, flexible, mouvant

1585 Beweglichkeit f
 e mobility
 f mobilité f

1586 bewegt adj
 e agitated, moved
 f agité

1587 Bewegung f
 e motion, movement, agitation
 f mouvement m, marche f, agitation f

1588 Bewegung f (in ~ setzen)
 e put in motion, drive, move, actuate
 f mettre en marche f, mettre en action f, actionner

1589 Bewegungsenergie f
 e kinetic energy
 f énergie f cinétique

1590 bewegungslos adj
 e motionless
 f immobile

1591 Bewegungsunschärfe f
 e motion unsharpness, motion displacement
 f flou m par mouvement m

1592 bewehren v
 e armour, protect
 f armer, blinder, protéger

1593 Bewehrung f
 e armouring, armour, protection, sheathing
 f armure f, blindage m, protection f

1594 bewerten v
 e weight, assess
 f pondérer, évaluer

1595 Bewertung f [Einschätzung]
 e appreciation, evaluation
 f appréciation f, évaluation f

1596 Bewertung f [Gewichtigkeit]
 e weighting
 f pondération f

1597 bewirken v
 e effectuate, cause, produce, do, counteract
 f effectuer, causer, faire

1598 Bewitterungsverhalten n
 e weathering behaviour
 f comportement m aux agents m/pl atmosphériques

1599 Bewitterungsversuch m
 e weathering test
 f essai m de résistance f aux intempéries f/pl

1600 bezeichnen v
 e designate, denote, mark
 f désigner, dénoter, marquer

1601 Beziehung f
 e relation, relationship, correlation
 f relation f, corrélation f

1602 Bezug m [Vergleich]
 e reference, comparison
 f référence f, comparaison f

1603 Bezugsaufnahme f [Radiografie]
 e reference exposure
 f cliché m de référence f

1604 Bezugsfehler m
 e reference defect
 f défaut m de référence f

1605 Bezugsnormal n
 e reference standard
 f standard m de référence f

1606 Bezugspegel m
 e reference level
 f niveau m de référence f

1607 Bezugsreflektor m
  e reference reflector
  f réflecteur m de référence f

1608 Bezugssignal n
  e reference signal
  f signal m de référence f

1609 Bezugsspannung f, elektrische
  e reference voltage, comparison voltage
  f tension f de référence f, tension f étalon

1610 Biegebeanspruchung f
  e bending stress
  f effort m de flexion f

1611 Biegefestigkeit f
  e bending resistance, bending strength
  f résistance f à la flexion, résistance f au pliage

1612 Biegemoment n
  e bending moment
  f moment m de flexion f

1613 biegen v
  e bend, curve, crook
  f plier, courber

1614 Biegeprobe f [Versuch]
  e bend test, bending test
  f essai m de pliage m, essai m de flexion f

1615 Biegeprüfung f
  → Biegeprobe f

1616 Biegeschwingversuch m
  e bending vibration test
  f essai m des vibrations f/pl dues à la flexion

1617 Biegeversuch m
  e bend test, bending test
  f essai m de pliage m, essai m de flexion f

1618 Biegewechselfestigkeit f
  e bending fatigue strength
  f résistance f à la flexion alternée

1619 Biegewelle f
  e Lamb wave, plate wave, compressional wave, bending wave
  f onde f de Lamb, onde f de compression f, onde f de flexion f

1620 Biegsamkeit f
  e pliability, flexibility
  f souplesse f, flexibilité f

1621 Biegung f [Durchbiegung]
  e sagging, flexure, deflection
  f courbement m, courbage m

1622 Biegung f [mechanische Beanspruchung]
  e bend, bending
  f pliage m, flexion f

1623 Biegung f [Straße]
  e turn, curve
  f courbe f, virage m

1624 Biegungsbeanspruchung f
  e bending stress
  f effort m de flexion f

1625 Biegungsfestigkeit f
  e resistance to bending strain, strength of flexure, transverse strength
  f résistance f à la flexion

1626 Biegungsmoment n
  e bending moment
  f moment m de flexion f

1627 Biegungsspannung f
  e transverse strain
  f tension f de flexion f

1628 bifokal adj
  e bifocal
  f à double foyer m, bifocal

1629 Bild n [Darstellung]
 e image, picture, pattern, display, imaging
 f image f, cliché m

1630 Bild n [Illustration]
 e figure, illustration
 f figure f, illustration f

1631 Bild n [Kunstwerk]
 e picture
 f peinture f, tableau m, image f

1632 Bild n, kontrastreiches
 e image with the best contrast
 f cliché m contrasté

1633 Bild n, scharfes
 e image with high resolution
 f cliché m net, image f nette

1634 Bildabtastung f
 e picture scanning, picture scan
 f balayage m d'image f

1635 Bildanalyse f
 e image analysis
 f analyse f d'image f

1636 Bildauflösung f
 e picture definition
 f définition f de l'image f

1637 Bildaufzeichnung f
 e image recording
 f enregistrement m de l'image f

1638 Bildebene f
 e image plane
 f plan m d'image f

1639 bilden v [entstehen]
 e originate, result
 f naître, résulter

1640 bilden v [formen]
 e form
 f former

1641 Bildfehler m
 e image defect, image distortion
 f défaut m d'image f, distorsion f d'image f

1642 Bildgüte f
 e image quality
 f qualité f d'image f

1643 Bildgüteanzeiger m [Radiographie]
 e image quality indicator [=I.Q.I.]
 f indicateur m de qualité f d'image f [=I.Q.I.]

1644 Bildhelligkeit f
 e image brightness
 f luminosité f de l'image f

1645 Bildkontrast m
 e image contrast
 f contraste m d'image f

1646 Bildqualität f
 e image quality
 f qualité f d'image f

1647 Bildschärfe f
 e image sharpness, image definition
 f netteté f de l'image f, définition f de l'image f

1648 Bildschärfe f, hohe
 e high resolution
 f netteté f élévée

1649 Bildschirm m
 e viewing screen, picture screen
 f écran m image

1650 Bildschirmhöhe f
 e screen height
 f hauteur f d'écran m

1651 Bildspeicher m
 e image store, image memory
 f mémoire f image

1652 Bildspeicherröhre f
 e image storage tube
 f tube m image enregistreur, tube m mémoire d'image f

1653 Bildstruktur f
 e image structure, picture structure
 f structure f de l'image f

1654 Bildübertragung f
 e image transmission
 f transmission f d'image f

1655 Bildung f [Entstehung]
 e formation, forming
 f formation f

1656 Bildungsmechanismus m
 e formation mechanism
 f mécanisme m de formation f

1657 Bildunschärfe f
 e image unsharpness, lack of image definition
 f flou m d'image f

1658 Bildverarbeitung f
 e image treatment
 f traitement m d'image f

1659 Bildverarbeitungsverfahren n
 e method of image treatment
 f procédé m du traitement d'image f

1660 Bildverfahren n
 e imaging method
 f méthode f de représentation f d'images f/pl

1661 Bildverstärker m
 e image intensifier, video amplifier
 f amplificateur m image, amplificateur m vidéo, intensificateur m d'images f/pl

1662 Bildverstärkerröhre f
 e image intensifier tube
 f tube m intensificateur d'images f/pl

1663 Bildverzerrung f
 e image distortion
 f distorsion f de l'image f

1664 Bildwandler m
 e image converter
 f convertisseur m d'image f

1665 Bildwiedergabe f
 e image reproduction
 f reproduction f de l'image f

1666 Bimetall n
 e bimetal
 f bimétal m

1667 bimetallisch adj
 e bimetallic
 f bimétallique

1668 Bimetallstreifen m
 e bimetallic strip
 f lame f bimétallique

1669 binär adj
 e binary
 f binaire

1670 Binärdarstellung f
 e binary notation
 f notation f binaire

1671 Bindefehler m [Fügetechnik]
 e lack of fusion, incomplete fusion
 f manque m de fusion f

1672 Bindefestigkeit f [Metallklebung]
 e shear strength
 f résistance f au cisaillement

1673 Bindemittel n
 e bonding medium
 f agent m de fusion f

1674 Bindung f [chemisch]
 e binding, bond
 f liaison f, combinaison f

1675 Bindung f [Fügetechnik]
 e fusion, bonding
 f fusion f, liaison f

1676 **Bindung** f [Verband]
　e link, linkage
　f liaison f

1677 **Bindung** f, atomare
　e atomic bond, covalent bond
　f liaison f atomique

1678 **Bindung** f, chemische
　e chemical binding, chemical bond
　f liaison f chimique

1679 **Bindung** f, starre
　e rigid linkage
　f liaison f rigide

1680 **Bindung** f, unzureichende
　e insufficient fusion
　f fusion f insuffisante

1681 **Bindungsenergie** f, nukleare
　e nuclear binding energy
　f énergie f de liaison f nucléaire

1682 **bipolar** adj
　e bipolar
　f bipolaire

1683 **Birne** f [Glühbirne]
　e bulb
　f ampoule f

1684 **Birne** f [Konverter]
　e converter
　f convertisseur m

1685 **bistabil** adj
　e bistable
　f bistable

1686 **Bitumenteerprüfung** f
　e bituminous tar test
　f essai m de goudron m bitumineux

1687 **blank** adj [Draht]
　e bare, naked
　f nu

1688 **blank** adj [glänzend]
　e clear, bright, polished
　f brillant, poli, blanc

1689 **blank** adj [Schraube]
　e finished
　f fini

1690 **Blanket** n [Brutmantel]
　e blanket, breeding blanket
　f enveloppe f fertile

1691 **Blase** f [allgemein]
　e bubble
　f bulle f, ampoule f

1692 **Blase** f [Materialfehler]
　e blister
　f soufflure f

1693 **Blasenbildung** f [allgemein]
　e bubbling, bubble formation
　f formation f de bulles f/pl

1694 **Blasenbildung** f [im Metall]
　e blister formation
　f formation f de soufflures f/pl

1695 **blasenfrei** adj
　e without bubbles pl, nonporous, dense, without blisters pl
　f sans bulles f/pl, sans soufflures f/pl

1696 **Blasenkammer** f
　e bubble chamber
　f chambre f à bulles f/pl

1697 **blasenlos** adj
　→ blasenfrei

1698 **blasig** adj
　e bubbly, blistery
　f bulleux, vésiculeux, plein de soufflures f/pl

1699 **Blatt** n [allgemein]
　e leaf
　f feuille f

1700 Blatt n [Klinge]
e blade
f lame f

1701 Blatt n [Papier]
e sheet, paper, page
f feuillet m, page f

1702 Blatt n [Streifenblatt]
e strip chart, chart
f bande f de papier m

1703 blätterförmig adj
e leafy
f en feuilles f/pl

1704 blattförmig adj
→ blätterförmig adj

1705 Blattschreiber m
e strip chart recorder, chartprinter
f enregistreur m sur bande f, appareil m imprimeur sur bande f

1706 Blech n
e sheet, sheet metal
f tôle f

1707 Blech n, beschichtetes
e coated sheet
f tôle f enduite

1708 Blech n, legiertes
e alloyed sheet
f tôle f d'alliage m, tôle f alliée

1709 Blechband n
e sheet strip
f ruban m de tôle f

1710 Blechbearbeitung f
e plate working, sheet machining
f façonnage m des tôles f/pl, usinage m de tôles f/pl

1711 Blechdicke f
e plate thickness
f épaisseur f de tôle f

1712 Blechkante f
e sheet edge
f arête f de tôle f, bord m de tôle f

1713 Blechpaket n
e sheet-metal bunch
f empilage m de tôle f

1714 Blechplatte f
e sheet-metal plate
f plaque f de tôle f

1715 Blechprofil n
e sheet-metal profile
f profilé m de tôle f

1716 Blechprüfung f
e plate testing
f contrôle m de tôle f

1717 Blechrand m
e sheet edge
f bord m de tôle f

1718 Blechstärke f
e plate thickness
f épaisseur f de tôle f

1719 Blechstraße f
e plate mill
f train m pour tôles f/pl

1720 Blechstreifen m
e sheet-metal strip
f ruban m en tôle f

1721 Blechtafel f
e sheet-metal plate
f feuille f de tôle f

1722 Blechverkleidung f
e sheeting
f revêtement m en tôle f, blindage m en tôle f, chemise f en tôle f

1723 Blei n, gewalztes
e rolled lead
f plomb m laminé

1724 **Blei** n, schwammiges
 e spongy lead
 f plomb m spongieux

1725 **Bleiabschirmung** f
 e lead screen, lead screening
 f écran m en plomb m

1726 **Bleiauskleidung** f
 e lead lining
 f revêtement m en plomb m

1727 **Bleibarren** m
 e lead lump, lead pig
 f pain m de plomb m, saumon m de plomb m

1728 **Bleibehälter** m
 e leaden container
 f récipient m en plomb m

1729 **Bleiblech** n
 e lead sheet
 f tôle f en plomb m, plaque f de plomb m

1730 **Bleibronze** f
 e lead bronze
 f bronze m chinois

1731 **bleichen** v
 e bleach, fade
 f blanchir, décolorer

1732 **Bleidichtung** f
 e lead joint, lead packing
 f joint m au plomb, garniture f en plomb m

1733 **bleiern** adj
 e leaden, of lead
 f en plomb m, de plomb m, plombé

1734 **Bleifilter** m
 e lead filter
 f filtre m en plomb m

1735 **Bleifolie** f [allgemein]
 e lead foil
 f feuille f de plomb m, feuille f en plomb m

1736 **Bleifolie** f [Radiografie]
 e lead screen
 f écran m en plomb m

1737 **Bleiglas** n
 e lead-glass
 f verre m de plomb m

1738 **bleihaltig** adj
 e plumbiferous
 f plombifère

1739 **Bleimantel** m
 e lead covering
 f enveloppe f en plomb m, garniture f de plomb m

1740 **Bleiplatte** f
 e lead plate, sheet of lead
 f table f de plomb m

1741 **Bleirohr** n
 e lead pipe, leaden pipe
 f gaine f de plomb m, tube m en plomb m, tuyau m de plomb m

1742 **Bleiummantelung** f
 → Bleimantel m

1743 **Bleiverkleidung** f
 e lead lining
 f revêtement m en plomb m

1744 **Blende** f [Abdeckung]
 e mask, masking, diaphragm
 f masque m, masquage m, diaphragme m

1745 **Blende** f [Abschirmung]
 e screen
 f écran m

1746 **Blende** f [Einfassung]
 e escutcheon, trim-plate
 f écran m, cadre m, charpente f

1747 **Blende** f [Kollimator]
 e collimator
 f collimateur m

1748 **Blendenöffnung** f
 e aperture of diaphragm
 f ouverture f de diaphragme m

1749 **Blickwinkel** m
 e angle of viewing
 f angle m de visée f

1750 **Blindanteil** m
 e reactive component
 f composante f réactive

1751 **Blindenergie** f
 e reactive energy
 f énergie f réactive

1752 **Blindkomponente** f
 e reactive component
 f composante f réactive

1753 **Blindwiderstand** m
 e reactance
 f réactance f

1754 **Blinker** m [Blinkeinrichtung]
 e flasher unit
 f feu m clignotant

1755 **Blitzlicht** n
 e flashlight
 f lumière f flash

1756 **Blitzradiographie** f
 e flashlight radiography
 f radiographie f à éclair m

1757 **Blitzschutz** m
 e lightning protection, lightning arrester
 f protection f antifoudre, installation f parafoudres

1758 **Block** m [allgemein]
 e block
 f bloc m

1759 **Block** m [Metallblock]
 e ingot
 f lingot m, barre f

1760 **Block** m, vorgewalzter
 e bloom, billet
 f bloom m, billette f

1761 **Blockdiagramm** n
 e block diagram
 f schéma m bloc, diagramme m d'ensemble m

1762 **blockieren** v
 e block, stop, lock
 f bloquer, arrêter, stopper

1763 **Blockschaltbild** n
 e block diagram, block
 f diagramme m d'ensemble m, schéma m bloc

1764 **Blockschema** n
 e block schematic diagram, block diagram
 f schéma m bloc, diagramme m d'ensemble m

1765 **Blocktechnologie** f
 e block technology
 f technologie f de bloc m

1766 **Blumenbildung** f [Materialfehler]
 e spangle formation
 f formation f de fleurs f/pl

1767 **Boden** m [Dachboden]
 e garret, loft, attic
 f grenier m

1768 **Boden** m [Erdboden]
 e soil, ground, earth
 f sol m, terre f, terrain m

1769 **Boden** m [Fußboden]
 e floor
 f plancher m

1770 **Boden** m [Grund]
 e bottom
 f fond m

1771 **Boden** m [Unterlage]
 e base, foundation, bed
 f base f, fondement m, socle m

1772 **Bodenplatte** f
 e base plate, bed-plate, bottom plate
 f plaque f de base f, plateau m de fond m

1773 **Bodensatz** m
 e deposit, deposition, precipitate
 f dépôt m, précipitation f, sédimentation f

1774 **Bodenspule** f
 e base coil
 f bobine f de base f

1775 **Bogen** m [Bauwerk]
 e arch
 f arche f

1776 **Bogen** m [Krümmung]
 e curve, curvature, bend
 f courbure f, courbe f

1777 **Bogen** m [Lichtbogen]
 e arc
 f arc m

1778 **Bogen** m [Mathematik]
 e arc, bow
 f arc m, cintre m

1779 **Bogen** m [Papier]
 e sheet
 f feuille f

1780 **Bogenentladung** f
 e arc discharge
 f décharge f par arc m

1781 **Bogenschweißung** f
 e arc welding
 f soudure f à l'arc

1782 **bohren** v [allgemein]
 e drill
 f forer

1783 **bohren** v [aufbohren, ausbohren]
 e bore
 f forer, aléser

1784 **bohren** v [Brunnen]
 e sink [a well]
 f creuser, foncer, forer [un puits]

1785 **bohren** v [durchbohren]
 e pierce
 f percer, perforer

1786 **bohren** v [Gewinde]
 e tap
 f tarauder

1787 **Bohrloch** n
 e bore-hole, bore, boring, drill hole
 f trou m, percement m, puits m de forage m

1788 **Bohrloch** n, zylindrisches
 e cylindrical bore-hole
 f percement m cylindrique, trou m cylindrique

1789 **Bohrlochuntersuchung** f
 e bore-hole logging
 f carottage m

1790 **Bohrsches Atommodell** n
 e Bohr atom model
 f modèle m atomique de Bohr

1791 **Bohrung** f
 e boring, bore-hole, hole, drilling
 f perçage m, percement m, forage m, forure f, trou m, ouverture f

1792 **Bohrung** f, zylindrische
 e cylindrical bore-hole
 f trou m cylindrique, percement m cylindrique

1793 **Bolometer** n
 e bolometer
 f bolomètre m

1794 Boltzmannsche Konstante f
  e Boltzmann's constant
  f constante f de Boltzmann

1795 Bolzen m
  e bolt, pin, peg, stud, gudgeon
  f boulon m, cheville f, goujon m

1796 Bombardement n
  e bombardment
  f bombardement m

1797 Bombardierung f
  → Bombardement n

1798 Bor n [B]
  e boron
  f bore m

1799 Bor n, mit
  e borated
  f boré, revêtu de bore m, contenant de bore m

1800 Borauskleidung f
  e boron lining
  f revêtement m de bore m

1801 Bördelversuch m
  e flanging test
  f essai m de rabattement m de collerette f

1802 boriert adj
  e borated
  f boré

1803 Bor-Ionisationskammer f
  e boron-filled ionization chamber
  f chambre f d'ionisation f à bore m

1804 Borstahl m
  e boron steel
  f acier m à bore m

1805 Borzählrohr n
  e boron counter tube, boron-filled counter
  f tube m compteur à bore m

1806 Bottich m
  e tub, vat
  f bac m, cuve f

1807 Box f
  e box
  f boîte f

1808 Bragg-Beugung f
  e Bragg diffraction
  f diffraction f de Bragg

1809 Bragg-Reflexion f
  e Bragg reflection
  f réflexion f de Bragg

1810 Braggsche Gleichung f
  e Bragg's equation
  f équation f de Bragg

1811 Braggsche Streuung f
  e Bragg scattering
  f diffusion f de Bragg

1812 Bramme f
  e slab, bloom
  f brame f, bloom m

1813 Brammenstraße f
  e slabbing mill
  f train m à brames f/pl

1814 brauchbar adj
  e useful, efficient, serviceable
  f utilisable, utile, efficace, puissant, capable

1815 Brauchbarkeitsdauer f
  e service life
  f longévité f

1816 Braunfärbung f
  e brown coloration
  f coloration f brune

1817 brechen v [Strahl]
  e refract
  f réfracter

1818 brechen v [zerbrechen]
 e break, fracture, split, crash, crush
 f se casser, se briser, se rompre

1819 Brechen n
 e breaking, crushing, rupture
 f rupture f, broyage m, pulvérisation f

1820 Brechung f
 e refraction
 f réfraction f

1821 Brechungsindex m
 e refraction index, refractive index
 f indice m de réfraction f

1822 Brechungsvermögen n
 e refractive power, refrangibility
 f puissance f de réfraction f, réfrangibilité f

1823 Brechungswinkel m
 e angle of refraction, refracting angle
 f angle m de réfraction f

1824 Breitband n
 e wide band
 f large bande f

1825 breitbandig adj [Frequenzband]
 e wide band ...
 f ... à large bande f

1826 Breitbandverstärker m
 e wide-band amplifier, broad-band amplifier
 f amplificateur m à large bande f

1827 Breite f
 e width, breadth
 f largeur f

1828 Breitenschwankung f
 e width fluctuation
 f variation f de largeur f

1829 Bremsmoment n
 e braking moment, braking torque
 f couple m de freinage m, couple m freinant

1830 Bremsspektrum n
 e spectrum of bremsstrahlung
 f spectre m du rayonnement indépendant

1831 Bremsstrahlung f
 e bremsstrahlung, continuous radiation
 f rayonnement m indépendant

1832 Bremsung f
 e delay, braking
 f freinage m, ralentissement m, retard m

1833 Bremsversuch m
 e braking test
 f essai m de freinage m

1834 brennbar adj
 e combustible
 f combustible

1835 Brennelement n
 e fuel element, fuel assembly
 f élément m combustible

1836 Brennelementbündel n
 e cluster of fuel elements pl
 f paquet m d'éléments m/pl combustibles

1837 Brennelementhülle f
 e can, jacket [of a fuel element]
 f tube m, gaine f, enveloppe f [d'un élément combustible]

1838 Brennelementkasten m
 e case for fuel elements pl
 f caisson m à éléments m/pl combustibles

1839 Brennen n [Rösten]
 e calcination
 f calcination f

1840 Brennfleck m
 e focal spot
 f spot m focal, spot m lumineux

1841 **Brennpunkt** m
 e focus, focal point, focusing point
 f foyer m

1842 **Brennschneidprüfung** f [von Flächen]
 e test of torch-cut plates pl
 f essai m de tôles f/pl découpées au chalumeau

1843 **Brennstab** m
 e fuel rod, fuel pin
 f crayon m combustible, barreau m combustible

1844 **Brennstabhülse** f
 e case [for fuel rods]
 f tube m de gainage m

1845 **Brennstoff** m
 e fuel, combustible
 f carburant m, combustible m

1846 **Brennstoffbündel** n
 e cluster of fuel elements pl
 f paquet m d'éléments m/pl combustibles

1847 **Brennstoffelement** f
 e fuel element, fuel assembly
 f élément m combustible

1848 **Brennstoffilter** m
 e fuel filter
 f filtre m de combustible m

1849 **Brennstoffkassette** f
 e fuel assembly
 f ensemble m de combustible m

1850 **Brennstoffkern** f
 e fuel kernel
 f noyau m de combustible m

1851 **Brennstoff-Wiederaufbereitungsanlage** f
 e fuel reprocessing plant
 f installation f de régénération f de combustible m

1852 **Brennstoffzelle** f
 e fuel cell
 f cellule f de carburant m

1853 **Brennstrahl** m
 e focal ray
 f rayon m focal

1854 **Brennweite** f
 e focal length, focal distance, convergence distance
 f distance f focale

1855 **Brewster-Winkel** m
 e Brewster angle
 f angle m de Brewster

1856 **Brinellhärte** f
 e Brinell hardness
 f dureté f Brinell

1857 **Brom** n [Br]
 e bromine
 f brome m

1858 **Bromzählrohr** n
 e bromic counter tube, bromine counter
 f tube m compteur à brome m

1859 **Bronze** f
 e bronze
 f bronze m

1860 **Brownsche Molekularbewegung** f
 e Brownian motion, Brownian movement
 f mouvement m Brownien, mouvement m de Brown

1861 **Bruch** m [mathematisch]
 e fraction
 f fraction f

1862 **Bruch** m [mechanisch]
 e fracture, rupture, break, breaking, breakage
 f fracture f, rupture f, cassure f

1863 Bruch m, interkristalliner
 e intercrystalline fracture
 f rupture f intercristalline

1864 Bruch m, kristalliner
 e transcrystalline fracture
 f rupture f transcristalline

1865 Bruchdehnung f
 e percentage elongation after fracture, breaking elongation, elongation at rupture
 f allongement m pour cent après rupture f, allongement m de rupture f

1866 Brucheinschnürung f
 e percentage reduction of area after fracture
 f coefficient m de striction f après rupture f

1867 Bruchenergie f, spezifische
 e specific fracture work
 f énergie f spécifique de rupture f

1868 Bruchfestigkeit f
 e breaking strength, breaking point
 f résistance f à la rupture

1869 Bruchgeschwindigkeit f
 e fracture velocity
 f vitesse f de fissuration f

1870 Bruchgrenze f
 e breaking limit
 f limite f de rupture f

1871 Brüchigkeit f
 e brittleness
 f fragilité f

1872 Bruchlast f
 e breaking load
 f limite f de déchirement m

1873 Bruchlastspielzahl f
 e number of stress cycles until fracture
 f nombre m des cycles m/pl d'effort m jusqu'à la rupture

1874 Bruchmechanik f
 e fracture mechanics pl
 f mécanique f de rupture f

1875 Bruchmodul m
 e fracture modulus
 f module m de rupture f

1876 bruchsicher adj
 e break-proof
 f résistant à la rupture

1877 Bruchspannung f
 e breaking stress, ultimate stress
 f contrainte f de rupture f

1878 Bruchstelle f
 e location of rupture
 f lieu m de rupture f

1879 Bruchstrich m
 e fractional line
 f barre f de fraction f

1880 Bruchstücke n/pl
 e debris pl, fragments pl
 f débris m/pl, décombres m/pl, ruines f/pl

1881 Bruchverhalten n
 e fracture behaviour
 f comportement m à la rupture

1882 Bruchzähigkeit f
 e fracture toughness
 f ténacité f de rupture f

1883 Bruchzähigkeitsfaktor m
 e fracture toughness factor
 f facteur m de ténacité f de rupture f

1884 Brücke f
 e bridge
 f pont m

1885 Brückenlagerprüfung f
 e bridge bearing test
 f essai m de coussinet m de pont m

1886 **Brückenschaltung** f
 e bridge circuit
 f montage m en pont m

1887 **Brummstörung** f
 e hum, hum interference
 f ronflement m

1888 **Brutelement** n
 e charged element
 f élément m de surrégénération f

1889 **Brüten** n
 e breeding
 f régénération f

1890 **Brüter** m
 e breeder, breeder reactor
 f réacteur m régénérateur, réacteur m autorégénérateur

1891 **Brutmantel** m
 e breeding blanket, blanket
 f enveloppe f fertile

1892 **Brutmaterial** n
 e breeding material
 f matière f régénératrice

1893 **Brutreaktor** m
 e breeder reactor, breeder
 f réacteur m régénérateur, réacteur m autorégénérateur

1894 **Brutstoff** m
 e fertile material, breeding material
 f matière f régénératrice

1895 **Brutvorgang** m
 e breeding
 f régénération f

1896 **Brutzone** f
 e breeding blanket
 f enveloppe f fertile

1897 **Buchband** m
 e volume, tome
 f tome m, volume m

1898 **Buchse** f
 e sleeve, bush, bushing, shell, socket
 f douille f, manchon m, prise f

1899 **Büchse** f [Gefäß]
 e box, case, casing, tub, vat, can, tin, cage, receptacle
 f boîte f, boîtier m, cuve f, bac m, récipient m, caisse f, cage f

1900 **Bügel** m
 e lug
 f étrier m

1901 **Bund** n [Bündel]
 e bunch, pack, packet, bundle
 f paquet m, groupe m

1902 **Bund** m [Flansch]
 e flange, collar
 f collet m, bride f, bourrelet m

1903 **Bündel** n [Paket]
 e pack, packet, bunch, parcel, package
 f paquet m, groupe m

1904 **Bündel** n [Strahlenbündel]
 e beam
 f faisceau m

1905 **bündeln** v
 e concentrate, focus, direct, bunch
 f concentrer, focaliser, diriger

1906 **Bündelöffnung** f
 e beam aperture, beam width
 f ouverture f du faisceau

1907 **Bündelschleuse** f
 e beam extractor, beam extraction
 f dispositif m d'extraction f de faisceau m, extraction f de faisceau m

1908 **Bündelung** f
 e concentration, focusing
 f concentration f, focalisation f

1909 **Burst** m
 e burst
 f burst m, éclat m

1910 Burst-Emission f [Schallemission]
  e emission of bursts pl
  f émission f de bursts m/pl

1911 Burstsignal n
  e burst signal, burst
  f signal m du type burst, burst m

C

1912 Carbonyleisen n
   e carbonyl iron
   f fer m carbonylique

1913 Cäsium n [Cs]
   e caesium, cesium
   f césium m

1914 Cerenkov-Strahlung f
   e Cerenkov radiation
   f radiation f de Cérenkov

1915 Cerenkov-Zähler m
   e Cerenkov counter
   f compteur m Cérenkov

1916 Charakteristik f
   e characteristic
   f caractéristique f

1917 Charakteristik f, schwach ansteigende
   e slowly rising characteristic
   f caractéristique f à montée f faible

1918 Charakteristik f, stark abfallende
   e rapidly declining characteristic
   f caractéristique f à chute f rapide

1919 Charge f
   e charge
   f charge f

1920 Chassis n
   e chassis, frame, desk, deck
   f châssis m, platine f

1921 Chemikalie f
   e chemical agent, reagent
   f substance f chimique

1922 Chemikalienbeständigkeit f
   e resistance to chemicals pl
   f résistance f aux substances f/pl chimiques

1923 Chlor n [Cl]
   e chlorine
   f chlore m

1924 Chrom n [Cr]
   e chromium
   f chrome m

1925 chromatisch adj
   e chromatic
   f chromatique

1926 Chromnickel n
   e chrome-nickel
   f chrome-nickel m

1927 Chromnickelstahl m
   e chrome-nickel steel
   f acier m au chrome-nickel

1928 Chromstahl m
   e chrome steel
   f acier m au chrome, acier m chromé

1929 Cluster m
   e cluster
   f amas m, essaim m, conglomérat m

1930 Code m
   e code
   f code m

1931 Coder m
   e coder
   f codeur m

1932 Colorimeter n
   e colorimeter
   f colorimètre m

1933 Compton-Effekt m
   e Compton effect
   f effet m Compton

1934 Compton-Streuung f
  e Compton scattering
  f diffusion f Compton

1935 Computer m
  e computer
  f computer m, ordinateur m, machine f à calculer

1936 Computer-Bild n
  e computer-generated image
  f image f générée par computer m

1937 computergesteuert adj
  e computer-controlled
  f commandé par calculateur m électronique

1938 computergestützt adj
  e computer-aided, computer-assisted, computer-based
  f assisté par computer m

1939 Computer-Tomographie f
  e computerized tomography, computed tomography, computer-assisted tomography
  f tomographie f commandée par calculateur m électronique

1940 Container m
  e container
  f container m

1941 Core m
  e core
  f cœur m

1942 Coulombsches Gesetz n
  e Coulomb's law
  f loi f de Coulomb

1943 Coulombsche Streuung f
  e Coulombian scattering
  f diffusion f coulombienne

1944 Crash-Test m
  e crash test
  f essai m crash

1945 Craze m [Rißbildungsstadium]
  e craze
  f craze m

1946 cryogenisch adj
  e cryogenic
  f cryogénique

1947 Curie-Temperatur f
  e Curie temperature
  f température f de Curie

1948 Curium n [Cm]
  e curium
  f curium m

D

1949 Dachabfall m [Impuls]
e pulse tilt, sloping top
f pente f du créneau, pente f positive

1950 Dachanstieg m [Impuls]
e pulse ascent
f montée f du créneau, pente f négative

1951 Dachschräge f [Impuls]
e tilt, sag
f inclinaison f d'impulsion f, obliquité f d'impulsion f

1952 Dachschräge f, negative [Impuls]
e pulse sag, pulse drop
f montée f du créneau, pente f négative

1953 Dachschräge f, positive [Impuls]
e pulse tilt, sloping top
f pente f du créneau, pente f positive

1954 Dachziegelprüfung f
e tile test
f essai m de tuile f

1955 Dämmzahl f
e damping factor
f facteur m d'isolement m

1956 Dampfabscheider m
e steam separator
f séparateur m de vapeur f

1957 dämpfen v [abschwächen]
e damp, dampen, deaden, reduce, diminish, weaken, decrease
f affaiblir, amortir, absorber, réduire, diminuer, décroître, évanouir

1958 dämpfen v [Dampfbehandlung]
e vaporize, steam
f vaporiser

1959 dämpfen v [Licht]
e dim
f atténuer, absorber, modérer, assourdir

1960 dämpfen v [Schall]
e damp, deaden, muffle, soften, absorb, silence
f amortir, assourdir, modérer, étouffer, absorber

1961 dämpfen v [Schwingung]
e attenuate, damp, absorb, flatten
f atténuer, amortir

1962 dämpfen v [Stoß]
e absorb
f amortir, absorber, freiner

1963 Dampferzeuger m
e steam generator
f générateur m de vapeur f

1964 Dampferzeugerrohr n
e steam generator tube
f tube m de générateur m de vapeur f

1965 Dampfkessel m
e steam boiler
f chaudière f à vapeur f, chaudron m à vapeur f

1966 Dampfturbine f
e steam turbine
f turbine f à vapeur f

1967 Dämpfung f [Abschwächung]
e damping, deadening, reduction, diminishing, decrease, weakening
f affaiblissement m, amortissement m, absorption f, réduction f, décroissance f, décroissement m, évanouissement m

1968 Dämpfung f [Licht]
e dimming
f atténuation f, absorption f

1969 Dämpfung f [Schall]
e damping, muffling, absorption, silencing, noise abatment
f amortissement m, modération f, absorption f

1970 Dämpfung f [Schwingung]
 e attenuation, damping, absorption,
  loss, weakening, flattening
 f atténuation f, amortissement m,
  perte f

1971 Dämpfung f [Stoß]
 e absorption
 f amortissement m, absorption f

1972 Dämpfung f, aperiodische
 e aperiodic damping
 f amortissement m apériodique

1973 Dämpfung f, frequenzabhängige
 e frequency-dependent attenuation
 f affaiblissement m dépendant de la
  fréquence

1974 Dämpfung f, kritische
 e critical damping
 f amortissement m critique

1975 Dämpfung f, schwache
 e slight damping
 f faible amortissement m

1976 Dämpfung f, starke
 e strong damping
 f fort amortissement m

1977 dämpfungsarm adj
 e with poor attenuation
 f à faible amortissement m

1978 Dämpfungsausgleich m
 e attenuation compensation,
  attenuation equalization
 f équilibrage m d'affaiblissement m

1979 Dämpfungsbereich m
 e attenuating band
 f bande f d'affaiblissement m

1980 Dämpfungsdekrement n
 e damping decrement
 f décrément m d'amortissement m

1981 Dämpfungsentzerrung f
 e attenuation compensation,
  attenuation equalization, attenuation
  correction
 f compensation f d'atténuation f,
  correction f d'affaiblissement m

1982 Dämpfungsfaktor m
 e damping coefficient, damping factor,
  attenuation factor
 f coefficient m d'amortissement m,
  degré m d'atténuation f, facteur m
  d'affaiblissement m

1983 Dämpfungsfunktion f
 e damping function
 f fonction f d'affaiblissement m

1984 Dämpfungsgang m
 e attenuation characteristic, frequency
  response of attenuation
 f caractéristique f d'atténuation f,
  réponse f en fréquence f de
  l'amortissement m

1985 Dämpfungsglied n
 e attenuator, attenuator pad,
  attenuation network
 f atténuateur m, affaiblisseur m

1986 Dämpfungsgrad m
 e damping coefficient, damping factor
 f degré m d'amortissement m,
  facteur m d'affaiblissement m

1987 Dämpfungskoeffizient m
 e attenuation coefficient
 f coefficient m d'affaiblissement m

1988 Dämpfungskonstante f
 e damping constant
 f constante f d'amortissement m

1989 Dämpfungsmaß n
 e attenuation constant
 f indice m d'affaiblissement m

1990 Dämpfungsmaterial n
 e absorbing material, muffling material
 f matière f d'amortissement m

1991 Dämpfungsmesser m
 e decremeter, hypsometer, decibelmeter, nepermeter
 f décrémètre m, hypsomètre m, décibelmètre m, népermètre m

1992 Dämpfungsmessung f
 e attenuation measurement
 f mesure f de l'amortissement m, mesure f d'affaiblissement m

1993 Dämpfungsprüfung f, mechanische [von Werkstoffen]
 e mechanic absorption test (of materials)
 f essai m d'absorption f mécanique (des matériaux)

1994 Dämpfungsverhältnis n
 e ratio of attenuation
 f rapport m d'atténuation f

1995 Dämpfungsverlauf m
 e attenuation characteristic, frequency response of attenuation
 f réponse f en fréquence f de l'affaiblissement m

1996 Dämpfungsverlust m
 e damping loss, dissipation by damping
 f perte f par amortissement m

1997 Dämpfungsvermögen n
 e damping capacity
 f capacité f d'amortissement m

1998 Dämpfungsverzerrung f
 e attenuation distortion
 f distorsion f par affaiblissement m

1999 Dämpfungswiderstand m
 e damping resistance, buffer resistance
 f résistance f d'amortissement m, résistance f d'affaiblissement m

2000 darstellen v [abbilden]
 e represent, figure, graph
 f représenter, figurer

2001 darstellen v [schildern]
 e describe, outline, envolve
 f décrire, dépeindre, définir

2002 Darstellung f [Abbildung]
 e figure, graph, representation, presentation, diagram
 f figure f, graphique m, représentation f, présentation f, diagramme m

2003 Darstellung f [Aufzeichnung]
 e image, imaging, pattern, picture, display
 f image f

2004 Darstellung f [Beschreibung]
 e description
 f description f

2005 Darstellung f [Schreibweise]
 e notation, representation
 f notation f, représentation f

2006 Darstellung f, graphische
 e graphic(al) representation, graph, diagram, chart
 f représentation f graphique, graphique m, diagramme m, courbe f

2007 Darstellung f, schematische
 e schematic(al) representation, scheme
 f représentation f schématique, schéma m

2008 Darstellungsmethode f
 e presentation method
 f méthode f de (re)présentation f

2009 Daten n/pl
 e data pl, dates pl, indication pl, values pl, details pl
 f données f/pl, dates f/pl, informations f/pl, valeurs f/pl, indications f/pl

2010 Datenaufzeichnung f
 e data recording
 f enregistrement m des données f/pl

2011 Datenausgabe f
 e data output
 f sortie f des données f/pl

2012 Datenblatt n
 e data sheet
 f feuille f de données f/pl

2013 Datendarstellung f
 e data presentation
 f présentation f des données f/pl, affichage m

2014 Dateneingabe f
 e data input
 f entrée f de données f/pl, introduction f des données f/pl

2015 Datenerfassung f
 e collection of informations pl, data acquisition, data collection, data detection
 f collecte f d'informations f/pl, collecte f de données f/pl, acquisition f des données f/pl, rassemblement m de données f/pl, détection f de données f/pl

2016 Datenfluß m
 e data flow, flow of information
 f flux m d'informations f/pl

2017 Datenflußplan m
 e data flux chart
 f organigramme m pour les données f/pl

2018 Datenregistrierung f
 e data recording
 f enregistrement m des données f/pl

2019 Datenverarbeitung f
 e data processing, data handling
 f traitement m de l'information f

2020 Datenwandler m
 e data transducer
 f transducteur m d'informations f/pl, convertisseur m de données f/pl

2021 Dauer f
 e duration, time
 f durée f, temps m

2022 Dauer f, beliebige
 e arbitrary duration
 f durée f arbitraire

2023 Daueranriß m
 e fatigue crack
 f fissure f de fatigue f

2024 Dauerbeanspruchung f
 e fatigue loading
 f contrainte f de fatigue f

2025 Dauerbelastung f
 e continuous load, constant load, permanent load, steady load
 f charge f permanente, charge f constante

2026 Dauerbelichtungsverfahren n
 e permanent exposure technique
 f technique f à exposition f permanente

2027 Dauerbestrahlung f
 e chronic exposure
 f exposition f chronique

2028 Dauerbetrieb m
 e continuous operating, continuous running, continuous process, permanent service, long-term operation
 f fonctionnement m continu, procédé m continu, service m permanent, opération f à long terme m

2029 Dauerentladung f
 e permanent discharge
 f décharge f permanente

2030 Dauerfestigkeit f
 e fatigue strength, fatigue limit
 f résistance f à la fatigue

2031 Dauerfestigkeitsschaubild n
 e fatigue limit diagram
 f diagramme m de la résistance à la fatigue

2032 Dauergeräusch n
 e steady noise
 f bruit m permanent

2033 dauerhaft adj
 e continuous, constant, permanent, sustained, stable, persevering, steady
 f continu, constant, permanent, assidu, stable

2034 Dauerhaftigkeit f
 e durability, stability, permanence, solidity, firmness
 f durabilité f, stabilité f, permanence f, solidité f

2035 Dauerkontrolle f
 e continuous inspection
 f contrôle m en continu

2036 Dauerlast f
 e continuous load, constant load, steady load, permanent load
 f charge f permanente, charge f constante

2037 Dauerlauf m
 e continuous run, endurance running, endurance test, fatigue test
 f opération f continue, essai m d'endurance f, essai m de fatigue f

2038 Dauerlaufmaschine f
 e continuous testing machine
 f machine f d'essai m de durée f

2039 Dauerleistung f
 e continuous output, permanent duty, constant power
 f puissance f continue

2040 Dauermagnet m
 e permanent magnet
 f aimant m permanent

2041 Dauermagnet-Prüfung f
 e permanent magnet test
 f essai m d'aimant m permanent

2042 Dauerprüfung f
 e fatigue test
 f essai m de fatigue f

2043 Dauerrauschen n
 e steady noise
 f bruit m permanent

2044 Dauerschall m
 e continuous sound
 f son m continu

2045 Dauerschlagversuch m
 e impact fatigue test
 f essai m de la résistance aux chocs m/pl répétés

2046 Dauerschwingprüfmaschine f
 e fatigue testing machine
 f machine f d'essai m de fatigue f

2047 Dauerschwingprüfung f
 e fatigue test
 f essai m de fatigue f par oscillations f/pl

2048 Dauerschwingung f
 e continuous oscillation
 f oscillation f continue

2049 Dauerstandversuch m
 e creep test
 f essai m de fluage m

2050 Dauerstrahlung f
 e continuous radiation
 f radiation f permanente

2051 Dauerversuch m
 e long duration test, endurance test
 f essai m continu, essai m d'endurance f, essai m de fatigue f

2052 Dauerwert m
 e constant value
 f valeur f constante

2053 Dauerzustand m
  e steady state
  f état m d'équilibre m, régime m permanent

2054 dB-Abfall-Methode f
  e dB-drop method
  f méthode f de chute f de niveau m en dB (décibels)

2055 de-Broglie-Welle f
  e de Broglie wave, matter wave
  f onde f de Broglie, onde f matérielle

2056 Debye-Effekt m
  e Debye's effect
  f effet m Debye

2057 Debye-Scherrer-Verfahren n
  e Debye-Scherrer method
  f procédé m de Debye et Scherrer

2058 Decke f [Belag]
  e cover, covering
  f recouvrement m, couverture f, enveloppe f

2059 Decke f [Bereifung]
  e tire [USA], tyre, casing, shoe
  f bandage m, enveloppe f

2060 Decke f [Raum]
  e ceiling
  f plafond m, ciel m

2061 Decke f [Wolldecke]
  e blanket
  f couverture f, bure f

2062 Deckel m
  e cover, covering, cover plate, lid, cap, dome
  f couvercle m, capot m, recouvrement m, chapeau m, calotte f, dôme m

2063 decken v
  e cover, mask
  f couvrir, masquer, revêtir

2064 Deckplatte f
  e cover plate
  f plaque f de couverture f

2065 Decoder m
  e decoder
  f décodeur m

2066 Decodierung f
  e decoding
  f décodage m

2067 Deemphasis f
  e deemphasis
  f déemphase f

2068 defekt adj
  e defective, faulty
  f défectueux, fautif, endommagé

2069 Defekt m [Fehler]
  e defect, flaw, imperfection, fault
  f défaut m, discontinuité f, défectuosité f

2070 Defekt m [Panne]
  e failure, outage, malfunction
  f panne f, défaillance f, déficience f

2071 Defektbegrenzung f
  e defect boundary, defect limit
  f limite f de défaut m

2072 Defektoskopie f
  e defectoscopy, fault detection
  f défectoscopie f, détection f de défauts m/pl

2073 definieren v
  e define, determine
  f définir, déterminer

2074 definit adj
  e definite
  f défini

2075 Definition f
  e definition
  f définition f

2076 defokussieren v
 e defocus
 f défocaliser

2077 Defokussierung f
 e defocusing
 f défocalisation f

2078 Deformation f
 e deformation
 f déformation f

2079 Deformations-Doppelbrechung f
 e deformation birefringence
 f biréfringeance f par déformation f

2080 deformieren v
 e deform
 f déformer

2081 Degradation f
 e degradation
 f dégradation f

2082 dehnbar adj [elastisch]
 e elastic
 f élastique

2083 dehnbar adj [Gas]
 e expansible
 f expansible

2084 dehnbar adj [streckbar]
 e ductile, extensible, tensile, dilatable
 f ductile, extensible, dilatable

2085 Dehnbarkeit f [Elastizität]
 e elasticity
 f élasticité f

2086 Dehnbarkeit f [Gas]
 e expansibility
 f expansibilité f

2087 Dehnbarkeit f [Material]
 e ductility, malleability, extensibility
 f ductilité f, malléabilité f, extensibilité f

2088 dehnen v [ausweiten]
 e expand, extend, wide, strain
 f dilater, détendre, évaser

2089 dehnen v [elastisch]
 e stretch
 f allonger

2090 dehnen v [verlängern]
 e elongate, lengthen
 f allonger, étendre, étirer

2091 Dehnfähigkeit f
 e elasticity
 f élasticité f

2092 Dehngrenze f
 e stretch limit, proof stress
 f limite f d'allongement m, limite f conventionnelle d'élasticité f

2093 Dehnung f [Ausdehnung]
 e expansion, prolongation, dilatation
 f expansion f, prolongation f, dilatation f

2094 Dehnung f [Längenänderung]
 e elongation, percentage elongation, relative elongation
 f allongement m, extension f, allongement m pour cent, allongement m relatif

2095 Dehnung f, elastische
 e elastic elongation, stretching
 f allongement m élastique

2096 Dehnungsfaktor m
 e factor of expansion, elongation coefficient
 f facteur m de dilatation f, module m d'allongement m, coefficient m d'allongement m, coefficient m de dilatation f

2097 Dehnungsfestigkeit f
 e resistance against elongation
 f résistance f à l'allongement m

2098 Dehnungsfuge f
 e expansion joint
 f joint m de dilatation f

2099 Dehnungsgrenze f
 e stretch limit, proof stress
 f limite f d'allongement m, limite f conventionnelle d'élasticité f

2100 Dehnungskoeffizient m
 → Dehnungsfaktor m

2101 Dehnungsmesser m
 e dilatometer, extensometer
 f dilatomètre m, extensomètre m, appareil m de mesure f d'allongement m

2102 Dehnungsmeßstreifen m [DMS]
 e foil strain gauge, resistive strain gauge, strain gage [USA]
 f jauge f extensométrique, jauge f de contrainte f, extensomètre m à fil m d'acier m

2103 Dehnungsmessung f
 e relative elongation measurement
 f mesure f de l'allongement m relatif

2104 Dehnungsriß m
 e expansion crack
 f fissure f par expansion f

2105 Dehnungsstoß m
 e expansion joint
 f joint m de dilatation f

2106 Dehnungszahl f
 e elongation coefficient, factor of expansion
 f coefficient m d'allongement m, facteur m de dilatation f

2107 Dehnwelle f
 e compressional wave, Lamb wave, plate wave
 f onde f de compression f, onde f de Lamb, onde f Lamb

2108 Deionisation f
 e deionization
 f désionisation f

2109 Dekade f
 e decade
 f décade f

2110 Dekarbonisationstiefe f
 e decarbonization depth
 f profondeur f de décarbonisation f

2111 Dekontamination f
 e decontamination
 f décontamination f, désactivation f

2112 Dekontaminationsmittel n
 e decontaminating agent, decontamination substance
 f agent m décontaminant, substance f de décontamination f

2113 Dekonvolution f
 e deconvolution
 f déconvolution f

2114 Dekorationsmethode f
 e decoration method
 f méthode f de décoration f

2115 Dekrement n
 e decrement
 f décrément m

2116 Dekrementmesser m
 e decremeter, hypsometer
 f décrémètre m, hypsomètre m

2117 Delta-Abtasttechnik f
 e delta scan technique
 f technique f de palpage m delta

2118 Delta-Technik f [Abtastverfahren]
 e delta technique, delta scan technique
 f technique f delta, technique f d'exploration f delta

2119 Demodulation f
 e demodulation, rectification, detection
 f démodulation f, redressement m, détection f

2120 Demodulator m
e demodulator, detector
f démodulateur m, détecteur m

2121 Demonstration f
e demonstration
f démonstration f

2122 demonstrieren v
e demonstrate
f démontrer

2123 Demontage f
e dismantling, dismounting
f démontage m

2124 demontieren v
e dismantle, dismount
f démonter

2125 denaturieren v
e denaturate
f dénaturer

2126 Denaturierung f
e denaturation
f dénaturation f

2127 Denaturierungsmittel n
e denaturant
f agent m dénaturant, dénaturant m

2128 denitrieren v
e denitrate, denitrify
f dénitrer

2129 Densitometer n
e densitometer
f densitomètre m

2130 Depolarisation f
e depolarization
f dépolarisation f

2131 depolarisieren v
e depolarize
f dépolariser

2132 Depot n
e depot, storage room
f dépôt m

2133 Desorption f
e desorption
f désorption f

2134 Desoxidation f
e deoxidation
f désoxydation f

2135 Destillation f
e distillation
f distillation f

2136 destillieren v
e distil(l)
f distiller

2137 destruktiv adj
e destructive
f destructif

2138 Detailerkennbarkeit f
e detail perceptibility, detail sensitivity
f perceptibilité f de détails m/pl, indice m de visibilité f

2139 detektieren v
e detect
f détecter

2140 Detektor m
e detector
f détecteur m

2141 Detektormatrix f
e detector matrix
f matrice f de détecteur m

2142 Determinante f
e determinant
f déterminant m

2143 Detonation f
e detonation, explosion, burst, blast
f détonation f, explosion f

2144 deuten v
 e interprete
 f interpréter

2145 Deuterium n
 e deuterium, heavy hydrogen
 f deutérium m, hydrogène m lourd

2146 deutlich adj
 e distinct, clear, sharp
 f distinct, propre, net

2147 Deutlichkeit f
 e distinctness, clearness
 f netteté f, clarté f

2148 Deutung f
 e interpretation
 f interprétation f

2149 Deviation f
 e deviation
 f déviation f

2150 Dewar-Gefäß n
 e Dewar flask
 f vase f Dewar

2151 Dezentralisation f
 e decentralization, offcentering
 f décentralisation f, décentrage m

2152 dezentralisieren v
 e decentralize
 f décentraliser

2153 Dezibel n [dB]
 e decibel
 f décibel m

2154 Dezimalbruch m
 e decimal fraction
 f fraction f décimale

2155 Dezimalkomma n
 e decimal point
 f virgule f décimale

2156 Dezimalzahl f
 e decimal digit, decimal
 f nombre m décimal

2157 Dezimeter m
 e decimeter ..., decimetric(al) ...
 f ... décimétrique

2158 Dezimeterwelle f
 e decimeter wave
 f onde f décimétrique

2159 Dia n [Diapositiv]
 e dia, diapositive, slide
 f dia f, diapositive f

2160 diagonal adj
 e diagonal
 f diagonal

2161 Diagramm n
 e diagram
 f diagramme m

2162 diamagnetisch adj
 e diamagnetic(al)
 f diamagnétique

2163 Diamant m
 e diamond
 f diamant m

2164 Diathermansie f
 e diathermancy
 f diathermanéité f

2165 diathermisch adj
 e diathermic
 f diathermique

2166 dicht adj [luftdicht]
 e airtight, airsealed
 f étanche à l'air m, imperméable à l'air m

2167 dicht adj [nahe bei]
 e close (~ to)
 f tout près (de)

2168 **dicht** adj [undurchlässig]
 e impermeable, leakproof tight, close
 f imperméable, étanche, à fermeture f hermétique

2169 **dicht** adj [wasserdicht]
 e waterproof, watertight
 f étanche à l'eau f

2170 **dicht** adj [zusammengedrängt]
 e dense, compact, massive
 f dense, compact, massif

2171 **Dichte** f
 e density, compactness, consistence
 f densité f, compacité f, consistance f

2172 **Dichte** f, optische
 e optical density
 f densité f optique, noircissement m

2173 **Dichtemesser** m
 e densitometer
 f densitomètre m

2174 **dichten** v [abdichten]
 e seal, pack, tighten, cement, make close
 f étancher, boucher, calfater, serrer, étouper, cimenter

2175 **Dichtewelle** f
 e Lamb wave
 f onde f de Lamb

2176 **Dichtheit** f
 e tightness
 f étanchéité f

2177 **Dichtheitsprüfung** f [Kerntechnik]
 e nuclear density test
 f essai m de densité f nucléaire

2178 **Dichtigkeit** f
 → Dichtheit f

2179 **Dichtstoffprüfung** f
 e test of leak-proofing material, test of packing material
 f essai m de matériaux m/pl d'étanchéité f

2180 **Dichtung** f [Abdichtung]
 e seal, sealing, packing, joint
 f garniture f étanche, calfatage m, étoupage m, joint m

2181 **Dichtungsprüfung** f
 e packing test
 f essai m de joint m

2182 **dick** adj [allgemein]
 e thick
 f épais

2183 **dick** adj [Flüssigkeit]
 e viscous, consistent
 f visqueux, consistant

2184 **Dicke** f
 e thickness
 f épaisseur f

2185 **Dicke** f, große
 e wide thickness
 f forte épaisseur f

2186 **Dickenausgleich** m
 e thickness compensation
 f compensation f d'épaisseur f

2187 **Dickenmessung** f
 e thickness measurement, thickness gauging
 f mesure f d'épaisseur f

2188 **Dickschicht-Technologie** f
 e thick-film technology
 f technologie f à couche f épaisse

2189 **Dickschweißnahtprüfung** f
 e thick weld test
 f contrôle m de soudures f/pl épaisses

2190 **dickwandig** adj
 e thick-walled, heavy-wall ...
 f ... à paroi f épaisse

2191 **Dielektrikum** n
 e dielectric
 f diélectrique m

2192 dielektrisch adj
  e dielectric(al)
  f diélectrique

2193 Dielektrizitätskonstante f [DK]
  e dielectric constant, permittivity
  f constante f diélectrique

2194 Dieselantrieb m
  e Diesel drive
  f entraînement m Diesel

2195 Differential...
  e differential ...
  f ... différentiel

2196 Differentialgleichung f
  e differential equation
  f équation f différentielle

2197 Differentialmethode f
  e differential method
  f méthode f différentielle

2198 Differentialquotient m
  e differential quotient
  f quotient m différentiel

2199 Differentialrechnung f
  e differential calculus
  f calcul m différentiel

2200 Differentialspule f
  e differential coil
  f bobine f différentielle

2201 Differentialtransformator m
  e differential transformer
  f transformateur m différentiel

2202 Differentialübertrager m
  → Differentialtransformator m

2203 Differentialverfahren n
  e differential method
  f méthode f différentielle

2204 Differentialwicklung f
  e differential winding
  f enroulement m différentiel

2205 Differentiator m
  e differentiator, differentiating network
  f différentiateur m, montage m différentiateur

2206 differentiell adj
  e differential
  f différentiel

2207 Differenz f
  e difference
  f différence f

2208 differenzieren v [allgemein]
  e differentiate
  f différencier

2209 differenzieren v [mathematisch]
  e derive, differentiate
  f dériver, différencier

2210 Differenzsystem n
  e difference system
  f système m différentiel

2211 Differenzton m
  e difference tone
  f son m différentiel

2212 Differenzverfahren n
  e difference method
  f méthode f différentielle

2213 Diffraktion f
  e diffraction
  f diffraction f

2214 Diffraktometer n
  e diffractometer
  f diffractomètre m

2215 diffundieren v
  e diffuse
  f diffuser

2216 diffus adj
  e diffuse, diffused, scattered, stray
  f diffus, diffusé

2217 Diffusion f
  e diffusion
  f diffusion f

2218 Diffusionsschweißen n
  e diffusion welding, interference welding
  f soudage m par diffusion f

2219 Diffusionsvermögen n
  e diffusivity
  f diffusivité f

2220 Diffusionszone f
  e diffusion zone
  f zone f de diffusion f

2221 digital adj
  e digital
  f numérique

2222 Digitalablesung f
  e digital reading
  f lecture f numérique

2223 Digitalanzeige f
  e digital indication
  f indication f numérique

2224 Digitalvoltmeter n
  e digital voltmeter
  f voltmètre m numérique

2225 Dilatation f
  e dilatation
  f dilatation f

2226 Dilatometer n
  e dilatometer
  f dilatomètre m

2227 Dimension f
  e dimension, extent
  f dimension f, étendue f

2228 dimensionieren v
  e dimension (~ for), arrange, lay out
  f dimensionner, arranger, disposer

2229 Dimensionierung f
  e dimensioning
  f dimensionnement m

2230 dimensionslos adj
  e dimensionless
  f sans dimension f

2231 Dimensionsprüfung f
  e dimensional test
  f contrôle m des dimensions f/pl

2232 Dimensionsstabilität f
  e dimensional stability
  f stabilité f dimensionelle

2233 DIN-Norm f
  e DIN standard
  f norme f d'après DIN, standard m DIN

2234 direkt adj
  e direct
  f direct

2235 Direktablesung f
  e direct reading
  f lecture f directe

2236 Direktanzeige f
  e direct reading, direct indicating
  f lecture f directe, indication f directe

2237 Direktbestrahlung f
  e direct exposure, direct irradiation
  f exposition f directe, irradiation f directe

2238 Direktkopplung f
  e direct coupling
  f couplage m direct

2239 Direktmethode f
  e direct method
  f méthode f directe

2240 Disjunktion f [ODER- Funktion]
  e disjunction, OR-function
  f disjonction f, fonction f OU

2241 diskontinuierlich adj
  e discontinuous
  f discontinu

2242 Diskontinuität f
  e discontinuity
  f discontinuité f

2243 Diskontinuitätsmessung f, magnetische
  e magnetic discontinuity measurement
  f mesure f de la discontinuité magnétique

2244 diskret adj
  e discrete
  f discret (discrète)

2245 Diskrimination f
  e discrimination
  f discrimination f

2246 Diskriminator m
  e discriminator
  f discriminateur m

2247 Diskriminierung f
  e discrimination
  f discrimination f

2248 Dispersion f
  e dispersion
  f dispersion f

2249 Dissoziation f
  e dissociation
  f dissociation f

2250 Distanz f
  e distance
  f distance f

2251 Distanzstück n
  e spacer, distance piece, distance sleeve
  f pièce f de distance f, douille f d'écartement m, entretoise f

2252 distributiv adj
  e distributive
  f distributif

2253 divergent adj
  e divergent
  f divergent

2254 Divergenz f
  e divergence
  f divergence f

2255 Divergenzwinkel m
  e angle of divergence
  f angle m de divergence f

2256 divergieren v
  e diverge
  f diverger

2257 Division f [Abschnitt]
  e division, section, department
  f division f, section f, département m

2258 Division f [Mathematik]
  e division
  f division f

2259 Dokument n
  e document
  f document m

2260 Dokumentation f
  e documentation
  f documentation f

2261 Dom m
  e dome, cap, hood, top
  f dôme m, coupole f, chapiteau m, dessus m, cloche f

2262 dominant adj
  e dominant
  f dominant

2263 dominieren v
  e dominate
  f dominer

2264 **Dopen** n
   e doping
   f doping m

2265 **Doping** n
   → Dopen n

2266 **Doppel** n [Duplikat]
   e duplicate
   f double m

2267 **Doppel...**
   e double ..., binary ...
   f double ..., ... binaire

2268 **Doppelabtastung** f
   e double scanning
   f double balayage m

2269 **doppelachsig** adj
   e biaxial
   f biaxial

2270 **Doppelbelichtung** f
   e double exposure
   f pose f double

2271 **Doppelbelichtungsverfahren** n [Radiografie]
   e double-exposure technique, double-exposure method
   f technique f de pose f double, méthode f à pose f double

2272 **Doppelbetrieb** m
   e duplex operation, duplex working
   f exploitation f duplex

2273 **Doppelbild** n
   e double image, echo image
   f double image f, image f secondaire

2274 **Doppelbrechung** f
   e double refraction, birefringence
   f double réfraction f, biréfringeance f

2275 **Doppeldrahtsteg** m
   e double-wire traverse
   f traverse f à double fil m

2276 **Doppeleffekt** m
   e double effect, double action
   f effet m double, action f double

2277 **Doppelfeldwicklung** f
   e double-field winding
   f enroulement m à double champ m

2278 **Doppelfokus** m
   e bifocus
   f double foyer m

2279 **Doppelfokus...**
   e bifocal
   f à double foyer m, bifocal

2280 **Doppelimpuls** m
   e double pulse
   f impulsion f double

2281 **Doppelkontakt** m
   e twin contacts pl, double contact
   f contacts m/pl jumelés

2282 **Doppelmagnet** m
   e dual magnet
   f aimant m double

2283 **Doppelprüfen** n
   e double testing
   f contrôle m double

2284 **Doppelpuls-Holographie** f
   e double pulse holography
   f holographie f à impulsion f double

2285 **Doppelschwingung** f
   e double vibration
   f vibration f double

2286 **doppelseitig** adj
   e bilateral, both-away, two-way
   f bilatéral, à double sens

2287 **Doppelskala** f, **Doppelskale** f
   e double scale
   f échelle f double

2288 Doppelspule f
 e double coil, twin coil, compound coil
 f bobine f double, bobine f compound

2289 Doppelstecker m
 e twin plug, two pin plug, double plug
 f fiche f bipolaire, fiche f double

2290 Doppelstreuung f
 e double scattering
 f diffusion f double, dispersion f double

2291 doppelt adj
 e double, dual, twin, binary, bi...
 f double, binaire, bi...

2292 Doppelwand f
 e double wall
 f paroi f double

2293 Doppelwanddurchstrahlung f
 e double-wall irradiation
 f irradiation f à travers une paroi double

2294 doppelwandig adj
 e double-walled
 f à paroi f double

2295 Doppelwirkung f
 e double effect, double action
 f effet m double, action f double

2296 Doppler-Breite f
 e Doppler width
 f largeur f de Doppler

2297 Doppler-Effekt m
 e Doppler effect
 f effet m Doppler

2298 Doppler-Prinzip n
 e Doppler principle
 f principe m de Doppler, principe m Doppler

2299 Doppler-Verbreiterung f
 e Doppler broadening
 f élargissement m Doppler

2300 Doppler-Verschiebung f
 e Doppler shift, Doppler displacement
 f déplacement m Doppler

2301 Dopplung f [Computer]
 e double precision
 f précision f double

2302 Dopplung f [Verdopplung]
 e doubling
 f doublage m, doublement m, redoublement m

2303 Dopplung f [Walzprodukt]
 e lamination, lap
 f lamination f, doublure f, dédoublure f

2304 Dose f [Behälter]
 e box, case, casing, can, cage, tin, tub, vat, receptacle
 f boîte f, boîtier m, cuve f, caisse f, cage f, bac m, récipient m

2305 Dose f [Steckdose]
 e socket, wall socket
 f prise f de courant m

2306 dosieren v
 e dose
 f doser

2307 Dosierung f
 e dosage
 f dosage m

2308 Dosimeter n
 e dosimeter, ratemeter
 f dosimètre m

2309 Dosimetrie f
 e dosimetry
 f dosimétrie f

2310 **Dosis** f
 e dose, dosage
 f dose f

2311 **Dosis** f, absorbierte
 e absorbed dose
 f dose f absorbée

2312 **Dosis** f, akkumulierte
 e accumulated dose
 f dose f accumulée

2313 **Dosis** f, biologische
 e biological dose
 f dose f biologique

2314 **Dosis** f, effektive
 e effective dose
 f dose f efficace

2315 **Dosis** f, zulässige
 e permissible dose
 f dose f admissible

2316 **Dosis** f, zulässige [für Menschen]
 e human permissible dose, human tolerance dose
 f dose f admissible pour l'homme m

2317 **Dosis** f, zulässige [für Tiere]
 e animal permissible dose, animal tolerance dose
 f dose f admissible pour les animaux m/pl

2318 **Dosisleistung** f
 e dose rate, dosage rate, dose output
 f taux m de dose f, dose f sortante

2319 **Dosismeßgerät** n
 e dosimeter, ratemeter
 f dosimètre m

2320 **Dosismessung** f
 e dosimetry, dosage measurement
 f dosimétrie f, mesure f de dose f

2321 **Dosisrate** f
 e dose rate, dosage rate
 f taux m de dose f

2322 **Dosiswarner** m
 e dose warner
 f avertisseur m de dose f

2323 **dotieren** v
 e dope
 f doper

2324 **Dotieren** n
 e doping
 f doping m

2325 **Dotierung** f
 → Dotieren n

2326 **Draht** m, blanker
 e bare wire, naked wire
 f fil m nu

2327 **Draht** m, gewalzter
 e rolled wire
 f fil m laminé

2328 **Draht** m, gezogener
 e drawn wire
 f fil m étiré

2329 **Draht** m, isolierter
 e insulated wire
 f fil m isolé

2330 **Draht** m, kaltgereckter
 e cold-strained wire
 f fil m étiré à froid

2331 **Draht** m, lackierter
 e lacquered wire
 f fil m verni

2332 **Draht** m, verdrillter
 e twisted wire, stranded wire
 f fil m torsadé, fil m toronné

2333 **Draht** m, verzinkter
 e galvanized wire
 f fil m galvanisé

2334 **Draht** m, verzinnter
 e tinned wire
 f fil m étamé

2335 **Draht** m, weichgeglühter
 e soft-annealed wire
 f fil m tréfilé

2336 **Drahtbruch** m
 e rupture of wire, wire break, wire breakage
 f rupture f de fil m

2337 **Drahtdurchmesser** m
 e wire diameter
 f diamètre m de fil, calibre m de fil m

2338 **Drahterkennbarkeit** f
 e wire perceptibility
 f perceptibilité f de fil m

2339 **Drahtgeflecht** n
 e wire gauze, wire work, wire grate
 f tamis m métallique, treillis m métallique

2340 **Drahtgewebe** n
 e wire tissue, wire cloth
 f tissu m métallique, toile f métallique

2341 **Drahtlehre** f
 e wire gage [USA], wire gauge
 f jauge f pour fils m/pl, calibre m pour fils m/pl

2342 **Drahtlitze** f
 e braided wires pl
 f fils m/pl tressés

2343 **Drahtnetz** n
 e wire screen, wire netting
 f écran m de fil m, grille f en fils m/pl

2344 **Drahtprüfung** f
 e wire test
 f essai m de fil m

2345 **Drahtquerschnitt** m
 e wire section, wire cross section
 f section f de fil m

2346 **Drahtseil** n
 e wire rope
 f câble m métallique, corde f en fer m

2347 **Drahtseilbahn** f
 e aerial ropeway, cable railway
 f téléférique m

2348 **Drahtseilprüfung** f
 e wire rope test
 f essai m de câble m métallique

2349 **Drahtstärke** f
 e wire gauge, wire diameter
 f calibre m de fil m, diamètre m du fil

2350 **Drahtsteg** m
 e wire traverse
 f traverse f à fils m/pl

2351 **Drahtstraße** f
 e wire rod mill
 f train m à fil m machiné

2352 **drahtverankert** adj
 e wire-braced
 f haubané par fil m

2353 **drahtverspannt** adj
 → drahtverankert

2354 **Draufsicht** f
 e top view, plan
 f vue f en plan m, plan m, vue f de dessus, vue f d'en haut

2355 **Drehachse** f
 e rotation axis, axis of revolution
 f axe m de rotation f

2356 **Drehbewegung** f
 e rotating motion, rotary movement, rotation
 f mouvement m rotatif, mouvement m rotatoire, rotation f

2357 **drehen** v [umlaufen]
 e rotate, revolve, turn
 f tourner, circuler

drehen 108

2358 drehen v [verwinden]
   e twist, twine
   f tordre

2359 drehen v [Werkstück]
   e turn
   f tourner

2360 Drehen n [Kreisen]
   e rotating, rotation, turning, turn
   f rotation f, tour m

2361 Drehfeld n
   e rotating field
   f champ m tournant

2362 Drehgeschwindigkeit f
   e rotating speed, speed of rotation, revolving velocity
   f vitesse f de rotation f

2363 Drehimpuls m
   e angular momentum
   f moment m angulaire

2364 Drehknopf m
   e rotary knob
   f bouton m à tourner

2365 Drehkörper m
   e solid of revolution
   f corps m tournant

2366 Drehmaschine f
   e lathe
   f tour m

2367 Drehmoment n
   e torque, torsional moment, turning moment
   f moment m de torsion f, couple m de torque f

2368 Drehpunkt m
   e center of rotation
   f centre m de rotation f

2369 Drehrichtung f
   e direction of rotation, sense of rotation
   f direction f de rotation f, sens m de rotation f

2370 Drehsinn m
   → Drehrichtung f

2371 Drehspule f
   e moving coil
   f bobine f mobile

2372 Drehstahl m
   e turning tool, chisel
   f outil m de tour m, burin m

2373 Drehstreckung f
   e turning stretching, rotation stretching
   f allongement m de torsion f

2374 Drehstrom m
   e tri-phase current, three phase current
   f courant m triphasé

2375 Drehstrommotor m
   e three phase motor
   f moteur m triphasé

2376 Drehteil n
   e turned part
   f partie f tournante

2377 Drehung f [Rotation]
   e rotation, revolution
   f rotation f, révolution f

2378 Drehung f [Schraube]
   e turn
   f tour m

2379 Drehung f [Verdrehung]
   e torsion, twist
   f torsion f

2380 Drehung f [Verwinden]
   e twist, twisting
   f torsade f

2381 Drehungsbeanspruchung f
   e torsional stress, torsional strain
   f effort m de torsion f

2382 Drehungssinn m
   e direction of rotation, sense of rotation
   f direction f de rotation f, sens m de rotation f

2383 Drehwinkel m
   e angle of rotation
   f angle m de rotation f

2384 Drehzahl f
   e number of revolutions pl
   f nombre m de révolutions f/pl, nombre m de tours m/pl

2385 Drehzahlmesser m
   e tachometer, revolution meter
   f tachymètre m, compte-tours m

2386 dreidimensional adj
   e three-dimensional
   f tridimensionnel

2387 dreieckig adj
   e triangular
   f triangulaire

2388 Dreiphasenwicklung f
   e three phase winding
   f enroulement m triphasé

2389 dreipolig adj
   e three-pole, tripolar, three-pin
   f tripolaire

2390 dreistellig adj [Zahl]
   e three-digit ..., of three places pl, with three ciphers pl
   f à trois places f/pl, de trois chiffres m/pl, à trois décimales f/pl

2391 dreiteilig adj
   e tripartite
   f en trois parties f/pl

2392 Drift f
   e drift
   f déplacement m, dérive f, décalage m

2393 Dropout m
   e drop-out
   f drop-out m, lacune f

2394 Drossel f
   e choke, choking coil
   f bobine f de choc m, bobine f d'arrêt m

2395 drosseln v
   e throttle, choke
   f étrangler, serrer

2396 Drosselspule f
   e choking coil, choke
   f bobine f de choc m, bobine f d'arrêt m

2397 Drosselung f
   e throttling, choking
   f étranglement m, engorgement m

2398 Druck m [Buchdruck]
   e print, impression, imprint
   f imprimé m, impression f

2399 Druck m [Physik]
   e pressure
   f pression f

2400 Druck m [Stoß]
   e push, thrust
   f poussée f

2401 Druck m [Zusammendrücken]
   e compression
   f compression f

2402 Druckabfall m
   e decrease of pressure, fall of pressure, reduction of pressure
   f diminution f de pression f, réduction f de pression f, baisse f de pression f, chute f de pression f

2403 druckabhängig adj
   e pressure-dependent
   f dépendant de la pression

2404 Druckabnahme f
→ Druckabfall m

2405 Druckänderung f
 e pressure variation
 f variation f de pression f

2406 Druckanstieg m
 e rise of pressure, increase of pressure
 f augmentation f de pression f, accroissement m de pression f

2407 Druckanzeiger m
 e pressure indicator, pressure gauge, manometer
 f indicateur m de pression f, manomètre m

2408 Druckausgleich m
 e compensation of pressure, pressure balance
 f compensation f de pression f, balance f de pression f

2409 Druckbeanspruchung f
 e compressive stress, compressive load
 f effort m de compression f, charge f de compression f

2410 Druckbehälter m
 e pressure vessel
 f cuve f de pression f, cuve f pour fortes pressions f/pl, récipient m à pression f, réservoir m sous pression f

2411 Druckbehälter m, dickwandiger
 e heavy-wall pressure vessel, thick-walled pressure vessel
 f cuve f de pression f à paroi f épaisse

2412 Druckbehälterflansch m
 e pressure vessel flange, nozzle
 f collet m de cuve f de pression f

2413 Druckbelastung f
→ Druckbeanspruchung f

2414 druckbeständig adj
 e resistant to pressure, resistant to compression, compression-proof
 f résistant à la (com)pression

2415 druckbetätigt adj
 e pressure-controlled
 f actionné par la pression, contrôlé par la pression

2416 druckempfindlich adj
 e pressure-sensitive
 f sensible à la pression

2417 Druckempfindlichkeit f
 e pressure sensitivity
 f sensibilité f à la pression

2418 drücken v [allgemein]
 e press, push, depress
 f presser, pousser, serrer

2419 drücken v [einprägen]
 e inject, impress
 f injecter, empreindre

2420 Druckerhöhung f
 e increase of pressure, rise of pressure
 f augmentation f de pression f, accroissement m de pression f

2421 Druckerzeuger m
 e pressure generator, compressor
 f générateur m de pression f, compresseur m

2422 Druckerzeugung f
 e pressure generation, compression
 f génération f de pression f, compression f

2423 Druckfehler m
 e misprint, erratum
 f faute f d'impression f

2424 druckfest adj
 e compression-proof, resistant to pressure, resistant to compression
 f résistant à la (com)pression

2425 Druckfestigkeit f
 e resistance to pressure, resistance to compression, compressive strength, crushing strength
 f résistance f à la (com)pression

2426 Druckgefälle n
 e drop of pressure, pressure difference
 f chute f de pression f

2427 Druckgefäß n
 e pressure vessel
 f cuve f de pression f, réservoir m sous pression f, récipient m à pression f

2428 druckgesteuert adj
 e pressure-controlled
 f actionné par la pression, contrôlé par la pression

2429 Druckgradient m
 e pressure gradient
 f gradient m de pression f

2430 Druckkammer f
 e pressure chamber
 f chambre f de pression f

2431 Druckkessel m
 e pressure vessel
 f récipient m à pression f, cuve f de pression f

2432 Druckknopf m
 e push button, press button
 f bouton-poussoir m

2433 Druckknopfsteuerung f
 e push button control
 f commande f par bouton-pressoir m

2434 Druckkraft f
 e force of pressure, force of compression
 f force f de compression f

2435 Drucklager n
 e thrust bearing
 f palier m de butée f, palier m de poussée f

2436 Druckleitung f
 e pressure piping, delivery pipe
 f tuyau m forcé, conduite f sous pression f

2437 Druckluft f
 e compressed air
 f air m comprimé

2438 Druckluftkühlung f
 e forced air cooling
 f refroidissement m par air m comprimé

2439 Druckmesser m
 e pressure gauge, manometer
 f manomètre m

2440 Druckminderung f
 e reduction of pressure, decrease of pressure
 f réduction f de pression f

2441 Druckprobe f [Druckprüfung]
 e pressure test, compression test
 f essai m de (com)pression f, épreuve f de (com)pression f

2442 Druckprobe f [Probeabzug]
 e proof sheet, specimen
 f épreuve f d'imprimerie f

2443 Druckprüfung f
 e pressure test, compression test
 f essai m de (com)pression f, épreuve f de (com)pression f

2444 Druckregler m
 e pressure regulator, pressure governor
 f régulateur m de pression f

2445 Druckrohr n
 e pressure pipe
 f tube m de pression f

2446 Druckschalter m
 e press switch, push switch, push-button switch
 f interrupteur m à pression f, interrupteur m poussoir

2447 Druckscheibe f
  e thrust washer, pressure disk
  f rondelle f de pression f, disque m de butée f

2448 Druckschwankung f
  e pressure fluctuation
  f fluctuation f de pression f

2449 Druckschweißen n
  e pressure welding
  f soudage m sous pression f

2450 drucksicher adj
  e compression-proof, resistant to pressure, resistant to compression
  f résistant à la (com)pression

2451 Druckspannung f
  e compressive stress
  f tension f de compression f

2452 Druckstreifen m
  e printing tape
  f bande f enregistreur

2453 Drucktaste f
  e press key, push button
  f bouton-poussoir m

2454 Druckverhalten n
  e pressure behaviour
  f comportement m à la pression f

2455 Druckverlauf m
  e pressure response, course of pressure
  f réponse f de la pression, marche f de pression f

2456 Druckverlust m
  e loss of pressure
  f perte f de pression f

2457 Druckverminderung f
  e decrease of pressure, fall of pressure, reduction of pressure
  f diminution f de pression f, réduction f de pression f, baisse f de pression f, chute f de pression f

2458 Druckverschiebung f
  e pressure shift
  f déplacement m de pression f

2459 Druckversuch m
  e crushing test, pressure test, compression test
  f essai m de (com)pression f

2460 Druckverteilung f
  e pressure distribution
  f distribution f de la pression

2461 Druckwasser n
  e pressurized water, water under pressure
  f eau f sous pression f

2462 Druckwasser...
  e hydraulic ...
  f ...hydraulique

2463 druckwasserdicht adj
  e watertight under pressure
  f étanche à l'eau f sous pression f

2464 Druckwasserreaktor m [DWR]
  e pressurized-water reactor [PWR]
  f réacteur m à eau f sous pression f

2465 Druckwelle f [Bauelement]
  e thrust shaft
  f arbre m de butée f

2466 Druckwelle f [Schwingung]
  e compressional wave, pressure wave
  f onde f de pression f

2467 Druckzone f
  e region in compression
  f zone f comprimée

2468 Druckzunahme f
  e increase of pressure, rise of pressure
  f augmentation f de pression f, accroissement m de pression f

2469 dual adj
  e dual, binary
  f dual, binaire

2470 Dualitätsprinzip n
  e duality principle
  f principe m de dualité f

2471 dübeln v
  e dowel
  f cheviller

2472 Duktilität f
  e ductility, plasticity
  f ductilité f, plasticité f

2473 Dunkelaustastung f
  e blanking
  f blanking m

2474 Dunkelsteuerung f
  e dark control
  f contrôle m sur fond m foncé

2475 Dunkeltastung f
  e blanking
  f blanking m

2476 dünn adj [mechanisch]
  e thin, fine, weak
  f mince, fin

2477 dünn adj [optisch]
  e translucent
  f translucide

2478 Dünnfilm m
  e thin film, thin layer
  f film m mince, couche f mince

2479 Dünnschicht f
  e thin layer, thin film
  f couche f mince, film m mince

2480 Dünnschicht-Differenzverfahren n [Radiologie]
  e thin-film differential method
  f méthode f différentielle des couches f/pl minces

2481 Dünnschichttechnologie f
  e thin-film technology
  f technologie f à couche f mince

2482 Duplikat n
  e duplicate
  f double m

2483 Duraluminium n
  e duraluminium, duraluminum [USA]
  f duraluminium m

2484 Durchbiegung f
  e flexure, sagging, deflection, bend, bending
  f flexion f, courbement m, courbage m, flèche f

2485 durchbohren v
  e pierce, pierce through, bore through
  f percer, perforer, creuser

2486 Durchbruch m [Öffnung]
  e opening, hole
  f percement m, trou m

2487 Durchbruch m [thermisch, elektrisch]
  e breakdown, avalanche
  f claquage m, rupture f, avalanche f

2488 durchdringen v [diffundieren]
  e diffuse
  f diffuser

2489 durchdringen v [eindringen]
  e penetrate, get through, pierce, drive through, punch
  f pénétrer (à travers), percer, trouer, pointer

2490 Durchdringung f
  e penetration, diffusion
  f pénétration f, diffusion f

2491 Durchdringungsfluß m [Radiographie]
  e fluence
  f flux m [traversant le matériau]

2492 Durchdringungsvermögen n
  e penetrating power, power of penetration, penetrating capacity
  f pouvoir m de pénétration f, pouvoir m pénétrant, capacité f de pénétration f

2493 **durchfließen** v
 e flow through, traverse, pass, circulate
 f traverser, parcourir, passer, couler à travers, circuler

2494 **Durchflußmesser** m
 e flowmeter
 f débitmètre m

2495 **Durchflußverfahren** n [Radiologie]
 e transradiation method
 f méthode f de la transradiation, méthode f de la circulation

2496 **Durchflutung** f
 e ampere turns pl, total excitation
 f solénation f, ampère-conducteur m, ampère-tour m

2497 **Durchführbarkeit** f
 e practicability, feasibility
 f practicabilité f

2498 **Durchführung** f
 e execution method
 f mode m d'exécution f, principe m d'exécution f

2499 **Durchführung** f [Durchbruch]
 e lead-through, duct, passing-through, bushing, entrance, hole
 f traversée f, douille f, passage m, entrée f, trou m, percement m

2500 **Durchführung** f [Verwirklichung]
 e realization, performance, execution method
 f réalisation f, performance f, mode m d'exécution f

2501 **Durchgang** m [Passage]
 e passage, traverse
 f passage m, traversée f, couloir m

2502 **Durchgang** m [Transit]
 e transit
 f transit m

2503 **Durchhang** m
 e sag, dip
 f flèche f

2504 **Durchlaßbereich** m
 e transmission range, pass-band/ passband, transparency region, passage zone
 f bande f passante, zone f de passage m, région f de transparence f, régime m de transmission f

2505 **durchlassen** v [eindringen]
 e penetrate, permeate
 f pénétrer

2506 **durchlassen** v [passieren]
 e let through, pass
 f passer, faire passer

2507 **durchlassen** v [Strahlung]
 e transmit
 f transmettre

2508 **durchlässig** adj
 e permeable, pervious
 f perméable, pénétrable

2509 **Durchlässigkeitsgrad** m [Strahlung]
 e transmission factor, transmittance, transparence
 f facteur m de transmission f, transmittance f, transmissibilité f, transparence f

2510 **Durchlaßrichtung** f
 e forward direction
 f sens m direct

2511 **Durchlaßvermögen** n [Strahlung]
 e transmittance, transmission factor
 f transmissibilité f, transmittance f, facteur m de transmission f

2512 **Durchlauf** m
 e pass, passage, run, traverse
 f passage m, parcours m

2513 **durchlaufen** v
 e run through, pass through, traverse
 f passer, parcourir, traverser

2514 **Durchlaufgeschwindigkeit** f
 e passing speed, traversing speed
 f vitesse f de passage m, vitesse f de traversée f

2515 **Durchlaufspule** f
 e passing coil, traversing coil, through-coil
 f bobine f de passage m, bobine f traversante, bobine f de traversée f

2516 **durchleuchten** v [Licht]
 e transilluminate
 f luire à travers, transilluminer

2517 **durchleuchten** v [Röntgenstrahlen]
 e X-ray, roentgenize, screen, radiograph
 f radiographier, radioscoper

2518 **Durchlichtverfahren** n
 e transillumination method, transmitted light technique
 f technique f à transillumination f

2519 **durchlüften** v
 e ventilate, air
 f ventiler, aérer

2520 **Durchmesser** m, äußerer
 e outer diameter, outside diameter, overall diameter
 f diamètre m extérieur

2521 **Durchmesser** m, innerer
 e inner diameter, inside diameter, internal diameter [ID]
 f diamètre m intérieur

2522 **durchqueren** v
 e traverse, cross
 f traverser

2523 **Durchsatz** m
 e throughput
 f débit m

2524 **Durchschallungsverfahren** n
 e through-transmission (testing) mode, shadow technique
 f méthode f de transmission f acoustique (à travers le matériau)

2525 **durchscheinen** v
 e shine through
 f luire à travers

2526 **Durchscheinen** n
 e translucency, transparency
 f translucidité f, transparence f

2527 **durchscheinend** adj
 e translucent, transparent
 f translucide, transparent

2528 **Durchschlag** m [elektrisch]
 e breakdown, puncture, disruptive discharge
 f claquage m, rupture f diélectrique, décharge f disruptive, percement m, perforation f

2529 **Durchschlag** m [Kopie]
 e copy, carbon copy, carbon, duplicate, calking
 f copie f, épreuve f, calque m, duplicata m

2530 **Durchschlag** m [mechanisch]
 e punch
 f poinçon m, perçoir m, percement m

2531 **durchschlagen** v [elektrisch]
 e breakdown, break through, disrupt, blow, spark through, puncture
 f claquer, perforer, jaillir

2532 **durchschlagen** v [mechanisch]
 e get through, penetrate, punch, drive through
 f percer, trouer, pénétrer (à travers), pointer

2533 **durchschlagen** v [pausen]
 e calk, copy
 f calquer, copier

2534 durchschlagen v [Sicherung]
 e blow, blow out, fuse
 f fondre, sauter, claquer

2535 Durchschlagsfestigkeit f
 e disruptive strength
 f rigidité f diélectrique, résistance f disruptive

2536 Durchschlagsprüfgerät n
 e breakdown tester, puncture voltage tester
 f vérificateur m de la rigidité diélectrique

2537 durchschmelzen v
 e melt, fuse
 f fondre, fuser

2538 Durchschnitt m [Durchschneiden]
 e intersection, section, cutting through, profile
 f intersection f, coupe f, profil m

2539 Durchschnitt m [Mittelwert]
 e mean, average
 f moyenne f

2540 Durchschnittsgeschwindigkeit f
 e mean speed, mean velocity, average speed
 f vitesse f moyenne

2541 Durchschnittswert m
 e mean value, mean, average value, average, standard value
 f valeur f moyenne, moyenne f

2542 Durchsicht f
 e inspection, check-up, check, checking, test, testing
 f inspection f, contrôle m, essai m, épreuve f

2543 durchsichtig adj
 e transparent, translucent
 f transparent

2544 Durchsichtigkeit f
 e translucency, transparency
 f translucidité f, transparence f

2545 Durchstoßversuch m
 e piercing test
 f essai m de perçage m

2546 Durchstrahlung f
 e transmission of radiation, penetrating radiation
 f transmission f de rayonnement m, radiation f pénétrante

2547 Durchstrahlung f mit Fernsehschirmbildanzeige
 e televised radioscopy
 f radioscopie f télévisée

2548 Durchstrahlungs-Elektronenmikroskopie f
 e transmission electron microscopy
 f microscopie f électronique par transmission f

2549 Durchstrahlungsprüfung f
 e radiographic test(ing)
 f contrôle m radiographique, contrôle m radioscopique

2550 durchströmen v
 e pass, traverse, flow through, circulate
 f passer, parcourir, traverser, couler à travers, circuler

2551 Düse f
 e nozzle, blast pipe
 f gicleur m, tuyère f

2552 Düsenmotor m
 e jet engine
 f moteur m à réaction f

2553 Düsentriebwerk n
 → Düsenmotor m

2554 Dynamik f
 e dynamics pl, sound volume
 f dynamique f, volume m sonore

2555 Dynamikbereich m
   e dynamic range
   f étendue f de dynamique f

2556 Dynamikdehnung f
   e volume expansion
   f expansion f de dynamique f

2557 Dynamikdrängung f
   e volume compression
   f compression f de dynamique f

2558 Dynamikkompression f
   → Dynamikdrängung f

2559 Dynamikregelung f
   e volume control
   f contrôle m de dynamique f

2560 Dynamometer n
   e dynamometer
   f dynamomètre m

2561 Dynstat-Gerät n
   e Dynstat apparatus
   f appareil m Dynstat

E

2562 **eben** adj
 e plane, flat, smooth
 f plan, plat, lisse

2563 **Ebene** f [Geologie]
 e plain
 f plaine f

2564 **Ebene** f [Mathematik, Technik]
 e plane
 f plan m

2565 **Ebene** f, schiefe
 e inclined plane
 f plan m incliné

2566 **Ebenheit** f
 e flatness
 f planitude f

2567 **ebnen** v
 e plane, flatten, smooth
 f planer, aplatir, aplanir, niveler, égaliser

2568 **Echodämpfung** f
 e echo attenuation
 f affaiblissement m d'écho m

2569 **Echodynamik** f
 e echo dynamics pl
 f dynamique f de l'écho m

2570 **Echodynamik-Verfahren** n
 e echo dynamic method
 f méthode f de la dynamique d'écho m

2571 **Echogras** n
 e echo grass, grass
 f herbe f d'échos m/pl

2572 **Echohöhe** f
 e echo height
 f hauteur f d'écho m

2573 **Echohöhenverhältnis** n
 e echo decrement
 f décrément m des signaux m/pl d'écho m

2574 **Echoimpuls** m
 e echo pulse
 f impulsion f d'écho m

2575 **Echoimpulsverfahren** n
 e echo pulse method, pulse echo method, pulse echo mode
 f méthode f par impulsion f d'écho m, méthode f par échos m/pl d'impulsions f/pl, sondage m par impulsion f et écho m

2576 **Echolage** f
 e echo position
 f position f de l'écho m

2577 **Echolot** n
 e echo sounder, sonic depth finder
 f sonde f à écho m

2578 **Echosignal** n
 e echo signal
 f signal m écho

2579 **Echostörung** f
 e echo trouble
 f perturbation f par écho m

2580 **Echounterdrückung** f
 e echo suppression, echo killing
 f suppression f d'écho m

2581 **Echowelle** f
 e echo wave
 f onde f d'écho m

2582 **Echtzeit** f
 e real time, on-line
 f temps m réel

2583 Echtzeitbetrieb m
  e real-time working, real-time operating
  f fonctionnement m en temps m réel, opération f en temps m réel

2584 Echtzeit-Bildverfahren n
  e real-time imaging method
  f méthode f de représentation f d'image f en temps m réel

2585 Echtzeitprüfung f
  e real-time test, on-line test
  f test m on line, essai m en temps m réel

2586 Echtzeitverfahren n
  e real-time technique
  f technique f en temps m réel

2587 Echtzeitversuch m
  → Echtzeitprüfung f

2588 Ecke f
  e corner, edge
  f coin m, arête f

2589 Eckfrequenz f
  e limit frequency
  f fréquence f limite

2590 eckig adj
  e cornered, cornerwise, angular
  f angulaire

2591 Edelgas n
  e rare gas, inert gas
  f gaz m rare, gaz m noble, gaz m inerte

2592 Edelmetall n
  e noble metal, precious metal
  f métal m noble, métal m précieux

2593 Edelstahl m
  e special steel, stainless steel
  f acier m fin, acier m inoxydable

2594 Effekt m, lichtelektrischer
  e photo-electric effect
  f effet m photoélectrique

2595 Effekt m, piezoelektrischer
  e piezo-electric effect
  f effet m piézoélectrique

2596 Effekt m, thermoelektrischer
  e thermo-electric effect
  f effet m thermoélectrique

2597 effektiv adj
  e effective, efficient, usable, useful, net
  f effectif, efficace, utile, net, utilisable

2598 Effektivität f
  e efficiency, effectiveness
  f efficacité f, effet m

2599 Effektivwert m
  e effective value, actual value, root mean square (value) (r.m.s.)
  f valeur f effective, valeur f efficace

2600 Eichamt n
  e calibration station
  f station f d'étalonnage m

2601 eichen v
  e calibrate
  f étalonner, jauger

2602 Eichfrequenz f
  e calibration frequency, standard frequency
  f fréquence f étalon, fréquence f d'étalonnage m

2603 Eichgerät n
  e calibration instrument
  f appareil m d'étalonnage m

2604 Eichinstrument n
  → Eichgerät n

2605 Eichkörper m
  e calibration block, reference block
  f bloc m d'étalonnage m

2606 Eichkurve f
  e calibration curve
  f courbe f d'étalonnage m

2607 Eichung f
e calibration, gauging, gaging [USA]
f étalonnage m, calibrage m, calibration f, jaugeage m

2608 Eigenbewegung f
e proper motion
f mouvement m propre

2609 Eigenfilterung f
e inherent filtering, inherent filtration
f filtrage m inhérent, filtration f inhérente

2610 Eigenfrequenz f
e inherent frequency, natural frequency
f fréquence f inhérente, fréquence f propre, fréquence f naturelle

2611 Eigenfunktion f
e eigenfunction
f fonction f propre

2612 Eigenrauschen n
e background noise, internal noise, random noise
f bruit m de fond m, bruit m propre

2613 Eigenschwingung f
e natural oscillation, natural vibration
f oscillation f propre, vibration f naturelle

2614 Eigenspannung f [im Material]
e residual stress
f tension f résiduelle, tension f interne

2615 Eigenspannungsmessung f [von Material]
e residual stress measurement
f mesure f de la tension interne/résiduelle

2616 Eigenstrahlung f
e characteristic radiation
f rayonnement m caractéristique

2617 Eigentemperatur f
e natural temperature
f température f naturelle

2618 Eigenwert m
e eigenvalue, proper value
f valeur f propre

2619 Eignung f
e aptitude, applicability
f aptitude f, applicabilité f

2620 einachsig adj
e uniaxial
f monoaxé

2621 einatomig adj
e monoatomic, monatomic
f monoatomique

2622 einbauen v
e mount, install, house, fit, incorporate, introduce, insert
f monter, installer, loger, incorporer, encastrer, insérer

2623 einbeulen v
e buckle, dent
f cabosser, bosseler

2624 Einbrandkerbe f [Schweißnahtfehler]
e undercut
f morsure f

2625 Einbrandtiefe f [Schweißen]
e depth of penetration
f profondeur f de pénétration f

2626 Einbrennen n [Bildschirm]
e burning in
f brûlure f de l'écran m

2627 Eindringanlage f
e penetrating device
f appareil m à pénétrer

2628 eindringen v (~ in)
e penetrate (~ into), permeate, pierce
f pénétrer (dans, par), percer

2629 Eindringen n
e penetration, diffusion
f pénétration f, diffusion f

2630 Eindringflüssigkeit f
  e liquid penetrant, penetrating liquid
  f liquide m pénétrant

2631 Eindringmethode f
  e liquid penetrant method
  f méthode f de pénétration f

2632 Eindringmittel n
  e penetrant
  f liquide m pénétrant, matière f de pénétration f

2633 Eindringmittel n, fluoreszierendes
  e fluorescent penetrant
  f matière f de pénétration f fluorescente

2634 Eindringmittel n, gefärbtes
  e dye penetrant
  f matière f de pénétration f colorée

2635 Eindringmittel n, wasserabwaschbares
  e water-washable penetrant
  f liquide m pénétrant rinçable par eau f

2636 Eindringprüfung f
  e penetrant fluid test, liquid penetrant test
  f contrôle m par ressuage m, essai m par liquide m pénétrant

2637 Eindringtiefe f
  e penetrating depth, depth of penetration, penetration
  f profondeur f de pénétration f, pénétration f

2638 Eindringverfahren n
  e liquid penetrant method
  f méthode f par pénétration f, méthode f de pénétration f

2639 Eindringzeit f
  e time of penetration
  f temps m de pénétration f

2640 eindrücken v
  e push, force in, insert, crush
  f pousser, presser, enfoncer

2641 Einfachbetrieb m
  e simplex operation
  f service m simplex

2642 Einfall m [Strahl]
  e incidence
  f incidence f

2643 Einfall m [Zusammensturz]
  e falling-in, cave in
  f écroulement m

2644 Einfalldosis f
  e incident dose, incident energy
  f dose f incidente, intensité f incidente

2645 einfallen v [zusammenstürzen]
  e fall in, cave in
  f s'écrouler

2646 einfallend adj (~ auf)
  e impinging (~ at)
  f incident (sur)

2647 Einfallsrichtung f
  e direction of incidence
  f direction f d'incidence f

2648 Einfallswinkel m
  e incidence angle
  f angle m d'incidence f

2649 Einfallswinkel m, kritischer
  e critical incidence angle, Rayleigh angle
  f angle m d'incidence f critique, angle m de Rayleigh

2650 Einfang m
  e capture
  f capture f

2651 einfangen v
  e capture, adsorb, catch, collect, intercept
  f capturer, adsorber, capter, collectionner, intercepter, prendre

2652 Einfangen n
  e interception, collection
  f captage m, interception f, rassemblage m, collection f

2653 Einfangwahrscheinlichkeit f
  e capture probability
  f probabilité f de capture f

2654 Einfassung f
  e escutcheon, bezel, trim-plate
  f écran m, cadre m, charpente f, bordure f, enchâssure f

2655 Einfluß m [auf]
  e influence [on]
  f influence f [sur]

2656 Einfrequenzverfahren n
  e single-frequency method
  f méthode f à une fréquence

2657 einfügen v
  e insert, join, fit in
  f insérer, intercaler

2658 Einfügung f
  e insertion, intercalation
  f insertion f, intercalation f

2659 Einführung f [Einlaß]
  e inlet, entrance, introduction, lead-in
  f entrée f, accès m, introduction f, ouverture f

2660 Einführung f ($\sim$ in) [allgemein]
  e introduction ($\sim$ to)
  f introduction f [dans]

2661 Eingabe f
  e input
  f input m, inscription f, entrée f

2662 Eingabegerät n
  e input equipment, read-in apparatus
  f équipement m d'entrée f, équipement m d'inscription f

2663 Eingang m
  e input, inlet
  f entrée f, introduction f

2664 Eingangsenergie f
  e input, input power
  f puissance f d'entrée f, puissance f absorbée

2665 Eingangsimpuls m
  e input pulse
  f impulsion f d'entrée f

2666 Eingangskreis m
  e input circuit, input
  f montage m d'entrée f, circuit m d'entrée f

2667 Eingangsleistung f
  e input power, input
  f puissance f d'entrée f, puissance f d'attaque f

2668 Eingangspegel m
  e input level
  f niveau m d'entrée f

2669 Eingangssignal n
  e input signal
  f signal m d'entrée f

2670 eingeben v [allgemein]
  e insert, feed (into), introduce, enter
  f insérer, alimenter, fournir, introduire

2671 eingeben v [Daten]
  e put in, read in
  f inscrire, donner, entrer

2672 eingießen v
  e seal, coat
  f sceller, surmouler

2673 eingrenzen v
  e localize
  f localiser

2674 Eingrenzung f
  e localization
  f localisation f

2675 Einheit f [Gerät]
 e set, unit, apparatus
 f appareil m, dispositif m, unité f

2676 Einheit f [Meßeinheit]
 e unit
 f unité f

2677 Einheit f [Zusammengesetztes]
 e union, unity, set-up, junction
 f union f, unité f, jonction f

2678 Einheit f, abgeleitete
 e derived unit
 f unité f dérivée

2679 Einheit f, imaginäre
 e imaginary unit
 f unité f imaginaire

2680 Einheit f, periphere
 e peripherical unit, peripheral
 f unité f périphérique, périphérique f

2681 Einheit f, praktische
 e practical unit
 f unité f pratique

2682 einheitlich adj
 e uniform, homogeneous
 f uniforme, homogène

2683 Einheits...
 e standard..., normal..., unit...
 f ... standardisé, ... normal, ... normalisé, ... unité

2684 Einheitsausführung f
 e standard form
 f type m normalisé

2685 Einheitsvektor m
 e unit vector
 f vecteur m unité

2686 Einheitsvolumen n
 e unit volume
 f volume m unité

2687 einhüllen v
 e envelop, embed, clad
 f envelopper, enrober

2688 Einhüllende f [Hüllkurve]
 e envelope
 f enveloppante f, enveloppe f

2689 einkapseln v
 e encapsulate, encase, seal, enclose, cover, envelop
 f capsuler, enfermer, envelopper, blinder, coffrer, revêtir

2690 Einkapselung f
 e enclosing
 f blindage m

2691 einkerben v
 e notch, groove, indent
 f entailler, encocher, cocher

2692 Einkopftechnik f
 e single-probe technique
 f technique f à sonde f unique

2693 Einkristall m
 e single crystal, monocrystal
 f monocristal m

2694 Einlagerung f
 e incorporation
 f incorporation f

2695 einlagig adj
 e single-layer ...
 f ... à une seule couche

2696 Einlaß m
 e inlet, input, introduction, entrance, lead-in
 f entrée f, ouverture f, accès m, introduction f

2697 einlegen v [allgemein]
 e lay in, put in, insert
 f mettre (dans), loger (dans), insérer

2698 einlegen v [Band]
  e insert (the tape)
  f insérer (la bande)

2699 einlöten v
  e solder (~ in)
  f souder (dans)

2700 einordnen v
  e classify
  f classifier

2701 einpassen v
  e fit in, adapt
  f adapter, ajuster

2702 einpegeln v
  e align
  f aligner

2703 Einpegelung f
  e alignment
  f alignement m

2704 einphasig adj
  e single-phase, monophase, uniphase, one-phase
  f monophasé

2705 einprägen v
  e inject, impress (~ on)
  f empreindre, injecter

2706 einrasten v
  e lock, snap (~ in), catch, shut
  f encliqueter, se fermer à ressort m

2707 einregeln v
  e adjust, regulate
  f ajuster, régler

2708 einrichten v
  e install, mount, arrange, equip, establish
  f installer, monter, arranger, établir

2709 Einrichtung f
  e equipment, device, installation, plant, establishment, facility
  f installation f, équipement m, établissement m, appareil m, usine f, poste m, dispositif m

2710 einrosten v
  e rust
  f se rouiller, s'enrouiller

2711 Einrosten n
  e rusting
  f rouillure f

2712 Einsatz m [Beginn]
  e initiation, start, onset
  f commencement m, départ m, start m

2713 Einsatz m [Verwendung]
  e use, application, action, utilization
  f emploi m, utilisation f, usage m, application f, mise f en œuvre f, mise f en service m

2714 Einsatz m [Zwischenstück]
  e insertion, insertion piece, inset
  f garniture f, pièce f intercalaire, insertion f, pièce f d'insertion f

2715 Einsatzhärte f
  e carburization hardness, hardness by case-hardening
  f dureté f par cémentation f, dureté f par trempe f en coquille f

2716 Einsatzhärten n
  e case-hardening, cementation, carbonization, carburizing
  f cémentation f, carbonisation f, trempe f en coquille f

2717 Einsatzhärtetiefe f
  e case-hardening depth, hardness depth by case-hardening
  f profondeur f de dureté f par trempe f en coquille f

2718 Einsatzstahl m
  e case-hardening steel, carburizing steel
  f acier m cémenté, acier m de cémentation f

2719 Einsatzstück n
  e insertion piece, inset
  f pièce f intercalaire, pièce f d'insertion f

2720 Einschallung f
  e acoustic irradiation
  f irradiation f acoustique

2721 Einschallwinkel m
  e incident angle of acoustic wave
  f angle m d'incidence f de l'onde f acoustique

2722 einschalten v [dazwischenschalten]
  e insert, interline, connect (~ in)
  f insérer, intercaler, interposer

2723 einschalten v [Licht]
  e turn on, switch on/in
  f allumer (la lumière), tourner (le commutateur)

2724 einschalten v [Maschine]
  e engage, throw on, turn on, put into gear, start
  f démarrer, mettre en marche f

2725 einschalten v [Strom]
  e switch on/in, close (~ the circuit), cut in, plug in
  f mettre en circuit m, fermer (le circuit)

2726 einschätzen v
  e estimate, evaluate, tax, rate, assess
  f estimer, évaluer, taxer

2727 Einschätzung f
  e estimation, evaluation, assessment, appreciation, weighting, calculation, computation
  f évaluation f, estimation f, appréciation f, pondération f, calcul m

2728 einschichtig adj
  e single-layer
  f à une couche

2729 einschließen v [einhüllen]
  e envelop, coat, seal, encapsulate
  f envelopper, revêtir, blinder, capsuler

2730 einschließen v [mitbeinhalten]
  e include
  f comprendre

2731 einschließen v [zuschließen]
  e lock in, incase, enclose, inclose
  f enfermer, renfermer, fermer, coffrer

2732 Einschluß m
  e inclusion
  f inclusion f

2733 Einschlußnest n
  e cluster of inclusions pl
  f nid m d'inclusions f/pl

2734 einschneiden v
  e cut (~ in), slice (~ in)
  f inciser, entailler, graver, couper (dans)

2735 Einschnitt m
  e cut, incision, groove
  f incision f, entaille f

2736 Einschnürung f
  e constriction, contraction, reduction in area
  f constriction f, striction f, étranglement m, rétrécissement m

2737 einschrauben v
  e screw in
  f visser

2738 einschreiben v [Daten]
  e read in, feed (into), insert, introduce, put (~ into)
  f inscrire, insérer, introduire

2739 Einschub m
  e panel, case, slide-in unit
  f tiroir m, caisson m

2740 Einschubgerät n
  e plug-in unit, plug-in instrument
  f appareil m rack

2741 einschwingen v
 e build up
 f s'amorcer, établir

2742 Einschwingvorgang m
 e building-up process, transient phenomenon
 f phénomène m transitoire

2743 einseitig adj
 e unilateral, one-way, unidirectional
 f unilatéral, unidirectionnel, à sens m unique

2744 einsetzen v [räumlich]
 e set in, place, put in, insert, fit
 f placer, insérer, mettre en place f

2745 einsetzen v [zeitlich]
 e initiate, start, begin
 f commencer, partir

2746 Einsetzen n [Beginn]
 e onset, start, initiation
 f commencement m, départ m, start m

2747 Einsetzen n [Einfügen]
 e insertion, setting-in
 f insertion f, placement m

2748 einspeichern v [Daten]
 e read in, memorize
 f mémoriser, mettre en mémoire f

2749 einspeichern v [Güter]
 e store, accumulate
 f stocker, emmagasiner

2750 einspeisen v
 e feed
 f alimenter

2751 Einspeisung f
 e feeding
 f alimentation f

2752 einsteckbar adj
 e plug-in ...
 f enfichable

2753 Einsteinsche Spektralverschiebung f
 e Einstein shift
 f déplacement m d'Einstein

2754 einstellbar adj [regelbar]
 e adjustable
 f ajustable, réglable

2755 einstellen v [abgleichen]
 e tune, balance, align
 f accorder, syntoniser, aligner, équilibrer

2756 einstellen v [justieren]
 e adjust, set, regulate, position
 f ajuster, régler, mettre au point

2757 einstellen v [stillegen]
 e stop, finish, close, shut down
 f arrêter, suspendre

2758 einstellen v [unterbringen]
 e house, store
 f loger, placer, stocker

2759 Einstellen n [Abgleich]
 e tuning, balance, alignment
 f accord m, syntonisation f, alignement m, équilibrage m

2760 Einstellen n [Justieren]
 e adjustment, adjusting, setting, regulation, positioning
 f ajustage m, ajustement m, réglage m

2761 Einstellen n [Stillegen]
 e stop, closing, shut-down
 f arrêt m, stop m

2762 Einstellen n [Unterbringung]
 e housing, store
 f logement m, stockage m

2763 Einstellgenauigkeit f
 e setting accuracy, accuracy of adjustment
 f exactitude f d'ajustage m

2764 **Einstellmarke** f
 e setting mark, adjustment dot
 f repère m d'ajustage m

2765 **Einstellung** f
 → Einstellen n

2766 **Einstellung** f, automatische
 e automatic adjustment
 f réglage m automatique

2767 **Einstellung** f von Hand
 e hand setting, adjustment by hand, manual adjusting
 f réglage m manuel

2768 **Einstellvorrichtung** f
 e adjusting device
 f dispositif m de réglage m

2769 **Einstellvorschrift** f
 e adjustment instructions pl, directions pl for adjustment
 f instruction f d'ajustage m

2770 **Einstrahl...**
 e single-beam ..., single-gun ...
 f à rayon m unique, ... monocanon

2771 **einstufig** adj
 e single-stage ...
 f à un étage, à étage m unique

2772 **eintauchen** v
 e immerse, plunge, dip, sink
 f immerger, plonger, tremper, abaisser

2773 **einteilen** v
 e divide, classify, graduate, step, arrange
 f diviser, classifier, graduer, arranger, partager, sectionner

2774 **Einteilung** f
 e division, classification, section, department, arrangement
 f division f, section f, sectionnement m, département m, classification f, arrangement m

2775 **eintreten** v [geschehen]
 e occur, happen, act, appear (~ as), crop up
 f se faire, se présenter (comme), paraître

2776 **Eintritt** m
 e input, inlet, entrance
 f entrée f, accès m, ouverture f

2777 **Eintrittswinkel** m
 e angle of incidence, angle of inlet
 f angle m d'incidence f, angle m d'entrée f

2778 **Einwand** m
 e complaint, objection, rejection
 f réclamation f, objection f

2779 **einwandern** v
 e diffuse
 f diffuser

2780 **einwandfrei** adj
 e perfect, unobjectionable, satisfactory
 f parfait, sans défaillances f/pl, sans défaut m, accompli

2781 **Einwegschalter** m
 e single-way switch, one-way switch
 f commutateur m à une seule voie

2782 **einwenden** v
 e object (~ to), complain (~ of)
 f objecter, réclamer (contre), s'opposer, critiquer, contester

2783 **einwertig** adj
 e monovalent
 f monovalent

2784 **einwirken** v (~ auf)
 e act (~ on, ~ upon), react (~ on), affect, interact, influence, interfere (~ with)
 f affecter, opérer, influer

2785 **Einwirkung** f [Beeinflussung]
 e influence, effect, reaction, action, interaction, interference (~ with)
 f influence f, réaction f, interaction f, action f, effet m

2786 **Einwirkung** f [Immission]
 e immission
 f immission f

2787 **Einwirkung** f, gegenseitige
 e interaction, mutual influence
 f interaction f, influence f mutuelle

2788 **Einzelbild** n
 e individual picture
 f image f individuelle

2789 **Einzelheiten** f/pl
 e details pl, particulars pl
 f détails m/pl

2790 **Einzelimpuls-Prüfung** f
 e single-pulse testing
 f contrôle m à simple impulsion f

2791 **Einzelleiter** m
 e single conductor
 f conducteur m unique

2792 **einzeln** adj
 e individual, single
 f seul, individuel, unique

2793 **Einzelteile** n/pl
 e single parts pl, components pl, elements pl
 f composants m/pl, pièces f/pl détachées, éléments m/pl

2794 **Eisen** n, ausgeglühtes
 e annealed iron
 f fer m recuit

2795 **Eisen** n, blättriges
 e laminated iron
 f fer m lamelleux

2796 **Eisen** n, feinkörniges
 e fine grained iron
 f fer m à grains m/pl fins

2797 **Eisen** n, flüssiges
 e liquid iron
 f fer m fondu

2798 **Eisen** n, gehärtetes
 e tempered iron
 f fer m trempé

2799 **Eisen** n, gekohltes
 e carburized iron
 f fer m carburé

2800 **Eisen** n, gekörntes
 e granulated iron
 f fer m granulé

2801 **Eisen** n, geschmiedetes
 e wrought iron
 f fer m forgé

2802 **Eisen** n, geschmolzenes
 e molten iron
 f fer m fondu

2803 **Eisen** n, granuliertes
 e granulated iron
 f fer m granulé

2804 **Eisen** n, halbrundes
 e half round iron
 f fer m demi-rond

2805 **Eisen** n, legiertes
 e alloyed iron
 f fer m allié

2806 **Eisen** n, rundes
 e round iron
 f fer m rond

2807 **Eisen** n, verzinktes
 e galvanized iron
 f fer m galvanisé

2808 **Eisen** n, weiches
 e soft iron
 f fer m doux

2809 **Eisenabschirmung** f
 e iron shield, iron screen
 f blindage m en fer m

2810 **eisenarm** adj
 e poor in iron
 f pauvre en fer m

2811 **eisenarmiert** adj
 e iron-clad
 f armé de fer m

2812 **Eisenarmierung** f
 e iron armour(ing)
 f garniture f de fer m

2813 **Eisenbahn** f
 e railway [GB], railroad [USA]
 f chemin m de fer m

2814 **Eisenband** n
 e iron tape, iron band, iron strip
 f ruban m de fer m, bande f en fer m

2815 **eisenbewehrt** adj
 → eisenarmiert adj

2816 **Eisenblech** n
 e iron sheet
 f feuille f de fer m

2817 **Eisenblock** m
 e billet, bar
 f barre f, billette f

2818 **Eisendraht** m
 e iron wire
 f fil m de fer m

2819 **Eisenerz** n
 e iron ore
 f minerai m de fer m

2820 **Eisenfeilspäne** f
 e iron filings pl
 f limailles f/pl de fer m

2821 **Eisenfilter** m
 e iron filter
 f filtre m en fer m

2822 **eisenfrei** adj
 e ironless, iron-free
 f sans fer m

2823 **Eisengranulat** n
 e granulated iron
 f fer m granulé

2824 **eisenhaltig** adj
 e ferriferous, ferruginous, containing iron
 f ferrifère, ferrugineux

2825 **Eisenkern** m
 e iron core
 f noyau m de fer m

2826 **Eisenlegierung** f
 e iron alloy
 f alliage m de fer m

2827 **eisenlos** adj
 e ironless, iron-free
 f sans fer m

2828 **eisenmagnetisch** adj
 e ferromagnetic(al)
 f ferromagnétique

2829 **Eisenmantel** m
 e iron jacket, iron clothing, iron shell
 f chemise f en fer m, enveloppe f en fer m

2830 **Eisenoxid** n
 e iron oxide
 f oxyde m de fer m

2831 **Eisenplatte** f
 e iron plate
 f plaque f de fer m

2832 **Eisenpulver** n
 e iron powder, iron dust
 f poudre f de fer m

2833 **Eisenrohr** n
 e iron tube
 f tube m en fer m

2834 Eisenrost m [chemisch]
 e iron rust
 f rouille f de fer m

2835 Eisenrost m [Feuerrost]
 e iron gate, grill
 f grille f, gril m

2836 Eisensättigung f
 e iron saturation
 f saturation f du fer

2837 Eisenschirm m
 e iron shield, iron screen
 f blindage m en fer m

2838 Eisenspule f
 e iron-cored coil
 f bobine f à noyau m de fer m

2839 Eisenstab m
 e iron bar
 f barre f de fer m

2840 Eisenstaub m
 → Eisenpulver n

2841 Eisenteilchen n
 e iron particle
 f particule f de fer m

2842 Eisenträger m
 e iron girder
 f poutrelle f de fer m

2843 Eisenverluste m/pl
 e iron losses pl, iron core losses pl
 f pertes f/pl dans le fer

2844 eisern adj
 e iron ..., of iron, ferrous
 f en fer m, de fer m

2845 Eispunkt m
 e freezing point
 f point m de congélation f

2846 Eisschicht f
 e coating of ice
 f couche f de glace f

2847 elastisch adj
 e elastic(al)
 f élastique

2848 Elastizität f
 e elasticity
 f élasticité f

2849 Elastizitätsgrenze f
 e elastic limit, limit of elasticity
 f limite f d'élasticité f

2850 Elastizitätsmodul m
 e elastic modulus, modulus of elasticity, Young's modulus
 f module m d'élasticité f, module m de Young

2851 Elektrizitätsumwandlung f
 e conversion of electric energy
 f conversion f d'énergie f électrique, transformation f d'électricité f

2852 Elektroanalyse f
 e electroanalysis
 f électro-analyse f

2853 Elektroantrieb m
 e electric drive, electric traction
 f entraînement m électrique

2854 Elektroblechprüfung f
 e electric plate test
 f essai m de tôle f électrique

2855 Elektrode f, blanke
 e bare electrode
 f électrode f nue

2856 Elektrode f, umhüllte
 e coated electrode, covered electrode, sheathed electrode
 f électrode f enrobée, électrode f enveloppée

2857 Elektrodenabstand m
   e electrode separation
   f distance f entre les électrodes f/pl

2858 Elektrodenanordnung f
   e electrode arrangement
   f disposition f des électrodes f/pl

2859 Elektrodeneindruck m
   e electrode indentation
   f empreinte f de l'électrode m

2860 Elektrodenstandzeit f [Schweißen]
   e operational life of electrodes pl
   f longévité f des électrodes f/pl

2861 Elektroenergie f
   e electric energy
   f énergie f électrique

2862 Elektroerosion f
   e electro-erosion
   f électro-érosion f

2863 Elektrokorrosion f
   e electrocorrosion
   f électro-corrosion f

2864 Elektrolumineszenz f
   e electroluminescence
   f électroluminescence f

2865 Elektrolyse f
   e electrolysis
   f électrolyse f

2866 Elektrolyt m
   e electrolyte
   f électrolyte m

2867 Elektromagnet m
   e electromagnet
   f électro-aimant m

2868 elektromagnetisch adj
   e electromagnetic(al)
   f électromagnétique

2869 Elektromechanik f
   e electromechanics pl
   f électromécanique f

2870 elektromechanisch adj
   e electromechanic(al)
   f électromécanique

2871 Elektromedizin f
   e electro-medicine
   f électro-médecine f

2872 elektromedizinisch adj
   e electromedical
   f électromédical

2873 Elektromotor m
   e electromotor
   f électromoteur m

2874 Elektron n, freies
   e free electron
   f électron m libre

2875 Elektron n, gebundenes
   e bound electron
   f électron m lié

2876 Elektronenablenkung f
   e electronic deflection, deflection of electrons pl
   f déviation f des électrons m/pl

2877 Elektronen-Abtaststrahl m
   e electron scanning beam
   f faisceau m électronique de balayage m

2878 Elektronenbahn f
   e electron trajectory, electron path, electron orbit
   f trajectoire f d'électron m, orbite f d'électron m

2879 Elektronenbefreiung f
   e releasing of electrons pl
   f libération f d'électrons m/pl

Elektronendichte 132

2880 Elektronendichte f
  e electron density
  f densité f d'électrons m/pl

2881 Elektroneneinfang m
  e electron capture
  f capture f d'électrons m/pl

2882 Elektronenlawine f
  e electron avalanche
  f avalanche f d'électrons m/pl

2883 Elektronenlinse f
  e electronic lens
  f lentille f électronique

2884 Elektronenmikroskop n
  e electron microscope
  f microscope m électronique

2885 Elektronenmikroskop n, abtastendes
  e scanning electron microscope (S.E.M.)
  f microscope m électronique explorant

2886 Elektronenoptik f
  e electron optics pl, electrooptics pl
  f optique f électronique, électro-optique f

2887 elektronenoptisch adj
  e electro-optical
  f électro-optique

2888 Elektronenquelle f
  e electron source
  f source f d'électrons m/pl

2889 Elektronensonde f
  e electron probe
  f sonde f électronique

2890 Elektronenstrahl m
  e electron beam
  f rayon m électronique

2891 elektronenstrahlgeschweißt adj
  e electron beam welded
  f soudé par faisceau m d'électrons m/pl

2892 Elektronenstrahlschweißen n
  e electron beam welding (EB-welding)
  f soudage m par faisceau m d'électrons m/pl, soudage m par bombardement m électronique (soudage BE)

2893 Elektronenvervielfacher m
  e electron multiplier
  f multiplicateur m d'électrons m/pl

2894 Elektronenwanderung f
  e electron migration, electron drift
  f déplacement m d'électrons m/pl

2895 Elektronik f
  e electronics pl
  f électronique f

2896 Elektroofen m
  e electric furnace
  f four m électrique

2897 Elektroplattierung f
  e electroplating, galvanoplastics pl
  f galvanoplastie f, galvanisation f

2898 elektropolieren v
  e electropolish
  f électro-polir

2899 Elektroporzellan n
  e electrotechnical porcelain
  f porcelaine f électrotechnique

2900 Elektroschweißen n
  e electrowelding, electronic welding
  f soudage m électronique

2901 Elektrostahlwerk n
  e electric steel works pl
  f aciérie f à fours m/pl électriques

2902 elektrostatisch adj
  e electrostatic
  f électrostatique

2903 elektrostriktiv adj
  e electrostrictive
  f électrostrictif

2904 elektrothermisch adj
e electrothermic, electrothermal
f électrothermique

2905 Elektrowerkzeug n
e electric tool
f outillage m électrique

2906 Element n [Bestandteil]
e element, component, part, member
f élément m, composant m, partie f, membre m

2907 Element n [chemisch]
e element
f élément m

2908 Element n [elektrisch]
e cell, pile, element
f pile f, cellule f, élément m

2909 Element n, radioaktives
e radioactive element
f élément m radioactif, radio-élément m

2910 Elementarladung f
e elementary·charge
f charge f élémentaire

2911 Elementarteilchen n
e elementary particle
f particule f élémentaire

2912 Elemente n/pl, finite
e finite elements pl
f éléments m/pl finis

2913 Elementhülle f [Brennstoffelement]
e element jacket
f gaine f de l'élément m [combustible]

2914 eliminieren v
e eliminate
f éliminer

2915 Ellipse f
e ellipse
f ellipse f

2916 Ellipsenaufnahme f
e elliptic pick-up, ellipsoidal take
f prise f ellipsoïdale

2917 ellipsenförmig adj
e elliptic(al), ellipsoidal
f ellipsoïdal, elliptique

2918 Ellipsoid n
e ellipsoid
f ellipsoïde m

2919 elliptisch adj
e elliptic(al)
f elliptique

2920 Email m, **Emaille** f
e enamel
f émail m

2921 Emanation f [Ausstrahlung]
e emanation, radiation, emission
f émanation f, radiation f, émission f

2922 Emanation f [Em]
e emanation
f émanation f

2923 Emission f
e emission
f émission f

2924 Emissionslinie f
e emission line
f raie f d'émission f

2925 Emissionsmechanismus m
e emission mechanism
f mécanisme m de l'émission f

2926 Emissionsquelle f, akustische
e acoustic emission source
f source f d'émission f acoustique

2927 Emissionsrate f
e emission rate
f fréquence f d'émission f

2928 **Emissionsschicht** f
   e emitting layer
   f couche f émettrice

2929 **Emissionsspektroanalyse** f
   e analysis of emission spectrum
   f analyse f du spectre d'émission f

2930 **Emissionsspektrum** n
   e emission spectrum
   f spectre m d'émission f

2931 **Emissionsvermögen** n
   e emitting power, emissive power, emissivity
   f pouvoir m émissif, émissivité f

2932 **Emissionswiderstand** m
   e emission resistance
   f résistance f d'émission f

2933 **Emissionswinkel** m
   e angle of emission, angle of radiation, angle of departure
   f angle m d'émission f, angle m de rayonnement m, angle m de projection f

2934 **Emitteranschluß** m [Transistor]
   e emitter terminal, emitter contact
   f borne f d'émetteur m

2935 **emittieren** v
   e emit
   f émettre

2936 **E-Modul** m [Elastizitätsmodul]
   e elastic modulus, modulus of elasticity, Young's modulus
   f module m d'élasticité f, module m de Young

2937 **Empfang** m [Übernahme]
   e acceptance
   f acceptation f

2938 **Empfang** m [Welle]
   e reception
   f réception f

2939 **empfangen** v
   e receive, accept
   f recevoir, accepter

2940 **Empfänger** m [allgemein]
   e receiver
   f récepteur m

2941 **Empfänger** m [einer Nachricht]
   e receiver
   f destinaire m, destinaire f

2942 **Empfänger** m [Sonde]
   e probe, transducer, acceptor
   f sonde f, capteur m, transducteur m, palpeur m

2943 **Empfängerausgang** m
   e receiver output
   f sortie f de récepteur m

2944 **Empfängereingang** m
   e receiver input
   f entrée f de récepteur m

2945 **Empfangssignal** n
   e received signal
   f signal m reçu

2946 **Empfangsspule** f
   e receiving coil, receiver coil
   f bobine f réceptrice

2947 **Empfangsteil** n
   e receiving section
   f partie f réception

2948 **Empfangsverstärker** m
   e receiving amplifier
   f amplificateur m de réception f

2949 **Empfangswelle** f
   e received wave
   f onde f de réception f

2950 **empfindlich** adj (~ gegen)
   e sensitive (~ to)
   f sensible (à)

2951 Empfindlichkeit f
 e sensitivity, sensitiveness, sensibility
 f sensibilité f

2952 Empfindlichkeitseinstellung f
 e sensitivity adjustment
 f ajustage m de la sensibilité

2953 Empfindlichkeitsgrenze f
 e sensitivity level, detection limit
 f limite f de détection f

2954 Empfindlichkeitsprüfung f
 e sensitivity test
 f essai m de sensibilité f

2955 Empfindlichkeitsregelung f
 e sensitivity control
 f commande f de sensibilité f

2956 Empfindlichkeitsregler m
 e sensitivity regulator
 f changeur m de sensibilité f

2957 Emulgierungszeit f
 e emulsification time
 f temps m d'émulsification f

2958 Emulsion f, photographische
 e photographic emulsion
 f émulsion f photographique

2959 Ende n [Abschluß]
 e termination, end, tail
 f terminaison f, extrémité f, bout m, fin f

2960 Ende n [Schluß]
 e end
 f fin f

2961 Ende n [Spitze]
 e tip, top, point, end
 f pointe f

2962 enden v
 e end, finish, achieve
 f finir, achever, cesser

2963 Endenausbildung f
 e end configuration, formation of ends pl
 f configuration f des extrémités f/pl, formation f d'extrémités f/pl

2964 Endgeschwindigkeit f
 e final speed
 f vitesse f finale

2965 Endkappe f [Brennstab]
 e end plug
 f bouchon m

2966 Endkontrolle f
 e final inspection
 f inspection f finale

2967 endlich adj [begrenzt]
 e finite
 f fini

2968 endlos adj
 e endless, continuous
 f infini, sans fin f

2969 Endmontage f
 e final assembly
 f assemblage m définitif, montage m définitif

2970 Endprüfung f
 e final test, final control, final examination
 f contrôle m final

2971 Endstellung f
 e final position, end position, extreme position
 f position f finale, position f extrême

2972 Endstufe f
 e final stage, output stage
 f étage m final, étage m de sortie f

2973 Endtrennung f
 e terminal separation
 f séparation f finale

2974 Endverschluß m
  e end closure, sealing end
  f bouchon m, terminaison f

2975 Endverstärker m
  e final amplifier, power amplifier
  f amplificateur m final,
    amplificateur m de puissance f

2976 Endwert m
  e final value
  f valeur f finale

2977 Endzone f
  e end zone, end region
  f zone f d'extrémité f

2978 Endzustand m
  e final state
  f état m final

2979 Energie f, abgegebene
  e dissipated energy
  f énergie f débitée

2980 Energie f, aufgenommene
  e received energy
  f énergie f reçue

2981 Energie f, ausgetauschte
  e exchanged energy
  f énergie f échangée

2982 Energie f, latente
  e latent energy
  f énergie f latente

2983 Energie f, verbrauchte
  e consumed energy
  f énergie f consommée

2984 energiearm adj
  e low-energy ...
  f (de) à faible énergie f, de peu d'énergie f

2985 Energieaustausch m
  e energy exchange
  f échange m d'énergie f

2986 Energiebandabstand m
  e energy gap
  f intervalle m d'énergie f entre deux bandes f/pl

2987 Energiebedarf m
  e demand for energy, required energy
  f demande f d'énergie f, énergie f nécessaire, puissance f d'alimentation f

2988 Energieeinsparung f
  e energy saving
  f épargne f en énergie f

2989 Energieerhaltung f
  e conservation of energy, energy preservation
  f conservation f de l'énergie f

2990 Energieerhaltungssatz m
  e principle of energy conservation
  f principe m de conservation f de l'énergie f

2991 Energieersparnis f
  → Energieeinsparung f

2992 Energieform f
  e kind of energy
  f mode m d'énergie f

2993 Energiefreisetzungsrate f
  e energy release rate
  f taux m de dégagement m de l'énergie f

2994 energiereich adj
  e high-energy ...
  f (de) à haute énergie f, (de) à grande énergie f

2995 Energiesatz m
  e principle of energy conservation
  f principe m de conservation f de l'énergie f

2996 Energieschwelle f
  e energy threshold
  f seuil m d'énergie f

2997 Energiespektrum n
  e energy spectrum
  f spectre m d'énergie f

2998 Energieumwandlung f
  e transformation of energy
  f transformation f d'énergie f

2999 Energieverlust m
  e energy loss
  f perte f d'énergie f

3000 Energieverteilung f
  e energy distribution
  f distribution f d'énergie f

3001 entartet adj
  e degenerated
  f dégénéré

3002 entbündeln v
  e defocus
  f défocaliser

3003 Entbündelung f
  e defocusing
  f défocalisation f

3004 entdämpfen v
  e reduce the damping
  f compenser l'affaiblissement m

3005 entdecken v
  e detect, discover, find (~ out), spot
  f détecter, découvrir, trouver, déceler

3006 Entdecken n
  e detection
  f détection f

3007 Entfaltung f
  e deconvolution
  f déconvolution f

3008 entfernen v [abheben]
  e lift, unhook
  f enlever, décrocher

3009 entfernen v [losmachen]
  e detach, loosen, demount, unbind, separate, take away
  f détacher, séparer, démonter

3010 entfernen v [weggehen]
  e remove, go away
  f s'éloigner, éloigner

3011 Entfernen n [Distanzierung]
  e removal, removing
  f éloignement m

3012 Entfernen n [Wegnehmen]
  e demounting, separating
  f démontage m, enlèvement m, séparation f

3013 entfernt adj
  e remote
  f éloigné

3014 Entfernung f [Distanz]
  e distance
  f distance f

3015 Entfernung f [Wegnehmen]
  e removal, demounting
  f enlèvement m, démontage m

3016 entfetten v
  e degrease, ungrease
  f dégraisser

3017 Entfettungsmittel n
  e degreasing agent
  f agent m de dégraissage m

3018 entflammen v
  e inflame
  f enflammer, s'enflammer, s'allumer

3019 entfrosten v
  e defrost, de-ice
  f dégivrer

3020 entgasen v
  e degas
  f dégazer, dégager le gaz

3021 Entgiftung f
 e decontamination
 f décontamination f, désactivation f

3022 entgraten v
 e trim
 f ébarber

3023 enthärten v
 e soften
 f adoucir, ramollir

3024 entionisieren v
 e deionize
 f désioniser

3025 Entionisierung f
 e deionization, deionizing
 f désionisation f

3026 Entkohlung f
 e decarburization
 f décarburation f

3027 entkoppeln v
 e decouple
 f découpler

3028 Entkopplung f
 e decoupling
 f découplage m

3029 Entladedauer f
 e time of discharge
 f durée f de décharge f, temps m de décharge f

3030 entladen v [abladen]
 e unload
 f décharger

3031 entladen v [elektrisch]
 e discharge
 f décharger

3032 Entladezeit f
 e time of discharge
 f temps m de décharge f

3033 Entladung f [Abladen]
 e unloading
 f déchargement m

3034 Entladung f [elektrische]
 e discharge
 f décharge f

3035 entlasten v
 e disengage
 f dégager

3036 entleeren v
 e empty, evacuate, exhaust
 f vider, vidanger, évacuer

3037 entlüften v
 e deaerate, ventilate
 f désaérer, ventiler

3038 entmagnetisieren v
 e demagnetize, degauss
 f désaimanter

3039 Entmagnetisierung f
 e demagnetization
 f désaimantation f

3040 Entmagnetisierungsspule f
 e demagnetization coil, degaussing coil
 f bobine f de désaimantation f

3041 Entplattierung f
 e stripping
 f dépouillage m

3042 entregen v
 e de-energize, de-excitate
 f désexciter, désamorcer

3043 Entregung f
 e de-energizing, de-excitation, demagnetization
 f désexcitation f, désamorçage m

3044 Entseuchung f
 e decontamination
 f décontamination f, désactivation f

3045 **Entseuchungsmittel** n
 e decontaminating agent,
 decontamination substance
 f agent m décontaminant, substance f
 de décontamination f

3046 **Entspannung** f [mechanisch]
 e relaxation
 f relaxation f

3047 **Entspannungsgeschwindigkeit** f
 e relaxation speed
 f vitesse f de relaxation f

3048 **Entspannungsmittel** n
 e wetting agent
 f détergent m, agent m humidificateur,
 agent m d'humectation f

3049 **Entspannungsversuch** m
 e relaxation test
 f essai m de relaxation f

3050 **Entstehung** f
 e origin, origination
 f origine f

3051 **entstören** v [akustisch]
 e suppress noise, eliminate
 interferences pl
 f supprimer les bruits m/pl, éliminer les
 interférences f/pl, déparasiter

3052 **entstören** v [allgemein]
 e clear a trouble, remove a fault
 f dépanner, relever un dérangement

3053 **entstören** v [Funk]
 e radioshield, suppress radio noise,
 eliminate interferences pl
 f supprimer les bruits m/pl
 radioélectriques, éliminer les
 interférences f/pl radioélectriques,
 déparasiter

3054 **Entstörung** f [akustisch, elektrisch]
 e noise suppression, interference
 elimination
 f élimination f d'interférences f/pl,
 suppression f de bruits m/pl
 perturbateurs, déparasitage m

3055 **Entstörung** f [Pannenbeseitigung]
 e fault clearance, fault removal,
 trouble-shooting
 f dépannage m, enlèvement m du
 dérangement

3056 **Entstörungseinrichtung** f
 e anti-interference device, noise
 suppressor
 f dispositif m antiparasites, appareil m
 antiparasites

3057 **Entwickler** m
 e developer
 f développeur m

3058 **Entwicklung** f [Bildung]
 e formation
 f formation f

3059 **Entwicklung** f [Technik]
 e development
 f développement m, mise f au point

3060 **Entwicklung** f [Verlauf]
 e evolution
 f évolution f

3061 **Entwicklungsdauer** f
 e development time
 f temps m de développement m

3062 **Entwicklungsstand** m
 e state of development, state-of-the-art
 (for)
 f stade m de développement m, état m
 de développement m

3063 **Entwicklungstendenz** f
 e trend of development
 f tendance f de développement m

3064 **Entwicklungszeit** f
 e development time
 f temps m de développement m

3065 Entwurf m
  e layout, project, conception, design, drawing, scheme, arrangement, plan, system
  f exposé m, conception f, projet m, croquis m, tracé m, schéma, disposition f, arrangement m, plan m

3066 entzerren v
  e equalize, compensate
  f égaliser, compenser, corriger, équilibrer

3067 Entzerrer m
  e correcting device, corrector, equalizer, compensator
  f correcteur m, égalisateur m, compensateur m

3068 Entzerrungsschaltung f
  e corrective network, balancing device
  f réseau m correcteur, circuit m correctif, montage m de compensation f

3069 entzünden v
  e inflame, catch fire, ignite
  f enflammer, s'enflammer, s'allumer, mettre en feu m

3070 Entzündung f
  e inflammation, ignition
  f allumage m, inflammation f

3071 Entzündungspunkt m
  e burning point
  f température f d'inflammation f

3072 Epoxidharz n
  e epoxy resin, epoxyde resin
  f résine f époxyde

3073 Erdanziehung f
  e gravitation, earth's attraction, gravitation force, gravity
  f gravitation f, force f de gravitation f, gravité f

3074 Erdboden m
  e soil, ground, earth
  f sol m, terre f, terrain m

3075 Erde f, seltene
  e rare earth
  f terre f rare

3076 Erdmetall n
  e earth metal
  f métal m terreux

3077 Erdreich n
  e earth, ground [USA]
  f terre f

3078 Erdsatellit m
  e earth satellite
  f satellite m terrestre

3079 Erdschicht f
  e layer of earth, ground layer [USA]
  f couche f de terre f, assise f de terre f

3080 Erdschluß m
  e earth leakage, ground contact [USA]
  f dérivation f à la terre

3081 Erdung f
  e earthing, grounding [USA]
  f mise f à la terre

3082 Erdungsschiene f
  e earth bar
  f barre f de mise f à la terre

3083 Erdverlegung f
  e underground laying
  f pose f souterraine

3084 Ereignis n
  e event, occurrence, happening
  f événement m, occurrence f, apparition f

3085 Ereignisrate f [Schallemission]
  e rate of events pl
  f taux m d'événements m/pl

3086 Erfahrung f
 e experience
 f expérience f

3087 erfassen v
 e capture, adsorb
 f capturer, adsorber

3088 Erfordernis n
 e requirement
 f exigence f

3089 ergänzen v
 e complete, add
 f compléter, additionner

3090 Ergänzung f
 e complement, supplement, addition
 f complément m, supplément m, addition f

3091 Erhaltung f
 e conservation, preservation
 f conservation f

3092 erhärten v
 e harden
 f durcir, endurcir, tremper

3093 erhitzen v
 e heat, warm up
 f échauffer, chauffer

3094 erhöhen v [zunehmen]
 e increase, augment, rise
 f accroître, augmenter, élever

3095 Erholzeit f
 e recovery time
 f temps m de recouvrement m, temps m de rétablissement m, temps m de remise f

3096 erkalten v
 e cool down
 f se refroidir

3097 Erkalten n
 e cooling, cooling-down, refrigeration
 f refroidissement m, réfrigération f

3098 Erkennbarkeit f
 e perceptibility, detectability
 f perceptibilité f, réceptivité f, détectabilité f

3099 Erkennbarkeitsgrenze f
 e limit of perceptibility
 f limite f de perceptibilité f

3100 erkennen v
 e detect
 f détecter, connaître

3101 erklären v
 e explain, interprete
 f interpréter, expliquer

3102 Erklärung f
 e explication, interpretation, commentary
 f explication f, interprétation f, commentaire m

3103 Erläuterung f
 → Erklärung f

3104 Ermittlung f
 e identification, detection, determination, evaluation
 f détermination f, détection f, évaluation f, identification f

3105 Ermittlung f, grafische
 e graphical determination
 f détermination f graphique

3106 ermüden v
 e fatigue
 f fatiguer

3107 Ermüdung f
 e fatigue
 f fatigue f

3108 Ermüdungsbeanspruchungsintensität f
 e fatigue stress intensity
 f intensité f de la contrainte par fatigue f

3109 Ermüdungserscheinung f
  e fatigue phenomenon
  f phénomène m de fatigue f

3110 Ermüdungsfestigkeit f
  e fatigue strength, fatigue limit
  f résistance f à la fatigue

3111 Ermüdungsriß m
  e fatigue crack
  f fissure f de fatigue f

3112 Ermüdungsrißausbreitung f
  e fatigue crack propagation
  f propagation f des fissures f/pl de fatigue f

3113 Ermüdungsrißfortpflanzung f
  → Ermüdungsrißausbreitung f

3114 Ermüdungsrißwachstum n
  e fatigue crack growth
  f propagation f de fissure f par fatigue f

3115 Ermüdungsverhalten n
  e fatigue behaviour
  f comportement m à la fatigue

3116 Ermüdungsversuch m
  e fatigue test, continuous run, endurance running, endurance test
  f essai m de fatigue f, essai m d'endurance f, opération f continue

3117 Erosion f
  e erosion
  f érosion f

3118 erproben v
  e test, prove, try
  f prouver, éprouver, essayer

3119 Erprobung f
  e trial, testing, test
  f essai m, épreuve f, test m

3120 erregen v
  e excite, energize, stimulate, incite
  f exciter, inciter, stimuler

3121 Erregerfeld n
  e exciting field
  f champ m d'excitation f

3122 Erregerspule f
  e exciting coil
  f bobine f excitatrice

3123 Erregerwicklung f
  e exciting winding
  f enroulement m d'excitation f

3124 Erregung f
  e excitation, stimulation, energization, activation, impulse
  f excitation f, stimulation f, impulsion f, induction f

3125 errichten v
  e install, plant, found, erect, mount
  f établir, fonder, construire, monter, bâtir, ériger, planter

3126 Errichtung f [Aufbau]
  e erection, construction
  f érection f, construction f

3127 Ersatz m
  e replacement, substitution, compensation, spare, equivalent
  f rechange m, remplacement m, équivalent m, substitution f, compensation f

3128 Ersatzfehler m
  e equivalent flaw
  f défaut m fictif

3129 Ersatzfehlergröße f
  e equivalent flaw size
  f dimension f du défaut fictif

3130 Ersatzreflektorgröße f
  e equivalent reflector size, equivalent flaw size
  f dimension f du réflecteur fictif, dimension f du défaut fictif

3131 Ersatzschaltbild n
  e equivalent circuit diagram
  f schéma m équivalent

3132 Ersatzschaltung f, elektrische
  e electrical equivalent circuit
  f circuit m équivalent électrique

3133 Ersatzstück n
  e spare part, exchange piece
  f pièce f de rechange m

3134 Ersatzteil n
  → Ersatzstück n

3135 Erscheinung f
  e phenomenon, phenomena pl
  f phénomène m

3136 erschöpfen v
  e use up, deplete
  f épuiser, s'user

3137 erschüttern v
  e shake, vibrate
  f ébranler, vibrer, trembler

3138 Erschütterung f
  e shaking, concussion
  f ébranlement m, secousse f

3139 ersetzen v
  e replace, substitute
  f remplacer, substituer

3140 ersparen v
  e spare, economize
  f épargner, économiser

3141 Ersparnis f [an]
  e saving (~ in)
  f épargne f [en]

3142 Erst...
  → auch: Anfangs...

3143 erstarren v
  e solidify
  f solidifier

3144 Erstarrung f
  e solidification
  f solidification f

3145 Erstarrungskurve f
  e solidification curve
  f courbe f de solidification f

3146 Erstarrungsriß m
  e solidification crack, crater crack
  f fissure f de solidification f

3147 Erstprüfung f
  e primary test, initial test
  f contrôle m initial, essai m primaire

3148 Erwärmdauer f
  e heating time
  f durée f de réchauffage m

3149 erwärmen v
  e warm, heat
  f échauffer, s'échauffer, chauffer

3150 Erwärmung f
  e heating
  f échauffement m, chauffage m

3151 Erwärmung f, induktive
  e inductive heating, induction heating
  f chauffage m par induction f

3152 Erwärmungsriß m
  e heating crack
  f fissure f par chauffage m

3153 Erwärmzeit f
  e heating time
  f temps m de réchauffage m

3154 Erwartungswert m
  e expected value, expectation, anticipated value, factor of probability
  f valeur f expectée, facteur m de probabilité f

3155 erweichen v
  e soften
  f ramollir

3156 erweitern v
 e dilate, expand, extend, prolong
 f dilater, étendre, détendre, élargir, allonger, prolonger

3157 Erweiterung f [Ausdehnung]
 e extension, expansion
 f extension f, expansion f

3158 Erweiterung f [Meßbereich]
 e multiplication
 f multiplication f

3159 Erz n
 e ore
 f minerai m

3160 erzeugen v
 e make, manufacture, produce, generate
 f faire, fabriquer, produire, générer, créer

3161 Erzeugnis n, metallisches
 e metallic product
 f produit m métallique

3162 Erzeugnis n, nichtmetallisches
 e nonmetallic product
 f produit m non métallique

3163 Erzeugnisprüfung f
 e product test
 f contrôle m des produits m/pl, essai m des produits m/pl

3164 Erzeugung f
 e production, generation, manufacture, making
 f production f, génération f, fabrication f

3165 evakuieren v
 e evacuate, exhaust
 f évacuer, vider

3166 Exoelektronenabstrahlung f
 e emission of exoelectrons pl
 f émission f d'exoélectrons m/pl

3167 Exoelektronenemission f
 e exoelectron emission
 f émission f d'exoélectrons m/pl

3168 expandieren v
 e expand, extend, dilate
 f dilater, étendre, détendre

3169 Expansion f
 e expansion
 f expansion f

3170 Expansionswelle f
 e blast wave
 f onde f expansive, souffle m

3171 explodieren v
 e explode, detonate
 f exploser, détoner

3172 Explosion f
 e explosion, detonation, burst, blast
 f explosion f, détonation f

3173 explosionssicher adj
 e explosion-proof
 f anti-déflagrant

3174 Explosionsumformung f
 e deformation by explosion
 f déformation f par explosion f

3175 Explosivstoffprüfung f
 e test of explosives pl
 f essai m d'explosif m

3176 Exponent m
 e exponent
 f exposant m

3177 Exponentialgesetz n
 e exponential law
 f loi f exponentielle

3178 exponentiell adj
 e exponential
 f exponentiel

3179 Expositionszeit f
 e exposure time
 f temps m de pose f, durée f d'exposition f

3180 Extensometer n
 e extensometer
 f extensomètre m

3181 Extremwert m
 e extreme value
 f valeur f extrême

3182 exzentrisch adj
 e eccentric(al)
 f excentrique

3183 Exzentrizität f
 e eccentricity
 f excentricité f

F

3184 fabrizieren v
  e fabricate, produce, manufacture, make
  f fabriquer, produire, faire

3185 Fach n [Einschub]
  e case, panel, compartment, drawer, receptacle, bay
  f boîtier m, caisson m, case f, rayon m, compartiment m

3186 Fach n [Gebiet]
  e branch, profession, department, occupation
  f branche f, partie f, compétence f, ressort m, métier m, profession f, spécialité f

3187 Fachausdruck m
  e technical term
  f terme m technique

3188 Fächer m
  e fan
  f éventail m

3189 fächerförmig adj
  e fan-shaped
  f en éventail m

3190 Faden m [allgemein]
  e thread, strip, fibre, fiber [USA], string
  f fil m, aiguillée f, corde f

3191 Faden m [Heizfaden]
  e filament
  f filament m

3192 fadenförmig adj
  e filamentary, fibrous, thread-shaped
  f filiforme

3193 Fähigkeit f [Vermögen]
  e ability
  f aptitude f, pouvoir m

3194 Fahnenbildung f
  e hangover, signal inertia drag
  f traînage m

3195 Fahrzeug-Sicherheitsglasprüfung f
  e safety glass test for vehicles
  f essai m de verre m de securité f pour véhicules m/pl

3196 Fall m [Sturz]
  e fall, drop
  f chute f, descente f

3197 Fall m [Vorfall]
  e case, event
  f cas m, événement m, accident m

3198 Falle f
  e trap
  f piège m

3199 fallen v
  e fall, drop, sink, descend, decrease
  f tomber, baisser, décroître, descendre

3200 Fallen n
  e fall, drop, decrease, dip
  f chute f, décroissance f, baisse f

3201 Fallgewichtsversuch m
  e test of falling mass
  f essai m de masse f tombante

3202 Fallzeit f [Impuls]
  e time of fall, decay time
  f temps m de descente f

3203 Falte f
  e fold, pleat, ply
  f pli m, rempli m, ride f

3204 falten v
  e fold, pleat
  f plier, plisser, froncer

3205 Faltung f [allgemein]
 e folding, pleating
 f pliage m, plissage m, froncement m

3206 Faltung f [Funktionsanalyse]
 e convolution
 f convolution f

3207 Faltversuch m
 e bending test, bend test
 f essai m de pliage m, essai m de flexion f

3208 Falz m
 e lap, rabbet, groove, fold
 f rainure f, coulisse f, feuillure f

3209 Fangelektrode f
 e collecting electrode, collector
 f électrode f collectrice

3210 fangen v
 e catch, collect, intercept
 f prendre, capter, collectionner, intercepter

3211 Farbabweichung f
 e chromatic aberration
 f aberration f chromatique

3212 Farbbild n
 e colour image
 f image f en couleurs f/pl

3213 Farbechtheitsprüfung f
 e test of genuine colour/color [USA], fast colour/color test
 f essai m de couleur f résistante, essai m de bon teint m

3214 Farbeindringmittel n
 e dye penetrant
 f matière f de pénétration f colorée, liquide m pénétrant coloré

3215 Farbeindringmittel n, wasserabwaschbares
 e water-washable dye penetrant
 f matière f pénétrante colorée mouvable par eau f

3216 Farbeindringprüfung f
 e colour/color [USA] penetration test
 f essai m de pénétration f de couleur f

3217 farbempfindlich adj
 e colour-sensitive, orthochromatic
 f sensible aux couleurs f/pl, orthochromatique

3218 Farbempfindlichkeit f
 e colour sensitivity, chromatic sensitivity
 f sensibilité f aux couleurs f/pl, sensibilité f chromatique

3219 Farbfehler m
 e colour defect
 f défaut m de chromatisme m

3220 farbig adj
 e coloured, colour ..., color ... [USA]
 f coloré, en couleurs f/pl

3221 Farbkorrektur f
 e colour correction
 f correction f des couleurs f/pl

3222 farblos adj
 e colourless, achromatic
 f incolore, sans couleur f, achromatique

3223 Farbmarkierung f
 e paint marking
 f marquage m coloré

3224 Farbmarkiervorrichtung f
 e paint marker
 f dispositif m de projection f de peinture f

3225 Farbmeßgerät n
 e colorimeter
 f colorimètre m

3226 Farbradiographie f
 e colour radiography
 f radiographie f en couleurs f/pl

3227 **Farbschreiber** m
 e colour ink recorder
 f enregistreur m colore

3228 **Farbstoff** m
 e dye
 f colorant m, teinture f

3229 **Farbtemperatur** f
 e colour temperature
 f température f de couleur f

3230 **Farbton** m
 e colour tone, chromaticity value, shade, tint, hue
 f valeur f chromatique, teinte f, coloris m

3231 **Färbung** f
 e coloration, colouring, tinge
 f coloration f, coloris m, teint m, teinte f

3232 **Faser** f
 e fibre, fiber [USA]
 f fibre f

3233 **Faseranteil** m
 e fiber portion
 f portion f de fibres f/pl

3234 **Faserbruch** m
 e fiber rupture
 f rupture f de fibre f

3235 **Faserkräuselung** f
 e fibre curl, fiber curl [USA]
 f crépure f de fibre f

3236 **Faserlänge** f
 e fibre length, fiber length [USA]
 f longueur f de fibre f

3237 **Faserorientierung** f
 e fiber orientation
 f orientation f des fibres f/pl

3238 **Faserschädigungsprüfung** f
 e test of fibre damage/fiber damage [USA]
 f essai m de dommage m de fibre f

3239 **Faserstoff** m
 e fibrous material
 f matière f fibreuse

3240 **Faserstoffanalyse** f
 e analysis of fibrous material
 f analyse f de matière f fibreuse

3241 **Faserverbundwerkstoff** m
 e fiber composite material, fiber-reinforced material
 f matériau m stratifié à fibres f/pl

3242 **faserverstärkt** adj
 e fiber-reinforced
 f renforcé par fibres f/pl

3243 **Fassungsvermögen** n
 e capacity
 f capacité f

3244 **faulbrüchig** adj [Metall]
 e hot short, burnt
 f rouverin, brûlé

3245 **Federdruck** m
 e spring pressure
 f pression f de ressort m

3246 **Federstahl** m
 e spring steel
 f acier m à ressort m

3247 **Fehlalarm** m
 e wrong alarm
 f fausse alarme f

3248 **Fehlalarmrate** f
 e rate of wrong alarms pl
 f quote-part f de fausses alarmes f/pl

3249 **fehlanpassen** v
 e mismatch
 f désadapter

3250 **fehlen** v
 e miss, fail
 f manquer

3251 Fehler m [Irrtum]
e error, mistake
f erreur f, faute f, bévue f

3252 Fehler m [Mangel]
e fault, flaw, defect, discontinuity, inhomogeneity, imperfection
f défaut m, discontinuité f, inhomogénéité f, défectuosité f, irrégularité f

3253 Fehler m [Versagen]
e failure, outage, malfunction, leakage, trouble
f panne f, raté m, défaillance f

3254 Fehler m, absoluter
e absolute error
f erreur f absolue

3255 Fehler m, kritischer
e critical defect
f défaut m critique

3256 Fehler m, künstlicher
e artificial defect, artificial flaw
f défaut m artificiel, discontinuité f artificielle

3257 Fehler m, mittlerer
e mean error
f erreur f moyenne

3258 Fehler m, natürlicher
e natural flaw
f discontinuité f naturelle

3259 Fehler m, oberflächennaher
e defect near to the surface, subsurface flaw
f défaut m près de la surface

3260 Fehler m, relativer
e relative error
f erreur f relative

3261 Fehler m, unterkritischer
e subcritical defect
f défaut m sous-critique

3262 Fehlerabtastung f
e flaw scanning, scanning of the defect
f palpage m de la discontinuité, balayage m du défaut, sondage m du défaut

3263 Fehleranalyse f
e defect analysis
f analyse f de défaut m

3264 Fehlerannehmbarkeit f
e acceptability of defects pl
f acceptabilité f de défauts m/pl

3265 Fehleranzeige f
e flaw indication, discontinuity indication
f indication f de défaut m, indication f de discontinuité f

3266 Fehlerart f
e defect nature, defect sort, kind of flaw
f nature f du défaut, sorte f de défaut m

3267 Fehlerauffindbarkeit f
e detectability of imperfections pl, flaw detectability
f détectabilité f de défauts m/pl

3268 Fehlerauffinden n
e detection of imperfections pl
f détection f de défauts m/pl

3269 Fehlerauffindwahrscheinlichkeit f
e flaw detection probability
f probabilité f de détection f des défauts m/pl

3270 Fehlerauflösung f, extreme
e extremely high flaw resolution
f résolution f de défauts m/pl extrême

3271 Fehleraufsuchen n
e fault finding, detection of defects pl, revealing defects pl
f détection f de défauts m/pl

3272 Fehlerausdehnung f
  e flaw extension
  f extension f du défaut

3273 Fehlerausscheidung f
  e fault rejection
  f rejet m de défaut m

**3274 Fehlerausscheidungs-
    wahrscheinlichkeit** f
  e probability of fault rejection
  f probabilité f de rejet m de défaut m

3275 fehlerbehaftet adj
  e defective, faulty, flawed, imperfect, containing faults pl
  f défectueux, fautif, contenant des défauts m/pl, imparfait, endommagé

3276 Fehlerbehebung f
  e fault clearance, removal of defects pl, deletion of errors pl
  f élimination f des défauts m/pl, relève m de la panne

3277 Fehlerbeseitigung f
  → Fehlerbehebung f

3278 Fehlerbewertung f
  e defect evaluation
  f évaluation f du défaut

3279 Fehlerecho n
  e flaw echo, defect echo
  f écho m de défaut

3280 Fehlerechohöhe f
  e flaw echo height
  f hauteur f de l'écho m de défaut m

3281 Fehlereingrenzung f
  e fault locating, fault finding, trouble shooting
  f localisation f de défaut

3282 Fehlerentdeckung f
  e fault detection, flaw detecting, revealing of defects pl
  f détection f de défauts m/pl, révélation f de défauts m/pl

3283 Fehlerentwicklung f
  e evolution of defects pl
  f évolution f de défauts m/pl

3284 Fehlererkennbarkeit f
  e flaw detectibility
  f sensibilité f de détection f d'un défaut

3285 Fehlererkennen n
  e flaw detecting, fault detection
  f détection f de défauts m/pl

3286 Fehlerfeststellen n
  e revealing of defects pl
  f révélation f de défauts m/pl

3287 Fehlerform f
  e defect shape
  f forme f de défaut m

3288 fehlerfrei adj
  e faultless, defectfree, correct
  f sans défaut m, sans faute f, correct

3289 Fehlerfunktion f
  e error function
  f fonction f d'erreur f

3290 Fehlergefährlichkeit f
  e gravity of flaw
  f gravité f de défaut m

3291 Fehlergrenze f [lokal]
  e defect boundary, defect border, defect limit
  f limite f de défaut m, bord m de défaut m

3292 Fehlergrenze f [Toleranz]
  e margin of error
  f limite f d'erreur f

3293 Fehlergröße f [geometrisch]
  e defect size, flaw size, imperfection size
  f extension f de défaut m, dimension f du défaut

3294 Fehlergröße f [mathematisch]
 e error magnitude, error quantity
 f grandeur f d'erreur f, grandeur f fautive

3295 Fehlergrößenabschätzung f [geometrisch]
 e defect size estimation, flaw size evaluation, sizing of defects pl
 f évaluation f de l'extension f du défaut

3296 Fehlergrößenbestimmung f
 → Fehlergrößenabschätzung f

3297 fehlerhaft adj
 e defective, faulty, flawed, imperfect, containing faults pl
 f défectueux, fautif, contenant des défauts m/pl, imparfait, endommagé

3298 Fehlerintegral n
 e error integral
 f intégrale f d'erreur f

3299 Fehlerkennzeichnung f
 e flaw characterization
 f caractérisation f des défauts m/pl

3300 Fehlerkorrektur f
 e error correction
 f correction f d'erreur f

3301 Fehlerkurve f
 e error curve
 f courbe f d'erreur f

3302 Fehlerlokalisierung f
 e fault locating, flaw finding, trouble shooting
 f localisation f de défaut

3303 fehlerlos adj
 e faultless, correct, defectfree
 f sans faute f, sans défaut m, correct

3304 Fehlermarkierung f
 e flaw marking, defect marking
 f marquage m de défauts m/pl

3305 Fehlernachweis m
 e flaw detection
 f détection f de défauts m/pl

3306 Fehlernachweisvermögen n
 e flaw detection capability
 f détectabilité f de défauts m/pl

3307 Fehlerorientierung f
 e defect orientation
 f orientation f du défaut

3308 Fehlerortbestimmung f
 e fault locating, flaw localization, defect location
 f localisation f de défaut

3309 Fehlerortung f
 → Fehlerortbestimmung f

3310 Fehlerprüfgerät n
 e flaw detector
 f détecteur m de défauts m/pl

3311 Fehlerprüfung f
 e defectoscopy, fault detection
 f défectoscopie f, détection f de défauts m/pl

3312 Fehlerquelle f
 e source of error, cause of error
 f source f d'erreur f, cause f d'erreur f

3313 Fehlerrand m
 e defect border, defect boundary
 f bord m de défaut m

3314 Fehlerrandabtastung f
 e scanning of the defect border
 f balayage m du bord de défaut

3315 Fehlerrate f
 e error rate
 f taux m d'erreurs f/pl

3316 Fehlerrechnung f
 e computation of error
 f calcul m d'erreur f

3317 Fehlersignal n [fehlerhaftes Signal]
  e faulty signal, wrong signal, defective signal
  f faux signal m, signal m fautif, signal m incorrect

3318 Fehlersignal n [vom Fehler herrührendes Signal]
  e flaw signal, defect signal
  f signal m provenant du défaut

3319 Fehlerstatistik f
  e statistics of error
  f statistique f d'erreur f

3320 Fehlersuche f
  e probing, flaw detection, fault finding, detection of defects pl, revealing of defects pl
  f détection f de défauts m/pl, sondage m, recherche f des défauts m/pl, révélation f de défauts m/pl

3321 Fehlersuchgerät n
  e flaw detector, fault finding device
  f détecteur m de défauts m/pl

3322 Fehlerursache f
  e cause of error, source of error
  f cause f d'erreur f, source f d'erreur f

3323 Fehlerverteilung f
  e flaw distribution, distribution of imperfections pl
  f distribution f de défauts m/pl

3324 Fehlerzulässigkeit f
  e acceptability of defects pl
  f acceptabilité f de défauts m/pl

3325 Fehlmessung f
  e false measurement
  f fausse mesure f

3326 Fehlordnung f
  e disarrangement, imperfection
  f désarrangement m, imperfection f

3327 Fehlstelle f
  e flaw, defect, void, inclusion, segregate, cavity
  f défaut m, lacune f, inclusion f, perturbation f

3328 Fehlstelle f, flächenhafte
  e flat defect, laminar void
  f défaut m plat, lacune f laminée

3329 Fehlstrom m
  e fault current, stray current
  f courant m de fuite f

3330 Feilspäne f
  e filings pl
  f limaille f

3331 Feinabgleich m
  e fine alignment, sharp tuning
  f alignement m à vernier m, accord m précis

3332 Feinablesung f
  e vernier reading
  f lecture f au vernier

3333 Feinabstimmung f
  e sharp tuning, fine alignment
  f accord m précis, alignement m à vernier m

3334 Feinabtastung f
  e fine scanning
  f exploration f fine

3335 Feinblech n
  e thin sheet, thin sheet metal
  f tôle f mince, tôle f fine

3336 Feineinsteller m
  e vernier
  f vernier m

3337 Feineinstellung f
  e fine adjusting, fine regulation, vernier control
  f réglage m fin, réglage m à vernier m

3338 **Feinfokus** m
 e microfocus
 f micro-foyer m

3339 **Feinfokusröhre** f
 e microfocus tube
 f tube m à micro-foyer m

3340 **Feingefüge** n
 e microstructure
 f microstructure f

3341 **Feinheitsbestimmung** f [Faser, Garn]
 e fineness determination
 f détermination f de finesse f

3342 **Feinkorn** n
 e fine grain, fine particle
 f grain m fin

3343 **Feinkornbaustahl** m
 e fine-grained structural steel
 f acier m à grains m/pl fins, acier m de construction f à grains m/pl fins

3344 **feinkörnig** adj
 e fine-grained, fine-granular, compact-grained
 f à grains m/pl fins, finement granulé

3345 **Feinkornstahl** m, hochfester
 e high-strength quenched fine-grained steel
 f acier m à grains m/pl fins et résistance f élevée

3346 **feinmaschig** adj
 e fine-meshed
 f à mailles f/pl étroites

3347 **Feinmeßinstrument** n
 e precision instrument
 f instrument m de précision f

3348 **Feinmessung** f
 e precision measurement
 f mesure f précise

3349 **Feinstrahl** m
 e narrow beam
 f rayon m serré, faisceau m étroit

3350 **Feinstruktur** f
 e microstructure, fine structure
 f microstructure f

3351 **Feinstrukturuntersuchung** f
 e microstructure test
 f essai m de microstructure f

3352 **Feld** n [Landwirtschaft]
 e field, ground, plain
 f champ m, campagne f, plaine f

3353 **Feld** n [physikalisch]
 e field
 f champ m

3354 **Feld** n [Schalttafel]
 e panel, compartment
 f panneau m, compartiment m

3355 **Feld** n, beschleunigendes
 e accelerating field
 f champ m accélérateur, champ m d'accélération f

3356 **Feld** n, elektrisches
 e electric field
 f champ m électrique

3357 **Feld** n, erdmagnetisches
 e terrestrial magnetic field, geomagnetic field
 f champ m magnétique terrestre, champ m magnétique de terre f

3358 **Feld** n, erregendes
 e exciting field
 f champ m excitant

3359 **Feld** n, erregtes
 e induced field
 f champ m induit

3360 **Feld** n, homogenes
 e homogeneous field
 f champ m homogène

3361 Feld n, induziertes
 e induced field
 f champ m induit

3362 Feld n, magnetisches
 e magnetic field
 f champ m magnétique

3363 Feld n, rotierendes
 e rotating field, rotary field
 f champ m tournant

3364 Feld n, schwaches
 e weak field
 f champ m faible

3365 Feld n, starkes
 e strong field
 f champ m intense

3366 Feld n, stationäres
 e stationary field
 f champ m stationnaire

3367 Feld n, zirkulares
 e circular field
 f champ m circulaire

3368 Feld n, zusammengesetztes
 e combined field
 f champ m composé

3369 Feldausmessen n
 e field sounding
 f sondage m du champ

3370 Feldbild n
 e field pattern, field configuration
 f configuration f du champ

3371 Felddichte f
 e field density
 f densité f de champ m

3372 Felderregung f
 e field excitation
 f excitation f de champ m

3373 Felderzeugung f
 e field generation
 f génération f de champ m

3374 Feldform f
 e field configuration
 f configuration f de champ m

3375 Feldformfaktor m
 e field form factor
 f facteur m de forme f de champ m

3376 Feldgleichung f
 e field equation
 f équation f de champ m

3377 Feldgröße f
 e field quantity
 f grandeur f de champ m

3378 Feldkontrast m
 e field contrast
 f contraste m de champ m

3379 Feldlinie f
 e field line, line of force, line of flux
 f ligne f de champ m, ligne f de force f, ligne f de flux m

3380 Feldliniendichte f
 e field line density, flux density
 f densité f des lignes f/pl de force f, densité f de champ m, densité f de flux m

3381 Feldschwächung f
 e field weakening
 f affaiblissement m du champ

3382 Feldstärke f, elektrische
 e electric field intensity, electric field strength
 f intensité f de champ m électrique

3383 Feldstärke f, magnetische
 e magnetic field intensity, magnetic field strength, magnetic intensity
 f intensité f de champ m magnétique

3384 Feldstärkemesser m
 e field intensity meter, field strength meter
 f mesureur m d'intensité f de champ m

3385 Feldstärkemeßgerät n
 → Feldstärkemesser m

3386 Feldstärkemessung f
 e field intensity measurement
 f mesure f d'intensité f de champ m

3387 Feldstärkung f
 e field intensifying
 f intensification f du champ

3388 Feldstörung f
 e field perturbation
 f perturbation f du champ

3389 Feldtheorie f
 e field theory
 f théorie f du champ

3390 Feldvektor m
 e field vector
 f vecteur m de champ m

3391 Feldverdrängung f
 e field displacement
 f déplacement m de champ m

3392 Feldverstärkung f
 e field intensifying
 f intensification f du champ

3393 Feldverteilung f
 e field distribution
 f distribution f du champ

3394 Feldverzerrung f
 e field distortion
 f distorsion f de champ m

3395 Feldzerfall m
 e field decay
 f décomposition f de champ m

3396 Fenster n [Röntgenröhre]
 e window
 f hublot m, fenêtre f

3397 Fern...
 e remote-..., tele..., distance..., distant
 f ... à distance f, télé...

3398 Fernablesung f
 e distant reading
 f lecture f à distance f

3399 Fernantrieb m
 e telecontrol, remote control
 f télécommande f, commande f à distance f

3400 fernbedient adj
 e remote-controlled, telecontrolled
 f commandé à distance f, télécommande

3401 Fernbedienung f
 e telecontrol, remote control, distant control, long distance control
 f télécommande f, commande f à distance f

3402 fernbetätigt adj
 → fernbedient adj

3403 Fernbetätigung f
 → Fernbedienung f

3404 Fernfeld n
 e far field
 f champ m lointain, champ m libre, champ m éloigné

3405 ferngeregelt adj
 e remote-controlled, telecontrolled
 f commandé à distance f, télécommandé, téléréglé

3406 ferngesteuert adj
 → ferngeregelt adj

3407 fernlenken v
  e teleguide
  f téléguider

3408 Fernlenkung f
  e teleguide, remote control
  f téléguidage m

3409 Fernmeldesatellit m
  e telecommunication satellite
  f satellite m de télécommunications f/pl

3410 Fernmessung f
  e telemetering, remote measurement
  f télémesure f, mesure f à distance f

3411 Fernregelung f
  e telecontrol, remote control, distant control
  f télécommande f, commande f à distance f

3412 Fernsehbildröhre f
  e television picture tube, television tube
  f tube m image de télévision f, tube m de télévision f

3413 Fernsehen n [FS]
  e television [TV]
  f télévision f [TV]

3414 Fernseher m [Fernsehgerät]
  e television set, telly
  f téléviseur m, récepteur m de télévision f, récepteur m vidéo

3415 Fernsehkamera f
  e television camera, telecamera
  f caméra f de télévision f, télécaméra f

3416 Fernsteuerbefehl m
  e telecommand, remote control command
  f télécommande f

3417 Fernsteuergerät n
  e telecontrol apparatus
  f appareil m de télécommande f, appareil m de commande f à distance f

3418 Fernsteuerung f
  e telecontrol, remote control
  f télécommande f, commande f à distance f

3419 fernüberwacht adj
  e teleattended, telecontrolled
  f télésurveillé

3420 Fernüberwachung f
  e remote control, telesurveillance, telesupervision
  f télésurveillance f, surveillance f à distance f

3421 Fernwirkanlage f
  e remote control equipment
  f équipement m de télécommande f

3422 Fernwirkgerät n
  e remote control apparatus, remote-action device
  f appareil m de télécommande f, appareil m d'action f à distance f

3423 Fernwirkung f
  e remote effect, teleaction
  f effet m à distance f, téléaction f

3424 Fernzone f
  e far zone, distant zone
  f zone f éloignée, zone f distante

3425 Ferrit m
  e ferrite
  f ferrite f

3426 Ferritgehalt m
  e ferrite content
  f teneur f en ferrite f

3427 ferritisch adj
  e ferritic
  f ferritique

3428 Ferritkern m
  e ferrite core
  f noyau m en ferrite f

3429 Ferritkorn n
  e ferrite grain
  f grain m ferritique

3430 ferromagnetisch adj
  e ferromagnetic
  f ferromagnétique

3431 Ferrosonde f
  e ferro-probe
  f ferro-sonde f

3432 Fertigerzeugnis n
  e finished product
  f produit m fini

3433 Fertigprodukt n
  → Fertigerzeugnis n

3434 fertigstellen v
  e finish, achieve
  f finir, achever

3435 Fertigteil n
  e finished part, prefabricated element
  f pièce f finie, élément m préfabriqué

3436 Fertigung f
  e production, fabrication
  f production f, fabrication f

3437 Fertigungsband n
  e production line, assembly line
  f chaîne f de montage m, tapis m roulant

3438 Fertigungskontrolle f
  e production control
  f contrôle m de production f

3439 Fertigungsüberwachung f
  → Fertigungskontrolle f

3440 fest adj [Aggregatzustand]
  e solid
  f solide

3441 fest adj [beständig]
  e permanent, stationary, durable
  f permanent, stationnaire, durable, fixe

3442 fest adj [festhaltend]
  e tight, rigid, fixed
  f tendu, rigide, fixé

3443 fest adj [Gewebe]
  e close
  f carteux

3444 fest adj [massiv]
  e massive, solid, consistent, compact
  f massif, solide, consistant, compact, dur

3445 fest adj [nicht losgehend]
  e fast, immovable
  f fixé, indétachable, immobile

3446 fest adj [Preis]
  e fixed
  f fixe

3447 fest adj [Stahl]
  e resistant
  f résistant

3448 fest adj [standfest]
  e stable
  f stable

3449 fest adj [unerschütterlich]
  e steady, firm, strong
  f ferme, fort, dur, robuste

3450 Festfrequenz f
  e fixed frequency
  f fréquence f fixe

3451 festhalten v [anhalten]
  e stop, lock, hold down
  f arrêter, serrer

3452 festhalten v [speichern]
  e record, map, register
  f enregistrer

3453 **Festigkeit** f [Dichtigkeit]
  e compactness, firmness
  f compacité f, fermeté f

3454 **Festigkeit** f [mechanisch]
  e resistance, strength
  f résistance f

3455 **Festigkeit** f [Stabilität]
  e stability, solidity
  f stabilité f, solidité f

3456 **Festigkeitsberechnung** f
  e calculation of strength
  f calcul m de résistance f

3457 **Festigkeitsgrenze** f
  e limit of resistance, breaking strength
  f limite f de résistance f, résistance f critique, résistance f à la rupture

3458 **Festigkeitslehre** f
  e science of strength of materials pl
  f science f de la résistance des matériaux m/pl

3459 **Festigkeitsprüfung** f
  e strength test
  f essai m de résistance f

3460 **Festigkeitsverhalten** n [Stahl]
  e strength behaviour/behavior [USA] of steel
  f comportement m de la résistance d'acier m

3461 **Festkörper** m
  e solid
  f solide m, corps m solide

3462 **Festkörper...**
  e solid-state ..., solid ...
  f ... à corps m solide, ... solide

3463 **Festkörper-Dosimeter** n
  e solid-state dosimeter
  f dosimètre m à solide m

3464 **Festkörperlaser** m
  e solid-type laser
  f laser m solide, laser m à corps m solide

3465 **festlegen** v [befestigen]
  e fix
  f fixer

3466 **festlegen** v [definieren]
  e define, determine
  f définir, déterminer

3467 **Festlegung** f [Befestigung]
  e fixation
  f fixation f

3468 **Festlegung** f [Definition]
  e definition
  f définition f

3469 **festmachen** v
  e fasten, fix
  f fixer, serrer

3470 **festsetzen** v [arretieren]
  e arrest, clamp, stop
  f arrêter, bloquer, serrer

3471 **feststehend** adj
  e stable, stationary, fixed, still
  f stable, fixe, stationnaire, tranquille

3472 **feststellbar** adj [nachweisbar]
  e detectable
  f détectable, décelable

3473 **Feststellbarkeit** f [Erkennbarkeit]
  e detectability, perceptibility
  f détectabilité f, perceptibilité f, réceptivité f

3474 **Feststellbarkeitsgrenze** f
  e limit of perceptibility
  f limite f de perceptibilité f

3475 **feststellen** v [arretieren]
  e arrest, stop, clamp, fasten, bolt, set, adjust
  f arrêter, bloquer, serrer, fixer, ajuster

3476 feststellen v [erkennen]
 e detect, spot, determine, prove, ascertain, appoint
 f détecter, déterminer, trouver, déceler, découvrir, éprouver, constater, connaître

3477 Feststellung f [Arretierung]
 e stop, catch, lock, fixation
 f fixation f, blocage m

3478 Feststellung f [Ermittlung]
 e detection, determination, identification, evaluation
 f détection f, détermination f, identification f, évaluation f

3479 Feststellvorrichtung f
 e locking device, arresting device, fixing device, stop, stopper, catch
 f dispositif m de blocage m

3480 Feststoff m
 e solid
 f solide m, corps m solide

3481 Feststoffeinschluß m
 e solid inclusion
 f inclusion f solide

3482 festwerden v
 e solidify
 f solidifier

3483 fett adj
 e fat, fatty, oily
 f gras, graisseux, huileux

3484 Fett n
 e fat, grease
 f graisse f

3485 fettig adj
 e fatty, oily
 f graisseux, huileux

3486 Feuchte f
 → Feuchtigkeit f

3487 Feuchtigkeit f
 e humidity, moisture
 f humidité f

3488 Feuchtigkeitsaufnahme f
 e absorption of moisture
 f absorption f d'humidité f

3489 feuchtigkeitsbeständig adj
 e moisture-resistant, moisture-proof, humidity-proof, non-hygroscopic
 f imperméable à l'humidité f, protégé contre l'humidité f, non-hygroscopique

3490 Feuchtigkeitsbestimmung f [Textilien]
 e determination of textile moisture
 f détermination f de l'humidité f de textiles m/pl

3491 Feuchtigkeitsgehalt m
 e moisture content
 f teneur f en humidité f, degré m d'humidité f

3492 Feuchtigkeitsmesser m
 e hygrometer
 f hygromètre m

3493 Feuchtigkeitsprüfung f
 e humidity test, moisture test
 f essai m d'humidité f, épreuve f hygrométrique

3494 feuchtigkeitssicher adj
 e moisture-resistant, moisture-proof, humidity-proof, non-hygroscopic
 f imperméable à l'humidité f, protégé contre l'humidité f, non-hygroscopique

3495 feuchtigkeitsunempfindlich adj
 → feuchtigkeitssicher adj

3496 feueraluminiert adj
 e fused aluminum coated
 f à revêtement m d'aluminium m

3497 feuerbeständig adj
 e fireproof, fire-resistant, non-combustible
 f réfractaire, résistant à la flamme, incombustible

3498 Feuerbeständigkeitsprüfung f
 e fireproof quantity test
 f essai m de quantité f réfractaire

3499 feuerfest adj
 → feuerbeständig adj

3500 feuergefährlich adj
 e inflammable, combustible
 f inflammable, combustible

3501 Feuerrost m
 e iron grate, grill
 f grille f, gril m

3502 feuersicher adj
 → feuerbeständig adj

3503 Feuerverzinken n
 e hot dip galvanizing, hot galvanization
 f galvanisation f à chaud, zincage m à chaud, zingage m au feu

3504 Feuerverzinnen n
 e hot tin-coating, fire-tinning, fire-scouring
 f étamage m au feu, étamage m à chaud

3505 Fiber f
 e fibre, fiber [USA]
 f fibre f

3506 Fiberoptik f
 e fiber-optical device
 f arrangement m optique à fibre f

3507 Fiberwerkstoff m
 e fibrous material
 f matériau m fibreux

3508 Figur f
 e figure
 f figure f

3509 Film m [Filmstreifen]
 e film
 f film m, pellicule f

3510 Film m [Schicht]
 e coat, coating, film
 f couche f, film m, dépôt m

3511 Film m, feinkörniger
 e fine-grained film
 f film m à grains m/pl fins

3512 Film m, grobkörniger
 e coarse-grained film
 f film m à grains m/pl gros

3513 Film m, langsamer
 e slow film
 f film m lent

3514 Film m, mittelschneller
 e medium-speed film
 f film m à rapidité f moyenne

3515 Film m, schneller
 e fast film
 f film m rapide

3516 Filmauswertung f [Radiographie]
 e film interpretation
 f interprétation f de la pellicule

3517 Filmbehandlung f
 e film processing
 f traitement m de film m, traitement m de pellicule f

3518 Filmbetrachtungsgerät n
 e film viewing apparatus
 f appareil m d'observation f du film

3519 Filmdosimeter n
 e film dosimeter
 f dosimètre m à film m

3520 Filmempfindlichkeit f
 e film sensibility
 f sensibilité f du film

3521 filmfern adj [Radiographie]
  e far from the film
  f loin du film

3522 Film-Fokus-Abstand m
  e film-focus distance, film-source distance
  f distance f film-foyer, distance f entre film m et foyer m, distance f pellicule/foyer

3523 Film-Folien-System n
  e film-screen system
  f système m film/écran

3524 Filmgradient m
  e film gradient
  f gradient m de film m

3525 Filmklasse f
  e film class
  f classe f de pellicule f

3526 Filmkontrast m
  e film contrast
  f contraste m de film m

3527 Filmkorngröße f
  e film grain size
  f grosseur f du grain de pellicule f

3528 Filmkörnigkeit f
  e film granulation
  f granulation f du film

3529 filmnah adj [Radiographie]
  e near the film
  f près du film

3530 Film-Objekt-Abstand m
  e film-object distance
  f distance f film-objet

3531 Filmschwärzung f
  e film blackening
  f noircissement m de la pellicule, noircissement m du film

3532 Filmverarbeitung f
  e film processing
  f traitement m du film

3533 Filter m
  e filter, screen
  f filtre m, écran m

3534 Filter m, akustischer
  e acoustic filter
  f filtre m acoustique

3535 Filter m, mechanischer
  e mechanic(al) filter
  f filtre m mécanique

3536 Filter m, optischer
  e optical filter
  f filtre m optique

3537 Filter m, roter
  e red screen
  f écran m rouge

3538 Filter m, rotfreier
  e screen free from red
  f écran m exempt de rouge

3539 Filtercharakteristik f
  e filter characteristic
  f caractéristique f du filtre

3540 Filterkurve f
  e filter curve
  f courbe f du filtre

3541 filtern v
  e filter
  f filtrer

3542 Filterung f
  e filtration
  f filtration f

3543 Filtrierung f
  → Filterung f

3544 **Filz** m
 e felt
 f feutre m

3545 **Finite-Element-Methode** f
 e finite element method
 f méthode f des éléments m/pl finis

3546 **Fischschwanzausbildung** f [Walzfehler]
 e fishtail formation
 f formation f de queue f d'aronde f

3547 **fixieren** v
 e fix
 f fixer

3548 **flach** adj
 e flat, plain, smooth
 f plat, plan, lisse

3549 **Flachbiegeversuch** m
 e plane bending test
 f essai m de flexion f plane

3550 **Flachbodenbohrung** f
 e flat-bottom drill hole, flat-bottomed drill hole
 f forure f à fond m plat

3551 **Flachbodenloch** n
 e flat bottom hole
 f trou m à fond m plat

3552 **Flachdraht** m
 e flat wire
 f fil m plat, fil m aplati

3553 **Fläche** f [Ebene]
 e plane, plain, face
 f plaine f, plan m

3554 **Fläche** f [Flächeninhalt]
 e area
 f aire f

3555 **Fläche** f [Oberfläche]
 e surface, superficies pl
 f surface f, superficie f

3556 **Fläche** f [Querschnittsfläche]
 e section, cross section
 f section f, coupe f, aire f

3557 **Fläche** f, gekrümmte
 e curved surface
 f surface f courbée

3558 **Fläche** f, schräge
 e inclined surface
 f surface f inclinée

3559 **Fläche** f, wirksame
 e active section, effective area
 f section f effective, aire f active

3560 **Flacheisen** n
 e flat iron
 f fer m plat

3561 **Flächendruck** m
 e surface pressure
 f pression f superficielle

3562 **Flächenelement** n
 e surface element
 f élément m de surface f

3563 **flächenhaft** adj
 e flat, laminar
 f plat, aplati, laminé

3564 **Flächeninhalt** m
 e area, superficies pl
 f aire f, superficie f

3565 **Flächenintegral** n
 e surface integral
 f intégrale f de surface f

3566 **Flächenkrümmung** f
 e surface curvature
 f courbure f de surface f

3567 **Flächennormale** f
 e surface normal
 f normale f de surface f

3568 Flächenträgheitsmoment n
 e impulsive moment, angular impulse
 f moment m d'inertie f géométrique, impulsion f angulaire

3569 Flachmagnet m
 e flat-type magnet
 f aimant m plat

3570 Flachprobe f, gekerbte
 e notched flat specimen
 f éprouvette f plate entaillée

3571 Flachspule f
 e flat coil, pancake coil, disk coil
 f bobine f plate, bobine f en galette f

3572 Flachstahl m
 e flat steel
 f acier m plat

3573 Flackerlampe f
 e flickering lamp
 f lampe f à éclats m/pl

3574 Flammpunkt m
 e flash point, burning point
 f point m d'inflammation f, température f d'inflammation f

3575 flammsicher adj
 e flame-proof
 f ignifuge/ignifugé

3576 flammwidrig adj
 e non-flammable
 f ininflammable

3577 Flanke f
 e flank, slope, edge
 f flanc m, pente f

3578 Flankenbindefehler m [Schweißnaht]
 e incomplete flank fusion
 f manque m de fusion f dans le flanc

3579 Flankensteilheit f [Impuls]
 e edge steepness
 f raideur f de flanc m

3580 Flansch m
 e flange, collar, nozzle
 f bridge f, bourrelet m, collet m

3581 Flanschverbindung f
 e flanged joint
 f raccord m à brides f/pl

3582 Fleck m [Schmutzfleck]
 e blot, stain, spot
 f tache f

3583 Fleck m [Stelle]
 → Flecken m

3584 Flecken m [Stelle]
 e spot
 f spot m, lieu m, place f

3585 Fleckhelligkeit f
 e spot brightness
 f luminosité f du spot

3586 Fleckschärfe f
 e spot sharpness
 f finesse f de spot m

3587 flexibel adj
 e flexible, movable, mobile
 f flexible, souple, mobile

3588 Fliehkraft f
 e centrifugal force
 f force f centrifuge

3589 Fliese f
 e flag, slab
 f dalle f, carreau m

3590 Fließband n
 e assembly line, production line
 f chaîne f de montage m, chaîne f de production f, table f roulante

3591 Fließbandfertigung f
 e line production
 f production f à la chaîne

3592 **fließen** v
   e flow, run
   f couler, s'écouler, courir

3593 **Fließfertigung** f
   e fine production
   f production f à la chaîne

3594 **Fließgrenze** f
   e yield point, yield strength
   f limite f d'écoulement m

3595 **Fließmechanismus** m
   e flow mechanism
   f mécanisme m du fluage

3596 **Fließpapier** n
   e absorbent paper
   f papier m buvard

3597 **Fließvermögen** n
   e fluidity
   f fluidité f

3598 **Fließwasserspalt** m
   e running water film
   f film m d'eau f courante

3599 **Fließwiderstand** m
   e yield resistance
   f résistance f d'écoulement m

3600 **Fluenz** f
   e fluence
   f fluence f

3601 **Flugwesen** n
   e aeronautics pl
   f aéronautique f

3602 **Flugzeug** n
   e aircraft, airplane [USA]
   f avion m

3603 **Fluidität** f
   e fluidity
   f fluidité f

3604 **Fluor** n [F]
   e fluorine
   f fluor m

3605 **Fluoreszenz** f
   e fluorescence
   f fluorescence f

3606 **Fluoreszenz-Dosimetrie** f
   e fluorescence dosimetry
   f dosimétrie f à fluorescence f

3607 **Fluoreszenzfarbe** f
   e fluorescent paint
   f peinture f fluorescente

3608 **Fluoreszenzleuchtschirm** m
   e fluorescent screen
   f écran m à fluorescence f, écran m fluorescent

3609 **Fluoreszenz-Magnetpulverprüfung** f
   e fluorescent magnetic particle test
   f magnétoscopie f à fluorescence f

3610 **Fluoreszenz-Rißprüfung** f
   e fluorescent crack detection
   f ressuage m fluorescent

3611 **Fluoreszenzschirm** m
   e fluorescent screen
   f écran m à fluorescence f, écran m fluorescent

3612 **fluoreszieren** v
   e fluoresce
   f fluorescer

3613 **fluoreszierend** adj
   e fluorescent
   f fluorescent

3614 **Fluß** m [Strömung]
   e flow, flux, stream, current
   f flux m, écoulement m, courant m

3615 **Fluß** m, magnetischer
   e magnetic flow
   f flux m magnétique

3616 Flußdiagramm n [Computer]
  e flow chart
  f diagramme m de calcul m, ordinogramme m

3617 Flußdichte f
  e flux density, field line density
  f densité f de flux m, densité f de champ m, densité f des lignes f/pl de force f

3618 Flußeisen n
  e ingot iron
  f fer m homogène, fer m fondu

3619 flüssig adj
  e liquid, fluid
  f liquide, fluide

3620 Flüssigeisen n
  e liquid iron
  f fer m fondu

3621 Flüssiggas n
  e liquefied natural gas [LNG]
  f gaz m naturel liquéfié [GNL]

3622 Flüssigkeit f
  e liquid, fluid
  f liquide m

3623 Flüssigkeit f, durchdringende
  e penetrant liquid, penetrant
  f liquide m pénétrant

3624 Flüssigkeitsankopplung f
  e liquid coupling
  f couplage m liquide

3625 Flüssigkeitskontakt m
  e liquid contact
  f contact m à liquide m

3626 Flüssigkeitsoberfläche f
  e surface of liquid
  f surface f du liquide

3627 Flüssigkontakt m
  e liquid contact
  f contact m à liquide m

3628 Flüssigkopplung f
  e liquid coupling
  f couplage m liquide

3629 Flüssigkristall m
  e liquid crystal
  f cristal m liquide

3630 Flußlinie f
  e line of flux, field line
  f ligne f de flux m, ligne f de champ m

3631 Flußmesser m
  e flowmeter, fluxmeter
  f fluxmètre m

3632 Flußstahl m
  e ingot steel, mild steel
  f acier m homogène, acier m fondu, acier m doux

3633 Fokus m
  e focus
  f foyer m

3634 Fokusabstand m
  e focal length
  f distance f focale

3635 Fokusprüfkopf m
  e focusing transducer, focalized transducer
  f palpeur m focalisé, palpeur m avec focalisation f, transducteur m focalisé

3636 Fokusschlauch m
  e focus tube
  f tube m de focalisation f

3637 Fokussier-Prüfkopf m
  → Fokusprüfkopf m

3638 Fokussierung f
  e focusing, focussing
  f focalisation f

3639 Fokussierung f, elektrische
  e electric focusing
  f focalisation f électrique

3640 Fokussierung f, magnetische
 e magnetic focusing
 f focalisation f magnétique

3641 Folge f [Aufeinanderfolge]
 e succession, suite, sequence
 f succession f, séquence f, suite f

3642 Folge f [Konsequenz]
 e consequence, result
 f conséquence f, résultat m

3643 Folie f [allgemein]
 e foil
 f feuille f

3644 Folie f [Radiologie]
 e screen
 f écran m

3645 Folie f, fluormetallische [Radiografie]
 e fluorine-metallic screen
 f écran m fluorine-métallique

3646 Folie f, hintere [Radiografie]
 e rear screen
 f écran m postérieur

3647 Folie f, vordere [Radiografie]
 e front screen
 f écran m antérieur

3648 Folienunschärfe f
 e screen haziness, screen defocusing, dimly focused screen
 f défocalisation f de l'écran m, écran m défocalisé

3649 Folienverstärkung f [Radiografie]
 e amplifying by screen, screen amplification
 f amplification f par écran m

3650 Folienverstärkungsfaktor m [Radiografie]
 e screen amplification factor, screen factor
 f facteur m d'amplification f de l'écran m, facteur m d'écran m

3651 Fono...
 → Phono...

3652 Förderband n
 e conveyor belt
 f courroie f transporteuse

3653 Förderer m [Förderanlage]
 e conveyor, conveyer
 f transporteur m

3654 Form f [Bauform]
 e model, type, execution
 f modèle m, type m, exécution f

3655 Form f [Gestalt]
 e shape, contour, form, profile
 f forme f, profil m, façon f, morphologie f

3656 Form f [Gießform]
 e mould, mold [USA], pattern
 f moule m, creux m

3657 Formabweichung f
 e shape deviation
 f tolérance f de forme f

3658 Formänderung f
 e deformation
 f déformation f

3659 Formänderungsfestigkeit f
 e resistance to deformation
 f résistance f à la déformation

3660 Formänderungsvermögen n
 e specific deformation energy
 f travail m spécifique de déformation f

3661 Formbarkeit f
 e formability
 f formabilité f

3662 Formbeständigkeit f
 e shape stability
 f stabilité f géométrique

3663 Formbeständigkeitsprüfung f [Gummi, Kunststoff]
 e form constancy test
 f essai m de constance f de forme f

3664 Formblech n
 e profiled sheet
 f tôle f profilée

3665 Formeisen n
 e profile iron
 f fer m profilé, profilé m

3666 Formel f
 e formula
 f formule f

3667 formen v [bilden]
 e form
 f former

3668 formen v [gestalten]
 e shape, develop, form
 f façonner, développer, former

3669 formen v [Gießerei]
 e mould, mold [USA]
 f mouler

3670 Formfaktor m
 e form factor, shape factor
 f facteur m de forme f

3671 Formfehler m [Gestaltung]
 e imperfect shape
 f forme f défectueuse

3672 Formgebung f
 e shaping, formation, forming operation
 f formage m, formation f, façonnage m

3673 formlos adj
 e amorphous
 f amorphe

3674 Formmasse f
 e moulding/molding [USA] compound
 f matière f à mouler, matière f de moulage m

3675 Formstahl m
 e shaped steel, profiled steel
 f acier m profilé

3676 Formteil n
 e shaped piece
 f pièce f profilée

3677 Fortpflanzungsgeschwindigkeit f
 e speed of propagation
 f vitesse f de propagation f

3678 Foto...
 → Photo...

3679 Fourier-Transformation f
 e Fourier transformation
 f transformation f de Fourier

3680 Fourier-Transformationsholographie f
 e Fourier transformation holography
 f holographie f à transformation f de Fourier

3681 Fraktographie f
 e fractography
 f fractographie f

3682 fräsen v
 e mill, shape
 f fraiser, façonner

3683 Fraunhofersche Linien f/pl
 e Fraunhofer lines pl
 f lignes f/pl de Fraunhofer

3684 Freibewitterungsversuch m
 e open-air weathering test
 f essai m de résistance f aux intempéries f/pl

3685 Freigabe f
 e release, releasing, tripping, opening
 f déclenchement m, libération f, relâchement m

3686 freigeben v
 e release, trip, liberate, disengage, set free
 f déclencher, libérer, relâcher, dégager

3687 **Freiheitsgrad** m
 e degree of freedom
 f degré m de liberté f

3688 **freilegen** v
 e uncover
 f découvrir

3689 **Freileitungsdraht** m
 e overhead wire
 f fil m aérien

3690 **Freiluftanlage** f
 e outdoor installation
 f installation f extérieure

3691 **Freiluftisolator** m
 e outdoor insulator, overhead line insulator
 f isolateur m extérieur, isolateur m pour lignes f/pl aériennes

3692 **freimachen** v
 e release, liberate, set free, disengage
 f déclencher, libérer, relâcher, dégager

3693 **Freiraum** m
 e free space
 f espace m libre

3694 **Freisetzung** f
 e release, releasing, tripping, opening
 f déclenchement m, libération f, relâchement m

3695 **freitragend** adj
 e self-contained
 f non soutenu

3696 **Fremdatom** n
 e foreign atom, impurity
 f atome m étranger, impureté f

3697 **fremdbelüftet** adj
 e air-blast
 f à ventilation f séparée

3698 **Fremdbelüftung** f
 e air-forced ventilation
 f ventilation f forcée

3699 **Fremdbestandteil** m
 e contaminant, admixture, impurity, addition
 f contamination f, impureté f, addition f

3700 **Fremdeinschluß** m
 e foreign inclusion
 f inclusion f étrangère

3701 **fremderregt** adj
 e separately excited
 f à excitation f séparée

3702 **Fremdfeld** n
 e external field, separate field
 f champ m étranger, champ m extérieur

3703 **Fremdkörper** m
 e foreign matter, foreign body
 f corps m étranger, substance f étrangère

3704 **Fremdmetalleinschluß** m
 e foreign metallic inclusion
 f inclusion f métallique étrangère

3705 **Fremdmodulation** f
 e external modulation
 f modulation f extérieure

3706 **Fremdspannung** f
 e external voltage, nonweighted voltage
 f tension f extérieure, tension f non-pondérée

3707 **Fremdstoff** m
 e crude particle
 f infection f

3708 **Fremdsynchronisation** f
 e external synchronization
 f synchronisation f externe

3709 **Fremdvergleich** m
 e exterior comparison
 f comparaison f extérieure

3710 Frequenz f, augenblickliche
 e instantaneous frequency
 f fréquence f instantanée

3711 Frequenz f, harmonische
 e harmonic frequency, harmonic
 f fréquence f harmonique, harmonique f

3712 Frequenz f, kritische
 e critical frequency
 f fréquence f critique

3713 Frequenz f, momentane
 e instantaneous frequency
 f fréquence f instantanée

3714 Frequenz f, normierte
 e reference frequency, normalized frequency
 f fréquence f de référence f, fréquence f normalisée

3715 frequenzabhängig adj
 e frequency-dependent
 f dépendant de la fréquence

3716 Frequenzabhängigkeit f
 e dependence on frequency
 f dépendance f de la fréquence

3717 Frequenzabstand m
 e frequency spacing
 f écart m entre fréquences f/pl

3718 Frequenzabtastung f
 e frequency scanning
 f balayage m de fréquences f/pl

3719 Frequenzabweichung f
 e frequency deviation, frequency tolerance, frequency departure, frequency shift, frequency swing
 f déviation f de fréquence f, tolérance f de fréquence f

3720 Frequenzanalysator m
 e frequency analyser
 f analyseur m de fréquences f/pl

3721 Frequenzanalyse f
 e frequency analysis, harmonic analysis
 f analyse f de fréquences f/pl, analyse f harmonique

3722 Frequenzänderung f
 e frequency variation, pulling
 f variation f de fréquence f

3723 Frequenzauswanderung f
 e frequency departure, frequency swing, frequency shift
 f déviation f de fréquence f

3724 Frequenzband n, breites
 e wide frequency band
 f large bande f de fréquences f/pl

3725 Frequenzband n, enges
 e small frequency band
 f bande f de fréquences f/pl étroite

3726 Frequenzband n, schmales
 → Frequenzband f, enges

3727 Frequenzband n, übertragenes
 e transmitted frequency band, pass-band/passband
 f bande f de fréquences f/pl transmise, bande f passante

3728 Frequenzbandbegrenzung f
 e limitation of frequency band
 f limitation f de la bande de fréquences f/pl

3729 Frequenzbandbeschneidung f
 e cutting off of frequency band, clipping of frequency band
 f coupure f de la bande de fréquences f/pl

3730 Frequenzbandbreite f
 e frequency band width
 f largeur f de la bande de fréquences f/pl

3731 Frequenzbanderweiterung f
 e enlarging of frequency band
 f élargissement m de la bande de fréquences f/pl

3732 Frequenzbandkompression f
 e frequency band compression
 f compression f de la bande de fréquences f/pl

3733 Frequenzbandverbreiterung f
 e enlarging of frequency band
 f élargissement m de la bande de fréquences f/pl

3734 Frequenzbereich m
 e frequency range
 f gamme f des fréquences f/pl

3735 Frequenzbeständigkeit f
 e frequency constancy, frequency stability
 f constance f de fréquence f, stabilité f de fréquence f

3736 Frequenzbestimmung f
 e frequency determination
 f détermination f de la fréquence

3737 Frequenzcharakteristik f
 e frequency characteristic, frequency curve
 f caractéristique f de fréquence f, courbe f de fréquence f

3738 Frequenzeinstellung f, selbsttätige
 e automatic frequency control (A.F.C.)
 f contrôle m automatique de fréquence f

3739 Frequenzgang m
 e frequency response
 f réponse f en fréquence f, courbe f de réponse f en fonction f de la fréquence

3740 Frequenzgemisch n
 e frequency mixture
 f mélange m de fréquences f/pl

3741 Frequenzgenauigkeit f
 e frequency accuracy
 f précision f de fréquence f

3742 Frequenzkennlinie f
 e frequency characteristic, frequency curve
 f caractéristique f de fréquence f, courbe f de fréquence f

3743 Frequenzkonstanz f
 e frequency constancy, frequency stability
 f constance f de fréquence f, stabilité f de fréquence f

3744 Frequenzmesser m
 e frequency meter
 f fréquencemètre m

3745 Frequenzmessung f
 e frequency measurement
 f mesure f de fréquence f

3746 Frequenzregelung f
 e frequency control
 f réglage m de fréquence f

3747 Frequenzregler m
 e frequency regulator, frequency control
 f régulateur m de fréquence f

3748 Frequenzschwankung f
 e frequency fluctuation, frequency variation
 f fluctuation f de fréquence f, variation f de fréquence f

3749 Frequenzspektrum n
 e frequency spectrum
 f spectre m des fréquences f/pl

3750 Frequenzstabilität f
 e frequency stability
 f stabilité f de fréquence f

3751 Frequenzteiler m
 e frequency divider
 f diviseur m de fréquence f

3752 Frequenzumsetzer m
 e frequency converter
 f convertisseur m de fréquence f

3753 **Frequenzumwandlung** f
 e frequency transformation
 f transformation f de fréquence f

3754 **frequenzunabhängig** adj
 e frequency-independent
 f indépendant de la fréquence

3755 **Frequenzvergleich** m
 e frequency comparison
 f comparaison f de fréquence f

3756 **Frequenzverlagerung** f
 e frequency transposition, frequency translation
 f transposition f de fréquence f, translation f de fréquence f

3757 **Frequenzverlauf** m
 e frequency curve, frequency characteristic
 f courbe f de fréquence f, caractéristique f de fréquence f

3758 **Frequenzverteilung** f
 e frequency distribution
 f distribution f des fréquences f/pl

3759 **Frequenzvervielfacher** m
 e frequency multiplier
 f multiplicateur m de fréquence f

3760 **Frequenzwähler** m
 e frequency selector
 f sélecteur m de fréquence f, commutateur m de fréquences f/pl

3761 **Frequenzwandler** m
 e frequency transformer, frequency changer
 f transformateur m de fréquence f, changeur m de fréquence f

3762 **Frequenzwechsel** m
 e frequency changing
 f changement m de fréquence f

3763 **Frequenzwobblung** f
 e frequency wobbling
 f wobbulation f de fréquence f

3764 **Fresnelsche Zonenplatte** f
 e Fresnel zone plate
 f plaque f de zones f/pl de Fresnel

3765 **Friktion** f
 e friction
 f friction m

3766 **Frischbetonprüfung** f
 e green concrete test
 f essai m de béton m humide

3767 **Frischluft** f
 e fresh air
 f air m frais

3768 **Frischmörtelprüfung** f
 e fresh mortar test
 f essai m de mortier m frais

3769 **Front** f
 e front, front side, face
 f front m, face f, devant m

3770 **Frontplatte** f
 e front panel
 f panneau m frontal

3771 **frostbeständig** adj
 e anti-freezing
 f résistant à la gelée

3772 **Frühzündung** f
 e pre-ignition
 f allumage m prématuré

3773 **Fügetechnik** f
 e bonding technique
 f technique f d'assemblage m

3774 **Fühler** m
 e sensor, probe
 f palpeur m, sonde f, senseur m

3775 **führen** v
 e guide, direct, conduct, lead
 f guider, diriger, conduire

3776 Führung f [Fahrzeug]
 e drive, driving, pilotage
 f pilotage m

3777 Führung f [Leitung]
 e direction, management
 f direction f

3778 Führung f [mechanisch]
 e guide
 f guide m, guidage m, glissière f, pignon m

3779 Führung f [Verhalten]
 e conduct
 f conduite f

3780 Führungsleiste f
 e guide strip
 f barre f de guidage m

3781 Führungsschiene f
 e guide rail, guide bar
 f barre f de guidage m

3782 Führungsstift m
 e guide pin
 f broche f de guidage m, cheville f de guidage m

3783 füllen v
 e fill, charge, load
 f remplir, charger

3784 Füllen n
 e filling, charging, loading
 f remplissage m, chargement m

3785 Füllhalter-Dosimeter n
 e pencil dosimeter
 f dosimètre m en stylo m

3786 Füllhöhe f
 e filling height
 f hauteur f de remplissage m

3787 Füllstand m
 → Füllhöhe f

3788 Füllung f
 e filling, charge, loading
 f remplissage m, chargement m

3789 Fundament n
 e foundation, base, basement, bed, bottom, bed-plate, substructure, pedestal
 f fondation f, fondement m, base f, pied m, piédestal m, socle m, plancher m

3790 Funk m
 e radio, wireless
 f radio f

3791 Funke m
 e spark
 f étincelle f

3792 funkeln v
 e scintillate
 f scintiller

3793 Funkeln n
 e scintillation, scintillating
 f scintillation f

3794 funken v [drahtlos aussenden]
 e emit, radio, radiotelegraph, broadcast, wireless
 f émettre, radiotélégraphier

3795 funken v [Funken bilden]
 e spark, flash
 f étinceler, faire feu m

3796 Funken m
 e spark
 f étincelle f

3797 Funkendurchschlag m
 e spark breakdown
 f amorçage m d'arc m

3798 Funkenerosion f
 e spark erosion
 f érosion f par étincelles f/pl

3799 Funkenprüfung f
 e spark test
 f essai m de flammèche f

3800 Funken-Störung f
 e trouble by sparks pl
 f perturbation f par étincelles f/pl

3801 Funk-Entstörung f
 e radio interference suppression, elimination of radio interference, dejamming
 f antiparasitage m, élimination f des parasites m/pl

3802 funkgesteuert adj
 e radio-controlled
 f commandé par radio f

3803 Funktion f, abgeleitete
 e derived function
 f fonction f dérivée

3804 Funktion f, stetige
 e continuous function
 f fonction f continue

3805 Funktion f, trigonometrische
 e trigonometric function
 f fonction f trigonométrique

3806 funktionieren v
 e function
 f fonctionner

3807 Funktionskontrolle f
 e functional test
 f essai m de fonctionnement m

3808 Funktionsprüfung f
 → Funktionskontrolle f

3809 Funktionsweise f
 e mode of operation
 f mode m opératoire

3810 Furche f
 e chamfer, stria, ridge, groove, slot, flute, scratch, channel
 f cannelure f, rainure f, ride f, égratignure f, éraflure f, fente f, fissure f, lézarde f

3811 Fusion f
 e fusion
 f fusion f

3812 Fusionskraftwerk n
 e nuclear fusion power plant
 f centrale f génératrice à fusion f nucléaire

3813 Fuß m [Sockel]
 e pedestal, base
 f pied m, base f, socle m, piédestal m

3814 Fußboden m
 e floor
 f plancher m

3815 fußgesteuert adj
 e foot-controlled
 f commandé par pied m

3816 Fußpunkt m
 e base, foot
 f point m de base f, base f

G

3817 gabeln v
e fork, bifurcate
f bifurquer

3818 Gabelstapler m
e fork truck
f chariot m à fourche f

3819 Gabelung f
e branch, branching, branching-off, bifurcation, ramification
f branchement m, bifurcation f, ramification f

3820 Galvanisieren n
e galvanizing, galvanoplastics pl, electroplating
f galvanisation f, galvanoplastie f

3821 Galvanometer n
e galvanometer
f galvanomètre m

3822 galvanotechnisch adj
e galvanotechnical
f galvanotechnique

3823 Gamma-Bestrahlung f
e gamma irradiation
f irradiation f gamma

3824 Gamma-Durchstrahlung f
e gamma radiation
f radiation f gamma

3825 Gamma-Eisen n
e gamma iron, austenite
f fer m du type gamma, austénite f

3826 Gamma-Filmaufnahme f
e gamma radiogram
f prise f de vue f gammagraphique

3827 Gammagraphie f
e gamma radiography
f gammagraphie f, radiographie f gamma

3828 Gamma-Intensität f
e gamma intensity
f intensité f gamma

3829 Gamma-Kamera f
e gamma camera
f caméra f gamma

3830 Gammametrie f
e gammametry
f gammamétrie f

3831 Gammaprüfung f
[Gammastrahlprüfung]
e gammagraphy, gamma-graphic test(ing), gamma-ray examination, gamma-ray radiography test, gamma-radiometric test
f gammagraphie f, contrôle m par rayons m/pl gamma

3832 Gamma-Radiographie f
e gamma radiography
f radiographie f gamma, gammagraphie f

3833 Gamma-Rückstreuung f
e gamma backscattering
f rétrodiffusion f gamma

3834 Gammaspektroskopie f
e gamma spectroscopy
f spectroscopie f gamma

3835 Gammastrahl m
e gamma ray
f rayon m gamma

3836 Gammastrahler m
e gamma radiator
f radiateur m gamma

3837 Gammastrahler m, künstlicher
e artificial gamma radiator
f radiateur m gamma artificiel

3838 Gammastrahlprüfung f
 e gammagraphy, gammagraphic test(ing), gamma-ray examination, gamma-ray radiography test, gamma-radiometric test
 f gammagraphie f, contrôle m par rayons m/pl gamma

3839 Gammastrahlung f
 e gamma radiation
 f radiation f gamma

3840 Gammazerfall m
 e gamma disintegration
 f désintégration f gamma

3841 Gang m (in ~ bringen)
 e set going, put into action, set to work, start, put in motion, drive
 f mettre en marche f, mettre en service m, démarrer, actionner

3842 Gangunterschied m [Phasendifferenz]
 e phase difference
 f différence f de phase f

3843 Ganzdurchströmung f
 e total flow
 f flux m total

3844 Ganzkörperdosis f
 e total body dose
 f dose f relative au corps entier

3845 Ganzkörperzähler m
 e whole body counter
 f compteur m pour le corps entier

3846 Garantie f
 e guarantee, warranty, guaranty [USA]
 f garantie f

3847 Garngleichmäßigkeit f
 e yarn homogeneity
 f homogénéité f de fil m

3848 Gas n, komprimiertes
 e compressed gas
 f gaz m comprimé

3849 Gas n, verdünntes
 e rarefied gas
 f gaz m raréfié

3850 Gasanalyse f
 e gas analysis
 f analyse f de gaz m

3851 Gasbehälter m
 e gas tank, gas holder, gasometer
 f réservoir m à gaz m, gazomètre m

3852 Gasbeton m
 e aerated concrete
 f béton m aéré

3853 Gasbetonprüfung f
 e foamed concrete test
 f essai m de béton m moussé

3854 gasdicht adj
 e gastight
 f imperméable aux gaz, étanche aux gaz

3855 Gasdruck m
 e gas pressure
 f pression f gazeuse

3856 Gaseinschluß m
 e gas cavity
 f soufflure f

3857 Gasentwicklung f
 e gas formation, gas generation, gassing
 f génération f de gaz m, dégagement m du gaz

3858 gasförmig adj
 e gaseous
 f gazeux

3859 Gasleitung f [Rohrleitung]
 e gas conduit, gas-main, gas tubing, gas tube
 f conduite f de gaz m, tuyau m à gaz m

3860 Gasometer m
   e gasometer, gas tank, gas holder
   f gazomètre m, réservoir m à gaz m

3861 Gaspore f
   e gas pore
   f soufflure f sphéroïdale

3862 Gasrohr n
   e gas tube
   f tuyau m à gaz m

3863 Gasschmelzschweißen n
   e gas fusion welding
   f soudage m autogène

3864 Gatter n
   e gate
   f porte f

3865 Gaußsche Fehlerverteilung f
   e Gaussian error distribution
   f distribution f d'erreurs f/pl de Gauss

3866 Gaze f
   e gauze
   f gaze f

3867 Gebersystem n
   e transmitter system
   f système m de transmetteurs m/pl

3868 Gebiet n [Fach]
   e branch, profession, department
   f branche f, ressort m, métier m, profession f

3869 Gebiet n [Zone]
   e region, area, zone, field, sphere, domain, district
   f région f, zone f, domaine m, district m, régime m

3870 Gebiet n, verseuchtes
   e contaminated area, contaminated ground
   f terrain m contaminé

3871 geblättert adj
   e laminated, foliated
   f laminé, folié

3872 gebogen adj
   e bent, curved
   f courbé

3873 Gebrauch m
   e use, usage, utilization, application
   f usage m, utilisation f, application f

3874 gebrauchen v
   e use, employ, utilize
   f utiliser, employer, se servir (de)

3875 Gebrauchsanweisung f
   e instructions pl for use, instruction manual
   f mode m d'emploi m, instruction f d'emploi m

3876 Gebrauchswertprüfung f [Textilien]
   e use value test
   f essai m de valeur f d'usage m

3877 gedämpft adj
   e damped, attenuated
   f amorti, atténué

3878 gedämpft adj (schwach ~)
   e weakly damped, slightly damped
   f légèrement amorti

3879 gedämpft adj (stark ~)
   e strongly damped
   f fortement amorti

3880 geeignet adj (~ für, ~ zu)
   e suited (~ to, ~ for), suitable (~ to, ~ for), fit (~ for), proper (~ to), qualified (~ for)
   f propre (à), adaptable (à), qualifié (pour), capable (de)

3881 gefährlich adj
   e dangerous
   f dangereux

3882 Gefälle n
  e drop, decrease, fall, dip, slope
  f chute f, décroissance f, baisse f, pente f

3883 Gefäß n
  e box, case, casing, can, tin, receptacle, tank, tub, vat, basin, cage, container
  f boîte f, boîtier m, cuve f, récipient m, caisse f, cage f, bac m, vase m, container m

3884 gefrieren v
  e congeal, freeze
  f congeler, glacer

3885 Gefrierpunkt m
  e freezing point
  f point m de congélation f

3886 Gefüge n
  e microstructure, structure, texture
  f microstructure f, structure f, texture f

3887 Gefügebestandteil m
  e structural component
  f microconstituant m

3888 Gefügeparameter m
  e structural parameter
  f paramètre m structural

3889 Gefügeuntersuchung f
  e structure examination, structural investigation
  f examen m structural, étude f de la structure

3890 Gefügezustand m
  e structural condition
  f état m structural

3891 Gegendruck m
  e counter pressure
  f contre-pression f

3892 Gegen-EMK f
  e counter-emf, counter electromotive force, back-emf
  f force f contre-électromotrice

3893 Gegengewicht n
  e counterweight
  f contre-poids m

3894 Gegeninduktion f
  e mutual induction
  f induction f mutuelle

3895 Gegenkraft f
  e counter force
  f contre-force f

3896 gegenläufig adj
  e in opposite direction
  f à mouvement m opposé

3897 Gegenphase f
  e opposite phase, anti-phase
  f phase f opposée, phase f contraire

3898 Gegenpol m
  e counterpole
  f pôle m opposé

3899 Gegenrichtung f
  e opposite direction, reverse direction
  f sens m opposé

3900 gegenseitig adj
  e mutual, reciprocal
  f mutuel, réciproque

3901 Gegenspannung f [elektrisch]
  e counter-voltage
  f contre-tension f

3902 Gegenstrom m
  e counter-current
  f contre-courant m

3903 Gegenströmung f
  e counterflow, countercurrent flow, countercurrent
  f contre-courant m

3904 Gegenüberstellung f
  e confrontation
  f confrontation f

3905 Gegenuhrzeigersinn m (im ∼)
  e anti-clockwise, counterclockwise, in counterclockwise direction
  f dans le sens antihoraire, dans le sens inverse des aiguilles f/pl d'une montre

3906 Gegenwirkung f
  e counter-action, counter-effect, reaction
  f réaction f, antagonisme m

3907 Gehalt m
  e contents pl, content
  f contenu m, teneur f, contenance f

3908 Gehäuse n
  e cabinet, housing, case, box, body, enclosure
  f boîtier m, ébénisterie f, caisse f, cage f

3909 Geiger-Müller-Zählrohr n
  e Geiger-Müller counter tube
  f tube m compteur Geiger-Müller

3910 gekapselt adj
  e enclosed, encapsulated, canned
  f gainé, blindé, cuirassé, clos

3911 gekoppelt adj
  e coupled
  f couplé

3912 gekreuzt adj
  e crossed, cruciform
  f croisé, en croix f

3913 gekrümmt adj
  e crooked, curved
  f courbé, courbe, curviligne

3914 Gelenkverbindung f
  e hinge joint, knuckle joint
  f assemblage m articulé

3915 gemäßigt adj
  e moderate, temperate
  f modéré

3916 Gemenge n
  e mixture
  f mélange m

3917 Gemisch n
  → Gemenge n

3918 genau adj
  e accurate, precise, exact, sharp
  f exact, précis

3919 Genauigkeit f
  e accuracy, precision, exactitude
  f précision f, exactitude f

3920 geneigt adj
  e inclined
  f incliné

3921 Generator m
  e generator
  f générateur m, génératrice f

3922 Geometriefehler m
  e geometric distortion
  f distorsion f de géométrie f

3923 geostationär adj
  e geostationary
  f géostationnaire

3924 gerade adj [aufrecht]
  e right
  f droit

3925 gerade adj [Linie]
  e straight, linear, rectilinear, straight-lined
  f rectiligne, linéaire, en ligne f droite, droit

3926 gerade adj [Zahl]
  e even
  f pair

3927 geradlinig adj
  e straight-lined, linear
  f rectiligne, linéaire

3928 Gerät n
 e apparatus, device, set, unit, instrument, facility, gear, arrangement
 f appareil m, instrument m, dispositif m, poste m

3929 Geräteanordnung f
 e set-up
 f assemblage m d'appareils m/pl

3930 Geräteaufbau m
 → Geräteanordnung f

3931 Geräteausrüstung f
 e instrumentation
 f instrumentation f

3932 Geräteausstattung f
 → Geräteausstattung f

3933 Geräteempfindlichkeit f
 e instrument sensitivity
 f sensibilité f d'instrument m

3934 Gerätejustierung f
 e instrument adjustment
 f ajustage m d'instrument m

3935 geräumig adj
 e spacious, roomy
 f spacieux

3936 Geräusch n, bewertetes
 e weighted noise
 f bruit m pondéré

3937 Geräusch n, unbewertetes
 e unweighted noise, flat noise
 f bruit m non pondéré

3938 Geräusch n, unregelmäßiges
 e random noise
 f bruit m erratique

3939 Geräuschabstand m
 e signal-to-noise ratio, S/N ratio
 f écart m entre signal m et bruit m, rapport m signal m sur bruit m

3940 Geräuschanalyse f
 e noise analysis
 f analyse f du bruit

3941 Geräuschanteil m
 e noise component
 f composante f de bruit m

3942 geräucharm adj
 e low-noise ...
 f à faible bruit m, à bruit m réduit

3943 Geräuschfaktor m
 e noise factor
 f facteur m de bruit m

3944 Geräuschhintergrund m
 e noise background
 f fond m de bruit m

3945 Geräuschleistung f
 e psophometric power
 f puissance f psophométrique

3946 Geräuschmessung f
 e noise measurement
 f mesure f du bruit

3947 Geräuschpegel m
 e noise level
 f niveau m de bruit m

3948 Geräuschpegelanalyse f
 e noise level analysis
 f analyse f du niveau de bruit m

3949 Geräuschunterdrückung f
 e noise suppression
 f suppression f des bruits m/pl

3950 Geräuschuntergrund m
 e noise background
 f fond m de bruit m

3951 gerichtet adj
 e directional
 f dirigé, directionnel

3952 gesamt adj
 e total, entire, whole, integral, complete
 f total, entier, intégral, complet, global

3953 Gesamtbelastung f
 e total load
 f charge f totale

3954 Gesamtdosis f
 e accumulated dose
 f dose f accumulée

3955 Gesamtgewicht n
 e total weight, full weight
 f poids m total, poids m brut

3956 Gesamtlast f
 e total load
 f charge f totale

3957 Gesamtunschärfe f
 e total unsharpness
 f flou m total

3958 Gesamtwert m
 e integral value
 f valeur f intégrale

3959 Gesamtzahl f
 e total number
 f totalité f

3960 geschehen lassen v
 e occur, happen, act, crop up, appear
  (~ as)
 f se faire, se présenter (comme),
  paraître

3961 geschichtet adj
 e laminated, foliated
 f laminé, feuillé

3962 geschlitzt adj
 e slotted
 f à encoches f/pl

3963 Geschwindigkeit f
 e speed, velocity
 f vitesse f, rapidité f, célérité f

3964 Geschwindigkeitsregelung f
 e speed control
 f réglage m de vitesse f

3965 gesenkschmieden v
 e swage
 f forger à matrice f

3966 Gesenkschmiedestück n
 e swage-forging
 f pièce f matriciée

3967 Gestalt f
 e shape, form, profile, contour, figure
 f forme f, profil m, façon f, figure f,
  morphologie f

3968 Gestaltfestigkeit f
 e shape stability
 f stabilité f de forme f

3969 Gestaltung f
 e design, shaping, formation,
  perfection, construction
 f façonnage m, formation f,
  perfectionnement m,
  développement m

3970 Gestaltungsfehler m
 e design defect
 f défaut m de conception f

3971 Gestell n
 e chassis, frame, desk, deck
 f châssis m, platine f, bâti m

3972 gestört adj
 e disturbed, troubled, defective, faulty,
  jammed, out of order
 f perturbé, dérangé, troublé, failleux,
  défectueux

3973 gestreut adj
 e diffuse, diffused, scattered, stray
 f diffus, diffusé

3974 getrennt adj [abgeschaltet]
 e disconnected, open, cut off
 f déconnecté, ouvert, coupé

3975 getrennt adj [separat]
  e separate, detached
  f séparé, détaché

3976 gewalzt adj
  e rolled, laminar, flat
  f laminé, cylindré, plat, aplati

3977 Gewebe n [Körper]
  e tissue
  f tissu m

3978 Gewebe n [Textilerzeugnis]
  e textile, web, woven fabric, cloth, stuff
  f tissu m, étoffe f, toile f, drap m

3979 Gewebeschicht f
  e tissue layer
  f couche f de tissu m

3980 Gewicht n
  e weight
  f poids m

3981 Gewichtigkeit f
  e weighting
  f pondération f, importance f

3982 Gewinde n
  e thread
  f filet m

3983 Gewindebolzen m
  e threaded bolt
  f tige f filetée

3984 Gewindedurchmesser m
  e thread diameter
  f diamètre m de filet m

3985 Gewindelänge f
  e thread length
  f longueur f de filet m

3986 Gewindemuffe f
  e threaded collar
  f manchon m fileté

3987 Gewindestift m
  e threaded pin
  f cheville f filetée

3988 Gewinn m
  e gain, yield, profit, efficiency, response
  f gain m, profit m

3989 gewöhnen v
  e adapt, match, adjust, fit, equate, assimilate, accommodate
  f adapter, accommoder, accorder, égaliser, assimiler, rajuster/réajuster

3990 gewölbt adj
  e vaulted, convex
  f arqué, bombé, convexe

3991 Gezeitenkraftwerk n
  e tidal power plant
  f usine f électrique marémotrice

3992 gezogen adj (nahtlos ~)
  e seamless drawn
  f étiré sans soudure f

3993 gießen v [Metall]
  e cast, found
  f fondre, couler, mouler

3994 Gießen n
  e cast, casting
  f fondage m, fonte f

3995 Gießerei f [Fabrik]
  e foundry, casting house
  f fonderie f

3996 Gießerei f [Gießereiwesen]
  e casting
  f fonderie f

3997 Gießform f
  e mould, mold [USA], pattern
  f moule m, creux m

3998 Gießharz n
  e epoxy resin, synthetic
  f résine f moulée, résine f synthétique

3999 Gießstrahl m
 e pouring jet
 f jet m de coulée f

4000 Gipfelpunkt m
 e apex, climax, culmination point
 f apex m, point m culminant

4001 Gips m
 e plaster, gypsum
 f plâtre m, gypse m

4002 Gipsprüfung f
 e plaster test, gypsum test
 f essai m de plâtre m, essai m de gypse m

4003 Gitter n [Beugungsgitter]
 e diffraction grid, diffraction grating, grating
 f réseau m de diffraction f, réseau m

4004 Gitter n [Elektronenröhre]
 e grid
 f grille f

4005 Gitter n [Gittergeflecht]
 e grating, trellis-work, fence
 f treillage m, treillis m, grille f

4006 Gitter n [Kristallgitter]
 e lattice
 f réseau m

4007 Gitteraufbau m [Kristall]
 e space-lattice structure
 f structure f du réseau

4008 Gittergeflecht n
 e trellis-work, grating, fence
 f treillage m, treillis m, grille f

4009 Gitterlücke f [Kristall]
 e vacancy
 f vacance f, lacune f

4010 Gitterspektrum n
 e diffraction grating spectrum
 f spectre m de réseau m

4011 Gitterstörstelle f
 e lattice deformation
 f défaut m de réseau m

4012 Gitterstruktur f [Kristall]
 e space-lattice structure
 f structure f du réseau

4013 Gittervorspannung f
 e grid bias, grid polarization voltage
 f tension f de grille f, tension f de polarisation f de grille f

4014 Glanz m
 e brilliancy, brightness
 f brillant m, brillance f, éclat m

4015 glänzend adj
 e brilliant, bright, clear, polished, splendid
 f brillant, poli, blanc, luisant, splendide

4016 gläsern adj
 e glassy, of glass, vitreous
 f de verre m, vitreux

4017 Glasfaser f
 e glass fiber
 f fibre f de verre m

4018 glasfaserverstärkt adj
 e glass fiber reinforced
 f renforcé par fibres f/pl de verre m

4019 glasiert adj
 e glazed, enamelled
 f glacé, émaillé, verni

4020 Glas-Metall-Verbindung f
 e glas-metal-joint
 f assemblage m verre/métal

4021 Glasprüfung f
 e glass test
 f essai m de verre m

4022 Glasur f
 e glazing, glaze
 f glaçure f

4023 Glaswolle f
 e glass wool
 f laine f de verre m

4024 glatt adj
 e smooth, even, flat, plain
 f plan, plat, lisse, poli

4025 glätten v
 e flatten, smooth, plane
 f aplatir, aplanir, planer, niveler, égaliser

4026 Glattrohr n
 e smooth tube
 f tube m lisse

4027 Glättung f
 e smoothing, flattening
 f lissage m, aplatissement m, égalisation f

4028 gleichartig adj
 e homogeneous
 f homogène

4029 Gleichartigkeit f
 e homogeneousness, homogeneity
 f homogénéité f

4030 gleichbleibend adj
 e constant, continuous, steady
 f constant, continu

4031 Gleichfeld-Verfahren n
 e steady field method
 f méthode f à champ m continu

4032 gleichförmig adj
 e uniform, isomorphous, isomorphic
 f uniforme, isomorphe

4033 Gleichförmigkeit f
 e uniformity
 f uniformité f

4034 Gleichgewicht n
 e balance
 f balance f

4035 Gleichgewicht n (im ~)
 e balanced
 f balance

4036 Gleichheit f [Ausgeglichenheit]
 e parity
 f parité f

4037 Gleichheit f [Gleichartigkeit]
 e homogeneousness
 f homogénéité f

4038 Gleichheit f [Gleichwertigkeit]
 e equality, equivalence
 f égalité f, équivalence f

4039 Gleichheit f [Gleichzeitigkeit]
 e simultaneousness, synchronism, contemporaneousness
 f simultanéité f, synchronisme m

4040 Gleichheit f [Übereinstimmung]
 e agreement, correspondence, conformity, accordance, consistence, consistency, harmony
 f accord m, concordance f, correspondance f, harmonie f, identité f

4041 Gleichlauf m
 e synchronous run, synchronism
 f marche f synchrone, synchronisme m

4042 gleichlaufend adj
 e synchronous
 f synchrone

4043 Gleichlaufschwankung f
 e variation of synchronism
 f variation f de synchronisme m

4044 Gleichmaßdehnung f
 e percentage elongation before reduction
 f allongement m uniforme

4045 gleichmäßig adj
 e homogeneous, uniform, regular, constant, continuous
 f homogène, uniforme, régulier, constant, continu

4046 Gleichmäßigkeit f
  e homogeneity, uniformity, constancy, permanence
  f homogénéité f, uniformité f, constance f, permanence f

4047 gleichphasig adj
  e equiphase, in phase
  f en phase f, de même phase f

4048 gleichpolig adj
  e homopolar
  f homopolaire

4049 gleichrichten v
  e rectify, redress
  f redresser

4050 Gleichrichter m
  e rectifier, demodulator, detector
  f redresseur m, démodulateur m, détecteur m

4051 Gleichrichtung f
  e rectification, demodulation, detection
  f redressement m, démodulation f, détection f

4052 gleichschenklig adj
  e isosceles
  f isocèle

4053 gleichsinnig adj
  e in the same sense, in the same direction, unidirectional, equidirectional
  f dans le même sens, dans la même direction, unidirectionnel

4054 Gleichspannung f
  e direct-current voltage (d.c. voltage)
  f tension f continue

4055 Gleichstrom m
  e direct current (d.c.)
  f courant m continu

4056 Gleichstrommagnet m
  e d.c. magnet
  f électro-aimant m à courant m continu

4057 Gleichung f [aufstellen]
  e set up an equation, put up [an equation]
  f mettre en équation f

4058 Gleichung f [lösen]
  e solve an equation
  f résoudre une équation

4059 Gleichung f, unbestimmte
  e indeterminate equation
  f équation f indéterminée

4060 Gleichung f mit zwei Unbekannten
  e equation with two unknowns pl
  f équation f à deux inconnues f/pl

4061 gleichwertig adj
  e equivalent
  f équivalent

4062 Gleichwertigkeit f
  e equality, equivalence
  f égalité f, équivalence f

4063 gleichzeitig adj
  e simultaneous, isochronous, synchronous, concurrent
  f simultané, isochrone, synchrone, concurrent

4064 Gleichzeitigkeit f
  e simultaneousness, synchronism, contemporaneousness
  f simultanéité f, synchronisme m

4065 Gleis n
  e track
  f voie f

4066 gleiten v
  e slide, glide, slip
  f glisser, déraper, patiner

4067 Gleiten n
  e sliding, gliding, slipping
  f glissage m, glissement m, dérapage m, patinage m

4068 Gleitentladung f
 e gliding discharge
 f décharge f en surface f

4069 Gleitfläche f
 e sliding surface, slide face
 f surface f de glissement m, surface f de glissière f

4070 Gleitmittel n
 e lubricant
 f lubrifiant m

4071 Gleitmodul m
 e modulus of sliding movement
 f module m de glissement m, module m d'élasticité f au cisaillement

4072 Gleitreibung f
 e sliding friction
 f friction f de glissement m, frottement m de glissement m

4073 Gleitstück n
 e clipper, slide block, sliding part
 f patin m, pièce f coulissante

4074 Glied n [Kettenglied]
 e link, flat link
 f chaînon m, maillon m

4075 Glied n [mathematisch]
 e term
 f terme m

4076 Glied n [Teil]
 e section, element, part
 f section f, partie f, élément m

4077 Glied n [Zwischenglied]
 e member, link
 f membre m, bielle f

4078 Gliederung f
 e division, formation, arrangement, structure
 f division f, configuration f, arrangement m, structure f

4079 glimmen v [glühen]
 e glow, heat
 f faire rougir, rougir, brûler, chauffer

4080 Glimmer m
 e mica
 f mica m

4081 Glocke f [akustisch]
 e bell
 f cloche f

4082 Glocke f [Haube]
 e dome, cap, hood, top
 f dôme m, coupole f, chapiteau m, dessus m, cloche f

4083 Glocke f [Lampe]
 e shell
 f verrine f, globe m

4084 glockenförmig adj
 e bell-shaped
 f en forme f de cloche f

4085 Glockenimpuls m
 e bell-shaped pulse
 f impulsion f en forme f de cloche f

4086 Glockenkurve f
 e Gaussian curve
 f courbe f de Gauss

4087 Glühbehandlung f
 e annealing
 f recuit m

4088 Glühbirne f
 e bulb
 f ampoule f

4089 Glühdornprüfung f
 e glowing needle test
 f essai m au poinçon

4090 glühen v [glimmen]
 e glow, heat
 f chauffer, rougir, faire rougir, brûler

4091 glühen v [Stahl]
 e anneal, temper
 f recuire, adoucir, faire revenir

4092 Glühen n [Glüherscheinung]
 e glow, glowing, incandescence
 f rougissement m, incandescence f

4093 Glühen n [Stahl]
 e annealing
 f recuit m

4094 Glühfarbe f
 e heat colour
 f couleur f de recuit m

4095 Glühkatode f
 e glow cathode, incandescent cathode
 f cathode f incandescente

4096 Glühofen m
 e annealing furnace
 f four m à recuire

4097 Glühtemperatur f
 e annealing temperature
 f température f de recuit m

4098 Goldplattierung f
 e gold plating
 f placage m d'or m

4099 Grad m [Ausmaß]
 e grade
 f taux m

4100 Grad m [Gleichung]
 e order
 f ordre m

4101 Grad m [Temperatur, Winkel]
 e degree
 f degré m

4102 Gradation f
 e gradation
 f gradation f

4103 Gradeinteilung f
 e graduation, scale
 f graduation f, division f par degrés m/pl, échelle f

4104 Gradient m
 e gradient
 f gradient m

4105 gradlinig adj
 e straight-lined, rectilinear
 f en ligne f droite, rectiligne

4106 Granulat n
 e granulated material
 f granulé m

4107 Granulation f [Kornbildung]
 e granulation
 f granulation f

4108 Granulation f, optische
 e speckle
 f speckle m, granulation f optique

4109 Graphik f
 e graph, graphic(al) representation
 f graphique m, représentation f graphique

4110 graphisch adj
 e graphic(al)
 f graphique

4111 Graphit m
 e graphite
 f graphite m

4112 Graphitgehalt m
 e graphite content
 f teneur f en graphite m

4113 Gras n [Echogras]
 e grass, echo grass
 f herbe f, herbe f d'échos m/pl

4114 Grat m
 e ridge, edge, arris
 f ébarbure f, bavure f

4115 Grauguß m
 e grey cast iron
 f fonte f grise

4116 Gravitation f
 e gravitation
 f gravitation f

4117 Gravitationsfeld n
 e gravitation field
 f champ m de gravitation f

4118 Grenzbedingungen f/pl
 e boundary conditions pl
 f conditions f/pl de limite f

4119 Grenzbelastung f
 e limit load, maximum load
 f charge f limite, charge f maximum

4120 Grenzdämpfung f
 e critical damping
 f amortissement m critique

4121 Grenzdosis f
 e maximum dose, permissible dose
 f dose f maximum, dose f maximale, dose f admissible

4122 Grenze f [Begrenzung]
 e boundary, limit, limitation, delimitation, demarcation, border
 f limite f, limitation f, borne f, frontière f, bordure f, délimitation f

4123 Grenze f [Land]
 e frontier
 f frontière f

4124 Grenze f [Schwelle]
 e barrier
 f barrière f

4125 Grenzempfindlichkeit f
 e limit sensitivity
 f sensibilité f limite

4126 Grenzfall m
 e limit case, limiting case, border-line case
 f cas m limite

4127 Grenzfläche f
 e boundary surface, bounding surface, interface
 f surface f limite, surface f de séparation f, interface f

4128 Grenzfläche f, flüssig-feste
 e liquid-solid interface
 f interface f liquide-solide

4129 Grenzflächenkorrosion f
 e interfacial corrosion
 f corrosion f interfaciale

4130 Grenzformänderungskurve f [GFK]
 e formability limit curve (F.L.C.), forming limit curve
 f courbe f limite de formage m [CLF]

4131 Grenzfrequenz f
 e limit frequency, limiting frequency, cut-off frequency, break frequency
 f fréquence f limite, fréquence f de coupure f

4132 Grenzkörperdosis f
 e limit of body dose
 f dose f incorporée limite, dose f incorporée maximum

4133 Grenzlast f
 e limit load, maximum charge
 f charge f limite, charge f maximum

4134 Grenzlastspielzahl f
 e maximum number of stress cycles pl
 f nombre m maximum de cycles m/pl d'effort m

4135 Grenzlehre f
 e limit gauge
 f calibre m de tolérance f

4136 Grenzleistung f
 e limit power
 f puissance f limite

4137 Grenzreichweite f
 e maximum range
 f portée f maximum

4138 Grenzschicht f
 e boundary layer
 f couche f limite

4139 Grenzspannung f [elektrisch]
 e maximum voltage
 f tension f extrême

4140 Grenzspannung f [mechanisch]
 e critical tension
 f tension f critique

4141 Grenztemperatur f
 e limiting temperature
 f température f limite

4142 Grenzwellenlänge f
 e boundary wavelength
 f longueur f d'onde f limite

4143 Grenzwert m
 e limit value, limit
 f valeur f limite, limite f

4144 Griff m
 e handle, grasp, hold
 f poignée f, manette f

4145 grob adj
 e coarse, rough
 f gros, grossier, brut

4146 Grobblech n
 e heavy plate
 f tôle f forte

4147 Grobeinstellung f
 e coarse adjustment, rough setting
 f réglage m grossier

4148 grobkörnig adj
 e coarse-grained, large-grained
 f à gros grains m/pl

4149 Grobkornstruktur f
 e coarse-grained structure
 f structure f à gros grains m/pl

4150 Grobregelung f
 e coarse control
 f contrôle m grossier

4151 Grobschätzung f
 e coarse estimate
 f estimation f approximative, supputation f

4152 Grobstruktur f
 e macrostructure, coarse structure
 f macrostructure f

4153 Grobstrukturuntersuchung f
 e macroanalysis
 f macroanalyse f

4154 Größe f [Ausmaß]
 e size, extent, dimension
 f taille f, étendue f, dimension f

4155 Größe f [mathematisch- physikalisch]
 e magnitude, quantity, parameter
 f grandeur f, quantité f, paramètre m

4156 Größe f, dreidimensionale
 e three-dimensional parameter
 f grandeur f tridimensionnelle

4157 Größe f, komplexe
 e complex quantity
 f quantité f complexe, grandeur f complexe

4158 Größe f, natürliche
 e actual size, full size
 f grandeur f efficace, vraie grandeur f

4159 Größe f, resultierende
 e resulting quantity, resultant
 f résultante f

4160 Größe f, skalare
 e scalar quantity
 f grandeur f scalaire

4161 Größe f, vektorielle
 e vectorial quantity, vector quantity
 f quantité f vectorielle, quantité f de vecteur m

4162 Größe f, veränderliche
 e variable quantity
 f quantité f variable

4163 Größe f, zweidimensionale
 e two-dimensional parameter
 f grandeur f bidimensionnelle

4164 Größeneinfluß m
 e influence of magnitude
 f influence f d'une grandeur

4165 Größengleichung f
 e equation of magnitudes pl
 f équation f de grandeurs f/pl

4166 Größenordnung f
 e order of magnitude, dimension, extent
 f ordre m de grandeur f, dimension f, étendue f

4167 Großmolekül n
 e macromolecule
 f macromolécule f

4168 Großprobenprüfung f
 e big sample test
 f essai m d'un gros échantillon

4169 Großrohr n
 e large diameter pipe
 f tube m de grand diamètre m

4170 Großsignal n
 e large signal
 f signal m fort

4171 Größtwert m
 e maximum value
 f valeur f maximum

4172 Grübchen n [Materialfehler]
 e dimple
 f fossette f

4173 Grube f [Kohlengrube]
 e mine, colliery
 f mine f, minière f, houillère f

4174 Grube f [Vertiefung]
 e pit
 f creux m, fosse f

4175 Grund m [Basis]
 e base, basement, foundation
 f base f, fondement m

4176 Grund m [Boden]
 e ground, bottom, soil, earth
 f fond m, terre f, terrain m, sol m

4177 Grund m [Ursache]
 e reason, cause
 f raison f, cause f, motif m

4178 gründen v [errichten]
 e plant, found, install, erect, mount
 f fonder, établir, élever, construire, ériger, planter, bâtir, monter

4179 Grundfläche f
 e base, area, sole
 f base f, plan m

4180 Grundfrequenz f
 e fundamental frequency, basic frequency
 f fréquence f fondamentale

4181 Grundgeräusch n
 e background noise
 f bruit m de fond m

4182 Grundharmonische f
 e fundamental harmonic
 f harmonique f fondamentale

4183 Grundlage f [Basis]
 e base, basis
 f base f

4184 Grundlage f [Prinzip]
 e principle, fundamentals, basic principle
 f principe m

4185 Grundlagenforschung f
 e basic research
 f recherche f fondamentale

4186 Grundlinie f
 e base line, base
 f ligne f de base f, base f

4187 Grundmaterial n [Ausgangsmaterial]
 e starting material, parent material
 f matière f première

4188 Grundmaterial n [Trägermaterial]
 e base material, substrate
 f matière f de base f, support m, substrat m

4189 Grundplatte f
 e base plate, bed-plate, bottom plate, foundation plate
 f plaque f de base f, plateau m de fond m, plaque f de fondation f

4190 Grundprinzip n
 e basic principle
 f principe m

4191 Grundprüfung f
 e initial test, primary test
 f contrôle m initial, essai m primaire

4192 Grundschwingung f
 e fundamental oscillation
 f oscillation f fondamentale, fondamentale f

4193 Grundstoff m [Ausgangsmaterial]
 e parent material, starting material
 f matière f première

4194 Grundstoff m [Element]
 e element
 f élément m

4195 Grundstoff m [Trägermaterial]
 e base material, substrate
 f matière f de base f, support m, substrat m

4196 Gründung f [Fundament]
 e foundation, base, basement, bed
 f fondement m, base f, fondation f

4197 Grundwelle f
 e fundamental wave
 f onde f fondamentale, fondamentale f

4198 Grundwerkstoff m [Ausgangsmaterial]
 e starting material, parent material
 f matière f première

4199 Grundwert m
 e initial value
 f valeur f initiale

4200 Gruppe f
 e group, set, aggregate, bank, battery
 f groupe m, groupement m, agrégat m, formation f, batterie f

4201 Gruppenstrahler m
 e radiator assembly, radiation assembly
 f ensemble m de radiateurs m/pl

4202 Gruppenstrahler m, phasengesteuerter
 e phased array
 f ensemble m de radiateurs m/pl commandé par phase f

4203 gruppieren v
 e group, array
 f grouper, agrouper, disposer

4204 Gummi n [Kautschuk]
 e rubber, caoutchouc
 f caoutchouc m

4205 Gummi n [Klebstoff]
 e gum
 f gomme f, colle f

4206 Gummihandschuh m
 e rubber glove
 f gant m en caoutchouc m

4207 Gummiprüfung f
 e rubber test
 f essai m de caoutchouc m

4208 Guß m
 e cast, casting, founding
 f fondage m, fonte f

4209 Guß m, austenitischer
 e austenitic cast
 f fonte f austénitique

4210 Gußeisen n
 e cast iron
 f fer m fondu, fonte f

4211 Gußeisen n, duktiles
 e ductile cast iron
 f fonte f ductile

4212 Gußeisen n mit Lamellengraphit
 e lamellar graphite cast iron, grey cast iron
 f fonte f au graphite à lamelles f/pl, fonte f grise

4213 Gußeisenschweißen n
 e welding of cast iron
 f soudage m des fontes f/pl

4214 Gußstahl m
 e cast steel
 f acier m moulé

4215 Gußstück n
 e casting
 f pièce f coulée, fonte f coulée, coulé m

4216 Güte f
 e quality
 f qualité f

4217 Gütefaktor m
 e quality factor, Q-factor
 f facteur m de qualité f, facteur m Q

4218 Güteminderung f
 e quality decrease, quality reduction
 f réduction f de qualité f

4219 Gütesicherung f
 e quality assurance
 f assurance f de qualité f

4220 Güteüberwachung f
 e quality control
 f contrôle m de la qualité

4221 Gütevorschrift f
 e quality specification
 f spécification f de qualité f

H

4222 Haarriß m
  e hairline crack, microcrack, capillary flaw
  f micro-fissure f, fissure f capillaire, microcfente f, tapure f

4223 Haarrißbildung f
  e hairline cracking
  f microfissuration f

4224 haften v [ankleben]
  e adhere, stick, cling (~ to)
  f adhérer, coller, être fixé, tenir

4225 Haften n
  e adhesion, adherence
  f adhésion f, adhérence f

4226 haftend adj
  e adherent
  f adhérant

4227 Haftfestigkeit f
  e adhesive force, adhesive power
  f force f adhésive, pouvoir m adhésif

4228 Haftung f
  e adherence, adhesion
  f adhérence f, adhésion f

4229 Haftvermögen n
  e adhesive power, adhesive force
  f pouvoir m adhésif, force f adhésive

4230 Haftzone f
  e adhesion zone
  f zone f d'adhérence f

4231 Hahn m [Absperrorgan]
  e cock, plug cock
  f robinet m

4232 Haken m
  e hook, crook, lug, ear
  f crochet m, croc m, anse f, oreille f, épaulement m, porte-agrafe m, saillie f

4233 halbautomatisch adj
  e semi-automatic
  f semi-automatique

4234 Halbfabrikat n
  e semi-finished product
  f produit m demi-fini

4235 halbieren v
  e halve, bisect
  f partager en deux, dédoubler

4236 Halbkugel f
  e hemisphere
  f hémisphère m

4237 Halbleiter m
  e semiconductor
  f semiconducteur m

4238 Halbraum m, freier
  e free half-space
  f demi-espace m libre

4239 Halbwelle f
  e half wave
  f demi-onde f

4240 Halbwertbreite f
  e half-value width, half width
  f largeur f de moitié f

4241 Halbwertschicht f [HWS]
  e half-value layer (H.V.L.), half-value thickness
  f épaisseur f d'intensité f moitié, épaisseur f de demi-absorption f, épaisseur f moitié

4242 Halbwertskonstante f
  e half-life constant
  f constante f de mi-temps m

4243 Halbwertzeit f [Radiologie]
  e half-value time, half-time, half-life period
  f période f de demi-vie f

4244 Halbwertzeit f, biologische
 e biological half-life
 f période f biologique

4245 Halbzeug n
 e semi-finished product
 f produit m demi-fini, semi-produit m

4246 Hall-Effekt m
 e Hall effect
 f effet m de Hall

4247 Hall-Generator m
 e Hall generator
 f générateur m de Hall

4248 Hall-Spannung f
 e Hall voltage
 f tension f de Hall

4249 Haltbarkeit f
 e durability, resistance, stability, consistency
 f durabilité f, stabilité f, consistance f, endurance f

4250 halten v [anhalten]
 e stop
 f arrêter, s'arrêter

4251 halten v [festhalten]
 e hold, keep, retain
 f garder, retenir, maintenir

4252 halten v [tragen]
 e support, sustain
 f porter, supporter, soutenir, tenir

4253 Halter m [Festhalten]
 e holder, handle, fastener
 f soutien m, support m, agrafe f, bras m

4254 Halterung f
 e holder, support, fixture, fastening device
 f support m, attache f, serrage m, dispositif m de fixation f

4255 Haltevorrichtung f
 → Halterung f

4256 Haltezeit f
 e holding time
 f temps m de maintien m

4257 Handabtastung f
 e manual scanning
 f exploration f manuelle, palpage m manuel

4258 handbedient adj
 e hand-operated, manual, by hand
 f à exploitation f manuelle, à main f, à la main, manuel

4259 handbetätigt adj
 → handbedient adj

4260 Handbetrieb m
 e manual operating
 f exploitation f manuelle

4261 handbetrieben adj
 → handbedient adj

4262 Handeinstellung f
 e hand setting, adjustment by hand, manual adjustment
 f réglage m manuel, ajustage m à main f

4263 Handgriff m [Griff]
 e handle, knob handle
 f poignée f, manette f

4264 Handgriff m [Tätigkeit]
 e manipulation
 f manipulation f

4265 Handregelung f
 e hand regulation, manual control
 f régulation f à la main, commande f à main f, contrôle m manuel

4266 Handschuhkasten m
 e glove box
 f boîte f à gants m/pl

4267 Handsteuerung f
 e manual control
 f contrôle m manuel, commande f à main f

4268 hängen v
 e hang, suspend
 f pendre, suspendre

4269 harmonisch adj
 e harmonic(al)
 f harmonique

4270 Harmonische f
 e harmonic
 f harmonique f

4271 Harmonische f, geradzahlige
 e even-order harmonic
 f harmonique f paire

4272 Harmonische f, ungeradzahlige
 e odd harmonic
 f harmonique f impaire

4273 Härte f
 e hardness
 f dureté f

4274 Härteborste f [Härteriß]
 e quenching crack
 f taille f de trempe f, perçure f de trempe f, crevasse f de trempe f

4275 Härtegrad m
 e degree of hardness
 f degré m de dureté f

4276 Härtemeßgerät n
 e sclerometer, hardness tester
 f scléromètre m, duromètre m

4277 härten v
 e harden, temper
 f tremper, durcir, endurcir

4278 Härten n
 e hardening, tempering
 f durcissement m, trempe f

4279 Härteprüfung f
 e hardness test
 f essai m de dureté f

4280 Härteriß m
 e quenching crack
 f taille f de trempe f, perçure f de trempe f, crevasse f de trempe f

4281 Härteskala f, **Härteskale** f
 e scale of hardness
 f échelle f de dureté f

4282 Härtetiefe f
 e hardness depth
 f profondeur f de dureté f

4283 Hartfasermaterial n
 e hard-fiber material
 f matière f en fibre f dure, matière f masonite

4284 Hartgummi n
 e hard rubber, ebonite
 f caoutchouc m durci, ébonite f

4285 Hartkupfer n
 e hard copper
 f cuivre m dur

4286 Hartlot n
 e brazing solder, hard solder
 f soudure f forte, soudure f dure

4287 hartlöten v
 e braze, hardsolder
 f souder fortement

4288 Hartlöten n
 e brazing, hard-soldering
 f soudage m fort

4289 Hartlötung f
 → Hartlöten n

4290 Hartlötverbindung f
 e hard-soldered joint, brazed joint
 f jonction f par soudage m fort

4291 hartmagnetisch adj
   e hard-magnetic
   f à matériau m magnétique dur

4292 Hartmetall n
   e hard metal, cemented metal
   f métal m dur

4293 Härtung f
   e hardening, tempering
   f durcissement m, trempe f

4294 Harz n
   e resin
   f résine f

4295 Harz n, synthetisches
   e synthetic resin
   f résine f synthétique

4296 harzhaltig adj
   e resinous
   f résineux

4297 harzig adj
   → harzhaltig adj

4298 Haube f
   e cap, hood, dome, top
   f chapiteau m, dessus m, coupole f, dôme m, calotte f, capot m, cloche f

4299 häufen v
   e accumulate
   f accumuler

4300 Haufen m
   e heap, pile, bundle, cluster
   f tas m, pile f, liasse f, amas m

4301 häufig adj [oftmalig]
   e frequent, repeated, iterative, reiterative
   f fréquent, itératif, réitératif

4302 häufig adj [zahlreich]
   e numerous, abundant
   f nombreux, abondant

4303 Häufigkeit f [Anhäufung]
   e abundance, accumulation
   f abondance f, accumulation f

4304 Häufigkeit f [zeitlich]
   e frequency, iteration
   f fréquence f, itération f

4305 Häufigkeit f, anomale
   e anomalous abundance
   f abondance f anomale

4306 Häufigkeitsfunktion f
   e frequency function
   f fonction f de fréquence f

4307 Häufigkeitsverteilung f
   e abundance distribution
   f distribution f de l'abondance f

4308 Häufung f
   e accumulation, enrichment, concentration, pile
   f accumulation f, enrichissement m, concentration f, encombrement m, tas m

4309 Hauptabmessung f
   e principal dimension
   f dimension f principale

4310 Hauptachse f
   e principal axis, major axis
   f axe m principal, grand axe m

4311 Hauptbestandteil m
   e main constituent, chief ingredient, main component
   f partie f principale, élément m principal, ingrédient m principal

4312 Hauptecho n
   e main echo
   f écho m principal, écho m primaire

4313 Hauptfeld n
   e main field
   f champ m principal

4314 Hauptgerät n
 e master set, main instrument
 f appareil m principal, instrument m principal

4315 Hauptkeule f
 e main lobe, major lobe
 f lobe m principal

4316 Hauptsignal n
 e main signal
 f signal m principal

4317 Hauptspannung f [im Material]
 e principal stress
 f contrainte f principale

4318 Hauteffekt m
 e skin effect
 f effet m de peau f, effet m pelliculaire, effet m Kelvin

4319 Hautwirkung f
 → Hauteffekt m

4320 Hebelarm m
 e lever arm
 f bras m de levier m

4321 heben v
 e lift, hoist, raise, increase
 f lever, élever, soulever, hausser

4322 heißgewalzt adj
 e hot rolled
 f laminé à chaud

4323 Heißleiter m
 e thermistor
 f thermistor m

4324 Heißriß m
 e hot crack
 f fissure f à chaud

4325 Heizdauer f
 e heating time, heating-up period
 f temps m de chauffage m

4326 Heizelement n
 e heating element
 f élément m chauffant

4327 heizen v
 e heat
 f chauffer

4328 Heizen n
 e heating
 f chauffage m

4329 Heizfaden m
 e filament, heater
 f filament m, fil m de chauffage m

4330 Heizkessel m
 e boiler, furnace
 f chaudière f, chaudron m

4331 Heizkörper m
 e radiator, heating element
 f radiateur m

4332 Heizkörperprüfung f
 e radiator test
 f essai m de radiateur m

4333 Heiztischmikroskop n
 e table microscope for high temperatures pl (in metal microscopy)
 f microscope m de table f pour températures f/pl élevées (en microscopie des métaux)

4334 Heizung f [Erwärmung]
 e heating
 f chauffage m

4335 Heizung f [Heizkörper]
 e radiator
 f radiateur m

4336 Heizung f, induktive
 e induction heating
 f chauffage m par induction f

4337 **Helium** n [He]
 e helium
 f hélium m

4338 **hell** adj [akustisch]
 e treble
 f aigu

4339 **hell** adj [optisch]
 e bright, clear, light, brilliant
 f clair, vif, brillant, éclairé

4340 **Helligkeit** f
 e brightness, luminosity, clearness, illumination
 f brillance f, luminosité f, éclairement m, illumination f

4341 **hemmen** v
 e stop, intercept, delay, obstruct
 f arrêter, intercepter, obstruer

4342 **Heranbildung** f [Entwicklung]
 e development, formation
 f développement m, formation f, mise f au point

4343 **herausfinden** v
 e detect, spot, discover, find (~ out)
 f détecter, découvrir, trouver, déceler

4344 **herausführen** v [auslenken]
 e deflect, divert
 f dévier, défléchir

4345 **herausführen** v [herausleiten]
 e take out
 f sortir

4346 **herausheben** v [betonen]
 e accentuate, boost, emphasize
 f accentuer

4347 **herausleiten** v
 e take out
 f sortir

4348 **herausnehmen** v
 e remove, withdraw
 f ôter, enlever, retirer

4349 **herausschießen** v
 e eject, expel, emit, eliminate
 f éjecter, expulser, éliminer, émettre

4350 **heraustreten** v
 e leave, pass out
 f sortir, quitter

4351 **Herkunft** f
 e origin, origination
 f origine f

4352 **Herleitung** f
 e derivation
 f dérivation f

4353 **herrichten** v
 e install, mount, set up, erect, arrange, array, assemble, place, provide, construct
 f arranger, ranger, installer, construire, assembler, empiler, élever, placer, dresser, disposer, monter

4354 **Herrichtung** f
 e dressing, grading, treatment, processing
 f traitement m, classement m, triage m

4355 **herstellen** v
 e produce, manufacture, make, generate
 f faire, fabriquer, produire, générer, créer

4356 **Herstellung** f
 e production, fabrication, manufacture, making
 f production f, fabrication f, génération f

4357 **herunterfallen** v
 e drop, fall
 f tomber, baisser

4358 **hervorheben** v [betonen]
 e accentuate, emphasize, boost
 f accentuer

4359 **heterogen** adj
   e heterogeneous
   f hétérogène

4360 **Hilfs...**
   e auxiliary ..., emergency ..., reserve ..., provisional ..., subsidiary ...
   f ... auxiliaire, ... provisoire, ... de réserve f

4361 **Hilfslinie** f
   e auxiliary line
   f ligne f auxiliaire

4362 **Hilfsmittel** n
   e auxiliary means, resource
   f moyen m auxiliaire, ressource f

4363 **Hindernis** n
   e obstacle
   f obstacle m

4364 **hindurchlassen** v
   e let through, allow to pass, transmit
   f laisser passer

4365 **hinlegen** v
   e lay out, pay out, place
   f placer, poser, marqueter

4366 **Hinstellen** n
   e putting up, erection, installation
   f placement m, pose f, arrangement m, érection f, établissement m, installation f

4367 **hintereinander** adj
   e successive, consecutive, sequential
   f consécutif, successif, séquentiel

4368 **Hinterflanke** f [Impuls]
   e trailing edge, lagging edge
   f flanc m arrière, flanc m postérieur

4369 **Hinterfolie** f [Radiografie]
   e back screen, rear screen
   f écran m arrière, écran m postérieur

4370 **Hintergrund** m
   e background
   f fond m

4371 **Hinterseite** f
   e back side, back, reverse side
   f côté m postérieur, côté m de derrière, derrière m, arrière m, dos m

4372 **Hinterteil** n
   e back part, back
   f partie f postérieure, dos m

4373 **hin und her** adv
   e to and fro, forth and back, alternating, reciprocating
   f aller et retour, alternatif, alterné

4374 **Hin- und Herbiegeversuch** m
   e reverse bend test
   f essai m de pliages m/pl alternés

4375 **hinzufügen** v
   e add, complete
   f additionner, ajouter, compléter

4376 **Hinzufügen** n
   e addition
   f addition f

4377 **hitzebeständig** adj
   e heat-proof, heat-resistant
   f résistant à la chaleur

4378 **Hitzebeständigkeit** f
   e resistance to heat
   f résistance f à la chaleur

4379 **hitzeempfindlich** adj
   e sensitive to heat
   f sensible à la chaleur

4380 **Hitzeempfindlichkeit** f
   e sensitivity to heat
   f sensibilité f à la chaleur

4381 **hitzefest** adj
   e heat-proof, heat-resistant, heat resisting
   f résistant à la chaleur

4382 Hitzefestigkeit f
  e resistance to heat, heat-proofness
  f résistance f à la chaleur

4383 Hitzetest m
  e thermal test
  f essai m thermique

4384 hochauflösend adj
  e high-resolution ...
  f ... à haute résolution f

4385 Hochbau m [Hochbauwesen]
  e overground work, overground workings pl, superstructures pl
  f construction f au-dessus du sol, superstructures f/pl

4386 Hochbau m [hohes Gebäude]
  e building above ground, high building
  f bâtiment m élevé

4387 Hochbaulagerprüfung f
  e high building bearing test
  f essai m d'appui m de bâtiments m/pl élevés

4388 Hochbaustahlprüfung f
  e test of steel for overground workings pl
  f essai m d'acier m pour bâtiments m/pl élevés

4389 Hochbauwesen n
  e overground workings pl, superstructures pl
  f construction f au-dessus du sol, superstructures f/pl

4390 Hochdruckbehälter m
  e high pressure vessel
  f récipient m sous haute pression f

4391 hochempfindlich adj
  e highly sensitive
  f très sensible

4392 hochenergetisch adj
  e high-energy ...
  f ... à haute énergie f

4393 hochfest adj
  e high-resistant
  f à grande résistance f

4394 hochfrequent adj
  e high-frequent
  f à haute fréquence f

4395 Hochfrequenz f [HF]
  e high frequency (h.f.)
  f haute fréquence f [h.f.]

4396 Hochfrequenzsignal n
  e high-frequency signal
  f signal m à haute fréquence f

4397 Hochfrequenzstörung f
  e high-frequency interference
  f perturbation f à haute fréquence f

4398 Hochgeschwindigkeits...
  e high speed ...
  f ... à grande vitesse f

4399 hochheben v
  e lift, lift up, pick up, take up, hoist, jack up, raise
  f lever, enlever, soulever, relever, hausser, ramasser

4400 Hochlast...
  e high power ...
  f à grande puissance f, à haut pouvoir m

4401 hochlegiert adj
  e high-alloyed, high-alloy
  f hautement allié, allié à haute teneur f

4402 Hochleistungs...
  e high power ...
  f à haut pouvoir m, à grande puissance f

4403 Hochleistungsultraschall m
  e macrosonics pl, high-power ultrasonics pl
  f ultrasonique f à haute puissance f

4404 Hochofen m
  e blast furnace
  f haut fourneau m

4405 hochprozentig adj
  e of high percentage, concentrated
  f de haute teneur f, concentré

4406 hochrein adj
  e highly pure, high-purity ...
  f extra pur

4407 Hochspannung f
  e high tension, high voltage
  f haute tension f

4408 Hochspannungsdichtung f
  e high voltage gasket
  f joint m haute tension

4409 Hochspannungsgenerator m
  e high-voltage generator
  f génératrice f à haute tension f

4410 Hochspannungsprüfung f
  e high-voltage test
  f essai m de rigidité f diélectrique

4411 Hochspannungswicklung f
  e high-tension winding
  f enroulement m haute tension

4412 Höchstanforderung f
  e ideal requirement
  f exigence f idéale

4413 Höchstbeanspruchung f
  e maximum stress, peak stress
  f effort m maximum

4414 Höchstbelastung f
  e maximum load, limit load, peak load
  f charge f maximum, charge f limite, charge f admissible

4415 höchstempfindlich adj
  e super-sensitive
  f supersensible

4416 Höchstlast f
  e maximum load, limit load, peak load
  f charge f maximum, charge f limite, charge f admissible

4417 Hochstrom...
  e high current ..., heavy-current ...
  f de courant m fort, à grand débit m

4418 Höchstwert m
  e maximum value, peak value
  f valeur f maximum, valeur f de crête f

4419 Hochtemperatur...
  e high-temperature ...
  f à haute température f

4420 Hochtemperaturreaktor m
  e high-temperature reactor
  f réacteur m à haute température f

4421 Hochtemperaturvorsatz m
  e high-temperature adapter
  f adaptateur m pour hautes températures f/pl, pièce f intercalaire pour hautes températures f/pl

4422 hochtemperiert adj
  e high-temperature ...
  f à haute température f

4423 Hochvakuum n
  e high vacuum
  f vide m poussé

4424 Höhe f [geografisch]
  e elevation
  f élévation f

4425 Höhe f [geometrisch]
  e height, altitude
  f hauteur f, altitude f

4426 Höhe f [Pegel]
  e level, pitch
  f niveau m

4427 Höhe f [Ton]
  e treble
  f aigu m, aiguë f

4428 **Höhenanzeige** f
   e altitude indication
   f indication f de hauteur f

4429 **Höhenanzeiger** m
   e altitude indicator
   f indicateur m de hauteur f

4430 **Höhepunkt** m
   e culmination point, apex, climax
   f point m culminant, apex m

4431 **hohl** adj [ausgehöhlt]
   e hollow, cored
   f creux, creusé

4432 **hohl** adj [konkav]
   e concave
   f concave

4433 **Hohlkehle** f
   e groove, fillet
   f cannelure f

4434 **Hohlleiter** m
   e hollow waveguide
   f guide m d'ondes f

4435 **Hohlprofil** n
   e hollow section
   f profilé m creux

4436 **Hohlraum** m
   e cavity, void, hollow space
   f cavité f, espace m vide

4437 **Hohlraumresonator** m
   e cavity resonator
   f résonateur m à cavité f

4438 **Hohlspiegel** m
   e concave mirror
   f miroir m concave

4439 **Höhlung** f
   e cavity, hollow, groove
   f cavité f

4440 **Hohlzylinder** m
   e hollow cylinder
   f cylindre m creux

4441 **Hologramm** n
   e hologram
   f hologramme m

4442 **Hologrammerzeugung** f
   e hologram generation
   f génération f d'hologramme m

4443 **Hologrammrekonstruktion** f
   e hologram reconstruction
   f reconstruction f de l'hologramme m

4444 **Holographie** f
   e holography
   f holographie f

4445 **Holographie** f, akustische
   e acoustical holography
   f holographie f acoustique

4446 **holographisch** adj
   e holographic(al)
   f holographique

4447 **Holz** n
   e wood
   f bois m

4448 **hölzern** adj
   e wooden
   f en bois m

4449 **Holzfaser** f
   e wood fiber
   f fibre f en bois m

4450 **Holzprüfung** f
   e wood test
   f essai m de bois m

4451 **Holzschutz** m
   e wood protection
   f protection f de bois m

4452 Holzschutzmittelprüfung f
 e test of means for wood protection
 f essai m de substances f/pl pour la protection de bois m

4453 Holzwerkstoffprüfung f [Bauwesen]
 e test of wooden materials pl (in architecture)
 f essai m de matériaux m/pl en bois m (en architecture f)

4454 homogen adj
 e homogeneous, regular
 f homogène, régulier

4455 Homogenität f
 e homogeneity, uniformity, constancy, permanency, permanence
 f homogénéité f, uniformité f, constance f, permanence f

4456 Honigwabenstruktur f
 e honeycomb structure
 f structure f à nids m/pl d'abeilles f/pl

4457 Hookesches Gesetz n
 e Hooke's law, stress-strain diagram
 f loi f de Hooke, diagramme m des efforts m/pl et des allongements m/pl

4458 hörbar adj
 e audible
 f audible

4459 Hörbereich m
 e audible range, audibility range
 f gamme f audible, zone f d'audibilité f

4460 Hörfrequenz f
 e audio frequency
 f fréquence f audible

4461 horizontal adj
 e horizontal
 f horizontal

4462 Horizontalablenkung f
 e horizontal deflection/deflexion
 f balayage m horizontal, déviation f horizontale

4463 Horizontaldiagramm n
 e horizontal pattern
 f diagramme m horizontal

4464 Horizontalebene f
 e horizontal plane
 f plan m horizontal

4465 Hörnerableiter m
 e horn-gap arrester
 f éclateur m à cornes f/pl

4466 Hörschall m
 e audio sound, sound
 f son m audible

4467 Hörschwelle f
 e threshhold of hearing, threshold of perception, lower limit of hearing, minimum audibility
 f seuil m d'audibilité f, audibilité f minimum

4468 Hub m [Frequenzhub]
 e frequency sweep, frequency swing, frequency deviation
 f excursion f de fréquence f

4469 Hub m [Höhe]
 e lift
 f levée f

4470 Hub m [Kolbenhub]
 e stroke, throw
 f course f, coup m

4471 hufeisenförmig adj
 e horse-shoe shaped
 f en fer m à cheval m

4472 Hülle f
 e envelope, cover, sheath, sleeve, shell
 f enveloppe f, gaine f, manchon m, douille f

4473 Hüllkurve f
 e envelope
 f enveloppante f, enveloppe f

4474 **Hüllrohr** n
  e can, jacket
  f tube m de gaine f, tube m de gainage m

4475 **Hüllrohrstopfen** m
  e can plug, jacket plug
  f bouchon m du tube de gaine f

4476 **Hülse** f
  e sleeve, shell
  f cosse f, douille f

4477 **Hutmutter** f
  e cap nut
  f écrou-chapeau m, écrou m à chapeau m

4478 **Huygenssches Prinzip** n
  e Huygens principle
  f principe m de Huygens

4479 **hydraulisch** adj
  e hydraulic
  f hydraulique

4480 **Hydrostatik** f
  e hydrostatics pl
  f hydrostatique f

4481 **hydrostatisch** adj
  e hydrostatic(al)
  f hydrostatique

4482 **Hygrometer** n
  e hygrometer
  f hygromètre m

4483 **Hysterese** f
  e hysteresis
  f hystérèse f, hystérésis f

4484 **Hystereseschleife** f
  e hysteresis loop
  f boucle f d'hystérésis f

4485 **Hystereseverlust** m
  e hysteresis loss
  f perte f par hystérésis f

4486 **Hysteresis** f
  e hysteresis
  f hystérésis f, hystérèse f

I

4487 ideal adj
 e ideal
 f idéal

4488 Identifizierung f
 e identification
 f identification f

4489 identisch adj
 e identical
 f identique

4490 Identität f
 e identity
 f identité f

4491 Illustration f
 e illustration, figure
 f illustration f, figure f

4492 illustrieren v
 e illustrate
 f illustrer

4493 imaginär adj
 e imaginary
 f imaginaire

4494 Immersionstechnik f
 e immersion technique
 f technique f d'immersion f

4495 Immission f
 e immission
 f immission f

4496 Impedanz f, akustische
 e acoustic impedance
 f impédance f acoustique

4497 Impedanzdiagramm n
 e impedance diagram
 f diagramme m d'impédance f

4498 Impedanzmessung f
 e impedance measurement
 f mesure f d'impédance f

4499 Implantation f
 e implantation
 f implantation f

4500 imprägnieren v
 e impregnate
 f imprégner

4501 Imprägniermittel n
 e impregnating medium, impregnating matter, impregnant
 f moyen m d'imprégnation f, matière f imprégnante

4502 Imprägnierung f
 e impregnation
 f imprégnation f

4503 Impuls m (einen ~ formen)
 e shape the pulse
 f former l'impulsion f

4504 Impuls m [Kraftstoß]
 e impulse, impulsion, shock
 f impulsion f, choc m

4505 Impuls m [Stromstoß]
 e pulse
 f impulsion f

4506 Impuls m [Zählstoß]
 e count
 f coup m

4507 Impuls m, abgehender
 e emitted pulse
 f impulsion f émise

4508 Impuls m, ausgesendeter
 → Impuls m, abgehender

4509 Impuls m, begrenzter
 e chopped pulse
 f impulsion f limitée

4510 Impuls m, kurzzeitiger
 e short-duration pulse, pip, blip, burst
 f impulsion f à courte durée f

4511 Impuls m, rechteckförmiger
 e rectangular pulse, square-topped pulse
 f impulsion f rectangulaire

4512 Impuls m, reflektierter
 e reflected pulse
 f impulsion f réfléchie

4513 Impuls m, steiler
 e steep-front pulse
 f impulsion f à front m raide

4514 Impuls m, trapezförmiger
 e trapezoidal pulse
 f impulsion f trapézoïdale

4515 Impuls m, umlaufender
 e rotating pulse, circulating pulse
 f impulsion f rotatoire, impulsion f tournante

4516 Impuls m, unipolarer
 e single-polarity pulse
 f impulsion f à polarité f unique

4517 Impuls m, verzögerter
 e delayed pulse
 f impulsion f retardée

4518 Impulsabfall m
 e pulse decay
 f amortissement m de l'impulsion f

4519 Impulsabfallzeit f
 e pulse decay time
 f temps m de descente f d'impulsion f, temps m de relâchement m

4520 Impulsabflachung f
 e pulse tilt, pulse sag
 f aplatissement m d'impulsion f

4521 Impulsabstand m
 e pulse spacing, pulse interval, pulse separation
 f intervalle m d'impulsions f/pl, écartement m d'impulsions f/pl

4522 Impulsabtrennung f
 e pulse separation, pulse clipping
 f séparation f des impulsions f/pl

4523 Impulsamplitude f
 e pulse amplitude, pulse height, pulse elevation
 f amplitude f d'impulsion f, hauteur f d'impulsion f, élévation f d'impulsion f

4524 Impulsamplitudenverteilung f
 e pulse height distribution
 f distribution f d'amplitudes f/pl d'impulsion f

4525 Impulsanregung f
 e pulse excitation, pulse triggering
 f excitation f d'impulsion f

4526 Impulsanstieg m
 e pulse rise
 f montée f d'impulsion f

4527 Impulsanstiegszeit f
 e pulse rise time
 f temps m de montée f d'impulsion f

4528 Impulsauslösung f [Auslösung durch Impuls]
 e triggering by pulse
 f déclenchement m par impulsion f

4529 Impulsauslösung f [Auslösung von Impulsen]
 e pulse triggering, pulse excitation
 f déclenchement m d'impulsion f, excitation f d'impulsion f

4530 Impulsauswahl f
 e pulse selection
 f sélection f d'impulsions f/pl

4531 Impulsbasis f
  e pulse base
  f base f d'impulsion f

4532 Impulsbegrenzer m
  e pulse clipper
  f limiteur m d'impulsion f

4533 Impulsbegrenzung f
  e pulse clipping, pulse stripping
  f limitation f d'impulsion f

4534 Impulsbetrieb m
  e pulsed operation
  f fonctionnement m pulsatoire

4535 Impulsbreite f
  e pulse width, pulse length, pulse duration
  f largeur f d'impulsion f, longueur f d'impulsion f, durée f d'impulsion f

4536 Impulsdach n
  e pulse top
  f toit m d'impulsion f

4537 Impulsdauer f
  e pulse duration, pulse width, pulse length
  f durée f d'impulsion f, largeur f d'impulsion f, longueur f d'impulsion f

4538 Impulsdehnung f
  e pulse stretch
  f élargissement m d'impulsion f

4539 Impulsdekodierer m
  e pulse decoder
  f décodeur m d'impulsions f/pl

4540 Impulsdichte f [Zählrate]
  e counting rate
  f taux m de comptage m

4541 Impulsdurchgang m
  e pulse transmission
  f transmission f d'impulsions f/pl, transfert m d'impulsions f/pl

4542 Impulsecho n
  e pulse echo, pulse reply, pulse response
  f écho m d'impulsion f, réponse f d'impulsion f

4543 Impulsechoverfahren n
  e pulse echo method, pulse echo mode
  f méthode f par échos m/pl d'impulsions f/pl, sondage m par impulsion f et écho m

4544 Impulsenergie f
  e pulse energy
  f énergie f d'impulsion f

4545 Impulsentzerrung f
  e pulse correction, pulse restoration, pulse regeneration
  f correction f d'impulsion f, mise f en forme f d'impulsions f/pl

4546 Impulserneuerung f
  e pulse restoration
  f restauration f d'impulsion f

4547 Impulserzeuger m
  e pulse generator, pulser
  f générateur m d'impulsions f/pl

4548 Impulserzeugung f
  e pulse generation
  f génération f d'impulsions f/pl

4549 Impulsflanke f
  e pulse edge, pulse slope, pulse flank
  f flanc m d'impulsion f

4550 Impulsflanke f, vordere
  e pulse front
  f front m d'impulsion f

4551 Impulsflankensteilheit f
  e pulse steepness, pulse slope
  f raideur f de flanc m d'impulsion f

4552 Impulsfolge f
  e pulse train, pulse sequence, pulse group, pulse repetition
  f train m d'impulsions f/pl, série f d'impulsions f/pl, séquence f d'impulsions f/pl, succession f d'impulsions f/pl, cadence f d'impulsions f/pl

4553 Impulsfolgefrequenz f
  e pulse repetition frequency, pulse repetition rate, pulse recurrence frequency
  f fréquence f de répétition f d'impulsions f/pl

4554 Impulsform f
  e pulse shape
  f forme f d'impulsion f, profil m d'impulsion f

4555 impulsformend adj
  e pulse shaping
  f formant l'impulsion f

4556 Impulsformung f
  e pulse shaping
  f formation f d'impulsion f

4557 Impulsfrequenz f
  e pulse (repetition) frequency
  f fréquence f de répétition f d'impulsions f/pl

4558 Impulsfront f
  e pulse front
  f front m d'impulsion f

4559 Impulsfuß m
  e pulse base
  f base f d'impulsion f

4560 Impulsgabe f
  e pulse emission, pulsing
  f émission f d'impulsions f/pl

4561 Impulsgeber m [Auslöser]
  e pulse trigger, timer
  f déclencheur m d'impulsions f/pl

4562 Impulsgeber m [Generator]
  e pulse generator, pulser
  f générateur m d'impulsions f/pl

4563 Impulsgemisch n
  e pulse mixture
  f mélange m d'impulsions f/pl

4564 Impulsgenerator m
  e pulse generator, pulser
  f générateur m d'impulsions f/pl

4565 impulsgesteuert adj
  e pulse-controlled, pulse-driven
  f commandé par impulsions f/pl

4566 Impulshinterflanke f
  e pulse decay
  f amortissement m de l'impulsion f

4567 Impulshöhe f
  e pulse height, pulse elevation, pulse amplitude
  f hauteur f d'impulsion f, amplitude f d'impulsion f, élévation f d'impulsion f

4568 Impulshöhenmesser m
  e pulse-height meter
  f dispositif m de mesure f d'amplitudes f/pl d'impulsion f

4569 Impulshöhenverteilung f
  e pulse height distribution
  f distribution f d'amplitudes f/pl d'impulsion f

4570 Impulsintervall n
  e pulse interval, pulse spacing, pulse separation
  f intervalle m d'impulsions f/pl, écartement m d'impulsions f/pl

4571 Impulskompression f
  e pulse compression
  f compression f d'impulsion f

4572 Impulskorrektur f
  e pulse correction, pulse restoration, pulse regeneration
  f correction f d'impulsion f, mise f en forme f d'impulsions f/pl

4573 Impulskurve f
 e pulse curve, pulse shape
 f profil m d'impulsion f

4574 Impulslage f
 e pulse position
 f position f d'impulsion f

4575 Impulslänge f
 e pulse length, pulse width, pulse duration
 f longueur f d'impulsion f, largeur f d'impulsion f, durée f d'impulsion f

4576 Impulslaufzeit f
 e pulse transit time, pulse propagation time
 f temps m de transit m d'impulsion f, temps m de propagation f d'impulsion f

4577 Impulsleistung f
 e pulse power
 f puissance f impulsionnelle

4578 Impulsmesser m
 e pulse meter
 f mesureur m d'impulsions f/pl, analyseur m d'impulsions f/pl

4579 Impulsmessung f
 e pulse measurement
 f mesure f d'impulsions f/pl

4580 Impulsmethode f
 e pulse method
 f méthode f par impulsions f/pl

4581 Impulsmitte f
 e pulse center
 f centre m d'impulsion f

4582 Impulsmodulation f
 e pulse modulation
 f modulation f par impulsions f/pl

4583 Impuls-Neutronenquelle f
 e pulsed neutron source
 f source f de neutrons m/pl pulsatoire

4584 Impulsperiode f
 e pulse period
 f période f d'impulsions f/pl

4585 Impulsphase f
 e pulse phase
 f phase f d'impulsion f

4586 Impulsrate f
 e pulse rate
 f taux m d'impulsions f/pl

4587 Impuls-Reflexionsverfahren n [Ultraschall]
 e pulse-reflection method
 f méthode f à réflexion f d'impulsions f/pl

4588 Impulsregelung f [Regelung des Impulses]
 e control of the pulse
 f réglage m d'impulsion f

4589 Impulsregelung f [Regelung durch Impulse]
 e pulse control
 f commande f par impulsions f/pl

4590 Impulsregeneration f
 e pulse regeneration
 f régénération f d'impulsion f

4591 Impulsreihe f
 e pulse train, pulse group, pulse sequence
 f train m d'impulsions f/pl, série f d'impulsions f/pl, séquence f d'impulsions f/pl

4592 Impulsschall m
 e pulsed sound
 f son m par impulsions f/pl

4593 Impulsserie f
 e pulse series pl, pulse train, pulse group
 f série f d'impulsions f/pl, train m d'impulsions f/pl

4594 Impulssignal n
 e pulse signal
 f signal m impulsionnel

4595 Impulsspannung f
 e pulse voltage
 f tension f impulsionnelle

4596 Impulsspeicher m
 e pulse storage device, pulse memory
 f mémoire f d'impulsions f/pl, totalisateur m d'impulsions f/pl

4597 Impulsspektrometrie f
 e pulse spectrometry
 f spectrométrie f d'impulsions f/pl

4598 Impulsspektrum n
 e pulse spectrum
 f spectre m d'impulsion f

4599 Impulsspitze f
 e pulse spike
 f pointe f d'impulsion f

4600 Impulsstärke f
 e pulse intensity, pulse amplitude
 f intensité f d'impulsion f, amplitude f d'impulsion f

4601 Impulssteuerung f
 e control by pulses pl
 f commande f par impulsions f/pl

4602 Impulssumme f
 e pulse sum
 f somme f d'impulsions f/pl

4603 Impulstechnik f
 e pulse technique
 f technique f d'impulsions f/pl

4604 Impulsteilung f
 e pulse division
 f démultiplication f d'impulsions f/pl

4605 Impulstrennung f
 e pulse separation, pulse clipping
 f séparation f des impulsions f/pl

4606 Impulsüberlagerung f
 e pulse superposition, pile-up of pulses pl
 f superposition f d'impulsions f/pl

4607 Impulsüberschneidung f
 e pulse overlap
 f superposition f d'impulsions f/pl

4608 Impulsübertragung f
 e pulse transmission
 f transmission f d'impulsions f/pl, transfert m d'impulsions f/pl

4609 Impuls-Ultraschallanlage f
 e ultrasonic pulse system
 f système m ultrasonore à impulsions f/pl

4610 Impulsumkehrung f
 e pulse inversion
 f inversion f d'impulsion f

4611 Impulsuntersetzung f
 e pulse demultiplication, pulse division
 f démultiplication f d'impulsions f/pl

4612 Impulsverbesserung f
 e pulse correction, pulse restoration, pulse regeneration
 f correction f d'impulsion f

4613 Impulsverbreiterung f
 e pulse stretching
 f élargissement m d'impulsion f

4614 Impulsverfahren n
 e pulse method
 f méthode f à impulsions f/pl

4615 Impulsverformung f
 e pulse deformation
 f déformation f d'impulsion f

4616 Impulsverstärker m
 e pulse amplifier
 f amplificateur m d'impulsions f/pl

4617 Impulsverzerrung f
 e pulse distortion
 f distorsion f d'impulsion f

4618 Impulsverzögerung f
 e pulse delay
 f retard m d'impulsion f

4619 Impulsvorderflanke f
 e leading edge of the pulse
 f flanc m frontal de l'impulsion f

4620 Impulswahl f
 e pulse selection
 f sélection f d'impulsions f/pl

4621 Impulswiedergabe f
 e pulse response, pulse reproduction
 f réponse f d'impulsion f, reproduction f d'impulsion f

4622 Impuls-Wirbelstromverfahren n
 e pulsed eddy current method
 f méthode f des courants m/pl de Foucault à impulsions f/pl

4623 Impulszähler m
 e pulse counter, pulse summator
 f compteur m d'impulsions f/pl

4624 Impulszählung f
 e pulse counting, pulse summation
 f comptage m d'impulsions f/pl

4625 Impulszug m
 e pulse train
 f train m d'impulsions f/pl

4626 Impulszwischenraum m
 e pulse interval, pulse spacing, pulse separation
 f intervalle m d'impulsions f/pl, écartement m d'impulsions f/pl

4627 inaktiv adj
 e inactive
 f inactif

4628 Inbetriebnahme f
 e start-up, putting into service, setting to work
 f mise f en service m, mise f en marche f

4629 indifferent adj
 e indifferent
 f indifférent

4630 Indikator m
 e indicator
 f indicateur m

4631 indirekt adj
 e indirect
 f indirect

4632 Indium n [In]
 e indium
 f indium m

4633 indizieren v
 e indicate
 f indiquer

4634 Induktion f, magnetische
 e magnetic induction
 f induction f magnétique

4635 Induktionseffekt m
 e induction effect
 f effet m d'induction f

4636 Induktionserwärmung f
 e induction heating, inductive heating
 f chauffage m par induction f, chauffage m inductif

4637 Induktionsfeld n
 e induction field
 f champ m d'induction f

4638 Induktionsfluß m
 e induction flux
 f flux m inducteur

4639 Induktionsheizung f
 e induction heating, inductive heating
 f chauffage m par induction f, chauffage m inductif

4640 **Induktionsofen** m
 e induction furnace
 f four m à induction f

4641 **Induktionsspannung** f
 e induced voltage
 f tension f induite

4642 **Induktionsspule** f
 e induction coil, exciting coil, field coil
 f bobine f d'induction f, bobine f inductrice, bobine f excitatrice, bobine f de champ m

4643 **Induktionsstrom** m
 e induced current, induction current
 f courant m induit, courant m d'induction f

4644 **Induktionsverfahren** n
 e current induction method
 f méthode f par induction f

4645 **Induktionswirkung** f
 e induction effect
 f effet m d'induction f

4646 **induktiv** adj
 e inductive
 f inductif

4647 **Induktivität** f
 e inductance
 f inductance f

4648 **induktivitätsfrei** adj
 e non-inductive
 f non inductif

4649 **induktivitätslos** adj
 → induktivitätsfrei adj

4650 **Induktivitätsmesser** m
 e inductance meter
 f selfmètre m

4651 **Industriefernsehen** n
 e industrial television, closed-circuit television
 f télévision f industrielle, télévision f en court-circuit m

4652 **Industrieofen** m
 e industrial furnace
 f four m industriel

4653 **Industrieroboter** m
 e industrial robot
 f robot m industriel

4654 **induzieren** v
 e induce
 f induire

4655 **Informatik** f
 e informatics
 f informatique f

4656 **Information** f [über]
 e information (about)
 f information f [sur]

4657 **Informationsinhalt** m
 e information content
 f teneur f en informations f/pl

4658 **Informationsverarbeitung** f
 e information processing
 f traitement m de l'information f

4659 **infrarot** adj
 e infrared
 f infra-rouge

4660 **Infrarotbereich** m
 e infrared region
 f région f infra-rouge

4661 **Infrarotdetektor** m
 e infrared detector
 f détecteur m infra-rouge

4662 **Infrarotempfänger** m
 e infrared receiver
 f récepteur m infra-rouge

4663 **Infrarotgerät** n
 e infrared apparatus
 f appareil m infra-rouge

4664 Infrarotkamera f
  e infrared camera
  f caméra f infra-rouge

4665 Infrarotlampe f
  e infrared lamp
  f lampe f infra-rouge

4666 Infrarotoptik f
  e infrared optics pl
  f optique f infra-rouge

4667 Infrarotsehen n
  e noctovision
  f noctovision f

4668 Infrarotspektroskopie f
  e infrared spectroscopy
  f spectroscopie f infra-rouge

4669 Infrarotstrahl m
  e infrared ray
  f rayon m infra-rouge

4670 Infrarotstrahler m
  e infrared radiator
  f radiateur m infra-rouge, émetteur m de rayonnement m infra-rouge

4671 Infrarotstrahlung f
  e infrared radiation
  f rayonnement m infra-rouge, radiation f infra-rouge

4672 Infrarotverfahren n
  e infrared technique, infrared method
  f technique f infra-rouge, méthode f infra-rouge

4673 Inhalt m [Fläche]
  e area
  f aire f

4674 Inhalt m [Gegenstand]
  e subject
  f sujet m

4675 Inhalt m [Raum]
  e volume, content, cubic capacity, pondage
  f volume m, capacité f, contenance f

4676 Inhalt m [Veröffentlichung]
  e contents pl
  f contenu m

4677 Inhaltsangabe f
  e summary
  f résumé m, sommaire m

4678 Inhaltsbestimmung f [Fläche]
  e quadrature
  f quadrature f

4679 Inhaltsbestimmung f [Volumen]
  e cubature, volumetric measurement
  f cubature f

4680 Inhaltsverzeichnis n
  e table of contents pl, index
  f table f des matières f/pl, index m

4681 inhomogen adj
  e inhomogeneous, unhomogeneous, heterogeneous
  f inhomogène, non homogène, hétérogène

4682 Inhomogenität f
  e inhomogeneity, inhomogeneousness
  f inhomogénéité f

4683 Initial...
  → Anfangs...

4684 Initialriß m
  e incipient crack
  f fissure f initiale

4685 injizieren v
  e inject, impress
  f injecter, empreindre

4686 inkohärent adj
  e incoherent
  f incohérent

4687 Inkohärenz f
  e incoherence
  f incohérence f

4688 Inkorporation f
 e incorporation
 f incorporation f

4689 Innendruckversuch m
 e interior pressure test
 f épreuve f de pression f intérieure

4690 Innendurchlaufspule f
 e inner passing coil
 f bobine f de traversée f intérieure

4691 Innendurchmesser m
 e inner diameter, inside diameter, internal diameter
 f diamètre m intérieur

4692 Innenfehler m
 e internal defect
 f défaut m interne

4693 Innenfläche f
 e inner surface
 f face f intérieure, paroi f intérieure

4694 Innensonde f, umlaufende
 e encircling inner probe
 f sonde f intérieure tournante

4695 Innenspule f, umlaufende
 e encircling inner coil
 f bobine f intérieure tournante

4696 Innentemperatur f
 e interior temperature, internal temperature
 f température f d'intérieur m, température f intérieure

4697 Innenweite f
 e clear, inside diameter
 f ouverture f, diamètre m intérieur

4698 Innere n
 e interior, core, heart, kernel
 f intérieur m, cœur m, noyau m

4699 in situ lat. (vor Ort)
 e in situ, at the site, on site
 f in situ, au chantier, sur chantier m

4700 In-situ-Prüfung f
 e in-situ test, on-site test
 f inspection f in situ, contrôle m au chantier

4701 In-situ-Verfahren n
 e in-situ processing
 f procédure f in situ, procédure f sur chantier m

4702 Inspektion f
 e inspection
 f inspection f

4703 Inspektionsunsicherheit f
 e inspection uncertainty
 f incertitude f d'inspection f

4704 inspizieren v
 e inspect, view
 f inspecter, examiner

4705 instabil adj
 e instable
 f instable

4706 Instabilität f
 e instability
 f instabilité f

4707 Installation f
 e installation, establishment, plant
 f installation f, établissement m, poste m

4708 instandhalten v
 e maintain
 f maintenir, entretenir

4709 Instandhaltung f
 e maintenance, upkeep
 f maintenance f, entretien m

4710 Instandhaltungsschweißen n
 e maintenance welding
 f soudage m d'entretien m

4711 instandsetzen v
 e repair, service, overhaul
 f réparer, mettre en état m

4712 Instandsetzung f
e repair, servicing, overhaul, renovation
f réparation f, mise f en état m, révision f, dépannage m

4713 instruieren v
e instruct
f instruire

4714 Instrument n
e instrument, facility, apparatus
f instrument m, appareil m

4715 Instrument n, tragbares
e portable instrument
f instrument m portatif

4716 Instrumentenablesung f
e instrument reading
f lecture f des instruments m/pl

4717 Instrumentenanordnung f
e instrument layout, instrumentation
f disposition f des instruments m/pl, instrumentation f

4718 Instrumentenbrett n
e instrument board, instrument panel
f tableau m d'instruments m/pl, panneau m d'instruments m/pl

4719 Instrumentenempfindlichkeit f
e instrument sensitivity
f sensibilité f d'instrument m

4720 Instrumentenfehler m
e instrument error
f erreur f d'instrument m, erreur f instrumentale

4721 Instrumentenkorrektur f
e instrument correction
f correction f de l'instrument m

4722 Instrumententafel f
e instrument panel, instrument board
f panneau m d'instruments m/pl, tableau m d'instruments m/pl

4723 Integralregler m
e integral action regulator
f régulateur m à action f integrale

4724 Integration f, partielle
e partial integration
f intégration f partielle

4725 Integrationsgerät n
e integrating device, integrator
f dispositif m intégrateur, intégrateur m

4726 Integrationsverfahren n
e integration method
f méthode f d'intégration f

4727 Integrationszeit f
e integration time
f temps m d'intégration f

4728 Integrator m
e integrator
f intégrateur m

4729 integrieren v
e integrate
f intégrer

4730 Intensimeter n
e intensimeter
f intensimètre m

4731 Intensität f
e intensity
f intensité f

4732 Intensitätsmesser m
e intensimeter
f intensimètre m

4733 Intensitätsmodulation f
e intensity modulation
f modulation f d'intensité f

4734 Intensitätsverfahren n
e intensity method
f méthode f d'intensités f/pl

4735 intensiv adj
 e intense, intensive
 f intensif

4736 intensivieren v
 e intensify
 f intensifier

4737 Interdigital-Wandler m
 e interdigital transducer
 f transducteur m interdigital

4738 Interferenz f
 e interference, beat
 f interférence f, battement m

4739 Interferenzabtastung f
 e interference scanning
 f exploration f interférentielle

4740 Interferenzbild n
 e interference pattern
 f empreinte f d'interférences f/pl,
 figure f d'interférence f

4741 Interferenzerscheinung f
 e interference phenomenon
 f phénomène m d'interférence f

4742 Interferenzfilter m
 e interference filter
 f filtre m d'interférence f

4743 Interferenzgebiet n
 e interference region, interference area,
 interference zone, trouble zone
 f région f d'interférences f/pl, zone f
 d'interférence f

4744 Interferenzmesser m
 e interferometer
 f interféromètre m

4745 Interferenzmuster n
 e interference pattern
 f empreinte f d'interférences f/pl,
 figure f d'interférence f

4746 Interferenzstreifen m
 e interference string, interference fringe
 f frange f d'interférence f

4747 Interferenzton m
 e interference tone, beat note
 f son m d'interférence f, battement m

4748 Interferenzzone f
 e interference zone
 f zone f d'interférence f

4749 interferieren v
 e interfere
 f interférer

4750 Interferometer n
 e interferometer
 f interféromètre m

4751 Interferometrie f, holographische
 e holographic interferometry,
 holographic interference pattern
 technique
 f interférométrie f holographique

4752 intergranular adj
 e intergranular
 f intergranulaire

4753 intermittierend adj
 e intermittent
 f intermittent

4754 intermolekular adj
 e intermolecular
 f intermoléculaire

4755 Interpretation f
 e interpretation, commentary
 f interprétation f, commentaire m

4756 Intervall n
 e interval, spacing, clearance, distance
 f intervalle m, écart m, écartement m,
 distance f

4757 Intrittfallen n
 e synchronization, pull-in, falling into
 step
 f synchronisation f, accrochage m

4758 Intrittkommen n
→ Intrittfallen n

4759 invers adj
e inverse
f inverse

4760 Inversionszone f
e inversion zone
f zone f d'inversion f

4761 Inverter m
e inverter
f inverseur m

4762 invertieren v
e invert
f invertir, inverser

4763 Inzidenz f
e incidence
f incidence f

4764 Inzidenzwinkel m
e incidence angle
f angle m d'incidence f

4765 Ionenaktivität f
e ion activity
f activité f d'ions m/pl

4766 Ionenaustausch m
e ion exchange
f échange m d'ions m/pl

4767 Ionenbewegung f
e motion of ions pl
f mouvement m d'ions m/pl

4768 Ionenbildung f
e formation of ions pl
f formation f d'ions m/pl

4769 Ionendichte f
e ion density
f densité f d'ions m/pl, densité f ionique

4770 Ionendosimeter n
e ionic dosimeter, ionic quantimeter
f dosimètre m d'ions m/pl

4771 Ionendosis f
e ion dose
f dose f ionique

4772 Ionenemission f
e ion emission
f émission f d'ions m/pl

4773 Ionenimplantation f
e ion implantation
f implantation f d'ions m/pl

4774 Ionenkonzentration f
e concentration of ions pl
f concentration f d'ions m/pl, concentration f ionique

4775 Ionenladung f
e ionic charge
f charge f d'ion m

4776 Ionenquelle f
e ion source
f source f d'ions m/pl

4777 Ionenradiographie f
e ion radiography
f radiographie f ionique

4778 Ionenschwarm m
e ion cluster
f essaim m d'ions m/pl

4779 Ionenstrahl m
e ion ray
f rayon m ionique

4780 Ionenstrahlbündel n
e ion beam
f faisceau m ionique

4781 Ionenstrom m
e ion current, ionic current, ionization current
f courant m ionique, courant m d'ionisation f

4782 Ionenwanderung f
 e ion migration
 f migration f d'ions m/pl

4783 Ionisation f
 e ionization, ionizing
 f ionisation f

4784 Ionisationsarbeit f
 e ionizing energy
 f énergie f d'ionisation f

4785 Ionisationsdosimeter n
 e ion dosimeter, ion-meter
 f dosimètre m d'ionisation f, ionomètre m

4786 Ionisationskammer f
 e ionization chamber
 f chambre f d'ionisation f

4787 Ionisationsmanometer n
 e ionization manometer
 f manomètre m à ionisation f

4788 Ionisationsrate f
 e ionization rate
 f taux m d'ionisation f

4789 Ionisationsspannung f
 e ionization voltage
 f tension f d'ionisation f

4790 Ionisationsstrom m
 e ionization current, ion current, ionic current
 f courant m d'ionisation f, courant m ionique

4791 Ionisationszähler m
 e ionization counter
 f compteur m à ionisation f

4792 ionisierbar adj
 e ionizable
 f ionisable

4793 ionisieren v
 e ionize
 f ioniser

4794 Ionisieren n
 e ionizing, ionization
 f ionisation f

4795 Ionisierung f
 → Ionisieren n

4796 Ionisierungs...
 → Ionisations...

4797 Ioniumalter n [Geologie]
 e ionium age
 f âge m d'ionium m

4798 Ioniummethode f
 e ionium method
 f méthode f d'ionium m

4799 Ionoradiographie f
 → Ionenradiographie f

4800 Iridium n [Ir]
 e iridium
 f iridium m

4801 irreversibel adj
 e irreversible
 f irréversible

4802 Irrtum m
 e error, mistake
 f erreur f, faute f, bévue f

4803 isochron adj
 e isochronous, simultaneous
 f isochrone, simultané

4804 Isolation f [elektrisch]
 e insulation
 f isolation f, isolement m

4805 Isolation f [Trennung]
 e isolation, separation
 f isolation f, séparation f

4806 Isolations...
 → Isolier...

Isolationsfehler 218

4807 Isolationsfehler m
e insulation defect, isolation fault
f défaut m d'isolement m

4808 Isolationsfestigkeit f
e insulating strength
f rigidité f diélectrique

4809 Isolationsklasse f
e insulation class
f classe f d'isolement m

4810 Isolationsmaterial n
e insulating material, insulant
f matière f isolante, isolant m

4811 Isolationsprüfer m [Meßgerät]
e insulation indicator
f indicateur m d'isolement m

4812 Isolationsprüfung f
e insulation test, isolation test
f essai m d'isolation f

4813 Isolationswiderstand m
e insulation resistance, leakage resistance
f résistance f d'isolement m

4814 Isolatorprüfung f
e insulator test
f essai m d'isolateur m

4815 Isolier...
→ Isolations...

4816 isolieren v [elektrisch]
e insulate
f isoler

4817 isolieren v [trennen]
e isolate, separate
f isoler, séparer

4818 Isolierflüssigkeit f
e insulating liquid
f liquide m isolant

4819 Isolierhülle f
e insulating cover, insulating covering, insulating envelope
f enveloppe f isolante, gaine f isolante, couverture f isolante

4820 Isolierkörper m
e insulating material, isolating piece
f isolateur m, isolant m, pièce f isolante

4821 Isoliermittel n
e insulant, isolant
f isolant m

4822 Isolieröl n
e insulating oil
f huile f isolante

4823 Isolierplatte f [Trennplatte]
e isolating plate
f plaque f isolante

4824 Isolierrohr n
e insulated conduit-tube, insulating tube, insulating guide
f tube m isolant

4825 Isolierscheibe f
e insulating disk, isolating disk
f disque m isolant, rondelle f isolante

4826 Isolierschicht f
e insulating sheath, isolating layer
f couche f isolante

4827 Isolierschlauch m
e insulating sleeving, spaghetti insulation
f gaine f isolante, souplisseau m

4828 Isolierstoff m
e insulant, isolant
f isolant m

4829 Isolierung f [elektrisch]
e insulation, insulating
f isolation f, isolement m

4830 Isolierung f [Trennung]
 e isolation, separation
 f isolation f, séparation f

4831 Isolierverbindung f
 e isolating joint
 f joint m isolant

4832 isomer adj
 e isomeric
 f isomère, isomérique

4833 isomorph adj
 e isomorphous, isomorphic
 f isomorphe

4834 isotherm adj
 e isothermal
 f isotherme, isothermique

4835 Isotop n, künstliches
 e artificial isotope
 f isotope m artificiel

4836 Isotop n, radioaktives
 e radioactive isotope
 f isotope m radioactif

4837 Isotopenanalysator m
 e isotope analyzer
 f analyseur m d'isotopes m/pl

4838 Isotopenanreicherung f
 e isotope enrichment
 f enrichissement m d'isotopes m/pl,
  enrichissement m isotopique

4839 Isotopenanwendung f
 e isotope application
 f application f d'isotopes m/pl

4840 Isotopenauffänger m
 e isotopic target
 f cible f isotopique

4841 Isotopenaustausch m
 e isotopic exchange
 f échange m isotopique

4842 Isotopenbehälter m
 e isotope container
 f récipient m d'isotopes m/pl

4843 Isotopenbehandlung f
 e isotope therapy
 f thérapie f isotopique

4844 Isotopendosimetrie f
 e isotope dosimetry
 f dosimétrie f d'isotopes m/pl

4845 Isotopenhäufigkeit f
 e isotopic abundance
 f abondance f isotopique, richesse f en
  isotopes m/pl

4846 Isotopenmeßtechnik f
 e isotope measuring techniques pl
 f mesure f par isotopes m/pl

4847 Isotopenradiographie f
 e isotope radiography
 f radiographie f isotopique,
  radiographie f à isotopes m/pl

4848 Isotopenspin m
 e isotopic spin
 f spin m isotopique

4849 Isotopentabelle f
 e isotope chart, isotope table
 f table f d'isotopes m/pl

4850 Isotopentarget n
 e isotopic target
 f cible f isotopique

4851 Isotopentechnik f
 e isotope technology, isotopic method,
  isotope technique
 f technique f des isotopes m/pl,
  méthode f isotopique

4852 Isotopentrennung f
 e separation of isotopes pl
 f séparation f d'isotopes m/pl

4853 Isotopenverdünnung f
 e isotope dilution
 f dilution f isotopique

4854 Isotopenverfahren n
 e isotope technique, isotope technology, isotopic method
 f technique f des isotopes m/pl, méthode f isotopique, méthode f des isotopes m/pl

4855 Isotopie f
 e isotopy, isotopism
 f isotopie f, isotopisme m

4856 isotrop adj
 e isotropic
 f isotropique

4857 Istmaß n
 e actual size, full size
 f cote f réelle, vraie grandeur f, grandeur f efficace

4858 Istwert m
 e actual value, true value
 f vraie valeur f

4859 Iteration f
 e iteration
 f itération f

J

4860 Jahresdosis f
 e annual dose, yearly dose
 f dose f annuelle

4861 Ja/Nein-Anzeige f
 e go/no-go-indication
 f indication f oui-non

4862 Jod n [J]
 e iodine
 f iode m

4863 justierbar adj
 e adjustable
 f ajustable, réglable

4864 justieren f
 e adjust, set, regulate, position
 f ajuster, régler, positionner, mettre au point

4865 Justieren n
 e adjustment, adjusting, setting, regulation, positioning
 f ajustage m, ajustement m, réglage m, positionnement m

4866 Justierkörper m
 e adjustment piece
 f pièce f d'ajustage m

4867 Justierreflektor m
 e adjustment reflector
 f réflecteur m d'ajustage m

4868 Jutebewicklung f
 e wrapping of jute, jute covering
 f enroulement m de jute m, recouvrement m en jute m

K

4869 Kabel n [Fernmeldetechnik]
 e cable
 f câble m

4870 Kabel n [Seil]
 e rope, cord, cable
 f corde f, câble m

4871 Kabel n, abgeschirmtes
 e screened cable, shielded cable
 f câble m blindé

4872 Kabel n, koaxiales
 e coaxial cable
 f câble m coaxial

4873 Kabel n, verseiltes
 e stranded cable
 f câble m toronné

4874 Kabel n, wasserdichtes
 e watertight cable
 f câble m imperméable

4875 Kabeldichtigkeitsprobe f
 e cable pressure test, air-pressure test
 f essai m de pression f, essai m à air m comprimé

4876 Kabeldruckprüfung f
 → Kabeldichtigkeitsprobe f

4877 Kabelrohr n
 e cable duct, cable tube
 f tuyau m à câble m

4878 Kabelsuchgerät n
 e cable finder
 f exploratrice f de câbles m/pl

4879 kadmieren v
 e cadmium-plate
 f cadmier

4880 Kadmium n [Cd]
 e cadmium
 f cadmium n

4881 Kadmiumregelstab m
 e cadmium control rod
 f régulateur m de cadmium m

4882 Kaiser-Effekt m
 e Kaiser effect
 f effet m Kaiser

4883 kalibrieren v
 e calibrate
 f calibrer

4884 Kalibrieren n
 e calibrating, calibration
 f calibrage m, calibration f

4885 Kalibrierung f
 → Kalibrieren n

4886 Kalifornium n [Cf]
 e californium
 f californium m

4887 Kalium n [K]
 e potassium
 f potassium m

4888 Kalorimeter n
 e calorimeter
 f calorimètre m

4889 Kalorimetrie f
 e calorimetry
 f calorimétrie f

4890 Kalotte f
 e calotte
 f calotte f

4891 Kältebeanspruchung f
 e cold straining
 f fatigue f au froid

4892 kältebeständig adj
e resistant to cold, anti-freezing
f résistant au froid

4893 Kältebeständigkeit f
e resistance to cold
f résistance f au froid

4894 kältefest adj
e anti-freezing, resistant to cold
f résistant au froid

4895 Kältefestigkeit f
→ Kältebeständigkeit f

4896 Kältekammer f
e refrigerating chamber
f chambre f frigorifique

4897 Kältemittel n
e refrigerating agent
f agent m réfrigérant

4898 kaltgeformt adj
e cold-formed
f formé à froid

4899 kaltgewalzt adj
e cold-rolled
f laminé à froid

4900 Kaltkatode f
e cold cathode
f cathode f froide

4901 Kaltluft f
e cold air
f air m froid

4902 Kalt-Neutronen-Radiographie f
e cold neutron radiography
f radiographie f par neutrons m/pl lents

4903 Kaltpressen n
e cold pressing
f estampage m à froid

4904 Kaltriß m
e cold crack
f fissure f à froid

4905 Kaltrißanfälligkeit f
e susceptibility to cold cracking, cold cracking risk
f susceptibilité f à la fissuration à froid, risque m de fissuration f à froid

4906 Kaltrißempfindlichkeit f
e sensitivity to cold cracking
f sensibilité f à la fissuration à froid

4907 Kaltrißwiderstand m
e cold cracking resistance
f résistance f à la fissuration à froid

4908 Kaltschweißen n
e cold welding
f soudage m à froid

4909 Kaltschweißstelle f
e cold shot
f décollement m

4910 Kaltumformbarkeit f
e cold formability
f formage m à froid

4911 Kaltverfestigung f
e cold work hardening
f durcissement m à froid, augmentation f de dureté f par écrouissage m

4912 Kaltverformung f
e cold forming, cold shaping
f façonnage m à froid, déformation f à froid

4913 Kaltziehen n
e cold (wire) drawing
f tréfilage m à froid

4914 Kamera f
e camera
f caméra f

4915 kammartig adj
  e comb-type
  f en peigne m

4916 Kammer f
  e box
  f boîte f

4917 kammförmig adj
  e interdigital
  f interdigital

4918 Kammwandler m
  e interdigital transducer
  f transducteur m interdigital

4919 Kanal m [Entwässerung]
  e drain, sewer
  f drain m

4920 Kanal m [Leitungskanal]
  e conduit, duct
  f conduit m, conduite f, tuyau m, caniveau m

4921 Kanal m [Schacht]
  e hole, pass, channel
  f canal m

4922 Kanal m [Schiffskanal]
  e canal
  f canal m

4923 Kanal m [Übertragungsweg]
  e channel
  f voie f, canal m

4924 Kanalabstand m
  e channel spacing
  f écart m intervoies

4925 Kanalanordnung f [Kollimator]
  e channel arrangement
  f disposition f des voies f/pl

4926 Kanalquerschnitt m
  e channel section
  f aire f de voie f

4927 Kanalstrahlen m/pl
  e canal rays pl
  f rayons m/pl canaux

4928 Kante f
  e edge, border
  f chanfrein m, arête f, bord m

4929 Kante f, angeschrägte
  e tilted edge
  f rive f non orthogonale

4930 kanten v
  e tilt, incline, slope
  f incliner, s'incliner, obliquer

4931 Kantenriß m
  e edge crack
  f fissure f de bord m

4932 Kantenverwaschung f [Radiographie]
  e edge spread
  f oblitération f de bord m

4933 Kantenverwaschungsfunktion f [Radiographie]
  e edge spread function
  f fonction f de l'oblitération f de bord m

4934 kantig adj
  e cornered, cornerwise, angular
  f angulaire, à arêtes f/pl

4935 Kapazität f [Fassungsvermögen]
  e capacity
  f capacité f

4936 Kapazität f [Kondensator]
  e capacitance
  f capacitance f

4937 Kapazitäts-Dehnungsmeßstreifen m
  e capacitive foil strain gauge
  f jauge m extensométrique capacitive

4938 kapazitätsfrei adj
  e non-capacitive
  f sans capacité f

4939 kapazitätslos adj
→ kapazitätsfrei adj

4940 Kapazitätswert m [Kondensator]
e capacitance
f capacitance f

4941 kapazitiv adj
e capacitive
f capacitif

4942 Kapillarität f
e capillarity
f capillarité f

4943 Kappe f
e cap, cover, hood, dome, top
f capot m, chapiteau m, calotte f, chapeau m, têton m, dôme m, dessus m

4944 Kapsel f
e capsule
f capsule f

4945 Kapselung f
e encapsulation, enclosing
f blindage m, enceinte f

4946 Karbonisation f
e carbonization, carbonizing, carburizing
f carbonisation f, carburation f

4947 Karbonyleisen n
e carbonyl iron
f fer m carbonyle

4948 Karburierung f
e carburizing
f carburation f

4949 Kardangelenk n
e Cardan joint, universal joint, spider
f joint m Cardan, cardan m

4950 kardanisch aufgehängt adj
e with cardanic suspension, gimbals-mounted
f à suspension f à Cardan, à joint m universel

4951 Karte f [allgemein]
e card
f carte f

4952 Karte f [Landkarte]
e map
f carte f

4953 Karte f [Seekarte]
e chart
f carte f

4954 Karte f [Ticket]
e ticket
f billet m

4955 Kartei f
e card index, card file, registry
f fichier m, cartothèque f

4956 Karteikarte f
e index card, filing card
f fiche f

4957 kartengesteuert adj
e card-controlled
f commandé par cartes f/pl

4958 Kaskade f
e cascade
f cascade f

4959 Kaskadenschaltung f
e cascade connection
f connexion f en cascade f

4960 Kaskadenstrahlung f
e cascade radiation
f émission f en cascade f

4961 Kassette f
e cassette
f cassette f

4962 Kasten m
e case, casing, box
f boîte f, boîtier m, caisse f

4963 Katalog m
 e catalogue, catalog [USA]
 f catalogue m

4964 Katalysator m
 e catalyst, catalyzer
 f catalyseur m

4965 Kation n
 e cation
 f cation m

4966 Kationenaustauscher m
 e cation exchanger
 f échangeur m de cations m/pl

4967 Katode f, kalte
 e cold cathode
 f cathode f froide

4968 Katodenstrahl m
 e cathode ray
 f rayon m cathodique

4969 Katodenstrahlröhre f
 e cathode ray tube (CRT)
 f tube m cathodique

4970 Katodenzerstäubung f
 e cathode sputtering
 f pulvérisation f cathodique, désagrégation f de cathode f

4971 Kautschuk m
 e caoutchouc
 f caoutchouc m

4972 Kautschukprüfung f
 e caoutchouc test
 f essai m de caoutchouc m

4973 Kavität f
 e cavity, void, hollow space
 f cavité f, espace m vide

4974 Kavitation f
 e cavitation
 f cavitation f

4975 Kavitationsprüfung f
 e cavitation test
 f essai m de cavitation f

4976 Kegel m
 e cone, taper
 f cône m

4977 kegelförmig adj
 e conical, cone-shaped
 f conique, en cône m

4978 Kehlnaht f [Schweißen]
 e fillet joint, fillet weld, fillet
 f joint m d'angle m, soudure f d'angle m

4979 kehlnahtgeschweißt adj
 e fillet welded
 f soudé par cordons m/pl d'angle m

4980 Kehlnahtschweißung f
 e fillet weld
 f soudure f par cordons m/pl d'angle m

4981 Kehrwert m
 e reciprocal value, reciprocal
 f valeur f réciproque, réciproque f

4982 Keil m
 e wedge
 f coin m

4983 keilförmig adj
 e wedge-shaped, tapered
 f en forme f de coin m, cunéiforme

4984 Keilnut f
 e vee-groove, keyway, key groove
 f rainure f à coin m

4985 Keimbildung f
 e nucleation
 f germination f

4986 Kelvin-Temperatur f
 e absolute temperature, Kelvin temperature
 f température f absolue, température f Kelvin

4987 Kennfaden m
  e coloured tracer thread
  f fil m de repère m

4988 Kenngröße f
  e characteristic data, parameter, characteristic
  f grandeur f caractéristique, paramètre m, caractéristique f

4989 Kennlinie f
  e characteristic
  f caractéristique f

4990 Kennlinie f, geknickte
  e bent characteristic
  f caractéristique f coudée

4991 Kennlinie f, schwach ansteigende
  e slowly rising characteristic
  f caractéristique f à montée f faible

4992 Kennlinie f, stark abfallende
  e rapidly declining characteristic
  f caractéristique f à chute f rapide

4993 Kennlinienfeld n
  e field of characteristics pl, curve family
  f réseau m de caractéristiques f/pl, famille f de courbes f/pl caractéristiques

4994 Kennwert m
  e characteristic value
  f valeur f caractéristique

4995 Kennzeichen n [Kriterium]
  e criterion
  f critère m

4996 Kennzeichen n [Marke]
  e index, mark, sign, signature
  f index m, repère m, signature f

4997 Kennzeichen-Analyse f
  e signature analysis
  f analyse f des signatures f/pl

4998 Kennzeichnung f
  e marking, designation, identification
  f marquage m, repérage m, identification f

4999 Keramik f
  e ceramics pl
  f céramique f

5000 Keramikmasse f
  e ceramic material
  f matière f céramique

5001 Keramikmetall n
  e ceramic-metal (cermet)
  f céramique f à métal m, cermet m

5002 Keramikprüfung f
  e test of ceramics
  f essai m de céramique f

5003 Keramikschwinger m
  e ceramic transducer, piezo-transducer
  f transducteur m céramique, piézo-transducteur m

5004 keramisch adj
  e ceramic
  f céramique

5005 Kerbaufweitung f
  e notch opening
  f élargissement m de l'entaille f

5006 Kerbe f
  e notch, slot
  f entaille f, encoche f, fente f

5007 Kerbempfindlichkeit f
  e notch sensitivity
  f sensibilité f à l'entaille f

5008 kerben v
  e notch, groove, indent
  f entailler, encocher, cocher

5009 Kerbfestigkeit f
  e impact strength
  f résilience f

5010 Kerbflanke f
 e notch flank
 f flanc m d'entaille f

5011 Kerbriß m
 e toe-crack
 f fissure f par entaille f

5012 Kerbschlagbiegeprobe f
 e notch bending test, Charpy impact test
 f essai m au choc sur éprouvette f entaillée

5013 Kerbschlagversuch m
 e notched bar impact test
 f essai m de résilience f sur barreaux m/pl entaillés

5014 Kerbschlagzähigkeit f
 e notch impact strength
 f résistance f au choc de l'éprouvette f entaillée

5015 Kerbstelle f
 e notch point, notching point
 f point m d'entaillure f

5016 Kern m [Atomkern]
 e nucleus
 f noyau m

5017 Kern m [Inneres]
 e core, heart, kernel, interior, centre, center [USA]
 f noyau m, âme f, cœur m, intérieur m, centre m

5018 Kern...
 → auch: Atom..., Nuklear...

5019 kernangetrieben adj
 e nuclear-powered
 f à propulsion f nucléaire

5020 Kernantrieb m
 e nuclear propulsion
 f propulsion f nucléaire, nucléopropulsion f

5021 Kernaufbau m
 e nuclear constitution, nuclear structure
 f constitution f de noyau m, structure f nucléaire

5022 Kernbaustein m
 e nuclear particle
 f particule f nucléaire

5023 Kernbeschuß m
 e nuclear bombardment
 f bombardement m nucléaire

5024 Kernbindungsenergie f
 e nuclear binding energy
 f énergie f de liaison f nucléaire

5025 Kernblech n
 e core lamination, core plate, stamping
 f tôle f de noyau m

5026 Kernbrennstoff m
 e nuclear fuel
 f combustible m nucléaire

5027 Kerndurchmesser m [Atomkern]
 e nuclear diameter
 f diamètre m nucléaire

5028 Kerndurchmesser m [Gewindekern]
 e core diameter
 f diamètre m de noyau m

5029 Kernelektron n
 e nuclear electron
 f électron m nucléaire

5030 Kernenergie f
 e nuclear energy, atomic energy
 f énergie f nucléaire, énergie f atomique

5031 Kernenergieanlage f
 e nuclear power plant
 f centrale f nucléaire

5032 Kernenergieantrieb m
 e nuclear propulsion
 f propulsion f nucléaire, nucléopropulsion f

5033 Kernenergieerzeugung f
   e nuclear power production
   f production f d'énergie f nucléaire

5034 Kernenergiegewinnung f
   → Kernenergieerzeugung f

5035 Kernenergietriebwerk n
   e nuclear engine
   f engin m nucléaire, nucléopropulseur m

5036 Kernform f [Gießerei]
   e core mould, core mold [USA]
   f moule m à noyau m

5037 Kernforschung f
   e nuclear research
   f recherches f/pl nucléaires

5038 Kernfusion f
   e nuclear fusion
   f fusion f nucléaire

5039 kerngetrieben adj
   e nuclear-powered
   f propulsion f nucléaire

5040 Kernkraft f
   e nuclear power, nuclear force
   f force f nucléaire

5041 Kernkraftwerk n
   e nuclear power plant, nuclear power station, atomic power plant
   f centrale f nucléaire, centrale f d'énergie f nucléaire, centrale f d'énergie f atomique

5042 Kernladung f
   e nuclear charge
   f charge f nucléaire

5043 Kernladungszahl f
   e nuclear charge number, atomic number
   f nombre m des charges f/pl de noyau m, numéro m atomique

5044 Kernmasse f
   e nuclear mass
   f masse f nucléaire

5045 Kernmaterial n
   e nuclear material
   f matériaux m/pl nucléaires

5046 Kernmaterie f
   e nuclear matter
   f matière f nucléaire

5047 Kernmedizin f
   e nuclear medicine
   f médecine f nucléaire

5048 Kernphotoeffekt m
   e nuclear photoeffect
   f effet m photonucléaire

5049 Kernphysik f
   e nuclear physics pl, nucleonics pl
   f physique f nucléaire, nucléonique f

5050 Kernreaktion f
   e nuclear reaction
   f réaction f nucléaire

5051 Kernreaktor m
   e nuclear reactor, atomic pile
   f réacteur m nucléaire, réacteur m atomique, pile f atomique

5052 Kernreaktorbehälter m
   e nuclear vessel
   f cuve f de réacteur m

5053 Kernreaktor-Neutronenquelle f
   e pile neutron source
   f source f de neutrons m/pl du réacteur nucléaire

5054 Kernreaktorsicherheit f
   e nuclear reactor safety, reactor safety
   f sûreté f du réacteur nucléaire, sûreté f du réacteur, sécurité f du réacteur

5055 Kernresonanzspektrographie f
   e nuclear resonance spectrography
   f spectrographie f à résonance f nucléaire

5056 Kernschatten m [Optik]
 e core shadow, complete shadow
 f ombre f totale

5057 Kernspaltung f
 e nuclear fission
 f fission f nucléaire

5058 Kernspeicher m
 e core memory
 f mémoire f à noyau m

5059 Kernspektroskopie f
 e nuclear spectroscopy
 f spectroscopie f nucléaire

5060 Kernspektrum n
 e nuclear spectrum
 f spectre m nucléaire

5061 Kernstrahlung f
 e nuclear radiation
 f rayonnement m nucléaire, radiation f nucléaire

5062 Kernstrahlungsmeßtechnik f
 e measuring technique of nuclear radiation
 f technique f des mesures f/pl de radiation f nucléaire

5063 Kernstruktur f
 e nuclear structure
 f structure f nucléaire

5064 Kerntechnik f
 e nuclear technology, nuclear technique, atomic technique, nucleonics pl
 f technique f nucléaire, technique f atomique, atomistique f, nucléonique f

5065 Kernteilchen n
 e nuclear particle
 f particule f nucléaire

5066 Kerntreibstoff m
 e nuclear propellant
 f combustible m nucléaire

5067 Kerntriebwerk n
 e nuclear engine
 f engin m nucléaire, propulseur m nucléaire, nucléopropulseur m

5068 Kernumwandlung f
 e nuclear transmutation, nuclear transformation
 f transmutation f nucléaire

5069 Kernverschmelzung f
 e nuclear fusion
 f fusion f nucléaire

5070 Kernzerfall m
 e nuclear decay, nuclear disintegration
 f désintégration f nucléaire, désagrégation f nucléaire

5071 Kernzersplitterung f
 e nuclear spallation
 f spallation f nucléaire

5072 Kessel m [Druckbehälter]
 e vessel
 f cuve f, récipient m

5073 Kessel m [Heizkessel]
 e boiler, steam boiler, furnace
 f chaudière f, chaudière f, chaudron m, chaudière f à vapeur f

5074 Kessel m [Vorratskessel]
 e tank, reservoir
 f réservoir m

5075 Kesselanlage f [Heizkessel]
 e boiler installation
 f installation f de chaudières f/pl

5076 Kesselrohr n [Heizkessel]
 e boiler tube
 f tube m de chaudière f

5077 Kesternich-Gerät n
 e cabinet according to Kesternich
 f cabinet m d'après Kesternich

5078 **Kette** f
 e chain, string
 f chaîne f

5079 **Kettenglied** n
 e link, flat link
 f chaînon m, maillon m

5080 **Kettenprüfung** f
 e chain test
 f essai m de chaîne f

5081 **Kettenreaktion** f
 e chain reaction
 f réaction f en chaîne f

5082 **Kettenreaktion** f, nukleare
 e nuclear chain reaction
 f réaction f nucléaire en chaîne f

5083 **Keule** f [Richtdiagramm]
 e lobe
 f lobe m

5084 **Keulenbreite** f
 e lobe width
 f largeur f du lobe

5085 **Kinetik** f
 e kinetics pl
 f cinétique f

5086 **kinetisch** adj
 e kinetic
 f cinétique

5087 **kippen** v [elektrisch]
 e sweep, scan
 f balayer

5088 **kippen** v [neigen]
 e tilt, incline, slope
 f incliner, s'incliner, obliquer, basculer

5089 **Kippfrequenz** f
 e sweep frequency
 f fréquence f de balayage m

5090 **Kippschaltung** f
 e flip-flop
 f flip-flop m

5091 **Klaffen** n
 e gapping
 f raillement m

5092 **Klammer** f [Halteklammer]
 e clamp, cramp, clip
 f agrafe f, pince f, bride f, crampon m

5093 **Klammer** f, eckige
 e square bracket
 f crochet m

5094 **Klammer** f, geschweifte
 e brace
 f accolade f

5095 **Klammer** f, runde
 e parenthesis
 f parenthèse f

5096 **Klangprüfung** f
 e audible sound test
 f essai m sonore

5097 **Klappe** f
 e flap, tab, lid
 f clapet m, trappe f

5098 **klar** adj [deutlich]
 e clear, clean, distinct
 f clair

5099 **klar** adj [rein]
 e bright, clear
 f pur, brillant

5100 **Klassifikation** f
 e classification
 f classification f

5101 **klassifizieren** v
 e classify
 f classifier

5102 **Klaue** f
  e claw, clutch, jaw
  f griffe f, mâchoire f, joue f

5103 **Klebeband** n
  e adhesive tape
  f ruban m adhésif

5104 **Klebemittel** n
  e adhesive, adhesive substance, adhesive agent
  f adhésif m, agglutinant m, colle f, matière f adhésive

5105 **kleben** v
  e adhere, stick, glue, gum
  f coller, adhérer

5106 **Kleben** n
  e adhesion
  f collage m

5107 **Kleber** m
  e adhesive
  f adhésif m

5108 **Klebestelle** f
  e adhesive bond joint, contact spot
  f joint m collé, assemblage m par collage m

5109 **Klebestreifen** m
  e adhesive tape
  f ruban m adhésif

5110 **Klebetechnik** f
  e bonding technique
  f technique f de collage m

5111 **Klebstoff** m
  e adhesive, adhesive agent, adhesive substance, gum
  f adhésif m, matière f adhésive, colle f, gomme f

5112 **Klebstoffprüfung** f
  e test of adhesive substances pl
  f essai m de matières f/pl adhésives

5113 **Klebverbindung** f
  e adhesive bond joint, adhesively bonded structure, adhesive bond
  f assemblage m collé, joint m collé, collage m, assemblage m par collage m

5114 **kleindimensional** adj
  e of small dimensions pl
  f à petites dimensions f/pl

5115 **Kleinlastbereich** m
  e low load range
  f zone f à petite charge f

5116 **Kleinrechner** m
  e minicomputer
  f petit ordinateur m, mini-ordinateur m

5117 **Kleinsignal** n
  e small signal
  f signal m faible

5118 **Kleinstwert** m
  e minimum
  f minimum m

5119 **Kleinteil** n
  e retail article, retail piece
  f petit article m, petite pièce f, petit objet m

5120 **Kleinwinkel-Streuung** f
  e small-angle scattering
  f diffusion f aux petits angles m/pl

5121 **Klettereisen** n
  e climbing iron, pole climbers pl
  f étriers m/pl à grimper, griffes f/pl à grimper, grappins m/pl

5122 **Klima** n
  e climate
  f climat m

5123 **Klimabeständigkeit** f
  e climatic resistivity
  f résistance f climatique

5124 Klimaprüfung f
  e climatic test
  f essai m climatique, épreuve f climatique

5125 Klimatest m
  → Klimaprüfung f

5126 klimatisch adj
  e climatic
  f climatique

5127 klimatisieren v
  e climatize, air-condition
  f climatiser, conditionner

5128 Klimatisierung f
  e climatization, air-conditioning
  f climatisation f, conditionnement m d'air m

5129 Klimaversuch m
  e climatic test
  f épreuve f climatique, essai m climatique

5130 Klinge f
  e blade
  f lame f

5131 Klinke f [Handgriff]
  e handle
  f poignée f, manette f, manivelle f

5132 Klinke f [Kontaktstecker]
  e jack
  f jack m

5133 Klinke f [Sperre]
  e release, latch, pawl
  f loquet m, cliquet m

5134 Klirrfaktor m
  e distortion factor, harmonic distortion factor
  f facteur m de distorsion f, taux m de distorsion f harmonique

5135 Klystron n
  e klystron
  f klystron m

5136 Knack m
  e click, crackle
  f clic m, crac f, craquement m

5137 knacken v
  e click, crackle
  f cliquer, craquer, claquer

5138 Knacken n
  e clicking, clicks pl, crackling
  f clic m, craquement m, claquement m

5139 Knackgeräusch n
  e clicking noise, crackling noise
  f craquement m, claquement m

5140 Knackstörung f
  → Knackgeräusch n

5141 Knall m
  e acoustic shock, bang, detonation
  f choc m acoustique, éclat m, détonation f

5142 knallen v
  e bang, detonate
  f éclater, détoner

5143 Knetlegierung f
  e wrought alloy
  f alliage m corroyé, alliage m de corroyage m

5144 Knick m [Biegung]
  e bend, knick, buckle
  f coude m, courbure f

5145 Knick m [Falte]
  e fold
  f pli m

5146 Knick m [Sprung]
  e break, crack, crease
  f fêlure f, brisure f

5147 **Knickbeanspruchung** f [Platte]
  e buckling stress
  f effort m de flambage m, effort m de flexion f, charge f de pliage m

5148 **Knickbeanspruchung** f [Stab]
  e breaking strain
  f effort m de flexion f

5149 **knicken** v
  e fold, break, buckle, bend
  f couder, casser, briser, se fêler, fléchir

5150 **Knickfestigkeit** f [Platte]
  e breaking strength, buckling strength
  f résistance f au pliage, résistance f au flambage

5151 **Knickfestigkeit** f [Stab]
  e resistance to breaking strain
  f résistance f à la flexion axiale par compression f

5152 **Knicklast** f
  e breaking load
  f charge f de pliage m

5153 **Knickspannung** f
  e buckling strain
  f tension f de flambage m

5154 **Knickung** f
  e break, breaking
  f flexion f de pièces f/pl chargées debout, flexion f axiale par compression f

5155 **Knickversuch** m
  e buckling test
  f essai m de flambage m

5156 **Kniestück** n
  e elbow joint, knee, knee-shaped piece
  f coude m, raccord m courbé, jointure f en T

5157 **Knitterprüfung** f
  e crumpling test
  f essai m de froissement m

5158 **Knoten** m [Knotenpunkt]
  e node
  f nœud m

5159 **Knoten** m [Schleife]
  e kink
  f coque f, nœud m

5160 **Knotenblech** n
  e junction plate, connection plate
  f tôle f de jonction f, plaque f d'éclissage m

5161 **Knotenpunkt** m
  e nodal point
  f point m nodal

5162 **Knüppel** m [vorgewalzter Block]
  e billet, bloom, bar
  f billette f, bloom m, barre f

5163 **Knüppelprüfung** f
  e testing of billets pl
  f contrôle m des billettes f/pl

5164 **Koaleszenz** f
  e coalescence
  f coalescence f

5165 **koaxial** adj
  e coaxial
  f coaxial

5166 **Koaxialkabel** n
  e coaxial cable
  f câble m coaxial

5167 **Kobalt** n [Co]
  e cobalt
  f cobalt m

5168 **Kobaltgehalt** m
  e cobalt content
  f teneur f en cobalt m

5169 **Kode** m
  e code
  f code m

5170 **kodieren** v
 e code, encode
 f coder

5171 **Kodierer** m
 e coder
 f codeur m

5172 **Kodierung** f
 e coding
 f codage m, codification f

5173 **Koeffizient** m
 e coefficient
 f coefficient m

5174 **Koerzitivfeldstärke** f
 e coercive intensity
 f intensité f coercitive

5175 **Koerzitivkraft** f
 e coercive force, coercitivity
 f force f coercitive

5176 **Koffergerät** n
 e portable set, portable
 f version f malette, portable m

5177 **kohärent** adj
 e coherent
 f cohérent

5178 **kohärent-optisch** adj
 e coherent-optical
 f cohérent-optique

5179 **Kohärenz** f
 e coherence
 f cohérence f

5180 **Kohäsion** f
 e cohesion
 f cohésion f

5181 **Kohäsionskraft** f
 e cohesive force
 f force f de cohésion f

5182 **Kohlefaser** f
 e carbon fiber
 f fibre f de carbone m

5183 **kohlefaserverstärkt** adj
 e carbon fiber reinforced
 f renforcé par fibres f/pl de carbone m

5184 **Kohlendioxid** n
 e carbon dioxide
 f dioxyde m de carbone m

5185 **Kohlengrube** f
 e mine, colliery
 f mine f, minière f, houillère f

5186 **Kohlenstoff** m [C]
 e carbon
 f carbone m

5187 **Kohlenstoffgehalt** m
 e carbon content
 f teneur f en carbone m

5188 **Kohlenstoffstahl** m
 e carbon steel
 f acier m au carbone

5189 **Kohlenwasserstoff** m
 e carbon hydrogen, hydrocarbon
 f hydrogène m carbonique, hydrocarbure m

5190 **Kohlung** f
 e carbonization, carbonizing
 f carbonisation f

5191 **Koinzidenz** f
 e coincidence
 f coïncidence f

5192 **Koinzidenzmessung** f
 e coincidence measurement
 f mesure f de coïncidence f

5193 **koinzidieren** v
 e coincide
 f coïncider

5194 Kokille f
 e ingot mould
 f lingotière f

5195 Kollapslast f, plastische
 e plastic collapse load
 f charge f de l'écroulement m d'une matière plastique

5196 Kollege m
 e colleague
 f collègue m

5197 Kollimation f
 e collimation
 f collimation f

5198 Kollimator m
 e collimator
 f collimateur m

5199 Kollimatorfenster n
 e collimator window
 f fenêtre f du collimateur

5200 Kollimatoröffnung f
 e collimator portal
 f trou m du collimateur

5201 Kollimatorspalt m
 e collimating slit
 f fente f du collimateur

5202 kollimieren v
 e collimate, fade out, blank
 f collimer, couper

5203 Kollision f
 e collision, impact
 f collision f, impact m, choc m

5204 Kolonne f
 e column
 f colonne f

5205 Koma f [Linsenfehler]
 e coma
 f coma f

5206 Kombination f
 e combination
 f combinaison f

5207 kombinieren v
 e combine
 f combiner

5208 Kommentar m
 e commentary, interpretation
 f commentaire m, interprétation f

5209 kommerziell adj
 e commercial
 f commercial

5210 kommutativ adj
 e commutative
 f commutatif

5211 kompakt adj
 e compact, massive, solid
 f compact, massif, solide

5212 Komparator m
 e comparator
 f comparateur m

5213 kompatibel adj
 e compatible, adaptable
 f compatible, adaptable

5214 Kompatibilität f
 e compatibility
 f compatibilité f

5215 Kompensation f
 e compensation, equalization
 f compensation f, équilibrage m

5216 Kompensationsmethode f
 e compensation method
 f méthode f de compensation f

5217 Kompensationsspannung f
 e compensating voltage, transient voltage
 f tension f de compensation f, tension f compensatrice, tension f transitoire

5218 Kompensationsstrom m
 e compensating current, transient current
 f courant m compensateur, courant m transitoire

5219 Kompensationsverfahren n
 e compensation method
 f méthode f de compensation f

5220 Kompensationswicklung f
 e compensating winding
 f enroulement m compensateur

5221 Kompensator m
 e compensator, corrector
 f compensateur m, correcteur m

5222 kompensieren v
 e compensate, balance, equalize
 f compenser, équilibrer, balancer, égaliser

5223 komplementär adj
 e complementary
 f complémentaire

5224 komplex adj
 e complex
 f complexe

5225 Komplex m
 e complex, block
 f complexe m, ensemble m

5226 kompliziert adj
 e complicated
 f compliqué

5227 kompliziertgeformt adj
 e complicately shaped
 f compliquément formé, formé d'une manière compliquée

5228 Komponente f
 e component
 f composante f

5229 Komponentenzerlegung f
 e decomposition into components pl
 f décomposition f en composantes f/pl

5230 Kompressibilität f
 e compressibility
 f compressibilité f

5231 Kompression f
 e compression
 f compression f

5232 Kompressionswelle f
 e compression wave, bulk wave
 f onde f de compression f, onde f compressive

5233 Kompressor m
 e compressor
 f compresseur m

5234 komprimieren v
 e compress
 f comprimer

5235 Komprimieren n
 e compression
 f compression f

5236 Komputer m
 → Computer m

5237 komputergesteuert adj
 e computer-controlled
 f commandé par calculateur m électronique, commandé par computer m

5238 komputergestützt adj
 e computer-based, computer-aided, computer-assisted
 f assisté par computer m

5239 Komputer-Tomographie f
 e computerized tomography
 f tomographie f commandée par ordinateur m

5240 **Kondensat** n
 e condensate
 f condensé m, produit m de condensation f

5241 **Kondensation** f
 e condensation
 f condensation f

5242 **Kondensator** m [elektrisch]
 e capacitor
 f condensateur m

5243 **Kondensator** m [Verdichter]
 e condenser
 f condenseur m

5244 **kondensieren** v
 e condense
 f condenser

5245 **Kondensor** m [Optik]
 e condenser
 f condenseur m

5246 **Kondition** f
 e condition
 f condition f

5247 **Konditionierung** f
 e conditioning
 f conditionnement m

5248 **Konfiguration** f
 e configuration, structure, arrangement
 f configuration f, structure f, arrangement m

5249 **konform** adj (mit)
 e conformal, conformable ($\sim$ to)
 f conforme [à]

5250 **Konformität** f
 e conformity
 f conformité f

5251 **konisch** adj
 e conical, cone-shaped, tapered
 f conique, en cône m

5252 **konjugiert** adj
 e conjugate, conjugated
 f conjugué

5253 **konjugiert-komplex** adj
 e conjugate-complex
 f conjugué-complexe

5254 **Konjunktion** f
 e conjunction
 f conjonction f

5255 **Konsequenz** f
 e consequence, result
 f conséquence f, résultat m

5256 **Konservierung** f
 e conservation, preservation
 f conservation f

5257 **Konsistenz** f
 e consistence, consistency, state, condition
 f consistance f, constitution f, condition f, état m

5258 **Konsole** f
 e console
 f console f

5259 **konstant** adj
 e constant, steady, continuous
 f constant, continu

5260 **Konstante** f
 e constant
 f constante f

5261 **Konstanz** f
 e constancy, steadiness, permanency, stability
 f constance f, permanence f, stabilité f

5262 **konstruieren** v [entwerfen]
 e design, draw
 f dessiner, projeter

5263 **konstruieren** v [erbauen]
 e construct, build, erect
 f construire

5264 Konstruktion f
 e construction, erection, building-up, establishment
 f construction f, érection f

5265 Konstruktionsfehler m
 e construction fault, constructional defect
 f défaut m de construction f, vice m de construction f

5266 Konstruktionsteil n
 e structural part, component, structural member
 f élément m de construction f, pièce f de construction f

5267 Kontainer m
 e container
 f container m, caisse f de transport m

5268 Kontakt m
 e contact, touch
 f contact m, attouchement m

5269 Kontakt m, schlechter
 e poor contact
 f mauvais contact m

5270 Kontaktabtastung f
 e contact scanning
 f exploration f par contact m

5271 Kontaktautoradiographie f
 e contact autoradiography
 f autoradiographie f par contact m

5272 Kontaktbestrahlung f
 e contact irradiation
 f irradiation f par contact m

5273 Kontaktdauer f
 e contact time
 f temps m de contact m

5274 Kontaktdruck m
 e contact pressure
 f pression f de contact m

5275 Kontaktfehler m
 e contact fault
 f défaut m de contact m

5276 Kontaktfläche f
 e contact surface
 f surface f de contact m

5277 Kontaktkorrosion f
 e contact corrosion
 f corrosion f de contact m

5278 kontaktlos adj
 e contactless, noncontact ...
 f sans contact m

5279 Kontaktmaterial n
 e contact material
 f matériel m de contact m

5280 Kontaktmittel n
 e contact medium, contact agent
 f agent m de contact m

5281 Kontaktplattierung f
 e contact plating
 f dépôt m par contact m

5282 Kontaktpotential n
 e contact potential
 f potentiel m de contact m

5283 Kontaktstecker m
 e jack
 f jack m

5284 Kontaktstelle f
 e contact point
 f point m de contact m

5285 Kontaktstück n
 e contact piece, contact element, contact pad, contact maker
 f pièce f de contact m, élément m de contact m, plot m de contact m

5286 Kontakttechnik f
 e contact technique
 f technique f de contact m

5287 **Kontaktverfahren** n [chemisch]
 e contact process
 f procédé m de contact m

5288 **Kontaktverunreinigung** f
 e contact contamination
 f contamination f de contact m

5289 **Kontaktzeit** f
 e contact time
 f temps m de contact m

5290 **Kontamination** f
 e contamination
 f contamination f

5291 **Kontaminationsmonitor** m
 e contamination monitor
 f moniteur m de contamination f

5292 **Kontingent** n
 e portion, proportion, quota
 f part f, portion f, contingent m, quote-part f

5293 **kontinuierlich** adj
 e continuous
 f continu

5294 **Kontinuität** f
 e continuity
 f continuité f

5295 **Kontinuum** n
 e continuum
 f continuité f

5296 **Kontraktion** f
 e contraction
 f contraction f

5297 **Kontrast** m
 e contrast
 f contraste m

5298 **Kontrast** m, geringer
 e low contrast, poor contrast
 f faible contraste m

5299 **Kontrast** m, hoher
 e high contrast
 f contraste m élevé

5300 **Kontrastanhebung** f
 e contrast expansion
 f expansion f du contraste, augmentation f du contraste

5301 **kontrastarm** adj
 e poor in contrast
 f faible contraste m, peu de contraste m

5302 **Kontrastbreite** f
 e contrast width
 f largeur f du contraste

5303 **Kontrastempfindlichkeit** f
 e contrast sensitivity
 f sensibilité f au contraste

5304 **Kontrastherabsetzung** f
 e contrast reduction
 f réduction f du contraste

5305 **kontrastieren** v
 e contrast
 f contraster

5306 **Kontrastierverfahren** n
 e contrast method
 f procédé m de contraste m

5307 **Kontrastkriterium** n
 e contrast criterium
 f critère m de contraste m

5308 **Kontrastmittel** n
 e contrast agent, radiopaque medium
 f agent m de contraste m, substance f radio-opaque

5309 **Kontrastregelung** f
 e contrast control
 f réglage m du contraste

5310 **kontrastreich** adj
 e rich in contrast, contrasty
 f à contraste m élevé, de fort contraste m, très contrasté

5311 Kontraststeigerung f
 e contrast expansion
 f expansion f du contraste,
   augmentation f du contraste

5312 Kontrastumfang m
 e contrast ratio
 f rapport m de contraste m

5313 Kontrastverminderung f
 e contrast reduction
 f réduction f du contraste

5314 Kontrollabschnitt m
 e control section
 f section f de contrôle m

5315 Kontrollbereich m
 e control area
 f région f contrôlée

5316 Kontrolle f [Aufsicht]
 e supervision, watching, inspection, control, monitoring
 f surveillance f, inspection f, contrôle m

5317 Kontrolle f [Regelung]
 e control, surveillance, regulation
 f réglage m, régulation f, surveillance f, contrôle m

5318 Kontrolle f [Überprüfung]
 e test, testing, check, checking, inspection
 f contrôle m, essai m, épreuve f, inspection f

5319 Kontrolle f, automatische
 e automatic control, self-checking
 f contrôle m automatique, autocontrôle m

5320 Kontrolle f, kontinuierliche
 e continuous inspection
 f contrôle m en continu

5321 Kontrolleinrichtung f
 e control unit, controller, inspection device, test equipment, monitor
 f dispositif m de contrôle m, équipement m d'essai m, appareil m de test m, installation f d'inspection f, moniteur m

5322 Kontrollempfänger m
 e monitoring receiver, monitor
 f récepteur m moniteur, récepteur m témoin, moniteur m

5323 Kontrollfehler m
 e test defect, reference fault
 f défaut m de référence f

5324 kontrollieren v [prüfen]
 e test, check, verify, monitor, control
 f examiner, vérifier, contrôler

5325 kontrollieren v [regeln]
 e control
 f régler, commander, contrôler

5326 Kontrollkörper m [Eichkörper]
 e reference block, calibration block
 f bloc m d'étalonnage m, pièce f de référence f, pièce f témoin, pièce f de témoignage m, témoin m

5327 Kontrollkörper m [Prüfobjekt]
 e test piece, test specimen
 f pièce f à contrôler, spécimen m à contrôler, éprouvette f

5328 Kontrollraum m
 e control room
 f salle f de contrôle m

5329 Kontrollzeichen n
 e check mark
 f repère m de contrôle m

5330 Kontrollzone f
 e control zone
 f zone f de contrôle m

5331 Kontur f
 e contour, outline, profile
 f contour m, profil m

5332 Konturlinien-Holographie f
 e contour holography
 f holographie f à contours m/pl

5333 Konus m
 e cone, taper
 f cône m

5334 konusförmig adj
 e conical, cone-shaped
 f conique, en cône m

5335 Konvektion f
 e convection
 f convection f

5336 konvektiv adj
 e convective
 f convectif

5337 konventionell adj
 e conventional, usual
 f conventionnel, usuel, usité, traditionnel

5338 konvergent adj
 e convergent
 f convergent

5339 Konvergenz f
 e convergence
 f convergence f

5340 Konvergenzwinkel m
 e convergence angle
 f angle m de convergence f

5341 konvergieren v
 e converge
 f converger

5342 Konversion f
 e conversion, converting
 f conversion f

5343 Konversionsfaktor m
 e conversion factor
 f facteur m de conversion f

5344 Konversionslinie f
 e conversion line
 f ligne f de conversion f

5345 Konversionsspektrum n
 e conversion spectrum
 f spectre m de conversion f

5346 Konverter m
 e converter
 f convertisseur m

5347 Konverterfolie f [Radiografie]
 e converter screen
 f écran m convertisseur

5348 Konverterschirm m
 → Konverterfolie f

5349 Konvertierung f
 e converting, conversion
 f conversion f

5350 Konvertierungszeit f
 e conversion time
 f temps m de conversion f

5351 konvex adj
 e convex
 f convexe

5352 Konvolution f
 e convolution
 f convolution f

5353 Konzentration f
 e concentration, focusing
 f concentration f, focalisation f

5354 konzentrieren v
 e concentrate, focus, bunch
 f concentrer, focaliser

5355 **Konzentrierspule** f
 e concentrating coil, focusing coil
 f bobine f de concentration f, bobine f de focalisation f

5356 **konzentrisch** adj
 e concentric
 f concentrique

5357 **Konzept** n
 e conception, project, scheme
 f conception f, projet m, schéma m

5358 **Konzeption** f
 → Konzept n

5359 **Koordinate** f
 e coordinate
 f coordonnée f

5360 **Koordinaten** f/pl, kartesische
 e Cartesian coordinates pl
 f coordonnées f/pl cartésiennes

5361 **Koordinaten** f/pl, rechtwinklige
 e rectangular coordinates pl
 f coordonnées f/pl rectangulaires

5362 **Koordinaten** f/pl, sphärische
 e spherical coordinates pl
 f coordonnées f/pl sphériques

5363 **Koordinatenachse** f
 e coordinate axis
 f axe m des coordonnées f/pl

5364 **Koordinatennullpunkt** m
 e origin of coordinates pl
 f origine f des coordonnées f/pl

5365 **Koordinatensystem** n
 e coordinate system
 f système m de coordonnées f/pl

5366 **Koordinatentransformation** f
 e coordinate transformation
 f transformation f des coordonnées f/pl

5367 **Kopf** m [allgemein]
 e head, top
 f tête f, sommet m, chapeau m, bout m

5368 **Kopf** m [Prüfkopf]
 e head
 f tête f

5369 **Kopfhörer** m
 e headphone, head receiver
 f casque m d'écoute f

5370 **Kopfwelle** f
 e head wave
 f onde f de front m

5371 **Kopfzugversuch** m
 e top tensile test
 f essai m de traction f en tête f

5372 **Kopie** f
 e copy, duplicate, reproduction, calking
 f copie f, duplicata m, reproduction f, calque m

5373 **kopieren** v
 e copy, reproduce, calk
 f copier, reproduire, calquer

5374 **koppeln** v
 e couple
 f coupler

5375 **Koppeln** n
 e coupling
 f couplage m

5376 **Kopplung** f, feste
 e close coupling, tight coupling
 f couplage m serré

5377 **Kopplung** f, induktive
 e inductive coupling
 f couplage m inductif, couplage m par induction f

5378 **Kopplung** f, kapazitive
 e capacitive coupling
 f couplage m capacitif, couplage m par capacité f

5379 **Kopplung** f, kritische
   e critical coupling
   f couplage m critique

5380 **Kopplung** f, lose
   e loose coupling
   f couplage m lâche

5381 **Kopplung** f, magnetoelastische
   e magnetoelastic coupling
   f couplage m magnétoélastique

5382 **Kopplung** f, überkritische
   e hypercritical coupling
   f couplage m hypercritique

5383 **Kopplungselement** n
   e coupling element
   f élément m de couplage m

5384 **Kopplungsfaktor** m
   e coupling factor
   f facteur m de couplage m

5385 **Kopplungsfaktor** m, elektromechanischer
   e electromechanical coupling factor
   f facteur m de couplage m électromécanique

5386 **Kopplungsglied** n
   e coupling element
   f élément m de couplage m

5387 **Kopplungsgrad** m
   e degree of coupling
   f degré m de couplage m

5388 **Kopplungskoeffizient** m
   e coupling coefficient
   f coefficient m de couplage m

5389 **Kopplungsmittel** n
   e coupling medium, coupling agent, couplant
   f agent m couplant, agent m mouillant

5390 **Kopplungsschicht** f
   e coupling film
   f couche f de couplage m

5391 **Kopplungsspalt** m
   e coupling slot
   f fente f de couplage m

5392 **Kopplungsspule** f
   e coupling coil
   f bobine f de couplage m

5393 **Korn** n
   e grain
   f grain m

5394 **Kornbildung** f
   e granulation
   f granulation f

5395 **Korndichte** f
   e grain density
   f densité f des grains m/pl

5396 **Korngrenze** f
   e grain boundary
   f joint f de grains m/pl, limite f de granulation f

5397 **Korngrenzen...**
   e intergranular
   f intergranulaire

5398 **Korngrenzenanreicherung** f
   e grain boundary segregation
   f ségrégation f des limites f/pl de granulation f, ségrégation f intergranulaire

5399 **Korngrenzenriß** m
   e intergranular crack
   f fissure f intergranulaire, fissure f entre grains m/pl

5400 **Korngröße** f
   e grain size
   f grosseur f de grain m

5401 **Korngrößenermittlung** f
   e determination of grain size
   f détermination f de la grosseur de grain m

5402 körnig adj
e granular, granulated, grained, grainy
f granuleux, granulaire, granulé, grenu

5403 Körnigkeit f
e graininess, granulation, graining
f granularité f, granulation f, grainage m

5404 Kornorientierung f
e grain orientation
f orientation f des grains m/pl

5405 Kornrauschen n
e grain noise
f bruit m des grains m/pl

5406 Kornstruktur f
e granular structure
f structure f des grains m/pl

5407 Körnung f
e graining, granulation, graininess
f grainage f/pl, granulation f, granularité f

5408 Kornvolumen n
e grain volume
f volume m de grain m

5409 Kornwachstum n
e grain growth
f croissance f des grains m/pl

5410 Korona f
e corona
f corona f

5411 Körper m, schwarzer
e black body
f corps m noir

5412 Körperdosis f
e incorporated dose, body dose
f dose f incorporée

5413 Korpuskel f
e corpuscle
f corpuscule m

5414 korpuskular adj
e corpuscular
f corpusculaire

5415 Korpuskularstrahlung f
e corpuscular radiation, particle radiation
f rayonnement m corpusculaire, rayonnement m de particules f/pl

5416 korrekt adj
e correct
f correct

5417 Korrektion f
e correction, amendment
f correction f, corrigé m

5418 Korrektionsfaktor m
e correction factor
f facteur m de correction f

5419 Korrektionsglied n
e correction term
f terme m de correction f

5420 Korrektur f
e correction, amendment
f correction f, corrigé m

5421 Korrekturglied n
e compensator, corrector, equalizer
f compensateur m, correcteur m

5422 Korrelation f
e correlation
f corrélation f

5423 Korrelationsanalyse f
e correlation analysis
f analyse f de corrélation f

5424 Korrelationsfunktion f
e correlation function
f fonction f de corrélation f

5425 Korrelationsholographie f
e correlation holography
f holographie f à corrélation f

5426 **korrodieren** v
 e corrode
 f corroder

5427 **korrodierend** adj
 e corrosive
 f corrosif

5428 **Korrosion** f
 e corrosion
 f corrosion f

5429 **Korrosion** f, **atmosphärische**
 e atmospheric corrosion
 f corrosion f atmosphérique

5430 **Korrosion** f, **intergranulare**
 e intergranular corrosion
 f corrosion f intergranulaire

5431 **korrosionsbeständig** adj
 e corrosion-resistant, corrosion-proof, anti-corrosive
 f résistant à la corrosion, anti-corrosif

5432 **Korrosionsbeständigkeit** f
 e corrosion resistance
 f résistance f à la corrosion

5433 **Korrosionsermüdung** f
 e corrosion fatigue
 f fatigue f due à la corrosion

5434 **korrosionsfest** adj
 e corrosion-proof, corrosion-resistant, anti-corrosive
 f anti-corrosif f, résistant à la corrosion

5435 **Korrosionsfestigkeit** f
 e corrosion resistance
 f résistance f à la corrosion

5436 **Korrosionsprüfung** f
 e corrosion test
 f essai m de corrosion f

5437 **Korrosionsriß** m
 e corrosion crack
 f fissure f par corrosion f

5438 **Korrosionsrißbildung** f
 e corrosion cracking, stress corrosion cracking
 f fissuration f par corrosion f

5439 **Korrosionsschutz** m
 e corrosion protection, anticorrosion
 f protection f contre la corrosion, anti-corrosion f

5440 **Korrosionsschutzmittel** n
 e corrosion inhibitor
 f inhibiteur m de corrosion f

5441 **korrosionsvorbeugend** adj
 e anti-corrosive, corrosion-proof, corrosion-resistant
 f anti-corrosif f, résistant à la corrosion

5442 **korrosiv** adj
 e corrosive
 f corrosif

5443 **Kosinuskurve** f
 e cosine curve
 f courbe f cosinusoïdale

5444 **kosmisch** adj
 e cosmic
 f cosmique

5445 **Kosten** f/pl
 e cost, costs pl, expenses pl, charges pl
 f coûts m/pl, frais m/pl, dépenses f/pl

5446 **Kostenersparnis** f
 e costs pl saving
 f épargne f en frais m/pl

5447 **kostensparend** adj
 e costs pl saving
 f diminuant les frais m/pl

5448 **kostspielig** adj
 e expensive
 f coûteux, dispendieux

5449 **Kraft** f
 e force, power
 f force f, pouvoir m

5450 Kraftfahrzeug n
 e motor vehicle
 f automobile f

5451 Kraftfahrzeugbau m
 e construction of motor vehicles pl
 f construction f d'automobiles f/pl

5452 Kraftfahrzeugprüfung f
 e motor vehicle test
 f essai m d'automobile f

5453 Kraftfahrzeugteileprüfung f
 e test of components pl for motor vehicles pl
 f essai m de composants m/pl pour automobiles f/pl

5454 Kraftfeld n
 e field of force
 f champ m de forces f/pl

5455 kräftig adj
 e strong, powerful
 f fort, puissant, robuste

5456 Kraftlinie f
 e line of force
 f ligne f de force f

5457 Kraftliniendichte f
 e density of lines pl of force, flux density
 f densité f des lignes f/pl de force f, densité f de flux m

5458 Kraftlinienstreuung f
 e field line dispersion, field line scattering
 f dispersion f des lignes f/pl de force f

5459 Kraftlinienverlauf m
 e path of the lines pl of force
 f parcours m des lignes f/pl de force f

5460 Kraftmesser m
 e dynamometer
 f dynamomètre m

5461 Kraftrichtung f
 e sense of force
 f sens m de force f

5462 Kraftstoß m
 e impulse, impulsion, shock
 f impulsion f, choc m

5463 Kraftwagen m
 e motor car, car, automobile
 f voiture f, automobile f, auto f

5464 Kraftwerk n
 e power plant, power station
 f usine f de force f motrice, centrale f génératrice

5465 Kraftwirkung f
 e dynamic effect
 f effet m dynamique

5466 Kraterbildung f
 e crater formation
 f cratérisation f

5467 Kraterlunker m
 e crater pipe
 f retassure f de cratère m

5468 Kraterriß m
 e crater crack
 f fissure f de cratère m, fissure f de solidification f

5469 Kratzer m
 e scratch, scar, cut, chamfer
 f rayure f, égratignure f, rainure f, raie f

5470 kratzfest adj
 e resistant to wear
 f résistant à l'usure f

5471 Kreis m [Geometrie]
 e circle
 f cercle m

5472 Kreis m [Stromkreis]
 e circuit
 f circuit m

5473 **Kreisabschnitt** m
 e segment of the circle, segment
 f segment m de cercle m, segment m

5474 **Kreisabtastung** f
 e circular scanning
 f exploration f circulaire

5475 **Kreisausschnitt** m
 e sector of the circle, sector
 f secteur m de cercle m, secteur m

5476 **Kreisbahn** f
 e circular orbit
 f orbite f circulaire

5477 **Kreisbeschleuniger** m
 e circular accelerator
 f accélérateur m circulaire

5478 **Kreisbogen** m
 e arc of the circle
 f arc m de cercle m

5479 **kreisen** v
 e rotate, revolve, turn, circulate
 f tourner, circuler

5480 **Kreisen** n
 e rotating, rotation, turning, turn, circulation
 f rotation f, tour m

5481 **Kreisfläche** f
 e area of the circle
 f aire f du cercle

5482 **kreisförmig** adj
 e circular
 f circulaire

5483 **Kreisinhalt** m
 e area of the circle
 f aire f du cercle

5484 **Kreislauf** m
 e cycle, circulation
 f cycle m, circulation f

5485 **Kreismembran** f
 e circular diaphragm
 f diaphragme m circulaire

5486 **Kreisprozeß** m
 e cycle
 f cycle m

5487 **Kreisquerschnitt** m
 e circular cross-section
 f section f circulaire

5488 **Kreisrohr** n
 e circular tube
 f tube m circulaire

5489 **kreisrund** adj
 e circular, orbicular
 f circulaire, orbiculaire

5490 **Kreisscheiben-Ersatzfehler** m
 e circular disk equivalent defect
 f défaut m équivalent en forme f d'un disque circulaire

5491 **Kreisscheibenfehler** m
 e circular reflector, round defect
 f réflecteur m circulaire, défaut m rond

5492 **kreisscheibenförmig** adj
 e circular-disk-shaped, round
 f en forme f de disque f/pl circulaire, rond

5493 **Kreissegment** n
 e segment of the circle
 f segment m de cercle m

5494 **Kreissektor** m
 e sector of the circle, sector
 f secteur m de cercle m

5495 **Kreisumfang** m
 e circumference of the circle
 f circonférence f du cercle

5496 **kreuzen** v
 e cross, traverse
 f croiser, traverser

5497 kreuzförmig adj
 e crossed, cruciform
 f croisé, en croix f

5498 Kreuzkorrelation f
 e cross-correlation
 f corrélation f croisée

5499 Kreuzkorrelation f, gleitende
 e running cross correlation
 f corrélation f croisée mobile

5500 Kreuzkorrelationsanalyse f
 e cross correlation analysis
 f analyse f par corrélation f croisée

5501 Kreuzkorrelationsfunktion f
 e cross-correlation function
 f fonction f de corrélation f croisée

5502 Kreuzkorrelationskontrast m
 e cross correlation contrast
 f contraste m à corrélation f croisée

5503 Kreuzspulmethode f
 e cross coil method
 f méthode f à bobine f croisée

5504 Kreuzstrichraupe f [Schweißen]
 e crossed weld bead
 f cordon m de soudure croisé

5505 Kriechbeanspruchung f [Stahl]
 e creep loading
 f effort m de fluage m

5506 Kriechdehnung f
 e creep
 f allongement m de fluage m, allongement m à chaud

5507 Kriechen n
 e creep, creeping, creepage
 f fluage m

5508 Kriechermüdung f
 e creep fatigue
 f fatigue f par l'allongement m de fluage m

5509 kriechfest adj
 e creep-resistant
 f résistant au fluage

5510 Kriechfestigkeit f
 e creep resistance
 f résistance f contre le fluage

5511 Kriechgeschwindigkeit f
 e creep rate
 f taux m de fluage m

5512 Kriechspannung f
 e creep stress
 f contrainte f de fluage m

5513 Kriechverhalten n
 e creep behaviour
 f comportement m au fluage, allure f du fluage

5514 Kriechversuch m
 e creep test
 f essai m de l'allongement m de fluage m

5515 Kristall m
 e crystal
 f cristal m

5516 Kristall m, doppelbrechender
 e birefringent crystal
 f cristal m biréfringeant

5517 Kristallachse f
 e crystal axis
 f axe m de cristal m

5518 Kristallaufbau m
 e crystal structure
 f structure f cristalline

5519 Kristallbaufehler m
 e crystal structure defect
 f défaut m de la structure cristalline

5520 Kristallbeugung f
 e crystal diffraction
 f diffraction f par cristal m

5521 **Kristalldetektor** m
  e crystal detector
  f détecteur m à cristal m

5522 **Kristallgitter** n
  e crystal lattice, crystal grating
  f réseau m cristallin

5523 **kristallin** adj
  e crystalline
  f cristallin

5524 **Kristallisation** f
  e crystallization
  f cristallisation f

5525 **Kristallisationsriß** m
  e crystallization crack
  f fissure f par cristallisation f

5526 **kristallisch** adj
  e crystalline
  f cristallin

5527 **kristallisieren** v
  e crystallize
  f cristalliser, se cristalliser

5528 **Kristallstruktur** f
  e crystal structure
  f structure f cristalline

5529 **Kristallzone** f
  e crystal zone
  f zone f de cristal m

5530 **Kristallzwilling** m
  e twin crystal
  f cristal m jumeau, jumeau m

5531 **Kriterium** n
  e criterion, criteria pl
  f critère m

5532 **kritisch** adj
  e critical
  f critique

5533 **krumm** adj
  e bent, curved, crooked
  f courbé, crochu, tortu

5534 **krümmen** v
  e bend, curve, crook
  f courber, plier

5535 **Krümmer** m
  e bend
  f coude m

5536 **krummlinig** adj
  e curvilinear, curved
  f curviligne, en courbe f

5537 **Krümmung** f
  e curvature, curve, bend, buckling
  f courbure f, courbe f

5538 **Krümmungsradius** m
  e radius of curvature
  f rayon m de courbe f

5539 **kryogenisch** adj
  e cryogenic
  f cryogénique

5540 **Kryotechnik** f
  e cryogenics pl
  f cryotechnique f

5541 **Krypton** n [Kr]
  e krypton
  f crypton m

5542 **Kugel** f
  e ball, bullet, sphere, globe
  f boule f, bille f, globe m, sphère f, balle f

5543 **Kugelabschnitt** m
  e spherical segment
  f segment m sphérique

5544 **Kugelausschnitt** m
  e spherical sector
  f secteur m sphérique

5545 Kugelbehälter m
  e spherical tank, spherical reservoir
  f réservoir m sphérique

5546 Kugelcharakteristik f
  e omni-direction characteristic
  f caractéristique f omnidirectionnelle

5547 Kugeldruckprobe f
  e ball pressure test
  f essai m à bille f

5548 Kugelfallversuch m
  e ball thrust test
  f essai m à bille f tombante

5549 Kugelform f [Gießform]
  e bullet mould
  f moule m à balles f/pl

5550 Kugelform f [Kugelgestalt]
  e spherical shape, ball shape
  f forme f sphérique, forme f de boule f

5551 kugelförmig adj
  e spherical, globular, ball-shaped
  f sphérique, globulaire

5552 Kugelgeometrie f
  e spherical geometry
  f géométrie f sphérique

5553 Kugelgestalt f
  e ball shape, spherical shape
  f forme f de boule f, forme f sphérique

5554 Kugelgraphit m
  e spherical graphite, nodular graphite, spheroidal graphite
  f graphite m sphérique, graphite m nodulaire, graphite m sphéroïdal

5555 Kugelhaufenreaktor m
  e pebble-bed reactor, pebble reactor
  f réacteur m pebble

5556 Kugellager n
  e tall bearing
  f coussinet m à billes f/pl

5557 Kugelsegment n
  e spherical segment
  f segment m sphérique

5558 Kugelsektor m
  e spherical sector
  f secteur m sphérique

5559 Kugelstrahler m
  e spherical radiator
  f radiateur m sphérique

5560 Kugelwelle f
  e spherical wave
  f onde f sphérique

5561 kühl adj
  e cool, frigid
  f frais, froid, réfrigérant

5562 Kühlblech n
  e cooling plate, heat sink
  f tôle f de refroidissement m, ailette f de refroidissement m

5563 Kühleinrichtung f
  e cooling device, refrigerating installation
  f installation f frigorifique, dispositif m de refroidissement m, installation f de réfrigération f

5564 kühlen v
  e cool, refrigerate
  f réfrigérer, refroidir, frigorifier

5565 Kühlen n
  e cooling, refrigeration, cooling-down
  f refroidissement m, réfrigération f

5566 Kühler m
  e cooler, refrigerator
  f réfrigérant m, réfrigérateur m

5567 Kühlflüssigkeit f
  e cooling fluid, cooling liquid
  f fluide m réfrigérant, solution f de refroidissement m, liquide m de refroidissement m

5568 Kühlgas n
  e cooling gas
  f gaz m réfrigérant

5569 Kühlmittel n
  e cooling medium, cooling agent, coolant
  f agent m de refroidissement m, agent m réfrigérant, réfrigérant m

5570 Kühlraum m
  e cooling room
  f chambre f froide

5571 Kühlrippe f
  e cooling fin
  f ailette f de refroidissement m

5572 Kühlschlange f
  e cooling worm, cooling coil, serpentine cooler
  f hélice f de refroidissement m

5573 Kühlschrank m
  e refrigerator
  f réfrigérateur m

5574 Kühlspirale f
  e cooling worm, serpentine cooler
  f hélice f de refroidissement m

5575 Kühlsystem n
  e cooling system
  f système m réfrigérateur

5576 Kühlturm m
  e cooling tower, cooling column
  f tour f de réfrigération f

5577 Kühlung f
  e cooling, cooling-down, refrigeration
  f refroidissement m, réfrigération f

5578 Kühlvorrichtung f
  e cooling device, refrigerating installation
  f installation f de réfrigération f, dispositif m de refroidissement m, installation f frigorifique

5579 Kühlwasser n
  e cooling water
  f eau f réfrigérante

5580 Kulminationspunkt m
  e culmination point
  f point m culminant

5581 kumulativ adj
  e cumulative, cumulating
  f cumulatif

5582 Kunstfolie f
  e plastic foil
  f feuille f plastique

5583 Kunstharz n
  e epoxy resin, synthetic resin
  f résine f synthétique, résine f moulée

5584 Kunstharzlack m
  e synthetic resin varnish
  f vernis m de résine f synthétique

5585 künstlich adj
  e artificial, fictive
  f artificiel, fictif

5586 Kunststoff m
  e plastics pl, synthetic material
  f plastique f, matière f plastique, matière f synthétique

5587 Kunststoff m, glasfaserverstärkter
  e glass-fiber reinforced plastics pl
  f matière f plastique renforcée par fibres f/pl de verre m, plastique f renforcée par fibres f/pl de verre m

5588 Kunststoff m, kohlefaserverstärkter
  e carbon-fiber reinforced plastics pl
  f matière f plastique renforcée par fibres f/pl de charbon m

5589 Kunststoffanalyse f
  e analysis of plastics pl
  f analyse f de matière f plastique

5590 **Kunststoffbauelement** n
  e plastic element
  f élément m en plastique f

5591 **Kunststoffgehäuse** n
  e plastic case, plastic casing, plastic cabinet
  f boîtier m plastique, carter m plastique, boîtier m en plastique f

5592 **Kunststoffolie** f
  e plastic foil
  f feuille f plastique

5593 **Kunststoffprüfung** f
  e test of plastic material
  f essai m de matière f plastique

5594 **Kunststoffrohr** n
  e plastic tube
  f tube m plastique

5595 **Kunststoffschweißen** n
  e welding of plastics pl
  f soudage m de matière f plastique

5596 **Kunststoff-Schweißverbindung** f
  e weld in plastics pl
  f soudure f en matière f plastique

5597 **Kupfer** n [Cu]
  e copper
  f cuivre m

5598 **Kupferblech** n
  e copper sheet
  f tôle f de cuivre m

5599 **Kupferfilter** m
  e copper filter
  f filtre m de cuivre m

5600 **Kupferfolie** f
  e copper foil
  f feuille f de cuivre m

5601 **kupferhaltig** adj
  e cupriferous, cupreous
  f cuprifère, cuprique, cuivreux

5602 **Kupfermantel** m
  e copper sheath
  f enveloppe f cuivreuse, blindage m en cuivre m

5603 **Kupferplatte** f
  e copper plate
  f plaque f de cuivre m

5604 **Kupferrohr** n
  e copper tube
  f tube m en cuivre m

5605 **Kupferschicht** f
  e copper layer
  f couche f de cuivre m

5606 **Kupferstab** m
  e copper bar, copper rod
  f barre f de cuivre m

5607 **Kupferüberzug** m
  e copper coating, cupreous film
  f pellicule f de cuivre m

5608 **Kupferverbindung** f
  e copper alloy
  f alliage m de cuivre m

5609 **Kuppe** f
  e dome, cap, hood
  f dôme m, coupole f, capot m

5610 **Kuppel** f
  e top, dome, cover, cap, hood
  f coupole f, dôme m, cloche f, chapiteau m, dessus m, capot m, calotte f, chapeau m, têton m

5611 **kuppelförmig** adj
  e dome-shaped
  f en forme f de dôme m

5612 **kuppeln** v
  e link, couple
  f accoupler

5613 **Kupplung** f
  e clutch, coupling
  f accouplement m, embrayage m

5614 **Kursus** m
  e course
  f cours m

5615 **Kurve** f, ansteigende
  e rising curve
  f courbe f montante

5616 **Kurve** f, fallende
  e descending curve
  f courbe f descendante

5617 **Kurve** f, flache
  e flat curve
  f courbe f plate

5618 **Kurve** f, gestrichelte
  e dashed curve
  f courbe f en traits m/pl interrompus

5619 **Kurve** f, punktierte
  e dotted curve
  f courbe f ponctuée

5620 **Kurve** f, steile
  e steep curve
  f courbe f raide

5621 **Kurve** f, theoretische
  e theoretical curve
  f courbe f théorique

5622 **Kurvenaufzeichnung** f
  e plotting, mapping
  f tracement m de courbe f,
    construction f de courbe f

5623 **Kurvenblatt** n
  e curve sheet, diagram, graph, chart
  f réseau m de courbes f/pl,
    diagramme m, graphique m

5624 **Kurvendarstellung** f
  e curve representation, presentation,
    figure, graph, diagram, plot, chart,
    graphic representation, curve
  f représentation f graphique,
    présentation f graphique m,
    diagramme m, figure f, courbe f

5625 **Kurvendiskussion** f
  e curve discussion
  f discussion f de courbe f

5626 **Kurvenschar** f
  e curve family, field of
    characteristics pl
  f famille f de courbes f/pl
    caractéristiques, réseau m de
    caractéristiques f/pl

5627 **Kurvenschreiber** m
  e curve recorder, curve tracer, curve
    follower
  f enregistreur m de courbes f/pl,
    traceur m de courbes f/pl

5628 **Kurzbeschreibung** f
  e abbreviated description
  f abrégé m descriptif

5629 **kurzfristig** adj
  e temporary, short-term, abrupt,
    sudden, acute
  f temporaire, à court terme m, abrupt,
    brusque

5630 **Kurzimpuls** m
  e short pulse
  f impulsion f de courte durée f

5631 **kurzschließen** v
  e short-circuit
  f court-circuiter

5632 **Kurzschluß** m
  e short circuit
  f court-circuit m

5633 **Kurzschlußfernsehen** n
  e closed-circuit television, industrial
    television
  f télévision f en court-circuit m,
    télévision f industrielle

5634 **kurzschlußsicher** adj
  e short-circuit proof
  f à l'épreuve f des court-circuits m/pl

5635 Kurzschlußsicherheit f
  e short-circuit safety
  f résistance f aux court-circuits m/pl

5636 Kurzzeitanwendung f
  e short-terme use
  f application f de courte durée f

5637 Kurzzeitbelastung f
  e short-period loading
  f charge f brève

5638 Kurzzeitbestrahlung f
  e acute exposure, acute irradiation, short-time exposure
  f exposition f brève

5639 Kurzzeitfestigkeit f
  e short-period strength
  f résistance f temporaire

5640 kurzzeitig adj
  e short-time ..., temporary, short-period ...
  f temporaire, momentané, de courte durée f

5641 Kurzzeitimpuls m
  e short pulse
  f impulsion f de courte durée f

5642 Kurzzeitprüfung f
  e short-time test, accelerated test
  f essai m de courte durée f, essai m accéléré

5643 Kurzzeitversuch m
  → Kurzzeitprüfung

5644 Kybernetik f
  e cybernetics pl
  f cybernétique f

5645 kybernetisch adj
  e cybernetic(al)
  f cybernétique

L

5646 Labor n, **Laboratorium** n
   e laboratory
   f laboratoire m

5647 Laborprüfung f
   e laboratory test, bench test
   f essai m en laboratoire m, essai m de laboratoire m

5648 Laboruntersuchung f
   e laboratory examination
   f étude f en laboratoire m

5649 Laborversuch m
   e laboratory experiment
   f expérience f en laboratoire m

5650 Lack m
   e lacquer, varnish
   f laque f, vernis m

5651 Lackabdrucktechnik f
   e replica technique
   f technique f réplique, méthode f réplique

5652 Lackdraht m
   e lacquered wire
   f fil m verni

5653 Lackschicht f
   e layer of varnish, coat of lacquer
   f couche f de vernis m

5654 Ladeeinrichtung f [elektrisch]
   e charging device, charging unit, charger
   f dispositif m de charge f

5655 Ladung f [Beladung]
   e charging, loading, filling
   f chargement m, remplissage m

5656 Ladung f, elektrische
   e electric charge
   f charge f électrique

5657 Ladungsaustausch m
   e charge exchange, charge transfer
   f échange m de charge f, transfert m de charge f

5658 Ladungsträger m
   e charge carrier
   f porteur m de charge f

5659 Ladungstrennung f
   e charge separation
   f séparation f de charges f/pl

5660 Ladungsübergang m
   e charge transfer
   f transfert m de charge f

5661 Ladungsverteilung f
   e charge distribution
   f distribution f des charges f/pl

5662 Lage f [Schicht]
   e layer, coat
   f couche f

5663 Lage f [Situation]
   e situation
   f situation f

5664 Lage f [Standort]
   e site, location, position
   f emplacement m, position f

5665 Lage f [Stellung]
   e position
   f position f

5666 Lagebestimmung f
   e localization
   f localisation f

5667 Lagenbindefehler m [Schweißen]
   e incomplete interpass fusion, lack of interrun fusion
   f manque m de fusion f entre passes f/pl

5668 lagenweise adj
   e in layers pl
   f en couches f/pl

5669 Lager n [Achslager]
   e bearing
   f coussinet m, palier m

5670 Lager n [Camping]
   e camp, encampment
   f campement m, camp m

5671 Lager n [Stütze]
   e support, rest, stay
   f support m, appui m

5672 Lager n [Vorratslager]
   e store, stock, depot
   f dépôt m, magasin m

5673 Lagerraum m
   e storage room, stockroom
   f dépôt m, salle f d'emmagasinage m

5674 Lamb-Welle f
   e Lamb wave, plate wave, compressional wave
   f onde f de Lamb, onde f de plaque f, onde f de compression f, onde f Lamb

5675 lamellar adj
   e lamellar, laminated, foliated
   f lamellaire, lamellé, à lamelles f/pl, feuilleté

5676 Lamellarriß m
   e lamellar crack, lamellar tearing
   f fissure f lamellaire, arrachement m lamellaire

5677 Lamellarrißbildung f
   e lamellar cracking, lamellar tearing
   f fissuration f lamellaire, formation f de fissures f/pl lamellaires

5678 Lamellengraphit m
   e lamellar graphite
   f graphite m lamellaire

5679 Lamellenriß m
   → Lamellarriß m

5680 Lamellenrißbildung f
   → Lamellarrißbildung f

5681 Lamellenrißneigung f
   e tendency to lamellar tearing
   f aptitude f à l'arrachement m lamellaire

5682 lamelliert adj
   e laminated, lamellar, foliated
   f lamellé, lamellaire, à lamelles f/pl, feuilleté

5683 Lamellierung f
   e lamination
   f lamination f, laminage m

5684 laminar adj
   e laminar
   f laminé

5685 Lamé-Konstante f
   e Lamé constant
   f constante f de Lamé

5686 Lampe f
   e lamp
   f lampe f

5687 Längenänderung f
   e change of length
   f changement m de longueur f

5688 langfristig adj
   e long-term
   f à long terme m

5689 Langlebensdauer f
   e longevity
   f longévité f

5690 langlebig adj
   e long-life, long-lived
   f de longue durée f, à longue période f

5691 Langlebigkeit f
e longevity
f longévité f

5692 Längs...
→ auch: Longitudinal...

5693 langsam adj
e slow
f lent

5694 langsamlaufend ... adj
e low speed ...
f à petite vitesse f

5695 Längsbewegung f
e longitudinal movement
f mouvement m longitudinal

5696 Längsfehler m
e longitudinal defect, longitudinal flaw
f défaut m longitudinal

5697 Längskerbe f
e inter-run undercut
f entaille f longitudinale

5698 Längskraft f
e longitudinal force, axial force
f force f longitudinale, force f axiale

5699 Längsnaht f
e longitudinal joint, longitudinal seam
f joint m longitudinal

5700 Längsnute f
e longitudinal slot
f encoche f longitudinale

5701 Längsrichtung f
e longitudinal direction
f sens m longitudinal

5702 Längsriß m
e longitudinal crack
f fissure f longitudinale

5703 Längsschnitt m
e longitudinal section, axial section
f section f longitudinale, coupe f longitudinale

5704 Längsschweißnaht f
e longitudinal weld
f soudure f longitudinale

5705 Längsschwingung f
e longitudinal vibration, longitudinal oscillation
f vibration f longitudinale, oscillation f longitudinale

5706 Langzeit...
e protracted, long-time, extended-time, continuous, permanent, long-continued
f à long temps m, de longue durée f, à longue échéance f, prolongé, continu, continué, permanent

5707 Langzeitbestrahlung f
e long-continued irradiation, protracted irradiation
f irradiation f prolongée, irradiation f continue

5708 Langzeitverhalten n
e long-time behaviour
f comportement m à longue échéance f

5709 Langzeitversuch m
e long-time test, long-period test
f essai m à long temps m, essai m d'endurance f

5710 Lappen m [Richtdiagramm]
e lobe
f lobe m

5711 Lappen m [Tuch]
e rag
f chiffon m

5712 Lärm m
e noise, crack, crash
f bruit m, tapage m, craquement m

5713 Lasche f
 e fish-plate, fish-bar, joint bar, tongue, butt strap, bridge
 f couvre-joint m, éclisse f, barrette f, attache f

5714 Laschenschweißung f
 e bridge weld
 f soudure f à couvre-joint m

5715 Laschenverbindung f
 e fish joint
 f assemblage m à couvre-joint m

5716 Laser m
 e laser
 f laser m

5717 Laser m, gepulster
 e pulsed laser
 f laser m à impulsions f/pl

5718 Laserabtastung f
 e laser scanning
 f exploration f par laser m

5719 Laserfusion f
 e laser fusion
 f fusion f par laser m

5720 Laser-Fusionstarget n
 e laser fusion target
 f cible f à fusion f par laser m

5721 Laser-Holographie f
 e laser holography
 f holographie f laser

5722 Laserphotographie f
 e laser photography
 f photographie f à laser m

5723 Laserstrahl m
 e laser ray
 f rayon m laser

5724 Laserstrahlung f
 e laser radiation
 f rayonnement m laser

5725 Last f
 → Belastung f

5726 Last-Dehnungskurve f
 e load-elongation curve
 f courbe f charge-élongation

5727 Lastkraftwagen m [Lkw]
 e lorry, truck [USA]
 f camion m

5728 Lastspiel n
 e cycle
 f cycle m

5729 Lastspielfrequenz f
 e stress cycle frequency
 f fréquence f d'alternances f/pl

5730 Lastspielzahl f
 e number of stress cycles pl
 f nombre m des alternances f/pl, cycles m/pl d'effort m

5731 Lastwechselzahl f
 → Lastspielzahl f

5732 Laue-Beugungsdiagramm n
 e Laue diffraction pattern, Laue's diagram
 f diagramme m de diffraction f de Laue, diagramme m de Laue

5733 Lauf m
 e running, run, course, operation
 f marche f, course f, opération f

5734 laufen v [fließen]
 e flow, run
 f couler, s'écouler, courir

5735 laufen v [Maschine]
 e run, move, operate
 f aller, marcher, fonctionner, opérer

5736 Laufnummer f
 e sequence number
 f numéro m d'ordre m

5737 **Laufweg** m
  e path
  f parcours m, trajet m

5738 **Laufzeit** f
  e transit time, travel time
  f temps m de transit m, temps m de propagation f, temps m de parcours m

5739 **Laufzeitdifferenz** f
  e transit-time difference
  f différence f de temps m de propagation f

5740 **Laufzeitfehler** m
  e transit-time error
  f erreur f par temps m de transit m

5741 **Laufzeitmessung** f
  e transit-time measurement
  f mesure f du temps de transit m

5742 **Laufzeitverfahren** n
  e transit-time technique, time-delay technique, time-of-flight method
  f méthode f à temps m de transit m

5743 **Laufzeitverzögerung** f
  e transit-time delay
  f retard m de temps m de propagation f

5744 **Lautsprecher** m
  e loudspeaker, speaker
  f haut-parleur m

5745 **Lautstärke** f
  e sound intensity, sound volume
  f intensité f du son, volume m sonore

5746 **Lawineneffekt** m
  e avalanche effect
  f effet m d'avalanche f

5747 **Lebensdauer** f
  e lifetime, fatigue life
  f durée f de vie f, longévité f

5748 **Lebensdauer-Raffungsprüfung** f
  e accelerated life test
  f essai m accéléré de la durée de vie f

5749 **Lebensdauerverlängerung** f
  e extension of life
  f extension f de la vie

5750 **Lebensdauervorhersage** f
  e fatigue life prediction, life prediction
  f prédiction f de vie f

5751 **Lebenserwartung** f
  e life expectancy
  f expectance f de vie f

5752 **leck** adj
  e leaky
  f non étanche, perméable

5753 **Leck** n
  e leak, leakage
  f fuite f

5754 **Leckfinder** m
  e leak detector, leakage detector
  f détecteur m de fuites f/pl

5755 **Leckprüfer** m
  e leak tester, leakage tester
  f détecteur m de fuites f/pl

5756 **Leckprüfung** f
  e leakage test, leak test
  f essai m d'échantéité f

5757 **Leckstelle** f
  e leak, leaky area
  f endroit m de fuite f

5758 **Lecksuche** f
  e leak detection
  f recherche f de fuites f/pl, détection f de fuites f/pl

5759 **Lecksucher** m
  e leakage detector, leak tester
  f détecteur m de fuites f/pl

5760 Lederprüfung f
   e leather test
   f essai m de cuir m

5761 leer adj
   e empty, void, vacuous
   f vide, évacué

5762 leeren v
   e empty, evacuate, void, exhaust
   f vider, vidanger, évacuer

5763 Leerlaufkennlinie f
   e no-load characteristic
   f caractéristique f de marche f à vide

5764 Leerlaufprüfung f
   e no-load test
   f essai m à vide m

5765 Leerlaufzeit f
   e lost time, idle
   f temps m vide

5766 leermachen v
   → leeren v

5767 Leerstelle f [Lochkarte]
   e blank
   f blanc m, perforation f manquante

5768 Leerstelle f [Materialfehler]
   e void, vacancy
   f lacune f

5769 Leerstellenagglomerat n
   e cluster (of voids)
   f agglomération f de lacunes f/pl

5770 Leerstellen-Mikroriß m
   e microcrack of void
   f micro-fissure f d'une lacune

5771 legieren v
   e alloy
   f allier

5772 Legierung f
   e alloy
   f alliage m

5773 Legierungsbestandteil m
   e alloying constituent
   f composant m d'alliage m

5774 Legierungselement n
   e alloying element
   f élément m d'alliage m

5775 Legierungsstahl m
   e alloy steel
   f acier m allié

5776 Legierungszusammensetzung f
   e composition of the alloy
   f composition f de l'alliage m

5777 Lehre f [Ausbildung]
   e instruction, apprenticeship, training, education, teaching
   f instruction f, apprentissage m, éducation f

5778 Lehre f [Kaliber]
   e gauge, gage [USA], caliber, standard, pattern
   f calibre m, étalon m, jauge f, gabarit m

5779 Lehre f [Theorie]
   e theory, science, doctrine
   f théorie f, science f, doctrine f

5780 lehren v [ausbilden]
   e teach, instruct, train, educate
   f instruire

5781 Lehrgang m
   e course
   f cours m

5782 Lehrsatz m
   e theorem, rule, maxim
   f théorème m, règle f, thèse f

5783 **leicht** adj [Gewicht]
 e light, slight
 f léger

5784 **leicht** adj [nicht schwierig]
 e easy
 f facile m

5785 **Leichtmetall** n
 e light metal
 f métal m léger

5786 **Leichtwasserreaktor** m
 e light-water reactor
 f réacteur m à eau f légère

5787 **Leim** m
 e glue
 f colle f

5788 **leimen** v
 e glue
 f coller

5789 **Leimen** n
 e glueing
 f collage m

5790 **leise** adj
 e low, soft, slight, weak
 f bas, doux

5791 **leisten** v
 e work, do, perform
 f effectuer, faire, débiter

5792 **Leistung** f
 e power, output, input, performance, effect
 f puissance f, débit m, rendement m, effet m

5793 **Leistung** f, abgegebene
 e delivered power, effective output, output
 f puissance f de sortie f, puissance f efficace

5794 **Leistung** f, abgestrahlte
 e radiated power
 f puissance f rayonnée

5795 **Leistung** f, aufgenommene
 e input power, input
 f puissance f d'entrée f, puissance f absorbée

5796 **Leistung** f, effektive
 e effective power, active power, real power, actual power
 f puissance f efficace, puissance f active, puissance f réelle

5797 **Leistung** f, gemessene
 e measured power, rated power
 f puissance f mesurée

5798 **Leistung** f, indizierte
 e indicated power
 f puissance f indiquée

5799 **Leistung** f, maximale
 e maximum power, maximum output
 f puissance f maximum, débit m maximum

5800 **Leistung** f, mittlere
 e mean power, average output
 f puissance f moyenne, débit m moyen

5801 **Leistung** f, scheinbare
 e apparent power
 f puissance f apparente

5802 **Leistung** f, verfügbare
 e available power
 f puissance f disponible

5803 **Leistung** f, zugeführte
 e input power, power input
 f puissance f d'entrée f

5804 **Leistungs...**
 e power ...
 f ... de puissance f

5805 Leistungsabfall m
 e decay of power
 f chute f de puissance f

5806 Leistungsaufnahme f
 e power input, input
 f puissance f absorbée, consommation f

5807 Leistungsbedarf m
 e power requirement
 f puissance f nécessaire

5808 Leistungsfähigkeit f [Produktivität]
 e productivity, output
 f productivité f

5809 Leistungsfähigkeit f [Wirksamkeit]
 e efficiency, performance
 f efficacité f, rendement m, performance f

5810 Leistungsfaktor m
 e power factor
 f facteur m de puissance f

5811 Leistungsgrenze f
 e power limit, load limit
 f limite f de puissance f

5812 Leistungskurve f
 e power curve, load characteristic
 f courbe f de puissance f

5813 leistungsmäßig adj
 e qualitative
 f qualitatif

5814 Leistungsmesser m
 e powermeter, wattmeter
 f wattmètre m

5815 Leistungsmeßkopf m
 e power head
 f onde f de puissance f

5816 Leistungspegel m
 e power level
 f niveau m de puissance f

5817 Leistungsreaktor m
 e power reactor
 f réacteur m de puissance f

5818 Leistungsregelung f
 e power control
 f réglage m de puissance f

5819 leistungsschwach adj
 e low-power, low-level, low-energy, low-intensity
 f de peu de puissance f, (de) à faible puissance f, (de) à faible niveau m, (de) à faible énergie f, (de) à faible intensité f, mou (molle)

5820 Leistungsschwankung f
 e power fluctuation
 f fluctuation f de puissance f

5821 leistungsstark adj
 e high-power, high-level, high-energy, high-intensity, powerful
 f (de) à puissance f élevée, (de) à grande puissance f, (de) à grande intensité f, (de) à grand niveau m

5822 Leistungssteigerung f
 e power increase, improving of the performance
 f augmentation f de puissance f, augmentation f des performances f/pl

5823 Leistungsverbrauch m
 e power consumption
 f consommation f de puissance f

5824 Leistungsverlust m
 e power loss
 f perte f de puissance f

5825 Leistungsvermögen n
 e capacity
 f capacité f, rendement m

5826 Leistungsverstärker m
 e power amplifier, final amplifier
 f amplificateur m de puissance f, amplificateur m final

5827 **leiten** v [Energie]
 e conduct
 f conduire

5828 **leiten** v [führen]
 e guide, lead
 f guider

5829 **leiten** v [steuern]
 e steer, direct
 f diriger

5830 **leiten** v [übertragen]
 e transmit, transfer
 f transmettre, transférer

5831 **leiten** v [vorstehen]
 e manage, direct, guide, lead
 f commander, diriger, administrer

5832 **leitend** adj
 e conductive, conducting
 f conductif, conducteur, conductible

5833 **Leiter** f
 e ladder
 f échelle f

5834 **Leiter** m [Chef]
 e director, manager, boss
 f directeur m, chef m

5835 **Leiter** m [Energie]
 e conductor, lead, wire
 f conducteur m, fil, brin m

5836 **Leiter** m, guter
 e good conductor
 f bon conducteur m

5837 **Leiter** m, isolierter
 e insulated conductor
 f conducteur m isolé

5838 **Leiter** m, schlechter
 e bad conductor
 f mauvais conducteur m

5839 **leitfähig** adj
 e conductive, conducting
 f conductible, conducteur (conductrice)

5840 **Leitfähigkeit** f
 e conductivity, conductance
 f conductibilité f, conductance f, conductivité f

5841 **Leitfähigkeit** f, elektrische
 e electric conductivity, electric conductance
 f conductance f électrique

5842 **Leitisotop** n
 e tracer isotope
 f isotope m traceur, isotope m indicateur

5843 **Leitschicht** f
 e conductive layer
 f couche f conductrice

5844 **Leitstrahl** m [Pilotstrahl]
 e pilot beam, localizer
 f rayon m pilote, rayon m de guidage m

5845 **Leitstrahl** m [Radiusvektor]
 e radius vector
 f vecteur m radial

5846 **Leitung** f [Anleitung]
 e direction, management
 f direction f

5847 **Leitung** f [elektrische]
 e circuit, link, line, channel
 f circuit m, ligne f, voie f, canal m

5848 **Leitung** f [Fortleitung]
 e conduction
 f conduction f, conduite f

5849 **Leitung** f [Rohrleitung]
 e piping, duct, line
 f conduite f, tuyauterie f, tuyau m, canalisation f

5850 Leitung f [Zuleitung]
 e feeder, lead, leads pl
 f feeder m, conduite f

5851 Leitung f, abgeschirmte
 e shielded line, screened circuit, screened line
 f circuit m blindé, ligne f blindée

5852 Leitung f, akustische
 e acoustic line
 f ligne f acoustique

5853 Leitung f, elektrische
 e electric line
 f ligne f électrique

5854 Leitung f, koaxiale
 e coaxial line
 f ligne f coaxiale

5855 Leitung f, metallische
 e metallic conduction
 f conduction f métallique

5856 Leitungsband n
 e conduction band
 f bande f de conduction f

5857 Leitungsdämpfung f
 e line attenuation
 f affaiblissement m de ligne f

5858 Leitungselektron n
 e conduction electron
 f électron m de conduction f

5859 Leitungsherabführung f
 e downlead
 f descente f

5860 Leitungskanal m
 e conduit, duct
 f conduit m, conduite f, tuyau m, caniveau m

5861 Leitungsrohr n
 e tube, pipe, duct
 f tube m, tuyau m, conduit m

5862 Leitungsstörung f
 e line fault, trouble on line
 f dérangement m de ligne f

5863 Leitungssystem n [elektrisch]
 e circuitry, cabling, cable running, link system
 f câblage m, système m de circuit m

5864 Leitungssystem n [Rohrleitung]
 e tubing, pipe system, pipeline
 f tuyauterie f, système m de tubes m/pl

5865 Leitungsverlauf m
 e cable running
 f tracé m de ligne f

5866 Leitungszug m
 → Leitungsverlauf m

5867 Leitvermögen n
 e conductibility, conductivity, conductance
 f conductibilité f, conductance f, conductivité f

5868 Leitwert m
 e conductance, admittance
 f conductance f, admittance f

5869 lenken v
 e drive, guide, steer
 f diriger, conduire, guider

5870 Lesen n, destruktives
 e destructive reading
 f lecture f destructive

5871 Letaldosis f
 e lethal dose
 f dose f létale

5872 Leuchtdichte f
 e luminous density, luminance
 f luminance f

5873 Leuchtdichtemesser m
 e luminance indicator
 f indicateur m de luminance f

5874 **leuchten** v
 e light, emit light, glow, shine
 f luire, briller, rayonner

5875 **Leuchtfarbe** f
 e luminous paint, fluorescent paint
 f peinture f lumineuse, peinture f fluorescente

5876 **Leuchtfleck** m
 e luminous spot, light spot
 f spot m lumineux, tache f fluorescente

5877 **Leuchtkraft** f
 e luminous intensity, lighting power, illuminating power
 f intensité f lumineuse, pouvoir m éclairant

5878 **Leuchtschicht** f
 e luminous coat, luminescent layer, fluorescent coat
 f couche f lumineuse, couche f fluorescente

5879 **Leuchtschirm** m
 e fluorescent screen
 f écran m fluorescent

5880 **Leuchtschirm-Photographie** f
 e fluorography
 f fluorographie f

5881 **Leuchtstoff** m
 e luminescent material
 f substance f luminescente

5882 **Leuchtstoffröhre** f
 e fluorescent tube
 f tube m fluorescent

5883 **Leuchtziffernanzeige** f
 e luminous digital indication
 f indication f numérique lumineuse

5884 **Licht** n, auffallendes
 e incident light
 f lumière f incidente

5885 **Licht** n, diffuses
 e diffuse light, diffused light
 f lumière f diffuse, lumière f diffusée

5886 **Licht** n, einfallendes
 e incident light
 f lumière f incidente

5887 **Licht** n, polarisiertes
 e polarized light
 f lumière f polarisée

5888 **Licht** n, reflektiertes
 e reflected light
 f lumière f réfléchie

5889 **Licht** n, sichtbares
 e visible light
 f lumière f visible

5890 **Lichtabsorption** f
 e light absorption
 f absorption f de lumière f

5891 **Lichtausbeute** f
 e luminous efficiency
 f rendement m lumineux

5892 **Lichtausstrahlung** f
 e emission of light, radiation of light
 f émission f de lumière f, rayonnement m lumineux

5893 **Lichtbeständigkeit** f
 e light resistance, fastness to light
 f résistance f à la lumière, stabilité f à la lumière

5894 **Lichtbogen** m
 e electric arc, arc
 f arc m électrique, arc m

5895 **Lichtbogenentladung** f
 e arc discharge
 f décharge f par arc m

5896 **Lichtbogenofen** m, elektrischer
 e electric arc furnace
 f four m électrique à arc m

5897 Lichtbogenschweißen n
  e arc welding
  f soudage m à l'arc m

5898 Lichtbogenschweißnaht f
  e arc-welding seam
  f soudure f à l'arc m

5899 Lichtbogenschweißung f
  e arc weld
  f soudure f à l'arc m

5900 lichtbrechend adj
  e refractive, refracting
  f réfractif

5901 Lichtbrechung f
  e refraction of light
  f réfraction f de la lumière

5902 Lichtdämpfung f
  e dimming, light attenuation
  f absorption f de la lumière, atténuation f de la lumière

5903 lichtdicht adj
  e light-tight
  f étanche à la lumière f

5904 Lichtdiffusion f
  e light diffusion
  f diffusion f de la lumière

5905 lichtdurchlässig adj
  e translucent, transparent
  f translucide, transparent

5906 Lichtdurchlässigkeit f
  e translucence, translucency, transparency
  f translucidité f, transparence f

5907 lichtelektrisch adj
  e photo-electric/photoelectric
  f photoélectrique

5908 Lichtemission f
  e light emission
  f émission f de lumière f

5909 lichtempfindlich adj
  e photosensitive, light-sensitive
  f sensible à la lumière, photosensible

5910 Lichtempfindlichkeit f
  e photosensitivity, actinism
  f sensibilité f à la lumière, actinisme m

5911 Lichtfilter m
  e light filter, optical filter
  f filtre m optique

5912 Lichtfleck m
  e light spot
  f spot m lumineux, tache f lumineuse

5913 Lichtintensität f
  e light intensity
  f intensité f de la lumière

5914 Lichtleiter m
  e photo-conductor
  f conducteur m photoélectrique

5915 Lichtmaschine f
  e dynamo, electric generator
  f dynamo f (à éclairage), génératrice f, générateur m électrique

5916 Lichtmesser m
  e photometer
  f photomètre m

5917 Lichtmodulation f
  e light modulation
  f modulation f de la lumière f

5918 Lichtquant n
  e light quantum, photon
  f quantum m de lumière, photon m

5919 Lichtquelle f
  e light source
  f source f de lumière f

5920 Lichtstärke f
  e light intensity
  f intensité f de la lumière

5921 Lichtstrahl m, reflektierter
e reflected light beam, reflected ray
f rayon m de lumière f réfléchi

5922 Lichtstrahlabtastung f
e light-beam scanning
f exploration f par rayon m lumineux

5923 Lichtstrahlung f
e light radiation, emission of light
f rayonnement m de lumière f, rayonnement m lumineux, émission f de lumière f

5924 Lichtstreuung f
e light diffusion
f diffusion f de la lumière

5925 Lichtstrom m [elektrisch]
e light current
f courant m d'éclairage m

5926 Lichtstrom m [Lichtfluß]
e luminous flux
f flux m lumineux

5927 lichtundurchlässig adj
e light-tight, opaque
f étanche à la lumière, opaque

5928 Lichtwelle f
e light wave
f onde f de lumière f, onde f lumineuse

5929 liefern v
e deliver, supply
f livrer, fournir

5930 Lieferung f
e delivery, supply
f livraison f, fourniture f, remise f

5931 liegend adj
e horizontal, lying
f horizontal, couché

5932 Linearbeschleuniger m [Linac]
e linear accelerator, linac
f accélérateur m linéaire

5933 linearisieren v
e linearize
f linéariser

5934 Linearmotor m
e linear motor
f moteur m linéaire

5935 Linie f [allgemein]
e line
f ligne f

5936 Linie f [Spektrallinie]
e line
f raie f

5937 Linie f [Strich]
e dash, stroke, line
f trait m, barre f, ligne f

5938 Linie f [Verlauf]
e path, line
f parcours m, tracé m, ligne f

5939 Linie f, dünne
e thin line
f trait m fin

5940 Linie f, gestrichelte
e dashed line
f ligne f en tirets m/pl

5941 Linie f, punktierte
e dotted line
f ligne f pointillée

5942 Linie f, strichpunktierte
e dash-dotted line
f ligne f interrompue et pointillée

5943 linienförmig adj
e line-shaped, linear
f en forme f de ligne, linéaire

5944 Linienholographie f, akustische
e acoustical line holography
f holographie f acoustique en ligne f

5945 **Linienintegral** n
  e line integral
  f intégrale f de ligne f

5946 **Linienraster** m
  e lattice
  f réseau m

5947 **Linienschreiber** m
  e line recorder
  f enregistreur m à tracés m/pl linéaires

5948 **Linienspektrum** n
  e line spectrum
  f spectre m de raies f/pl, spectre m de lignes f/pl

5949 **Linienverwaschung** f
  e line spread
  f oblitération f de ligne f

5950 **Linienverwaschungsfunktion** f [Radiographie]
  e line spread function
  f fonction f de l'oblitération f de ligne f

5951 **Linienzug** m
  e trace
  f tracé m

5952 **liniieren** v
  e rule
  f régler, ligner

5953 **linksgängig** adj
  e left-handed, anti-clockwise
  f à pas m à gauche

5954 **Linse** f [Optik]
  e lens
  f lentille f

5955 **Linse** f [Schweißen]
  e nugget
  f noyau m de soudure f

5956 **Linse** f, akustische
  e acoustic lens
  f lentille f acoustique

5957 **Linse** f, elektrostatische
  e electrostatic lens
  f lentille f électrostatique

5958 **Linse** f, konkave
  e concave lens
  f lentille f concave

5959 **Linse** f, konvexe
  e convex lens
  f lentille f convexe

5960 **Linse** f, magnetische
  e magnetic lens
  f lentille f magnétique

5961 **Linse** f, plankonkave
  e plano-concave lens
  f lentille f plane-concave

5962 **Linsenarray** n
  e fly's-eye lens, lens-type array
  f arrangement m lenticulaire

5963 **Linsendicke** f [Schweißen]
  e nugget, thickness
  f épaisseur f du noyau de soudure f

5964 **linsenförmig** adj
  e lens-shaped, lenticular
  f en forme f de lentille f, lenticulaire

5965 **Linsenmaßfehler** m
  e imperfect nugget dimensions pl
  f incorrections f/pl du noyau de soudure f

5966 **Linsenmitte** f [Schweißen]
  e middle of the nugget
  f centre m du noyau de soudure f

5967 **Linsenrand** m [Schweißen]
  e nugget edge
  f bord m du noyau de soudure f

5968 **Linsensystem** n [Optik]
  e lens system
  f système m de lentilles f/pl

5969 Liste f
e list, schedule, catalogue, catalog [USA]
f liste f, catalogue m, relevé m

5970 Literaturübersicht f
e bibliography
f bibliographie f

5971 Lithium n [Li]
e lithium
f lithium m

5972 Loch n [Elektronenfehlstelle]
e hole
f trou m

5973 Loch n [Leerstelle]
e void
f vide m

5974 Loch n [Lücke]
e gap
f évidement m, lacune f

5975 Loch n [Öffnung]
e opening, hole, orifice
f ouverture f, trou m, orifice m

5976 Loch n [Stanzloch]
e punch, perforation, hole
f perforation f, trou m

5977 lochen v
e perforate, punch, pierce, puncture
f perforer, poinçonner, percer

5978 Lochfraß m
e pitting, localized corrosion
f piqûre f

5979 Lochkarte f
e punch card
f carte f perforée

5980 lochkartengesteuert adj
e punch-card-controlled
f commandé par cartes f/pl perforées

5981 Lochstreifen n
e punched tape, perforated tape
f bande f perforée

5982 lochstreifengesteuert adj
e punched-tape-controlled
f commandé par bande f perforée

5983 Lochung f
e perforation, punching
f perforation f, poinçonnage m

5984 Lochversuch m
e punching test
f essai m de poinçonnage m

5985 locker adj
e loose, slack
f fiche, mou (molle), relâché, flasque

5986 lockern v
e loosen, untie
f resserrer, défaire

5987 logarithmisch adj
e logarithmic(al)
f logarithmique

5988 Logarithmus m, natürlicher
e natural logarithm
f logarithme m naturel

5989 Logik f
e logic
f logique f

5990 logisch adj
e logic(al)
f logique

5991 lokal adj
e local
f local

5992 Lokaldosis f
e local dose
f dose f locale

5993 Lokalisation f
 e localization
 f localisation f

5994 lokalisieren v
 e localize
 f localiser

5995 Lokalisierung f
 → Lokalisation f

5996 longitudinal adj
 e longitudinal
 f longitudinal

5997 Longitudinal...
 → Längs...

5998 Longitudinalschwingung f
 e longitudinal vibration, longitudinal oscillation
 f vibration f longitudinale, oscillation f longitudinale

5999 Longitudinalwelle f
 e longitudinal wave
 f onde f longitudinale

6000 Lorentz-Funktion f
 e Lorentz function
 f fonction f de Lorentz

6001 Lorentz-Transformation f
 e Lorentz transformation
 f transformation f de Lorentz

6002 lösbar adj [chemisch]
 e soluble, dissolvable
 f soluble

6003 lösbar adj [entfernbar]
 e removable, detachable
 f amovible, détachable

6004 lösbar adj [Problem]
 e resolvable, solvable, dissoluble
 f résoluble

6005 löschen v [Licht]
 e switch off, put out
 f mettre hors circuit m, éteindre

6006 löschen v [Lichtbogen]
 e quench, extinguish, extinct
 f étouffer, souffler, éteindre

6007 löschen v [Magnetband]
 e erase, degauss
 f effacer

6008 Löschen n [Magnetband]
 e erasure, erasing
 f effacement m

6009 Löschkopf m
 e erasing head, erase head
 f tête f d'effacement m

6010 Loschmidtsche Zahl f
 e Loschmidt's number, Loschmidt constant
 f nombre m de Loschmidt

6011 Löschpapier n
 e absorbent paper
 f papier m buvard

6012 lose adj
 e loose, slack, movable, transportable
 f lâche, mou (molle), relâché, agile, mobile, transportable

6013 Lösemittel n
 e solvent
 f dissolvant m, moyen m dissolvant

6014 lösen f [chemisch]
 e dissolve, solve
 f dissoudre

6015 lösen f [losmachen]
 e release, untie, demount, take away, detach, loosen, unbind, separate, remove, disconnect
 f détacher, séparer, enlever, s'éloigner, écarter, démonter, déconnecter

6016 lösen v [Problem]
 e resolve, solve
 f résoudre

6017 lösen v [Vertrag]
 e annul
 f annuler

6018 Löslichkeit f [chemisch]
 e solubility, dissolubility
 f solubilité f

6019 Löslichkeitstest m [von Faserstoffen]
 e test of solubility (of fibrous materials)
 f essai m de solubilité f (de matériaux fibreux)

6020 losmachen v
 e release, untie, dismount, take away, detach, loosen, unbind
 f détacher, séparer, enlever, s'éloigner, écarter, démonter, déconnecter

6021 Lösung f [Abblätterung]
 e peeling-off, peeling, lifting
 f exfoliation f, écaillage m, écaillement m

6022 Lösung f [Chemie]
 e solution, dissolution
 f solution f

6023 Lösung f [Entfernen]
 e detachment, separation
 f détachement m, séparation f

6024 Lösung f [Lösemittel]
 e solvent, solvent remover
 f dissolvant m, moyen m dissolvant

6025 Lösung f [Problem]
 e solution
 f solution f, résolution f

6026 Lösung f [Trennung]
 e loosening, release, releasing, disconnection, separation, unlocking
 f desserrage m, déconnexion f, séparation f

6027 Lösung f [Vertrag]
 e annulment
 f annulation f, résiliation f

6028 Lösung f, graphische
 e graphic solution
 f solution f graphique

6029 Lösung f, wäßrige
 e aqueous solution
 f solution f aqueuse

6030 Lösungsglühen n
 e solution treatment
 f mise f en solution f

6031 Lösungsmittel n
 e solvent, dissolvent
 f solvant m, dissolvant m, moyen m dissolvant

6032 Lösungsversuch m [Faserstoffanalyse]
 e test of solubility (of fibrous materials)
 f essai m de solubilité f (de matériaux fibreux)

6033 Lot n [Hartlot]
 e brazing solder
 f brasure f

6034 Lot n [mathematisch]
 e perpendicular, perpendicular line
 f perpendiculaire f

6035 Lot n [Senkblei]
 e plummet, lead, plumb
 f fil m à plomb m, plomb m, sonde f

6036 Lot n [Weichlot]
 e tin-lead solder, soft solder
 f étain m à souder, soudure f

6037 lötbar adj
 e solderable
 f soudable

6038 löten v [hartlöten]
 e braze
 f braser

6039 löten f [weichlöten]
  e solder
  f souder, souder à l'étain m

6040 Löten n, hartes
  e brazing
  f brasage m

6041 Löten n, weiches
  e soldering
  f soudage m, soudage m à l'étain m

6042 Lotriß m
  e hot crack
  f fissure f à chaud

6043 Lötstelle f, kalte
  e cold shot, dry joint
  f décollement m, soudure f sèche

6044 Lötverbindung f
  e soldered joint, soldered connection
  f joint m soudé

6045 Love-Welle f
  e Love wave
  f onde f Love

6046 Lücke f
  e gap, interval, discontinuity
  f lacune f, intervalle m, évidement m, discontinuité f

6047 Luft f [physikalisch]
  e air
  f air m

6048 Luft f [Spielraum]
  e clearance, play
  f jeu m

6049 Luft f, feuchte
  e humid air
  f air m humide

6050 Luft f, flüssige
  e liquid air
  f air m liquide

6051 Luft f, komprimierte
  e compressed air
  f air m comprimé

6052 Luft f, zuführen
  e air, aerate, ventilate
  f aérer, ventiler

6053 Luftauslaß m
  e air outlet
  f sortie f d'air m

6054 Luftbehälter m
  e air vessel
  f réservoir m d'air m

6055 Luftblase f
  e air bubble
  f bulle f d'air m, poche f d'air m

6056 luftblasenfrei adj
  e free from air bubbles pl
  f exempt de bulles f/pl d'air m

6057 luftdicht adj
  e airtight, airsealed
  f étanche à l'air m, imperméable à l'air m, hermétique

6058 Luftdruck m [allgemein]
  e air pressure
  f pression f d'air m

6059 Luftdruck m [Normaldruck]
  e atmospheric pressure, barometric pressure
  f pression f atmosphérique, pression f barométrique

6060 Luftdruckmesser m
  e barometer
  f baromètre m

6061 luftdurchlässig adj
  e permeable to air, porous
  f perméable à l'air m, poreux

6062 Luftdurchlässigkeit f
  e permeability to air
  f perméabilité f à l'air m

6063 Luftdurchlässigkeitsprüfung f
 e test of permeability to air
 f essai m de la perméabilité à l'air m

6064 Lufteinlaß m
 e air intake, air access, air admission
 f entrée f d'air m, admission f d'air m

6065 Lufteintritt m
 → Lufteinlaß m

6066 lüften v
 e air, aerate, degas, ventilate
 f aérer, ventiler, désaérer, dégager le gaz, dégazer

6067 Luftentfeuchter m
 e air dehumidifier
 f déhumidificateur m d'air m

6068 Lüfter m
 e air blower, fan, ventilator
 f aérateur m, ventilateur m

6069 Luftfahrt f
 e aeronautics pl
 f aéronautique f

6070 Luftfahrtindustrie f
 e aeronautical industry
 f industrie f aéronautique

6071 Luftfahrttechnik f
 e aeronautical engineering, aerotechnics pl [USA]
 f technique f aéronautique

6072 Luftfahrzeug n
 e aircraft, airplane [USA]
 f avion m

6073 Luftfeuchtigkeit f
 e air humidity, atmospheric humidity
 f humidité f de l'air m

6074 luftgekühlt adj
 e air-cooled
 f refroidi par air m

6075 Luftgeschwindigkeit f
 e air speed
 f vitesse f de l'air m

6076 Luftkissen n
 e air cushion
 f coussin m à air m

6077 Luftkühlung f
 e air cooling
 f refroidissement m par air m

6078 luftleer adj
 e evacuated
 f évacué, vide

6079 Luftpumpe f
 e airpump
 f pompe f à air m, gonfleur m

6080 Luftreibung f
 e air friction
 f friction f à air m

6081 Luftschicht f
 e air space, air layer
 f couche f d'air m

6082 Luftspalt m
 e air gap
 f espace m d'air m, entrefer m

6083 Lüftung f
 e ventilation
 f ventilation f

6084 Luftverdichtung f
 e air compression
 f compression f d'air m

6085 Luftverdünnung f
 e air rarefaction
 f raréfaction f d'air m

6086 Luftversorgung f
 e air supply
 f alimentation f d'air m

6087 Luftvolumen n
 e air volume
 f volume m d'air m

6088 Luftzufuhr f
 e air supply
 f alimentation f d'air m

6089 Luftzulaß m
 e air intake, air access, air admission
 f entrée f d'air m, admission f d'air m

6090 Lumineszenz f
 e luminescence
 f luminescence f

6091 lumineszierend adj
 e luminescent
 f luminescent

6092 Lunker m
 e shrink hole, shrinkage cavity, pipe, funnel
 f retassure f

6093 Lunkerbildung f
 e formation of shrink holes pl, formation of shrinkage cavities pl, piping
 f formation f de retassures f/pl, retassures f/pl se produisant dans les soudures f/pl

6094 Lunkerverhütungsmittel n
 e anti-piping compound
 f agent m pour éliminer la retassure

6095 Lupe f
 e magnifier
 f loupe f

6096 Luppe f
 e slab, bloom
 f brame f, bloom m

M

6097 Mäanderkurve f
  e meander curve, rectangular curve
  f courbe f méandre, courbe f rectangulaire

6098 Machart f
  e make, fabrication, mark, workmanship
  f facture f, façon f, fabrication f, marque f

6099 Magnesium n [Mg]
  e magnesium
  f magnésium m

6100 Magnet m, permanenter
  e permanent magnet
  f aimant m permanent

6101 Magnetband n
  e magnetic tape, tape, recording tape
  f bande f magnétique, bande f, bande f d'enregistrement m

6102 Magnetbandaufnahme f
  e magnetic tape record
  f enregistrement m sur bande f magnétique

6103 Magnetblase f
  e magnetic bubble
  f bulle f magnétique

6104 Magneteisen n
  e magnetic iron
  f fer m magnétique

6105 Magnetfeld n
  e magnetic field
  f champ m magnétique

6106 Magnetfeldmessung f
  e magnetic field measurement
  f mesure f du champ magnétique

6107 Magnetfeldstärke f
  e magnetic field intensity
  f intensité f du champ magnétique

6108 Magnetfluß m
  e magnetic flow
  f flux m magnétique

6109 Magnetinduktion f
  e magnetic induction
  f induction f magnétique

6110 Magnetinduktionssonde f
  e magnet-inductive probe
  f sonde f à induction f par aimant m

6111 magnetisch adj
  e magnetic(al)
  f magnétique

6112 magnetisierbar adj
  e magnetizable
  f aimantable, magnétisable

6113 magnetisieren v
  e magnetize
  f aimanter, magnétiser

6114 Magnetisierung f
  e magnetization
  f aimantation f, magnétisation f

6115 Magnetisierungskurve f
  e magnetization curve
  f courbe f d'aimantation f

6116 Magnetisierungsspule f
  e magnetizing coil
  f bobine f d'aimantation f, courant m magnétisant

6117 Magnetisierungsstrom m
  e magnetization current
  f courant m d'aimantation f, courant m magnétisant

6118 Magnetismus m, remanenter
 e remanent magnetism, residual magnetism
 f magnétisme m rémanent, magnétisme m résiduel

6119 Magnetit m
 e magnetite
 f magnétite f

6120 Magnetkern m
 e magnetic core
 f noyau m magnétique

6121 Magnetkopf m
 e magnetic head
 f tête f magnétique

6122 Magnetnadel f
 e magnetic needle
 f aiguille f magnétique

6123 magnetoakustisch adj
 e magnetoacoustic
 f magnéto-acoustique

6124 magnetoelastisch adj
 e magnetoelastic
 f magnéto-élastique

6125 Magnetographie f
 e magnetography
 f magnétographie f

6126 Magnetohydrodynamik f
 e magneto-hydrodynamics pl
 f magnéto-hydrodynamique f

6127 magnetohydrodynamisch adj
 e magneto-fiydrodynamic
 f magnéto-hydrodynamique

6128 magnetoionisch adj
 e magneto-ionic
 f magnéto-ionique

6129 Magnetometersonde f
 e magnetometer probe
 f sonde f magnétométrique

6130 magnetooptisch adj
 e magnetooptical
 f magnéto-optique

6131 Magnetostriktion f
 e magnetostriction
 f magnétostriction f

6132 magnetostriktiv adj
 e magnetostrictive
 f magnétostrictif

6133 Magnetplatte f
 e magnetic disk
 f disque m magnétique

6134 Magnetpulver n, trockenes
 e dry magnetic powder
 f poudre f magnétique sèche

6135 Magnetpulveranzeige f
 e magnetic particle indication
 f indication f par poudre f magnétique

6136 Magnetpulverflüssigkeit f
 e magnetic ink
 f encre f magnétique

6137 Magnetpulverprüfung f
 e magnetic power test, magnetic particle test, magnetoscopy, magnetoscopic test, magnetic particle flaw detection
 f essai m par poudre f magnétique, contrôle m par particules f/pl magnétiques, magnétographie f, contrôle m magnétoscopique

6138 Magnetpulver-Prüfverfahren n
 → Magnetpulverprüfung f

6139 Magnetpulververfahren n
 e magnetic-particle method
 f méthode f à poudre f magnétique

6140 Magnetron n
 e magnetron
 f magnétron m

6141 Magnetsonde f
  e magnetic probe
  f sonde f magnétique

6142 Magnetsondenverfahren n
  e magnetic probe method
  f méthode f à sonde f magnétique

6143 Magnetspule f
  e magnet coil
  f bobine f d'aimant m

6144 Magnetstrahl m
  e magnetic steel
  f acier m pour aimants m/pl

6145 Magnetstreufeld n
  e magnetic stray field
  f champ m de dispersion f magnétique

6146 Magnetsystem n
  e magnet system
  f système m magnétique

6147 Magnetwicklung f
  e magnet winding
  f enroulement m d'aimant m

6148 Makel m
  e imperfection, fault, defect
  f défaut m, défectuosité f

6149 Makroanalyse f
  e macroanalysis
  f macroanalyse f

6150 Makrolunker m
  e interdendritic shrinkage
  f retassure f interdendritique

6151 makromolekular adj
  e macromolecular
  f macromoléculaire

6152 Makroriß m
  e macrocrack
  f macro-fissure f

6153 makroskopisch adj
  e macroscopic
  f macroscopique

6154 Mangan n [Mn]
  e manganese
  f manganèse m

6155 Mangangehalt m
  e manganese content
  f teneur f en manganèse m

6156 manganhaltig adj
  e manganesiferous
  f manganésifère

6157 Manganstahl m
  e manganese steel
  f acier m au manganèse

6158 Mangel m [Fehler]
  e failure, outage, malfunction, imperfection, fault, defect
  f faute f, défaut m, manque m, panne f, défaillance f, défectuosité f

6159 Mangel m [Knappheit]
  e deficiency
  f déficit m, pénurie f

6160 Mangel f [Rolle]
  e mangle, calender
  f calandre f

6161 mangelhaft adj
  e imperfect, defective, containing faults pl, deficient
  f imparfait, défectueux, contenant des défauts m/pl

6162 Manipulation f
  e manipulation
  f manœuvre f, manipulation f

6163 Manipulator m
  e manipulator
  f manipulateur m

6164 Manipulator m, ferngesteuerter
 e telecontrolled manipulator
 f manipulateur m télécommandé

6165 Mannloch n
 e manhole
 f trou m d'homme m

6166 Manometer n
 e manometer
 f manomètre m

6167 Mantel m
 e cover, coat, jacket, shell, shield, envelope
 f enveloppe f, revêtement m, gaine f, enceinte f, enrobement m

6168 manuell adj
 e manual
 f manuel

6169 Marke f [Fabrikat]
 e brand, mark, make, product
 f marque f, produit m, fabrication f

6170 Marke f [Kennzeichen]
 e index, sign, signature, mark
 f index m, repère m, signature f, signe m

6171 markieren v
 e mark, sign, designate
 f marquer, signer, repérer

6172 Markierungseinrichtung f
 e marking device
 f dispositif m de marquage m

6173 Markierungsimpuls m
 e marker pulse
 f impulsion f de marquage m

6174 Martensit m
 e martensite
 f martensite f

6175 martensitisch adj
 e martensitic
 f martensitique

6176 Maschinenbau m
 e mechanical engineering
 f construction f mécanique

6177 Maschinengeräusch n
 e machine noise
 f bruit m de machine f

6178 Maschinenteil n
 e machine part
 f élèment m de machine f, pièce f mécanique

6179 Maske f
 e mask
 f masque m

6180 Maß n [Abmessung]
 e measure, dimension
 f mesure f, dimension f, cote f

6181 Maß n [Einheit]
 e unit
 f unité f

6182 Maß n [Maßstab]
 e scale, measure, rate
 f mesure f, échelle f, norme f

6183 Maß n [Meßstab]
 e rule, ruler, scale rule, stick
 f règle f graduée

6184 Maßabweichung f, zulässige
 e allowance, tolerance
 f tolérance f

6185 Masse f [Erde]
 e earth, ground [USA]
 f terre f, masse f

6186 Masse f [physikalisch]
 e mass
 f masse f

6187 Masse f, bewegte
 e moving mass
 f masse f mouvante

6188 Masse f, effektive
 e effective mass
 f masse f effective

6189 Masse f, kritische
 e critical mass
 f masse f critique

6190 Masse f, plastische
 e plastic mass
 f masse f plastique

6191 Masse f, ruhende
 e rest mass
 f masse f au repos

6192 Maßeinheit f
 e unit of measure, unit (of measurement)
 f unité f de mesure f, unité f

6193 Massel f
 e ingot
 f lingot m, gueuse f

6194 Massenabsorption f
 e mass absorption
 f absorption f de masse f, absorption f massique

6195 Massenanalyse f
 e mass analysis
 f analyse f de masse f

6196 Massenbestimmung f
 e mass assignment
 f détermination f de masse f

6197 Massenfertigung f
 e mass production, batch production, bulk production, series manufacture
 f production f en masse f, fabrication f en série f

6198 Massenherstellung f
 → Massenfertigung f

6199 Massenmittelpunkt m
 e centre of gravity, centre of mass
 f centre m de gravité f, centre m de masse f

6200 Massenproduktion f
 → Massenfertigung f

6201 Massenschwächungskoeffizient m
 e mass attenuation coefficient
 f coefficient m d'atténuation f massique

6202 Massenspektrographie f
 e mass spectrography
 f spectrographie f de masse f

6203 Massenspektrometer n
 e mass spectrometer
 f spectromètre m de masse f

6204 massenspektrometrisch adj
 e mass spectrometric
 f masse-spectrométrique

6205 massenspektroskopisch adj
 e mass spectroscopic
 f masse-spectroscopique

6206 Massenspektrum n
 e mass spectrum
 f spectre m de masse f

6207 Massenstreuung f
 e mass dispersion, mass scattering
 f dispersion f de masse f, diffusion f massique

6208 Massenteil n [Massenproduktion]
 e mass-produced part, batch product, bulk-manufactured piece
 f pièce f produite en masse f, article m de série f, pièce f fabriquée en grande série f

6209 Massenteil n [Masseteilchen]
 e mass particle, mass element
 f élément m de masse f

6210 Masseteilchen f
 → Massenteil n [Masseteilchen]

6211 Maßfehler m
 e dimensional error, wrong dimension
 f erreur f de dimensionnement m, défaut m de cotes f/pl

Material

6212 Maßgenauigkeit f
 e dimensional accuracy
 f précision f dimensionnelle

6213 Maßhaltigkeit f
 e accuracy, correctness
 f exactitude f

6214 massiv adj
 e massive, solid, compact, consistent
 f massif, solide, consistant, dur

6215 Maßlinie f
 e dimension line
 f ligne f de cote f

6216 Maßskizze f
 e dimensioned sketch
 f croquis m coté

6217 Maßstab m (im ~ 1:1)
 e scale 1:1, full size, full scale, correspondence
 f échelle f 1:1, en vraie grandeur f, en grandeur f naturelle

6218 Maßstab m [Meßstab]
 e rule, scale rule, ruler, stick
 f règle f, règle f graduée, tige f de jauge f

6219 Maßstab m [Zeichnung]
 e measure, scale
 f échelle f

6220 Maßstab m, logarithmischer
 e logarithmic scale
 f échelle f logarithmique

6221 Maßstab m, verkleinerter
 e reduced scale
 f échelle f réduite

6222 Maßzahl f
 e dimension figure
 f cote f

6223 Mast m
 e mast, pylon, pole
 f mât m, pylône m, poteau m

6224 Mast m, geteerter
 e tarred pole
 f poteau m goudronné

6225 Mast m, getränkter
 e impregnated pole
 f poteau m imprégné

6226 Material n [Ausrüstung]
 e material
 f matériel m

6227 Material n [Rohstoff]
 e material
 f matière f

6228 Material n [Werkstoff]
 e material
 f matériau m, matériaux m/pl

6229 Material n, absorbierendes
 e absorbing material
 f matière f absorbante, absorbant m

6230 Material n, aktives
 e active material
 f matière f active

6231 Material n, beanspruchtes
 e stressed material
 f matériaux m/pl chargés

6232 Material n, biologisches
 e biological material
 f matière f biologique

6233 Material n, elastisches
 e elastic(al) material
 f matière f élastique

6234 Material n, faserverstärktes
 e fiber-reinforced material
 f matière f renforcée par fibres f/pl

6235 Material n, ferromagnetisches
 e ferromagnetic material
 f matière f ferromagnétique

6236 **Material** n, hitzeunempfindliches
 e heat-proof material
 f matière f résistant à la chaleur

6237 **Material** n, plastisches
 e plastic material
 f matière f plastique

6238 **Material** n, thermoplastisches
 e thermoplastic material
 f matière f thermoplastique

6239 **Material** n, unmagnetisches
 e non-magnetic material
 f matière f non-magnètique

6240 **Materialbeanspruchung** f
 e stress on material
 f effort m des matériaux m/pl

6241 **Materialeinsparung** f
 e saving in material, saving of material
 f économie f de matériaux m/pl,
 épargne f en matière f

6242 **Materialersparnis** f
 → Materialeinsparung f

6243 **Materialfehler** m
 e material flaw, material defect,
 material inhomogeneity
 f défaut m du matériau, défectuosité f
 du matériau

6244 **Materialfestigkeit** f
 e material strength
 f résistance f du matériau

6245 **Materialkonstante** f
 e material constant
 f constante f de matériau m

6246 **Materialkunde** f
 e materials science
 f science f des matériaux m/pl

6247 **Materialprobe** f
 e material specimen, material sample
 f échantillon m de matériau m,
 éprouvette f de matériau m

6248 **Materialprüfung** f [Einzelprüfung]
 e material test, material examination
 f essai m de matériau m

6249 **Materialprüfung** f [Prüfwesen]
 e testing of materials pl
 f contrôle m des matériaux m/pl

6250 **Materialtrennung** f [Aussonderung]
 e material separation
 f séparation f des matériaux m/pl

6251 **Materialtrennung** f [Materialungänze]
 e discontinuity
 f discontinuité f

6252 **Materialzusammensetzung** f
 e material composition
 f composition f de la matière

6253 **Materie** f
 e matter, substance
 f matière f, substance f

6254 **Materiewelle** f
 e matter wave, de Broglie wave
 f onde f matérielle, onde f de Broglie

6255 **Matrix** f
 e matrix
 f matrice f

6256 **Matrize** f
 e die, stamper, stencil
 f matrice f, empreinte f, estampe f

6257 **matt** adj
 e mat, dull, frosted
 f mat, terne, dépoli

6258 **Mauer** f
 e wall
 f mur m

6259 **Mauersteinprüfung** f
 e brick test
 f essai m de brique f

6260 Mauerwerksprüfung f
 e masonry test
 f essai m de maçonnerie f

6261 maximal adj
 e maximum
 f maximum

6262 Maximalamplitude f
 e maximum amplitude
 f amplitude f maximum

6263 Maximalbelastung f
 e maximum load
 f charge f maximum

6264 Maximum n
 e maximum
 f maximum m

6265 Mechanik f
 e mechanics pl
 f mécanique f

6266 mechanisch adj
 e mechanic(al)
 f mécanique

6267 mechanisch angetrieben adj
 e mechanically driven, mechanically operated
 f entraîné mécaniquement

6268 mechanisieren v
 e mechanize
 f mécaniser

6269 Mechanisierung f
 e mechanization
 f mécanisation f

6270 Medium n
 e medium, agent
 f médium m, moyen m, agent m, substance f

6271 Medium n, festes
 e solid
 f corps m solide, solide m

6272 Mehrelementprüfkopf m
 e multi-element test probe, multiprobe
 f palpeur m à plusieurs éléments m/pl, sonde f multiélément, multipalpeur m

6273 Mehrfachausnutzung f
 e multiple use
 f utilisation f multiple

6274 Mehrfachbereich m
 e multirange
 f gamme f multiple

6275 Mehrfachecho n
 e multiple echo
 f écho m multiple

6276 Mehrfachechofolge f
 e multiple-echo succession
 f succession f d'écho m multiple

6277 Mehrfachlegierung f
 e multiple alloy
 f alliage m multiple

6278 Mehrfachnutzung f
 e multiple use
 f utilisation f multiple

6279 Mehrfachreflexion f
 e multiple reflection
 f réflexion f multiple

6280 Mehrfachregelung f
 e multiple control
 f contrôle m multiple

6281 Mehrfachriß m
 e multiple crack
 f fissure f multiple

6282 Mehrfachrückstreuung f
 e multiple backscattering
 f rétrodiffusion f multiple

6283 Mehrfachschreiber m
 e multiple recorder
 f enregistreur m multicourbe

6284 **Mehrfachstreuung** f
 e multiple scattering, plural scattering
 f diffusion f multiple

6285 **Mehrfachsystem** n
 e multiple system
 f système m multiple

6286 **Mehrfarbenschreiber** m
 e multicolour ink recorder
 f enregistreur m multicolore

6287 **Mehrfrequenz...**
 e multifrequency ...
 f ... multifréquence

6288 **Mehrfrequenz-Verfahren** n
 e multifrequency method
 f méthode f multifréquence

6289 **Mehrfrequenz-Wirbelstromverfahren** n
 e multifrequency eddy current method
 f méthode f des courants m/pl de Foucault à plusieurs fréquences f/pl

6290 **Mehrkanal...**
 e multichannel ...
 f ... multicanal, ... multicanaux, à plusieurs canaux m/pl

6291 **Mehrkanal-Abtastsystem** n
 e multichannel scanning system
 f système m d'exploration f multicanal

6292 **Mehrkopf-Tandemtechnik** f
 e multi-probe tandem technique
 f technique f tandem à multi-palpeurs m/pl

6293 **mehrlagig** adj
 e multi-layer
 f multicouche

6294 **Mehrparameterverfahren** n
 e multi-parameter method
 f méthode f à paramètres m/pl multiples

6295 **mehrschichtig** adj
 e multi-layer
 f multicouche

6296 **mehrstufig** adj
 e multistage
 f à plusieurs étages m/pl

6297 **Mehrzweck...**
 e multipurpose
 f à usage m multiple

6298 **Meißelversuch** m
 e chipping test
 f essai m au burin

6299 **melden** v [alarmieren]
 e alarm
 f alarmer

6300 **melden** v [mitteilen]
 e report, inform, announce
 f annoncer, rapporter, informer

6301 **melden** v [signalisieren]
 e signalize, signal
 f signaler

6302 **Membran** f
 e diaphragm, membrane
 f diaphragme m, membrane f, pastille f

6303 **Membran** f, rechteckförmige
 e rectangular diaphragm
 f diaphragme m rectangulaire

6304 **Menge** f
 e amount, quantity, magnitude
 f quantité f, taux m

6305 **mengenmäßig** adj
 e quantitative
 f quantitatif

6306 **merklich** adj
 e remarkable
 f remarquable

6307 Meßbereich m
　e measuring range
　f gamme f de mesure f

6308 Meßbereichserweiterung f
　e range multiplying, measuring range extension
　f extension f de la gamme de mesure f

6309 Meßblende f
　e measuring diaphragm
　f diaphragme m de mesure f

6310 Meßeinrichtung f
　e measuring equipment, measuring installation, measuring device
　f équipement m de mesure f, installation f de mesure f, dispositif m de mesure f

6311 messen v
　e measure
　f mesurer

6312 Messen n
　e measuring, measurement
　f mesurage m, mesure f

6313 Meßfehler m
　e error of measurement
　f erreur f de mesure f

6314 Meßfühler m
　e sensor, sensing element, measuring pick-up
　f capteur m, sonde f de mesure f, transducteur m de mesure f

6315 Meßgenauigkeit f
　e measuring accuracy, accuracy in measurement
　f précision f de mesure f

6316 Meßgerät n
　e measuring device, measuring apparatus, measuring instrument
　f appareil m de mesure f, dispositif m de mesure f, instrument m de mesure f

6317 Meßgröße f
　e quantity to be measured
　f grandeur f mesurée

6318 Messing n
　e brass
　f laiton m

6319 Meßinstrument n
　e measuring instrument
　f instrument m de mesure f

6320 Meßkopf m
　e probe, measuring head, measuring head, transducer
　f tête f de mesure f, sonde f, transducteur m, palpeur m

6321 Meßmethode f
　e measurement technique
　f méthode f de mesure f

6322 Meßpunkt m
　e point of measurement, test point
　f point m de mesure f

6323 Meßsonde f
　e measuring probe
　f palpeur m, sonde f de mesure f

6324 Meßspannung f
　e measured voltage
　f tension f mesurée

6325 Meßspule f
　e measuring coil, test coil
　f bobine f de mesure f, bobine f exploratrice

6326 Meßstelle f
　→ Meßpunkt m

6327 Meßtechnik f [technische Disziplin]
　e measuring engineering
　f technique f des mesures f/pl

6328 Meßtechnik f [Verfahrensart]
　e measuring technique, measuring method
　f méthode f de mesure f

6329 Messung f
 e measurement
 f mesure f, mesurage m

6330 Messung f, berührungslose
 e contactless measurement, noncontact measurement
 f mesure f sans contact m

6331 Meßungenauigkeit f
 e inaccuracy of measurement
 f inexactitude f de mesure f

6332 Meßunsicherheit f
 e incertitude of measurement
 f incertitude f de mesure f

6333 Meßverfahren n
 e measuring method, measuring method
 f méthode f de mesure f

6334 Meßverstärker m
 e measuring amplifier
 f amplificateur m de mesure f

6335 Meßvorrichtung f
 e measuring equipment, measuring installation, measuring device
 f installation f de mesure f, équipement m de mesure f, dispositif m de mesure f

6336 Meßwert m
 e measured value, datum, data pl
 f valeur f de mesure f, valeur f mesurée, donnée f

6337 Meßwertausreißer m
 e outlier, run-away/runaway
 f fuyard m, observation f extrême aberrante

6338 Meßwertübertragung f
 e data transmission
 f transmission f des données f/pl

6339 Metall n, heißgewalztes
 e hot rolled metal
 f métal m laminé à chaud

6340 Metall n, kaltgewalztes
 e cold rolled metal
 f métal m laminé à froid

6341 Metallbearbeitung f
 e metal working
 f usinage m de métal m

6342 Metallbelag m
 e metal cover, metallic coating, metallic film
 f recouvrement m métallique, revêtement m métallique, couche f métallique, film m métallique

6343 Metallblech n
 e sheet metal
 f tôle f métallique

6344 Metallblock m
 e ingot
 f lingot m, barre f

6345 Metallegierung f
 e metallic alloy, metal alloy
 f alliage m métallique

6346 Metallfolie f
 e metallic foil, metal foil
 f feuille f métallique, feuille f mince de métal m

6347 metallhaltig adj
 e metalliferous
 f métallifère

6348 metallisieren v
 e metallize
 f métalliser

6349 Metallkassette f
 e metal cassette
 f cassette f métallique

6350 Metallkeramik f
 e ceramic-metal (cermet)
 f céramique f à métal m, cermet m

6351 Metallklebstoff m
 e adhesive for metals pl
 f colle f pour métaux m/pl

6352 Metallklebung f
 e bonded metal joint
 f collage m de métal m

6353 Metallkunde f
 e metallurgy
 f métallurgie f

6354 Metallniederschlag m
 e metallic deposit
 f précipité m métallique, dépôt m de métal m

6355 Metallographie f
 e metallography
 f métallographie f

6356 Metallpulver n
 e metallic powder
 f poudre f métallique

6357 Metallschicht f
 e metallic coating, metal cover, metallic film
 f recouvrement m métallique, revêtement m métallique, couche f métallique, film m métallique

6358 Metallüberzug m
 e metal covering, metallization
 f couche f métallique, métallisation f

6359 Metalluntersuchung f
 e examination of metals pl, metallography
 f étude f des métaux m/pl, métallographie f

6360 Metallurgie f
 e metallurgy
 f métallurgie f

6361 metallurgisch adj
 e metallurgical
 f métallurgique

6362 Metallverbindung f [chemisch]
 e metal compound
 f composé m métallique

6363 Metallverbindung f [konstruktiv]
 e metallic joint
 f assemblage m métallique

6364 Metallwerkstück n
 e metal workpiece
 f pièce f métallique

6365 Methode f
 → Verfahren n

6366 Methode f der finiten Elemente
 e method of finite elements pl
 f méthode f des éléments m/pl finis

6367 Methode f der kleinsten Quadrate
 e method of least squares pl
 f méthode f des plus petits carrés m/pl

6368 Mikroanalyse f
 e microanalysis
 f microanalyse f

6369 Mikrodefekt m
 e microdefect
 f microdéfaut m

6370 Mikroelektronik f
 e microelectronics pl
 f microélectronique f

6371 Mikrogefüge n
 e microstructure
 f microstructure f

6372 Mikrohärte f
 e microhardness
 f microdureté f

6373 Mikrohärteprüfung f
 e microhardness test
 f essai m de microdureté f

6374 Mikrolunker m
 e microshrinkage
 f microretassure f

6375 Mikrophon n
 e microphone, micro, mike [USA]
 f microphone m, micro m

6376 Mikrophotometer n
 e microphotometer
 f microphotomètre m

6377 Mikrophotometrie f
 e microphotometry
 f microphotométrie f

6378 Mikroporosität f
 e microporosity
 f microporosité f

6379 Mikroradiographie f
 e microradiography
 f microradiographie f

6380 Mikroriß m
 e microcrack, hairline crack, microfissure, capillary flaw
 f micro-fissure f, microfente f, fissure f capillaire, tapure f

6381 Mikrorißbildung f
 e hairline cracking, microcrack formation
 f microfissuration f

6382 Mikroskop n
 e microscope
 f microscope m

6383 Mikrosonde f
 e microprobe
 f microsonde f

6384 Mikrospannung f [elektrisch]
 e microvoltage
 f micro-tension f

6385 Mikrospannung f [mechanisch]
 e microstress
 f micro-tension f

6386 Mikrostruktur f
 e microstructure, fine structure
 f microstructure f

6387 Mikrotron n
 e microtron
 f microtron m

6388 Mikrowelle f
 e microwave
 f micro-onde f

6389 Mikrowellen-Anlage f
 e microwave apparatus
 f dispositif m à micro-ondes f/pl

6390 Mikrowellentechnik f
 e microwave technique
 f technique f des micro-ondes f/pl

6391 mindern v
 e reduce, decrease, diminish
 f réduire, décroître, diminuer

6392 Minderung f
 e reduction, decrease, diminution
 f réduction f, décroissance f, diminution f, chute f

6393 Minderwertiges n
 e waste, rejects pl, refuse, rubbish
 f déchet m, rebut m

6394 Mindestabstand m
 e minimum distance, minimum spacing
 f distance f minimum, écartement m minimum

6395 Mindestbelastung f
 e minimum load
 f charge f minimum

6396 Mindestentfernung f
 e minimum spacing, minimum distance
 f écartement m minimum, distance f minimum

6397 Mindestfehlergröße f
 e minimum flaw size
 f dimension f minimum du défaut

6398 Mindestwert m
  e minimum value, minimum
  f valeur f minimum, minimum m

6399 Mineral n
  e mineral
  f minéral m

6400 Miniaturausführung f
  e miniature type
  f version f miniature

6401 Minimal...
  → Mindest...

6402 minimisieren v
  e minimize
  f minimiser

6403 Minuspol m
  e negative pole
  f pôle m négatif

6404 Minuszeichen n
  e minus sign, minus
  f signe m moins, moins m

6405 Mischanlage f
  e mixing installation, mixing device, mixer
  f installation f de mixage m, dispositif m mélangeur, mélangeur m

6406 Mischeinrichtung f
  → Mischanlage f

6407 mischen v
  e mix
  f mélanger, mixer

6408 Mischferrit m
  e mixed ferrite
  f ferrite f mixte

6409 Mischung f
  e mixture, mixing, mixtion, blending, combination
  f mélange m, mixage m, combinaison f

6410 Mischungsverhältnis n
  e proportion of components pl, combination ratio, mixture
  f rapport m de mélange m, proportion f de mélange m

6411 Mischverhältnis n
  → Mischungsverhältnis n

6412 Mischvorrichtung f
  e mixing installation, mixing device, mixer
  f installation f de mixage m, dispositif m mélangeur, mélangeur m

6413 Mißformung f
  e anomaly, abnormity, irregularity
  f anomalie f, irrégularité f

6414 mißgeformt adj
  e anomalous, abnormal, irregular
  f anormal, anomal, irrégulier

6415 Mißverhältnis n
  e asymmetry, disproportion
  f asymétrie f, dissymétrie f, disproportion f

6416 Mitkopplung f
  e positive feedback
  f réaction f positive

6417 Mitlauf m
  e follow
  f accompagnement m

6418 mitschwingen v
  e resonate
  f résonner

6419 Mitte f
  e centre, middle, center [USA]
  f centre m, milieu m

6420 mitteilen v
  e announce, report, inform
  f annoncer, rapporter, informer

6421 Mittel n [Medium]
  e medium, means, agent
  f médium m, moyen m, milieu m, substance f, agent m

6422 Mittel n [Mittelwert]
  e mean, average
  f moyenne f, moyen m

6423 Mittel n, arithmetisches
  e arithmetic mean
  f moyenne f arithmétique

6424 Mittel n, geometrisches
  e geometric(al) mean
  f moyenne f géométrique

6425 Mittel n, wirksames
  e efficacious agent
  f agent m efficace

6426 Mittelachse f
  e axis, axes pl, centre, center [USA]
  f axe m

6427 mittelfristig adj
  e medium-term
  f à moyen terme m

6428 Mittellinie f
  e centre line, midline
  f ligne f médiane, ligne f de centre m, médiane f

6429 Mittelpunkt m
  e centre, center [USA], central point
  f centre m

6430 Mittelstück n
  e centre, center [USA], core, heart, kernel, interior
  f centre m, cœur m, âme f, noyau m, intérieur m

6431 Mittelwert m
  e mean value, mean, average value, average, standard value
  f valeur f moyenne, moyenne f, moyen m

6432 Mittelwert m, quadratischer
  e root mean square value (RMS-value)
  f valeur f moyenne quadratique

6433 Mittelwertbildung f
  e taking the mean
  f prise f de la moyenne

6434 Mittenfrequenz f
  e centre frequency
  f fréquence f de milieu m

6435 mittig adj
  e centric(al)
  f centrique, central

6436 Mobilität f
  e mobility
  f mobilité f

6437 Modell n
  e model, type, design, make, finish, structure, construction, style, pattern, finish
  f modèle m, type m, présentation f, style m, structure f, construction f, réalisation f

6438 Modell n, mathematisches
  e mathematical model
  f modèle m mathématique

6439 Modellversuch m
  e model test
  f essai m de maquette f

6440 Modul n
  e modulus, module
  f module m

6441 Modulation f
  e modulation
  f modulation f

6442 Modulationsfaktor m
  e modulation factor
  f facteur m de modulation f

6443 Modulationsfrequenz f
  e modulating frequency
  f fréquence f modulante

6444 Modulationsgrad m
  e degree of modulation, modulation percentage
  f taux m de modulation f, pourcentage m de modulation f

6445 Modulationsindex m
  e modulation index
  f indice m de modulation f

6446 Modulationsspannung f
  e modulating voltage
  f tension f de modulation f

6447 Modulationstiefe f
  e modulation depth
  f profondeur f de modulation f

6448 Modulations-Transferfunktion f [MTF]
  e modulation transfer function [MTF]
  f fonction f de transfert m de la modulation f [FTM]

6449 Modulations-Übertragungsfunktion f [MÜF] (Radiographie)
  → Modulations-Transferfunktion f

6450 Modulationsverfahren n
  e method of modulation
  f méthode f de modulation f

6451 Modulationsverstärker m
  e modulation amplifier
  f amplificateur m de modulation f

6452 Modulationsverzerrung f
  e modulation distortion
  f distorsion f de modulation f

6453 Modulator m
  e modulator
  f modulateur m

6454 modulieren v
  e modulate
  f moduler

6455 Modultechnik f
  e module technique
  f technique f module

6456 Moiré-Verfahren n
  e moiré method
  f méthode f moiré

6457 Molch m [Rohrleitungsprüfgerät]
  e pig, detector pig, scraper
  f racleur m, racleur-détecteur m

6458 Molchmelder m
  e pig detector, scraper detector
  f détecteur m de racleurs m/pl

6459 Molekül n
  e molecule
  f molécule f

6460 molekular adj
  e molecular
  f moléculaire

6461 Molekularstreuung f
  e molecular scattering
  f diffusion f moléculaire

6462 Molekularstruktur f
  e molecular structure
  f structure f de molécule f, structure f moléculaire

6463 Molybdän n [Mo]
  e molybdenum
  f molybdène m

6464 Moment n
  e torque, moment
  f couple m, moment m

6465 Moment m [zeitlich]
  e moment
  f moment m, instant m

6466 momentan adj
  e instantaneous, momentary
  f instantané, momentané

6467 **Momentanfrequenz** f
  e instantaneous frequency
  f fréquence f instantanée

6468 **Momentanwert** m
  e momentary value, instantaneous value
  f valeur f instantanée

6469 **Monitor** m
  e monitor
  f moniteur m

6470 **monochromatisch** adj
  e monochrome, monochromatic
  f monochrome, monochromatique

6471 **monoton** adj
  e monotone
  f monotone

6472 **Montage** f
  e mounting, assembly, assemblage, installation, fitting, setting up, erection
  f montage m, assemblage m, installation f

6473 **Montageband** n
  e assembly line, production line, line
  f chaîne f de montage m, tapis m roulant, chaîne f

6474 **Montageort** m
  e building site, assembling site
  f chantier m

6475 **Monte-Carlo-Methode** f
  e Monte-Carlo method
  f méthode f Monte Carlo

6476 **montieren** v
  e mount, assemble, install, fit up, erect, attach
  f monter, assembler, installer, attacher

6477 **Moosgummi** n
  e foamed rubber, rubber foam
  f caoutchouc m mousse

6478 **Mörtelprüfung** f
  e mortar test
  f essai m de mortier m

6479 **Mosaik** n
  e mosaic
  f mosaïque f

6480 **Mosaikstruktur** f
  e mosaic structure
  f structure f mosaïque

6481 **Mosaiktarget** n
  e mosaic target
  f cible f mosaïque

6482 **Mößbauer-Effekt** m
  e Moessbauer effect
  f effet m de Moessbauer

6483 **Mößbauer-Spektroskopie** f
  e Moessbauer spectroscopy
  f spectroscopie f de Moessbauer

6484 **Motorantrieb** m
  e motor drive
  f commande f par moteur m, entraînement m par moteur m

6485 **Motorfahrzeug** n
  e motor vehicle
  f véhicule f à moteur m

6486 **motorgetrieben** adj
  e motor-driven, power-driven
  f actionné par moteur m, entraîné par m moteur m

6487 **Motorteil** n [Bestandteil]
  e motor component, motor part
  f élément m de moteur m, pièce f de moteur m

6488 **Mulde** f
  e trough, shell
  f cuvette f

6489 **Müll** m
  e waste, scrap
  f déchets m/pl

6490 Müll m, radioaktiver
 e radioactive waste
 f déchets m/pl radioactifs

6491 Müllverwertungsanlage f
 e refuse utilising plant
 f installation f d'utilisation f des déchets m/pl

6492 Multifrequenzgerät n
 e multifrequency apparatus
 f appareil m multifréquence

6493 Munition f
 e ammunition
 f munition f

6494 Münze f [Geldstück]
 e coin
 f monnaie f

6495 Muster n [Gefügebild]
 e pattern
 f texture f

6496 Muster n [Gezeichnetes]
 e design, figure, pattern
 f dessin m

6497 Muster n [Modell]
 e model, type
 f modèle m, type m

6498 Muster n [Probe]
 e sample
 f échantillon m

6499 Musterbild n
 e pattern
 f texture f

6500 Mustererkennung f
 e pattern recognition, texture recognition
 f reconnaissance f de texture f

6501 Musterprüfung f
 e sample test, sampling
 f essai m d'échantillon m, échantillonnage m

6502 Mutter f [Schraubenmutter]
 e nut
 f écrou m

N

6503 Nacharbeit f
 e subsequent treatment, subsequent machining, refinishing, after-treatment
 f traitement m complémentaire, repassage m, retouche f, réfection f

6504 nacharbeiten v
 e rework, refinish, dress
 f parachever, finir, repasser

6505 Nachbarfrequenz f
 e adjacent frequency
 f fréquence f voisine, fréquence f adjacente

6506 Nachbarschaft f
 e vicinity
 f voisinage m

6507 Nachbarschicht f
 e neighbouring layer
 f couche f voisine

6508 Nachbarwindung f
 e adjacent turn
 f spire f voisine

6509 nachbearbeiten v
 e rework, refinish
 f repasser, parachever, finir

6510 Nachbearbeitung f
 e subsequent treatment, subsequent machining, refinishing, after-treatment
 f traitement m complémentaire, repassage m, retouche f, réfection f

6511 nachbeschleunigen v
 e post-accelerate, after-accelerate
 f post-accélérer

6512 nachbilden v
 e copy, simulate, reproduce
 f copier, reproduire, simuler

6513 Nachbildung f
 e copy, reproduction, simulation
 f copie f, reproduction f, simulation f

6514 nacheilen v [Phase]
 e lag, retard
 f retarder, être déphasé en arrière

6515 Nachfilter m [Radiographie]
 e rear filter
 f filtre m postérieur

6516 Nachführung f
 e follow-up device, follow-up
 f guidage m, asservissement m

6517 Nachimpuls m
 e after-pulse
 f impulsion f secondaire

6518 nachprüfen v [Richtigkeit]
 e verify
 f vérifier

6519 nachregeln v
 e readjust
 f rajuster/réajuster, réajuster/rajuster

6520 Nachrichtenfluß m
 e information flow
 f flux m d'informations f/pl

6521 nachstellbar adj
 e readjustable
 f rajustable

6522 nachstellen v
 e readjust
 f rajuster/réajuster, réajuster/rajuster

6523 Nachteil m
 e disavantage
 f désavantage m

6524 **Nachweis** m [Beweis]
 e demonstration
 f démonstration f

6525 **Nachweis** m [Entdecken]
 e detection, indication
 f détection f, indication f

6526 **nachweisbar** adj
 e detectable, demonstrable, provable
 f détectable, décelable, démontrable

6527 **Nachweisempfindlichkeit** f
 e detection sensitivity
 f sensibilité f de détection f

6528 **nachweisen** v [anzeigen]
 e show, indicate, point out
 f indiquer, montrer

6529 **nachweisen** v [beweisen]
 e demonstrate, prove, detect
 f démontrer, prouver, détecter

6530 **Nachweisgenauigkeit** f
 e accuracy of detection
 f finesse f de détection f

6531 **Nachweisgerät** n
 e detector, indicator
 f détecteur m, indicateur m

6532 **Nachweisgrenze** f
 e detection limit, minimum detectability
 f limite f de détection f, détectabilité f minimum

6533 **Nachwirkung** f
 e after-effect, residual effect, remanence, persistence
 f rémanence f, persistance f

6534 **nadelförmig** adj
 e needle-shaped
 f en forme f d'aiguille f

6535 **Nahauflösung** f
 e near (surface) resolution
 f pouvoir m séparateur proche

6536 **Nahbereich** m
 e near region, local range
 f zone f régionale, région f locale

6537 **Nahbestrahlung** f
 e short-distance irradiation
 f irradiation f à courte distance f

6538 **nahe** adj u. adv (bei)
 e close ($\sim$ to), near ($\sim$ to)
 f tout près (de)

6539 **Nahecho** n
 e near echo
 f écho m de proche

6540 **Näherung** f [Mathematik]
 e approximation
 f approximation f

6541 **Näherung** f [räumlich]
 e approach, proximity
 f proximité f

6542 **Näherungsformel** f
 e approximate formula
 f formule f approchée

6543 **Näherungsgleichung** f
 e approximation equation
 f équation f d'approximation f

6544 **Näherungslösung** f
 e approximative solution
 f solution f approximative

6545 **Nahfeld** n
 e near field
 f champ m proche

6546 **Nahfeldlänge** f
 e length of the near field
 f longueur f du champ proche

6547 **Naht** f [allgemein]
 e seam
 f couture f

6548 **Naht** f [Schweißnaht]
 e weld, seam
 f joint m

6549 **Nahtabbildung** f
 e seam imaging, seam mapping
 f image f du joint soudé

6550 **Nahtabschnitt** m
 e (welding) seam section
 f section f du joint soudé

6551 **Nahtfehler** m
 e welding seam defect
 f défaut m de joint m soudé

6552 **Nahtflanke** f
 e welding seam flank
 f flanc m du joint soudé

6553 **nahtlos** adj
 e seamless, weldless
 f sans couture f, sans soudure f

6554 **Nahtnachführung** f [Schweißnaht]
 e follow-up of weld
 f guidage m de la soudure

6555 **Nahtschweißung** f
 e seam welding, line
 f soudure f en ligne f continue, soudure f en filet m, soudure f par couture f

6556 **Nahtwertigkeit** f
 e seam evaluation, weld evaluation
 f évaluation f de la soudure

6557 **Nahzone** f
 e near zone, local zone
 f zone f proche, zone f régionale

6558 **Naßpulvermethode** f
 e wet powder method
 f méthode f à poudre f humide

6559 **Natrium** n [Na]
 e sodium
 f sodium m

6560 **natriumgekühlt** adj
 e sodium-cooled
 f refroidi par sodium m

6561 **Natursteinprüfung** f
 e natural stone test
 f essai m de pierre f naturelle

6562 **NDT-Temperatur** f
 e temperature of NDT (= Non-Destructive Testing)
 f température f du CND (= Contrôle Non-Destructif)

6563 **Nebelkammer** f
 e cloud chamber
 f chambre f à détente f

6564 **Nebenerzeugnis** n
 e by-product
 f sous-produit m, produit m secondaire

6565 **Nebengeräusch** n
 e undesired noise, extraneous noise, background noise
 f bruit m parasite, parasites m/pl

6566 **Nebenimpuls** m
 e after-pulse
 f impulsion f secondaire

6567 **Nebenkeule** f [Strahlungscharakteristik]
 e side lobe, minor lobe
 f lobe m secondaire

6568 **Nebenlappen** m
 → Nebenkeule f

6569 **Nebenprodukt** n
 e by-product
 f sous-produit m, produit m secondaire

6570 **Nebenschluß** m
 e by-pass, shunt
 f dérivation f, shunt m, by-pass m

6571 **Nebenstrahlung** f
 e spurious radiation, undesired radiation, secondary radiation
 f rayonnement m secondaire, rayonnement m parasite, rayonnement m non-essentiel

6572 **Nebenzipfel** m
[Strahlungscharakteristik]
e side lobe, minor lobe
f lobe m secondaire

6573 **Negationszeichen** n
e negative sign
f signe m négatif

6574 **Negativbild** n
e negative image
f image f négative

6575 **Negativimpuls** m
e negative pulse
f impulsion f négative

6576 **Negativzeichen** n
e negative sign
f signe m négatif

6577 **neigen** v
e incline, decline, tilt, slope
f incliner, s'incliner, décliner, obliquer, basculer

6578 **Neigung** f
e slope, fall, descent, declination, declivity, dip, inclination
f pente f, déclivité f, pente f, descente f, inclinaison f

6579 **Neigungswinkel** m
e angle of inclination
f angle m d'inclinaison f

6580 **NE-Metall** n
e non-ferrous metal
f métal m non ferreux, métal m autre que le fer

6581 **Nennbelastung** f
e rated load, nominal load
f charge f nominale

6582 **Nennwert** m
e rated value, nominal value
f valeur f nominale

6583 **Neon** n [Ne]
e neon
f néon m

6584 **Nest** n [Anhäufung]
e cluster
f essaim m, amas m

6585 **Netz** n [Geflecht]
e net
f filet m

6586 **Netz** n [Netzwerk]
e network
f réseau m

6587 **Netz** n [Versorgungsnetz]
e mains pl, supply, supply system, power system, network
f secteur m, réseau m

6588 **Netzbetrieb** m
e mains pl operation, mains pl supply
f alimentation f par secteur m

6589 **netzbetrieben** adj
e mains pl operated
f opéré par secteur m, relié au secteur, alimenté par secteur m

6590 **Netzmittel** n
e wetting agent
f détergent m, agent m humidificateur, agent m d'humectation f

6591 **Netzteil** n
e power supply, mains pl supply unit, power rack
f bloc m secteur, bloc m d'alimentation f, tiroir m alimentation

6592 **Netzwerk** n
e network
f réseau m

6593 **neuartig** adj
e novel
f nouveau/nouvelle f

6594 neutral adj
  e neutral
  f neutre

6595 Neutralisation f
  e neutralization
  f neutralisation f

6596 neutralisieren v
  e neutralize, compensate, equlibrate
  f neutraliser, compenser, équilibrer

6597 Neutron n
  e neutron
  f neutron m

6598 Neutronen n/pl, epithermische
  e epithermal neutrons pl
  f neutrons m/pl épithermiques

6599 Neutronen n/pl, thermische
  e thermal neutrons pl
  f neutrons m/pl thermiques

6600 Neutronenabsorption f
  e neutron absorption
  f absorption f de neutrons m/pl

6601 Neutronenaktivierungsanalyse f
  e neutron activation analysis
  f analyse f d'activation f de neutrons m/pl

6602 Neutronenauffänger m
  e neutron trap
  f piège m à neutrons m/pl

6603 Neutronenbeschuß m
  e neutron bombardment
  f bombardement m de neutrons m/pl, bombardement m neutronique

6604 Neutronenbestrahlung f
  e neutron irradiation
  f irradiation f neutronique

6605 Neutronenbeugung f
  e neutron diffraction
  f diffraction f neutronique

6606 Neutronenbombardement n
  e neutron bombardment
  f bombardement m de neutrons m/pl, bombardement m neutronique

6607 Neutronenbündel n
  e neutron beam
  f faisceau m de neutrons m/pl, faisceau m neutronique

6608 Neutronendetektor m
  e neutron detector
  f détecteur m de neutrons m/pl

6609 Neutronendosimeter n
  e neutron dosimeter
  f dosimètre m des neutrons m/pl

6610 Neutronendosis f
  e neutron dose
  f dose f neutronique

6611 Neutroneneinfang m
  e neutron capture
  f capture f de neutrons m/pl

6612 Neutronenemission f
  e neutron emission
  f émission f de neutrons m/pl

6613 Neutronenenergie f
  e neutron energy
  f énergie f neutronique

6614 Neutronenerzeuger m
  e neutron generator, neutron producer
  f générateur m de neutrons m/pl

6615 Neutronenerzeugung f
  e neutron generation, neutron production
  f génération f de neutrons m/pl, production f de neutrons m/pl

6616 Neutronenfalle f
  e neutron trap
  f piège m à neutrons m/pl

6617 Neutronenfänger m
 e neutron absorber, neutron sponge
 f absorbant m de neutrons m/pl

6618 Neutronenfluenz f
 e neutron fluence
 f fluence f de neutrons m/pl

6619 Neutronenfluß m
 e neutron flux
 f flux m de neutrons m/pl, flux m neutronique

6620 Neutronenflußmesser m
 e neutron flux meter
 f appareil m de mesure f de flux m neutronique

6621 Neutronenkollimator m
 e neutron collimator
 f collimateur m neutronique

6622 Neutronenkonzentration f
 e neutron concentration
 f concentration f de neutrons m/pl

6623 Neutronenmeßkopf m
 e neutron probe
 f sonde f neutronique

6624 Neutronennachweiskammer f
 e neutron detecting chamber
 f chambre f à détection f des neutrons m/pl

6625 Neutronenquelle f
 e neutron source
 f source f de neutrons m/pl

6626 Neutronenradiographie f
 e neutron radiography
 f radiographie f neutronique, neutroradiographie f, neutrographie f

6627 Neutronenradiographie f, schnelle
 e fast neutron radiography
 f radiographie f par neutrons m/pl rapides

6628 Neutronenschutz m
 e neutron protection, neutron shield
 f protection f contre les neutrons m/pl

6629 Neutronensonde f
 → Neutronenmeßkopf m

6630 Neutronenspektrometrie f
 e neutron spectrometry
 f spectrométrie f neutronique

6631 Neutronenspektroskopie f
 e neutron spectroscopy
 f spectroscopie f neutronique

6632 Neutronenspektrum n
 e neutron spectrum
 f spectre m neutronique

6633 Neutronenstrahl m
 e neutron ray, neutron beam
 f rayon m neutronique, faisceau m neutronique

6634 Neutronenstrahler m
 e neutron emitter
 f émetteur m de neutrons m/pl

6635 Neutronenzählrohr n
 e neutron counter
 f compteur m de neutrons m/pl

6636 Nichteisenmetall n
 e non-ferrous metal
 f métal m non ferreux, métal m autre que le fer

6637 Nichtentdeckungsrate f
 e non-detection rate
 f taux m de non-détection f

6638 nichtentflammbar adj
 e non-flammable
 f ininflammable

6639 Nichtentflammbarkeit f
 e non-flammability
 f ininflammabilité f

6640 Nichtleiter m
 e nonconductor
 f non-conducteur m

6641 nichtlinear adj
 e non-linear
 f non-linéaire

6642 Nichtlinearität f
 e non-linearity
 f non-linéarité f

6643 nichtmagnetisch adj
 e non-magnetic
 f non magnétique

6644 Nichtmetall n
 e non-metal, metalloid
 f métalloïde m

6645 nichtmetallisch adj
 e nonmetallic(al)
 f non-métallique, amétallique

6646 nichtproportional adj
 e non-proportional
 f non proportionnel

6647 nichtradioaktiv adj
 e non-radioactive
 f non radioactif

6648 nichtrostend adj
 e stainless
 f inoxydable

6649 nichtschwingend adj
 e non-oscillatory
 f non oscillant

6650 nichtstationär adj
 e nonstationary
 f non stationnaire

6651 Nickellegierung f
 e nickel alloy
 f alliage m de nickel m, alliage m au nickel

6652 Nickelstahl m
 e nickelsteel
 f acier m au nickel

6653 Niederenergie-Radiographie f
 e low-energy radiography
 f radiographie f à faible énergie f

6654 Niederfrequenz f
 e low frequency
 f basse fréquence f

6655 Niederschlag m [Belag]
 e deposit, deposition, sediment, coating, clothing, film
 f dépôt m, sédiment m, sédimentation f, enveloppe f, film m, couche f

6656 Niederschlag m [chemisch]
 e precipitation, precipitate
 f précipitation f, précipité m

6657 Niederschlag m [Regen]
 e rain, rainfall, fall-out
 f pluies f/pl, retombées f/pl, précipitations f/pl

6658 Niederschlag m, galvanischer
 e electrodeposition
 f précipitation f électrolytique

6659 Niederschlag m, radioaktiver
 e radioactive deposit
 f dépôt m radioactif

6660 niederschlagen v (sich ~)
 e deposit, precipitate
 f sédimenter, déposer, précipiter

6661 niedersetzen v [absetzen]
 e put down, set down
 f déposer, placer

6662 Niederspannung f
 e low tension, low voltage
 f basse tension f

6663 niedertourig adj
 e low speed ...
 f ... à petite vitesse f

6664 niedriggekohlt adj
 e low-carbonized
 f faiblement carbonisé

6665 niedriglegiert adj
 e low-alloy ...
 f faiblement allié, allié à faible teneur f

6666 niedrigschmelzend adj
 e low-melting, fusible
 f fusible, à basse température f de fusion f

6667 Niet m
 e rivet
 f rivet m

6668 Nietung f
 e riveting, rivet joint
 f rivetage m, assemblage m par rivets m/pl

6669 Nietverbindung f
 → Nietung f

6670 Niveau n
 e level
 f niveau m

6671 Nockenwelle f
 e camshaft
 f arbre m à cames f/pl

6672 Nomenklatur f
 e nomenclature
 f nomenclature f

6673 nominal adj
 e nominal
 f nominal

6674 nominell adj
 → nominal

6675 Nomogramm n
 e nomogram
 f nomogramme m

6676 Norm f
 e standard, norm
 f standard m, norme f, étalon m

6677 Normal...
 e standard ..., normal ..., unit ...
 f ... standardisé, ... normal, ... normalisé, ... unité, ... étalon

6678 Normalausführung f
 e standard model
 f exécution f normale, modèle m standardisé

6679 Normalbedingungen f/pl
 e normal conditions pl, standard specifications pl, normal temperature and pressure (NTP)
 f conditions f/pl normales, température f et pression f normales

6680 Normalbelastung f
 e normal load
 f charge f normale

6681 Normaldosis f
 e normal dosis
 f dose f normale

6682 Normaldruck m
 e normal pressure, atmospheric pressure
 f pression f normale, pression f atmosphérique

6683 Normaleinfall m
 e normal incidence
 f incidence f normale

6684 Normaleinschallung f
 e normal scanning, ultrasonic scanning with normal probe
 f palpage m normal, palpage m ultrasonore normal

6685 Normaleinschub m
 e standard plug-in unit
 f tiroir m rack, tiroir m normalisé

6686 Normalgeschwindigkeit f
 e normal speed
 f vitesse f normale

6687 Normalisation f
 e normalization
 f normalisation f

6688 normalisieren v
 e normalize, standardize
 f normaliser, standardiser

6689 Normalisierung f
 e normalization
 f normalisation f

6690 Normalpegel m
 e normal level, standard level
 f niveau m standardisé, niveau m étalon

6691 Normalprüfkopf m
 e standard probe, normal probe, conventional probe
 f palpeur m normal, palpeur m conventionnel, palpeur m droit

6692 Normalspannung f [mechanisch]
 e normal tension
 f tension f normale

6693 Normalstellung f
 e normal position, usual position
 f position f normale, position f usuelle

6694 normen v
 e standardize, normalize
 f standardiser, normaliser

6695 normieren v
 → normen

6696 Normierung f
 e normalization
 f normalisation f

6697 Normsignal n
 e standard signal
 f signal m normalisé, signal m standardisé, signal m étalon

6698 Normtestkörper m
 e standardized test piece
 f pièce f de référence f standardisée

6699 Normung f, internationale
 e international standardization f
 f standardisation f internationale

6700 normwidrig adj
 e abnormal
 f anormal, anomal

6701 Normzustand m
 e standard state, standard condition
 f état m normal, conditions f/pl normales

6702 Notbetrieb m
 e emergency operation, emergency service, auxiliary working
 f service m de détresse f, service m de secours m, service m auxiliaire

6703 notieren v
 e note
 f noter

6704 Notierung f
 e notification, notice
 f notation f

6705 Notsignal n
 e emergency signal, danger signal
 f signal m de détresse f, signal m d'urgence f

6706 Notwendigkeit f
 e necessity
 f nécessité f

6707 nuklear adj
 e nuclear
 f nucléaire

6708 Nuklear...
→ Atom..., Kern...

6709 Nuklearenergie f
 e nuclear energy, atomic energy
 f énergie f nucléaire, énergie f atomique

6710 Nuklearmedizin f
 e nuclear medicine
 f médecine f nucléaire

6711 Nukleonenladung f
 e nucleon charge
 f charge f nucléonique

6712 Nukleonik f
 e nucleonics pl
 f nucléonique f

6713 Nuklid n
 e nuclide
 f nuclide m

6714 Nullage f
 e null position, zero adjustment
 f position f zéro

6715 Nullanzeiger m
 e null indicator, null detector
 f indicateur m de zéro m

6716 Nulldurchgang m
 e zero passage, passage through zero
 f passage m par zéro m

6717 Nulleffekt m
 e background, natural background radiation
 f fond m, mouvement m propre, rayonnement m du mouvement propre naturel

6718 Nulleffektbestimmung f
 e background determination
 f détermination f du fond

6719 Nulleffektüberwachung f
 e background monitoring
 f contrôle m du fond

6720 Nulleinstellung f
 e zero setting, zero adjustment
 f réglage m de zéro m, ajustage m de zéro m

6721 Nullinie f
 e zero line, base line
 f ligne f zéro, ligne f neutre

6722 Nullinstrument n
 e null instrument, zero indicator
 f indicateur m de zéro m

6723 Nullmethode f
 e null method
 f méthode f de zéro m

6724 Nullpegel m
 e zero level, reference level
 f niveau m zéro, niveau m de référence f

6725 Nullprüfung f
 e preservice inspection
 f inspection f en préservice m

6726 Nullpunkt m [allgemein]
 e zero point, zero
 f point m zéro, zéro m

6727 Nullpunkt m [Koordinaten]
 e origin
 f origine f

6728 Nullpunkt m [Sternpunkt]
 e neutral point, star point
 f point m neutre

6729 Nullpunkteinstellung f
 e zero adjustment
 f ajustage m du zéro, remise f à zéro m

6730 Nullstellung f
 e zero position, neutral position, zeroizing
 f position f de zéro m, position f neutre

6731 numerieren v
 e number
 f numéroter

6732 numerisch adj
 e numerical
 f numérique

6733 Nummernanzeige f
 e number indication
 f indication f de numéros m/pl

6734 Nut f
 e notch, slot
 f rainure f, encoche f

6735 Nute f
 → Nut f

6736 Nutzarbeit f
 e useful work, effective work
 f travail m utile, travail m effectif

6737 Nutzeffekt m
 e efficiency
 f effet m utile

6738 nutzen v
 e use, utilize, employ
 f utiliser, employer, se servir (de)

6739 Nutzenergie f
 e useful energy
 f énergie f utile

6740 Nutzlast f
 e useful load, active load, actual load
 f charge f utile, charge f active, charge f efficace

6741 Nutzleistung f
 e useful power, efficiency
 f puissance f utile, effet m utile

6742 nützlich adj
 e useful, usable, net
 f utilisable, utile, efficace

6743 nutzlos adj
 e useless
 f inutile, inutilisable

6744 Nutzquerschnitt m
 e useful cross-section
 f section f utile

6745 Nutzsignal n
 e useful signal
 f signal m utile

6746 Nutz-Strahlenbündel n
 e useful beam, primary beam
 f faisceau m primaire

6747 Nutz-Strahlenkegel m
 → Nutz-Strahlenbündel n

6748 Nutzung f
 e utilization, use, using, application
 f utilisation f, usage m, application f

O

6749 Oberfläche f
e surface, superficies pl
f surface f, superficie f

6750 Oberfläche f (unter der ∼)
e subsurface ...
f ... sous surface f

6751 Oberfläche f, ebene
e plane surface
f surface f plane

6752 Oberfläche f, gekrümmte
e curved surface
f surface f courbée

6753 Oberflächenausstülpung f
e surface protuberance
f protubérance f superficielle

6754 Oberflächenbearbeitung f
e surface treatment
f traitement m superficiel

6755 Oberflächenbehandlung f
→ Oberflächenbearbeitung f

6756 Oberflächenbeschaffenheit f
e surface structure, surface quality, surface finish
f structure f de surface f, qualité f de surface f, état m de surface f

6757 Oberflächenbestrahlung f
e surface irradiation
f irradiation f superficielle

6758 Oberflächendichte f
e surface density
f densité f de surface f

6759 Oberflächendiffusion f
e surface diffusion
f diffusion f superficielle

6760 Oberflächendosis f
e surface dose
f dose f de surface f

6761 Oberflächendruck m
e surface pressure
f pression f superficielle

6762 Oberflächeneinfluß m
e surface influence
f influence f de la surface

6763 Oberflächenelement n
e surface element
f élément m de surface f

6764 Oberflächenenergie f
e surface energy
f énergie f superficielle

6765 Oberflächenentspannung f
e surface detensioning
f détente f superficielle

6766 Oberflächenfehler m
e surface defect
f défaut m de surface f, défaut m superficiel, imperfection f superficielle

6767 Oberflächenformfehler m
→ Oberflächenfehler m

6768 Oberflächenhärte f
e surface hardness
f dureté f de surface f, dureté f superficielle

6769 Oberflächenhärtung f
e case-hardening, surface hardening
f trempe f de la surface, cémentation f

6770 Oberflächenleitfähigkeit f
e surface conductivity
f conductivité f de la surface

6771 Oberflächenleitung f
   e surface conductance
   f conductance f superficielle

6772 oberflächennah adj
   e near to the surface, subsurface
   f près de la surface

6773 Oberflächenöffnung f
   e surface opening
   f partie f ouverte en surface f

6774 Oberflächenoxidation f
   e surface oxidation
   f oxydation f de surface f

6775 Oberflächenpore f
   e surface pore
   f piqûre f

6776 Oberflächenprüfung f
   e surface inspection, surface examination
   f inspection f de surface f, examen m de surface f

6777 Oberflächenprüfverfahren n
   e test method for surfaces pl
   f méthode f d'essai m pour surfaces f/pl

6778 Oberflächenrauheit f
   e surface roughness
   f rugosité f de surface f

6779 Oberflächenriß m
   e surface crack, surface-breaking crack
   f fissure f à la surface, fissure f superficielle

6780 Oberflächenschichtverfahren n, spannungsoptisches
   e photoelastic surface coating method
   f procédé m pour le décèlement optique des tensions f/pl par couche f superficielle

6781 Oberflächenspannung f
   e surface tension
   f tension f superficielle

6782 Oberflächentemperatur f
   e surface temperature
   f température f superficielle

6783 Oberflächenungänze f
   e surface discontinuity
   f discontinuité f de surface f

6784 Oberflächenwelle f
   e surface wave, Rayleigh wave
   f onde f de surface f, onde f superficielle, onde f Rayleigh

6785 Oberflächenwellendispersion f
   e surface wave dispersion
   f dispersion f d'onde f superficielle

6786 Oberflächenwellengeschwindigkeit f
   e surface wave velocity, Rayleigh wave velocity
   f célérité f de l'onde f de surface f, vitesse f de l'onde f de Rayleigh

6787 Oberflächenwellen-Prüfkopf m
   e surface wave probe
   f palpeur m à ondes f/pl de surface f

6788 Oberflächenwiderstand m
   e surface resistance
   f résistance f de surface f

6789 Oberflächenwulst m
   e surface protuberance
   f protubérance f superficielle

6790 Oberschwingung f
   e harmonic oscillation, harmonic
   f oscillation f harmonique, harmonique f

6791 Oberteil n
   e upper part
   f partie f supérieure

6792 Oberwellenanalyse f
   e harmonic analysis
   f analyse f harmonique

6793 **oberwellenfrei** adj
 e free from harmonics pl
 f sans harmoniques f/pl

6794 **Objekt** n, bewegtes
 e moved object
 f objet m agité

6795 **Objektiv** n
 e objective
 f objectif m

6796 **Objektkontrast** m
 e object contrast
 f contraste m d'objet m

6797 **Objektstrahl** m
 e object ray
 f rayon m d'objet m

6798 **Objektumfang** m
 e object extent
 f étendue f d'objet m

6799 **Ochsenauge** n [Schweißfehler]
 e lack of side fusion (in a welding seam)
 f défaut m de fusion f en œil-de-bœuf m

6800 **Ofen** m, elektrischer
 e electric furnace
 f four m électrique

6801 **offen** adj
 e open, opened
 f ouvert, découvert

6802 **öffnen** v [allgemein]
 e open
 f ouvrir

6803 **öffnen** v [Stromkreis]
 e interrupt, disconnect, break, open
 f couper, interrompre, déconnecter, ouvrir

6804 **Öffnung** f [Apertur]
 e aperture
 f ouverture f

6805 **Öffnung** f [Durchbruch]
 e hole, opening, orifice
 f trou m, ouverture f, orifice f, percement m

6806 **Öffnungswinkel** m
 e aperture angle
 f angle m d'ouverture f

6807 **Off-Shore-Konstruktion** f
 e off-shore construction
 f construction f off-shore

6808 **oftmalig** adj
 e frequent, repeated, iterative, re-iterated/reiterated
 f fréquent, itératif, réitératif

6809 **Okular** n
 e ocular
 f oculaire m

6810 **Öl** n
 e oil
 f huile f

6811 **Öleindringverfahren** n
 e oil-and-chalk method
 f essai m de ressuage m d'huile f

6812 **ölen** v
 e oil, lubricate
 f huiler, lubrifier

6813 **Ölfilm** m
 e oil film
 f film m huileux, couche f d'huile f

6814 **ölgekühlt** adj
 e oil-cooled
 f refroidi par huile f

6815 **ölig** adj
 e oily
 f huileux

6816 **Ölschicht** f
 e oil film
 f couche f d'huile f, film m huileux

6817 On-Line-Real-Time-System n
  e on line real time system
  f système m on-line à temps réel

6818 opak adj
  e opaque, light-tight
  f opaque, étanche à la lumière

6819 Opazität f
  e opacity
  f opacité f

6820 Operationsverstärker m
  e operational amplifier
  f amplificateur m opérationnel

6821 Operator m
  e operator
  f opérateur m

6822 Optik f
  e optics pl
  f optique f

6823 optimal adj
  e optimum
  f optimum

6824 optimieren v
  e optimize
  f optimiser

6825 Optimierung f
  e optimization, optimizing
  f optimisation f

6826 Optimum n
  e optimum
  f optimum m

6827 optisch adj
  e optic(al)
  f optique

6828 Ordinatenachse f
  e ordinate axis, axis of ordinates pl
  f axe m des ordonnées f/pl

6829 ordnen v
  e file, classify, arrange
  f classer, classifier, arranger

6830 Ordnungszahl f [allgemein]
  e ordinal number, ordinal
  f nombre m ordinal

6831 Ordnungszahl f [Atom]
  e atomic number, nuclear charge number
  f nombre m atomique, nombre m des charges f/pl de noyau m

6832 Ordnungszahl f, hohe
  e high atomic number
  f nombre m atomique élevé

6833 Ordnungszahl f, niedrige
  e small atomic number
  f nombre m atomique faible

6834 organisch adj
  e organic
  f organique

6835 orientieren v
  e orient
  f orienter

6836 Orientierung f
  e orientation
  f orientation f

6837 original adj
  e original
  f original

6838 Ort m
  e place, location
  f place f, lieu m, endroit m

6839 Ort m (vor ~)
  e in situ, at the site
  f in situ, au chantier

6840 orthogonal adj
  e orthogonal
  f orthogonal

6841 örtlich adj
 e local
 f local

6842 ortsabhängig adj
 e spatially dependent
 f dépendant de la position spatiale

6843 Ortsbestimmung f
 e localization
 f localisation f

6844 Ortsdosis f
 e local dose
 f dose f locale

6845 Ortsdosisleistung f
 e local dose power
 f puissance f de la dose locale

6846 ortsfest adj
 e stationary, fixed
 f stationnaire, immobile, fixe

6847 ortsgebunden adj
 → ortsfest adj

6848 ortsveränderlich adj
 e movable, mobile, portable
 f mobile, transportable

6849 Ortung f
 e location
 f localisation f

6850 Ortungssystem n
 e location system
 f système m de localisation f

6851 Oszillator m
 e oscillator
 f oscillateur m

6852 Oszillatorfrequenz f
 e oscillator frequency
 f fréquence f d'oscillateur m, fréquence f oscillatrice

6853 oszillieren v
 e oscillate
 f osciller

6854 Oszillogramm n
 e oscillogram
 f oscillogramme m

6855 Oszillograph m
 e oscillograph
 f oscillographe m

6856 Oszilloskop n
 e oscilloscope
 f oscilloscope m

6857 Output m
 e output
 f output m, puissance f de sortie f

6858 Oxidation f
 e oxidation
 f oxydation f

6859 Oxideinschluß m
 e oxide inclusion
 f inclusion f d'oxyde m

6860 oxidfest adj
 e oxide-proof, inoxidable
 f inoxydable

6861 Oxidfilm m
 e oxide film, oxide coating
 f film m d'oxyde m, couche f d'oxyde m

6862 Oxidhaut f [Schweißfehler]
 e oxide inclusion
 f inclusion f d'oxyde m

6863 oxidierbar adj
 e oxidable
 f oxydable

6864 Oxidschicht f
 e oxide coating, oxide film
 f couche f d'oxyde m, film m d'oxyde m

P

6865 Paarbildung f
 e pairing, pair production, pair creation
 f production f de paires f/pl, création f de paires f/pl

6866 Paket n [Bündel]
 e bunch, pack, packet, bundle
 f paquet m, groupe m

6867 Paket n [Postpaket]
 e parcel, package
 f colis m, paquet m

6868 Palladium n [Pd]
 e palladium
 f palladium m

6869 Paneel n
 e panel, board
 f panneau m

6870 Panne f
 e failure, outage, malfunction, trouble, leakage, fault, disturbance, mishap, defect, breakdown, average
 f raté m, panne f, défaillance f, trouble m, accident m, avarie f, défaut m, manque m, déficience f, faute f, défectuosité f

6871 Pannenbeseitigung f
 e fault clearance, fault removal, trouble-shooting
 f dépannage m, relève m du dérangement

6872 panzern v
 e armour, armor [USA], shield, screen, protect
 f cuirasser, blinder, protéger

6873 Papier n
 e paper
 f papier m

6874 Papierumwicklung f
 e paper wrapping
 f enveloppe f de papier m

6875 Parabel f
 e parabola
 f parabole f

6876 Parabolreflektor m
 e parabolic reflector
 f réflecteur m parabolique

6877 Paraffin n
 e paraffin
 f paraffine f

6878 Parallaxe f
 e parallax
 f parallaxe f

6879 Parallaxenfehler m
 e parallactic error
 f erreur f parallactique

6880 parallel adj
 e parallel
 f parallèle

6881 Parallelbewegung f
 e parallel movement
 f mouvement m parallèle

6882 Parallelführung f
 e parallel guide
 f guidage m parallèle

6883 Parallelität f
 e parallelism
 f parallélisme m

6884 Parallellauf m
 e parallel running, parallel operation, parallel working
 f marche f en parallèle, exploitation f en parallèle

6885 parallelschalten v
 e shunt, parallel, connect in parallel, couple in parallel
 f shunter, brancher en parallèle, monter en parallèle, connecter en parallèle

6886 Parallelschaltung f
 e shunt, parallel connection, parallel circuit
 f shuntage m, montage m en parallèle, mise f en parallèle, connexion f en parallèle

6887 Parallelverlauf m
 e parallelism
 f parallélisme m

6888 Parallelzweig m
 e shunt branch, parallel branch
 f branche f parallèle

6889 paramagnetisch adj
 e paramagnetic(al)
 f paramagnétique

6890 Paramagnetismus m
 e paramagnetism
 f paramagnétisme m

6891 Parameter m
 e parameter, characteristic data
 f paramètre m, grandeur f caractéristique

6892 parametrisch adj
 e parametric(al)
 f paramétrique

6893 parasitär adj
 e parasitic, parasite
 f parasitaire, parasite

6894 Parasitärstrahlung f
 e spurious radiation, parasitic radiation
 f rayonnement m parasite

6895 paraxial adj
 e paraxial
 f paraxial

6896 Parität f
 e parity
 f parité f

6897 Partialdruck m
 e partial pressure
 f pression f partielle

6898 Partialdurchströmung f
 e partial flow
 f flux m partiel

6899 partiell adj
 e partial
 f partiel

6900 Partikel f
 e particle
 f particule f

6901 Passage f
 e passage, traverse
 f passage m, traversée f

6902 passend adj
 e matched, fit
 f propre, ajusté

6903 passieren v
 e pass, let through
 f passer, faire passer

6904 passiv adj
 e passive
 f passif

6905 Paßstück n
 e adapter, matching unit, matcher
 f adaptateur m, pièce f d'adaptation f, pièce f adaptatrice

6906 Paste f
 e paste
 f pâte f

6907 Pause f [Kopie]
 e copy, duplicate, calking, tracing, print
 f copie f, calque m, tirage m, bleu m

6908 Pause f [Ruhe]
 e rest, stop, break, intermission, pause
 f repos m, silence f, pause f, intermission f

6909 pausen v
 e copy, calk
 f copier, calquer

6910 Pebble-Reaktor m
 e pebble reactor, pebble-bed reactor
 f réacteur m pebble

6911 Pegel m
 e level, pitch
 f niveau m

6912 Pegel m, absoluter
 e absolute level
 f niveau m absolu

6913 Pegel m, relativer
 e relative level
 f niveau m relatif

6914 Pegeldiagramm n
 e level diagram
 f diagramme m des niveaux m/pl

6915 Pegelmesser m
 e level meter, level indicator, hypsometer
 f appareil m de mesure f de niveau m, hypsomètre m, décibelmètre m

6916 Pegelschreiber m
 e level recorder, level recording set
 f enregistreur m de niveau m

6917 Pegelsollwert m
 e nominal level
 f niveau m nominal

6918 Pellet n
 e pellet
 f aggloméré m

6919 Pendelbewegung f
 e pendulum motion
 f mouvement m de pendule m

6920 Pendelfrequenz f
 e oscillating frequency
 f fréquence f du mouvement pendulaire

6921 pendeln v
 e oscillate, vibrate, swing, hunt
 f osciller, vibrer, balancer, balayer, pomper

6922 Pendeln n
 e swinging, oscillating, vibration, hunting
 f oscillation f, vibration f, balancement m, balayage m, pompage m

6923 Pendelschlagprobe f
 e Charpy test
 f essai m Charpy, essai m au mouton-pendule

6924 Pendelschlagwerk n
 e pendulum impact testing machine
 f mouton-pendule m

6925 Penetrameter n
 e penetrameter, penetrometer
 f pénétramètre m, pénétromètre m

6926 Penetrier...
 → Eindring...

6927 Penetrometer n
 → Penetrameter

6928 perfekt adj
 e perfect, unobjectionable
 f parfait, sans défaut m, accompli

6929 perforieren v
 e perforate, punch, puncture, pierce
 f perforer, percer, poinçonner

6930 Periode f
 e period
 f période f

6931 periodisch adj
 e periodic(al)
 f périodique

6932 peripher adj
 e peripheral
 f périphérique

6933 Peripherie f
 e periphery
 f périphérie f

6934 peripherisch adj
 e peripheral
 f périphérique

6935 Perkussionsverfahren n
 e percussion method
 f méthode f de percussion f

6936 Perlit m
 e perlite, pearlite
 f perlite f

6937 Perlit m, kugeliger
 e globular pe(a)rlite
 f perlite f globulaire

6938 perlitisch adj
 e perlitic
 f perlitique

6939 permanent adj
 e permanent, stationary, durable
 f permanent, stationnaire, durable, fixe

6940 Permanentmagnet m
 e permanent magnet
 f aimant m permanent

6941 Permeabilität f, feldstärkeabhängige
 e field strength dependent permeability
 f perméabilité f dépendant de l'intensité f du champ

6942 Permeabilität f, relative
 e relative permeability
 f perméabilité f relative

6943 Permeabilitätsmesser m
 e permeameter
 f perméamètre m

6944 Personal n
 e personnel, staff
 f personnel m

6945 Personalüberwachung f
 e personnel monitoring
 f contrôle m individuel

6946 Personendosimetrie f
 e dosage measurement of personnel
 f mesure f de dose f du personnel

6947 Personendosis f
 e personal dose
 f dose f personnelle

6948 Pflege f
 e maintenance
 f maintenance f, entretien m

6949 Pflichtenheft n
 e specifications pl, performance specifications pl
 f cahier m de charges f/pl

6950 Pfosten m
 e pole, post
 f poteau m, montant m, pieu m

6951 Phänomen n
 e phenomenon, phenomena pl
 f phénomène m

6952 Phantom n
 e phantom
 f fantôme m

6953 Phase f
 e phase
 f phase f

6954 Phase f, in ~
 e in phase
 f en phase f

6955 Phaselock-Technik f
 e phaselock technique
 f technique f phaselock

6956 phasenabhängig adj
 e phase-dependent, phase-sensitive
 f dépendant de la phase, sensible à la phase

6957 Phasenänderung f
 e phase variation, phase change
 f variation f de phase f, changement m de phase f

6958 Phasenausgleich m
 e phase equalization, phase compensation, phase correction
 f équilibrage m de phase f, compensation f de phase f, correction f de phase f

6959 Phasenbestimmung f
 e phase determination
 f détermination f de la phase

6960 Phasendiagramm n
 e phase diagram
 f diagramme m des phases f/pl

6961 Phasendifferenz f
 e phase difference
 f différence f des phases f/pl

6962 Phasendrehung f
 e phase rotation
 f rotation f de phase f

6963 phasenempfindlich adj
 e phase-sensitive, phase-dependent
 f sensible à la phase, dépendant de la phase

6964 Phasenentzerrung f
 e phase correction, phase compensation, phase equalization
 f correction f de phase f, compensation f de phase f, équilibrage m de phase f

6965 Phasenfehler m
 e phase error
 f erreur f de phase f

6966 Phasengang m
 e phase response
 f allure f de phase f, réponse f de phase f

6967 Phasengeschwindigkeit f
 e phase velocity
 f vitesse f de phase f

6968 phasengesteuert adj
 e phased
 f contrôlé par phase f

6969 phasengleich adj
 e in phase
 f en phase f

6970 Phasengleichheit f
 e phase coincidence
 f coïncidence f des phases f/pl, concordance f de phases f/pl

6971 Phasengrenze f
 e interphase, phase boundary
 f couche f limite entre deux phases f/pl

6972 Phasengrenzschicht f
 → Phasengrenze f

6973 Phasenkontrastverfahren n [Ultraschallabbildung]
 e phase contrast method
 f méthode f de contraste m de phases f/pl

6974 Phasenmesser m
 e phase meter
 f phasemètre m

6975 Phasenmessung f
 e phase measurement
 f mesure f de phase f

6976 Phasenteilung f
 e phase splitting, phase division
 f division f de phase f

6977 Phasentransformation f
 e phase transformation, phase conversion
 f transformation f de phase f, conversion f de phase f

6978 Phasenübereinstimmung f
 e phase coincidence
 f coïncidence f des phases f/pl,
   concordance f de phases f/pl

6979 Phasenumkehrung f
 e phase inversion
 f inversion f de phase f

6980 Phasenumwandlung f
 e phase conversion, phase
   transformation
 f conversion f de phase f,
   transformation f de phase f

6981 Phasenunterschied m
 e phase difference
 f différence f des phases f/pl

6982 Phasenverschiebung f
 e phase displacement, phase shift,
   phase difference
 f déphasage m, décalage m de phase f

6983 phasenverschoben adj
 e phase-displaced, phase-shifted,
   out-of-phase, dephased
 f déphasé, décalé en phase f

6984 Phasenverteilung f
 e phase distribution
 f distribution f de phase f

6985 Phasenwinkel m
 e phase angle
 f angle m de déphasage m

6986 Phosphor m [P]
 e phosphorus, phosphor
 f phosphore m

6987 Phosphoreszenz f
 e phosphorescence
 f phosphorescence f

6988 phosphorhaltig adj
 e phosphoric
 f phosphorique

6989 Photo n [Lichtbild]
 e photo, photograph
 f photo f, photographie f

6990 Photoeffekt m
 e photoeffect, photo-electric effect
 f effet m photoélectrique

6991 photoelektrisch adj
 e photo-electric/photoelectric
 f photoélectrique

6992 Photoelektron n
 e photo-electron
 f photoélectron m

6993 Photoelektronenspektroskopie f
 e photoelectron spectroscopy
 f spectroscopie f photoélectronique

6994 Photoelektronen-Vervielfacher m
 e photo-electron multiplier
 f photomultiplicateur m

6995 Photoelement n
 e photo-electric cell
 f élément m photoélectrique

6996 Photographie f [Lichtbild]
 e photograph, photo
 f photographie f, photo f

6997 Photographie f [Lichtbildkunst]
 e photography
 f photographie f

6998 photographieren v
 e photograph, photo, take a photo
 f photographier, prendre (une photo)

6999 Photokatode f
 e photo-cathode
 f photo-cathode f

7000 Photokopie f
 e photocopy, photographic
   reproduction
 f photocopie f, copie f photographique,
   reproduction f photographique

7001 Photoleiter m
   e photo-conductor
   f conducteur m photoélectrique

7002 Photolumineszenz f
   e photoluminescence
   f photoluminescence f

7003 Photometer n
   e photometer
   f photomètre m

7004 Photometrie f
   e photometry
   f photométrie f

7005 Photon n
   e photon, light quantum
   f photon m, quantum m de lumière f

7006 Photonenemission f
   e emission of photons pl
   f émission f de photons m/pl

7007 Photonenquelle f
   e photon source
   f source f de photons m/pl

7008 Photoneutron n
   e photoneutron
   f photoneutron m

7009 photonuklear adj
   e photonuclear
   f photonucléaire

7010 Photopapier n
   e photographic paper
   f papier m photographique

7011 Photostrom m
   e photo-current
   f courant m photoélectrique

7012 Photovervielfacher m
   e photomultiplier
   f photomultiplicateur m

7013 Photozelle f
   e photocell
   f cellule f photoélectrique

7014 Physik f, angewandte
   e applied physics pl
   f physique f appliquée

7015 Physiker m
   e physicist
   f physicien m

7016 Pickel m
   e pimple
   f bouton m

7017 Piezo-Effekt m
   e piezo-electric effect
   f effet m piézoélectrique

7018 piezoelektrisch adj
   e piezoelectric(al)
   f piézoélectrique

7019 Piezoschwinger m
   e piezo-transducer, ceramic transducer
   f transducteur m céramique, piézo-transducteur m

7020 Pilotsignal n
   e pilot signal
   f signal m pilote

7021 plan adj
   e plane, plain, even, flat smooth
   f plan, plat, lisse, uni

7022 Plan m [Entwurf]
   e plan, design, drawing, project, sketch, layout
   f plan m, projet m, dessin m, croquis m

7023 planen v
   e plan, project
   f projeter, envisager

7024 Planheit f
   e flatness
   f planitude f

7025 planieren v
e planish, plane, smooth, flatten, level
f aplanir, planer, niveler

7026 planmachen v
→ planieren v

7027 planparallel adj
e plane parallel
f à plans m/pl parallèles

7028 Planung f
e planning, future prospect, laying-out
f projet m, conception f, développement m prévu

7029 Plasmaschwingung f
e plasma oscillation
f oscillation f du plasma

7030 Plasmaverbindungsschweißen n
e plasma welding
f soudage m au plasma

7031 Plastik...
→ Kunststoff...

7032 plastisch adj
e plastic
f plastique

7033 Plastizität f
e plasticity
f plasticité f

7034 Platin n [Pt]
e platinum
f platine m

7035 Platin-Doppeldrahtsteg m [Radiografie]
e platinum double-wire traverse
f traverse f à double fil m en platine m

7036 Platindraht m
e platinum wire
f fil m de platine m

7037 Platine f [Montageplatte]
e plate, board, deck, desk
f platine f, plaque f, plaquette f

7038 Platine f [Stanzerei]
e blank
f disque m

7039 Platine f [Walzwerk]
e sheet billet, sheet bar, flat bar, mill bar
f larget m, platine f

7040 platinhaltig adj
e platiniferous
f platinifère

7041 platinieren v
e platinize
f platiner

7042 Platinlegierung f
e platinum alloy
f alliage m de platine m

7043 platt adj
e laminar, flat, rolled
f plat, aplati, laminé, cylindré

7044 Plättchen n
e flat, blank
f flan m, plaquette f, pastille f

7045 Platte f [allgemein]
e plate
f plaque f

7046 Platte f [Schallplatte]
e record, disk
f disque m

7047 Platte f, gekerbte
e notched plate
f tôle f entaillée, plaque f entaillée

7048 Plattenfehler m
e plate defect
f défaut m de plaque f

7049 Plattenhalter m
 e plate holder
 f dispositif m de serrage m de plaque

7050 Plattentestkörper m
 e plate-shaped test block
 f bloc m de référence f en plaque f

7051 Plattenwelle f
 e plate wave, Lamb wave, compressional wave
 f onde f de plaque, onde f de Lamb, onde f Lamb

7052 Plattenwellenverfahren n
 e Lamb wave method
 f procédé m à ondes f/pl de plaque f

7053 plattieren v
 e plate, clad
 f plaquer, doubler

7054 plattiert adj
 e plated, clad
 f revêtu, plaqué, doublé

7055 Plattierung f
 e cladding, plating
 f revêtement m métallique, placage m, plaqué m

7056 Platz m [allgemein]
 e place
 f place f

7057 Platz m [Lage]
 e position
 f position f

7058 Platz m [öffentlicher Platz]
 e square
 f place f

7059 Platz m [Sitzplatz]
 e seat
 f siège m, place f assise

7060 Platz m [Stelle]
 e site, location, ground, place
 f lieu m, endroit m, place f, emplacement m, terrain m, site m

7061 platzen v [bersten]
 e burst, crack
 f crever, fêler, fendre

7062 platzen v [explodieren]
 e explode, detonate, burst
 f éclater, exploser, détoner

7063 Platzen n
 e burst
 f crevassage m

7064 Plexiglasunterlage f
 e plexiglass shoe
 f semelle f en plexiglas m

7065 plötzlich adj
 e sudden, abrupt, acute, short-term, temporary
 f abrupt, brusque, à court terme m, aigu, temporaire

7066 Pluszeichen n
 e plus sign, positive sign
 f signe m plus, signe m positif

7067 pneumatisch adj
 e pneumatic
 f pneumatique

7068 Poisson-Zahl f
 e Poisson's number
 f nombre m de Poisson

7069 Pol m, magnetischer
 e magnetic pole
 f pôle m magnétique

7070 Pol m, negativer
 e negative pole
 f pôle m négatif

7071 Polabstand m
 e pole distance
 f distance f entre pôles m/pl, distance f polaire

7072 Polardiagramm n
 e polar diagram
 f diagramme m polaire

7073 Polarisation f, zirkulare
 e circular polarization
 f polarisation f circulaire

7074 Polarisationsebene f
 e plane of polarization
 f plan m de polarisation f

7075 Polarisationsfehler m
 e polarization error
 f erreur f de polarisation f

7076 Polarisationsfilter m
 e polarization filter
 f filtre m de polarisation f

7077 Polarisationsrichtung f
 e direction of polarization
 f direction f de polarisation f, sens m de polarisation f

7078 Polarisationsspannung f
 e polarizing voltage
 f tension f de polarisation f

7079 polarisieren v
 e polarize
 f polariser

7080 polarisiert adj (horizontal ~)
 e horizontally polarized
 f polarisé horizontalement

7081 Polarität f
 e polarity
 f polarité f

7082 Polaritätsbestimmung f
 e determination of polarity
 f détermination f de polarité f

7083 Polaritätsprüfer m
 e polarity tester
 f vérificateur m de polarité f

7084 Polaritätsprüfung f
 e polarity test
 f essai m de polarité f, vérification f de polarité f

7085 Polaritätsumkehr f
 e polarity reversal
 f inversion f de polarité f

7086 Polaritätswechsel m
 e polarity change
 f alternation f de polarité f, alternance f de polarité f

7087 Polarkoordinaten f/pl
 e polar coordinates pl
 f coordonnées f/pl polaires

7088 Polbestimmung f
 e determination of polarity
 f détermination f de polarité

7089 Polentfernung f
 e pole distance
 f distance f polaire, distance f entre pôles m/pl

7090 polieren v
 e polish
 f polir, vernir

7091 Polieren n, elektrolytisches
 e electrolytic polishing
 f polissage m électrolytique

7092 Polkopf m
 e polar head, polar post
 f tête f polaire, boulon m polaire

7093 Polonium n [Po]
 e polonium
 f polonium m

7094 Polprüfer m
 e pole tester, polarity indicator
 f vérificateur m de polarité f, indicateur m de polarité f

7095 Polschuh m
 e pole shoe, pole tip, pole piece
 f corne f polaire, pièce f polaire

7096 Polstärke f
 e pole strength, polar intensity
 f intensité f polaire

7097 Polstück n
 e pole piece, pole tip, pole shoe
 f pièce f polaire, corne f polaire

7098 Polung f
 e polarization, polarity
 f polarisation f, polarité f

7099 Polwechsel m
 e pole changing, polar alternation
 f alternance f polaire, alternation f polaire

7100 Polwicklung f
 e magnetic field coil
 f enroulement m polaire, bobine f d'inducteur m

7101 Polyamid n
 e polyamide
 f polyamide m

7102 Polyäthylen n [PE]
 e polyethylene, polythylene, polythene
 f polyéthylène m, polythylène m, polythène m

7103 Polyester m
 e polyester
 f polyester m

7104 Polyethylen n [PE]
 → Polyäthylen n

7105 Polykarbonat n
 e polycarbonate
 f polycarbonate m

7106 polymer adj
 e polymer
 f polymère

7107 Polymerisation f
 e polymerization
 f polymérisation f

7108 Polystyrol n
 e polystyrene
 f polystyrène m, polystyrol m

7109 Polyurethan n
 e polyurethane
 f polyuréthane m

7110 Polyvinylchlorid n [PVC]
 e polyvinyl chloride
 f chlorure m de polyvinyle m

7111 Pore f
 e pore, pit
 f soufflure f, pore m

7112 Porenbildung f
 e pore formation
 f formation f de pores m/pl

7113 Porendiffusion f
 e porous diffusion
 f diffusion f poreuse

7114 porenfrei adj
 e without pores pl, without pits pl
 f exempt de pores m/pl

7115 Porennest n
 e clustered porosity
 f nid m de soufflures f/pl

7116 Porenzeile f
 e linear porosity
 f soufflures f/pl alignées, soufflures f/pl en chapelet m

7117 porig adj
 e porous
 f poreux

7118 Porigkeit f
 e porosity
 f porosité f

7119 porös adj
 e porous
 f poreux

7120 Porosität f
 e porosity
 f porosité f

7121 Portion f
 e portion
 f portion f

7122 Porzellan n
 e porcelain
 f porcelaine f

7123 Position f
 e position
 f position f

7124 Positron n
 e positron
 f positron m

7125 Positronenstrahlung f
 e positron radiation
 f radiation f de positrons m/pl

7126 Posten m [Haufen]
 e lot, parcel, batch, quantity
 f lot m, quantité f

7127 Posten m [Listennummer]
 e item, entry
 f article m, lot m

7128 Posten m [Station]
 e post, station
 f poste m, station f

7129 Posten m [Stellung]
 e post, situation
 f charge f, place f

7130 Potentialabfall m
 e potential drop, decrease of potential
 f chute f de potentiel m

7131 Potentialanstieg m
 e increase of potential
 f accroissement m de potentiel m

7132 Potentialdifferenz f
 e potential difference
 f différence f de potentiel m

7133 Potentialgefälle n
 e potential gradient
 f gradient m de potentiel m

7134 Potentialgradient m
 → Potentialgefälle n

7135 Potentialschwelle f
 e potential threshold
 f seuil m de potentiel m

7136 Potentialsonden-Verfahren n
 e electrical potential method, electrical resistance probe method, direct-current conduction method
 f procédé m potentiel électrique, méthode f rhéométrique à courant m continu

7137 Potentialsprung m
 e potential discontinuity
 f discontinuité f de potentiel m

7138 Potentiometerregelung f
 e potentiometer control
 f réglage m par potentiomètre m

7139 Potenzgesetz n
 e power law
 f loi f des puissances f/pl

7140 potenzieren v
 e power, raise to a power
 f élever à une puissance

7141 Potenzreihe f
 e power series pl
 f série f en puissances f/pl

7142 praktisch adj
 e practical
 f pratique

7143 Prallplatte f
 e baffle plate, deflecting plate, deflection plate, deflector plate
 f chicane f, plaque f déflectrice, déflecteur m, plaque f de déviation f

7144 Präparat n
  e preparation
  f préparation f

7145 präparieren v
  e prepare
  f préparer

7146 Praseodym n [Pr]
  e praseodymium
  f praséodyme m

7147 Praxis f
  e practise, practice [USA]
  f pratique f

7148 Praxis f, in der ~
  e in praxi, in practise
  f in praxi, en pratique f

7149 Präzision f
  e precision
  f précision f

7150 Präzisionsmeßinstrument n
  e precision measuring instrument
  f instrument m de mesure f de précision f

7151 Präzisionsmessung f
  e precision measurement
  f mesure f précise

7152 prellen v [aufprallen]
  e impact, bound, bounce, hit, strike
  f heurter

7153 prellen v [zurückprallen]
  e rebound
  f rebondir

7154 pressen v [auspressen]
  e squeeze out
  f pressurer

7155 pressen v [drücken]
  e press
  f presser, serrer

7156 pressen v [komprimieren]
  e compress
  f comprimer, briquetter

7157 Preßluft f
  e compressed air, pressurized air
  f air m comprimé

7158 Preßschweißen n
  e pressure welding
  f soudage m à (com)pression f, soudage m par (com)pression f

7159 Preßschweißung f
  e pressure weld
  f soudure f à (com)pression f, soudure f par (com)pression f

7160 Preßstoff m
  e pressed material
  f matière f comprimée

7161 Preßstück n
  e pressed piece, pressed part, cake, compact
  f pièce f pressée, pièce f emboutie à la presse, briquette f

7162 Preßteil n
  → Preßstück n

7163 Preßverbindung f
  e pressurized connection
  f connexion f par pression f

7164 primär adj
  e primary
  f primaire

7165 Primärelektron n
  e primary electron
  f électron m primaire

7166 Primärhärte f
  e primary hardness
  f dureté f primaire

7167 Primärkreislauf m [Kernreaktor]
  e primary circuit
  f circuit m primaire

7168 Primärspule f
 e primary coil
 f bobine f primaire

7169 Primärstrahl m
 e primary beam
 f faisceau m primaire

7170 Primärstrahler m
 e primary emitter, primary radiator
 f émetteur m primaire, radiateur m primaire

7171 Primärstrahlung f
 e primary emission, primary radiation
 f émission f primaire, rayonnement m primaire, radiation f primaire

7172 Primärwicklung f
 e primary winding
 f enroulement m primaire

7173 Prinzip n
 e principle, fundamentals, scheme
 f principe m, schéma m

7174 Prinzipschaltbild n
 e schematic diagram
 f schéma m de principe m

7175 Priorität f
 e priority
 f priorité f

7176 Prisma n, gerades
 e right prism
 f prisme m droit

7177 Proaktinium n [Pa]
 e proactinium
 f proactinium m

7178 Probe f [Erprobung]
 e test, testing, assay, check, check-up, checking, sampling, trial
 f essai m, épreuve f, test m, contrôle m

7179 Probe f [Mathematik]
 e proof
 f preuve f

7180 Probe f [Probekörper]
 e sample, specimen, test piece, assay
 f échantillon m, éprouvette f, spécimen m, pièce f à essayer, pièce f d'essai m

7181 Probe f, ferromagnetische
 e ferromagnetic specimen
 f échantillon m ferromagnétique

7182 Probeabzug m
 e proof sheet, specimen
 f épreuve f d'imprimerie f

7183 Probekörper m
 e sample, specimen, test piece, assay piece
 f échantillon m, éprouvette f, spécimen m, pièce f d'essai m, pièce f à essayer

7184 Probenahme f
 e sampling, essay, assay
 f prise f d'échantillon m, échantillonnage m, essai m

7185 Probendicke f
 e thickness of test piece
 f épaisseur f de l'éprouvette f

7186 Probenentnahme f
 e essay, sampling
 f échantillonnage m, prise f d'échantillon m, essai m

7187 Probenform f
 e shape of the test piece
 f forme f de l'éprouvette f

7188 Probenherstellung f
 e production of specimen(s)
 f production f d'échantillon m

7189 Probenlage f
 e position of the test piece
 f position f de l'échantillon m

7190 Probenmaterial n
 e test piece material
 f matériau m de la pièce à essayer

7191 **Probentemperatur** f
 e sample temperature
 f température f de l'éprouvette f

7192 **Probenvorbereitung** f
 e sample preparation
 f préparation f d'échantillon m

7193 **Probenwechsler** m
 e sample changer
 f échangeur m d'échantillons m/pl

7194 **Probestab** m
 e sample, test bar, trial rod
 f éprouvette f

7195 **Probestück** n
 e sample, specimen, test piece
 f pièce f à essayer, éprouvette f, spécimen m

7196 **probieren** v
 e try, prove, check, test
 f essayer, vérifier, éprouver, tester, contrôler

7197 **Problem** n
 e problem
 f problème m

7198 **Produkt** n
 e product
 f produit m

7199 **Produktion** f
 e production, manufacture, fabrication, generation, output
 f production f, fabrication f, génération f

7200 **Produktionskosten** f/pl
 e production costs pl, manufacturing costs pl
 f frais m/pl de production f

7201 **Produktionssteigerung** f
 e increase of production
 f augmentation f de production f

7202 **Produktivität** f
 e productivity
 f productivité f

7203 **produzieren** v
 e produce, make, manufacture, generate
 f produire, fabriquer, faire, générer, créer

7204 **Profil** n
 e profile, section, intersection, cutting through, contour, outline, view
 f profil m, section f, coupe f, intersection f, contour m, vue f

7205 **Profileisen** n
 e profile iron, section iron
 f fer m profilé, profilé m

7206 **Profilmaterial** n
 e profile material, section
 f matériaux m/pl profilés, profilé m

7207 **Profilstahl** m
 e profile steel, section steel
 f acier m profilé

7208 **Programmablauf** m
 e program flow, running-down
 f écoulement m de programme m, suite f de programme m

7209 **Programmfolge** f
 e program sequence
 f séquence f de programme m

7210 **programmgesteuert** adj
 e program-controlled
 f commandé par programme m

7211 **programmieren** v
 e program
 f programmer

7212 **Programmieren** n
 e programming
 f programmation f

7213 **Programmierung** f
→ Programmieren n

7214 **Programmregler** m
e program control, timer
f régulateur m de programme m

7215 **Programmwähler** m
e program selector
f sélecteur m de programme m

7216 **Projekt** n
e project
f projet m

7217 **Projektierung** f
e planning, laying-out
f conception f, projet m

7218 **Projektion** f
e projection
f projection f

7219 **projizieren** v
e project
f projeter

7220 **Proliferation** f
e proliferation
f prolifération f

7221 **Proliferationsaktivität** f
e proliferation activity
f activité f de prolifération f

7222 **proliferativ** adj
e proliferative
f prolifératif

7223 **Proportion** f
e proportion
f proportion f

7224 **proportional** adj
e proportional
f proportionnel

7225 **proportional** adj, direkt ~
e directly proportional
f directement proportionnel

7226 **proportional** adj, umgekehrt ~
e inversely proportional, indirectly proportional
f inversement proportionnel, indirectement proportionnel

7227 **Proportionalität** f
e proportionality
f proportionnalité f

7228 **Proportionalitätsgrenze** f
e proportionality limit (of elasticity)
f limite f (d'élasticité) proportionnelle

7229 **Protokoll** n
e protocol, minutes pl, record
f procès-verbal m

7230 **Protokoll** n aufnehmen
e draw up the minutes pl, take down the minutes pl
f rédiger le procès-verbal, dresser le procès-verbal

7231 **Protokoll** n führen
e keep the minutes pl
f écrire le procès-verbal

7232 **Proton** n
e proton
f proton m

7233 **Protonenradiographie** f
e proton radiography
f radiographie f par protons m/pl

7234 **Protonenspektrum** n
e proton spectrum
f spectre m protonique

7235 **Protonenstrahl** m
e proton beam, proton ray
f faisceau m de protons m/pl, rayon m protonique

7236 Protonenstreuung f
 e proton scattering
 f diffusion f des protons m/pl

7237 protrahiert adj
 e protracted, extended-time...,
    long-time..., long-continued,
    continuous,
    permanent
 f prolongé, à longue échéance f, à long
    temps m, continu, continué,
    permanent

7238 Protrahierung f
 e protraction
 f protraction f, prolongation f

7239 Prozentsatz m
 e percentage
 f pourcentage m

7240 prozentual adj
 e per cent
 f en pourcent

7241 Prozeß m [Ablauf]
 e process, operation
 f procès m, processus m, opération f

7242 Prozeß m [Verfahren]
 e technique, procedure, method
 f technique f, procédé m, méthode f

7243 Prüfablauf m
 e test technique
 f technique f d'essai m, technique f de
    contrôle m

7244 Prüfabschnitt m
 e test section
 f section f d'essai m

7245 Prüfanlage f
 e test unit, test equipment, testing
    system, testing apparatus, inspection
    device, checking device
 f équipement m d'essai m, installation f
    d'inspection f, appareil m de test m,
    dispositif m de contrôle m

7246 Prüfbarkeit f
 e possibility of testing
 f possibilité f de contrôle m

7247 Prüfbedingung f
 e test condition
 f condition f d'essai m, condition f de
    contrôle m

7248 Prüfbereich m
 e testing range
 f zone f contrôlée

7249 Prüfbericht m
 e test report, examination report
 f rapport m d'essai m, rapport m
    d'épreuve f, procès-verbal m
    d'essai m

7250 Prüfbestimmung f
 e test specification
 f spécification f d'essai m, règlement m
    d'essai m

7251 Prüfdauer f
 e testing time, test duration
 f temps m d'essai m, durée f de
    contrôle m

7252 Prüfeinrichtung f
 e test equipment, test unit, testing
    system, testing apparatus, inspection
    device, checking device
 f équipement m d'essai m, installation f
    d'inspection f, appareil m de test m,
    dispositif m de contrôle m

7253 Prüfempfindlichkeit f
 e test sensitivity, sensitivity of testing
 f sensibilité f d'essai m

7254 prüfen v [kontrollieren]
 e test, control, verify, check, monitor
 f contrôler, vérifier, examiner

7255 prüfen v [untersuchen]
 e prove, test
 f prouver, essayer, contrôler, examiner

7256 Prüfer m [Person]
e tester, operator
f opérateur m, technicien m d'essai m, contrôleur m, vérificateur m

7257 Prüfer m [Prüfgerät]
e tester, testing device
f appareil m vérificateur

7258 Prüfergebnis n
e test result, testing result
f résultat m d'essai m, résultat m du contrôle

7259 Prüffeld n
e test bay, test room, test floor
f banc m d'essai m, atelier m d'essais m/pl, salle f de contrôle m

7260 Prüfflüssigkeit f
e magnetic ink
f encre f magnétique

7261 Prüfflüssigkeit f, farbige
e coloured magnetic ink
f encre f colorée

7262 Prüffrequenz f
e test frequency
f fréquence f d'essai m

7263 Prüfgerät n
e testing apparatus, test instrument, test unit, checking device
f dispositif m de contrôle m, instrument m de contrôle m, appareil m de test m, installation f d'essai m

7264 Prüfgeschwindigkeit f
e testing speed, test speed
f vitesse f de contrôle m

7265 Prüfimpuls m
e test pulse
f impulsion f de contrôle m

7266 Prüfingenieur m
e test engineer
f ingénieur m d'essai m

7267 Prüfklasse f
e test class
f classe f d'essai m

7268 Prüfkopf m
e test head, probe, transducer, measuring head, scanning head, searching head, search head, acceptor
f tête f de mesure f, tête f de détection f, palpeur m, sonde f, transducteur m, capteur m

7269 Prüfkopf m, fokussierender
e focusing transducer, focusing probe
f palpeur m focalisant, palpeur m avec focalisation f

7270 Prüfkopfanordnung f
e probe arrangement
f disposition f du palpeur

7271 Prüfkopfführung f
e scanner guide
f guidage m du palpeur

7272 Prüfkopfhalter m
e probe holder
f support-palpeur m

7273 Prüfkopfhalterung f
→ Prüfkopfhalter m

7274 Prüfkopfumschalter m
e probe switch, probe switch unit
f commutateur m de palpeur m

7275 Prüfkopfverschiebung f
e probe displacement
f déplacement m de palpeur m

7276 Prüfkörper m [Bezugsprobe]
e test block, standard specimen
f éprouvette-étalon f, bloc m de référence f

7277 Prüfkörper m [Prüfobjekt]
e test sample, test specimen, test piece
f pièce f d'essai m, éprouvette f, objet m à essayer

7278 Prüfkriterium n
 e test criterium, test criteria pl
 f critère m de contrôle m

7279 Prüflabor(atorium) n
 e testing laboratory
 f laboratoire m d'essai m

7280 Prüflampe f
 e test lamp
 f lampe f de contrôle m, lampe f témoin

7281 Prüflast f
 e test load
 f charge f d'essai m

7282 Prüflehre f
 e master gauge
 f calibre m étalon

7283 Prüfleistung f
 e test performance
 f rendement m du contrôle, débit m d'essai m

7284 Prüfling m
 e test piece, sample, specimen, test specimen, test sample
 f pièce f d'essai m, objet m à essayer, éprouvette f, spécimen m de test m, pièce f à contrôler, pièce f contrôlée, pièce f examinée, échantillon m

7285 Prüfmedium n
 e test medium, test agent
 f agent m d'essai m

7286 Prüfmittel n
 e test means pl
 f moyens m/pl d'essai m

7287 Prüfmolch m
 e detector pig, pig, scraper
 f racleur-détecteur m, racleur m

7288 Prüfmuster n
 e test sample, test specimen, sample, specimen, test piece
 f éprouvette f, pièce f à essayer, pièce f d'essai m, spécimen m, échantillon m, pièce f à contrôler, spécimen m de test m

7289 Prüfobjekt n
 e test specimen, test sample, test object
 f objet m à essayer, pièce f d'essai m, objet m à contrôler

7290 Prüfparameter m
 e test parameter
 f paramètre m d'essai m

7291 Prüfpersonal n
 e test personnel, test staff
 f personnel m de contrôle m

7292 Prüfplatz m
 e test desk
 f table f d'essais m/pl

7293 Prüfprogramm n
 e test program, check program
 f programme m d'essai m, programme m de contrôle m

7294 Prüfprotokoll n
 e test report
 f protocole m d'essai m, procès-verbal m d'essai m

7295 Prüfraum m
 e testing room
 f salle f de contrôle m

7296 Prüfrichtung f
 e direction of testing
 f direction f du test

7297 Prüfschaltung f
 e test circuit, test connection
 f circuit m d'essai m, circuit m d'épreuve f

7298 Prüfsignal n
  e test signal
  f signal m de contrôle m

7299 Prüfsonde f
  e search probe
  f sonde f d'essai m

7300 Prüfstand m
  e test stand, test bed
  f plateforme f d'essai m, banc m d'essai m

7301 Prüfstation f
  e test station, testing station
  f station f d'essai m, poste m d'essai m

7302 Prüfsteg m [Bildgüte-Prüfsteg]
  e wire grid type image quality indicator
  f indicateur m de qualité f d'image f à traverses f/pl en fils m/pl métalliques

7303 Prüfstelle f
  e test point, test station, testing station
  f poste m d'essai m, point m de contrôle m, station f d'essai m

7304 Prüfstück n
  e test piece, piece to be tested, test sample, test specimen, test object, sample, specimen
  f pièce f à essayer, pièce f à contrôler, pièce f contrôlée, pièce f examinée, pièce f d'essai m, éprouvette f, échantillon m

7305 Prüftechnik f
  e test technique, technique of testing
  f technique f de contrôle m, technique f d'essai m

7306 Prüftechniker m
  e tester, operator
  f technicien m d'essai m, contrôleur m

7307 Prüftrupp m
  e test team
  f équipe f d'essai m

7308 Prüfumfang m
  e extensiveness of testing
  f étendue f d'essai m

7309 Prüfung f
  e test, testing, inspection, check, check-up, checking, assay, essay
  f essai m, contrôle m, inspection f, épreuve f

7310 Prüfung f, elektrische
  e electric test
  f contrôle m électrique

7311 Prüfung f, klimatische
  e climatic test
  f essai m climatique, épreuve f climatique

7312 Prüfung f, kontinuierliche
  e continuous test(ing), continuous inspection
  f contrôle m en continu, essai m en continu

7313 Prüfung f, lückenlose
  e uninterrupted test, complete test
  f contrôle m ininterrompu, essai m complet

7314 Prüfung f, magnetische
  e magnetic test(ing)
  f contrôle m magnétique

7315 Prüfung f, mechanische
  e mechanical test
  f contrôle m mécanique

7316 Prüfung f, zerstörende
  e destructive test, destructive testing
  f contrôle m destructif

7317 Prüfung f, zerstörungsfreie
  e nondestructive test, nondestructive testing, nondestructive inspection, nondestructive examination
  f contrôle m non destructif, essai m non destructif, inspection f non destructive, examen m non destructif

7318 Prüfung f in Tauchtechnik
  e test using immersion technique
  f contrôle m sous immersion f

7319 Prüfung f vor Inbetriebnahme
  e preservice inspection
  f inspection f préservice

7320 Prüfungsbericht m
  e test report, examination report
  f rapport m d'essai m, rapport m d'épreuve f, procès-verbal m d'essai m

7321 Prüfungsergebnis n
  e test result, testing result
  f résultat m du contrôle, résultat m d'essai m

7322 Prüfverfahren n
  e test method, testing procedure, technique of testing, test technique
  f technique f d'essai m, technique f de contrôle m, méthode f d'essai m

7323 Prüfverfahren n, berührungsloses
  e contactless test method
  f méthode f d'essai m sans contact m

7324 Prüfvorrichtung f
  e testing equipment, testing system, testing apparatus, test unit, test instrument, testing device, inspection device, checking device
  f dispositif m de contrôle m, installation f de contrôle m, installation f d'essai m, appareil m vérificateur, équipement m d'essai m, appareil m de test m, installation f d'inspection f

7325 Prüfvorschrift f
  e test specifications pl
  f spécification f/pl d'essai m, règlement m d'essai m

7326 Prüfwert m
  e test data pl
  f données f/pl d'essai m

7327 Prüfzeichen n
  e proof certificate, test mark
  f repère m d'essai m, marque f d'épreuve f

7328 Prüfzone f
  e testing zone
  f zone f à contrôler, zone de contrôle m, zone f de sondage m

7329 Puls m [Impuls]
  e pulse
  f impulsion f

7330 Puls m [Impulsfolge]
  e pulse train, pulse group, pulse sequence, pulse repetition
  f train m d'impulsions f/pl, série f d'impulsions f/pl, cadence f d'impulsions f/pl, succession f d'impulsions f/pl, séquence f d'impulsions f/pl

7331 Puls...
  → Impuls...

7332 Pulsation f
  e pulsation
  f pulsation f

7333 Pulsator m
  e pulsator
  f pulsateur m

7334 pulsieren v
  e pulse
  f battre

7335 Pulsieren n
  e pulsation
  f pulsation f

7336 Pulver n, feuchtes
  e humid powder, wet powder
  f poudre f humide, poudre f mouillée

7337 Pulver n, lumineszierendes
  e luminescent powder
  f poudre f luminescente

7338 Pulver n, trockenes
  e dry powder
  f poudre f sèche

7339 pulverförmig adj
  e powdery
  f pulvérulent

7340 pulverisieren v
  e powder
  f pulvériser

7341 Pulverisieren n
  e powdering
  f pulvérisation f

7342 Pulvermetallurgie f
  e powder metallurgy
  f métallurgie f des poudres f/pl

7343 Pumpanlage f
  e pumping installation, pumping system, pump assembly
  f installation f de pompage m, système m de pompage m

7344 Pumpe f
  e pump
  f pompe f

7345 pumpen v
  e pump
  f pomper

7346 Pumpsystem n
  e pumping system
  f système m de pompage m

7347 Punkt m
  e point, spot, dot
  f point m, spot m

7348 punktartig adj
  e punctual, point ...
  f ponctuel

7349 punktförmig adj
  → punktartig adj

7350 punktgeschweißt adj
  e spot-welded
  f soudé par points m/pl

7351 punktieren v
  e dot, stipple
  f pointiller

7352 Punktquelle f
  e point source
  f source f ponctuelle

7353 Punktschweißen n
  e spot welding
  f soudage m par points m/pl

7354 Punktschweißnaht f
  e spot-weld seam
  f soudure f par points m/pl

7355 Punktschweißung f
  e spot weld
  f soudure f par points m/pl

7356 Pyrometer n
  e pyrometer
  f pyromètre m

7357 Pyrotechnik f
  e pyrotechnics pl
  f pyrotechnique f

Q

7358 Quadratmittel n
 e root mean square value (RMS-value)
 f valeur f moyenne quadratique, moyenne f quadratique

7359 quadrieren v
 e square, raise to the second power
 f élever au carré, former le carré

7360 Quadrierung f
 e squaring
 f élévation f au carré

7361 Quadrupol m
 e quadrupole, quadripole
 f quadripôle m

7362 Quadrupolstrahlung f
 e quadrupole radiation
 f rayonnement m quadripolaire

7363 Qualifikation f
 e qualification
 f qualification f

7364 qualifizieren v
 e qualify
 f qualifier

7365 Qualifizierung f
 e qualification
 f qualification f

7366 Qualität f
 e quality
 f qualité f

7367 qualitativ adj
 e qualitative
 f qualitatif

7368 Qualitätsbeurteilung f
 e quality evaluation, quality judgement
 f appréciation f de la qualité f, estimation f de la qualité

7369 Qualitätskontrolle f
 e quality control
 f contrôle m de la qualité

7370 Qualitätsminderung f
 e quality reduction, quality decrease
 f réduction f de qualité f

7371 Qualitätssicherung f
 e quality assurance
 f assurance f de qualité f

7372 Qualitätsstahl m
 e high-quality steel
 f acier m de premier choix m

7373 Qualitätsverbesserung f
 e improvement of quality
 f amélioration f de qualité f

7374 Qualitätsverminderung f
 e quality reduction, quality decrease
 f réduction f de qualité f

7375 Quant n
 e quantum, quanta pl
 f quantum m, quanta m/pl

7376 quanteln v
 e quantize
 f quantifier

7377 Quantelung f
 e quantization
 f quantification f, division f en quanta m/pl

7378 Quantenausbeute f
 e quantum yield, quantum gain
 f rendement m quantique

7379 Quantenemission f
 e quantum emission
 f émission f quantique

7380 Quantenenergie f
  e quantum energy
  f énergie f quantique

7381 Quantenmechanik f
  e quantum mechanics pl
  f mécanique f quantique

7382 Quantenoptik f
  e quantum optics pl
  f optique f quantique

7383 Quantenrauschen n
  e quantum noise
  f bruit m des quanta m/pl, bruit m quantique

7384 Quantenstrahlung f
  e quantum radiation
  f rayonnement m quantique

7385 Quantisierung f
  e quantization
  f quantification f, division f en quanta m/pl

7386 Quantisierungsrauschen n
  e quantization noise
  f bruit m de quantification f

7387 Quantität f
  e quantity, amount, magnitude
  f quantité f, taux m

7388 quantitativ adj
  e quantitative
  f quantitatif

7389 Quantum n
  e quantum, quanta pl
  f quantum m, quanta m/pl

7390 Quarz m
  e quartz
  f quartz m

7391 quarzgesteuert adj
  e quartz-controlled, crystal-controlled crystal ...
  f commandé par quartz m, commandé par cristal m, ... à quartz m, ... à cristal m

7392 Quarzkristall m
  e quartz crystal
  f cristal m de quartz m

7393 quasi-stationär adj
  e quasi-stationary
  f quasi-stationnaire

7394 Quecksilber n [Hg]
  e mercury
  f mercure m

7395 Quelle f
  e source, origin
  f source f, origine f

7396 Quelle f, hochaktive
  e high-activity source
  f source f de grande activité f

7397 Quelle f, punktförmige
  e point source
  f source f ponctuelle

7398 Quelle f, radioaktive
  e radioactive source
  f source f radioactive

7399 quellen v [dickwerden]
  e swell
  f se gonfler

7400 Quellendurchmesser m, effektiver
  e effective source diameter
  f diamètre m effectif de la source

7401 Quellort m
  e source point
  f point m de source f, source f

7402 Quellpunkt m
  → Quellort m

7403 Quellversuch m
  e swelling test
  f essai m de gonflage m

7404 quer adj [quer hindurchgehend]
 e transversal
 f transversal

7405 quer adj [quer laufend]
 e transverse, cross
 f transversal, oblique

7406 Quer...
 e transverse, cross, lateral
 f transversal, oblique, latéral

7407 Querabmessung f
 e lateral dimension
 f dimension f latérale

7408 Querabtastung f
 e transverse scanning
 f palpage m transversal

7409 Querauflösungsvermögen n
 e transverse resolution power
 f pouvoir m de résolution f transversale

7410 Querbeanspruchung f
 e transverse strain
 f effort m transversal

7411 Querbelastung f [elektrisch]
 e shunt load, shunt loading
 f charge f shuntée

7412 Querbelastung f [mechanisch]
 e transverse load, lateral loading
 f charge f transversale, charge f latérale

7413 Querbewegung f
 e transverse motion, transverse movement, cross movement, lateral motion
 f mouvement m transversal, mouvement m latéral

7414 Querbiegefestigkeit f
 e transverse strength, lateral strength
 f résistance f au cisaillement

7415 Querempfindlichkeit f
 e transverse sensitivity
 f sensibilité f transversale

7416 Querfehler m
 e transverse defect, lateral defect
 f défaut m transversal

7417 Querfeld n
 e transverse field, cross field
 f champ m transversal

7418 Querfestigkeit f
 e transverse strength, lateral strength
 f résistance f au cisaillement

7419 Querkerbe f
 e coarse ripple
 f entaille f transversale

7420 Querkontraktion f
 e transverse contraction
 f contraction f transversale

7421 Querkraft f
 e shear force, shearing force, lateral force
 f force f transversale, force f de cisaillement m, poussée f transversale

7422 Querprüfung f
 e transverse scanning
 f palpage m transversal

7423 Querriß m
 e transverse crack, cross-crack
 f fissure f transversale, crique f transversale, fente f transversale

7424 Querschnitt m
 e cross section, transverse section, lateral section, section
 f section f transversale, section f, section f droite, coupe f transversale, coupe f en travers, vue f en coupe f

7425 Querschnitt m, wirksamer
 e effective cross-section
 f section f efficace

7426 Querschnittsfläche f
 e cross-sectional area, plan area
 f aire f de section f

7427 Querschnittsform f
 e shape of cross section
 f forme f de la section

7428 Querschnittsverformung f
 e cross section deformation
 f déformation f de la coupe transversale

7429 Querschnittsverringerung f
 e reduction of area
 f striction f, réduction f de l'aire f de section f

7430 Querverschiebung f
 e transverse displacement, cross adjustment
 f déplacement m transversal, ajustage m transversal

7431 Querverstellung f
 e cross adjustment
 f ajustage m transversal

7432 Querwelle f [Maschinenteil]
 e transverse shaft
 f arbre m transversal

7433 Querwelle f [Schwingung]
 e transverse wave
 f onde f transversale

7434 Quetschgrenze f
 e break limit
 f limite f d'écrasement m

7435 Quetschversuch m
 e compression test, pressure test, crushing test, flattening test
 f essai m de (com)pression f, essai m d'aplatissement m

7436 Quote f
 e quota
 f quote-part f

R

7437 Rad n
e wheel
f roue f

7438 Radachse f
e shaft, axle, arbor, spindle
f arbre m, essieu m, pivot m, axe m

7439 Radialkomponente f
e radial component
f composante f radiale

7440 Radialschwingung f
e radial oscillation, radial vibration
f oscillation f radiale, vibration f radiale

7441 Radiator m
e radiator
f radiateur m

7442 radioaktiv adj
e radioactive
f radioactif

7443 Radioaktivität f, künstliche
e artificial radioactivity
f radioactivité f artificielle

7444 Radioaktivität f, natürliche
e natural radioactivity
f radioactivité f naturelle

7445 radioaktiv machen v
e radioactivate, activate, stimulate, excite, incite, energize
f radioactiver, activer, stimuler, exciter, inciter

7446 Radioelement n
e radio-element, radioactive element
f radio-élément m, élément m radioactif

7447 Radiogramm n
e radiogram
f radiogramme m

7448 Radiographie f
e radiography
f radiographie f

7449 Radiographie f, hochauflösende
e high-resolution radiography
f radiographie f à haute résolution f

7450 radiographisch
e radiographic(al)
f radiographique

7451 Radioisotop n
e radioisotope
f radioisotope m

7452 Radiologie f
e radiology
f radiologie f

7453 radiologisch adj
e radiologic(al), roentgenologic(al)
f radiologique, roentgenologique

7454 radiolytisch adj
e radiolytic(al)
f radiolytique

7455 Radiometer n
e radiometer
f radiomètre m

7456 Radiometrie f
e radiometry
f radiométrie f

7457 radiometrisch adj
e radiometric(al)
f radiométrique

7458 Radionuklid n
e radionuclide
f radionuclide m

7459 Radioskopie f
 e radioscopy
 f radioscopie f

7460 Radiosonde f
 e radioprobe
 f radiosonde f

7461 Radiotracer m
 e radiotracer, radioactive tracer
 f radiotraceur m, traceur m radioactif, indicateur m radioactif

7462 Radiotracermethode f
 e radiotracer method, radioactive tracer technique
 f méthode f des traceurs m/pl radioactifs, technique f des radioéléments m/pl traceurs

7463 Radium n [Ra]
 e radium
 f radium m

7464 Radiumpräparat n
 e radium drug
 f préparation f de radium m

7465 Radon n [Rn]
 e radon
 f radon m

7466 Radsatz m
 e wheel set
 f train m de roues f/pl

7467 Raketenmotor m
 e rocket engine, rocket motor
 f moteur m à fusées f/pl

7468 Rand m [Begrenzung]
 e boundary, border, limit, limitation, delimitation, periphery, demarcation
 f bordure f, limite f, limitation f, délimitation f, périphérie f, borne f, frontière f

7469 Rand m [Kante]
 e edge, border, rim, corner
 f bord m, arête f, coin m, chanfrein m

7470 Rand m [Kontur]
 e contour, outline
 f contour m

7471 Randauflockerung f
 e smearing-out of boundary
 f érosion f de paroi f

7472 Randbedingungen f/pl
 e marginal conditions pl, boundary conditions pl
 f conditions f/pl marginales, conditions f/pl de limite f

7473 Randfeld n
 e fringing field
 f champ m de bord m

7474 Randgebiet n
 e border region, border zone
 f région f du bord, zone f extérieure

7475 Randlinie f
 e contour, outline, profile
 f contour m, profil m

7476 Randomversuch m
 e random sample test
 f essai m d'échantillon m au hasard

7477 Randoxidation f
 e surface oxidation
 f oxydation f de surface

7478 Randriß m
 e edge crack
 f fissure f de bord m, fissure f dans le bord

7479 Randschicht f
 e peripheral layer, exterior layer
 f couche f périphérique, couche f extérieure

7480 Randüberhöhung f [Schweißnaht]
 e seam rise
 f haussement m du bord

7481 Randverwaschung f
 e smearing-out of boundary
 f érosion f de paroi f

7482 Randwertbedingung f
 e marginal condition
 f condition f marginale

7483 Randzone f
 e marginal zone, border region, border zone, edge, rim, shell, skin
 f zone f marginale, zone f extérieure, région f du bord, bord m, arête f, chanfrein m

7484 Raster m
 e grid, raster, screen, grating
 f grille f, treillis m, trame f, réseau m

7485 Rasterelektronenmikroskop n
 e scanning electron microscope
 f microscope m électronique à balayage m

7486 Rastermethode f
 e grid method
 f méthode f de treillis m

7487 Rastermikroskop n
 e scan microscope, raster microscope
 f microscope m de trame f, microscope m à grille f

7488 rastern v [punktweise abtasten]
 e scan (point by point)
 f balayer (point par point)

7489 Rate f
 e rate
 f taux m, quote-part f

7490 rationalisieren v
 e rationalize
 f rationaliser

7491 Rauchgasprüfung f
 e flue-gas test
 f vérification f de gaz m de fumée f

7492 rauh adj
 e rough, coarse, rude
 f rugueux, brut, rude, gros, grossier

7493 Rauheit f
 e roughness
 f rugosité f

7494 Rauhigkeit f
 → Rauheit f

7495 Raum m [Ort]
 e palace, locus
 f place f, local m, lieu m

7496 Raum m [Spielraum]
 e play, clearance, spacing
 f jeu m, écartement m

7497 Raum m [Volumen]
 e volume, capacity
 f volume m, capacité f

7498 Raum m [Weltraum]
 e space
 f espace m

7499 Raum m [Zimmer]
 e room, cell
 f salle f, chambre f, pièce f, cellule f

7500 Raum m, freier
 e free space
 f espace m libre

7501 Raum m, leerer
 e vacancy, void
 f espace m vide, vide m

7502 raumabhängig adj
 e space-dependent
 f dépendant de l'espace m

7503 Raumabhängigkeit f
 e space dependence
 f dépendance f de l'espace m

7504 Raumauflösung f
 e spatial resolution
 f résolution f spatiale

7505 Raumauflösungsvermögen n
 e spatial resolving power
 f pouvoir m de résolution f spatiale

7506 Raumeinsparung f
 e space saving
 f épargne f en volume m, économie f de place f

7507 Raumfahrt f
 e astronautics pl
 f astronautique f

7508 Raumfahrzeug n
 e space vehicle
 f véhicule m spatial

7509 Raumflug m
 e space flight
 f vol m spatial

7510 Raumgeräusch n
 e room noise, ambient noise, environmental noise
 f bruit m de salle f, bruit ambiant

7511 Rauminhalt m
 e volume, cubic contents pl, cubic capacity, contents pl
 f volume m, capacité f, contenance f

7512 Raumklimagerät n
 e apparatus for room air conditioning
 f appareil m pour la climatisation des locaux m/pl

7513 Raumklimatisierung f
 e room air conditioning
 f climatisation f des locaux m/pl

7514 Raumkurve f
 e space curve
 f courbe f spatiale

7515 Raumladung f
 e space charge
 f charge f spatiale, charge f d'espace m

7516 Raumladungsdichte f
 e space-charge density
 f densité f de charges f/pl spatiales

7517 Raumladungsgebiet n
 e space-charge region, space-charge zone
 f région f de charges f/pl spatiales, zone f de charges f/pl d'espace m

7518 Raumladungswelle f
 e space-charge wave
 f onde f à charge f spatiale

7519 Raumladungszone f
 e space-charge zone
 f zone f de charges f/pl d'espace m

7520 räumlich adj
 e spatial, space ..., three-dimensional, cubic
 f spatial, ... d'espace m, à trois dimensions f/pl, cubique

7521 Raumlicht n
 e ambient light
 f lumière f ambiante

7522 Raumreflexion f
 e space reflection
 f réflexion f spatiale

7523 Raumsehen n
 e stereoscopy
 f stéréoscopie f

7524 Raumsonde f
 e space probe
 f sonde f d'espace m

7525 raumsparend adj
 e space-saving
 f à encombrement m réduit, peu encombrant, à grande économie f d'espace m

7526 Raumstrahl m
  e space ray, spatial ray
  f rayon m spatial

7527 Raumstrahlung f
  e spatial radiation
  f rayonnement m spatial

7528 Raumstreuung f
  e spatial scattering
  f diffusion f spatiale

7529 Raumtemperatur f
  e room temperature, ambient temperature, environmental temperature
  f température f de salle f, température f ambiante

7530 Raumtransporter m
  e space shuttle
  f navette f spatiale, transporteur m spatial

7531 Raumwelle f
  e space wave
  f onde f d'espace m, onde f spatiale

7532 Raumwinkel m
  e solid angle
  f angle m solide

7533 Raupe f, aufgeschweißte
  e welding bead, weld deposit
  f cordon m de soudure f, dépôt m de soudage m

7534 Rauschabstand m
  e signal-to-noise ratio, S/N ratio
  f rapport m signal m sur bruit m, écart m entre signal m et bruit m

7535 Rauschanalyse f
  e noise analysis
  f analyse f du bruit

7536 Rauschanteil m
  e noise component
  f composante f de bruit m

7537 rauscharm adj
  e low-noise ...
  f à faible bruit m, à bruit m réduit

7538 Rauschen n, elektronisches
  e electronic noise
  f bruit m électronique

7539 Rauschfaktor m
  e noise factor
  f facteur m de bruit m

7540 Rauschgrenze f
  e noise limit
  f limite f de bruit m

7541 Rauschhintergrund m
  e noise background
  f fond m de bruit m

7542 Rauschmessung f
  e noise measurement
  f mesure f du bruit

7543 Rauschpegel m
  e noise level
  f niveau m de bruit m

7544 Rauschunterdrückung f
  e noise suppression
  f suppression f du bruit

7545 Rauschuntergrund m
  e noise background
  f fond m de bruit m

7546 Rayleigh-Scheibe f
  e Rayleigh disk
  f disque m de Rayleigh

7547 Rayleigh-Strahlung f
  e Rayleigh radiation
  f radiation f de Rayleigh

7548 Rayleigh-Streuung f
  e Rayleigh scattering
  f dispersion f de Rayleigh

7549 Rayleigh-Welle f
  e Rayleigh wave, surface wave
  f onde f Rayleigh, onde f de surface f, onde f superficielle

7550 Rayleigh-Winkel m
  e Rayleigh angle
  f angle m de Rayleigh

7551 Reagens n
  e reagent, chemical agent
  f réactif m, substance f chimique

7552 reagieren v
  e react
  f réagir

7553 Reaktanz f
  e reactance
  f réactance f

7554 Reaktion f
  e reaction, counter-effect
  f réaction f, contre-effet m

7555 Reaktion f, nukleare
  e nuclear reaction
  f réaction f nucléaire

7556 Reaktionsdauer f
  e reaction time
  f durée f de réaction f, temps m de réaction f

7557 Reaktionsgeschwindigkeit f
  e reaction rate
  f vitesse f de réaction f

7558 Reaktionsmittel n
  e reagent
  f réactif m

7559 Reaktionsschwelle f
  e reaction threshold
  f seuil m de réaction f

7560 Reaktionsvermögen n
  e reactivity
  f réactivité f

7561 Reaktionszeit f
  e reaction time
  f temps m de réaction f

7562 Reaktionszone f
  e reaction zone
  f zone f de réaction f

7563 Reaktivierung f
  e reactivation
  f réactivation f

7564 Reaktivität f
  e reactivity
  f réactivité f

7565 Reaktoranlage f
  e reactor plant
  f installation f de réacteur m, installation f atomique

7566 Reaktorbau m
  e reactor engineering, reactor construction, reactor art
  f construction f de pile f

7567 Reaktorbauteil n
  e reactor component
  f composante f de réacteur m

7568 Reaktorbehälter m
  e reactor vessel, nuclear vessel
  f cuve f de réacteur m

7569 Reaktorbetrieb m
  e reactor operation, reactor working, reactor in service
  f exploitation f du réacteur, réacteur m en service m

7570 Reaktorcore m
  e reactor core
  f cœur m de réacteur m

7571 Reaktordruckbehälter m
  e reactor pressure vessel
  f cuve f de pression f de réacteur m

7572 Reaktordruckbehälterstahl m
 e steel for reactor pressure vessels pl
 f acier m pour cuves f/pl de pression f de réacteur m

7573 Reaktoreinschluß m
 e reactor containment, reactor envelope, reactor shell
 f enveloppe f de réacteur m

7574 Reaktorgefäß n
 e reactor vessel, reactor tank
 f cuve f de réacteur m, récipient m de réacteur m

7575 Reaktorhülle f
 e reactor shell, reactor envelope, reactor containment
 f enveloppe f de réacteur m

7576 Reaktorkern m
 e reactor core
 f cœur m de réacteur m

7577 Reaktorkomponente f
 e reactor component
 f composante f de réacteur m

7578 Reaktormantel m
 e reactor envelope, reactor shell, reactor containment
 f enveloppe f de réacteur m

7579 Reaktormüll m
 e reactor waste
 f déchets m/pl de réacteur m

7580 Reaktorsicherheit f
 e reactor safety
 f sûreté f du réacteur, sécurité f du réacteur

7581 Reaktorsicherheitsprüfung f
 e reactor safety test
 f essai m de sûreté f du réacteur

7582 Reaktorwerkstoff m
 e reactor material
 f matériaux m/pl pour le réacteur

7583 Realisierung f
 e realization
 f réalisation f

7584 Realteil m
 e real part, real component
 f partie f réelle, composante f réelle

7585 Real-Time-Verfahren n
 e real-time technique
 f technique f en temps m réel

7586 Rechenbeispiel n
 e example of calculation
 f exemple m de calcul m

7587 Rechenprogramm n
 e computer program, flow diagram
 f programme m de calcul m, ordinogramme m

7588 Rechenzentrum n
 e data processing centre, computer centre
 f centre m de traitement m de données f/pl

7589 rechnen v
 e calculate, compute, evaluate, estimate, reckon
 f calculer, compter, évaluer

7590 Rechner m
 e computer, calculator
 f machine f à calculer, ordinateur m, computer m, calculatrice f, calculateur m

7591 Rechner m, **elektronischer**
 e electronic computer
 f calculatrice f électronique, calculateur m électronique

7592 rechnergesteuert adj
 e computer-controlled
 f commandé par computer m, commandé par calculateur m électronique

7593 rechnergestützt adj
　e computer-aided, computer-assisted, computer-based, computerized
　f assisté par computer m

7594 Rechnung f [Berechnung]
　e calculation, calculus, evaluation
　f calcul m, compte m, évaluation f

7595 rechteckförmig adj
　e rectangular
　f rectangulaire

7596 rechteckig adj
　→ rechteckförmig adj

7597 Rechteckimpuls m
　e rectangular pulse, square-topped pulse
　f impulsion f rectangulaire

7598 Rechteckkurve f
　e rectangular curve, meander curve
　f courbe f rectangulaire, courbe f méandre

7599 Rechteckmembran f
　e rectangular diaphragm
　f diaphragme m rectangulaire

7600 rechtsdrehend adj
　e righthanded, dextro-rotatory, clockwise
　f à rotation f à droite, en sens m horaire, dextrogyre

7601 rechtwinklig adj
　e right-angled, rectangular
　f rectangulaire

7602 Reckalterung f
　e strain ageing
　f vieillissement m par l'écrouissage m

7603 Recycling n
　e recycling
　f recyclage m

7604 Reduktion f
　e reduction
　f réduction f

7605 reduzieren v
　e reduce, diminish, decrease
　f réduire, décroître, diminuer

7606 Reduzierung f
　e reduction, decrease, diminution
　f réduction f, diminution f, décroissement m, chute f

7607 reell adj
　e real
　f réel

7608 Referenzfehler m
　e reference fault, reference defect
　f défaut m de référence f

7609 Referenzstandard m
　e reference standard
　f standard m de référence f

7610 Referenzstrahl m
　e reference ray
　f rayon m de référence f

7611 Referenzstück n
　e reference piece, reference block
　f bloc m de référence f

7612 reflektieren v
　e reflect
　f réfléchir

7613 Reflektor m, scheibenförmiger
　e disk reflector
　f réflecteur m en forme f de disque m

7614 Reflektorfläche f
　e reflector area
　f aire f de réflecteur m

7615 Reflektorgröße f
　e reflector size
　f grandeur f du réflecteur

7616 Reflexion f [an]
  e reflection [from], reverberation
  f réflexion f [de, à, par], réverbération f

7617 Reflexion f, totale
  e total reflection
  f réflexion f totale

7618 Reflexionsfaktor m
  e reflection factor
  f facteur m de réflexion f

7619 Reflexionsfläche f
  e reflecting surface
  f surface f réfléchissante

7620 reflexionsfrei adj
  e free of reflection
  f non-réfléchissant

7621 Reflexionsgrad m
  e reflection coefficient
  f coefficient m de réflexion f

7622 Reflexionskoeffizient m
  → Reflexionsgrad m

7623 Reflexionsschicht f
  e reflecting layer
  f couche f de réflexion f

7624 Reflexionsverfahren n
  e reflection method
  f méthode f de réflexion f

7625 Reflexionsverlust m
  e reflection loss
  f perte f de réflexion f, perte f due à la réflexion

7626 Reflexionsvermögen n
  e reflective power
  f pouvoir m de réflexion f

7627 Reflexionswinkel m
  e reflection angle
  f angle m de réflexion f

7628 Refraktion f
  e refraction
  f réfraction f

7629 Refraktometer n
  e refractometer
  f réfractomètre m

7630 Regel f [Lehrsatz]
  e rule, theorem, maxim
  f règle f, théorème m, thèse f

7631 Regel f [Vorschrift]
  e regulation, standard, norm
  f régulation f, standard m, norme f

7632 regelbar adj
  e controllable, adjustable
  f contrôlable, réglable

7633 Regelbereich m
  e control range
  f étendue f de réglage m, gamme f de réglage m

7634 Regeleinrichtung f
  e regulating device, adjusting device
  f dispositif m de réglage m

7635 Regelglied n
  e control element
  f dispositif m de réglage m

7636 Regelgröße f
  e controlled variable
  f grandeur f réglée

7637 Regelkreis m
  e control loop
  f circuit m de réglage m

7638 regelmäßig adj
  e regular, homogeneous, uniform, constant, continuous
  f régulier, homogène, uniforme, constant, continu

7639 regeln v [einstellen]
  e adjust, set, regulate, position
  f adjuster, régler, mettre au point

7640 regeln v [kontrollieren]
 e control, monitor
 f contrôler, commander, surveiller

7641 Regelstab m [Kernreaktor]
 e control rod, regulating rod
 f barre f de contrôle m, barre f de commande f, barre f de réglage m

7642 Regelsystem n
 e control system, regulating system
 f système m de réglage m

7643 Regeltechnik f
 e control technology
 f technique f de réglage m

7644 Regelung f [Nachstellen]
 e adjustment, setting, regulation, positioning
 f réglage m, régulation f, ajustage m, positionnement m

7645 Regelung f [Überwachung]
 e control, monitoring, surveillance, check, checking
 f contrôle m, surveillance f

7646 Regelung f, automatische
 e automatic control
 f réglage m automatique

7647 Regelung f, unverzögerte
 e instantaneous control
 f réglage m instantané

7648 Regelungssystem n
 e regulating system, control system
 f système m de réglage m

7649 Regelungstechnik f
 e control technology
 f technique f de réglage m

7650 Regelvorrichtung f
 e regulating device, adjusting device
 f dispositif m de réglage m

7651 regelwidrig adj
 e abnormal, anomalous, irregular
 f anormal, anomal, irrégulier

7652 Regelwidrigkeit f
 e anomaly, abnormity, irregularity
 f anomalie f, irrégularité f

7653 Regeneration f
 e regeneration
 f régénération f

7654 regenerieren v
 e regenerate
 f régénérer

7655 Regenschutz m
 e rain shield
 f protection f contre la pluie

7656 Register n
 e register
 f registre m

7657 registrieren v
 e record, register, store, accumulate, map
 f enregistrer, accumuler

7658 Registriergerät n
 e recorder, recording unit, recording instrument
 f enregistreur m, instrument m enregistreur

7659 Registrierung f
 e recording, registration, pick-up, mapping
 f enregistrement m, prise f

7660 Regler m
 e controller, regulator
 f régulateur m, contrôleur m

7661 Regler m, automatischer
 e automatic controller
 f régulateur m automatique

7662 regulär adj
 e regular
 f régulier

7663 regulieren v
 e regulate, adjust
 f régler, ajuster

7664 reiben v
 e rub, abrade, scrub, grind, polish
 f frotter, abraser, polir, émoudre

7665 Reibfläche f
 e rubbing surface, friction surface
 f surface f de friction f, surface f de frottement m

7666 Reibschweißen n
 e friction welding
 f soudage m par friction f

7667 Reibung f
 e friction, rubbing
 f friction f, frottement m

7668 Reibung f, gleitende
 e sliding friction
 f friction f de glissement m, frottement m de glissement m

7669 Reibung f, innere
 e internal friction, molecular friction
 f frottement m intérieur, friction f moléculaire

7670 Reibungsarbeit f
 e friction work
 f travail m de frottement m

7671 Reibungskoeffizient m
 e friction coefficient
 f coefficient m de friction f

7672 Reibungswiderstand m
 e frictional resistance
 f résistance f au glissement

7673 Reichweite f
 e range, coverage, extent
 f portée f, étendue f

7674 Reifendecke f
 e tyre, tire [USA], shoe, casing
 f bandage m, enveloppe f

7675 Reihe f [Anordnung]
 e row, line, column
 f rangée f, ligne f, colonne f

7676 Reihe f [Serie]
 e series pl, progression
 f série f, progression f

7677 Reihenfolge f
 e order of sequence, sequence, succession
 f ordre m de séquence f, suite f, succession f

7678 rein adj [klar]
 e bright, clear, pure
 f pur, brillant, net

7679 rein adj [sauber]
 e clean
 f nettoyé

7680 Reinheitsgrad m
 e degree of purity
 f degré m de pureté f

7681 Reinigung f
 e cleaning, cleansing, purification, clearing
 f nettoyage m, nettoiement m, purification f, épuration f

7682 Reinsteisen n
 e high-purity iron
 f fer m de haute pureté f

7683 Reinstwasser n
 e ultra-pure water
 f eau f ultra-pure

7684 reißen v [bersten]
 e burst, crack
 f crever, fêler, fendre

7685 **reißen** v [zerreißen]
 e tear, rupture
 f déchirer, arracher

7686 **Reißfestigkeit** f
 e resistance to tearing
 f résistance f à la déchirure

7687 **Reißlack** m
 e crack-detecting coating
 f vernis m givré

7688 **Reißlack-Verfahren** n
 e crackle lacquer method
 f procédé m à vernis m givré

7689 **Reißlast** f
 e breaking load
 f charge f de pliage m, limite f de déchirement m

7690 **Reizschwelle** f
 e sensation threshold
 f seuil m de sensation f

7691 **Rekombination** f
 e recombination
 f récombination f

7692 **Rekonstruktion** f, numerische
 e numerical reconstruction
 f reconstruction f numérique

7693 **Rekorder** m
 e recorder, recording unit, recording instrument, recording apparatus
 f enregistreur m, recorder m, dispositif m d'enregistrement m, instrument m enregistreur

7694 **Rekristallisation** f
 e recrystallization
 f récristallisation f

7695 **Relais** n
 e relay
 f relais m

7696 **Relation** f
 e relation
 f relation f

7697 **relativ** adj
 e relative
 f relatif

7698 **relativistisch** adj
 e relativistic(al)
 f relativiste

7699 **Relativkalibrieren** n
 e relative calibrating
 f calibrage m relatif

7700 **Relaxationseffekt** m
 e relaxation effect
 f effet m de relaxation f

7701 **Relaxationsversuch** m
 e relaxation test
 f essai m de relaxation f

7702 **Relaxationszeit** f
 e relaxation time
 f temps m de relaxation f

7703 **Relief** n
 e relief
 f relief m

7704 **remanent** adj
 e remanent
 f rémanent

7705 **Remanenz** f
 e remanence, remanent magnetism
 f rémanence f, magnétisme m rémanent

7706 **Remanenzmagnetismus** m
 → Remanenz f

7707 **Reparatur** f
 e repair, overhaul, renovation, redressing, refit, refitment, servicing, mending
 f réparation f, mise f en état m, révision f, dépannage m, raccommodage m, réfection f

7708 reparieren v
 e repair, restore, overhaul, mend, mend up, patch, redress, service
 f réparer, mettre en état m, refaire, raccommoder

7709 Replica-Technik f
 e replica technique
 f technique f réplique, méthode f réplique

7710 Reproduktion f
 e reproduction, copy, simulation
 f reproduction f, copie f, simulation f

7711 reproduzierbar adj
 e reproducible
 f reproduisable

7712 Reproduzierbarkeit f
 e reproducibility
 f reproductibilité f

7713 reproduzieren v
 e reproduce
 f reproduire

7714 Reserve f [Ersatz]
 e reserve, spare
 f réserve f

7715 Reserve f [Sicherheit]
 e margin
 f marge f

7716 Reserveteil n
 e spare part, spare component
 f pièce f de rechange m, pièce f de réserve f

7717 Resonanz f, paraelektrische akustische
 e paraelectrical acoustic resonance [PEAR]
 f résonance f acoustique paraélectrique

7718 Resonanzabsorption f
 e resonance absorption
 f absorption f de résonance f

7719 Resonanzbedingung f
 e resonance condition
 f condition f de résonance f

7720 Resonanzfrequenz f
 e resonance frequency, resonant frequency
 f fréquence f de résonance f

7721 Resonanzkurve f
 e resonance curve
 f courbe f de résonance f

7722 Resonanzlinie f
 e resonance line
 f raie f de résonance f

7723 Resonanzmethode f
 e resonance method
 f méthode f de la résonance

7724 Resonanzpeak m
 e resonance peak
 f pic m de résonance f, crête f de résonance f

7725 Resonanzschärfe f
 e sharpness of resonance
 f acuité f de résonance f

7726 Resonanzspitze f
 e resonance peak
 f crête f de résonance f, pic m de résonance f

7727 Resonanzstelle f
 e resonance point
 f point m de résonance f

7728 Resonanzstreuung f
 e resonance scattering
 f diffusion f par résonance f

7729 Resonanzverfahren n
 e resonance method
 f méthode f de la résonance

7730 Resorbierbarkeit f
 e resorptivity
 f pouvoir m de résorption f

7731 resorbieren v
e resorb
f résorber

7732 Resorption f
e resorption
f résorption f

7733 Resorptionsfähigkeit f
e resorptivity
f pouvoir m de résorption f

7734 Resorptionsvermögen n
→ Resorptionsfähigkeit f

7735 Rest m
e rest, remainder, residue, remains pl
f reste m, résidu m

7736 Reste m/pl
e debris, fragments pl, remains pl
f débris m/pl, décombres m/pl, ruines f/pl

7737 Restfehler m
e residual error
f erreur f résiduelle

7738 Restfeld n
e residual field
f champ m résiduel

7739 Restfeld n, magnetisches
e magnetic residual field, remanent field
f champ m résiduel magnétique, champ m rémanent

7740 Restfeldstärke f
e residual field intensity
f intensité f résiduelle du champ

7741 Restmagnetismus m
e remanent magnetism, residual magnetism, remanence
f magnétisme m rémanent, magnétisme m résiduel, rémanence f

7742 Restspannung f [im Material]
e residual stress
f tension f interne, tension f résiduelle

7743 Resultat n
e result, consequence
f résultat m, conséquence f

7744 Resultierende f
e resultant, resulting quantity
f résultante f

7745 Retention f
e retention
f rétention f

7746 Retentionsvermögen n
e retention power, retentivity
f pouvoir m de rétention f

7747 reversibel adj
e reversible
f réversible

7748 reziprok adj
e reciprocal
f réciproque

7749 Reziprozität f
e reciprocity
f réciprocité f

7750 Rhenium n [Re]
e rhenium
f rhénium m

7751 Rheologie f
e rheology
f rhéologie f

7752 Rheometer n
e rheometer
f rhéomètre m

7753 Rhodium n [Rh]
e rhodium
f rhodium m

7754 Richtantenne f
 e directional antenna, directive antenna
 f antenne f directrice, antenne f directionnelle

7755 Richtcharakteristik f
 e directional characteristic, directional pattern
 f caractéristique f directionnelle, diagramme m directif

7756 richten v [ausrichten]
 e rectify, dress, straighten
 f rectifier, dresser

7757 richten v [leiten]
 e guide, direct, concentrate, bunch, focus, beam
 f guider, diriger, orienter, concentrer, focaliser

7758 Richtgröße f
 e directional quantity
 f grandeur f directive

7759 richtig adj
 e correct, exact
 f correct, exact

7760 richtigstellen v
 e correct, amend, set right
 f corriger, rectifier

7761 Richtlinie f [Leitlinie]
 e guide line
 f directive f

7762 Richtlinie f [Vorschrift]
 e direction, instruction, order, prescription
 f directive f, instruction f, prescription f

7763 Richtmaschine f
 e straightening machine
 f machine f à dresser

7764 Richtstrahl m
 e directional ray, radiated beam
 f rayon m directif, faisceau m dirigé

7765 Richtstrahlung f
 e directional radiation, directed radiation
 f rayonnement m directionnel, radiation f directive

7766 Richtung f
 e direction, sense
 f direction f, sens m

7767 richtungsabhängig adj
 e direction-dependent
 f dépendant de la direction

7768 Richtungsabhängigkeit f
 e dependence on direction
 f dépendance f de la direction

7769 Richtungsänderung f
 e change of direction
 f changement m de direction f

7770 Richtungsbestimmung f
 e direction finding, goniometry
 f détermination f de direction, goniométrie f

7771 Richtungsempfindlichkeit f
 e directional sensitivity
 f sensibilité f directionnelle

7772 richtungsunabhängig adj
 e non-directional, direction-independent
 f indépendant de la direction

7773 Richtungsverteilung f
 e directional distribution
 f distribution f directionnelle

7774 Richtungswechsel m
 e change of direction
 f changement m de direction f

7775 Richtwirkung f
 e directional effect, directionality, guiding effect
 f effet m directionnel

7776 **Riefe** f
 e scratch, scar, cut, channel, groove, stria
 f rayure f, caniveau m, rainure f, éraflure f, raie f, strie f

7777 **Rille** f
 e groove, rabbet, slot, gorge
 f fêlure f, rainure f, gorge f

7778 **Ringaufdornversuch** m
 e ring expanding test
 f essai m de dilatation f d'anneau m

7779 **Ringbeschleuniger** m
 e circular accelerator
 f accélérateur m circulaire

7780 **Ringfaltversuch** m
 e flattening test
 f essai m d'aplatissement m

7781 **ringförmig** adj
 e annular, ring-shaped, circular
 f annulaire, circulaire

7782 **Ringmagnet** m
 e ring magnet, annular magnet
 f aimant m annulaire

7783 **Ringzugversuch** m
 e ring tensile test
 f essai m de traction f à l'anneau m

7784 **Rinne** f
 e channel, trough, groove
 f gouttière f, cannelure f, couloir m, rainure f

7785 **Rippe** f
 e rib, nerve, fin
 f nervure f, ailette f

7786 **Rippenrohr** n
 e gilled tube, ribbed pipe
 f tuyau m à nervures f/pl, tube m à ailettes f/pl circulaires

7787 **Riß** m
 e crack, discontinuity, flaw, break, gap
 f fissure f, crique f, fêlure f, crevasse f, discontinuité f, fente f

7788 **Riß** m, abgestumpfter
 e truncated crack
 f fissure f tronquée

7789 **Riß** m, bogenförmiger
 e arc crack
 f fissure f en forme f d'arc m

7790 **Riß** m, feiner
 e hairline crack
 f tapure f, micro-fissure f

7791 **Riß** m, intergranularer
 e intergranular crack
 f fissure f intergranulaire

7792 **Riß** m, interkristalliner
 e intercrystalline crack
 f fissure f intercristalline

7793 **Riß** m, kreisbogenförmiger
 e circular arc crack
 f fissure f en forme f d'arc m de cercle m

7794 **Riß** m, kreisscheibenförmiger
 e penny-shaped crack
 f fissure f en forme f de disque m

7795 **Riß** m, kritischer
 e critical crack
 f fissure f critique

7796 **Riß** m, kurzer
 e short crack
 f fissure f courte

7797 **Riß** m, langer
 e long crack
 f fissure f oblongue

7798 **Riß** m, makroskopischer
 e macroscopic crack
 f fissure f macroscopique

7799 **Riß** m, materialdurchdringender
 e part-through crack
 f fissure f à travers le matériau

7800 **Riß** m, mikroskopischer
 e microscopic crack
 f fissure f microscopique

7801 **Riß** m, oberflächennaher
 e near surface crack, subsurface crack
 f fissure f près de la surface

7802 **Riß** m, sternförmiger
 e radiating crack
 f fissure f rayonnante

7803 **Riß** m, submikroskopischer
 e submicroscopic crack, microcrack
 f fissure f sousmicroscopique, micro-fissure f

7804 **Riß** m, transgranularer
 e transgranular crack
 f fissure f transgranulaire

7805 **Riß** m, transkristalliner
 e transcrystalline crack
 f fissure f transcristalline

7806 **Riß** m, unterkritischer
 e subcritical crack
 f fissure f sous-critique

7807 **Riß** m, verästelter
 e branching crack
 f fissure f ramifiée

7808 **Riß** m, wandernder
 e running crack
 f fissure f progressive

7809 **Rißanfälligkeit** f
 e crack susceptibility, crack sensitivity, tendency to cracking
 f susceptibilité f aux fissure f/pl, sensibilité f aux criques f/pl, tendance f à la fissuration

7810 **Rißanfang** m
 e crack start, origin of crack
 f origine f de fissure f

7811 **Rißanhäufung** f
 e concentration of cracks pl, amassing of cracks pl, cluster of cracks pl
 f concentration f de fissure f, amas m de fissures f/pl

7812 **Rißart** f
 e crack type
 f type m de fissure f

7813 **Rißaufspaltung** f
 e crack cleavage
 f clivage m de fissure f

7814 **Rißaufweitung** f
 e crack opening
 f élargissement m de fissure f

7815 **Rißaufweitungsverschiebung** f
 e crack opening displacement [C.O.D.]
 f déplacement m de l'élargissement m de fissure f

7816 **Rißausbreitung** f
 e crack propagation, crack growth
 f propagation f de fissure f

7817 **Rißausbreitung** f, stabile
 e stable crack propagation
 f propagation f stable de fissure f

7818 **Rißausbreitung** f, unterkritische
 e subcritical crack propagation
 f propagation f sous-critique de fissure f

7819 **Rißausbreitung** f, verzögerte
 e delayed crack propagation
 f propagation f retardée de criques f/pl

7820 **Rißausbreitungsgeschwindigkeit** f
 e crack propagation velocity
 f vitesse f de propagation f de fissure f

7821 Rißausbreitungswiderstand m
 e crack propagation resistance
 f résistance f à la propagation de fissure f

7822 Rißausdehnung f
 e crack extent
 f étendue f de fissure f

7823 Rißauslösung f
 e onset of cracking
 f amorçage m de fissure f

7824 Rißbearbeitung f
 e crack processing
 f traitement m de criques f/pl

7825 Rißbeginn m
 e crack origination, crack start, crack initiation
 f origine f de fissure f, commencement m de la fissuration

7826 Rißbeginnverzögerung f
 e retarding the crack initiation, retardation of the crack incipiency
 f retard m du commencement de la crique, retardement m de l'amorce f de crique f

7827 Rißbewegung f
 e crack motion, crack movement
 f mouvement m de la fissure

7828 Rißbildung f
 e crack formation, formation of cracks pl, cracking
 f formation f de fissures f/pl, fissuration f, crevassage m

7829 Rißbildungsanfälligkeit f
 e susceptibility to crack formation, susceptibility to cracking
 f susceptibilité f à la fissuration

7830 Rißbreite f
 e crack width
 f largeur f de fissure f

7831 Rißdichte f
 e crack density, crack concentration
 f densité f de fissures f/pl, concentration f de fissures f/pl

7832 Rißebene f
 e crack plane
 f plan m de la fissure

7833 Rißeinleitung f
 e crack initiation
 f initiation f de fissuration f

7834 Rißempfindlichkeit f
 e sensitivity to cracking, susceptibility to cracking, tendency to cracking
 f sensibilité f à la fissuration, susceptibilité f aux criques f/pl, tendance f à la fissuration

7835 Rißende n
 e crack end, crack closure
 f bout m de fissure f, arrêt m de fissure f

7836 Rißentstehung f
 e cracking, crack formation, crack initiation
 f fissuration f, crevassage m, formation f des fissures f/pl, initiation f de fissure f

7837 Rißentwicklung f
 e crack development, evolution of cracks pl
 f développement m de la fissure, évolution f de fissures f/pl

7838 Rißerkennbarkeit f
 e detectability of cracks pl
 f détectabilité f de fissure f

7839 Rißermittlung f
 e crack detection
 f détection f de fissures f/pl

7840 Rißerscheinung f
 e phenomenon of crack formation, cracking phenomenon, cracking
 f phénomène m de fissuration f

7841 Rißfehler m
  e crack type defect
  f défaut m en forme f de fissure f

7842 Rißfestigkeit f
  e resistance to cracking
  f résistance f à la fissuration

7843 Rißfeststellen n
  e crack detecting
  f détection f de fissures f/pl

7844 Rißform f
  e crack shape, crack structure
  f forme f de fissure f, structure f de fissure f

7845 Rißfortpflanzung f
  e crack propagation, crack growth
  f propagation f de fissure f

7846 Rißfortschrittsgeschwindigkeit f
  e crack propagation velocity
  f vitesse f de propagation f de fissure f

7847 Rißfortschrittsrate f
  e crack propagation rate
  f taux m de propagation f de fissure f

7848 rißfrei adj
  e crackless, free from cracks pl
  f sans fissure f

7849 Rißfreiheit f
  e freedom from cracks pl
  f absence f de fissures f/pl

7850 Rißfront f
  e crack front, crack face
  f front m de fissure f

7851 Rißfrüherkennung f
  e early recognition of a crack
  f récognition f prématurée d'une fissure

7852 Rißgebiet n
  e crack region, crack zone
  f région f de la fissure, zone f de la fissure

7853 Rißgefahr f
  e danger of cracking
  f danger de fissuration f

7854 Rißgeschwindigkeit f
  e crack propagation velocity
  f vitesse f de propagation f de fissure f

7855 Rißgrenze f
  e crack border
  f bord m de fissure f

7856 Rißgröße f
  e crack size
  f étendue f de fissure f, grandeur f de fissure f

7857 Rißgrund m
  e crack ground, root of the crack
  f fond m de fissure f, racine f de fissure f

7858 rissig adj
  e cracked
  f fêlé, crevassé, lézardé

7859 Rissigwerden n
  e cracking
  f fissuration f, crevassage m, déchirure f, déchirement m

7860 Rißkante f
  e crack edge
  f arête f de fissure f, bord m de fissure f

7861 Rißkonzentration f
  e concentration of cracks pl, amassing of cracks pl
  f concentration f de fissures f/pl, amas m de fissures f/pl

7862 Rißlänge f
  e crack length
  f longueur f de fissure f

7863 rißlos adj
  e crackless, free from cracks pl
  f sans fissure f

7864 Rißmodell n
  e crack model
  f modèle m de fissure f

7865 Rißnachweisvermögen n
  e crack detection capability
  f détectabilité f de fissures f/pl

7866 Rißneigung f
  e cracking tendency
  f tendance f à la fissuration

7867 Rißnest n
  e cluster of cracks pl
  f nid m de fissures f/pl

7868 Rißoberfläche f
  e crack surface
  f surface f de fissure f

7869 Rißöffnung f
  e crack opening
  f ouverture f de fissure f,
     élargissement m de fissure f,
     écartement m de fissure f

7870 Rißöffnungsverschiebung f
  e crack opening displacement [C.O.D.]
  f déplacement m de l'écartement m de la fissure

7871 Rißorientierung f
  e crack orientation
  f orientation f de la fissure

7872 Rißprofil n
  e crack profile
  f profil m de la fissure

7873 Rißprüfmittel n
  e crack detecting means pl, testing agent for crack detection
  f moyen m de détection f de fissures f/pl, agent m de contrôle m pour la détection de fissures f/pl

7874 Rißprüfmolch m
  e crack detector pig
  f racleur-détecteur m de fissures f/pl

7875 Rißprüfung f
  e crack test
  f contrôle m de la fissuration

7876 Rißrand m
  e crack edge
  f bord m de fissure f, arête f de fissure f

7877 Rißschließen n
  e crack closure
  f fermeture f de la flssure

7878 Rißspitze f
  e crack tip
  f extrémité f de la fissure

7879 Rißspitzenabstumpfen n
  e truncation of the crack tip
  f tronquage m de l'extrémité f de la fissure

7880 Rißspitzenöffnung f
  e crack tip opening
  f écartement m de l'extrémité f de la fissure

7881 Rißspitzenöffnungsverschiebung f
  e crack tip opening displacement [CTOD]
  f déplacement m de l'extrémité f de la fissure

7882 Rißspitzenradius m
  e crack tip radius
  f rayon m de l'extrémité f de la fissure

7883 Rißstelle f
  e crack place, crack position
  f endroit m de la fissure, position f de fissure f

7884 Rißstillstand m
  e crack arrest, cracking stop
  f arrêt m de la fissuration, fin f de la fissuration

7885 Rißstopp m
  → Rißstillstand m

7886 Rißstruktur f
   e crack structure, crack shape
   f structure f de fissure f, forme f de fissure f

7887 Rißtiefe f
   e crack depth
   f profondeur f de fissure f

7888 Rißtyp m
   e crack type
   f type m de fissure f

7889 Rißüberwachung f
   e crack surveillance, crack monitoring
   f surveillance f des fissures f/pl

7890 Rißufer n
   e crack border
   f bord m de fissure f

7891 Rißumrandung f
   e crack boundary
   f bordure f de fissure f

7892 Rißverfolgung f
   e tracking of cracks pl
   f poursuite f de criques f/pl

7893 Rißverhalten n
   e crack behaviour
   f comportement m de la fissure

7894 Rißverlängerung f
   e crack elongation
   f élongation f de la fissure

7895 Rißverlängerungsgeschwindigkeit f
   e crack elongation velocity
   f vitesse f d'élongation f de la fissure

7896 Rißverlauf m
   e crack shape
   f allure f de fissure f

7897 Rißvermehrung f
   e augmentation of cracks pl, increase of cracking
   f augmentation f de fissures f/pl, croissance f de fissuration f, accroissement m de fissuration f

7898 Rißverwerfung f
   e crack warping
   f fracture f de fissure f

7899 Rißverzögerung f
   e crack retardation
   f retardation f de fissuration f

7900 Rißverzweigung f
   e crack branching, crack bifurcation
   f branchement m de fissure f, bifurcation f de fissure f

7901 Rißwachstum n
   e crack growth
   f croissance f de fissure f, propagation f de fissure f

7902 Rißwachstum n, kriechendes
   e creep crack growth
   f propagation f de fissure f rampante

7903 Rißwachstumsgeschwindigkeit f
   e crack growth velocity, crack propagation rate
   f vitesse f de propagation f de fissure f

7904 Rißwachstumskinetik f
   e kinetics pl of crack growth
   f cinétique f de croissance f de fissure f

7905 Rißwachstumsschritt m
   e crack growth step
   f pas m de propagation f de la fissure

7906 Rißwachstumsverhalten n
   e crack growth behaviour
   f comportement m à la croissance de criques f/pl

7907 Rißwachstumswiderstand m
   e crack growth resistance
   f résistance f contre la croissance de la fissure

7908 Rißwanderung f
   e crack motion, crack movement
   f mouvement m de la fissure

7909 Rißwiderstand m
 e crack resistance
 f résistance f contre la fissuration

7910 Rißwurzel f
 e root of the crack, crack ground
 f racine f de fissure f, fond m de fissure f

7911 Rißzähigkeit f
 e fracture toughness
 f résistance f contre la fissuration

7912 Rißzone f
 e crack zone, crack region, crack area
 f zone f de la fissure, région f de la fissure

7913 Rißzunahme f
 → Rißvermehrung f

7914 Ritz m
 e slit, slot, scratch, scar
 f fente f, rayure f, égratignure f

7915 Ritze f
 → Ritz m

7916 Ritzversuch m
 e sclerometric test
 f essai m sclérométrique

7917 Roboter m
 e robot
 f robot m

7918 Robustheit f
 e robustness
 f robustesse f

7919 Rockwell-Verfahren n
 e Rockwell method
 f méthode f d'après Rockwell

7920 roh adj
 e raw, rough, crude
 f cru, brut

7921 Roheisen n
 e pig iron
 f fer m brut

7922 Rohling m
 e bloom, blank
 f ébauche f

7923 Rohmaterial n
 e raw material
 f matières f/pl premières

7924 Rohr n
 e tube, pipe, duct, conduit
 f tube m, tuyau m, conduit m, conduite f

7925 Rohr n, biegsames
 e flexible tube
 f tube m flexible

7926 Rohr n, dickes
 e big diameter tube
 f tube m à grand diamètre m

7927 Rohr n, dickwandiges
 e thick-walled tube
 f tube m à paroi f épaisse

7928 Rohr n, dünnes
 e small diameter tube
 f tube m à petit diamètre m

7929 Rohr n, dünnwandiges
 e thin-walled tube
 f tube m à paroi f mince

7930 Rohr n, flexibles
 e flexible tube
 f tube m flexible

7931 Rohr n, geripptes
 e ribbed pipe, gilled tube
 f tube m à ailettes f/pl circulaires, tube m à nervures f/pl

7932 Rohr n, geschweißtes
 e welded tube
 f tube m soudé

7933 Rohr n, längsnahtgeschweißtes
  e longitudinally welded tube
  f tube m à cordon m de soudure f longitudinal

7934 Rohr n, nahtloses
  e seamless tube, weldless tube
  f tube m sans soudure f, tube m sans couture f

7935 Rohr n, spiralnahtgeschweißtes
  e helically weld tube, spiral tube
  f tube m soudé en hélice f

7936 Rohr n, starres
  e rigid tube
  f tube m rigide, tuyau m rigide

7937 Rohr n, zylindrisches
  e circular tube
  f tube m circulaire

7938 Rohransatz m
  e nozzle
  f tubulure f, piquage m de tube m

7939 Rohranschluß m
  e pipe connection
  f raccord m de tuyau m

7940 Röhre f [Elektronik]
  e tube, valve
  f tube m, ampoule f

7941 Röhre f [Leitungsrohr]
  e pipe, tube, duct
  f tuyau m, tube m, conduit m

7942 röhrenförmig adj
  e tubular
  f tubulaire

7943 Röhrenwärmeaustauscher m
  e tubular heat exchanger, shell-and-tube heat exchanger
  f échangeur m de chaleur f tubulaire

7944 Rohrflansch m
  e tube flange
  f bride f de tuyau m

7945 Rohrinnenprüfung f
  e inner test of tube
  f contrôle m de tube m interne

7946 Rohrleitung f
  e tubing, piping, pipe system, pipeline, pipe, tube, duct, conduit
  f tuyauterie f, système m de tubes m/pl, tuyau m, tube m, conduit m, conduite f, canalisation f

7947 Rohrleitung f, erdverlegte
  e buried pipe
  f conduite f souterraine

7948 Rohrmuffe f
  e tube socket
  f manchon m de tuyau m

7949 Rohrprüfung f
  e tube test
  f essai m de tube m

7950 Rohrschweißnaht f
  e pipe weld, tube welding seam
  f soudure f de tube m

7951 Rohrstutzen m
  e nozzle
  f tubulure f, piquage m de tube m

7952 Rohrverbindung f
  e pipe joint, tube connection
  f assemblage m de tubes m/pl, raccord m de tube m, joint m de tuyau m

7953 Rohrverlegung f
  e pipe laying
  f pose f de tuyaux m/pl

7954 Rohrwandstärke f
  e tube wall thickness, wall thickness, tube thickness
  f épaisseur f de paroi f de tube m

7955 Rohstoff m
  e raw material
  f matière f première

7956 Rolle f
 e roll, drum, pulley, cylinder
 f rouleau m, poulie f, cylindre m

7957 rollen v
 e roll
 f rouler

7958 Rollenschälversuch m
 e floating roller peel test
 f essai m d'écaillage m à l'aide f de rouleaux m/pl

7959 röntgen v
 e radiograph, X-ray
 f radiographier

7960 Röntgen...
 e X-ray ..., radiographic(al)
 f à rayons m/pl X, ... radiographique

7961 Röntgenabbildung f
 e X-ray image, X-ray picture, radiogram
 f image f X, radiogramme m

7962 Röntgenabsorption f
 e X-ray absorption
 f absorption f de rayons m/pl X

7963 Röntgenabsorptionskante f
 e X-ray absorption edge
 f discontinuité f d'absorption f pour rayons m/pl X

7964 Röntgenabsorptionsspektrum n
 e X-ray absorption spectrum
 f spectre m d'absorption f de rayons m/pl X

7965 Röntgenanlage f
 e X-ray unit, radiological unit, X-ray installation
 f installation f à rayons m/pl X

7966 Röntgenapparat m
 e X-ray apparatus, X-ray machine, roentgen apparatus, roentgen machine, radiological apparatus
 f appareil m X, appareil m roentgen, appareil m à l'irradiation f par rayons m/pl X

7967 Röntgenäquivalent n
 e roentgen equivalent
 f équivalent m du roentgen

7968 Röntgenaufnahme f
 e X-ray image, radiogram, radiograph, roentgenogram
 f prise f par rayons m/pl X, radiogramme m, roentgenogramme m, cliché m radiographique

7969 Röntgenaufnahme f, technische
 e industrial radiograph
 f radiographie f technique

7970 Röntgenaufnahmeverfahren n
 e radiography
 f radiographie f

7971 Röntgenbestrahlung f
 e X-ray irradiation, X-irradiation
 f irradiation f par rayons m/pl X

7972 Röntgenbeugung f
 e X-ray diffraction
 f diffraction f de rayons m/pl X

7973 Röntgenbeugungsanalyse f
 e X-ray diffraction analysis
 f analyse f de diffraction f de rayons m/pl X

7974 Röntgenbeugungsbild n
 e X-ray diffraction pattern
 f image f de la diffraction de rayons m/pl X

7975 Röntgenbeugungsgerät n
 e X-ray diffraction instrument, X-ray diffractometer
 f diffractomètre m pour rayons m/pl X

7976 Röntgenbeugungskamera f
 e X-ray diffraction camera
 f chambre f de rayons m/pl X, camèra f pour la diffraction de rayons m/pl X

7977 Röntgenbeugungsverfahren n
e X-ray diffraction method
f méthode f de diffraction f de rayons m/pl X

7978 Röntgenbild n
e X-ray image, X-ray picture, radiogram, radiograph, roentgenogram
f image f X, prise f par rayons m/pl X, radiogramme m, roentgenogramme m

7979 Röntgenbildschirm m
e X-ray screen, roentgenoscope
f écran m pour rayons m/pl X

7980 Röntgenbildunschärfe f
e X-ray image unsharpness
f flou m d'image f X

7981 Röntgenbildverstärker m
e X-ray image intensifier, X-ray image enlarger, X-ray image converter
f amplificateur m image X, intensificateur m d'images f/pl à rayons m/pl X

7982 Röntgenblitz-Methode f
e X-ray flash method
f méthode f à éclair m roentgen

7983 Röntgendiffraktionsanalyse f
e X-ray diffraction analysis
f analyse f par diffraction f des rayons m/pl X

7984 Röntgendiffraktometer n
e X-ray diffractometer, X-ray diffraction instrument
f diffractomètre m pour rayons m/pl X

7985 Röntgendosis f
e X-ray dose
f dose f de rayons m/pl X

7986 Röntgendurchleuchtung f
e roentgenoscopy
f roentgenoscopie f

7987 Röntgendurchleuchtungsgerät n
e roentgenoscope
f roentgenoscope m

7988 Röntgendurchstrahlung f
e roentgenoscopy
f roentgenoscopie f

7989 Röntgeneinrichtung f
e X-ray installation, X-ray unit, radiological unit
f installation f à rayons m/pl X

7990 Röntgenemission f
e X-ray emission
f émission f de rayons m/pl X

7991 Röntgenemissionsspektrum n
e X-ray emission spectrum
f spectre m d'émission f de rayons m/pl X

7992 Röntgenempfindlichkeit f
e X-ray sensitivity
f sensibilité f aux rayons m/pl X

7993 Röntgenfeinstrukturuntersuchung f
e microscopic X-ray analysis
f analyse f microscopique à rayons m/pl X

7994 Röntgenfernsehanlage f
e X-ray video installation
f installation f vidéo pour rayons m/pl X

7995 Röntgenfernsehbild n
e X-ray television image
f image f X par télévision

7996 Röntgenfilm m
e radiographic film
f film m radiographique

7997 Röntgen-Filmaufnahme f
e roentgenogram
f prise f de vue f radiographique, roentgenogramme m

7998 Röntgenfluoreszenz f
 e X-ray fluorescence,
 roentgenfluorescence
 f fluorescence f par rayons m/pl X,
 roentgenfluorescence f

7999 Röntgenfluoreszenzanalyse m
 e X-ray fluorescence analysis
 f analyse f de fluorescence f à
 rayons m/pl X

8000 Röntgenfluoreszenz-Spektrometrie f
 e X-ray fluorescence spectrometry
 f spectrométrie f de fluorescence f X

8001 Röntgengenerator m
 e X-ray generator, X-ray tube
 f générateur m de rayons m/pl X

8002 Röntgengerät n
 e X-ray apparatus, X-ray machine,
 roentgen apparatus, roentgen
 machine, radiological apparatus
 f appareil m X, appareil m roentgen,
 appareil m à l'irradiation f par
 rayons m/pl X

8003 Röntgengrobstrukturuntersuchung f
 e macroscopic X-ray analysis
 f analyse f macroscopique à
 rayons m/pl X

8004 Röntgeninterferenz f
 e X-ray interference
 f interférence f de rayons m/pl X

8005 Röntgenkamera f
 e X-ray camera, X-ray chamber
 f caméra f de rayons m/pl X, caméra f
 à rayons m/pl X, chambre f
 roentgen

8006 Röntgenkammer f
 e X-ray chamber
 f chambre f de rayons m/pl X

8007 Röntgenlinie f
 e X-ray line
 f raie f X

8008 Röntgenmesser m
 e roentgen meter, roentgenometer,
 r-meter
 f roentgenmètre m, r-mètre m

8009 Röntgenmeßgerät n
 → Röntgenmesser m

8010 Röntgenmeter n
 e roentgenmeter
 f roentgenmètre m

8011 Röntgenmeterkammer f
 e roentgen meter chamber
 f chambre f du r-mètre

8012 Röntgenmikroskopie f
 e X-ray microscopy
 f microscopie f à rayons m/pl X

8013 Röntgenogramm n
 e roentgenogram, radiogram,
 radiograph, X-ray image
 f roentgenogramme m,
 radiogramme m, prise f par
 rayons m/pl X

8014 Röntgenologie f
 e roentgenology, radiology
 f roentgenologie f, radiologie f

8015 röntgenologisch adj
 e roentgenologic(al), radiologic(al)
 f roentgenologique, radiologique

8016 Röntgenoptik f
 e X-ray optics pl
 f optique f de rayons m/pl X

8017 Röntgenphotographie f
 e X-ray photography, roentgenography
 f photographie f à rayons m/pl X,
 roentgenographie f

8018 Röntgenphotopapier n
 e radiographic paper
 f papier m radiographique

8019 Röntgenprüfung f
 e X-ray test, X-ray materiology, X-ray radiology, roentgenomateriology
 f contrôle m des matériaux m/pl par rayons m/pl X, contrôle m par rayons m/pl X

8020 Röntgenquant n
 e X-ray quantum
 f quantum m de rayonnement m X

8021 Röntgenradiographie f
 e X-ray radiography
 f radiographie f à rayons m/pl X

8022 Röntgenröhre f
 e X-ray tube, roentgen tube
 f tube m à rayons m/pl X, tube m roentgen

8023 Röntgenspektrographie f
 e X-ray spectrography
 f spectrographie f à rayons m/pl X

8024 Röntgenspektrometer n
 e X-ray spectrometer
 f spectromètre m à rayons m/pl X

8025 Röntgenspektroskopie f
 e X-ray spectroscopy
 f spectroscopie f par rayons m/pl X

8026 Röntgenspektrum n
 e X-ray spectrum, roentgen spectrum
 f spectre m de rayons m/pl X

8027 Röntgenstereoskopie f
 e X-ray stereoscopy
 f stéréoscopie f à rayons m/pl X

8028 Röntgenstrahl m
 e X-ray
 f rayon m X

8029 Röntgenstrahlanalyse f
 e X-ray analysis
 f analyse f par rayons m/pl X

8030 Röntgenstrahlaufzeichnung f
 e X-ray radiography
 f radiographie f à rayons m/pl X

8031 Röntgenstrahlbeugung f
 e X-ray diffraction
 f diffraction f de rayons m/pl X

8032 Röntgenstrahlen m/pl, harte
 e hard X-rays pl
 f rayons m/pl X durs

8033 Röntgenstrahlen m/pl, hochenergetische
 e high-energy X-rays pl
 f rayons m/pl X de grande puissance f

8034 Röntgenstrahlen m/pl, weiche
 e soft X-rays pl
 f rayons m/pl X moux

8035 Röntgenstrahlenbehandlung f
 e X-ray therapy, roentgen therapy
 f roentgenthérapie f, radiothérapie f

8036 Röntgenstrahlenbeugung f
 e X-ray diffraction
 f diffraction f de rayons m/pl X

8037 Röntgenstrahlendosis f
 e X-ray dose
 f dose f de rayons m/pl X

8038 Röntgenstrahlenemission f
 e X-ray emission
 f émission f de rayons m/pl X

8039 Röntgenstrahlenempfindlichkeit f
 e X-ray sensitivity
 f sensibilité f aux rayons m/pl X

8040 Röntgenstrahlengenerator m
 e X-ray generator, X-ray tube
 f générateur m de rayons m/pl X

8041 Röntgenstrahlenhintergrund m
 e X-ray background
 f fond m de rayons m/pl X

8042 Röntgenstrahlenkunde f
  e roentgenology, radiology
  f roentgenologie f, radiologie f

8043 Röntgenstrahlenschutz m
  e X-ray protection
  f protection f contre les rayons m/pl X

8044 Röntgenstrahlenwirkung f
  e X-ray effect
  f effet m de rayons m/pl X

8045 Röntgenstrahl-Mikroskopie f
  e X-ray microscopy
  f microscopie f à rayons m/pl X

8046 Röntgenstrahlung f
  e X-radiation, X-ray radiation, roentgen radiation
  f radiation f de rayons m/pl X, rayonnement m X

8047 Röntgenstrahlungsquant n
  e X-ray quantum
  f quantum m de rayonnement m X

8048 Röntgenstrahlungsquelle f
  e X-ray source
  f source f de rayons m/pl X

8049 Röntgenstreuung f
  e X-ray scattering
  f diffusion f de rayons m/pl X

8050 Röntgenstrukturanalyse f
  e X-ray analysis of structure
  f analyse f de structure f par rayons m/pl X

8051 Röntgentechnik f
  e X-ray technology
  f technique f des rayons m/pl X

8052 Röntgentherapie f
  e X-ray therapy, roentgen therapy
  f roentgenthérapie f, radiothérapie f

8053 Röntgentiefbestrahlung f
  e deep X-ray irradiation
  f irradiation f profonde par rayons m/pl X

8054 Röntgen-Topographie f
  e X-ray topography
  f topographie f à rayons m/pl X

8055 Röntgenuntergrund m
  e X-ray background
  f fond m de rayons m/pl X

8056 Röntgenuntersuchung f
  e X-ray examination
  f étude f par rayons m/pl X

8057 Röntgenverbrennung f
  e X-ray burn
  f brûlure f due aux rayons m/pl X

8058 Röntgenwerkstoffprüfung f
  e X-ray materiology, X-ray radiology, roentgenomateriology
  f contrôle m des matériaux m/pl par rayons m/pl X

8059 Röntgenwirkung f
  e X-ray effect
  f effet m de rayons m/pl X

8060 rosten v
  e rust
  f se rouiller, s'enrouiller

8061 Rosten n
  e rusting
  f rouillure f

8062 Rösten n
  e calcination
  f calcination f

8063 rostfrei adj
  e stainless, rustless
  f inoxydable

8064 rostig adj
  e rusty
  f rouillé, enrouillé

8065 Rostschutz m
  e rust protection, anti-rust
  f protection f contre la rouille

8066 **Rotation** f
  e rotation
  f rotation f

8067 **Rotationsbewegung** f
  e rotational motion, rotation
  f mouvement m de rotation f, rotation f

8068 **Rotationsenergie** f
  e rotation energy, angular kinetic energy
  f énergie f de rotation f

8069 **Rotationsfeld** n
  e rotating field, rotary field
  f champ m tournant

8070 **Rotationsgeschwindigkeit** f
  e rotating speed, speed of rotation, revolving velocity
  f vitesse f de rotation f

8071 **rotationssymmetrisch** adj
  e rotational symmetric
  f à symétrie f de révolution f

8072 **Rotbruch** m
  e red sear
  f cassure f à rouge

8073 **rotieren** v
  e rotate
  f tourner

8074 **rotierend** adj
  e rotating, rotary
  f rotatif, à rotation f, tournant

8075 **Rotor** m
  e rotor, armature
  f rotor m, induit m, armature f

8076 **Rubidium** n [Rb]
  e rubidium
  f rubidium m

8077 **Rubinlaser** m
  e ruby laser
  f laser m rubis

8078 **Rückdiffusion** f
  e back diffusion
  f diffusion f en arrière, diffusion f de retour

8079 **Rücken** m
  e back, back part
  f partie f postérieure, dos m

8080 **Rückführen** n
  e recycling, recovery, recirculation
  f recyclage m, récirculation f, récupération f

8081 **Rückgang** m [Verminderung]
  e decrease, diminution, fall, reduction
  f décroissement m, diminution f, chute f, réduction f

8082 **Rückgang** m [Zurückgehen]
  e reverse motion, return motion
  f marche f arrière, mouvement m arrière, retour m

8083 **Rückgewinnung** f
  e recovery, recycling, recirculation
  f récupération f, recyclage m, récirculation f

8084 **Rückimpuls** m
  e back pulse, flyback pulse
  f impulsion f de retour m

8085 **Rückkopplung** f
  e feedback, reaction coupling
  f couplage m à réaction f, réaction f

8086 **Rückkopplungsverfahren** n
  e feedback method
  f méthode f par réaction f

8087 **Rücklauf** m
  e return, reverse running, reverse, reflux
  f retour m, mouvement m rétrograde, reflux m

8088 **rücklaufend** adj [Welle]
  e reflected
  f réfléchi

8089 Rücklaufimpuls m
→ Rückimpuls m

8090 Rückseite f
e back side, back, reverse side
f côté m postérieur, côté m de derrière m, arrière m, dos m, derrière m

8091 Rückstand m [Restaktivität]
e retention
f rétention f

8092 Rückstand m [Überrest]
e residue, remain
f résidu m, reste m

8093 Rückstellen n
e reset, resetting, set-back
f retour m, set-back m

8094 Rückstoß m
e recoil, repulsion
f recul m, répulsion f

8095 Rückstrahlung f
e reflected radiation, reradiation, reflection
f rayonnement m réfléchi, réflexion f

8096 Rückstrahlungsverlust m
e loss by reflection
f perte f par réflexion f

8097 Rückstrahlverfahren n
e reflection method
f méthode f de réflexion f

8098 Rückstreudickenmessung f
e thickness test by backscattering
f contrôle m d'épaisseur f par diffusion f en retour

8099 Rückstreufaktor m
e backscatter factor
f facteur m de diffusion f en retour

8100 Rückstreumethode f
e backscattering method
f méthode f de diffusion f en retour, méthode f de rétrodiffusion f

8101 Rückstreuung f
e backscattering
f rétrodiffusion f, diffusion f en retour, diffusion f en arrière

8102 Rückwandecho n
e back face echo, back echo, bottom echo
f écho m de fond m

8103 Rückwandechohöhe f
e back face echo height
f hauteur f d'écho m de fond m

8104 Rückwandechokurve f
e back face echo curve
f courbe f d'écho m de fond m

8105 Rückwärtsstreuung f
e backscattering
f diffusion f en retour, diffusion f en arrière, rétrodiffusion f

8106 Rückwärtswelle f
e backward wave
f onde f inverse

8107 Rückwirkung f
e counter-effect, retroaction, counter-action, reaction
f contre-effet m, réaction f

8108 Ruhe f
e rest, stop, break, intermission, silence, pause
f repos m, intermission f, silence m, pause f

8109 Ruhelage f
e rest position
f position f de repos m

8110 Ruhemasse f
e rest mass
f masse f au repos

8111 ruhend adj
e stable, fixed, constant, stationary
f table, fixe, stationnaire, constant

8112 Ruhestellung f
 e rest position
 f position f de repos m

8113 Ruhezeit f
 e down time
 f temps m d'inactivité f

8114 ruhig adj [still]
 e silent, quiet, noiseless
 f silencieux, tranquille

8115 ruhig adj [unbeweglich]
 e stable, fixed, constant, stationary
 f stable, fixe, stationnaire, constant

8116 Rundbauweise f
 e circular design
 f conception f circulaire

8117 Rundeisen n
 e round iron
 f fer m rond

8118 rundhohl adj
 e hollow, cored
 f creux, creusé

8119 Rundhohlleiter m
 e circular waveguide
 f guide m d'ondes f/pl circulaire

8120 Rundknüppel m
 e round billet
 f billette f ronde

8121 rund machen v
 e round
 f arrondir

8122 Rundmaterial n
 e round material
 f matériau m rond

8123 Rundnaht f
 e circular bead, circumferential seam
 f joint m circulaire, soudure f circonférentielle

8124 Runzel f
 e wrinkle
 f ride f

8125 Runzelbildung f
 e wrinkling
 f craquellement m

8126 Ruß m
 e carbon black
 f suie f

8127 Ruthenium n [Ru]
 e ruthenium
 f ruthénium m

8128 rutschen v
 e slide, glide, slip
 f glisser, patiner, déraper

8129 Rutschen n
 e sliding, gliding, slipping
 f glissage m, glissement m, patinage m, dérapage m

8130 Rutschfläche f
 e sliding surface, slide face
 f surface f de glissement m, surface f de glissière f

8131 Rüttelmaschine f
 e vibrator
 f vibrateur m

8132 Rüttelversuch m
 e vibration test
 f essai m de vibration f

8133 Rüttler m
 e vibrator
 f vibrateur m

S

8134 Sacklochbohrung f
e flat-bottom hole
f trou m à fond m plat, forure f à fond m plat

8135 sägezahnförmig adj
e saw-toothed
f en dents f/pl de scie f

8136 Salzfolie f [Radiographie]
e saliferous screen, saline intensifying screen, salt intensifying screen
f écran m salifère, écran m renforçateur salin

8137 salzhaltig adj
e saliferous
f salifère

8138 Salzlösung f
e salt solution
f solution f saline

8139 Salznebelversuch m
e salt spray test
f essai m au brouillard salin

8140 Salzverstärkerfolie f [Radiographie]
e saline intensifying screen, salt intensifying screen, saliferous screen
f écran m renforçateur salin, écran m salifère

8141 Salzwasser n
e salt water
f eau f salée

8142 Samarium n [Sm]
e samarium
f samarium m

8143 Sammelelektrode f
e collecting electrode, collector
f électrode f collectrice

8144 sammeln v
e collect, accumulate, pile, enrich
f accumuler, amasser, collectionner, enrichir

8145 Sammler m [Sammelschiene]
e bus, bus bar
f barre f collectrice, barre f omnibus

8146 Sammler m [Speicher]
e accumulator, accu, storage battery
f accumulateur m, accu m

8147 Sammlung f
e collection
f collection f

8148 Sand m
e sand
f sable m

8149 Sandwichbauweise f
e sandwich construction
f construction f en sandwich m

8150 Sandwichbestrahlung f
e sandwich irradiation
f irradiation f sandwich

8151 Sandwich-Holographie f
e sandwich holography
f holographie f sandwich

8152 Satelliten-Träger m
e satellite launcher
f lanceur m de satellite m

8153 sättigen v
e saturate
f saturer

8154 Sättigung f
e saturation
f saturation f

8155 Sättigungsmagnetisierung f
e saturating magnetization
f magnétisation f saturante

8156 Satz m [Gruppe]
e group, set, suit, lot, assortment
f groupe m, jeu m, ensemble m, bloc m, lot m, assortiment m

8157 Satz m [Lehrsatz]
e theorem, principle
f théorème m, principe m

8158 Satz m [Niederschlag]
e deposit, sediment
f dépôt m

8159 Satz m [Sprung]
e leap, bound
f saut m, bond m

8160 Satz m [Wortsatz]
e sentence
f phrase f

8161 sauber adj
e clean
f nettoyé

8162 Säuberung f
e cleaning, cleansing, purification, clearing
f nettoyage m, nettoiement m, purification f, épuration f

8163 sauer adj [allgemein]
e sour
f aigre

8164 sauer adj [chemisch]
e acid
f acide

8165 Sauerstoff m [O]
e oxygen
f oxygène m

8166 sauerstoffhaltig adj
e oxygenous
f oxygénifère, oxygéné

8167 saugen v
e suck
f sucer, aspirer

8168 Saugen n
e suction, sucking, inspiration
f succion f, sucement m, aspiration f

8169 Saugfähigkeit f
e absorptivity, absorptive capacity
f capacité f d'absorption f

8170 Saugfestigkeit f
e resistance to suction
f résistance f à l'aspiration f

8171 Saugpapier n
e absorbent paper
f papier m buvard

8172 Säule f [Bautechnik]
e column
f colonne f

8173 Säule f [elektrisch]
e pile
f pile f

8174 Saum m
e seam, fillet, border
f bord m, couture f, filet m

8175 Säure f, schwache
e weak acid
f acide m faible

8176 Säure f, stark konzentrierte
e highly concentrated acid
f acide m fortement concentré

8177 säurebeständig adj
e acid-resistant, acid-resisting, acid-proof
f résistant à l'acide m, antiacide

8178 säurebildend adj
e acid-forming
f acidifiant

8179 säurefest adj
  e acid-proof, acid-resistant
  f antiacide, résistant à l'acide m

8180 säurefrei adj
  e non-acid, acidless
  f non-acide, exempt d'acide m, neutre

8181 Säuregehalt m
  e acidity
  f acidité f

8182 Säuregrad m
  → Säuregehalt m

8183 Säuremesser m
  e acidimeter, acidometer
  f acidimètre m, pèse-acide m

8184 Scatterecho n
  e scattered echo
  f écho m dispersé, écho m saccadé

8185 Schacht m
  e hole, channel, canal, shaft, pit, pass, manhole
  f puits m, canal m, fosse f, trou m d'homme m, cheminée f, regard m

8186 Schachtel f
  e box, case
  f boîte f, boîtier m, caisse f

8187 Schaden m
  e damage, injury, fault, defect, mishap
  f dommage m, lésion f, dégât m, avarie f, défaut m

8188 Schaden m, biologischer
  e biological damage
  f dommage m biologique

8189 Schadensakkumulation f
  e accumulation of damages pl
  f accumulation f de dommages m/pl

8190 Schadensanalyse f
  e damage analysis
  f analyse f de dommage m

8191 Schadensfall m
  e failure
  f ruine f

8192 Schadensfallvoraussage f
  e failure prediction
  f prédiction f de la ruine

8193 schadhaft adj
  e damaged, defective, faulty
  f endommagé, défectueux, fautif, gâté

8194 schädigen v
  e damage, harm, injure, trouble, disturb, impair
  f troubler, compromettre, perturber, déranger, nuir

8195 Schädigung f
  e lesion, damage, injury, mishap, defect
  f lésion f, dommage m, dégât m, défaut m, avarie f

8196 Schadstelle f
  e defective place, damaged place
  f place f défectueuse, place f endommagée

8197 Schaft m
  e shaft, body, shank, bolt
  f corps m, fût m, tige f, queue f

8198 Schale f [Flachbehälter]
  e cup, dish, trough, tray, pan, shell
  f cuvette f, coupe f, écuelle f

8199 Schale f [Umhüllung]
  e shell, sheath, envelope, clamp
  f couche f, enveloppe f, frette f, écorce f

8200 Schall m
  e sound
  f son m

8201 Schall...
  e sound ..., acoustic(al), sonic ...
  f sonore, acoustique

8202 **Schallabsorption** f
 e sound absorption, acoustic absorption
 f absorption f de son m, absorption f acoustique

8203 **Schallabstrahlung** f
 e acoustic radiation, sound distribution
 f rayonnement m acoustique

8204 **Schallanalyse** f
 e sound analysis
 f analyse f acoustique

8205 **Schallaufnehmer** m, magnetostriktiver
 e magnetostrictive sound sensor
 f récepteur m acoustique magnétostrictif

8206 **Schallausbreitung** f
 e sound propagation
 f propagation f acoustique

8207 **Schallbild** n
 e sound image
 f image f acoustique

8208 **Schallbündel** n
 e sonic beam
 f faisceau m sonore

8209 **Schalldämpfung** f
 e acoustic attenuation, acoustic absorption, sound deadening, silencing, noise abatment
 f affaiblissement m acoustique, amortissement m acoustique, atténuation f du son

8210 **Schalldruck** m
 e sound pressure, acoustic pressure
 f pression f acoustique, pression f sonore

8211 **Schalldruckpegel** m
 e sound pressure level
 f niveau m de la pression acoustique

8212 **Schalldruckverteilung** f
 e distribution of acoustic pressure
 f distribution f de la pression acoustique

8213 **Schalldurchgang** m
 e sound passage
 f passage m du son

8214 **Schalleinfall** m, schräger
 e oblique incidence of sound
 f incidence f oblique du son

8215 **Schalleistung** f
 e sound power, acoustic power
 f puissance f acoustique, puissance f sonore

8216 **Schalleiter** m
 e sound conductor, acoustic conductor
 f conducteur m du son, conducteur m acoustique

8217 **Schallemission** f [SE]
 e acoustic emission [A.E.], sonic emission
 f émission f acoustique [E.A.]

8218 **Schallemissionsanalyse** f [SEA]
 e acoustic emission analysis [A.E.A., ACEMAN]
 f analyse f de l'émission f acoustique [A.E.A.]

8219 **Schallemissionsereignis** f
 e acoustic emission event, event
 f événement m d'émission f acoustique, événement m

8220 **Schallemissionsprüfung** f
 e acoustic emission test
 f contrôle m par émission f acoustique

8221 **Schallemissionsprüfverfahren** n
 e acoustic emission test method
 f méthode f de contrôle m par émission f acoustique

8222 Schallemissionsquelle f
  e acoustic emission source
  f source f d'émission f acoustique

8223 Schallemissionstechnik f
  e sound emission technique
  f technique f d'émission f acoustique

8224 Schallemissionsverfahren n
  e sound emission method
  f méthode f d'émission f acoustique

8225 Schallempfänger m
  e sound receiver
  f récepteur m acoustique

8226 schallempfindlich adj
  e sound-sensitive
  f sensible au son

8227 Schallenergie f
  e sound energy
  f énergie f acoustique, énergie f sonore

8228 Schallerzeuger m
  e sound generator
  f générateur m de son m

8229 Schallerzeugung f
  e sound generation
  f génération f de sons m/pl

8230 Schallfeld n
  e acoustic field, sonic field
  f champ m acoustique, champ m sonore

8231 Schallfelddarstellung f
  e acoustic field imaging, acoustic field visualization, representation of an acoustic field
  f visualisation f du champ sonore, représentation f du champ acoustique

8232 Schallfeldgröße f
  e sound field parameter, acoustic field parameter
  f paramètre m de champ m acoustique, paramètre m de champ m sonore

8233 Schallfeldsichtbarmachen n
  e visualization of the acoustic field
  f visualisation f du champ sonore

8234 Schallfluß m
  e sound energy flux, acoustic flux
  f flux m d'énergie f sonore, flux m acoustique

8235 Schallfortleitung f
  e sound transduction, acoustical transmission, sonic through transmission
  f transmission f acoustique, transduction f acoustique

8236 Schallfrequenz f
  e acoustic frequency
  f fréquence f acoustique

8237 Schallgeschwindigkeit f
  e sound velocity, sonic velocity
  f célérité f de son m

8238 Schallgeschwindigkeitsmessung f
  e measurement of sound
  f mesure f de vitesse f de son m

8239 Schallintensität f
  e sound intensity, acoustic intensity
  f intensité f acoustique, intensité f sonore

8240 Schalloptik f
  e acoustic optics pl
  f optique f acoustique

8241 Schallpegel m
  e sound level
  f niveau m acoustique

8242 Schallpegelmesser m
  e sonometer
  f sonomètre m

8243 Schallplatte f
  e record, disk, disc [USA]
  f disque m

8244 Schallquelle f
  e sound source
  f source f de son m

8245 Schallreflektor m
  e sound reflector
  f réflecteur m acoustique, réflecteur m de son m

8246 Schallreflexion f
  e sound reflection
  f réflexion f acoustique, réflexion f de son m

8247 Schallreflexionsfaktor m
  e sound reflection factor
  f facteur m de réflexion f acoustique

8248 Schallreflexionsgrad m
  e sound reflection coefficient
  f coefficient m de réflexion f acoustique

8249 Schallreflexionskoeffizient m
  → Schallreflexionsgrad m

8250 Schallreproduktion f
  e sound reproduction
  f reproduction f du son, reproduction f acoustique

8251 Schallrückstreuung f
  e acoustic backscattering
  f diffusion f rétrograde acoustique

8252 Schallschatten m
  e acoustical shadow
  f ombre f acoustique

8253 Schallschnelle f
  e sound particle velocity
  f vélocité f acoustique

8254 Schallschreibung f
  e sonography
  f sonographie f

8255 Schallschwächung f
  e acoustic attenuation
  f atténuation f du son, affaiblissement m acoustique, amortissement m acoustique

8256 Schallschwächungskoeffizient m
  e acoustic attenuation coefficient
  f coefficient m d'atténuation f acoustique

8257 Schallschwächungsmessung f
  e acoustic attenuation measurement
  f mesure f d'atténuation f acoustique

8258 Schallschwingung f
  e sound vibration
  f vibration f acoustique, vibration f sonore

8259 Schallsender m
  e sound generator, sonic emitter, acoustical transmitter
  f transmetteur m sonore, émetteur m acoustique, générateur m de son m

8260 Schallsichtgerät n
  e acoustic imaging system, acoustic imaging display
  f dispositif m de visualisation f du champ acoustique

8261 Schallsichtverfahren n
  e acoustic imaging method
  f méthode f de visualisation f du champ acoustique

8262 Schallsignal n
  e acoustic signal
  f signal m acoustique

8263 Schallspektrum n
  e sound spectrum
  f spectre m acoustique

8264 Schallstärke f
  e sound intensity, acoustic intensity
  f intensité f acoustique, intensité f sonore

8265 Schallstärkemesser m
  e sonometer
  f sonomètre m

8266 Schallstrahl m
e sonic beam
f faisceau m sonore

8267 Schallstrahler m
e sound radiator, acoustical radiator
f radiateur m acoustique

8268 Schallstrahlungsdruck m
e acoustical radiation pressure
f pression f de radiation f acoustique

8269 Schallstrahlversetzung f
e acoustical ray displacement
f déplacement m de rayon m acoustique

8270 Schallstreuung f
e sound scattering
f diffusion f acoustique

8271 Schallübertragung f
e sound transmission, acoustical transmission, sound transduction
f transmission f acoustique, transduction f acoustique

8272 Schallverlauf m
e sound path
f parcours m sonore

8273 Schallwandler m
e acoustical transducer
f transducteur m acoustique

8274 Schallweg m
e sound path
f parcours m sonore

8275 Schallwelle f, geführte
e guided acoustic wave
f onde f acoustique guidée

8276 Schallwellenwiderstand m
e acoustic impedance
f impédance f acoustique

8277 Schallwiedergabe f
e sound reproduction
f reproduction f du son, reproduction f acoustique

8278 Schaltanordnung f
e circuit arrangement
f arrangement m du circuit, montage m des circuits m/pl

8279 Schaltbild n
e circuit diagram, wiring diagram
f schéma m de montage m, schéma m de connexions f/pl

8280 Schaltelement n
e circuit element, mounting component
f élément m de montage m, élément m de circuit m

8281 schalten v [Schalter betätigen]
e switch, operate, actuate
f commander, manœuvrer

8282 schalten v [verbinden]
e connect, wire, mount
f monter, connecter, brancher, relier, raccorder

8283 Schalter m [Ausschalter]
e circuit breaker, cut out
f interrupteur m, rupteur m, coupe-circuit m, disjoncteur m

8284 Schalter m [Einschalter]
e switch, contactor
f commutateur m, contacteur m

8285 Schalter m [Umschalter]
e change-over switch, throw-over switch
f inverseur m

8286 Schalter m [Verkaufsschalter]
e booking office
f guichet m

8287 Schalter m, fernbetätigter
e remote control switch
f commutateur m à commande f à distance f, commutation f télécommandée

8288 Schalterknopf m
e switch knob
f bouton m de commutateur m

8289 Schaltplan m [Schaltungsplan]
e connection diagram, wiring diagram, mounting diagram
f schéma m des connexions f/pl, plan m de câblage m, schéma m de montage m

8290 Schaltpult n
e switchboard, control board, control desk, control console, control panel
f pupitre m de commande f

8291 Schaltraum m
e switch room, control room
f salle f de contrôle m, salle f des connexions f/pl

8292 Schalttafel f
e switchboard, switch panel, control board, control panel, contactor panel
f tableau m de commande f, panneau m de contrôle m, tableau m de distribution f

8293 Schaltuhr f
e interval timer, timer, switching clock
f minuterie f, interrupteur m horaire

8294 Schaltung f
e mounting, wiring, installation, circuit, scheme
f montage m, circuit m, installation f, schéma m

8295 Schaltungs...
→ Schalt...

8296 Schaltwarte f
e control room, switch room
f salle f de contrôle m, salle f des connexions f/pl

8297 Schaltzentrale f
→ Schaltwarte f

8298 scharf adj [genau]
e exact, defined, strict
f exact, défini, net

8299 scharf adj [Messer]
e sharp, keen
f tranchant, acéré

8300 scharf adj [Optik]
e net, clear, sharp
f net

8301 scharf adj [Säure]
e biting, burning, sour, sharp
f âcre, mordant

8302 scharf adj [schrill]
e shrill, piercing
f aigu, perçant, strident

8303 scharf adj [spitz]
e pointed, acute
f pointu, aigu, acéré

8304 Schärfe f [optisch]
e clearness
f netteté f

8305 Scharfeinstellung f
e focusing, concentration
f focalisation f, concentration f, mise f au point

8306 scharfkantig adj
e sharp-edged
f à arêtes f/pl vives

8307 Schatten m
e shadow
f ombre f

8308 Schattenbild n
e shadow image
f image f ombragée

8309 Schatteneffekt m
e shadow effect
f effet m d'ombre f

8310 Schattengebiet n
  e shadow area, shadow zone
  f région f d'ombre f, zone f ombreuse

8311 Schattenzone f
  e shadow zone
  f zone f ombreuse

8312 schattieren v
  e shade
  f ombrer

8313 schätzen v
  e estimate, assess, evaluate, tax, rate
  f estimer, taxer, évaluer

8314 Schätzung f, ungefähre
  e rough estimate, rough estimation
  f devis m approximatif, estimation f approximative

8315 Schaubild n
  e diagram, chart, plot, representation, graph, figure
  f diagramme m, graphique m, représentation f

8316 Schauloch n
  e eye sight
  f trou m d'observation f, orifice m d'inspection f, visière f

8317 Schaumbetonprüfung f
  e foamed concrete test
  f essai m de béton m mousse

8318 Schaumgummi n
  e foamed rubber, rubber foam
  f caoutchouc m moussé

8319 Schaumstoff m
  e foam material
  f matière f spongieuse

8320 Scheibe f [Blechscheibe]
  e blank
  f flan m

8321 Scheibe f [Fläche]
  e disk, disc [USA], plate
  f disque m, flan m, plateau m

8322 Scheibe f [Glasscheibe]
  e pane, square
  f vitre f, carreau m

8323 Scheibe f [Schnitte]
  e slice
  f tranche f

8324 Scheibe f [Unterlegscheibe]
  e washer, collar
  f rondelle f

8325 scheibenförmig adj
  e disk-type ..., discoid
  f en disque m, à disque m, en forme f de disque m

8326 Scheibenreflektor m
  e disk reflector
  f réflecteur m en forme f de disque m

8327 Scheidewand f
  e diaphragm, partition wall
  f diaphragme m

8328 scheinbar adj
  e apparent, virtual
  f apparent, virtuel

8329 Scheinleistung f
  e apparent power
  f puissance f apparente

8330 Scheinleitwert m
  e admittance
  f admittance f

8331 Scheinwiderstand m
  e apparent resistance, impedance
  f résistance f apparente, impédance f

8332 Scheinwiderstandsmessung f
  e impedance measurement
  f mesure f d'impédance f

8333 **Scheitel** m
 e peak, top, crest, apex, maximum, point, vertex
 f crête f maximum m, sommet m, pointe f, apex m

8334 **Scheitellinie** f
 e crest line
 f ligne f de crête f

8335 **Scheitelpunkt** m
 e vertex, vertices pl
 f apex m

8336 **Scheitelwert** m
 e peak value, maximum value, crest value, amplitude
 f valeur f de crête f, valeur f maximum, amplitude f

8337 **Schema** n
 e scheme
 f schéma m

8338 **schematisch**
 e schematic(al)
 f schématique

8339 **Scherbeanspruchung** f
 e shear load, shearing stress
 f effort m de cisaillement m

8340 **Scherfestigkeit** f
 e resistance to shearing, shear strength, transverse bending strength
 f résistance f au cisaillement

8341 **Scherkraft** f
 e shear force, shearing force, lateral force
 f force f de cisaillement m, force f transversale, poussée f transversale

8342 **Schermodul** m
 e Young's modulus
 f module m de Young

8343 **Scherspannung** f
 e shearing stress, shear load
 f effort m de cisaillement m

8344 **Scherung** f
 e shear, shearing
 f cisaillement m

8345 **Scherversuch** m
 e shear test, shearing test
 f essai m de cisaillement m

8346 **Scherwelle** f
 e shear wave
 f onde f acoustique transversale

8347 **Scherwirkung** f
 e shearing effect
 f effet m de cisaillement m

8348 **Scherzugkraft** f
 e shear strength
 f force f de traction f de cisaillement m

8349 **Scherzugversuch** m
 e shear test
 f essai m de traction f de cisaillement m

8350 **scheuern** v
 e rub, scrub
 f frotter, roder, émoudre

8351 **Scheuerversuch** m
 e scrubbing test
 f essai m de frottement m

8352 **Schicht** f [Arbeitsschicht]
 e turn, shift, spell
 f tâche f, poste m

8353 **Schicht** f [Lage]
 e layer, coat
 f couche f

8354 **Schicht** f [Überzug]
 e coating, coat, film, layer, sheath, deposit
 f couche f, film m, gaine f, enduit m, couverte f, couverture f, dépôt m

8355 **Schicht** f, anodische
 e anodic layer
 f couche f anodique

8356 Schicht f, benachbarte
 e neighbouring layer
 f couche f voisine

8357 Schicht f, dicke
 e thick film
 f couche f épaisse

8358 Schicht f, dünne
 e thin film
 f couche f mince

8359 Schicht f, einsatzgehärtete
 e case-hardened layer
 f couche f cémentée, cémentation f

8360 Schicht f, leitende
 e conductive layer
 f couche f conductrice

8361 Schicht f, lichtempfindliche
 e photosensitive layer
 f couche f photosensible

8362 Schicht f, oberflächennahe
 e near-surface layer, subsurface layer
 f couche f proche de la surface

8363 Schicht...
 e lamination ..., laminated, in layers pl, layer..., multi-layer ..., stratified, foliated, sandwich ...
 f ... par couches f/pl, en couches f/pl, multicouche, laminé, laminaire, feuillé, stratifié, en sandwich m

8364 Schichtablösung f
 e peeling-off
 f écaillage m, écaillement m

8365 Schichtbildung f
 e lamination, stratification
 f lamination f, stratification f, disposition f par couches f/pl

8366 Schichtdicke f
 e layer thickness, film thickness, coating thickness
 f épaisseur f de couche f, épaisseur f du film

8367 Schichtdicken-Meßgerät n
 e coating thickness measuring device
 f dispositif m de mesure f de l'épaisseur f de couche f

8368 Schichten n
 e lamination, stratification
 f lamination f, stratification f, disposition f par couches f/pl

8369 Schichthybridtechnologie f
 e layer hybrid technology
 f technologie f de couche f hybride

8370 Schichtpreßstoff m
 e moulded laminated material
 f stratifié m moulé

8371 Schichtpreßstoffplatte f
 e laminated plastic sheet
 f panneau m stratifié

8372 Schichtstärke f
 e coating thickness, film thickness, layer thickness
 f épaisseur f de couche f, épaisseur f du film

8373 Schichtstoff m
 e laminate
 f stratifié m

8374 Schichttechnologie f
 e layer technology
 f technologie f des couches f/pl

8375 Schichtung f
 e lamination, stratification
 f lamination f, stratification f, disposition f par couches f/pl

8376 schichtweise adj
 e lamination ..., laminated, in layers pl, stratified, sandwich...
 f ... par couches f/pl, en couches f/pl, feuillé, laminaire, stratifié, en sandwich m

8377 Schichtwerkstoff m
　e lamellar material
　f matériau m lamelleux, matériau m stratifié

8378 Schieber m
　e slide valve
　f tiroir m, soupape f à tiroir m

8379 schief adj
　e oblique
　f oblique

8380 Schiene f [Bahnschiene]
　e rail
　f rail m

8381 Schiene f [Profilstange]
　e bar, rod
　f tige f, barre f, latte f

8382 Schiene f [Sammelschiene]
　e bus bar, bus
　f barre f omnibus, barre f collectrice

8383 Schienenprüfkopf m
　e rail probe
　f palpeur m pour rails m/pl

8384 Schienenprüfwagen m
　e rail testing car, defectoscope car for rails pl
　f voiture f d'auscultation f des rails m/pl, voiture f pour la défectoscopie de rails m/pl

8385 Schiffbauwesen n
　e shipbuilding
　f construction f navale

8386 Schiffsanker m
　e anchor
　f ancre f

8387 Schiffsmaschinenbau m
　e naval engineering
　f construction f de machines f/pl marines

8388 Schild n [Anzeigetafel]
　e sign, plate, label
　f enseigne f, plaque f, étiquette f

8389 Schild m [Schutzwand]
　e shield, protective shield, screen
　f paroi f, paroi f de protection f, écran m

8390 schildern v
　e describe, outline, envolve
　f décrire, dépeindre, définir

8391 Schimmelbeständigkeit f
　e fungus resistance
　f résistance f à la moisissure

8392 Schirm m [Bildschirm]
　e screen, picture screen, viewing screen
　f écran m, écran m image

8393 Schirm m [Lichtschirm]
　e shade, reflector
　f abat-jour m, réflecteur m

8394 Schirm m [Schutzschirm]
　e shield, screen
　f écran m

8395 Schirmbild n
　e screen photograph, screen pattern, display, image
　f image-écran f

8396 Schirmbildanzeige f
　e screen pattern
　f réflectogramme m

8397 Schirmbildaufnahme f
　e fluorograph
　f fluorographie f, radiophoto f

8398 schirmen v
　e shield, screen
　f blinder, protéger

8399 Schirmprüfung f [Abschirmmaterialprüfung]
　e bulk test
　f essai m de volume m

8400 Schirmung f
 e shielding
 f blindage m

8401 Schlacke f
 e slag
 f laitier m, scorie f

8402 Schlackenatlas m
 e slag handbook
 f atlas m des laitiers m/pl

8403 Schlackeneinschluß m
 e slag inclusion, flux inclusion
 f inclusion f de laitier m, inclusion f de scorie f, inclusion f de flux m

8404 Schlackennest n
 e clustered slag inclusions pl, clustered flux inclusions pl
 f nid m d'inclusions f/pl de laitier m, nid m d'inclusions f/pl de flux m

8405 Schlackenzeile f
 e slag line, linear flux inclusion, elongated slag inclusion
 f inclusion f de laitier m alignée, inclusion f de laitier m en chapelet m, inclusion f de flux m alignée

8406 schlaff adj
 e slack, loose
 f lâche, mou (molle), relâché, flasque

8407 Schlag m
 e impact, push, shock, blow, percussion, impulse, pulse
 f impact m, choc m, coup m, poussée f, impulsion f, heurt m

8408 Schlagbiegezähigkeit f
 e impact bending strength
 f résilience f, dureté f au choc et à l'entaille f

8409 schlagfest adj
 e impact-resistant
 f résistant aux chocs m/pl

8410 Schlagfestigkeit f
 e impact resistance, shock resistance
 f résistance f au choc, résistance f à l'entaille f

8411 Schlagkerbzähigkeit f
 → Schlagbiegezähigkeit f

8412 Schlagprüfung f
 e impact test, dynamic test
 f essai m au choc

8413 Schlagstelle f [Oberflächenfehler]
 e knock
 f coup m

8414 Schlagzähigkeit f
 e impact resistance
 f résilience f

8415 Schlagzugversuch m
 e tension impact test, tensile impact test
 f essai m de rupture f au choc

8416 Schlamm m
 e mud, slurry, suspension, residue
 f schlamm m, suspension f, résidu m, bourbe f

8417 schlank adj
 e slender, slim
 f svelte, élancé

8418 Schlauch m
 e flexible pipe, tube, hose
 f tuyau m flexible, tube m

8419 Schlauchpore f
 e worm-hole
 f soufflure f vermiculaire

8420 Schleier m [Film]
 e fog, fogging, haze, veil, turbidity
 f voile m, flou m

8421 Schleierschwärzung f
 e fog blackening
 f noircissement m de voile m

8422 Schleife f
 e loop, kink
 f nœud m, coque f

8423 schleifen v [polieren]
 e polish
 f polir

8424 schleifen v [reiben]
 e rub, scrub, abrade, grind
 f frotter, meuler, émoudre, abraser

8425 schleifen v [schleppen]
 e slide
 f glisser

8426 Schleifer m [Schleifkontakt]
 e slider, slide contact, sliding contact
 f contact m frottant, contact m glissant

8427 Schleifriß m
 e abrasion crack, abrasive crack
 f fissure f d'abrasion f

8428 Schleuderprüfung f
 e overspeed test
 f essai m d'emballement m

8429 Schleuse f
 e sluice
 f écluse f

8430 Schliere f
 e stria, striae pl, streak
 f strie f, traînée f

8431 Schlierenaufnahme f
 e schlieren photo
 f prise f de stries f/pl

8432 schlierenfrei adj
 e free from streaks pl, without striae pl
 f exempt de stries f/pl

8433 Schlierenoptik f
 e schlieren optics pl
 f optique f des stries f/pl

8434 Schlierenverfahren n
 e schlieren method, strioscopy
 f méthode f de strioscopie f, strioscopie f

8435 schließen v
 e shut, close, enclose, inclose, lock, seal, incase
 f fermer, enfermer, renfermer, serrer, coffrer

8436 Schließnaht f
 e closure weld
 f soudure f fermante

8437 Schließzeit f
 e closure time, closing time
 f temps m de fermeture f, durée f de fermeture f

8438 Schliffbild n
 e structure micrography
 f micrographie f de structure f

8439 Schlitz m
 e slot, slit, notch, groove, rabbet
 f fente f, encoche f, entaille f, rainure f

8440 Schlitzbreite f
 e slot width
 f largeur f de fente f

8441 schlitzen v
 e slit, slot, notch, groove, indent
 f entailler, cocher, encocher, fendre

8442 Schlitzlänge f, kritische
 e critical slot length
 f longueur f critique de la fente

8443 Schlitztiefe f
 e slot depth
 f profondeur f de fente f

8444 schlucken v
 e absorb, deaden, attenuate, suck (~ up), occlude
 f absorber, étouffer, atténuer, amortir, sucer, aspirer

8445 Schluß m
 e end
 f fin f

8446 Schlußkontrolle f
 e final examination, final control
 f contrôle m final

8447 schmal adj
 e narrow
 f étroit, serré

8448 Schmalbündel...
 e narrow beam ...
 f ... à pinceau m étroit

8449 Schmelzbarkeit f
 e fusibility, meltableness
 f fusibilité f

8450 Schmelze f
 e fuse, liquid alloy
 f fonte f, alliage m liquide

8451 schmelzen v
 e melt, fuse
 f (se) fondre, fuser

8452 Schmelzen n
 e melting, fusion
 f fusion f

8453 Schmelzpunkt m
 e fusion point, melting point
 f point m de fusion f

8454 Schmelzschweißen n
 e fusion welding
 f soudage m par fusion f

8455 Schmelztemperatur f
 e fusion temperature, melting temperature
 f température f de fusion f

8456 Schmelzzone f
 e fusion zone
 f zone f de fusion f, zone f fondue

8457 Schmiedeblock m
 e forging ingot
 f lingot m de forge f

8458 Schmiedeeisen n
 e wrought iron, malleable iron, soft iron
 f fer m forgé, fer m malléable

8459 schmieden v
 e forge
 f forger

8460 Schmieden n
 e forging
 f forgeage m

8461 Schmiedestück n
 e forging
 f pièce f forgée

8462 schmiegsam adj
 e pliable
 f pliable, souple

8463 Schmiegungsebene f
 e osculating plane, bevelling plane
 f plan m de similitude f

8464 schmieren v
 e lubricate, oil, grease
 f lubrifier, huiler, graisser

8465 Schmirgel m
 e emery
 f émeri m

8466 Schmutz m
 e dirt, mud, smudge
 f salissure f, boue f

8467 Schmutzfleck m
 e stain, spot, blot
 f tache f

8468 schmutzig adj
 e dirty, impure
 f sale, impur, malpropre

Schnäpper 382

8469 Schnäpper m
 e spring catch, falling pawl
 f cliquet m, loqueteau m

8470 schneiden v [allgemein]
 e cut, slit
 f couper, découper, trancher

8471 schneiden v [Gewinde]
 e thread
 f fileter

8472 schneiden v [kreuzen]
 e traverse
 f traverser

8473 schneiden v [Magnetband]
 e cut, record, edit
 f couper, enregistrer

8474 Schneideschraube f
 e Parker screw
 f vis f Parker

8475 Schnellabtastung f
 e rapid scanning
 f balayage m rapide

8476 Schnellauslösung f
 e speed releasing
 f déclenchement m rapide

8477 Schnelle f
 e velocity, speed
 f célérité f, vitesse f, rapidité f

8478 Schnelligkeit f
 → Schnelle f

8479 Schnellprüfung f
 e rapid test, rapid checking, rapid examination
 f contrôle m rapide, étude f rapide, vérification f rapide

8480 Schnellregler f
 e high-speed regulator
 f régulateur m à grande vitesse f

8481 Schnelluntersuchung f
 → Schnellprüfung f

8482 Schnellzerreißversuch m
 e rapid breaking test
 f essai m de déchirement m rapide

8483 Schnitt m [Einschnitt]
 e cut, cutting, notch, slit
 f taille f, coupe f

8484 Schnitt m [Profil]
 e section, intersection, profile, cutting through, view
 f coupe f, section f, intersection f, profil m, vue f

8485 Schnittfläche f
 e sectional area
 f plan m de section f

8486 Schnittgeschwindigkeit f
 e cutting speed
 f vitesse f de coupe f

8487 Schnittlinie f
 e intersection line
 f ligne f d'intersection f

8488 Schnittpunkt m
 e point of intersection
 f point m d'intersection f, intersection f

8489 Schnittwinkel m
 e cutting angle
 f angle m de coupe f

8490 Schock m
 e shock
 f choc m

8491 Schopfung f
 e cropping
 f éboutage m

8492 schraffiert adj
 e hatched, crosshatched
 f hachuré

8493 Schrägbestrahlung f
 e oblique irradiation
 f irradiation f oblique

8494 Schrägeinfall m
 e oblique incidence
 f incidence f oblique

8495 Schrägeinschallung f
 e oblique acoustic irradiation
 f irradiation f acoustique oblique

8496 Schrägfehler m
 e oblique defect
 f défaut m oblique

8497 Schrägriß m
 e oblique crack, transverse crack, transversal crack
 f fissure f oblique, crique f transversale

8498 schrägstellen v
 e tilt, incline, decline, slope
 f incliner, s'incliner, obliger, basculer, décliner

8499 Schrägstellung f
 e inclined position
 f position f inclinée

8500 Schramme f
 e scratch, scar, cut
 f égratignure f, rayure f, éraflure f

8501 Schranke f
 e barrier, limit, limitation
 f barrière f, limite f

8502 Schraubbefestigung f
 e screw fastening, screwed attachment
 f fixation f à vis f, raccordement m à vis f

8503 Schraube f
 e screw
 f vis f

8504 Schraubenbolzen m
 e screw bolt
 f boulon m fileté

8505 schraubenförmig adj
 e screw…, helical, helicoidal, spiral
 f hélicé, hélicoïdal, hélicoïde, spiral

8506 Schraubenlinie f
 e helical line, spiral line, helix, screw-line
 f hélice f, spirale f cylindrique

8507 Schraubenprüfung f
 e screw test
 f essai m de vis f

8508 Schraubenversetzung f
 e screw-like dislocation
 f dislocation f en spirale f

8509 Schraubverbindung f
 e screwed joint, screw connection
 f joint m à vis f/pl, assemblage m fileté

8510 Schreiber m
 e recorder, recording device
 f enregistreur m, appareil m enregistreur

8511 Schreibgerät n
 e recording device, recorder
 f appareil m enregistreur, enregistreur m

8512 Schreibgeschwindigkeit f
 e recording speed
 f vitesse f d'enregistrement m

8513 Schreibweise f
 e notation, representation
 f notation f, représentation f

8514 schrittweise adj
 e by steps pl, step by step
 f pas à pas

8515 Schrott m
 e scrap
 f débris m/pl, mitraille f

8516 schrumpfen v
 e shrink, contract
 f (se) rétrécir, contracter, maigrir

8517 Schrumpfen n
 e shrinking, contraction
 f retrait m, rétrécissement m, contraction f, frettage m

8518 Schrumpffaktor m
 e shrinkage factor
 f coefficient m de rétrécissement m

8519 Schrumpfriß m
 e shrinkage crack
 f fissure f de retrait m

8520 Schrumpfsitz m
 e shrinkage
 f frettage m

8521 Schrumpfung f
 e shrinkage, shrinking, contraction
 f retrait m, rétrécissement m, contraction f

8522 Schrumpfzahl f
 → Schrumpffaktor m

8523 Schub m [Querkraft]
 e shearing force
 f cisaillement m

8524 Schub m [Schubkraft]
 e thrust, push
 f poussée f

8525 Schubbeanspruchung f
 e shear stress, shearing stress
 f effort m de cisaillement m

8526 Schubfestigkeit f
 e shearing strength, resistance to shearing strain
 f résistance f au cisaillement

8527 Schubkraft f [Antrieb]
 e thrust
 f poussée f

8528 Schubkraft f [Scherkraft]
 e shear force, lateral force
 f force f transversale, force f de cisaillement m

8529 Schubspannung f
 e shearing strain, transverse strain, shearing stress
 f tension f de cisaillement m

8530 Schubwelle f
 e shear wave, transverse wave
 f onde f transverse

8531 schütteln v
 e shake, vibrate
 f trembler, vibrer, ébranler

8532 Schüttelprüfung f
 e vibration test
 f essai m de vibration f

8533 Schüttelversuch m
 → Schüttelprüfung f

8534 Schüttgut n
 e bulk goods pl
 f matières f/pl en tas m

8535 Schutz m [vor, gegen]
 e protection [against]
 f protection f [contre]

8536 Schutzanzug m
 e protection suit, protective clothes pl, protective clothing
 f vêtement m de protection f, vêtement m de sûreté f

8537 Schutzbereich m
 e protection zone
 f zone f de protection f

8538 Schutzbrille f
 e protecting spectacles pl
 f lunettes f/pl protectrices

8539 schützen v [abschirmen]
 e screen, shield
 f blinder, protéger

8540 schützen v [beschützen]
 e protect, guard
 f protéger, garder, défendre, préserver

8541 Schutzfenster n
  e shielding window
  f fenêtre f de protection f

8542 Schutzgas n
  e inert gas
  f gaz m inerte

8543 Schutzgasschweißen n
  e shielded arc welding
  f soudage m à arc m protégé

8544 Schutzglas n
  e protective glass
  f verre m de protection f

8545 Schutzhandschuhe m/pl
  e protective gloves pl
  f gants m/pl protecteurs

8546 Schutzhelmprüfung f
  e test of protective helmets pl
  f essai m de casques m/pl protecteurs

8547 Schutzhülle f
  e protective cover, protective coating, protecting envelope, sheathing
  f enveloppe f de protection f, gaine f protectrice, couche f protectrice

8548 Schutzkleidung f
  e protection suit, protective clothes pl, protective clothing
  f vêtement m de protection f, vêtement m de sûreté f

8549 Schutzlack m
  e protective lacquer
  f laque f protectrice, vernis m protecteur

8550 Schutzmaske f
  e respirator
  f casque m respiratoire

8551 Schutzmaßnahmen f/pl
  e precautionary measure pl, precautions pl
  f précautions f/pl

8552 Schutzmaterialprüfung f
  [Strahlenschutz]
  e bulk test
  f essai m de volume m

8553 Schutzraum m
  e protection cell, shelter
  f chambre f de protection f, abri m

8554 Schutzrohr n
  e protecting tube, shield tube
  f tube m protecteur, tuyau m de protection f

8555 Schutzscheibe f
  e protective screen
  f vitre f protectrice

8556 Schutzschicht f
  e protective coating, protective layer, protective film
  f couche f protectrice, enduit m protecteur, film m protecteur

8557 Schutzschirm m
  e protective screen
  f écran m protecteur

8558 Schutzüberzug-Prüfung f
  e protective coating test
  f essai m de couvertures f/pl protectrices

8559 Schutzvorrichtung f
  e protecting device, protector, guard
  f dispositif m protecteur, protecteur m

8560 Schutzwand f
  e protective wall, protective shield
  f paroi f protectrice

8561 Schutzzone f
  e protection zone, protection area
  f zone f de protection f

8562 schwach adj
  e weak, feeble, poor, slight, low
  f faible, mince, léger, mou

8563 Schwachbestrahlung f
  e low-intensity irradiation
  f irradiation f à faible intensité f

8564 schwächen v
  e weaken, reduce, diminish, damp
  f affaiblir, réduire, diminuer, atténuer

8565 schwachlegiert adj
  e low-alloy ...
  f faiblement allié, allié à faible teneur f

8566 Schwächung f
  e weakening, attenuation, damping, reduction, reducing, fading
  f atténuation f, affaiblissement m, amortissement m, réduction f

8567 Schwächungs...
  → Abschwächungs...

8568 Schwächungsfunktion f
  e attenuation function
  f fonction f d'atténuation f

8569 Schwächungskoeffizient m, effektiver
  e effective absorption coefficient
  f coefficient m d'absorption f effectif

8570 schwachwandig adj
  e thin-walled
  f à paroi f mince

8571 Schwamm m
  e sponge
  f éponge f

8572 schwammig adj
  e spongy
  f spongieux

8573 schwanken v
  e vary, modify, change, alter, fluctuate, swing
  f varier, modifier, changer, fluctuer

8574 Schwankung f
  e variation, change, modification, alteration, fluctuation, swing
  f variation f, changement m, modification f, altération f, fluctuation f

8575 Schwarm m
  e cluster
  f amas m, essaim m

8576 Schwarzkörperstrahlung f
  e black body radiation
  f rayonnement m du corps noir

8577 Schwarzlicht n
  e black light
  f lumière f noire

8578 Schwärzung f [allgemein]
  e blackening
  f noircissement m

8579 Schwärzung f [Film]
  e density, optical density
  f densité f, densité f optique

8580 Schwärzungserhöhung f [Film]
  e intensification of density
  f intensification f de noircissement

8581 Schwärzungsfunktion f
  e density function, function of optical density
  f fonction f de la densité optique

8582 Schwärzungsgewinnung f
  → Schwärzungserhöhung f

8583 Schwärzungskurve f
  e density curve
  f courbe f de densité f optique, courbe f de noircissement m

8584 Schwärzungsmesser m
  e densitometer
  f densitomètre m

8585 Schwärzungsmessung f
  e measurement of blackening, measurement of optical density
  f mesure f du noircissement, mesure f de la densité optique

8586 Schwärzungssteigerung f
  e intensification
  f intensification f

8587 Schwebebahn f
 e cable railway, levitation train
 f téléphérique f, télécabine f

8588 Schwebetechnik f, elektromagnetische
 e electromagnetic suspension engineering
 f technique f des entraînements m/pl électromagnétiques flottants

8589 Schwebung f
 e beat, interference
 f battement m, interférence f

8590 Schwefel m [S]
 e sulphur, sulfur
 f soufre m

8591 Schwefeldioxid n
 e sulphur dioxide
 f anhydride m sulfureux

8592 schwefelhaltig adj
 e sulphurous
 f sulfureux, sulfurifère

8593 Schwefelwasserstoff m
 e hydrogen sulphide
 f acide m sulfhydrique

8594 Schweißautomat m
 e automatic welder
 f soudeuse f automatique

8595 schweißbar adj
 e weldable
 f soudable

8596 Schweißbarkeit f
 e weldability
 f soudabilité f

8597 Schweißbarkeitsprüfung f
 e weldability test
 f essai m de soudabilité f

8598 Schweißeigenspannung f
 e residual welding stress
 f contrainte f propre de soudage m, contrainte f propre due au soudage

8599 Schweißeignung f
 e suitability for welding, suitable for welding
 f aptitude f au soudage, propre au soudage

8600 Schweißeignungsprüfung f
 → Schweißbarkeitsprüfung f

8601 Schweißelektrode f
 e welding electrode
 f électrode f de soudage m

8602 schweißen v
 e weld
 f souder

8603 Schweißen n
 e welding
 f soudage m

8604 Schweißer m
 e welder
 f soudeur m

8605 Schweißfähigkeitsprüfung f
 → Schweißbarkeitsprüfung f

8606 Schweißfehler m
 e weld defect, welding defect
 f défaut m de soudage m, défaut m de soudure f

8607 Schweißgerät n
 e welding apparatus, welding device
 f appareil m de soudage m, machine f à souder

8608 Schweißgeschwindigkeit f
 e welding speed
 f vitesse f de soudage m

8609 Schweißgut n, austenitisches
 e austenitic weld material
 f matière f à souder austénitique

8610 Schweißgutprüfung f
 e test of welding material
 f essai m de matière f à souder

8611 Schweißkante f
 e weld edge
 f chanfrein m de soudure f

8612 Schweißkonstruktion f
 e welded structure
 f construction f soudée

8613 Schweißlinse f
 e weld nugget
 f noyau m de soudure f

8614 Schweißmaschine f, automatische
 e automatic welding machine
 f machine f à souder automatique

8615 Schweißnaht f
 e weld, weld seam, welding seam, welded joint
 f soudure f, ligne f de soudure f, joint m soudé, cordon m de soudure f

8616 Schweißnahtabschnitt m
 e (welding) seam section
 f section f du joint (soudé)

8617 Schweißnahtbereich m
 e weld zone, weld range
 f zone f de la soudure

8618 Schweißnahtfehler m
 e weld defect, welding seam defect
 f défaut m de soudure f, défaut m de joint m soudé

8619 Schweißnahtflanke f
 e welding seam flank
 f flanc m du joint soudé

8620 Schweißnahtlänge f
 e weld length
 f longueur f de soudure f

8621 schweißnahtlos adj
 e seamless, weldless
 f sans couture f, sans soudure f

8622 Schweißnaht-Prüfgerät n
 e weld tester, weld scanner
 f dispositif m de contrôle m de soudures f/pl

8623 Schweißnahtumschmelzen n
 e bead remelting
 f refusion f des joints m/pl soudés

8624 Schweißnahtungänze f
 e weld discontinuity
 f discontinuité f de soudure f

8625 Schweißnahtwertigkeit f
 e seam evaluation, weld evaluation
 f évaluation f de la soudure

8626 Schweißplattierung f
 e welded cladding
 f placage m soudé

8627 Schweißpunkt m
 e weld spot
 f point m de soudure f

8628 Schweißpunkt m, durchgebrannter
 e burnt-through weld spot
 f point m de soudure f percé

8629 Schweißraupe f
 e welding deposit, welding fillet, welding bead
 f cordon m de soudure f, dépôt m de soudage m

8630 Schweißriß m
 e weld crack
 f fissure f d'une soudure, crique f de soudage m

8631 Schweißrißanfälligkeit f
 e susceptiblity to weld cracking
 f susceptibilité f à la fissuration (d'une soudure), susceptibilité f aux criques f/pl de soudage m

8632 Schweißrißempfindlichkeit f
 → Schweißrißanfälligkeit f

8633 Schweißsicherheit f
e welding safety
f sûreté f de soudage m

8634 Schweißsicherheitsprüfung f
e test of welding safety
f essai m de la sûreté de soudage m

8635 Schweißsimulation f
e welding simulation
f simulation f de soudage m

8636 Schweißstelle f
e weld, weldment, welded joint
f soudure f, joint m soudé

8637 Schweißstelle f, kalte
e cold shot, cold weld
f soudure f à froid, décollement m, coulée f interrompue

8638 Schweißstück n
e weldment, welded piece
f pièce f soudée

8639 Schweißtemperatur f
e welding temperature
f température f de soudage m

8640 Schweißung f
e welding
f soudage m

8641 Schweißungsprüfung f
e weld test, welded joint test
f essai m de soudure f

8642 Schweißverbindung f
e weld, welded joint
f joint m soudé, assemblage m soudé, jonction f par soudage m

8643 Schweißverbindung f, austenitische
e austenitic weld
f joint m soudé austénitique

8644 Schweißverbindung f, überlappte
e lap joint
f joint m soudé à recouvrement m

8645 Schweißverfahren n
e welding method, welding process, welding technique
f méthode f de soudage m, technique f de soudage m, procédé m de soudage m

8646 Schwelle f [Gleis]
e sleeper, tie
f traverse f

8647 Schwelle f [Grenze]
e threshold, boundary, limitation
f seuil m, bordure f, borne f, limitation f

8648 Schwelle f [Schranke]
e barrier, limit, bound
f barrière f, limite f

8649 Schwelle f, relative
e relative threshold
f seuil m relatif

8650 Schwellen n
e swelling
f gonflement m

8651 Schwellenenergie f
e threshold energy
f energie-seuil f, énergie f de seuil m

8652 Schwellenfrequenz f, photoelektrische
e photoelectric threshold frequency
f fréquence f de seuil m photoélectrique

8653 Schwellenspannung f [elektrisch]
e threshold voltage
f tension f de seuil m

8654 Schwellenwert m
e threshold value
f valeur f de seuil m

8655 Schwellwert m
→ Schwellenwert m

8656 **Schwenkarm** m
 e swing arm
 f bras m pivotant

8657 **schwenkbar** adj
 e swivelling
 f pivotant, orientable, rotatif

8658 **schwenken** v
 e turn, swivel, slew, swing
 f pivoter, orienter

8659 **schwer** adj [Gewicht]
 e heavy, weighty
 f lourd, pesant

8660 **schwer** adj [schwierig]
 e difficult
 f difficile

8661 **Schwerbeton-Abschirmung** f
 e heavy concrete shielding
 f écran m à béton m lourd

8662 **Schwerefeld** n
 e gravitation field
 f champ m de gravitation f

8663 **schwerentflammbar** adj
 e fire-resistant
 f difficilement inflammable

8664 **Schwerkraft** f
 e gravity, gravitation force, gravitation, earth's attraction
 f gravitation f, force f de gravitation f, gravité f

8665 **Schwermetall** n
 e heavy metal
 f métal m lourd

8666 **Schwermetall-Abschirmung** f
 e heavy-metal shielding
 f écran m à métal m lourd, bouclier m en métal m lourd

8667 **Schwerpunkt** m
 e center of gravity, center of mass
 f centre m de gravité f, centre m de masse f

8668 **Schwerwasser-Druckreaktor** m
 e pressurized heavy-water reactor
 f réacteur m à eau lourde sous pression f

8669 **Schwerwasser-Siedereaktor** m
 e heavy-water boiling reactor
 f réacteur m à eau f bouillante lourde

8670 **schwierig** adj
 e difficult
 f difficile

8671 **Schwimmbad-Forschungsreaktor** m
 e swimming-pool research reactor
 f réacteur piscine m pour recherches f/pl scientifiques

8672 **schwimmen** v [Sachen]
 e swim, float
 f flotter

8673 **schwinden** v [schrumpfen]
 e shrink, contract
 f (se) rétrécir, contracter, maigrir, dépérir

8674 **schwinden** v [weniger werden]
 e diminish, dwindle
 f diminuer, décroître

8675 **Schwindmaßbestimmung** f
 e determination of shrinkage
 f mesure f du retrait

8676 **Schwindung** f
 e shrinkage, contraction
 f retrait m, contraction f

8677 **Schwindungszahl** f
 e shrinkage factor
 f coefficient m de rétrécissement m

8678 **Schwing...**
 → auch: Schwingungs...

8679 **Schwingamplitude** f
 e amplitude of oscillation, amplitude of vibration
 f amplitude f d'oscillation f, amplitude f de vibration f

8680 Schwingbeanspruchung f
 e cyclic stress, dynamic load
 f effort m alterné, charge f dynamique

8681 Schwingbewegung f
 e oscillating motion, vibratory movement
 f mouvement m d'oscillation f, mouvement m vibratoire

8682 schwingen v
 e oscillate, vibrate, swing
 f osciller, vibrer, balancer, balayer, pomper

8683 Schwingen n
 e oscillation, oscillating, vibrating, vibration
 f oscillation f, vibration f

8684 Schwingenergie f
 e oscillation energy, oscillating energy
 f énergie f d'oscillation f, énergie f oscillatoire

8685 Schwinger m
 e transducer, vibrator
 f transducteur m, vibrateur m

8686 Schwingerform f
 e transducer shape
 f forme f du transducteur

8687 schwingfähig adj
 e able to vibrate, oscillatory
 f capable de vibrer, oscillatoire

8688 Schwingfähigkeit f
 e ability to vibrate
 f pouvoir m de vibration f, pouvoir m d'osciller

8689 Schwingfestigkeit f
 e fatigue strength
 f résistance f à la fatigue, résistance f aux efforts m/pl alternés

8690 Schwingfestigkeitsuntersuchung f
 e fatigue test
 f essai m de fatigue f

8691 Schwingfrequenz f
 e frequency of oscillation, vibration frequency
 f fréquence f d'oscillation f, fréquence f de vibration f

8692 Schwingkopf m
 e oscillating probe, vibrating head
 f palpeur m oscillant, tête f vibrante

8693 Schwingkreis m
 e oscillating circuit, oscillation circuit
 f circuit m oscillant, circuit m oscillatoire, circuit m d'oscillation f

8694 Schwingkristall m
 e oscillating crystal
 f cristal m oscillant

8695 Schwingquarz m
 e piezoelectric crystal
 f quartz m piézoélectrique, quartz m pour oscillateurs m/pl

8696 Schwingung f
 e oscillation, vibration, swing, undulation, cycle
 f oscillation f, vibration f, ondulation f, cycle m

8697 Schwingung f, abklingende
 e dying oscillation
 f oscillation f décroissante, oscillation f amortie

8698 Schwingung f, anschwellende
 e increasing oscillation
 f oscillation f croissante

8699 Schwingung f, aperiodische
 e aperiodic oscillation
 f oscillation f apériodique

8700 Schwingung f, elliptische
 e elliptical oscillation
 f oscillation f elliptique

8701 Schwingung f, erzwungene
 e forced oscillation, constrained oscillation
 f oscillation f forcée, oscillation f contrainte

8702 Schwingung f, freie
 e free oscillation
 f oscillation f libre

8703 Schwingung f, gedämpfte
 e damped oscillation
 f oscillation f amortie, oscillation f décroissante

8704 Schwingung f, gleichförmige
 e continuous oscillation
 f oscillation f entretenue

8705 Schwingung f, harmonische
 e harmonic oscillation, harmonic
 f oscillation f harmonique, harmonique f

8706 Schwingung f, induzierte
 e induced oscillation
 f oscillation f induite

8707 Schwingung f, longitudinale
 e longitudinal oscillation
 f oscillation f longitudinale

8708 Schwingung f, modulierte
 e modulated oscillation
 f oscillation f modulée

8709 Schwingung f, nichtharmonische
 e nonharmonic oscillation
 f oscillation f non-harmonique

8710 Schwingung f, parasitäre
 e parasitic oscillation
 f oscillation f parasitaire

8711 Schwingung f, quasistationäre
 e quasi-stationary oscillation
 f oscillation f quasi-stationnaire

8712 Schwingung f, radiale
 e radial oscillation, radial vibration
 f oscillation f radiale, vibration f radiale

8713 Schwingung f, reine
 e pure oscillation
 f oscillation f pure

8714 Schwingung f, schwach gedämpfte
 e weakly damped oscillation
 f oscillation f légèrement amortie

8715 Schwingung f, stark gedämpfte
 e highly damped oscillation
 f oscillation f fortement amortie

8716 Schwingung f, stationäre
 e stationary oscillation
 f oscillation f stationnaire

8717 Schwingung f, transversale
 e transverse oscillation
 f oscillation f transversale

8718 Schwingung f, unmodulierte
 e non-modulated oscillation
 f oscillation f non-modulée

8719 Schwingung f, zusammengesetzte
 e complex oscillation, composed oscillation
 f oscillation f complexe, oscillation f composée

8720 Schwingungsamplitude f
 e amplitude of oscillation, amplitude of vibration
 f amplitude f d'oscillation f, amplitude f de vibration f

8721 Schwingungsanalyse f
 e oscillation analysis
 f analyse f d'oscillation f

8722 Schwingungsanregung f
 e excitation of oscillations pl, vibrational excitation
 f excitation f d'oscillations f/pl, excitation f de vibration f

8723 Schwingungsbauch m
 e antinode, antinoidal point, loop
 f antinœud m, ventre m d'oscillation f

8724 Schwingungsdämpfung f
 e attenuation, damping, absorption, loss, weakening, flattening [of oscillation/vibration]
 f atténuation f, amortissement m, perte f [d'oscillation f]

8725 **Schwingungsdauer** f
 e period
 f période f

8726 **Schwingungseinsetzen** n
 e starting of oscillations pl
 f amorçage m d'oscillations f/pl

8727 **Schwingungsenergie** f
 e oscillation energy, oscillating energy
 f énergie f d'oscillation f, énergie f oscillatoire

8728 **Schwingungserregung** f
 e excitation of oscillations
 f excitation f d'oscillation f

8729 **Schwingungserzeuger** m
 e oscillation generator, oscillator, vibrator
 f générateur m d'oscillations f/pl, oscillateur m, vibrateur m

8730 **Schwingungserzeugung** f
 e generation of oscillations pl
 f génération f d'oscillations f/pl

8731 **schwingungsfähig** adj
 e able to vibrate, oscillatory
 f capable de vibrer, oscillatoire

8732 **schwingungsfest** adj
 e vibration-proof
 f résistant aux vibrations f/pl

8733 **Schwingungsform** f [Kurvenform]
 e shape of oscillation
 f forme f d'oscillation f

8734 **Schwingungsform** f [Mode]
 e mode of oscillation
 f mode m d'oscillation f

8735 **Schwingungsfrequenz** f
 e vibration frequency, frequency of oscillation
 f fréquence f d'oscillation f, fréquence f de vibration f

8736 **Schwingungsknoten** m
 e oscillation node, vibration node
 f nœud m d'oscillation f, nœud m de vibration f

8737 **Schwingungsmode** m
 e mode of oscillation
 f mode m d'oscillation f

8738 **Schwingungsphase** f
 e phase of oscillation
 f phase f d'oscillation f

8739 **Schwingungsrißkorrosion** f
 e corrosion due to vibration
 f corrosion f sous vibration f

8740 **Schwingungsspektrum** n
 e oscillation spectrum, vibration spectrum
 f spectre m d'oscillation f, spectre m de vibration f

8741 **Schwingungstyp** m
 e mode of oscillation
 f mode m d'oscillation f

8742 **Schwingungsweite** f
 e amplitude of oscillation, deviation of vibration
 f amplitude f d'oscillation f, déviation f de vibration f

8743 **Schwingverhalten** n
 e fatigue behaviour
 f comportement m à la fatigue

8744 **Schwingwiderstand** m
 e oscillation impedance
 f impédance f d'oscillation f

8745 **Schwitzwasser-Wechselklima** n
 e damp heat alternating atmosphere
 f atmosphère f humide saturée

8746 **Schwund** m [Schwindung]
 e shrinkage, shrinking, contraction
 f retrait m, contraction f

8747 **Schwund** m [Verblassen]
 e fading, damping
 f affaiblissement m, amortissement m

8748 **Schwungmaschine** f
 e centrifugal whirler
 f machine f centrifuge

8749 **Schwungrad** n
 e flywheel
 f volant m, poulie-volant f

8750 **sedimentieren** v
 e deposit, settle, precipitate
 f sédimenter, déposer, précipiter

8751 **Seekabel** n
 e submarine cable
 f câble m sous-marin

8752 **Seewasser** n
 e sea water
 f eau f de mer f

8753 **seewasserbeständig** adj
 e resistant to sea water
 f résistant à l'eau f de mer f

8754 **seewassergeschützt** adj
 → seewasserbeständig

8755 **Segment** n
 e segment
 f segment m

8756 **segmentförmig** adj
 e segment-shaped, segmentlike
 f en forme f de segment m

8757 **Segmentkollimator** m
 e segment collimator
 f collimateur m segment

8758 **Segregation** f
 e segregation
 f ségrégation f

8759 **Sehen** n, räumliches
 e stereoscopy
 f stéréoscopie f

8760 **Seide** f
 e silk
 f soie f

8761 **Seigerung** f
 e segregation
 f ségrégation f

8762 **Seil** n
 e cord, rope, cable
 f corde f, câble m

8763 **Seilbahn** f
 e cable railway, aerial ropeway
 f téléférique m

8764 **Seildrahtprüfung** f
 e rope wire test
 f essai m de brin m de câble m

8765 **Seilprüfung** f
 e rope test
 f essai m de câble m

8766 **Seilrolle** f
 e rope wheel
 f rouleau m de câble m

8767 **Seite** f [allgemein]
 e side
 f côté m

8768 **Seite** f [Buch]
 e page
 f page f

8769 **Seite** f [Gleichung]
 e member
 f membre m

8770 **Seite** f [Richtung]
 e sense, direction
 f sens m, direction f

8771 Seite f [Seitenteil]
e flank
f flanc m

8772 Seitenansicht f
e side view, lateral view
f vue f de côté m, vue f latérale, élévation f latérale

8773 Seitenband n [Frequenzband]
e sideband
f bande f latérale

8774 Seitenbandunterdrückung f
e sideband suppression
f suppression f de bande f latérale

8775 Seitenbewegung f
e lateral motion
f mouvement m latéral

8776 Seitenfläche f
e side face, lateral face
f face f latérale

8777 Seitenstreuung f
e side-scattering
f diffusion f latérale

8778 Seitenteil n
e side part, side piece, flank
f partie f latérale, flanc m

8779 Seitenwand f
e side board
f face f latérale, paroi f latérale

8780 Seitenzipfel m [Strahlungscharakteristik]
e side lobe, minor lobe
f lobe m secondaire

8781 seitlich adj
e lateral, side ...
f latéral

8782 Sekante f
e secant
f sécante f

8783 Sektion f
e section
f section f

8784 Sektor m
e sector
f secteur m

8785 sekundär adj
e secondary
f secondaire

8786 Sekundärelektronenemission f
e secondary electron emission
f émission f d'électrons m/pl secondaires

8787 Sekundärelektronenvervielfacher m [SEV]
e secondary electron multiplier [S.E.M.]
f multiplicateur m d'électrons m/pl secondaires

8788 Sekundäremission f
e secondary emission
f émission f secondaire

8789 Sekundärhärte f
e secondary hardness
f dureté f secondaire

8790 Sekundärionenemissionsmassenspektrometer n
e secondary ion emission mass spectrometer
f spectromètre m de masse f à émission f ionique secondaire

8791 Sekundärkreis m
e secondary circuit
f circuit m secondaire

8792 Sekundärstrahl m
e secondary ray
f rayon m secondaire

8793 Sekundärstrahlung f
e secondary radiation
f rayonnement m secondaire

8794 selbstanlaufend adj
 e self-starting
 f à démarrage m automatique, autodémarreur

8795 Selbsterregung f
 e self-excitation
 f auto-excitation f

8796 selbstlöschend adj
 e self-extinguishing
 f autoextinguible

8797 selbstregelnd adj
 e self-regulating
 f à autoréglage m, autoréglé

8798 Selbstregelung f
 e automatic control
 f réglage m automatique, autoréglage m

8799 Selbstregler m
 e automatic controller
 f régulateur m automatique

8800 selbststartend adj
 e self-starting
 f à démarrage m automatique, autodémarreur

8801 selbsttätig adj
 e automatic(al), self-acting
 f automatique

8802 Selbstüberwachung f
 e self-monitoring
 f autocontrôle m

8803 Selektion f
 e selection
 f sélection f

8804 selektiv adj
 e selective
 f sélectif

8805 Selektivität f
 e selectivity
 f sélectivité f

8806 Selen n [Se]
 e selenium
 f sélénium m

8807 Seltene-Erden-Folie f
 e rare-earth screen
 f écran m de terre f rare, écran m à terre f rare

8808 Seltenerd-Nuklid n
 e rare-earth nuclide
 f nuclide m à terre f rare

8809 Sendeanlage f
 e transmitting device, transmitting set, transmitter
 f installation f de transmission f, transmetteur m, émetteur m

8810 Sendeeinrichtung f
 → Sendeanlage f

8811 Sende-Empfangsprüfkopf m [SE-Prüfkopf]
 e TR-probe, transmitting/receiving probe, transmitter/receiver probe, transceiver probe
 f palpeur m TR, palpeur m transmetteur/récepteur, palpeur m en transmission/réception

8812 Sendefrequenz f
 e transmitted frequency, transmitter frequency
 f fréquence f émise, fréquence f de transmission f

8813 Sendeimpuls m
 e transmitting pulse, initial pulse
 f impulsion f émise, impulsion f de départ m

8814 senden v
 e transmit, emit, radiate, send out, emanate
 f transmettre, émettre, diffuser, rayonner, émaner

8815 Sendeprüfkopf m
 e transmitting probe, projecting probe
 f sonde f émettrice, transducteur m de projection f

8816 Sender m
 e transmitter
 f transmetteur m, émetteur m

8817 Sender-Empfänger-Prüfkopf m [SE-Prüfkopf]
 e transmitter/receiver probe, TR-probe, transceiver probe
 f palpeur m transmetteur/récepteur, palpeur m TR

8818 Senderenergie f
 e transmitter energy
 f énergie f de transmetteur m

8819 Sendespule f
 e transmitter coil
 f bobine f émettrice

8820 Senkblei n
 e plummet, plumb, lead
 f plomb m, fil m à plomb m, sonde f

8821 senkrecht adj [lotrecht]
 e vertical, perpendicular
 f vertical, perpendiculaire

8822 senkrecht adj [normal]
 e normal
 f normal

8823 Senkrechteinfall m
 e normal incidence
 f incidence f normale

8824 Senkrechteinschallung f
 e normal probing
 f palpage m normal

8825 Sensor m
 e sensor
 f senseur m

8826 separat adj
 e separate, detached
 f séparé, détaché

8827 SE-Prüfkopf m
 e TR-probe, transmitter/receiver probe, transmitting/receiving probe, transceiver probe
 f palpeur m TR, palpeur m transmetteur/récepteur, palpeur m en transmission/réception, palpeur m émetteur-récepteur

8828 Serie f
 e series pl, progression
 f série f, progression f

8829 Serienfertigung f
 e series pl production, series pl manufacture, mass production, batch production, bulk production
 f production f en série f, fabrication f en masse f

8830 Service m
 e service
 f service m

8831 servogesteuert adj
 e servo-controlled
 f servocommandé

8832 Servosystem n
 e servo system
 f système m d'asservissement m

8833 Servoverstärker m
 e servo amplifier
 f amplificateur m d'asservissement m

8834 Set-Back n [Rückstellen]
 e set-back, reset, resetting
 f set-back m, retour m

8835 Shore-Skleroskop n
 e Shore scleroscope
 f scléroscope m d'après Shore

8836 Shunt m [Nebenschluß]
 e shunt, by-pass, parallel connection, parallel circuit
 f shunt m, dérivation f, by-pass m, shuntage m, montage m en parallèle, connexion f en parallèle

8837 shunten v
 e shunt, parallel, connect in parallel, couple in parallel
 f shunter, brancher en parallèle, monter en parallèle, dériver

8838 sicher adj
 e safe, sure, secure, reliable
 f sûr

8839 Sicherheit f [allgemein]
 e safety, security
 f sécurité f, innocuité f

8840 Sicherheit f [Reserve]
 e margin of safety, margin
 f marge f de sécurité f, marge f

8841 Sicherheitsabstand m
 e safe distance
 f distance f sûre

8842 Sicherheitsanlage f
 e security system
 f installation f de sécurité f

8843 Sicherheitsbehälter m
 e safety vessel, safety container
 f récipient m de sécurité f

8844 Sicherheitsfaktor m
 e safety factor
 f coefficient m de sécurité f

8845 Sicherheitsglas n
 e safety glass, splinter-proof glass
 f verre m de sécurité f, verre m infrangible

8846 Sicherheitsgrad m
 e degree of safety, margin of safety
 f degré m de sécurité f

8847 Sicherheitsgurtprüfung f
 e seat belt test, safety belt test
 f essai m de la ceinture de sécurité f

8848 Sicherheitsmaßnahme f
 e precautionary measure, safeguard, precautions pl
 f mesure f de sécurité f, précautions f/pl

8849 Sicherheitsprüfung f
 e safety test
 f essai m de sécurité f

8850 Sicherheitstest m
 → Sicherheitsprüfung f

8851 Sicherheitsüberwachung f
 e safety control
 f surveillance f de sûreté f

8852 Sicherheitsvorrichtung f
 e safety device, safeguard, security contrivance
 f dispositif m de sécurité f, dispositif m de sûreté f

8853 Sicherheitszuschlag m
 e margin of reliability
 f marge f de sécurité f

8854 sichern v
 e safeguard, protect, secure
 f assurer, protéger, préserver

8855 Sicherung f [elektrisch]
 e fuse, fusible, cut out
 f fusible m, coupe-circuit m

8856 Sicherung f [mechanisch]
 e safety device, protector, securing
 f dispositif m de sûreté f

8857 Sicherung f [Plombe]
 e lead seal
 f plomb m de sûreté f

8858 Sicherung f [Schutz]
 e protection, protective device
 f protection f, dispositif m de protection f

8859 Sicherungsmaßnahme f
 e measure of precaution, precautionary measure
 f précaution f

8860 Sicherungssystem n
 e safety system, protective system
 f système m protecteur, système m de sécurité f

8861 Sichtanzeige f
  e visual indication
  f indication f visuelle

8862 sichtbar adj
  e visible
  f visible

8863 sichtbar machen v
  e visualize, indicate, show
  f visualiser, montrer, indiquer

8864 Sichtbarmachung f, stroboskopische
  e stroboscopic visualization, stroboscopic display
  f visualisation f stroboscopique

8865 Sichten n
  e inspection, observation, revision
  f inspection f, observation f, révision f

8866 Sichtgerät n
  e display unit
  f dispositif m indicateur, installation f de visualisation f

8867 Sichtprüfung f
  e visual inspection, visual test, visual examination
  f inspection f visuelle, contrôle m visuel

8868 Sichtung f
  e observation, inspection, revision
  f observation f, inspection f, révision f

8869 Siebanalyse f [Korngrößenbestimmung von Steinkohle]
  e analysis of sieved pit-coal
  f analyse f granulométrique (de charbon m de terre f)

8870 Siebglied n
  e filter element, filtering device
  f élément m de filtrage m

8871 sieden v
  e boil
  f bouillir

8872 Siedepunkt m
  e boiling point
  f point m d'ébullition f

8873 Siederohr n
  e evaporator tube
  f tube m bouilleur

8874 Siedewasser-Reaktor m [SWR]
  e boiling water reactor [BWR]
  f réacteur m à eau f bouillante [REB]

8875 Siedewasserrohr n
  e evaporator tube
  f tube m bouilleur

8876 Signal n, akustisches
  e acoustic signal
  f signal m acoustique

8877 Signal n, moduliertes
  e modulated signal
  f signal m modulé

8878 Signal n, reflektiertes
  e reflected signal
  f signal m réfléchi

8879 Signalauswertung f
  e signal evaluation
  f évaluation f du signal

8880 Signaldauer f
  e signal duration
  f durée f du signal

8881 Signalempfänger m
  e signal receiver
  f récepteur m de signaux m/pl

8882 Signalgebung f
  e signalling, signal emission
  f signalisation f

8883 Signalgewinnung f
  e production of signals pl
  f production f de signaux m/pl

8884 signalisieren v
 e signalize, signal
 f signaler

8885 Signallampe f
 e signalling lamp, indicating lamp, pilot lamp
 f lampe f de signalisation f, lampe f témoin, lampe-pilote f

8886 Signalpegel m
 e signal level
 f niveau m de signal m

8887 Signal/Rausch-Verhältnis n
 e signal-to-noise ration
 f rapport m signal/bruit

8888 Signalschwächung f
 e signal attenuation
 f affaiblissement m du signal

8889 Signalstärke f
 e signal strength
 f intensité f du signal

8890 Signaltafel f
 e signal panel
 f tableau m de signalisation f

8891 Signalverarbeitung f, rechnergestützte
 e computerized signal processing, computer-aided signal processing
 f traitement m de signaux m/pl assisté par ordinateur m

8892 signieren v
 e sign, designate, mark
 f signer, repérer, marquer

8893 Signierung f
 e signature, marking
 f signature f

8894 Signulspannung f
 e signal voltage
 f tension f du signal

8895 Silber n [Ag]
 e silver
 f argent m

8896 Silberbelag m
 e silver coating
 f couche f d'argent m

8897 silberhaltig adj
 e argentiferous
 f argentifère

8898 Silberschicht f
 e silver coating, silver film
 f couche f d'argent m

8899 Silikat n
 e silicate
 f silicate m

8900 Silikon n
 e silicone
 f silicone m

8901 Silizium n [Si]
 e silicium, silicon
 f silicium m

8902 Siliziumstahl n
 e silicon steel
 f acier m au silicium

8903 Simulator m
 e simulator
 f simulateur m

8904 simulieren v
 e simulate
 f simuler

8905 simultan adj
 e simultaneous
 f simultané

8906 Simultanbetrieb m
 e simultaneous operation
 f exploitation f simultanée

8907 sinken v [tiefergehen]
 e sink, drop, sag, descend
 f s'abaisser, tomber, descendre, baisser

8908 sinken v [verringern]
 e decrease, diminish, reduce, depress
 f décroître, diminuer, réduire

8909 Sinken n
 e decrease, reduction, diminishing, diminution, decrement, drop, fall, loss, decay
 f décroissement m, décroissance f, diminution f, décrément m, chute f, baisse f, réduction f

8910 Sinn m [Richtung]
 e sense, direction
 f sens m, direction f

8911 Sinterkörper m
 e sintered piece, cake
 f pièce f frittée, briquette f

8912 sintern v
 e sinter, cake
 f fritter, briquetter, agglomérer

8913 Sintern n
 e sintering, caking
 f frittage m, briquettage m

8914 Sinterung f
 → Sintern n

8915 Sinterwerkstoff m
 e sintered material
 f matière f frittée

8916 Sinusform f
 e sine shape
 f forme f de sinus m

8917 sinusförmig adj
 e sinusoidal, sine-shaped
 f sinusoïdal

8918 Sinusfunktion f
 e sine function
 f fonction f sinusoïdale

8919 Sinuskurve f
 e sine curve
 f courbe f sinusoïdale

8920 Sinusschwingung f
 e sine oscillation
 f oscillation f sinusoïdale

8921 Sinuswelle f
 e sine wave
 f onde f sinusoïdale

8922 situ, in [vor Ort] lat.
 e in situ
 f in situ

8923 Situation f
 e situation
 f situation f

8924 Sitz m [Passung]
 e fit
 f ajustement m

8925 Sitz m [Sitzplatz]
 e seat
 f siège m, chaise f, place f assise

8926 Skala f [Einteilung]
 e graduation, scale
 f graduation f, échelle f, division f

8927 Skala f [Scheibe]
 e dial
 f cadran m

8928 Skalargröße f
 e scalar quantity, scalar
 f quantité f scalaire

8929 Skale f
 e scale
 f échelle f

8930 Skalenbereich m
 e range
 f gamme f, lecture f

8931 Skaleneinteilung f
e graduation of the dial
f graduation f de l'écran m

8932 Skandium n [Sc]
e scandium
f scandium m

8933 Skin-Effekt m
e skin effect
f effet m de peau f, effet m pelliculaire, effet m Kelvin

8934 Skizze f
e sketch
f croquis m

8935 S-Kurve f
e sigmoid curve
f courbe f sigmoïde

8936 S-Matrix f [Streumatrix]
e scattering matrix
f matrice f de diffusion f

8937 Smith-Diagramm n
e Smith diagram
f diagramme m Smith

8938 Sockel m [Fundament]
e foundation, base, bottom, bed, pedestal
f fondement m, base f, pied m, piédestal m, socle m

8939 Sockel m [Röhrensockel]
e socket, base
f culot m

8940 Sockelkontakt m
e socket contact
f contact m de culot m

8941 sofort adj
e direct, immediate, instantaneous, momentary
f momentané, instantané, immédiat, direct

8942 Sohle f [Boden]
e base, bottom, foundation, bed-plate, bed
f fondement m, base f, socle m, plancher m

8943 Solarbatterie f
e solar battery
f pile f solaire, héliopile f

8944 solide adj
e solid
f solide

8945 Solleistung f
e rated output
f puissance f nominale

8946 Sollwert m [Einstellwert]
e set point, desired value, reference point
f valeur f de consigne f

8947 Sollwert m [Nennwert]
e rated value, nominal value
f valeur f nominale

8948 Sonde f
e probe, transducer, test head, measuring head, acceptor
f sonde f, capteur m, transducteur m, palpeur m, tête f de mesure f

8949 Sonde f, berührungslose
e contactless probe, noncontact probe
f sonde f sans contact m

8950 Sonde f, elektrodynamische
e electrodynamic probe
f sonde f électrodynamique

8951 Sonde f, kontaktlose
e contactless probe
f sonde f sans contact m

8952 Sonde f, rotierende
e rotating probe, encircling probe
f sonde f tournante, sonde f circulante

8953 Sonde f, umlaufende
→ Sonde f, rotierende

8954 Sondenspannung f
e probe voltage
f tension f de sonde f

8955 Sonderausführung f
e special design
f exécution f spéciale

8956 Sonderzweck m
e special purpose
f usage m spécial

8957 Sondierung f
e probing
f sondage m

8958 Sonnenbatterie f
e solar battery
f pile f solaire, héliopile f

8959 Sonnenenergie f
e solar energy
f énergie f solaire

8960 Sonnenkraftwerk n
e solar power station
f usine f solaire

8961 Sonographie f
e sonography
f sonographie f

8962 Sorbend m
e adsorbate
f substance f adsorbée

8963 Sorbens n
e adsorbent
f adsorbant m, substance f adsorbante

8964 Sorption f
e sorption
f sorption f

8965 Sorptiv n
e adsorbate
f substance f adsorbée

8966 Sortierung f
e classification, dressing, grading, processing
f triage m, classement m, traitement m

8967 Spalt m
e gap, slit, slot, cleft, crevice, cleavage, scratch, split
f fente f, fêlure f, crevasse f

8968 spaltbar adj [Atomkern]
e fissionable, fissile
f fissionable, fissile

8969 spaltbar adj [mechanisch]
e cleavable
f clivable, fendable

8970 Spaltbarkeit f [Atomkern]
e fissility
f fissilité f

8971 Spaltbarkeit f [mechanisch]
e cleavability, cleavage property
f clivabilité f, fendabilité f

8972 Spaltblende f
e collimating slit
f fente f du collimateur, fente f collimatrice

8973 Spaltbreite f
e slit width
f largeur f de fente f

8974 Spaltbruch m
e cleavage
f clivage m

8975 Spalte f
e gap, slit, slot, cleft, crevice, cleavage, scratch, split
f fente f, fêlure f, crevasse f

8976 **spalten** v [mechanisch]
 e cleave
 f fendre, fissurer

8977 **spaltfähig** adj [Atomkern]
 e fissile, fissionable
 f fissile, fissionable

8978 **spaltfähig** adj [mechanisch]
 e cleavable
 f clivable, fendable

8979 **Spaltfestigkeit** f
 e cleavage strength
 f résistance f contre le clivage

8980 **Spaltlötverbindung** f
 e brazed joint, hard-soldered joint
 f jonction f par soudage m fort

8981 **Spaltmaterial** n
 e fissile material, fissionable material, nuclear fuel
 f matière f fissile, matériel m fissile, combustible m nucléaire

8982 **Spaltprodukt** n
 e fission product
 f produit m de fission f

8983 **Spaltprozeß** m
 e fission process
 f processus m de fission f

8984 **Spaltriß** m
 e crack
 f fissure f

8985 **Spaltstoff** m
 e fissile material, fissionable material, nuclear fuel
 f matière f fissile, matériel m fissile, combustible m nucléaire

8986 **Spaltstoffbestimmung** f
 e fuel assey
 f contrôle m de combustible m nucléaire

8987 **Spaltstoffprüfung** f
 → Spaltstoffbestimmung f

8988 **Spaltstreuung** f
 e gap leakage
 f dispersion f interstitielle

8989 **Spaltung** f [Atomkern]
 e fission
 f fission f

8990 **Spaltung** f [chemisch]
 e dissociation
 f dissociation f

8991 **Spaltung** f [mechanisch]
 e cleavage
 f clivage m

8992 **Spaltversuch** m [mechanisch]
 e cleavage test
 f essai m de clivage m

8993 **Spaltvorgang** m
 e fission process
 f processus m de fission f

8994 **Spaltzone** f
 e core
 f cœur m

8995 **Span** m
 e chip, cutting, swarf, shaving
 f copeau m

8996 **Spannbeton** m
 e prestressed concrete
 f béton m précontraint

8997 **Spannbetonrohr** n
 e prestressed concrete pipe
 f tube m en béton m précontraint

8998 **Spanndraht** m
 e span wire, guy wire
 f fil m tendeur, fil m d'arrêt m

8999 spannen v
  e tension, tense, stretch, strain
  f tendre, haubaner

9000 Spannstahlprüfung f
  e prestressed steel test
  f essai m d'acier m précontraint

9001 Spannung f [elektrisch]
  e tension, voltage
  f tension f

9002 Spannung f [mechanisch]
  e tension
  f tension f

9003 Spannung f [Nennspannung, mechanisch]
  e stress
  f charge f [unitaire]

9004 Spannung f, induzierte
  e induced voltage
  f tension f induite

9005 Spannung f, kritische
  e critical tension
  f tension f critique

9006 Spannungsabfall m [mechanisch]
  e voltage drop
  f chute f de tension f, perte f de tension f

9007 Spannungsanalyse f
  e stress analysis
  f analyse f de contrainte f

9008 Spannungsarmglühen n
  e stress-relieving
  f recuit m de détente f

9009 Spannungsarmglühtemperatur f
  e stress-relieving temperature
  f température f de recuit m détenteur

9010 Spannungs-Dehnungsdiagramm n
  e load extension diagram, stress-strain diagram, Hooke's law
  f diagramme m des efforts m/pl et des allongements m/pl, loi f de Hooke

9011 Spannungs-Dehnungskurve f
  e stress-strain curve
  f courbe f contrainte-allongement

9012 Spannungsdurchschlag m
  e electric breakdown, electric surge
  f claquage m électrique, perforation f électrique

9013 Spannungsfestigkeit f, elektrische
  e dielectric rigidity
  f rigidité f diélectrique

9014 spannungsgesteuert adj
  e voltage-controlled
  f commandé par la tension

9015 Spannungsintensitätsfaktor m [K_Q]
  e stress intensity factor
  f facteur m de l'intensité f de la contrainte

9016 Spannungskonzentrationsfaktor m
  e stress concentration factor
  f facteur m de concentration f des efforts m/pl

9017 Spannungskorrosion f
  e stress corrosion
  f corrosion f sous tension f

9018 Spannungskorrosionsprüfung f
  e stress corrosion test
  f essai m de la corrosion sous tension f

9019 Spannungskorrosionsrißbildung f
  e stress corrosion cracking
  f fissuration f due à la corrosion sous tension f

9020 Spannungsmessung f [elektrisch]
  e voltage measurement
  f mesure f de tension f

9021 Spannungsmessung f [mechanisch]
  e stress measurement, tension measurement
  f mesure f de tension f

9022 Spannungsmessung f,
röntgenografische [mechanische Spannung]
e X-ray measurement of stress
f mesure f de tension f par rayons m/pl X

9023 Spannungsoptik f
e photoelastics pl
f photoélasticité f

9024 Spannungsriß m
e stress crack
f fissure f due à la contrainte

9025 Spannungsrißbildung f
e stress cracking
f fissuration f due à la contrainte

9026 Spannungsrißkorrosion f [SpRK]
e stress corrosion cracking
f corrosion f sous tension f

9027 Spannungsrißwachstum n
e stress crack growth
f propagation f de fissures f/pl dues à la contrainte

9028 Spannungsschwankung f [elektrisch]
e voltage variation, voltage swing, voltage fluctuation
f variation f de tension f, fluctuation f de tension f

9029 Spannungsstoß m
e pulse
f impulsion f

9030 spannungsunabhängig adj [elektrisch]
e voltage-independent
f indépendant de la tension

9031 Spannungsverhältnis n [Materialspannungen]
e minimum-to-maximum stress ratio
f rapport m des tensions f/pl minimum et maximum

9032 Spannungsverlust m [elektrisch]
e voltage drop
f chute f de tension f, perte f de tension f

9033 Spannungsversorgung f
e power supply
f alimentation f

9034 Spannungsverteilung f [mechanisch]
e stress distribution
f répartition f des contraintes f/pl

9035 Spätschaden m
e latent injury
f lésion f latente

9036 Speckle-Interferometrie f
e speckle interferometry
f interférométrie f speckle

9037 Speicher m [EDV]
e memory, storage device
f mémoire f

9038 Speicher m [Sammler]
e accumulator, accu, storage battery
f accumulateur m, accu m

9039 Speicher m [Vorratsbehälter]
e reservoir, silo, boiler
f réservoir m, silo m

9040 Speicherdauer f
e recording time, storage time
f temps m d'enregistrement m, temps m de mémorisation f

9041 Speicherelement n
e memory element, memory unit, storage element
f élément m de mémoire f

9042 Speichergerät n
e recording unit, recording apparatus, recording instrument, recorder
f instrument m enregistreur m, recorder m, enregistreur m, dispositif m d'enregistrement m

9043 speichern v [allgemein]
  e record, accumulate, store, register, map, pick up, receive, enrich, collect, pile
  f enregistrer, accumuler, recevoir, amasser, enrichir, collectionner

9044 speichern v [elektronisch]
  e memorize, store
  f mémoriser

9045 Speichern n [allgemein]
  e recording, registration, accumulation, storage, picking-up, enrichment, pile, mapping
  f enregistrement m, stockage m, prise f, accumulation f, encombrement m

9046 Speichern n [elektronisch]
  e storage, memorization
  f mémorisation f

9047 Speicherröhre f
  e storage tube
  f tube m à mémoire f

9048 Speichersystem n
  e storage device, memory device, memory system, register system
  f système m de mémorisation f, dispositif m d'enregistrement m, systéme m d'emmagasinage m

9049 Speicherung f
  → Speichern n

9050 Speichervorrichtung f
  → Speichersystem n

9051 speisen v
  e feed, supply
  f alimenter, fournir

9052 spektral adj
  e spectral
  f spectral

9053 Spektralanalyse f
  e spectral analysis
  f analyse f spectrale

9054 Spektralanalyse f, qualitative
  e qualitative spectral analysis
  f analyse f spectrale qualitative

9055 Spektralbereich m
  e spectral range
  f région f spectrale

9056 Spektrallinie f
  e spectral line
  f raie f de spectre m, raie f spectrale

9057 Spektrometer n
  e spectrometer
  f spectromètre m

9058 Spektrometrie f
  e spectrometry
  f spectrométrie f

9059 Spektroskop n
  e spectroscope
  f spectroscope m

9060 Spektroskopie f
  e spectroscopy
  f spectroscopie f

9061 spektroskopisch adj
  e spectroscopic(al)
  f spectroscopique

9062 Spektrum n
  e spectrum, spectra pl
  f spectre m

9063 Spektrum n, kontinuierliches
  e continuous spectrum
  f spectre m continu

9064 Sperrbereich m
  e prohibited area, cut-off range
  f zone f prohibitive

9065 Sperre f [mechanisch]
  e stop, catch, latch, release, pawl, block, click
  f loquet m, blocage m, verrouillage m, cliquet m, barrière f

9066 sperren v
 e block, stop, lock, interlock
 f bloquer, arrêter, stopper, verrouiller, encliqueter

9067 Sperren n
 e blocking, suppression, cutting-off
 f blocage m, suppression f, verrouillage m

9068 Sperrfeder f
 e lock spring
 f ressort m à enrayer

9069 Sperrfrequenz f
 e rejection frequency
 f fréquence f d'arrêt m

9070 Sperrholz n
 e plywood
 f bois m contreplaqué

9071 Sperrichtung f
 e non-conducting sense, reverse direction, inverse direction
 f sens m de non-conduction f, sens m inverse

9072 Sperrimpuls m
 e blocking pulse, inhibit pulse
 f impulsion f de blocage m, impulsion f d'inhibition f

9073 Sperrkreis m
 e rejector circuit, trap circuit
 f circuit m réjecteur, circuit m bouchon

9074 Sperrschicht f
 e depletion layer, barrier layer
 f couche f d'arrêt m, couche f de barrage m

9075 Sperrstrom m
 e inverse current, reverse current
 f courant m inverse

9076 Sperrung f
 e blocking, suppression, interlock, cutting-off
 f blocage m, verrouillage m, suppression f

9077 Sperrvorrichtung f
 e blocking device, locking device
 f dispositif m de blocage m, dispositif m de serrage m, verrouillage m

9078 Sperrzone f
 e prohibited area, cut-off range
 f zone f prohibitive

9079 spezial, speziell adj
 e special
 f spécial

9080 spezifisch adj
 e specific(al)
 f spécifique

9081 Sphäre f
 e sphere
 f sphère f

9082 sphärisch adj
 e spheric(al)
 f sphérique

9083 Spiegel m
 e mirror, reflector
 f miroir m, réflecteur m

9084 Spiegelgalvanometer n
 e mirror galvanometer
 f galvanomètre m à miroir m

9085 spiegeln v
 e reflect, mirror
 f réfléchir, refléter

9086 Spiegelung f
 e reflection
 f réflexion f

9087 Spiegelwelle f
 e image wave
 f onde-image f

9088 Spielraum m
e margin, clearance, play, gap, free space, free motion, allowance, tolerance, spacing, margin of safety
f marge f, jeu m, interstice m, tolérance f admise, écart m, écartement m, fente f, marge f de sécurité f

9089 Spin m
e spin
f spin m

9090 spinabhängig adj
e spin-dependent
f dépendant du spin

9091 Spinmoment n
e spin moment
f moment m de spin m

9092 Spinresonanz f, akustische
e acoustic spin resonance
f résonance f de spin m acoustique

9093 Spiralabtastung f
e spiral scanning
f exploration f en spirale f

9094 Spiralbahn f
e spiral path, spiral orbit
f mouvement m en spirale f, orbite f spirale

9095 Spirale f
e spiral, helix
f spirale f, hélice f

9096 spiralförmig adj
e helical, helicoidal, spiral, screw ...
f hélicoïdal, hélicoïde, spiralé, spiral, en spirale f

9097 Spirallinie f
e helical line, spiral line, helix, screw-line
f ligne f hélicoïdale, hélice f, spirale f cylindrique

9098 Spiralnaht f
e spiral weld, helical weld
f soudure f spirale, soudure f en hélice f

9099 Spiralschweißung f
→ Spiralnaht f

9100 spitz adj
e acute, pointed, keen, sharp
f aigu, pointu, acéré

9101 Spitze f
e point, peak, top, tip, apex, vertex, maximum, crest, head, end
f pointe f, crête f, maximum m, sommet m, tête f, apex m

9102 Spitzenbelastung f
e peak load, maximum loading
f charge f maximum

9103 Spitzenlast f
e maximum load, peak load
f charge f maximum

9104 Spitzenleistung f
e peak power, maximum output
f puissance f maximum, puissance f de crête f

9105 Spitzenwert m
e peak value, crest value, maximum value, amplitude
f valeur f de crête f, valeur f maximum, amplitude f

9106 Spitzenwinkel m [Kegel]
e apex angle
f angle m au sommet

9107 spitzwinklig adj
e acute angled
f acutangle, à angle m aigu

9108 Splitter m
e splinter, fragment
f éclat m, picot m, fragment m

9109 splitterfrei adj
 e non splintering, non shattering
 f sans éclats m/pl

9110 splittersicher adj
 e splinter-proof
 f pare-éclats

9111 spontan adj
 e spontaneous
 f spontané

9112 spreizen v
 e spread
 f écarter, étendre

9113 Sprengplattierung f
 e explosive cladding, explosive clad
 f plaqué m par explosion f, placage m par explosion f

9114 Sprengversuch m
 e explosion test, test of explosion effects pl
 f essai m de destruction f par explosifs m/pl

9115 spritzen v [Farbe]
 e spray
 f peindre au pistolet

9116 spritzen v [Flüssigkeit]
 e splash, squirt, spray
 f jaillir, rejaillir

9117 spritzen v [Formteil]
 e injection-mould, mould, mold [USA]
 f mouler, mouler à pression f

9118 spritzen v [injizieren]
 e inject
 f injecter

9119 Spritzer m
 e spatter
 f projection f, goutte f, perle f

9120 Spritzgrenze f
 e spatter limit
 f limite f de projection f

9121 Spritzguß m
 e injection moulding
 f moulage m par injection f

9122 Spritzpistole f
 e spray gun
 f pistolet m de peinture f

9123 spritzwassergeschützt adj
 e splash-proof
 f étanche à l'eau f projetée, protégé contre les lances f/pl d'eau f

9124 Sprödbruch m
 e brittle fracture
 f rupture f fragile

9125 Sprödbruchausbreitung f
 e brittle fracture propagation, brittle fracture growth
 f propagation f de la rupture fragile

9126 Sprödbruchempfindlichkeit f
 e sensitivity to brittle fracture, tendency to brittle fracture
 f sensibilité f à la rupture fragile

9127 Sprödbruchprüfung f
 e brittle fracture test
 f essai m de la rupture fragile

9128 spröde adj
 e brittle
 f fragile

9129 Sprödigkeit f
 e brittleness
 f fragilité f

9130 Sprödriß m
 e brittle crack, ductility-dip crack
 f fissure f déclenchée à l'état m de basse ténacité f

9131 sprühen v [Flüssigkeit]
 e spray, sputter
 f jaillir, peindre au pistolet

9132 **sprühen** v [Funken]
 e spark
 f cracher

9133 **Sprung** m [Riß]
 e cleft, cleavage, gap, crevice, crack, break, crease
 f crique f, crevasse f, fissure f, fêlure f, fente f, gerçure f, brisure f

9134 **Sprung** m [Satz]
 e leap, bound, jump
 f saut m, bond m

9135 **Sprung** m [Unstetigkeitsstelle]
 e point of discontinuity
 f point m de discontinuité f

9136 **Sprungabstand** m
 e skip distance
 f pas m, bond m

9137 **Sprungfunktion** f
 e discontinuous function, transitional function
 f fonction f de discontinuité f, fonction f de transition f

9138 **sprunghaft** adj
 e abrupt, acute, sudden, short-term, temporary
 f abrupt, aigu, à court terme m, brusque, temporaire

9139 **Spule** f [Aufwickelspule]
 e bobbin, spool
 f bobine f, bobineau m

9140 **Spule** f [Induktionsspule]
 e coil, choke
 f bobine f, self f

9141 **Spule** f, mehrlagige
 e multilayer coil
 f bobine f à plusieurs couches f/pl

9142 **Spule** f, rechteckförmige
 e rectangular coil
 f bobine f rectangulaire

9143 **Spule** f mit Eisenkern
 e iron-core coil
 f bobine f à noyau m de fer m

9144 **spülen** v
 e rinse
 f rincer, baigner

9145 **Spulenmagnetisierung** f
 e coil magnetization
 f magnétisation f de bobine f

9146 **Spültest** m
 e rinsing test
 f essai m de rétention f par rinçage m

9147 **Spülung** f
 e rinsing
 f rinçage m

9148 **Spur** f [Bahnspur]
 e track, track of trajectory
 f piste f de trajectoire f, trace f

9149 **Spur** f [geringe Menge]
 e trace, trace amount
 f trace f

9150 **Spur** f [Matrixspur]
 e main-diagonal sum
 f somme f de la diagonale principale

9151 **Spur-Ätzverfahren** n
 e trace etching technique
 f technique f du tracement par caustique m

9152 **Spurenätztechnik** f
 → Spur-Ätzverfahren n

9153 **Spurenbestandteil** m
 e trace element
 f oligo-élément m

9154 **Spurenbestandteil** m, gasförmiger
 e gaseous trace element
 f oligo-élément m gazeux

9155 Spurendetektor m
 e trace detector
 f détecteur m de traces f/pl

9156 Spürgerät n
 e detector, probe, acceptor, transducer, indicator
 f détecteur m, capteur m, transducteur m, palpeur m, sonde f, indicateur m

9157 Stab m
 e rod, bar, stick
 f barre f, barreau m, barrette f, bâton m, baguette f

9158 Stabeisen n
 e rod iron, bar iron
 f fer m en barre f

9159 stabförmig adj
 e irod-shaped
 f en forme f de barre f

9160 Stabgitter n
 e rod lattice
 f réseau m de barres f/pl

9161 stabil adj
 e stable, constant
 f stable, constant

9162 Stabilisation f
 e stabilization
 f stabilisation f

9163 Stabilisator m
 e stabilizer
 f stabilisateur m

9164 stabilisieren v
 e stabilize
 f stabiliser

9165 Stabilisierung f
 e stabilizing
 f stabilisation f

9166 Stabilität f
 e stability, solidity
 f stabilité f, solidité f

9167 Stabmagnet m
 e bar magnet
 f barreau m aimanté

9168 Stadium n
 e stage, state, phase
 f état m, phase f

9169 staffeln v
 e grade, graduate
 f graduer, échelonner

9170 Stahl m, austenitischer
 e austenitic steel
 f acier m austénitique

9171 Stahl m, austeno-ferritischer
 e austeno-ferritic steel
 f acier m austéno-ferritique

9172 Stahl m, beruhigter
 e killed steel
 f acier m calmé

9173 Stahl m, dispersionsgehärteter
 e dispersoid steel
 f acier m à dispersoïdes m/pl

9174 Stahl m, einphasiger
 e monophasic steel
 f acier m monophasique

9175 Stahl m, feinkörniger
 e fine-grained steel
 f acier m à grain m fin

9176 Stahl m, ferritisch-austenitischer
 e ferritic austenitic steel
 f acier m ferritique et austénitique

9177 Stahl m, ferritischer
 e ferritic steel
 f acier m ferritique

9178 **Stahl** m, gehärteter
 e hardened steel
 f acier m allié

9179 **Stahl** m, hitzebeständiger
 e heat-resistant steel
 f acier m résistant aux
  températures f/pl élevées

9180 **Stahl** m, hochfester
 e high-resistant steel
 f acier m à grande résistance f

9181 **Stahl** m, hochlegierter
 e high-alloy steel
 f acier m hautement allié, acier m
  fortement allié

9182 **Stahl** m, hochwertiger
 e high-quality steel
 f acier m de premier choix m

9183 **Stahl** m, kaltgewalzter
 e cold-rolled steel
 f acier m laminé à froid

9184 **Stahl** m, kohlenstoffarmer
 e low carbon steel
 f acier m à bas carbone m

9185 **Stahl** m, legierter
 e alloy steel
 f acier m allié

9186 **Stahl** m, martensitischer
 e martensitic steel
 f acier m martensitique

9187 **Stahl** m, mehrfachlegierter
 e multiple-alloy steel
 f acier m multi-allié

9188 **Stahl** m, mehrphasiger
 e multiphase steel
 f acier m multiphase

9189 **Stahl** m, niedriggekohlter
 e mild steel, noncarbon steel
 f acier m à basse teneur f en
  carbone m

9190 **Stahl** m, niedriglegierter
 e low-alloy steel
 f acier m faiblement allié

9191 **Stahl** m, perlitischer
 e perlitic steel
 f acier m perlitique

9192 **Stahl** m, rostfreier
 e stainless steel
 f acier m inoxydable

9193 **Stahl** m, schwachlegierter
 e low-alloyed steel
 f acier m faiblement allié

9194 **Stahl** m, unberuhigter
 e rimming steel
 f acier m effervescent

9195 **Stahl** m, unlegierter
 e non-alloyed steel
 f acier m non allié

9196 **Stahl** m, wärmebehandelter
 e heat-treated steel
 f acier m traité à chaud

9197 **Stahl** m, weicher
 e mild steel, soft steel
 f acier m doux

9198 **Stahlband** n
 e steel tape, steel ribbon, steel band,
  steel belt
 f bande f d'acier m, ruban m en
  acier m

9199 **Stahlbau** m [Bauwerk]
 e steel construction
 f construction f en acier m

9200 **Stahlbau** m [Technik]
 e structural steel engineering
 f construction f métallique

9201 **Stahlbeton** m
 e reinforced concrete
 f béton m armé

9202 **Stahlblech** n, dickes
 e thick steel sheet, thick steel plate
 f tôle f épaisse en acier m

9203 **Stahlblech** n, legiertes
 e alloyed steel plate
 f tôle f d'acier m allié

9204 **Stahlblech** n, vergütetes
 e tempered steel sheet
 f tôle f d'acier m trempée et revenue

9205 **Stahlblock** m
 e steel ingot, steel bloom
 f lingot m d'acier m

9206 **Stahldraht** m
 e steel wire
 f fil m d'acier m

9207 **stählern** adj
 e made of steel, like steel
 f en acier m, ... d'acier m

9208 **Stahlflasche** f
 e steel cylinder
 f cylindre m en acier m, bouteille f d'acier m

9209 **Stahlgefäß** n
 e steel vessel
 f récipient m d'acier m

9210 **Stahlguß** m
 e steel casting
 f acier m moulé

9211 **Stahlgußstück** n
 e steel casting, cast steel
 f pièce f en acier m moulé, pièce f moulée en acier m

9212 **Stahlgüte** f
 e steel quality, steel grade
 f qualité f d'acier m

9213 **Stahlherstellung** f
 e steelmaking
 f fabrication f d'acier m

9214 **Stahlknüppel** m
 e steel billet, steel bar
 f billette f en acier m, barre f d'acier m

9215 **Stahlkonstruktion** f
 e steel structure
 f structure f en acier m

9216 **Stahlkugel** f
 e steel bullet, steel ball
 f bille f d'acier m, boule f d'acier m

9217 **Stahllegierung** f
 e steel alloy
 f alliage m d'acier m

9218 **Stahlmantel** m
 e steel jacket
 f enveloppe f d'acier m

9219 **Stahlplatte** f
 e steel plate
 f plaque f d'acier m

9220 **Stahlplattierung** f
 e steel plating
 f placage m d'acier m, plaqué m d'acier m

9221 **Stahlprobe** f
 e steel sample, steel test piece
 f échantillon m d'acier m, éprouvette f d'acier m

9222 **Stahlprofil** n
 e steel section
 f profilé m en acier m

9223 **Stahlrohr** n
 e steel tube, steel pipe, steel conduit
 f tube m d'acier m, tuyau m d'acier m

9224 **Stahlschiene** f
 e steel rail
 f rail m d'acier m

9225 **Stahlschrott** m
 e steel scrap
 f riblons m/pl d'acier m

9226 **Stahlseil** n
 e steel rope, steel cord, steel cable
 f câble m d'acier m, corde f d'acier m

9227 **Stahlspäne** m/pl
 e steel cuttings pl, steel turnings pl, steel wool
 f paille f d'acier m

9228 **Stahlstab** m
 e steel rod, steel bar
 f barre f d'acier m

9229 **Stahlträger** m
 e steel beam, steel girder
 f poutrelle f d'acier m

9230 **Stahltrosse** f
 e wire rope, steel rope
 f câble m d'acier m

9231 **Stahlumhüllung** f
 e steel jacket
 f enveloppe f d'acier m

9232 **Stahlwelle** f
 e steel shaft
 f arbre m d'acier m

9233 **Stahlwerk** n [Fabrik]
 e steelworks pl, steel plant, steelmaking work
 f aciérie f

9234 **Stahlwolle** f
 e steel wool
 f paille f d'acier m

9235 **Stammfunktion** f
 e characteristic function
 f fonction f caractéristique

9236 **Stand** m [Anzeige]
 e reading
 f lecture f, cote f

9237 **Stand** m [Ausstellung]
 e booth, stand, stall
 f stand m

9238 **Stand** m [Bedienungsstand]
 e platform
 f poste m

9239 **Stand** m [Beruf]
 e profession
 f profession f

9240 **Stand** m [Flüssigkeit]
 e level, height
 f niveau m, hauteur f

9241 **Stand** m [Gestirn]
 e configuration
 f configuration f

9242 **Stand** m [sozial]
 e class, rank
 f classe f

9243 **Stand** m [Standort]
 e station, position, stand, standing place, location
 f station f, position f, lieu m

9244 **Stand** m [Zustand]
 e state, situation, condition, stage
 f état m, situation f, condition f

9245 **Stand** m, gegenwärtiger
 e actual situation (in)
 f niveau m actuel

9246 **Standard** m
 e standard, norm
 f standard m, norme f, étalon m

9247 **Standard**...
 e standard ..., normal ..., unit ...
 f ... standardisé, ... normal, ... unité, ... normalisé, ... étalon

9248 **Standardabweichung** f
 e standard deviation
 f déviation f normale

9249 **Standardanordnung** f
 e standard layout
 f disposition f type

9250 Standardausführung f
  e standard execution, standard design, normal type
  f exécution f standard, conception f normale, type m normalisé

9251 Standardbedingungen f/pl
  e standard conditions pl
  f conditions f/pl normales

9252 Standard-Energiedosis f
  e standard energy dose
  f dose f d'énergie f normalisée

9253 Standardgerät n
  e standard instrument
  f appareil m normal

9254 Standard-Ionendosis f
  e standard ion dose
  f dose f ionique normalisée

9255 standardisieren v
  e standardize
  f standardiser

9256 Standardisierung f
  e standardization
  f standardisation f

9257 Standardmensch m
  e standard man
  f homme m standard

9258 Standard-Neutronenquelle f
  e neutron standard
  f étalon m neutronique

9259 Standardprobe f
  e standard sample
  f étalon m

9260 Ständer m [Gestell]
  e frame, rack, pedestal, shelf, stand
  f bâti m, baie f, piédestal m

9261 Ständer m [Säule]
  e column, post
  f colonne f, montant m

9262 Ständer m [Stator]
  e stator
  f stator m

9263 Ständer m [Untersatz]
  e support, rest, base, post, pillar, stand
  f pied m, socle m, support m

9264 standfest adj
  e stable, steadfast, stationary
  f stable, stationnaire, fixe

9265 ständig adj
  e continuous, sustained, permanent, stable, steady, constant, persevering, chronic, durable
  f continu, permanent, constant, stable, chronique, assidu, durable, fixe

9266 Standort m
  e position, location, site, station, stand, standing place, place
  f lieu m, position f, emplacement m, station f, point m

9267 Standrohr n
  e stand pipe
  f tube m de chargement m, tuyau m de prise f [d'eau f]

9268 standsicher adj
  e steadfast, stable, stationary
  f stable, fixe, stationnaire

9269 Standversuch m
  e creep test
  f essai m de fluage m

9270 Standzeit f
  e down time
  f temps m d'inactivité f

9271 Stange f
  e bar, rod, perch, stick
  f barre f, barreau m, barrette f, bâton m, baguette f, perche f, tige f

9272 Stange f [Mast], geteerte
  e tarred pole
  f poteau m goudronné

9273 **Stange** f [Mast], getränkte
 e impregnated pole
 f poteau m imprégné

9274 **Stangeneisen** n
 e rod iron, bar iron
 f fer m en barre f

9275 **Stangenprüfanlage** f
 e bar inspection installation
 f installation f de contrôle m de barres f/pl

9276 **stanzen** v [lochen]
 e punch, perforate, pierce, puncture
 f poinçonner, perforer, percer

9277 **stanzen** v [prägen]
 e stamp
 f estamper, étamper

9278 **Stanzloch** n
 e hole, punch, perforation
 f trou m, perforation f

9279 **Stanzung** f
 e punching, perforation
 f perforation f, poinçonnage m

9280 **Stapelfehler** m [Kristall]
 e stacking fault
 f défaut m de l'entassement m

9281 **Stapeln** n
 e stacking
 f empilage m, empilement m, entassement m

9282 **stark** adj [dick]
 e thick
 f épais

9283 **stark** adj [fest]
 e strong, firm
 f fort, dur, robuste

9284 **stark** adj [leistungsstark]
 e powerful, high-power, high-energy, high-level, high-intensity
 f puissant, à puissance f élevée, (de) à grande puissance f, (de) à grande intensité f, (de) à grand niveau m

9285 **stark abfallend** adj
 e rapidly declining
 f à chute f rapide

9286 **Stärke** f [allgemein]
 e force, power, strength
 f force f, puissance f

9287 **Stärke** f [Dicke]
 e thickness, diameter
 f épaisseur f, diamètre m

9288 **Stärke** f [Intensität]
 e intensity
 f intensité f

9289 **Starkstrom-Freileistung** f
 e overhead power-line
 f ligne f aérienne à courant m fort

9290 **Starkstromkabel** n
 e power current cable
 f câble m à courant m fort

9291 **starr** adj
 e rigid, stiff
 f rigide, raide, tenace

9292 **Starrheit** f
 e rigidity
 f rigidité f

9293 **Start** m
 e start, starting, start-up, take-off
 f départ m, start m, démarrage m, mise f en marche f, mise f en route f, mise f en fonctionnement m

9294 **Startimpuls** m
 e initiation pulse, releasing pulse
 f impulsion f de déclenchement m

9295 **Statik** f
 e statics pl
 f statique f

9296 **Station** f
 e station, post
 f station f, poste m

9297 stationär adj
  e stationary
  f stationnaire

9298 statisch adj
  e static(al)
  f statique

9299 Statistik f
  e statistics pl
  f statistique f

9300 statistisch adj
  e statistical
  f statistique

9301 Stativ n
  e stand, rest, triped, support
  f pied m, trépied m, support m

9302 Stator m
  e stator
  f stator m

9303 Staub m
  e dust
  f poussière f

9304 staubdicht adj
  e dust-proof, dust-tight
  f étanche aux poussières f/pl

9305 staubfrei adj
  e dust-free, dustless
  f sans poussière f

9306 staubsicher adj
  e dust-tight, dust-proof
  f étanche aux poussières f/pl

9307 stauchen v
  e upset, press
  f refouler, rétreindre

9308 Stauchen n, kaltes
  e cold heading
  f frappe f à froid

9309 Stauchung f
  e strain
  f refoulement m

9310 Stauchversuch m
  e compression test
  f essai m de refoulement m

9311 Staudruck m
  e stagnation pressure, dynamic pressure, back-pressure
  f pression f dynamique

9312 steckbar adj
  e plug-in...
  f enfichable

9313 Steckbaugruppe f
  e plug-in assembly, plug-in unit
  f bloc m fonctionnel enfichable, unité f embrochable

9314 Steckdose f
  e plug socket, wall socket, plug receptacle
  f prise f [de courant m] à fiches f/pl

9315 stecken v
  e plug, plug in
  f enficher

9316 Stecker m
  e plug, jack
  f fiche f

9317 Steckvorrichtung f
  e coupler
  f coupleur m

9318 Steg m
  e fillet, seam, border
  f bord m, filet m, couture f

9319 stehenbleiben v
  e stop
  f arrêter, s'arrêter, mettre au repos

9320 Stehfeld n
  e stationary field
  f champ m stationnaire

9321 **Stehwelle** f
  e standing wave
  f onde f stationnaire

9322 **Stehwellenverhältnis** n
  e standing-wave ratio
  f taux m d'ondes f/pl stationnaires

9323 **steif** adj
  e stiff, rigid
  f rigide, raide, tenace

9324 **Steifigkeit** f
  e rigidity
  f rigidité f

9325 **Steigeisen** f
  e climbing iron, pole climbers pl
  f étriers m/pl à grimper, grappins m/pl, griffes f/pl à grimper

9326 **steigen** v
  e rise, ascend, mount, increase, get up
  f croître, accroître, augmenter, monter, s'élever

9327 **Steigen** n
  e increase, increasing, ascending, rising, rise, growth
  f croissance f, accroissement m, augmentation f, montée f, élévation f

9328 **Steigung** f [Gewinde]
  e pitch
  f pas m

9329 **Steigung** f [Mathematik]
  e slope
  f pente f

9330 **Steigung** f [Schräge]
  e inclination, incline, slope
  f inclinaison f, pente f

9331 **Steinkohle** f
  e pit coal, hard coal
  f houille f, charbon m de terre f

9332 **Stelle** f [Ort]
  e site, location, place, ground
  f lieu m, endroit m, place f, site m

9333 **Stelle** f [Station]
  e station, post
  f station f, poste m

9334 **Stelle** f [Zahl]
  e digit, decimal place
  f décimale f, place f

9335 **Stelle** f, schwarze
  e black spot
  f tache f noire

9336 **Stellung** f [Lage]
  e position
  f position f

9337 **Stellung** f [Posten]
  e post, situation
  f place f, charge f

9338 **Stereoaufzeichnung** f
  e stereogram
  f stéréogramme m

9339 **Stereobild** n
  e stereo image
  f image f stéréo

9340 **Stereodurchleuchtung** f
  e stereoradioscopy
  f stéréo-radioscopie f

9341 **Stereogramm** n
  e stereogram
  f stéréogramme m

9342 **Stereophotographie** f
  e stereophotography, stereoscopic photography
  f stéréophotographie f, photographie f stéréoscopique

9343 **Stereoskopie** f
  e stereoscopy
  f stéréoscopie f

sternförmig 420

9344 sternförmig adj
  e star-shaped
  f en forme f d'étoile f

9345 Sternpunkt m
  e star point, neutral point
  f point m neutre

9346 stetig adj
  e continuous, steady, constant, stepless
  f continu, constant, stable, sans graduations f/pl, sans intervalles m/pl

9347 Stetigkeit f
  e continuity, permanency
  f continuité f, permanence f

9348 Steuerautomatik f
  e control for automatic steering
  f contrôle m pour commande f automatique

9349 steuerbar adj
  e controllable, adjustable
  f contrôlable, réglable

9350 Steuerbereich m
  e control range
  f plage f de réglage m

9351 Steuereinrichtung f
  e control device, control installation
  f installation f de commande f, dispositif m de commande f

9352 Steuerelektrode f
  e control electrode
  f électrode f de contrôle m

9353 Steuerelement n
  e control element
  f dispositif m de réglage m

9354 Steuerfrequenz f
  e pilot frequency
  f fréquence f pilote

9355 Steuergenerator m
  e master oscillator, pilot oscillator
  f oscillateur m pilote

9356 Steuerimpuls m
  e driving pulse, control pulse, pilot pulse
  f impulsion f de commande f, impulsion f pilote

9357 steuern v [lenken]
  e steer, direct
  f diriger, conduire, guider

9358 steuern v [regeln]
  e control, regulate, monitor
  f contrôler, régler, commander, surveiller

9359 Steuerpult n
  e control board, control desk, control console, control panel, switchboard
  f pupitre m de commande f

9360 Steuerschaltung f
  e control circuit
  f circuit m de réglage m

9361 Steuersender m
  e master oscillator, pilot oscillator
  f oscillateur m pilote

9362 Steuersignal n
  e pilot signal
  f signal m pilote

9363 Steuerspannung f
  e control voltage
  f tension f de commande f

9364 Steuersystem n
  e control system, regulating system
  f système m de réglage m

9365 Steuerung f [Lenken]
  e driving, steering, guide
  f guidage m, conduite f

9366 Steuerung f [Regelung]
 e control, regulating, monitoring, surveillance
 f contrôle m, réglage m, commande f, surveillance f

9367 Steuerung f, stufenlose
 e smooth control
 f commande f continue

9368 Steuerungs...
 → Steuer...

9369 Steuerzentrale f
 e control room
 f salle f de contrôle m

9370 Stichprobenprüfung f
 e random sample test, snap check
 f essai m d'échantillon m au hasard, essai m par prise f au hasard

9371 Stickoxid n
 e nitric oxide, nitrogen oxide
 f oxyde m nitrique, oxyde m de nitrogène m

9372 Stickstoff m [N]
 e nitrogen
 f nitrogène m, azote m

9373 Stickstoffoxid n
 e nitrogen oxide
 f oxyde m de nitrogène

9374 Stift m
 e pin, peg, stud
 f cheville f, broche f, goujon m

9375 still adj
 e silent, quiet, noiseless
 f silencieux, tranquille

9376 stillegen v
 e stop, shut down, close, finish
 f arrêter, fermer, déclencher

9377 Stillegen n
 e stop, closing, shut-down
 f arrêt m, stop m, fermeture f, déclenchement m

9378 Stillstandszeit f
 e down time, shut-down time
 f temps m de déclenchement m, temps m d'inactivité f

9379 Stimulation f
 e stimulation
 f stimulation f

9380 stimulieren v
 e stimulate, excite
 f stimuler, exciter

9381 Stock m
 e rod, stick, bar
 f bâton m, baguette f, barre f, barreau m, barrette f

9382 Stoff m [Gewebe]
 e fabric, tissue, cloth
 f étoffe f, tissu m

9383 Stoff m [Materie]
 e matter, substance, mass
 f matière f, substance f, masse f, sujet m

9384 Stoff m [Medium]
 e medium, agent, means
 f médium m, moyen m, agent m, milieu m

9385 Stoff m [Werkstoff]
 e material
 f matériau m, matériel m

9386 Stoff m, adsorbierter
 e adsorbate
 f substance f adsorbée

9387 Stoff m, organischer
 e organic substance
 f substance f organique

9388 Stoff m, radioaktiver
 e radioactive material
 f matière f radioactive

9389 Stoffkonstante f
 e material constant
 f constante f matérielle

9390 Stoffteilchen n
 e particle, corpuscle
 f particule f, corpuscule m, parcelle f de matière f

9391 Stoneley-Welle f
 e Stoneley wave
 f onde f de Stoneley

9392 Stopp m
 e stop
 f arrêt m, stop m

9393 stoppen v
 e stop
 f arrêter, s'arrêter, mettre au repos, mettre hors service m

9394 Stoppen n
 e stop, stopping
 f arrêt m, stop m

9395 Stör...
 → Störungs...

9396 Störabstand m
 e signal-to-noise ratio, S/N ratio
 f rapport m signal/bruit

9397 störanfällig adj
 e trouble-sensitive
 f sensible aux perturbations f/pl

9398 Störanfälligkeit f
 e interference risk, susceptibility to troubles pl, sensitivity to disturbances pl
 f risque m d'interférences f/pl, susceptibilité f aux interférences f/pl, sensibilité f aux perturbations f/pl

9399 Störbeseitigung f
 e interference suppression, trouble shooting
 f suppression f des parasites m/pl, dépannage m

9400 Störecho n
 e parasitic echo, spurious echo
 f écho m parasite

9401 Störeinfluß m
 e perturbing influence
 f influence f perturbatrice

9402 stören v [schädigen]
 e disturb, trouble, impair, harm, injure, damage
 f perturber, troubler, déranger, nuir, compromettre, endommager

9403 stören v [verzerren]
 e distort
 f distordre

9404 Störfall m
 e breakdown, trouble
 f cas m de panne f, panne f

9405 Störfeld n
 e disturbing field, perturbing field, interfering field
 f champ m perturbateur, champ m parasite

9406 Störfeldstärke f
 e perturbing field strength
 f intensité f du champ perturbateur

9407 Störgebiet n
 e interfering area, interference region, interference zone, trouble zone
 f région f d'interférences f/pl, zone f d'interférence f

9408 Störgeräusch n
 e extraneous noise, undesired noise, disturbing noise, background noise
 f bruit m parasite, bruit m perturbateur, parasites m/pl

9409 störgeräuscharm adj
 e low-noise ...
 f à faible bruit m, à bruit m réduit

9410 Störgeräuschmessung f
 e noise measurement
 f mesure f du bruit

9411 Störgeräuschpegel m
 e noise level
 f niveau m de bruit m

9412 Störgröße f
 e perturbing quantity
 f grandeur f perturbatrice

9413 Störimpuls m
 e interference pulse
 f impulsion f parasite

9414 Störkomponente f
 e disturbing component
 f composante f perturbatrice

9415 Störpegel m
 e noise level
 f niveau m de bruit m

9416 Störpegelabstand m
 e signal-to-noise ratio, S/N ratio
 f rapport m signal/perturbation

9417 Störquelle f
 e noise source, source of perturbation
 f source f de perturbation f, source f de bruit m

9418 Störschwingung f
 e parasitic oscillation
 f oscillation f parasitaire

9419 Störsignal n
 e interfering signal, unwanted signal
 f signal m perturbateur, signal m parasite

9420 Störspannung f [elektrisch]
 e disturbing voltage, interference voltage
 f tension f perturbatrice, tension f parasite

9421 Störstelle f
 e imperfection, defect, irregularity, flaw
 f imperfection f, défaut m, perturbation f, irrégularité f

9422 Störstrahlung f
 e interfering radiation, perturbing radiation, parasitic radiation, stray radiation
 f rayonnement m perturbateur, rayonnement m parasite, rayonnement m vagabond

9423 Störton m
 e interfering tone
 f son m d'interférence f

9424 Störung f [Panne]
 e trouble, failure, defect, breakdown, malfunction, interruption
 f panne f, dérangement m, défaut m, défaillance f, accident m, trouble m, coupure f

9425 Störung f [schädliche Beeinflussung]
 e disturbance, perturbation, perturbance, jamming
 f perturbation f, interférence f

9426 Störung f [Unordnung]
 e disarrangement, imperfection
 f désarrangement m, imperfection f

9427 Störung f [Verzerrung]
 e distortion
 f distorsion f

9428 Störungs...
 → Stör...

9429 Störungsbehebung f
 e fault clearance, trouble-clearing, trouble-shooting, fault removal
 f dépannage m, enlèvement m du dérangement

9430 Störungsbereich m
 e interference area, interference region, interference zone, trouble zone
 f région f d'interférences f/pl, zone f d'interférence f

9431 Störungseingrenzung f
  e fault localization, failure localization
  f localisation f de défaut m,
  localisation f de panne f

9432 Störungsfall m
  e trouble, breakdown
  f panne f, cas m de panne f, cas m de dérangement m

9433 störungsfrei adj
  e undisturbed, troublefree, without accident, always-safe
  f non-brouillé, sans raté m, sans accident m, sans à coup m

9434 Störungsfunktion f
  e disturbance function
  f fonction f de perturbation f

9435 Störungsgrad m
  e degree of disturbance
  f degré m de perturbation f

9436 Störunterdrückung f
  e suppression of parasites pl, interference suppression
  f suppression f d'interférences f/pl, suppression f de parasites m/pl

9437 Störuntergrund m
  e noise background
  f fond m de bruit m

9438 Störwelle f
  e disturbing wave, interference wave
  f onde f perturbatrice, onde f parasite

9439 Störwirkung f
  e disturbing effect, perturbing effect, spurious effect
  f effet m de perturbation f

9440 Störzeichen n
  e interfering signal, unwanted signal
  f signal m perturbateur, signal m parasite

9441 Stoß m [Anstoß]
  e impact, impulse, pulse, impulsion, shock, surge
  f impulsion f, choc m, impact m

9442 Stoß m [Burst]
  e burst
  f burst m, éclat m

9443 Stoß m [Haufen]
  e pile, bundle, heap
  f tas m, pile f, liasse f

9444 Stoß m [Schlag]
  e push, impact, percussion, shock, blow, impulse, pulse, thrust
  f coup m, poussée f, impact m, choc m, impulsion f, heurt m, frappe f, secousse f

9445 Stoß m [Schweißen]
  e joint
  f joint m, jonction f, jointure f, about m

9446 Stoß m [Zusammenstoß]
  e collision, impact, shock
  f collision f, impact m, choc m

9447 Stoß m, elastischer
  e elastic collision
  f collision f élastique

9448 Stoßanregung f
  e collision excitation, impact excitation, shock excitation
  f excitation f par impulsion f, excitation f par choc m

9449 Stoßdämpfung f
  e shock absorption
  f amortissement m de choc m, absorption f de choc m

9450 stoßen v
  e push, thrust, bump, hit, collide, knock, impinge
  f pousser, choquer, heurter, toucher, entrechoquer

9451 Stoßentladung f
  e pulsed discharge
  f décharge f en impulsions f/pl

9452 Stoßerregung f
  e collision excitation, impact excitation, shock excitation
  f excitation f par choc m, excitation f par impulsion f

9453 stoßfest adj
  e shock-proof
  f anti-choc

9454 Stoßfestigkeit f
  e resistance to impact
  f résistance f au choc m

9455 Stoßmagnetisierung f
  e flash magnetization
  f magnétisation f par impulsion f

9456 Stoßprüfung f
  e shock test
  f essai m aux chocs m/pl

9457 Stoßschweißen n
  e percussion welding
  f soudage m à percussion f

9458 stoßsicher adj
  e shock-proof
  f anti-choc

9459 Stoßspannungsprüfung f
  e impulse voltage test
  f essai m à la tension de choc m

9460 Stoßstelle f
  e joint, interface
  f joint m, jointure f, about m

9461 stoßunempfindlich adj
  e shock-proof
  f anti-choc

9462 Stoßwelle f
  e shock wave
  f onde f de choc m

9463 straff adj
  e tight, stiff, rigid, fixed, stopped
  f tendu, rigide, raide, tenace, fixé

9464 Strahl m [Bündel]
  e beam
  f faisceau m

9465 Strahl m [Düsenstrahl]
  e jet
  f jet m

9466 Strahl m [Optik]
  e ray
  f rayon m

9467 Strahl m, einfallender
  e incident ray
  f rayon m incident

9468 Strahl m, fokussierter
  e focused beam
  f faisceau m focalisé

9469 Strahl m, reflektierter
  e reflected ray
  f rayon m réfléchi

9470 Strahl...
  → Strahlen..., Strahlungs...

9471 Strahlablenkung f
  e beam deflection
  f déflexion f de rayon m

9472 Strahlachse f
  e beam axis
  f axe m du faisceau

9473 Strahlantrieb m
  e jet propulsion
  f propulsion f par jet m, propulsion f à réaction f

9474 Strahlbegrenzer m
  e beam limiter
  f limiteur m du faisceau

9475 Strahlbündelung f
  e beam focusing, beam concentration
  f focalisation f du faisceau, concentration f des rayons m/pl

9476 Strahldivergenz f
  e beam spread
  f divergence f du faisceau

9477 strahlen v
  e radiate, emit, emanate
  f rayonner, émettre, émaner

9478 Strahlen...
  → Strahl..., Strahlungs...

9479 Strahlenabschirmung f
  e radiation shielding
  f blindage m contre les rayonnements m/pl

9480 Strahlenart f
  e type of radiation, kind of radiation, kind of rays pl, mode of radiation
  f nature f du rayonnement, sorte f de rayons m/pl, mode m de rayonnement m

9481 Strahlenaussetzung f
  e radiation exposure
  f exposition f à l'irradiation f

9482 Strahlenbegrenzung f
  e beam limit(ing)
  f limitation f de rayonnement m

9483 Strahlenbelastung f, chronische
  e chronic exposure
  f exposition f chronique

9484 Strahlenbelastung f, kumulative
  e cumulative radiation exposure
  f exposition f cumulative

9485 Strahlenbrechung f
  e refraction
  f réfraction f

9486 Strahlenbündel n
  e beam, particle beam
  f faisceau m, faisceau m de particules f/pl

9487 Strahlenbündelausschleusung f
  e beam extraction
  f extraction f de faisceau m, dispositif m d'extraction f de faisceau m

9488 Strahlenbündelöffnung f
  e beam aperture, beam width
  f ouverture f du faisceau

9489 Strahlenbüschel n
  e pencil of rays pl
  f pinceau m de rayons m/pl

9490 Strahlendetektor m
  e radiation detector
  f détecteur m de rayonnement m

9491 Strahlendosimetrie f
  e radiation dosimetry
  f dosimétrie f de rayonnement m

9492 Strahlendosis f
  e radiation dose
  f dose f de rayonnement m

9493 strahlendurchlässig adj
  e transparent
  f transparent

9494 Strahlendurchlässigkeit f
  e transparency
  f transparence f

9495 strahlenempfindlich adj
  e radiosensitive
  f sensible au rayonnement

9496 Strahlenempfindlichkeit f
  e radiosensitivity
  f radiosensibilité f

9497 Strahlenerzeugung f
  e radiation excitation, generation of rays pl
  f excitation f de rayonnement m, génération f de rayons m/pl

9498 Strahlenexponierung f
 e exposure to radiation, irradiation exposure
 f exposition f au rayonnement, exposition f à l'irradiation f

9499 Strahlenexposition f
 → Strahlenexponierung f

9500 Strahlenfeld n
 e radiation field
 f champ m de rayonnement m

9501 Strahlenfeldbedingungen f/pl
 e conditions pl of radiation field
 f conditions f/pl du champ de rayonnement m

9502 strahlenfest adj
 e radiopaque, radiation-proof
 f opaque au rayonnement, protégé contre les radiations f/pl

9503 Strahlenfestigkeit f
 e radiopacity, radioresistance
 f radioopacité f, résistance f à la radiation

9504 Strahlenfilter m
 e radiation filter
 f filtre m de rayonnement m

9505 strahlenförmig adj
 e radial
 f radial

9506 Strahlengang m
 e trajectory of the beam, ray path, course of the beam
 f trajectoire f du faisceau, marche f du rayon

9507 Strahlenhärte f
 e hardness of radiation
 f dureté f du rayonnement

9508 Strahlenhärtung f
 e hardening by irradiation
 f durcissement m par irradiation f

9509 Strahlenindikator m
 e radiation indicator
 f indicateur m de rayonnement m

9510 Strahlenkanal m
 e beam hole
 f trou m de faisceau m

9511 Strahlenkegel m
 e radiation cone
 f cône m de rayonnement m

9512 Strahlenkunde f
 e radiology
 f radiologie f

9513 Strahlenmesser m
 e radiometer
 f radiomètre m

9514 Strahlenmeßgerät n
 e rate meter, dosimeter
 f dosimètre m

9515 Strahlenmeßsonde f
 e dosimetry probe
 f sonde f de dosimétrie f

9516 Strahlenmeßtechnik f
 e radiation measuring technique
 f technique f de mesure f de radiation f

9517 Strahlenmessung f
 e radiation measurement, radiometry
 f mesure f de rayonnement m, mesurage m des rayonnements m/pl, radiométrie f

9518 Strahlennachweis m
 e detection of radiation
 f détection f de rayonnement m, détection f de radiation f

9519 Strahlennachweisgerät n
 e radiation detector
 f détecteur m de rayonnement m

9520 Strahlenqualität f
 e radiation quality, grade of radiation
 f qualité f de rayonnement m

9521 **Strahlenquelle** f
 e radioactive source, radiation source
 f source f radioactive, source f de rayonnement m

9522 **Strahlenrisiko** n
 e radiation risk
 f risque m de rayonnement m

9523 **Strahlenschaden** m
 e radiation injury, radiation damage
 f radiolésion f, lésion f par irradiation f, dommage m par rayonnement m

9524 **Strahlenschutz** m [Maßnahme]
 e radiation protection, radiological protection
 f protection f contre les radiations f/pl

9525 **Strahlenschutz** m [Vorrichtung]
 e radiation shield, protective screen, protecting screen
 f écran m contre les radiations f/pl, écran m protecteur, paroi f de protection f, dispositif m de protection f contre les rayonnements m/pl

9526 **Strahlenschutzbeauftragter** m
 e radiation protection agent, health physicist (in charge of personnel monitoring)
 f expert m de radiophysique f médicale et sanitaire, agent m de la protection contre les rayonnements m/pl

9527 **Strahlenschutzbereich** m
 e area of radiation protection
 f région f de protection f contre les rayonnements m/pl

9528 **Strahlenschutzkleidung** f
 e protective clothing
 f vêtements m/pl de protection f contre les rayonnements m/pl

9529 **Strahlenschutzmaßnahme** f
 e measure of radiation protection
 f mesure f de protection f contre les rayonnements m/pl

9530 **Strahlenschutzmaterial** n
 e shielding material
 f matériaux m/pl de blindage m, matériaux m/pl de protection f contre les rayonnements m/pl

9531 **Strahlenschutzplakette** f
 e film badge, film dosimeter, dosifilm
 f plaquette f de film m, dosimètre m de film m

9532 **Strahlenschutzverantwortlicher** m
 e radiation protection agent, health physicist
 f agent m de la protection contre les rayonnements m/pl, expert m de radiophysique f médicale et sanitaire

9533 **Strahlenschwächung** f
 e attenuation of radiation
 f atténuation f du rayonnement m, affaiblissement m de radiation f

9534 **strahlensicher** adj
 e radiation-proof, radiopaque
 f protégé contre les radiations f/pl

9535 **Strahlensonde** f
 e dosimetry probe
 f sonde f de dosimétrie f

9536 **Strahlenüberwachung** f
 e radiation monitoring
 f surveillance f du rayonnement, contrôle m du rayonnement

9537 **strahlenundurchlässig** adj
 e radiopaque, radiation-proof
 f opaque au rayonnement, protégé contre les radiations f/pl

9538 **Strahlenundurchlässigkeit** f
 e radiopacity, radioresistance
 f radioopacité f, résistance f à la radiation

9539 **strahlenunempfindlich** adj
 → strahlenundurchlässig adj

9540 **Strahlenunfall** m
 e radiation accident
 f accident m par rayonnement m

9541 **Strahlenverlauf** m
 e trace of rays pl, ray path
 f parcours m de rayon m, trajectoire f du rayon, marche f du rayon

9542 **Strahlenwirkung** f
 e radiation effect
 f effet m de radiation f

9543 **Strahler** m [allgemein]
 e radiator, irradiator, emitter
 f radiateur m, source f d'irradiation f, émetteur m

9544 **Strahler** m [Antenne]
 e antenna [USA], aerial [GB]
 f antenne f

9545 **Strahler** m [Strahlungsquelle]
 e source
 f source f

9546 **Strahler** m, hochaktiver
 e high-activity source
 f source f de grande activité f

9547 **Strahler** m, radioaktiver
 e radioactive source
 f source f radioactive

9548 **Strahler-Film-Abstand** m [Radiographie]
 e source-film distance
 f distance f source-film

9549 **Strahlergruppe** f, lineare
 e linear array
 f groupe m de radiateurs m/pl linéaire

9550 **Strahlergruppe** f, phasengesteuerte
 e phased array
 f groupe m de radiateurs m/pl commandé par phases f/pl

9551 **Strahlerzeugung** f
 e beam generation, generation of rays pl
 f génération f de rayons m/pl

9552 **Strahlfokussierung** f
 e beam focusing, beam concentration
 f focalisation f du faisceau, concentration f des rayons m/pl

9553 **Strahlgeschwindigkeit** f
 e beam velocity
 f vitesse f de rayon m

9554 **Strahlhärte** f
 e hardness of radiation
 f dureté f du rayonnement

9555 **Strahlkonzentration** f
 e beam concentration, beam focusing
 f concentration f des rayons m/pl, focalisation f du faisceau

9556 **Strahlöffnungswinkel** m
 e angle of beam spread
 f angle m de divergence f du faisceau

9557 **Strahlröhre** f
 e beam tube, ray tube
 f tube m à rayons m/pl

9558 **Strahltriebwerk** n
 e jet engine
 f propulseur m à réaction f, moteur m à réaction f, dispositif m de propulsion f par jet m

9559 **Strahlung** f
 e radiation, emission
 f rayonnement m, radiation f, émission f

9560 **Strahlung** f, charakteristische
 e characteristic radiation
 f rayonnement m caractéristique

9561 **Strahlung** f, durchdringende
 e penetrating radiation
 f rayonnement m pénétrant

9562 **Strahlung** f, durchtretende
 e piercing radiation, passing-through radiation, through radiation
 f rayonnement m passant, rayonnement m traversant

9563 **Strahlung** f, einfallende
 e incident radiation
 f radiation f incidente

9564 **Strahlung** f, gefährliche
 e harmful radiation
 f radiation f dangereuse

9565 **Strahlung** f, gerichtete
 e directional radiation
 f rayonnement m directif, rayonnement m dirigé

9566 **Strahlung** f, infrarote
 e infrared radiation
 f rayonnement m infra-rouge

9567 **Strahlung** f, ionisierende
 e ionizing radiation
 f rayonnement m ionisant

9568 **Strahlung** f, kosmische
 e cosmic radiation
 f rayonnement m cosmique

9569 **Strahlung** f, monochromatische
 e monochromatic radiation
 f rayonnement m monochromatique

9570 **Strahlung** f, polarisierte
 e polarized radiation
 f rayonnement m polarisé

9571 **Strahlung** f, radioaktive
 e radioactive radiation
 f rayonnement m radioactif

9572 **Strahlung** f, schädliche
 e harmful radiation
 f rayonnement m malsain

9573 **Strahlung** f, schwarze
 e black-body radiation
 f rayonnement m noir

9574 **Strahlung** f, ungewollte
 e non-desired radiation, spurious radiation
 f radiation f parasite

9575 **Strahlungs...**
 → Strahl..., Strahlen...

9576 **Strahlungsabschwächung** f
 e radiation damping, attenuation of radiation
 f affaiblissement m du rayonnement, atténuation f du rayonnement

9577 **Strahlungsabsorption** f
 e absorption of radiation
 f absorption f de rayonnement m

9578 **Strahlungsanalyse** f
 e radiation analysis
 f analyse f de rayonnement m

9579 **Strahlungsanteil** m
 e fraction of radiation
 f fraction f de rayonnement m

9580 **Strahlungsart** f
 e type of radiation, mode of radiation, kind of radiation, kind of rays pl
 f sorte f de rayonnement m, nature f de rayons m/pl, mode m de rayonnement m

9581 **Strahlungsausbeute** f
 e yield of radiation
 f rendement m en radiation f

9582 **Strahlungsaussendung** f
 e emission (of rays pl)
 f émission f de rayons m/pl

9583 **Strahlungs-Bremsvermögen** n
 e slowing-down power
 f pouvoir m de ralentissement m, pouvoir m d'arrêt m

9584 **Strahlungscharakteristik** f
 e radiation pattern
 f diagramme m de rayonnement m, caractéristique f du rayonnement

9585 Strahlungsdämpfung f
 e attenuation of radiation, radiation damping
 f atténuation f du rayonnement, affaiblissement m du rayonnement

9586 Strahlungsdetektor m
 e radiation detector
 f détecteur m de rayonnement m

9587 Strahlungsdiagramm n
 e radiation pattern
 f diagramme m de rayonnement m

9588 Strahlungsdichte f
 e radiation density
 f densité f de rayonnement m

9589 Strahlungsdiffusion f
 e diffusion of radiation
 f diffusion f de rayonnement m

9590 Strahlungsdosimetrie f
 e radiation dosimetry
 f dosimétrie f de rayonnement m

9591 Strahlungsdosis f
 e radiation dose
 f dose f de rayonnement m, dose f d'irradiation f

9592 Strahlungsempfänger m
 e radiation detector
 f détecteur m de rayonnement m

9593 strahlungsempfindlich adj
 e radiosensitive
 f sensible au rayonnement

9594 Strahlungsempfindlichkeit f
 e radiosensitivity, irradiation sensitivity
 f radiosensibilité f, sensibilité f au rayonnement

9595 Strahlungsenergie f
 e radiation energy, radiant energy, radiated energy
 f énergie f de rayonnement m, énergie f rayonnante

9596 Strahlungserregung f
 e radiation excitation
 f excitation f de rayonnement m

9597 Strahlungserzeugung f
 e generation of rays pl
 f génération f de rayons m/pl

9598 Strahlungsfeld n
 e radiation field
 f champ m de rayonnement m

9599 Strahlungsfeldgröße f
 e radiation field parameter
 f paramètre m de champ m de rayonnement m

9600 Strahlungsfeldkomponente f
 e component of the radiation
 f composante f de champ m de rayonnement m

9601 Strahlungsflußdichte f
 e radiant flux density
 f densité f de flux m de radiation f

9602 Strahlungsindikator m
 e radiation indicator
 f indicateur m de rayonnement m

9603 Strahlungsintensität f
 e intensity of radiation
 f intensité f de radiation f

9604 Strahlungskegel m
 e cone of radiation
 f cône m de rayonnement m

9605 Strahlungskopplung f
 e radiation coupling
 f couplage m par rayonnement m

9606 Strahlungsleistung f
 e radiation power, radiated power
 f puissance f de radiation f, puissance f rayonnée

9607 Strahlungsmesser m
 e radiometer
 f radiomètre m

9608 Strahlungsmeßgerät n
 e radiometer
 f radiomètre m

9609 Strahlungsmeßtechnik f
 e technology of radiation measurement
 f technique f de mesure f des rayonnements m/pl

9610 Strahlungsmessung f
 e radiation measurement, radiometry
 f mesure f de rayonnement m, mesurage m des rayonnements m/pl, radiométrie f

9611 Strahlungsmonitor m
 e radiation monitor
 f moniteur m de rayonnement m

9612 Strahlungspegel m
 e radiation level
 f niveau m de radiation f

9613 Strahlungsquelle f
 e radiation source, radioactive source
 f source f de rayonnement m, source f radioactive

9614 Strahlungsschwächung f
 e attenuation of radiation, radiation damping
 f atténuation f du rayonnement, affaiblissement m du rayonnement, amortissement m de radiation f

9615 Strahlungssicherheit f
 e radiation safety
 f sûreté f à l'égard m d'irradiation f

9616 Strahlungsthermometer n
 e radiation thermometer
 f thermomètre m à rayonnement m

9617 Strahlungsüberwachungsmesser m
 e radiation survey meter
 f dispositif m de surveillance f des rayonnements m/pl

9618 Strahlungsuntergrund m
 e radiation background
 f rayonnement m ambiant

9619 Strahlungsverlust m
 e radiation loss, radiative loss
 f perte f par radiation f, perte f de rayonnement m

9620 Strahlungsvermögen n
 e radiating capacity, emissive power, emissivity, intrinsic radiance
 f pouvoir m de rayonnement m, pouvoir m émissif, pouvoir m d'émission f

9621 Strahlungswärme f
 e radiating heat
 f chaleur f rayonnante

9622 Strahlungswiderstand m
 e radiation resistance
 f résistance f au rayonnement m, résistance f à la radiation

9623 Strahlungswinkel m
 e angle of radiation, angle of emission, angle of departure
 f angle m de rayonnement m, angle m d'émission f, angle m de projection f

9624 Strahlverbreiterung f
 e beam spread, beam spreading, widening of the beam
 f élargissement m du faisceau, dispersion f du faisceau

9625 Strahlverlauf m
 e ray path, course of the beam, trajectory of the beam
 f parcours m du rayon, trajectoire f du faisceau, marche f du rayon

9626 Strahlverschiebung f
 e ray shift
 f déviation f de rayon m

9627 strahlwassergeschützt adj
 e water-jet-proof
 f étanche à la lance d'eau f, protégé contre les jets m/pl d'eau f

9628 **stramm** adj
  e tight
  f serré

9629 **Strang** m [elektrisch]
  e phase conductor
  f conducteur m de phase f

9630 **Strang** m [Schienenstrang]
  e track
  f tronçon m, voie f

9631 **Strang** m [Seil]
  e rope, cord, line, strand
  f corde f, cordon m, câble m

9632 **stranggegossen** adj
  e continuously cast
  f coulé en continu

9633 **Stranggießanlage** f
  e continuous casting plant
  f installation f de coulée f continue

9634 **Stranggießen** n
  e continuous casting
  f coulée f continue

9635 **Strangguß** m
  → Stranggießen n

9636 **Strangpressen** n
  e extrusion
  f filage m à la presse

9637 **Straßenbau** m
  e highway engineering, road construction
  f construction f de routes f/pl

9638 **Straßenbelag** m
  e road surfacing, road surface, pavement, paving
  f revêtement m de route f, pavage m

9639 **Streb** m
  e face, breast
  f taille f

9640 **Strebe** f
  e strut, brace, shore, gib, stay, leg
  f contrefiche f, traverse f, jambe f, étançon m

9641 **streckbar** adj
  e stretchable, malleable, extensible, tensile, dilatable
  f extensible, ductile, dilatable, malléable, étirable

9642 **Streckbarkeit** f
  e ductility, malleability, extensibility
  f ductilité f, malléabilité f, extensibilité f

9643 **Strecke** f [Abstand]
  e length, distance
  f longueur f, distance f, étendue f

9644 **Strecke** f [Bergbau]
  e gallery, drift way
  f galerie f, voie f

9645 **Strecke** f [mathematisch]
  e distance, line of finite length
  f droite f, distance f

9646 **Strecke** f [Verkehrslinie]
  e line
  f ligne f, voie f

9647 **Strecke** f [Wegstrecke]
  e path, route, way
  f route f, chemin m, marche f

9648 **Strecke** f [Zwischenraum]
  e interval, interspace, interstice
  f intervalle m, interstice m

9649 **Strecke** f, zurückgelegte
  e covered distance
  f distance f parcourue

9650 **strecken** v
  e stretch, elongate, lengthen
  f étirer, étendre, allonger

Strecken

9651 Strecken n
 e stretching, stretch, elongation
 f étirage m, allongement m, prolongement m

9652 Streckgrenze f
 e yield point, flow point, elastic limit, limit of stretching strain
 f limite f élastique apparente, limite f d'étirage m, limite f d'écoulement m

9653 Streckgrenze f, obere
 e upper yield stress
 f limite f supérieure d'écoulement m

9654 Streckgrenze f, untere
 e lower yield stress, lower yield point
 f limite f inférieure d'écoulement m, limite f élastique apparente inférieure

9655 Streckspannung f
 e yield stress
 f charge f d'étirage m

9656 Streckung f
 e stretching, stretch, elongation
 f étirage m, allongement m, prolongement m

9657 streichen v [anmalen]
 e paint, coat
 f peindre, peinturer

9658 streichen v [annullieren]
 e annul, nullify, cancel
 f annuler, rendre nul

9659 streichen v [reiben]
 e strike, rub
 f frotter

9660 streifen v [berühren]
 e touch
 f toucher, effleurer

9661 streifen v [stricheln]
 e streak
 f hachurer, rayer

9662 Streifen m [Band]
 e strip, band, tape, strap, ribbon
 f ruban m, bande f, cordon m, feuillard m

9663 Streifen m [Strich]
 e dot, streak
 f raie f, strie f, barre f

9664 Streifenschreiber m
 e chart recorder, tape recorder, band recorder
 f enregistreur m sur bande f

9665 Streifenvorschub m
 e chart speed
 f vitesse f de bande f

9666 Streßtest m
 e stress test
 f essai m de contrainte f

9667 Streu...
 e scattered, diffused, diffuse, stray
 f diffus, diffusé, disperse

9668 Streuecho n
 e scattered echo
 f écho m dispersé, écho m saccadé

9669 Streueigenschaft f
 e scattering property
 f propriété f de diffusion f

9670 streuen v
 e scatter, diffuse, stray, disperse
 f diffuser, disperser

9671 Streuereignis n
 e scattering event
 f événement m de diffusion f

9672 Streuerscheinung f
 e scattering phenomenon
 f phénomène m de diffusion f

9673 Streufaktor m
 e scattering factor
 f facteur m de diffusion f

9674 **Streufeld** n
 e stray field, leakage field, fringing field
 f champ m de dispersion f, champ m de fuite f, champ m parasite

9675 **Streufeld** n, **magnetisches**
 e magnetic stray field, magnetic leakage field
 f champ m de fuite f magnétique, champ m de dispersion f magnétique

9676 **Streufeldmethode** f
 e leakage field method
 f méthode f à champ m de fuite f

9677 **Streufluß** m
 e stray flux, leakage flow
 f flux m de dispersion f

9678 **Streufluß** m, **magnetischer**
 e magnetic stray flux
 f flux m de dispersion f magnétique

9679 **streuflußempfindlich** adj
 e sensitive to stray flux
 f sensible au flux de dispersion f

9680 **Streuflußprüfsonde** f
 e stray flux test probe
 f sonde f d'essai m à flux m de dispersion f

9681 **Streuflußverfahren** n
 e stray flux technique
 f procédé m à flux m de dispersion f, technique f de déviation f du flux par aimantation f

9682 **Streuinduktivität** f
 e leakage inductance
 f inductance f de fuite f

9683 **Streuintensität** f
 e scattering intensity
 f intensité f de diffusion f

9684 **Streukapazität** f
 e scattering capacitance, scattering capacity
 f capacitance f de diffusion f, capacité f de diffusion f

9685 **Streukoeffizient** m
 e scattering coefficient
 f coefficient m de dispersion f

9686 **Streulicht** n
 e diffuse light, stray light, scattered light
 f lumière f diffuse

9687 **Streulinie** f
 e stray line, leakage line
 f ligne f de dispersion f

9688 **Streumatrix** f
 e scattering matrix
 f matrice f de diffusion f

9689 **Streuquerschnitt** m
 e scattering cross-section
 f section f de dispersion f

9690 **Streuspannung** f [elektrisch]
 e stray tension
 f tension f de dispersion f

9691 **Streustrahl** m
 e scattered ray
 f rayon m diffusé

9692 **Streustrahlenblende** f
 e antidiffusion screen
 f grille f antidiffusante

9693 **Streustrahlenmessung** f
 e scattered ray measurement
 f mesure f des rayons m/pl de dispersion f

9694 **Streustrahlenschutz** m
 e protection against scattered rays pl
 f protection f contre les rayons m/pl dispersés

9695 **Streustrahlung** f
 e scattered radiation, stray radiation, diffused radiation
 f rayonnement m diffusé, rayonnement m de dispersion f

9696 Streustrahlungsdosis f
 e scattered radiation dose
 f dose f de rayonnement m diffusé

9697 Streustrahlungsspektrum n
 e diffuse radiation spectrum
 f spectre m du rayonnement diffusé

9698 Streustrom m
 e stray current, fault current
 f courant m de fuite f, courant m vagabond

9699 Streuung f
 e scattering, dispersion, spread, straggling, divergence
 f diffusion f, dispersion f, divergence f

9700 Streuung f, anomale
 e anomalous scattering
 f diffusion f anomale

9701 Streuung f, diffuse
 e diffuse scattering
 f diffusion f

9702 Streuung f, elastische
 e elastic scattering
 f diffusion f élastique

9703 Streuung f, kohärente
 e coherent scattering
 f diffusion f cohérente

9704 Streuung f, seitliche
 e side scattering
 f diffusion f latérale

9705 Streuung f, statistische
 e statistical scattering, statistical straggling
 f dispersion f statistique

9706 Streuverlust m
 e leakage
 f perte f par dispersion f

9707 Streuvermögen n
 e scattering power
 f pouvoir m de diffusion f

9708 Streuvorgang m
 e scattering phenomenon
 f phénomène m de diffusion f

9709 Streuwelle f
 e scattered wave, leaky wave
 f onde f de dispersion f, onde f diffusée

9710 Streuwinkel m
 e scattering angle, angle of divergence
 f angle m de diffusion f, angle m de divergence f

9711 Strich m [Linie]
 e line, dash, stroke
 f ligne f, trait m, barre f, raie f

9712 Strich m [Streifen]
 e streak
 f strie f, raie f, barre f

9713 stricheln v
 e streak, dash
 f strier, hachurer, rayer

9714 Strichfokus m
 e line focus
 f foyer m linéaire

9715 Stroboskop n
 e stroboscope
 f stroboscope m

9716 Stroboskopscheibe f
 e stroboscopic disk
 f disque m stroboscopique

9717 Strom m [elektrisch]
 e current
 f courant m

9718 Strom m [Strömung]
 e flow, flux, stream
 f flux m, écoulement m

9719 Strom m [Wasserlauf]
 e river, stream
 f rivière f, fleuve m

9720 **Strom** m, abfließender
 e outgoing current
 f courant m partant

9721 **Strom** m, ankommender
 e incoming current
 f courant m arrivant, courant m reçu

9722 **Strom** m, aufgenommener
 e consumed current
 f courant m consommé

9723 **Strom** m, eingespeister
 e applied current, conveyed current
 f courant m appliqué, courant m amené

9724 **Strom** m, gleichgerichteter
 e rectified current
 f courant m redressé

9725 **Strom** m, induzierter
 e induced current
 f courant m induit

9726 **Strom** m, konstanter
 e constant current, stable current
 f courant m constant, courant m stable

9727 **Strom** m, nacheilender
 e lagging current
 f courant m en retard m

9728 **Strom** m, phasenverschobener
 e dephased current
 f courant m déphasé

9729 **Strom** m, voreilender
 e leading current
 f courant m en avance f

9730 **Strom** m, zugeführter
 e conveyed current, applied current
 f courant m amené, courant m appliqué

9731 **Stromabnahme** f [Stromverringerung]
 e current drop, current decrease, fall of current
 f diminution f de courant m

9732 **Stromamplitude** f
 e current amplitude
 f amplitude f de courant m

9733 **Stromänderung** f
 e current change, current variation, current fluctuation
 f fluctuation f de courant m, variation f de courant m

9734 **Stromaufnahme** f
 e current input, current consumption
 f consommation f en courant m, réception f de courant m, courant m absorbé

9735 **Stromausfall** m
 e failure of the current supply
 f manque m de courant m, panne f de courant m

9736 **Strombegrenzer** m
 e current limiter
 f limiteur m de courant m

9737 **strombetätigt** adj
 e current-operated
 f actionné par courant m

9738 **Stromdichte** f
 e current density
 f densité f de courant m

9739 **Stromdurchgang** m
 e current passage
 f passage m de courant m

9740 **strömen** v
 e flow, stream
 f couler, s'écouler, courir

9741 **Stromersparnis** f
 e saving of current
 f économie f de courant m

9742 **stromführend** adj
 e current-carrying, traversed by current, alive, live
 f parcouru par courant m, traversé par courant m

9743 stromgesteuert adj
 e current-controlled, current-operated
 f commandé par courant m

9744 Stromkreis m, geschlossener
 e closed circuit
 f circuit m fermé

9745 Stromkurve f
 e current curve
 f courbe f de courant m

9746 Stromlaufplan m
 e circuit diagram, connecting diagram
 f diagramme m de circuit m, schéma m de câblage m

9747 Strommesser m
 e amperemeter, ammeter
 f ampèremètre m

9748 Stromquelle f
 e current source
 f source f de courant m

9749 Stromregelung f
 e current control, current regulation
 f régulation f d'intensité f de courant m

9750 Stromschiene f [Kontaktschiene]
 e contact rail
 f rail m de contact m

9751 Stromschiene f [Sammelschiene]
 e bus bar, bus
 f barre f collectrice

9752 Stromschwankung f
 e current fluctuation, current variation
 f fluctuation f de courant m, variation f de courant m

9753 Stromstärke f
 e current intensity
 f intensité f de courant m

9754 Stromstoß m
 e current pulse
 f impulsion f de courant m

9755 stromunabhängig adj
 e independent on current
 f indépendant du courant

9756 Strömung f
 e stream, flow, flux, passage, circulation
 f écoulement m, passage m, parcours m, circulation f, flux m

9757 Stromverbrauch m
 e current consumption
 f consommation f de courant m

9758 Stromverdrängung f
 e current displacement, skin effect
 f effet m de peau f, effet m pelliculaire

9759 Stromverringerung f
 e current decrease, current drop, fall of current
 f diminution f de courant m

9760 Stromversorgung f
 e current supply, power supply
 f alimentation f de courant m

9761 Stromverteilung f
 e current distribution
 f distribution f de courant m, répartition f du courant

9762 Stromwechsel m
 e current alternation
 f altération f de courant m

9763 Stromzuführung f
 e current feed, current lead
 f amenée f de courant m

9764 Stromzunahme f
 e current increase, current rise
 f accroissement m de courant m, augmentation f de courant m

9765 Strontium n [Sr]
 e strontium
 f strontium m

9766 Strontiummethode f [absolute Altersbestimmung]
  e strontium method
  f méthode f de strontium m

9767 Struktur f [Anordnung]
  e structure, scheme, configuration, arrangement, pattern
  f structure f, schéma m, configuration f, arrangement m

9768 Struktur f [Aufbau]
  e structure, constitution, composition
  f structure f, constitution f, composition f

9769 Struktur f [Gefüge]
  e structure, texture
  f structure f, texture f

9770 Strukturanalyse f
  e structural analysis
  f analyse f de structure f

9771 Strukturfehler m
  e structure anomaly
  f anomalie f de structure f

9772 Strukturformel f
  e atomic configuration formula
  f formule f de configuration f atomique

9773 strukturlos adj
  e amorphous
  f amorphe

9774 Strukturstörung f
  e structure disarrangement
  f désarrangement m de structure f

9775 Strukturuntersuchung f
  e structural analysis
  f analyse f de structure f

9776 Stück n [Bestandteil]
  e part
  f partie f

9777 Stück n [Bruchteil]
  e fragment
  f fragment m, morceau m

9778 Stück n [Objekt]
  e piece
  f pièce f

9779 Stückigmachen n
  e agglomeration
  f agglomération f

9780 Stückprüfung f
  e piece test
  f essai m individuel

9781 Stufe f [Absatz]
  e step
  f pas m, gradin m

9782 Stufe f [Kaskade]
  e cascade
  f cascade f

9783 Stufe f [Schwelle]
  e stair, step
  f marche f, pose-pied m

9784 Stufe f [Stadium]
  e stage, state, phase, level, grade
  f état m, degré m, phase f, étage m, niveau m, stade m, échelon m

9785 Stufenkeil m
  e step wedge
  f coin m gradué, coin m à gradins m/pl

9786 Stufenkeil m, gelochter
  e pierced step wedge
  f coin m à gradins m/pl percés

9787 stufenlos adj
  e stepless, continuous, smooth
  f sans graduations f/pl, sans intervalles m/pl, continu

9788 Stufenschaltung f
  e cascade
  f cascade f

9789 Stufenversetzung f
  e edge dislocation
  f dislocation f du coin

9790 stufenweise adj
  e stepwise, step by step
  f pas à pas, par degrés m/pl, échelonné

9791 Stumpfnaht f [Schweißen]
  e butt seam, butt welding, butt weld, butt joint, butt-seam weld
  f joint m bout à bout, soudure f bout à bout, soudure f bord à bord, joint m à rapprochement m, joint m soudé par rapprochement m

9792 Stumpfnaht f, schmelzgeschweißte
  e fusion-welded butt joint
  f joint m soudé par fusion f

9793 Stumpfnahtschweißen n
  e butt welding, butt-seam welding
  f soudage m bout à bout

9794 Stumpfschweißen n
  e butt welding, upset welding
  f soudage m bout à bout

9795 Stumpfschweißung f
  e butt weld
  f soudure f bout à bout, joint m soudé bout à bout, assemblage m soudé bout à bout

9796 Stumpfschweißverbindung f
  → Stumpfschweißung f

9797 Stumpfstoß m [Schweißen]
  e butt joint
  f joint m abouté

9798 stumpfwinklig adj
  e obtuse-angled
  f obtusangle

9799 Sturz m [Fall]
  e fall, drop
  f chute f, descente f

9800 Stütze f
  e rest, support, base, post, pillar, stand, stay, bearing
  f support m, pied m, socle m, appui m, coussinet m

9801 stützen v [abstützen]
  e support, stay, understay, strut, timber
  f appuyer, supporter, soutenir, étançonner

9802 stützen v [anlegen]
  e put (~ against, ~ to), lay
  f mettre (contre), placer (contre)

9803 Stutzen m [Ansatz]
  e nozzle
  f tubulure f, piquage m

9804 Stutzeneinschweißung f
  e nozzle welding
  f soudage m de tubulure f

9805 Stutzennaht f
  e nozzle weld
  f soudure f de tubulure f

9806 Stützersäule f
  e support insulator
  f isolateur-support m

9807 Sublimation f
  e sublimation
  f sublimation f

9808 Sublimieren n
  → Sublimation f

9809 submikroskopisch
  e submicroscopic(al)
  f sous-microscopique

9810 Substanz f
  e substance, matter
  f substance f, matière f

9811 Substitutionsmethode f
  e substitution method
  f méthode f de substitution f

9812 Substrat n
 e substrate, base material
 f substrat m, matière f de base f, support m

9813 Subtraktionsmethode f
 e substraction method
 f méthode f de soustraction f

9814 suchen v
 e detect, determine, search, seek, prove, ascertain, appoint
 f détecter, déterminer, constater, connaître, chercher

9815 Sucher m
 e detector, indicator, probe, locator
 f détecteur m, indicateur m, sonde f, localisateur m

9816 sukzessiv adj
 e successive, consecutive, sequential
 f successif, consécutif, séquentiel

9817 Sulfat n
 e sulphate
 f sulfate m

9818 Sulfid n
 e sulphide
 f sulfure m

9819 Sulfit n
 e sulphite
 f sulfite m

9820 Summe f, vektorielle
 e vectorial sum
 f somme f vectorielle

9821 Summenbildner m
 e integrator, integrating device
 f intégrateur m, dispositif m intégrateur

9822 Summendosis f
 e accumulated dose
 f dose f accumulée

9823 Summenfrequenz f
 e sum frequency
 f fréquence f somme

9824 Summenstrahlung f
 e total radiation
 f rayonnement m total

9825 summieren v
 e sum up, add
 f sommer, additionner

9826 Sumpf m, akustischer
 e acoustical sump
 f puisard m acoustique

9827 Superposition f
 e superposition
 f superposition f

9828 supraleitend adj
 e superconductive, superconducting
 f supra-conductible, supra-conducteur

9829 Supraleiter m
 e superconductor
 f supra-conducteur m

9830 Supraleitfähigkeit f
 e superconductivity
 f supra-conduction f

9831 Supraleitungskabel n
 e supraconducting cable
 f câble m supraconducteur

9832 Supraleitungstechnik f
 e cryogenics
 f technique f cryogénique

9833 Suspension f
 e suspension, residue, slurry
 f suspension f, schlamm m, résidu m

9834 Suszeptibilität f
 e susceptibility
 f susceptibilité f

9835 Symbol n
 e symbol
 f symbole m

9836 Symmetrie f
 e symmetry
 f symétrie f

9837 Symmetrieachse f
 e symmetry axis, axis of symmetry
 f axe m de symétrie f

9838 symmetrieren v
 e symmetrize
 f symétriser

9839 symmetrisch adj
 e symmetric(al)
 f symétrique

9840 Symposium n
 e symposium, meeting
 f symposium m, assemblée f

9841 synchron adj
 e synchronous
 f synchrone

9842 Synchronabtastung f
 e synchronous scanning
 f exploration f synchrone

9843 Synchronisation f
 e synchronization
 f synchronisation f

9844 synchronisieren v
 e synchronize
 f synchroniser

9845 Synchronisieren n
 → Synchronisation f

9846 Synchronisierimpuls m
 e synchronizing pulse
 f impulsion f de synchronisation f

9847 Synchronisiersignal n
 e synchronizing signal, synchronization signal
 f signal m synchronisant, signal m de synchronisation f

9848 Synchronismus m
 e synchronism, contemporaneousness, simultaneousness
 f synchronisme m, simultanéité f

9849 Synchronlauf m
 e synchronous running, synchronous operation
 f marche f synchrone, opération f synchrone

9850 synthetisch
 e synthetic(al)
 f synthétique

9851 System n, halbautomatisches
 e semi-automatic system
 f système m semiautomatique

9852 systematisch adj
 e systematic(al)
 f systématique

9853 Szintillation f
 e scintillation
 f scintillation f

9854 Szintillationskamera f
 e scintillation camera
 f caméra f à scintillation f

9855 Szintillationskristall m
 e scintillation crystal
 f cristal m scintillant

9856 Szintillationszähler m
 e scintillation counter
 f compteur m à scintillation f

9857 szintillieren v
 e scintillate
 f scintiller

T

9858 tabellarisch adj
 e tabular, tabulated
 f tabellaire

9859 Tabelle f
 e table, schedule, index, register, chart
 f table f, tableau m, registre m

9860 Tablette f
 e tablet
 f tablette f

9861 Tabulator m
 e tabulator
 f tabulateur m

9862 Tachometer n
 e tachometer, speedometer
 f tachymètre m, compteur m de vitesse f

9863 Tafel f [Platte]
 e plate, table, slab, pane
 f plaque f, table f, lame f, feuille f, dalle f, brame f

9864 Tafel f [Tablette]
 e tablet, bar, billet
 f tablette f, billette f

9865 Tafel f [Wandtafel]
 e blackboard, board, panel
 f tableau m noir, tableau m, panneau m

9866 Tafelblech n
 e sheet metal
 f plaque f de tôle f

9867 tafelförmig adj
 e plate-like, tabular
 f tabellaire

9868 Tageslicht n
 e daylight
 f lumière f du jour, lumière f naturelle

9869 Tagung f
 e meeting, conference, congress, symposium
 f assemblée f, conférence f, congrès m, symposium m

9870 Taktfrequenz f
 e clock frequency
 f fréquence f horloge

9871 Taktgeber m
 e clock generator, timer
 f générateur m de rythme m, minuterie f

9872 Taktimpuls m
 e timing pulse, clock pulse
 f impulsion f de rythme m, impulsion f de mesure f de temps m

9873 Tandembetrieb m
 e tandem operation
 f fonctionnement m en tandem m

9874 Tandem-Prüfverfahren n
 e tandem testing method
 f méthode f d'essai m en tandem m

9875 Tandemtechnik f
 e tandem technique
 f technique f tandem, technique f du type tandem

9876 Tandemverfahren n
 e tandem method
 f méthode f tandem

9877 Tangente f
 e tangent, tangent line, contact line, contiguous line
 f tangente f, ligne f contiguë, ligne f de contingence f

9878 tangential adj
 e tangential
 f tangentiel

9879 Tangentialgeschwindigkeit f
 e tangential speed
 f vitesse f tangentielle

9880 Tank m [Behälter]
 e tank, container, vessel, storage basin, cistern
 f tank m, cuve f, récipient m, réservoir m, citerne f

9881 Tantal n [Ta]
 e tantalum
 f tantale m

9882 tantalreich adj
 e tantalum-rich
 f riche en tantale m

9883 Target n
 e target, target electrode, anticathode, collector electrode
 f cible f électrode f de captage m, collecteur m, anticathode f

9884 Targetmaterial n
 e target material
 f matière-cible f

9885 Targetteilchen n
 e target particle, bombarded particle, struck particle
 f particule f de la cible, particule f bombardée

9886 Taschendosimeter n
 e pocket dosimeter
 f dosimètre m de poche f

9887 Taschenrechner m
 e pocket computer
 f calculatrice f de poche f

9888 Tastatur f
 e key board
 f clavier m

9889 Taste f
 e key, press button, push button, knob
 f bouton m, bouton-poussoir m, touche f

9890 Taster m [Fühlstift]
 e pin, measuring pin, tracer
 f palpeur m

9891 Taster m [Tastenschalter]
 e key, key switch
 f bouton m de touche f, commutateur m à touche f

9892 Taster m [Tastzirkel]
 e callipers pl
 f compas m [d'épaisseur f]

9893 Tastfrequenz f
 e pulse repetition frequency
 f fréquence f de répétition f d'impulsions f/pl

9894 Tastkopf m
 e feeling head, measuring probe, test head, test probe
 f palpeur m, palpeur m de contrôle m, sonde f de mesure f, sonde f d'essai m

9895 Tastspule f
 e scanning coil, measuring coil, test coil, sensing coil, surface coil
 f bobine f exploratrice, bobine f de palpage m, bobine f de mesure f

9896 Tastung f
 e keying
 f manipulation f

9897 Tätigkeit f
 e activity, action, manipulation
 f activité f, action f, manipulation f, manœuvre f

9898 tatsächlich adj
 e real, effective, actual
 f réel, effectif, actuel, vrai

9899 Tau m
 e dew
 f rosée f

9900 Tau n [Seil]
 e rope, cable
 f corde f, câble m

9901 Tauchboje f
 e diving buoy
 f bouée f à immersion f

9902 tauchen v
 e plunge, immerse, submerge, dip, sink
 f plonger, immerger, submerger, tremper, abaisser

9903 tauchlöten v
 e dip-solder
 f souder par immersion f

9904 Tauchspule f
 e moving coil
 f bobine f mobile

9905 Tauchtechnik f
 e immersion technique
 f technique f par immersion f, technique f d'immersion f

9906 Tauchtechnikprüfkopf m
 e immersion probe
 f palpeur m pour technique f par immersion f

9907 Tauchtechnikprüfung f
 e immersion testing
 f contrôle m par immersion f

9908 Tauchverfahren n
 e immersion method
 f méthode f par immersion f

9909 Taupunkt m
 e dew point
 f point m de rosée f, point m de condensation f

9910 Tausch m
 e exchange, interchange
 f échange m

9911 Tauscher m
 e exchanger
 f échangeur m

9912 Täuschung f
 e illusion, delusion, deception
 f illusion f, déception f

9913 Taylor-Reihe f
 e Taylor series pl
 f série f de Taylor

9914 Taylorsche Gleichung f
 e Taylor equation
 f équation f de Taylor

9915 Taylorsche Reihe f
 → Taylor-Reihe f

9916 Technetium n [Tc]
 e technetium
 f technétium m

9917 Technik f [allgemein]
 e technics pl, engineering, technology
 f technique f, science f technique

9918 Technik f [Verfahren]
 e technique, procedure, processus, method
 f technique f, procédé m, méthode f

9919 Technologie f
 e technology
 f technologie f

9920 Teil m [Anteil]
 e part, portion, section, division
 f part f, portion f, section f, division f

9921 Teil m [Bestandteil]
 e element, component, member, part
 f élément m, composante f, membre m, partie f

9922 Teil n [Stück]
 e piece, unit, part
 f pièce f, unité f, organe m

9923 Teil n, bestrahltes
 e irradiated piece
 f élément m irradié, pièce f irradiée

9924 Teil n, einwandfreies
 e perfect structure
 f élément m sans défaut m

9925 Teil n, fertiges
 e finished part
 f pièce f finie

9926 Teilchen n
 e corpuscle, particle, mass element, mass particle
 f corpuscule m, particule f, élément m de masse f

9927 Teilchen n, beschossenes
 e bombarded particle
 f particule f bombardée

9928 Teilchen n, negativ geladenes
 e negatively charged particle
 f particule f négativement chargée

9929 Teilchenbahn f
 e orbit
 f orbite f

9930 Teilchenbeschleuniger m
 e particle accelerator
 f accélérateur m de particules f/pl, accélérateur m de porteurs m/pl électrisés

9931 Teilchenbeschleunigung f
 e particle acceleration
 f accélération f de particules f/pl

9932 Teilchendetektor m
 e particle detector
 f détecteur m de particules f/pl

9933 Teilchenstrahlung f
 e particle radiation, corpuscular radiation
 f rayonnement m de particules f/pl, rayonnement m corpusculaire

9934 Teildurchströmung f
 e partial flow
 f flux m partiel

9935 teilen v [einteilen]
 e divide, classify, graduate, arrange, step
 f diviser, classifier, graduer, arranger, sectionner

9936 teilen v [mathematisch]
 e divide
 f diviser

9937 teilen v [verteilen]
 e distribute
 f distribuer

9938 teilen v [zerteilen]
 e split, part
 f partager

9939 Teileprüfung f
 e checking of parts pl
 f contrôle m de pièces f/pl

9940 Teilkörperdosis f
 e partial incorporated dose
 f dose f incorporée partielle

9941 Teillast f
 e partial load
 f charge f partielle

9942 Teilprüfung f
 e partial test
 f essai m partiel, contrôle m partiel

9943 Teilstück n
 e portion
 f portion f, part f

9944 Teilung f [Aufspaltung]
 e splitting
 f subdivision f

9945 Teilung f [Einteilung]
 e classification, sectioning
 f classification f, sectionnement m

9946 Teilung f [Ganghöhe]
  e pitch
  f hauteur f de pas m, pas m

9947 Teilung f [Kernspaltung]
  e fission
  f fission f

9948 Teilung f [mathematisch]
  e division
  f division f

9949 Teilung f [Skalenteilung]
  e graduation
  f graduation f

9950 teilweise adj
  e partial
  f partiel

9951 Teilwelle f
  e partial wave
  f onde f partielle

9952 Teilwicklung f
  e partial winding
  f enroulement m partiel

9953 Telefonapparat m
  e telephone apparatus, telephone set, telephone
  f appareil m téléphonique, poste m téléphonique, téléphone m

9954 Telemeter m
  e distance meter, telemeter
  f télémètre m

9955 Teleskoprohr n
  e telescopic tube
  f tube m télescopique

9956 Telethermographie f
  e telethermography
  f téléthermographie f

9957 Tellur n [Te]
  e tellurium
  f tellure m

9958 Temperatur f, absolute
  e absolute temperature, Kelvin temperature
  f température f absolue, température f Kelvin

9959 Temperatur f, erhöhte
  e elevated temperature
  f température f élevée

9960 Temperaturabfall m
  e temperature drop, decrease of temperature
  f chute f de température f

9961 temperaturabhängig adj
  e temperature-dependent
  f dépendant de la température

9962 Temperaturabhängigkeit f
  e dependence on temperature
  f dépendance f de la température

9963 Temperaturänderung f
  e change of temperature, change in temperature, temperature shift
  f changement m de température f

9964 Temperaturanstieg m
  e temperature rise, increase of temperature
  f augmentation f de température f, accroissance f de la température

9965 Temperaturdifferenz f
  e temperature difference
  f différence f de températures f/pl

9966 Temperaturerhöhung f
  e increase of temperature, temperature rise
  f augmentation f de température f, accroissance f de la température

9967 Temperaturfehler m
  e temperature error
  f erreur f de température f

9968 Temperaturgrad m
  e degree
  f degré m

9969 Temperaturgradient m
  e temperature gradient
  f gradient m de température f

9970 Temperaturgrenze f
  e limit of temperature
  f limite f de température f

9971 Temperaturkoeffizient m
  e temperature coefficient
  f coefficient m de température f

9972 Temperaturkurve f
  e temperature curve
  f courbe f de température f

9973 Temperaturmessung f
  e measurement of temperature
  f mesure f de la température

9974 Temperaturrückgang m
  e decrease of temperature, drop in temperature
  f diminution f de température f

9975 Temperaturschwankung f
  e variation of temperature, fluctuation in temperature
  f variation f de température f, fluctuation f de température f

9976 Temperaturskale f
  e temperature scale
  f échelle f de température f

9977 Temperaturskale f, thermodynamische
  e thermodynamic temperature scale
  f échelle f thermodynamique des températures f/pl

9978 Temperatursprung m
  e jump in temperature
  f bond m de température f

9979 temperaturunabhängig adj
  e temperature-independent, independent on temperature
  f indépendant de la température

9980 Temperaturunterschied m
  e temperature difference
  f différence f de températures f/pl

9981 Temperaturverhalten n
  e temperature behaviour
  f comportement m thermique

9982 Temperaturverteilung f
  e temperature distribution
  f distribution f de température f

9983 Temperaturwächter m
  e temperature controller
  f contrôleur m de température f

9984 Temperaturwechsel m
  e change in temperature, change of temperature, temperature shift
  f changement m de température f

9985 Temperaturwechselbeanspruchung f
  e thermal cycling
  f cyclage m thermique

9986 Temperaturwechselbeständigkeit f
  e resistance to changes pl of temperature, resistance to thermal shocks pl
  f résistance f aux changements m/pl de température f

9987 Temperaturzunahme f
  e temperature rise, increase of temperature
  f augmentation f de température f, accroissance f de la température

9988 Temperguß m
  e malleable iron
  f fonte f malléable

9989 tempern v
  e temper, anneal, harden
  f tremper, recuire, revenir, durcir, endurcir

9990 Tempern n
 e tempering, annealing
 f revenu m, recuit m, trempe f

9991 Temperung f
 → Tempern n

9992 temporär adj
 e temporary
 f temporaire

9993 Tendenz f
 e tendency, trend
 f tendance f

9994 Terbium n [Tb]
 e terbium
 f terbium m

9995 Term m [Energieniveau]
 e energy level, term
 f terme m, niveau m énergétique

9996 Term m [Glied]
 e term
 f terme m

9997 ternär adj
 e ternary
 f ternaire

9998 Terrassenbruch m
 e lamellar tearing
 f déchirure f lamellaire, arrachement m lamellaire

9999 Terrassenbruchempfindlichkeit f
 e sensitivity to lamellar tearing
 f sensibilité f à la déchirure lamellaire, sensibilité f à l'arrachement m lamellaire

10000 Tertiärstrahlen m/pl
 e tertiary rays pl
 f rayons m/pl tertiaires

10001 Tertiärwicklung f
 e tertiary winding
 f enroulement m tertiaire

10002 Test m
 e test, testing, check, checking, check-up
 f test m, essai m, contrôle m, épreuve f

10003 Testaufnahme f [Radiografie]
 e testing radiogram
 f radiographie-témoin f

10004 Testbild n [Video]
 e test pattern
 f mire f de contrôle m

10005 Testbohrung f
 e test hole
 f forage m de contrôle m

10006 Testfehler m, künstlicher
 e artificial reference defect
 f défaut m étalon artificiel

10007 Testfehler m, natürlicher
 e natural reference defect
 f défaut m étalon naturel

10008 Testfehlerblock m
 e reference defect block
 f bloc m à défauts-étalon m/pl

10009 Testfehlermethode f
 e reference defect method
 f méthode f à défauts-étalon m/pl

10010 Testfehlervergleich m
 e comparison with reference defect
 f comparaison f avec défauts-étalon m/pl

10011 Testimpuls m
 e test pulse
 f impulsion f d'essai m, impulsion f de contrôle m

10012 Testkopf m
 e test probe, test head, measuring probe, feeling head
 f sonde f d'essai m, sonde f de mesure f, palpeur m de contrôle m, palpeur m

10013 Testkörper m [Kontrollkörper]
  e reference block, calibration block, test piece, test block
  f bloc m de référence f, pièce f d'étalonnage m

10014 Testkörper m, plattenförmiger
  e plate-shaped test block
  f bloc m de référence f en plaque f

10015 Testnute f, **Testnut** f
  e test shot
  f rainure f de contrôle m

10016 Testprogramm n
  e check program
  f programme m de contrôle m

10017 Testreflektor m
  e test reflector
  f réflecteur m de test m, réflecteur m de référence f

10018 Teststück n [Vergleichskörper]
  e reference block, calibration block, test piece, test block
  f bloc m de référence f, pièce f d'étalonnage m

10019 Textilprüfung f
  e textile test
  f essai m de textiles m/pl

10020 Textur f [bevorzugte Orientierung]
  e texture, preferred orientation, dressing, alignment
  f texture f, orientation f préférée, alignement m, redressement m

10021 Textur f [Muster]
  e pattern
  f texture f

10022 texturieren v [orientieren]
  e orient, align, dress
  f orienter, aligner, dresser

10023 texturlos adj
  e without texture
  f sans texture f

10024 theoretisch adj
  e theoretical
  f théorique

10025 Theorie f, nichtlineare
  e nonlinear theory
  f théorie f non-linéaire

10026 Theorie-Experiment-Vergleich m
  e theory/experiment comparison
  f comparaison f théorie à expérience

10027 thermal adj
  e thermal
  f thermique

10028 Thermalwandler m
  e thermal transducer
  f transducteur m thermique

10029 Thermion n
  e thermion
  f thermion m

10030 Thermionenquelle f
  e thermionic source
  f source f thermo-ionique

10031 thermisch adj
  e thermal
  f thermique

10032 Thermistor m
  e thermistor
  f thermistor m

10033 Thermitschweißen n
  e thermite welding
  f soudage m à la thermite

10034 Thermodiffusion f
  e thermal diffusion
  f diffusion f thermique

10035 thermodynamisch adj
  e thermodynamic(al)
  f thermodynamique

10036 thermoelektrisch adj
 e thermoelectric(al)
 f thermoélectrique

10037 Thermoelement n
 e thermocouple
 f thermocouple m, élément m thermoélectrique

10038 Thermographie f
 e thermography
 f thermographie f

10039 Thermolumineszenz f
 e thermoluminescence
 f thermoluminescence f

10040 Thermolumineszenzdosimeter n [TLD]
 e thermoluminescence dosimeter
 f dosimètre m à thermoluminescence f

10041 Thermolumineszenzdosimetrie f
 e thermoluminescence dosimetry
 f dosimétrie f à thermoluminescence f

10042 Thermometer n
 e thermometer
 f thermomètre m

10043 thermonuklear adj
 e thermonuclear
 f thermonucléaire

10044 Thermoplast m
 e thermoplastics pl, thermoplastic material
 f thermoplastique f

10045 Thermoregler m
 e thermostat
 f thermostat m

10046 Thermoschock m
 e thermoshock
 f choc m thermique

10047 Thermoschockriß m
 e thermal shock crack
 f fissure f par choc m thermique

10048 Thermospannung f [elektrisch]
 e thermoelectric voltage
 f thermo-tension f, tension thermoélectrique

10049 Thermostat m
 → Thermoregler m

10050 Thermovisionskamera f
 e thermovision camera
 f caméra f de thermovision f

10051 Thorium n [Th]
 e thorium
 f thorium m

10052 Thulium n [Tm]
 e thulium
 f thulium m

10053 Tiefbestrahlung f
 e deep irradiation
 f irradiation f profonde

10054 Tiefe f [akustisch]
 e bass
 f grave m, basse f

10055 Tiefe f [geometrisch]
 e depth
 f profondeur f

10056 Tiefenauflösungsvermögen n
 e depth resolution power
 f pouvoir m de résolution f en profondeur f

10057 Tiefenausgleich m
 e depth compensation
 f compensation f de la profondeur

10058 Tiefendosis f
 e depth dose
 f dose f en profondeur f

10059 Tiefenkennlinie f
 e depth characteristic
 f courbe f de profondeur f

10060 Tiefenlage f [geometrisch]
 e depth
 f profondeur f

10061 Tiefenschärfe f
 e depth of definition
 f netteté f en profondeur f

10062 Tiefpaß m
 e low-pass
 f passe-bas m

10063 Tiefpaßfilter m
 e low-pass filter
 f filtre m passe-bas

10064 Tieftemperatur...
 e cryogenic ..., very low temperature...
 f ... cryogénique

10065 Tieftemperaturtechnik f
 e cryogenic technology
 f technique f cryogénique

10066 Tiefung f
 e cupping
 f emboutissage m profond

10067 Tiefungsversuch m
 e cupping test
 f essai m d'emboutissage m profond

10068 Tiefziehbarkeit f
 e deep drawability
 f emboutissabilité f

10069 Tiefziehen n
 e deep drawing
 f emboutissage m profond

10070 Tiefziehstahl m
 e deep-drawing steel
 f acier m pour emboutissage m profond

10071 Tiefziehversuch m
 e drawing test
 f essai m d'emboutissage m

10072 tippen v
 e touch
 f toucher

10073 Tischgerät n
 e table model, table instrument
 f poste m de table f, instrument m de table f

10074 Tischinstrument n
 e table instrument
 f instrument m de table f

10075 Titan n [Ti]
 e titanium
 f titane m

10076 Titanlegierung f
 e titanium alloy
 f alliage m au titane

10077 tödlich adj
 e lethal
 f létal

10078 Toleranz f
 e tolerance, allowance
 f tolérance f admise

10079 Tomogramm n
 e tomogram
 f tomogramme m

10080 Tomographie f, computergestützte
 e computerized tomography, computed tomography, computer-assisted tomography
 f tomographie f commandée par calculateur m électronique

10081 Ton m [akustisch]
 e tone, note, sound
 f son m, ton m

10082 Ton m [Erdsorte]
 e clay, argil, potter's earth
 f terre f glaise, glaise f, argile f

10083 Ton m [Tönung]
  e tone, shade, tint, tinge
  f teinte f, nuance f

10084 Ton m, hoher
  e treble
  f aigu m, aiguë f

10085 Ton m, tiefer
  e bass
  f grave m

10086 Tonabnehmer m
  e pick-up
  f pick-up m

10087 Tonarm m
  → Tonabnehmer m

10088 Tonaufzeichnung f
  e sound recording
  f enregistrement m sonore

10089 Tonband n
  e sound tape, magnetic tape
  f bande f sonore, bande f magnétique

10090 Tonfrequenz f
  e audio frequency, voice frequency
  f fréquence f audible, fréquence f vocale

10091 Tongenerator m
  e audio frequency generator
  f générateur m basse fréquence f

10092 Tonschwankung f
  e wow, flutter
  f miaulement m

10093 Tönung f
  e tone, shade, tint, tinge
  f teinte f, nuance f

10094 Topogramm n
  e topogram
  f topogramme m

10095 Topographie f
  e topography
  f topographie f

10096 Tor n
  e gate, door
  f porte f

10097 Torsion f
  e torsion, distorsion, twisting
  f torsion f, contournement m

10098 Torsionsmodul m
  e modulus of torsion
  f module m de torsion f, module m de cisaillement m

10099 Torsionsschwingung f
  e torsional vibration
  f oscillation f de torsion f

10100 Torsionsstab m
  e torsion bar, torsional bar
  f barre f de torsion f

10101 Torsionsversuch m
  e torsion test
  f essai m de torsion f

10102 Totalbestrahlung f
  e whole-body irradiation, total body irradiation
  f irradiation f du corps entier, irradiation f totale

10103 Totaldurchströmung f
  e total flow
  f flux m total

10104 Totalreflexion f
  e total reflection
  f réflexion f totale

10105 Totbereich m
  e dead zone
  f zone f morte

10106 Totpunkt m, oberer
  e upper dead center
  f point m mort supérieur

10107 Totpunkt m, unterer
 e bottom dead center
 f point m mort inférieur

10108 Totzeit f
 e dead time
 f temps m mort

10109 Totzone f
 e dead zone
 f zone f morte

10110 Tourenzahl f
 e number of revolutions pl
 f nombre m de révolutions f/pl, nombre m de tours m/pl

10111 Tracer m
 e tracer, radioactive tracer, indicator
 f traceur m, traceur m radioactif, indicateur m radioactif

10112 Tracermethode f
 e tracer method, tracer technique
 f méthode f des traceurs m/pl, technique f des traceurs m/pl radioactifs, méthode f des atomes m/pl traceurs

10113 Tracerverfahren n
 → Tracermethode f

10114 traditionell adj
 e traditional, conventional, usual
 f traditionnel, conventionnel, usuel, usité

10115 Tragarm m
 e cantilever, arm
 f bras-levier m, bras m, console f, cantilever m

10116 tragbar adj
 e portable, transportable, loose, mobile
 f portatif, portable, transportable, mobile

10117 tragen v
 e bear, support, carry, sustain
 f porter, supporter, tenir, soutenir

10118 Träger m [Ladungsträger]
 e carrier, charge carrier
 f porteur m, porteur m de charge f

10119 Träger m [Stützbalken]
 e beam, girder, support
 f poutre f, poutrelle f, support m

10120 Träger m [Trägerrakete]
 e carrier rocket, launcher
 f fusée f porteuse, lanceur m

10121 Träger m [Trägerschwingung]
 e carrier, carrier wave
 f porteuse f, onde f porteuse

10122 Trägeramplitude f
 e carrier amplitude
 f amplitude f porteuse

10123 Trägerflüssigkeit f
 e carrier fluid
 f liquide m porteur

10124 Trägerfrequenz f [TF]
 e carrier frequency, carrier
 f fréquence f porteuse, porteuse f

10125 Trägergas n
 e carrier gas
 f gaz m porteur

10126 Trägermaterial n
 e base material, substrate
 f matière f de base f, substrat m, support m

10127 Trägerrakete f
 e carrier rocket, launcher
 f fusée f porteuse, lanceur m

10128 Trägerschwingung f
 e carrier wave, carrier
 f onde f porteuse, porteuse f

10129 Trägersubstanz f
 e base material, substrate
 f matière f de base f, substrat m, support m

10130 Trägerwelle f
 e carrier wave, carrier
 f onde f porteuse, porteuse f

10131 Tragfähigkeit f
 e load capacity
 f capacité f de charge f

10132 Trägheit f
 e inertia, persistence, inertness
 f inertie f, persistance f

10133 Trägheitsmoment n
 e moment of inertia
 f moment m d'inertie f

10134 Tragöse f
 e lifting lug
 f oreille f

10135 Träne f [Materialfehler]
 e tear
 f larme f

10136 tränken v
 e impregnate, soak
 f imprégner, tremper

10137 Transceiver m [Senderempfänger]
 e transceiver
 f transceiver m

10138 Transfer m
 e transfer
 f transfert m

10139 Transfermethode f [Radiographie]
 e transfer method
 f méthode f de transfert m

10140 Transformation f
 e transformation
 f transformation f

10141 Transformation f, allgemeine [Signalanalyse]
 e general transformation
 f transformation f générale

10142 Transformator m [Trafo]
 e transformer
 f transformateur m, transfo m

10143 transformieren v
 e transform
 f transformer

10144 transgranular adj
 e transgranular
 f transgranulaire

10145 Transistor m
 e transistor
 f transistor m

10146 Transit m
 e transit
 f transit m

10147 transkristallin adj
 e transcrystalline
 f transcristallin

10148 Transmission f
 e transmission
 f transmission f

10149 Transmissionsverfahren n
 e transmission method, transmission beam method
 f méthode f de transmission f

10150 Transmissionswelle f [mechanisch]
 e transmission shaft
 f arbre m de transmission f

10151 transparent adj
 e transparent
 f transparent

10152 Transparenz f
 e transparency
 f transparence f

10153 Transport m
 e transport, transfer
 f transport m, transfert m

10154 transportabel adj
 e transportable, mobile
 f transportable, mobile

10155 Transportbehälter m
 e container, casket
 f container m, caisse f de transport m, récipient m de transfert m

10156 Transportöse f
 e lifting lug
 f oreille f

10157 Transuran n
 e transuranic element
 f élément m transuranien

10158 transversal adj
 e transversal, transverse
 f transversal, transverse

10159 Transversalbewegung f
 e transverse motion
 f mouvement m transversal

10160 Transversalschwingung f
 e transverse oscillation, transverse vibration
 f oscillation f transversale, vibration f transversale

10161 Transversalwelle f [Maschinenteil]
 e transverse shaft
 f arbre m transversal

10162 Transversalwelle f [Schwingung]
 e transverse wave, shear wave
 f onde f transversale, onde f transverse

10163 Transversalwellen-Prüfkopf m
 e shear wave transducer
 f palpeur m à ondes f/pl transversales

10164 trapezförmig adj
 e trapezoidal
 f trapézoïdal

10165 Trapezimpuls m
 e trapezoidal pulse
 f impulsion f trapézoïdale

10166 Trasse f
 e trace
 f tracé m

10167 Traverse f
 e traverse
 f traverse f

10168 treffen v
 e hit, impinge, push, thrust, bump, knock, collide
 f pousser, heurter, choquer, entrechoquer, toucher

10169 Treffplatte f
 e target, target electrode, collector electrode
 f cible f, électrode f de captage m, collecteur m

10170 Treibstoff m
 e fuel
 f combustible m, carburant m

10171 Trend m
 e trend, tendency
 f tendance f

10172 trennen v [abschalten]
 e cut off, cut out, disconnect, switch off, interrupt, break (a circuit)
 f interrompre, couper, déconnecter, mettre hors circuit m

10173 trennen v [isolieren]
 e isolate, separate
 f isoler, séparer

10174 trennen v [losmachen]
 e release, untie, unbind, demount, detach, loosen, separate, remove, take away, disconnect
 f détacher, séparer, enlever, démonter, s'éloigner, écarter, déconnecter

10175 trennfähig adj
 e selective
 f sélectif

10176 Trennfläche f
 e interface, boundary surface, bounding surface, separation surface
 f interface f, surface f limite, surface f de séparation f

10177 Trennkörper m
 e isolating piece, insulating material
 f pièce f isolante, isolant m, isolateur m

10178 Trennplatte f
 e isolating plate
 f plaque f isolante

10179 Trennschärfe f
 e selectivity
 f sélectivité f

10180 Trennscheibe f
 e isolating disk, insulating disk
 f disque m isolant, rondelle f isolante

10181 Trennschicht f
 e isolating layer, insulating sheath
 f couche f isolante, couche f de séparation f

10182 Trennung f [Abschalten]
 e disconnection, cutting-off, cutting out, switching off, interruption, stop
 f coupure f, déconnexion f, mise f hors circuit m, interruption f, arrêt m

10183 Trennung f [Abtrennung]
 e separation, cut-off
 f séparation f, coupure f, cut-off m

10184 Trennung f [Entfernen]
 e detachment, separation
 f détachement m, séparation f

10185 Trennung f [Isolation]
 e isolation, separation
 f isolation f, séparation f

10186 Trennung f [Verzweigung]
 e branch, branching, branching-off, tapping, eduction, bifurcation, splitting off, ramification
 f branchement m, bifurcation f, dérivation f, ramification f, éduction f

10187 Trennungsbruch m
 e separation fracture
 f fracture f de séparation f

10188 Trennungsfläche f
 e separation surface
 f surface f de séparation f

10189 Trennungsvermögen n
 e selectivity
 f sélectivité f

10190 Trennverbindung f
 e isolating joint
 f joint m isolant

10191 Trennwand f
 e diaphragm, separating wall, partition wall
 f diaphragme m, paroi f de séparation f

10192 Triangulationsmethode f
 e triangulation method
 f méthode f de triangulation f

10193 Triboluminescenz f
 e triboluminescence
 f triboluminescence f

10194 Triggerimpuls m
 e trigger pulse
 f impulsion f de déclenchement m

10195 triggern v
 e trigger
 f déclencher

10196 Triggern n
 e trigger, triggering
 f trigger m, déclenchement m

10197 Triggerschwelle f
    e trigger threshold
    f seuil m de déclenchement m

10198 Triggerung f
    e triggering, trigger
    f déclenchement m, trigger m

10199 Trockenankopplung f
    e dry coupling
    f couplage m à sec

10200 Trockenkammer f
    e drying chamber, exsiccator
    f chambre f à sécher, exsiccateur m, dessiccateur m

10201 Trockenofen m
    e drying oven
    f four m de séchage m

10202 Trockenpulvermethode f
    e dry powder method
    f méthode f à poudre f sèche

10203 Trockenschrank m
    e exsiccator, drying chamber
    f exsiccateur m, dessiccateur m, chambre f à sécher

10204 trocknen v
    e dry, dessiccate, dehydrate, dehumidify
    f sécher, dessécher, déshumidifier

10205 Trommel f
    e drum, roll, cylinder, barrel, pulley
    f rouleau m, poulie f, cylindre m, tambour m

10206 Trommel-Schälversuch m
    e peel test by means of a drum
    f essai m de déroulage m à tambour m

10207 tropenfest adj
    e tropical-proof tropicalized
    f tropicalisé, résistant au climat tropical

10208 tropensicher adj
    → tropenfest adj

10209 tropfen v
    e drop, drip, run
    f égoutter, écouler

10210 Tropfen m
    e drop, droplet
    f goutte f

10211 Tropfenfallverfahren n
    e falling drop method
    f méthode f des gouttes f/pl

10212 tropfwassergeschützt adj
    e drip-proof
    f protégé contre les gouttes f/pl

10213 trübe adj
    e opaque, dim, dark
    f terne, obscur, opaque

10214 Trübe f
    e turbidity
    f ternissement m, flou m

10215 Trübung f
    e fog, fogging, haze, veil, turbidity
    f voile m, flou m, ternissement m

10216 Tuch n
    e cloth, fabric, tissue
    f drap m, étoffe f, tissu m, toile f

10217 Tuner m
    e tuner, tuning unit
    f tuner m, unité f d'accord m

10218 Tunnel m
    e tunnel
    f tunnel m

10219 Tüpfelversuch m
    e spot test, drop test
    f essai m de mouchetures f/pl, essai m de gouttes f/pl

10220 Tür f
  e door, gate
  f porte f

10221 Turbine f
  e turbine
  f turbine f

10222 Turbinenschaufel f
  e turbine blade
  f aube f de turbine f

10223 Turboantrieb m
  e turbe-drive
  f entraînement m par turbo m

10224 Turbogenerator m
  e turbogenerator
  f turbo-générateur m, turbo-génératrice f

10225 turbulent adj
  e turbulent
  f turbulent

10226 Turbulenz f
  e turbulence
  f turbulence f

10227 Typ m, **Type** f
  e type, model, design
  f type m, modèle m

10228 Typenprüfung f
  e type test
  f essai m de type m

10229 Typenreihe f
  e type series pl
  f série f de types m/pl, série f

U

10230 Überanstrengung f
 e overstress, overstressing, overstrain, overload, overburden, overwork
 f surcharge f, surmenage m

10231 Überbeanspruchung f
 e overload, overburden, overwork
 f surcharge f

10232 Überbelichtung f
 e overexposure
 f surexposition f

10233 Überbestrahlung f
 e overirradiation, excessive irradiation
 f irradiation f excessive

10234 Überbleibsel n [Rest]
 e rest, remainder, residue, remains pl
 f résidu m, reste m

10235 Überbleibsel n/pl [Trümmer]
 e debris pl, fragments pl, remains pl
 f débris m/pl, décombres m/pl, ruines f/pl

10236 überbrücken v
 e bridge, shunt
 f ponter, shunter

10237 Überdeckung f
 e overlapping, covering
 f recouvrement m

10238 überdimensionieren v
 e overdimension, overdesign
 f surdimensionner

10239 Überdosierung f
 e overdosage
 f surdosage m

10240 Überdosis f
 e overdose
 f dose f excessive

10241 Überdruck m
 e overpressure
 f surpression f

10242 übereinanderlegen v
 e superpose
 f superposer

10243 übereinanderstellen v
 → übereinanderlegen v

10244 übereinstimmend adj [mit]
 e identical, conformal, conformable (~ to)
 f identique, conforme [à]

10245 Übereinstimmung f
 e conformity, identity, correspondence, concordance, harmony, accordance, agreement, consistence, consistency
 f conformité f, identité f, correspondance f, concordance f, harmonie f, accord m, agrément m, syntonisation f

10246 überempfindlich adj [gegen]
 e supersensitive [to]
 f ultra-sensible [à]

10247 Übergang m [Durchgang]
 e transfer, transport, passage, transmission
 f transfert m, transport m, passage m, transmission f

10248 Übergang m [Verbindung]
 e junction
 f jonction f

10249 Übergang m [Wechsel]
 e transition
 f transition f

10250 Übergang m, festflüssiger
 e solid-liquid transition
 f transition f solide-liquide

10251 Übergangsbereich m
 e transition zone
 f zone f de transition f

10252 Übergangsfunktion f
 e transitional function, transfer function, discontinuous function
 f fonction f de transition f, fonction f de transfert m, fonction f de discontinuité f

10253 Übergangsgebiet n
 e transition zone
 f zone f de transition f

10254 Übergangskurve f
 e transition curve
 f courbe f de transition f

10255 Übergangsstadium n
 e transitional stage, transient state
 f intervalle m de transition f, état m transitoire

10256 Übergangsstufe f
 → Übergangsstadium n

10257 Übergangstemperatur f
 e temperature in the transition zone
 f température f dans la zone de transition f

10258 Übergangszeit f
 e transit time, transition period
 f période f transitoire

10259 Übergangszone f [allgemein]
 e transition zone
 f zone f de transition f

10260 Übergangszone f [Halbleiter]
 e junction
 f jonction f

10261 überhitzen v
 e overheat
 f surchauffer

10262 Überhöhung f
 e overshooting
 f surhaussement m

10263 überholen v [instandsetzen]
 e overhaul, repair, service, patch, redress, restore, mend, mend up
 f réparer, mettre en état m, refaire, raccommoder

10264 überholen v [Verkehr]
 e pass
 f doubler

10265 Überholung f [Instandsetzung]
 e overhaul, repair, renovation, servicing, redressing, mending, refit, refitment
 f réparation f, remise f en état m, mise f en état m, révision f, réfection f, dépannage m

10266 überkritisch adj
 e hypercritical, supercritical
 f hypercritique, supercritique

10267 überladen v
 e overcharge, overburden, overload
 f surcharger

10268 überlagern v
 e superpose, superimpose
 f superposer, surimposer

10269 Überlagerung f
 e superposition, beat, interference
 f superposition f, battement m, interférence f

10270 überlappen v
 e overlap, lap
 f se recouvrir

10271 Überlappschweißung f
 e overlap weld, lap weld
 f soudure f à recouvrement m

10272 Überlappung f
 e overlap, overlapping, covering
 f recouvrement m

10273 Überlappungsnietung f
 e overlap riveting
 f rivure f à recouvrement m

10274 Überlappungsschweißung f
 e lap weld, lap joint
 f soudure f à recouvrement m

10275 überlasten v
 e overcharge, overburden, overload
 f surcharger

10276 Überlastung f
 e overload, overburden, overcharge, overstress, overstrain, overwork
 f surcharge f, surmenage m

10277 Überlastungsversuch m
 e overload test
 f essai m de surcharge f

10278 Überlastverhalten n
 e overload characteristics pl, overload behaviour
 f propriété f de surcharge f

10279 Überlegung f
 e consideration
 f considération f, réflexion f

10280 Übermodulation f
 e overmodulation
 f surmodulation f

10281 Übernahme f
 e acceptance, receipt, reception
 f acceptation f, réception f

10282 übernehmen v
 e accept, receive
 f accepter, recevoir

10283 überprüfen v
 e inspect, view
 f inspecter, examiner

10284 Überprüfung f
 e inspection, checking, check, check-up, test, testing, examination
 f inspection f, essai m, contrôle m, épreuve f, test m, examen m

10285 Überprüfung f, betriebstechnische
 e inspection
 f examen m, inspection f

10286 überqueren v
 e cross, traverse
 f croiser, traverser

10287 überragen v
 e dominate
 f dominer

10288 Überrest m
 e remain, residue
 f reste m, résidu m

10289 übersättigen v
 e supersaturate
 f sursaturer

10290 Überschallgeschwindigkeit f
 e supersonic speed
 f vitesse f supersonique, vitesse f supraacoustique

10291 Überschlag m [Entladung]
 e flash-over, spark-over, arc-over
 f décharge f disruptive, décharge f de fuite f, flash m

10292 Überschlag m [Schätzung]
 e rough estimation, rough calculation, coarse estimate
 f estimation f approximative, supputation f, devis m approximatif, calcul m approximatif

10293 Überschlagsfestigkeit f [elektrisch]
 e flash-over resistance, flash-over strength
 f résistance f contre le claquage

10294 Überschlagsprüfung f
 e flash-over test
 f essai m de claquage m

10295 überschreiten v
 e exceed
 f excéder

10296 übersetzen v [Fähre]
 e pass over, carry over, cross, ferry across
 f conduire [à/de l'autre côté]

10297 übersetzen v [Getriebe]
 e gear, transmit
 f engrener, transmettre

10298 übersetzen v [Sprache]
 e translate
 f traduire

10299 übersetzen v [umwandeln]
 e transform, translate
 f transformer, transférer

10300 Übersetzungsverhältnis n
 e transformation ratio, transmission ratio
 f rapport m de transformation f, rapport m de transmission f, rapport m d'engrenage m

10301 Übersicht f
 e overview, survey, synopsis, outline, schedule, list, register, table, chart, index, roll, catalogue, catalog [USA]
 f table f, tableau m, registre m, liste f, catalogue m, nomenclature f, relevé m

10302 Übersichtstafel f
 → Übersicht f

10303 Überspannungsfunkenstrecke f
 e surge arrester
 f éclateur m de surtension f

10304 überspringen v [auslassen]
 e skip
 f sauter, espacer, rater, manquer

10305 überspringen v [Funken]
 e jump over
 f jaillir, éclater

10306 übersteuern v
 e overamplify, overmodulate, overdrive, overload
 f suramplifier, surmoduler, surcharger

10307 übertragen v [allgemein]
 e transmit, transfer, transform
 f transmettre, transférer, transformer

10308 übertragen v [Fernsehen]
 e televise
 f téléviser

10309 übertragen v [Funk]
 e broadcast, transmit
 f radiodiffuser, transmettre

10310 Übertragung f
 e transmission, transfer, transport, passage
 f transmission f, transfert m, transport m, passage m

10311 Übertragungsbereich m
 e transmission range, passage zone, pass-band/passband, transparency region
 f régime m de transmission f, bande f passante, zone f de passage m, région f de transparence f

10312 Übertragungsfaktor m
 e transfer factor
 f facteur m de transfert m

10313 Übertragungssystem n
 e transmission system, transducer
 f système m de transmission f, transducteur m

10314 Übertragungsverhalten n
 e transmission behaviour
 f comportement m de la transmission

10315 Übertragungsweg m
 e channel
 f voie f, canal m

10316 überwachen v
 e monitor, watch, control, observe, inspect
 f surveiller, contrôler, inspecter

10317 Überwachungsbereich m
  e monitored area, control section
  f zone f de surveillance f, section f de contrôle m

10318 Überwachungsgerät n
  e monitor, control unit, controller, inspection device, test equipment
  f moniteur m, dispositif m de contrôle m, équipement m d'inspection f, appareil m de test m

10319 Überwachungslampe f
  e supervisory lamp
  f lampe f de supervision f

10320 Überwachungsverfahren n
  e monitoring technique
  f technique f de surveillance f

10321 überziehen v [umhüllen]
  e cover, coat, mask
  f couvrir, revêtir, envelopper, masquer

10322 überzogen adj
  e coated, covered, clad, plated
  f revêtu, enveloppé, plaqué, doublé

10323 Überzug m
  e coat, coating, covering, plating, film, layer, sheath, deposit, cladding, clothing
  f revêtement m, couverture f, couche f, film m, enduit m, dépôt m, gaine f, enveloppe f, placage m

10324 Überzug m, rauher
  e rough coating
  f revêtement m rugueux

10325 Überzug-Prüfung f
  e protective coating test
  f essai m de couvertures f/pl protectrices

10326 üblich adj
  e usual, conventional, normal, traditional
  f usuel, usité, conventionnel, traditionnel, normal

10327 Uhr f [allgemein]
  e clock, chronometer
  f horloge f, chronomètre m

10328 Uhr f [Armband-, Taschenuhr]
  e watch
  f montre f

10329 Uhrzeigersinn m, im
  e clockwise, right-hand
  f en sens m des aiguilles f/pl de montre f

10330 Ultraschall...
  e ultrasound, ultrasonic ...
  f ultrason m, à ultrasons m/pl, ... ultrasonore

10331 Ultraschallabbildung f
  e ultrasonic imaging, ultrasonic visualization
  f imagerie f ultrasonore, visualisation f ultrasonore

10332 Ultraschall-Abbildungsverfahren n
  e ultrasonic imaging technique
  f technique f d'imagerie f ultrasonore

10333 Ultraschallanlage f
  e ultrasonic device, ultrasonic equipment, ultrasonic installation
  f dispositif m ultrasonore, équipement m ultrasonore, installation f ultrasonore, appareillage m ultrasonore

10334 Ultraschallanzeige f
  e ultrasonic indication, ultrasound indication
  f indication f ultrasonore, indication f d'ultrasons m/pl

10335 Ultraschall-Bildverfahren n
  → Ultraschall-Abbildungsverfahren n

10336 Ultraschallbündel n
  e ultrasonic beam
  f faisceau m ultrasonore

10337 Ultraschalldämpfung f
e ultrasonic attenuation
f amortissement m des ultrasons m/pl

10338 Ultraschalldiagnostik f
e ultrasonic diagnostics pl
f diagnostic m ultrasonore

10339 Ultraschall-Echographie f
e ultrasonic echography
f échographie f ultrasonore

10340 Ultraschalleinrichtung f
→ Ultraschallanlage f

10341 Ultraschallgenerator m
e ultrasonic generator
f générateur m d'ultrasons m/pl

10342 Ultraschallgerät n
e ultrasonic apparatus
f appareil m ultrasonore

10343 Ultraschallgeschwindigkeit f
e ultrasonic velocity
f célérité f d'ultrason m, vitesse f d'ultrason m, célérité f ultrasonore

10344 Ultraschall-Geschwindigkeitsmessung f
e ultrasonic velocity measurement
f mesure f de célérité f d'ultrason m

10345 Ultraschall-Goniometrie f
e ultrasonic goniometry
f goniométrie f ultrasonore

10346 Ultraschall-Holographie f
e ultrasonic holography
f holographie f ultrasonore

10347 Ultraschallimpulsspektrometrie f
e ultrasonic pulse spectrometry
f spectrométrie f d'impulsions f/pl ultrasonores

10348 Ultraschall-Impulsstrahler m
e ultrasonic pulse emitter
f émetteur m d'impulsions f/pl ultrasonores

10349 Ultraschallinse f
e ultrasonic lens
f lentille f ultrasonore

10350 Ultraschallmethode f
e ultrasonic method, ultrasonic technique
f méthode f ultrasonore, technique f ultrasonore

10351 Ultraschallprüfen n
e ultrasonic testing, ultrasonic probing
f contrôle m ultrasonore, sondage m ultrasonore

10352 Ultraschall-Prüfgerät n
e ultrasonic flaw detector
f détecteur m à ultrasons m/pl

10353 Ultraschall-Prüfkopf m
e ultrasonic probe
f palpeur m à ultrasons m/pl

10354 Ultraschallprüfung f
e ultrasonic test, ultrasonic examination, ultrasonic inspection
f contrôle m ultrasonore, essai m ultrasonore, examination f ultrasonore, inspection f ultrasonore, contrôle m par ultrasons m/pl

10355 Ultraschallquelle f
e ultrasonic source
f source f ultrasonore, source f d'ultrasons m/pl

10356 Ultraschallresonanzverfahren n
e ultrasonic resonance technique
f procédé m ultrasonore par résonance f

10357 Ultraschallschwächung f
e ultrasonic attenuation
f amortissement m ultrasonore

10358 Ultraschallschweißen n
e ultrasonic welding
f soudage m à ultrasons m/pl, soudage m par ultrasons m/pl

10359 Ultraschall-Sichtgerät n
  e ultrasonic imaging arrangement, ultrasonic imaging device, ultrasonic imaging display
  f dispositif m de visualisation f d'ultrasons m/pl

10360 Ultraschallspektrometrie f
  e ultrasonic spectrometry
  f spectrométrie f ultrasonore

10361 Ultraschall-Strahlungskegel m
  e cone of ultrasonic sound
  f cône m du rayonnement ultrasonore

10362 Ultraschallstreuung f
  e ultrasonic scattering
  f dispersion f ultrasonore

10363 Ultraschalltechnik f
  e ultrasonic technique, ultrasonic method
  f technique f ultrasonore, méthode f ultrasonore

10364 Ultraschall-Tomographie f
  e ultrasonic tomography
  f tomographie f à ultrasons m/pl

10365 Ultraschall-Untersuchung f
  e ultrasonic examination
  f examen m par ultrasons m/pl

10366 Ultraschallverfahren n
  e ultrasonic method, ultrasonic technique
  f méthode f ultrasonore, technique f ultrasonore

10367 ultraviolett adj
  e ultraviolet
  f ultraviolet

10368 Ultraviolettstrahlung f
  e ultraviolet radiation
  f rayonnement m ultraviolet

10369 Umdrehung f
  e revolution
  f révolution f

10370 Umfang m [Bereich]
  e extent, range
  f étendue f, portée f, rangée f

10371 Umfang m [Peripherie]
  e circumference, periphery
  f circonférence f, périphérie f

10372 Umfangsgeschwindigkeit f
  e peripheral speed, peripheral velocity
  f vitesse f périphérique

10373 Umfangsmagnetisierung f
  e circumferential magnetization
  f magnétisation f circonférentielle

10374 Umfangsriß m
  e circumferential crack
  f fissure f circonférentielle

10375 umformen v
  e transform, translate, convert, change, modify
  f transformer, convertir, transférer, changer, modifier

10376 Umformung f
  e transformation, translation, transmission, conversion, change
  f transformation f, translation f, transmission f, changement m, conversion f

10377 Umformverhalten n
  e transformation behaviour
  f comportement m à la déformation

10378 umgeben adj
  e ambient, environmental
  f ambiant, ... de l'ambiance f

10379 Umgebung f
  e vicinity, neighbourhood, ambient medium, surroundings pl, environmental region
  f voisinage m, entourage m, environs m/pl, ambiance f, milieu m

10380 Umgebung f, gasförmige
 e gaseous environment
 f entourage m gazeux

10381 Umgebungs...
 e ambient, environmental
 f ambiant, ... de l'ambiance f

10382 Umgebungseinfluß m
 e environmental influence, ambient influence, influence of the surroundings pl
 f influence f du milieu ambiant, influence f de l'ambiance f, influence f ambiante

10383 Umgebungsgeräusch n
 e ambient noise, environmental noise, room noise
 f bruit m ambiant, bruit m de salle f

10384 Umgebungslicht n
 e ambient light
 f lumière f ambiante

10385 Umgebungstemperatur f
 e environmental temperature, ambient temperature, room temperature
 f température f ambiante, température f de salle f

10386 Umgebungsüberwachung f
 e environmental monitoring
 f surveillance f du milieu ambiant

10387 umgekehrt adj
 e inverse, reciprocal
 f inverse, réciproque

10388 umgekehrt proportional adj
 e inversely proportional
 f inversement proportionnel

10389 Umgestaltung f
 e modification
 f modification f

10390 umhüllen v
 e over, coat, envelop, encapsulate, encase, seal, mask, sheathe
 f envelopper, revêtir, capsuler, encapsuler, sceller, blinder, masquer, couvrir

10391 umhüllt adj
 e coated, covered, plated, encased, encapsulated, clad
 f enveloppé, revêtu, plaqué, doublé, scellé

10392 Umhüllung f
 e cover, covering, coat, coating, film, clothing, layer, sheath, deposit, shell, jacket, blanket, shield, shielding, cladding, plating, envelope
 f couche f, couverture f, couverte f, gaine f, film m, dépôt m, enveloppe f, écorce f, revêtement m, enceinte f, enrobement m, placage m, enduit m

10393 umkehrbar adj
 e reversible
 f réversible

10394 umkehren v
 e invert
 f invertir, inverser

10395 Umkehrung f
 e inversion, reversal
 f inversion f, changement m

10396 umklappen v
 e flip over
 f rabattement

10397 Umklappen n
 e flip over
 f rabattement m

10398 Umkleidung f
 e cover, covering, coat, coating, clothing, sheath, sheathing, shell, jacket, shield, shielding
 f revêtement m, couche f, gaine f, couverture f, enrobement m

10399 umkodieren v
 e transcode
 f transcoder

10400 Umkreis m [Umgebung]
 e circumference, surroundings pl
 f circonférence f, entourage m, environs m/pl

10401 umkreisen v
 e circulate, rotate, revolve, turn
 f circuler, tourner

10402 Umladung f [elektrisch]
 e charge transfer, charge exchange
 f transfert m de charge f, échange m de charge f

10403 Umladung f [mechanisch]
 e reloading
 f transbordement m

10404 Umlauf m [Umdrehung]
 e rotation, revolution
 f rotation f, révolution f, tour m

10405 Umlauf m [Zirkulation]
 e circulation
 f circulation f

10406 Umlaufbahn f
 e orbit, trajectory, path
 f orbite f, trajectoire f

10407 Umlaufdauer f
 e circulation period
 f durée f de circulation f

10408 umlaufen v
 e circulate, rotate, revolve, turn
 f circuler, tourner

10409 umlaufend adj
 e rotating, rotary, encircling
 f rotatif, rotatoire, tournant, à rotation f

10410 Umlaufgeschwindigkeit f
 e speed of circulation
 f vitesse f de circulation f

10411 Umlaufrichtung f
 e direction of rotation, sense of rotation
 f direction f de rotation f, sens m de rotation f

10412 Umlaufzahl f
 e number of revolutions pl
 f nombre m de révolutions f/pl, nombre m de tours m/pl

10413 Umlaufzeit f
 e rotation time, revolution period, period
 f temps m de rotation f, période f de révolution f, période f

10414 Umlenkplatte f
 e deflecting plate, baffle plate
 f plaque f déflectrice, déflecteur m, chicane f

10415 Umlenkspiegel m
 e deflecting mirror
 f miroir m déflecteur

10416 Umlenkung f
 e deflection, turning, turn
 f renversement m, déflexion f, tour m

10417 ummagnetisieren v
 e change the polarity, reverse the magnetism
 f changer la polarité, inverser l'aimantation f

10418 ummanteln v
 e coat, cover, sheathe, envelop, encase
 f couvrir, revêtir, envelopper, capsuler

10419 umpolen v
 e change the polarity
 f inverser la polarité

10420 Umpolung f
 e pole-changing
 f inversion f de polarité f

10421 Umrechnung f
 e conversion, translation
 f conversion f, traduction f

10422 Umrechnungsfaktor m
 e conversion factor
 f facteur m de conversion f

10423 umreißen v [beschreiben]
 e outline, describe, envolve
 f décrire, dépeindre, définir

10424 Umriß m
 e outline, contour, profile
 f contour m, profil m

10425 Umrißlinie f
 → Umriß m

10426 umschalten v
 e switch, switch over, change over, commutate
 f commuter

10427 Umschalter m
 e change-over switch
 f commutateur m, inverseur m

10428 Umschaltung f
 e switching, commutation
 f commutation f

10429 umsetzen v [räumlich]
 e displace, change the place, relocate
 f déplacer, changer la place, réarranger, regrouper

10430 umsetzen v [umwandeln]
 e convert, translate, transpose
 f convertir, traduire, transposer

10431 umsetzen v [Ware]
 e sell
 f vendre

10432 Umsetzung f [Umwandlung]
 e conversion, translation
 f conversion f, transposition f

10433 Umsetzung f [Verlagerung]
 e displacement, rearrangement
 f déplacement m, réarrangement m, regroupement m

10434 umspulen v [Magnetband]
 e rewind
 f rebobiner

10435 umstellen v [ändern]
 e change, vary, modify
 f changer, varier, modifier

10436 umstellen v [umordnen]
 e rearrange
 f réarranger, regrouper

10437 umstellen v [verlagern]
 e displace, relocate
 f déplacer, changer la place

10438 umstellen v [vertauschen]
 e permutation
 f permuter

10439 Umstellung f [Änderung]
 e change, variation, modification
 f changement m, variation f, modification f

10440 Umstellung f [Umordnung]
 e rearrangement
 f réarrangement m, regroupement m

10441 Umstellung f [Verlagerung]
 e displacement, relocation
 f déplacement m, changement m de place f

10442 Umstellung f [Vertauschung]
 e permutation
 f permutation f

10443 umwandeln v
 e transform, translate, convert, change, modify, transpose
 f transformer, transférer, convertir, changer, modifier, traduire, transposer

10444 Umwandler m [Konverter]
e converter
f convertisseur m

10445 Umwandler m [Wandler]
e transducer
f transducteur m, palpeur m

10446 Umwandlung f
e transformation, conversion, converting, translation, change, transmission
f transformation f, transmutation f, conversion f, changement m, translation f, transmission f, transposition f

10447 Umwandlung f, martensitische
e martensitic transformation
f transformation f martensitique

10448 Umwandlungsrate f [Zerfallsrate]
e disintegration rate
f vitesse f de désintégration f

10449 Umwandlungszeit f
e conversion time, transformation period
f temps m de conversion f, période f de transformation f

10450 Umwelt f
e environment
f environnement m

10451 Umwelteinfluß m
e environmental influence
f influence f de l'environnement m

10452 Umweltschutz m
e environment protection, environmental protection
f protection f de l'environnement m

10453 Umweltschutzvorschrift f
e environmental protection regulations pl, regulations pl on environmental protection
f prescription f écologique, prescription f de protection f des environnements m/pl

10454 Umwelt-Strahlendosis f
e environmental dose
f dose f des environs m/pl

10455 unabhängig adj
e independent
f indépendant

10456 Unabhängigkeit f
e independence
f indépendance f

10457 unbeabsichtigt adj
e accidental
f accidentel

10458 unbearbeitet adj
e unmachined, non-machined, unfinished, untooled, undressed, nonworked, raw
f brut, cru, non usiné, non travaillé

10459 unbefriedigend adj
e insufficient
f insuffisant

10460 unbegrenzt adj
e unlimited, infinite
f illimité, infini

10461 unbelastet adj
e unloaded
f non chargé

10462 unbeschädigt adj
e undamaged
f intact

10463 unbeständig adj
e unstable
f instable

10464 Unbeständigkeit f
e instability, imbalance
f instabilité f

10465 unbestimmt adj
e indeterminate
f indéterminé

10466 Unbestimmtheit f
 e uncertainty, indeterminacy, indetermination
 f incertitude f, indétermination f

10467 unbeweglich adj
 e immobile, immovable, stationary, stable, fixed, fast, constant
 f immobile, fixe, fixé, indétachable, stable, constant, stationnaire

10468 unbewertet adj
 e unweighted
 f non pondéré

10469 unbiegsam adj
 e inflexible, rigid
 f inflexible, rigide

10470 unbrauchbar adj
 e useless
 f inutile, inutilisable

10471 unbrennbar adj
 e fireproof, fire-resistant, non-combustible, incombustible
 f incombustible, réfractaire, résistant à la flamme

10472 undefiniert adj
 e indefinite
 f indéfini

10473 undicht adj
 e leaky, untight, permeable penetrable
 f non étanche, perméable, pénétrable

10474 Undichtigkeit f
 e leak, leakage
 f fuite f

10475 undurchlässig adj [dicht]
 e impermeable, leakproof, tight, close
 f imperméable, étanche, à fermeture f hermétique

10476 undurchlässig adj [Strahlen]
 e opaque
 f opaque

10477 Undurchlässigkeit f [Dichtigkeit]
 e impermeability
 f imperméabilité f

10478 Undurchlässigkeit f [Strahlen]
 e opacity
 f opacité f

10479 uneben adj
 e uneven, rough
 f inégal, raboteux, rugueux

10480 Unebenheit f
 e unevenness, roughness
 f inégalité f, rugosité f

10481 unempfindlich adj
 e insensitive
 f insensible

10482 Unempfindlichkeit f
 e insensitivity
 f insensibilité f

10483 unendlich adj
 e infinite, unlimited
 f infini, illimité

10484 Unfähigkeit f
 e inability
 f incapacité f

10485 Unfallgefahr f
 e accident hazard
 f danger m d'accident m, risque m d'accident m

10486 Unfallverhütung f
 e accident prevention
 f prévention f d'accidents m/pl, prévoyance f contre les accidents m/pl

10487 Ungänze f
 e discontinuity, flaw
 f discontinuité f

10488 Ungänzenerkennbarkeit f
 e detectability of discontinuities pl, perceptibility of discontinuities pl
 f détectabilité f de discontinuités f/pl, perceptibilité f de discontinuités f/pl

10489 ungebündelt adj
 e uncollimated
 f non collimé

10490 ungedämpft adj
 e undamped, unattenuated, sustained
 f non amorti, entretenu

10491 ungeeignet adj
 e unsuited
 f impropre

10492 ungefähr adj
 e approximate
 f approximatif

10493 ungefährlich adj
 e non-dangerous, safe, sure, reliable, secure, harmless, non-injurious
 f sûr, innocent

10494 Ungefährlichkeit f
 e safety, security
 f sûreté f, sécurité f, innocuité f

10495 ungenau adj
 e inexact
 f inexact

10496 Ungenauigkeit f
 e inexactitude, inaccuracy
 f inexactitude f, imprécision f

10497 ungenügend adj
 e insufficient, deficient
 f insuffisant

10498 ungerade adj [nichtlinear]
 e non-linear
 f non linéaire

10499 ungerade adj [Zahl]
 e odd
 f impair

10500 ungewöhnlich adj
 e abnormal, anomalous, irregular
 f anormal, anomal, irrégulier

10501 ungewollt adj
 e accidental
 f accidentel

10502 ungleich adj
 e unequal, different
 f inégal, différent

10503 ungleichförmig adj
 e non-uniform, even, irregular, inhomogeneous, heterogeneous
 f inégal, irrégulier, inhomogène, hétérogène

10504 Ungleichförmigkeit f
 e non-uniformity, inhomogeneity, unevenness, irregularity, heterogeneousness
 f non-uniformité f, irrégularité f, inhomogénéité f, hétérogénéité f

10505 ungleichmäßig adj
 → ungleichförmig

10506 Ungleichmäßigkeit f
 → Ungleichförmigkeit f

10507 unhörbar adj
 e inaudible
 f inaudible

10508 unisoliert adj
 e unisolated, bare, naked
 f non isolé, nu

10509 unitär adj
 e unitary
 f unitaire

10510 Universalmanipulator m
 e universal manipulator, general-purpose manipulator
 f manipulateur m universel

10511 Universalprüfmaschine f
 e universal testing machine
 f machine f d'essai m universelle

10512 Universalwinkelprüfkopf m
e universal angle probe
f palpeur m d'angle m universel

10513 unlegiert adj
e unalloyed
f non allié

10514 unlösbar adj [chemisch]
e indissoluble
f indissoluble

10515 unlösbar adj [mechanisch]
e undetachable
f indétachable

10516 unlösbar adj [Problem]
e insoluble
f insoluble

10517 unmagnetisch adj
e non-magnetic
f non magnétique

10518 unmittelbar adj
e immediate, momentary, instantaneous, direct
f immédiat, momentané, instantané, direct

10519 Unordnung f
e imperfection, disarrangement
f imperfection f, désarrangement m

10520 unpolarisiert adj
e non-polarized, unpolarized
f non polarisé

10521 unregelmäßig adj
e irregular, anomalous, abnormal
f irrégulier, anormal, anomal

10522 Unregelmäßigkeit f
e irregularity, anomaly, abnormity
f irrégularité f, anomalie f

10523 unrein adj
e impure, dirty
f impur, malpropre, sale

10524 unsauber adj
→ unrein

10525 unschädlich adj
e non-injurious, harmless
f innocent, sûr

10526 Unschädlichkeit f
e safety
f innocuité f

10527 unscharf adj
e indeterminate, smeared-out
f indéterminé, délavé

10528 Unschärfe f
e blur, unsharpness, turbidity, uncertainty, indeterminacy
f flou m, manque m de netteté f, incertitude f, indétermination f

10529 Unschärfe f, geometrische
e geometrical unsharpness, lack of focus
f flou m géométrique

10530 Unschärfe f, innere
e internal unsharpness, inherent unsharpness
f flou m interne, flou m inhérent

10531 unsicher adj
e uncertain
f incertain

10532 Unsicherheit f
e uncertainty, indeterminacy
f incertitude f, indétermination f

10533 Unsicherheit f, statistische
e statistical uncertainty
f incertitude f statistique

10534 unstabil adj
e instable, unstable, astable
f instable

10535 Unstabilität f
e instability
f instabilité f

10536 unstationär adj
  e non-stationary
  f non stationnaire

10537 unstetig adj
  e discontinuous
  f discontinu

10538 Unstetigkeit f
  e discontinuity
  f discontinuité f

10539 Unsymmetrie f
  e asymmetry, dissymmetry, disproportion
  f asymétrie f, dissymétrie f, disproportion f

10540 unsymmetrisch adj
  e asymmetric(al), dissymmetric(al)
  f asymétrique, dissymétrique

10541 Unterbau m
  e base, basement, foundation, pedestal, bed, substructure, bottom
  f base f, fondation f, fondement m, pied m, piédestal m, socle m, châssis m

10542 Unterbelichtung f
  e under-exposure
  f sous-exposition f

10543 unterbrechen v [abbrechen]
  e interrupt
  f interrompre

10544 unterbrechen v [aufleben]
  e disconnect, interrupt
  f couper, supprimer, interrompre

10545 unterbrechen v [ausschalten]
  e cut out, cut off, disconnect, interrupt, break, switch off
  f mettre hors circuit m, interrompre, déconnecter, couper

10546 Unterbrecher m
  e cut-out, disconnector, contact breaker, interrupter, chopper
  f interrupteur m, disjoncteur m, coupe-circuit m, rupteur m, vibreur m

10547 Unterbrechung f
  e interruption, breakdown, stop, disconnection, cutting-off, cutting-out, abruption
  f interruption f, arrêt m, coupure f, déconnexion f, mise f hors circuit m

10548 unterbringen v
  e house, store, incorporate, install
  f loger, placer, stocker, installer

10549 Unterdrücken n
  e cutting-off, suppression, rejection, blocking
  f suppression f, réjection f, blocage m, verrouillage m

10550 Unterdruckmesser m
  e vacuummeter, vacuum gauge
  f vacuomètre m, jauge m de vide m

10551 Untergestell n
  e chassis, frame, desk, deck
  f châssis m, platine f, bâti m

10552 Untergrund m [Fundament]
  e base, basement, foundation, pedestal, bed, substructure, bottom, chassis
  f base f, fondation f, fondement m, pied m, piédestal m, socle m, châssis m

10553 Untergrund m [Hintergrund]
  e background
  f fond m, mouvement m propre

10554 Untergrund...
  → Hintergrund...

10555 Untergrundbestimmung f
  e background determination
  f détermination f du fond

10556 Untergrundgeräusch n
  e background noise, random noise, internal noise
  f bruit m de fond m, bruit m propre, bruit m erratique

10557 Untergrundrauschen n
→ Untergrundgeräusch n

10558 Untergrundstrahlung f
e background radiation, natural background radiation
f radiation f ambiante, rayonnement m du mouvement propre naturel

10559 Untergrundüberwachung f
e background monitoring
f contrôle m du fond

10560 Unterhaltung f [Instandhaltung]
e maintenance
f maintenance f, entretien m

10561 unterirdisch adj
e underground, subterranean, subsurface
f souterrain

10562 unterkritisch adj
e subcritical
f sous-critique

10563 Unterlage f [Basis]
e base, support, backing, substratum, pedestal, bolster
f base f, appui m, piédestal m, pied m, support m

10564 Unterlage f [Belag]
e mat
f plancher m, tapis m

10565 Unterlage f [Beleg]
e document, voucher
f document m

10566 Unterlage f [Unterbau]
e base, basement, foundation, pedestal, bed, substructure, bottom, chassis
f base f, fondation f, fondement m, pied m, piédestal m, socle m, châssis m

10567 Unterlegscheibe f
e washer, collar
f rondelle f

10568 Unterplattierungsriß m [UPR]
e crack under cladding, subcladding crack
f fissure f sous placage m

10569 Unterpulverschweißen n [UP-Schweißen]
e submerged arc welding
f soudage m sous flux m

10570 Unterputz...
e under plaster, recessed, flush, sunk
f encastré, sous enduit m, sous crépi m

10571 unterrichten v
e instruct
f instruire

10572 Untersatz m
e console, base, bottom, pedestal, rest, support, post, pillar, stand, tripod, stay
f console f, socle m, base f, pied m, piédestal m, appui m, trépied m

10573 Unterscheidungsvermögen n
e resolving power
f pouvoir m de résolution f

10574 Unterschied m
e difference
f différence f

10575 Unterschiedlichkeit f
→ Unterschied m

10576 untersetzen v
e demultiply, gear down, reduce
f démultiplier, réduire

10577 Untersetzer m
e demultiplier, scaler, reducer, reductor
f démultiplicateur m, réducteur m

10578 Untersetzungsgetriebe n
e reducing gear
f démultiplicateur m, réducteur m

10579 unterstellen v [unterbringen]
e house, store, incorporate, install
f loger, placer, stocker, installer

10580 Unterstellen n [Unterbringung]
e housing, store
f logement m, stockage m

10581 unterstützen v
e support, strut
f supporter, appuyer, soutenir

10582 untersuchen v
e examine, test, check, prove, study
f examiner, vérifier, prouver, essayer, contrôler, étudier

10583 Untersuchung f
e study, examination, investigation
f étude f, examen m, essai m

10584 Untersuchung f, spektroskopische
e spectroscopic analysis
f étude f spectroscopique

10585 Untersuchung f, theoretische
e theoretical study
f étude f théorique

10586 Untersuchung f, thermomagnetische
e thermomagnetic study
f étude f thermomagnétique

10587 Untersuchung f, vergleichende
e comparative study
f étude f comparative

10588 Untersuchung f, zerstörungsfreie
e non-destructive examination [NDE]
f essai m non destructif

10589 Untersuchungsbericht m
e test report, examination report
f rapport m d'essai m, procès-verbal m d'essai m, rapport m d'épreuve f

10590 Untertage...
e underground ...
f ... au fond

10591 Unterwasser...
e underwater, submarine, immerged
f sous-marin, sous eau f, submergé, immergé

10592 Unterwasserkabel n
e submarine cable
f câble m sous-marin

10593 Unterwasser-Manipulator m
e underwater manipulator
f manipulateur m sous-marin, manipulateur m sous eau f

10594 Unterwasserprüfung f
e underwater test
f essai m sous-marin, contrôle m sous eau

10595 Unterwasser-Radiographie f
e underwater radiography
f radiographie f sous-marine

10596 Unterwasserschallsender m
e submarine sound transmitter, sonar transmitter, immerged transmitter
f émetteur m immergé dans l'eau f

10597 Unterwasserschweißen n
e underwater welding
f soudage m sous l'eau f

10598 unterweisen v
e instruct
f instruire

10599 Unterweisung f
e instruction, training, education, teaching, apprenticeship
f instruction f, apprentissage m, éducation f

10600 ununterbrochen adj
e uninterrupted, permanent, continuous, constant
f ininterrompu, permanent, continu, constant

10601 unveränderlich adj
  e invariable, steady, continuous, constant
  f invariable, continu, constant

10602 Unveränderliche f
  e constant
  f constante f

10603 Unveränderlichkeit f
  e invariability, constancy, permanency
  f invariabilité f, constance f, permanence f

10604 unverbrennbar adj
  e incombustible, noncombustible, fireproof
  f incombustible, réfractaire, résistant à la flamme

10605 Unvermögen n
  e inability
  f incapacité f

10606 Unversehrtheit f
  e integrity
  f intégrité f

10607 unverseucht adj
  e uncontaminated
  f non contaminé

10608 unverzerrt adj
  e undistorted, distortion-free
  f sans distorsion f

10609 unverzögert adj
  e non-delayed, instantaneous
  f instantané

10610 unvollkommen adj
  e imperfect, incomplete, unfinished
  f imparfait, incomplet, inachevé

10611 unvollständig adj
  → unvollkommen adj

10612 unwirksam adj
  e inefficient, ineffective
  f inefficace

10613 unzerbrechlich adj
  e unbreakable, non splintering, non shattering
  f sans éclats m/pl, incassable, infrangible

10614 unzugänglich adj
  e inacessible
  f inaccessible

10615 unzulänglich adj
  e insufficient, deficient
  f insuffisant, médiocre

10616 Unzulänglichkeit f
  e insufficiency, deficiency, inadequacy, shortcoming
  f insuffisance f, médiocrité f

10617 unzureichend adj
  → unzulänglich adj

10618 Uran n [U]
  e uranium
  f uranium m

10619 Uran n, abgereichertes
  e depleted uranium
  f uranium m appauvri

10620 Uran n, angereichertes
  e enriched uranium
  f uranium m enrichi

10621 Ursache f
  e cause, reason
  f cause f, raison f, motif m

10622 Ursprung m
  e origin, origination
  f origine f

V

10623 vagabundieren v
 e stray
 f vagabonder, disperser

10624 Vakuum n
 e vacuum
 f vide m

10625 Vakuumanlage f
 e vacuum installation, vacuum system
 f système m à vide m

10626 vakuumdicht adj
 e vacuum-tight, vacuum-sealed
 f étanche au vide

10627 Vakuumdichtung f
 e vacuum seal
 f dispositif m d'étanchéité f au vide

10628 Vakuumfaktor m
 e vacuum factor
 f facteur m du vide

10629 Vakuumkammer f
 e vacuum chamber
 f chambre f à vide m

10630 Vakuummesser m
 e vacuum gauge, vacuometer
 f jauge m de vide m, vacuomètre m

10631 Vakuumpumpe f
 e vacuum pump
 f pompe f à vide m

10632 Vakuumschalter m
 e vacuum switch
 f disjoncteur m sous vide m, interrupteur m à vide m

10633 Vakuumschmelze f
 e vacuum fusion
 f fusion f dans le vide

10634 Vakuumsystem n
 e vacuum system
 f système m à vide m

10635 Vakuumtechnik f
 e vacuum technique
 f technique f du vide

10636 Vakuum-Trockenofen m
 e vacuum stove
 f étuve f à vide m

10637 Vakuumverschluß m
 e vacuum lock
 f vanne f à vide m

10638 Valenz f
 e valence, atomicity
 f valence f

10639 Vanadium n [V]
 e vanadium
 f vanadium m

10640 Vanadiumstahl m
 e vanadium steel
 f acier m au vanadium

10641 variabel adj
 e variable
 f variable

10642 Variabilität f
 e variability
 f variabilité f

10643 Variable f
 e variable
 f variable f

10644 Variation f
 e variation
 f variation f

10645 Variationsmethode f
 e variation method, variational method
 f méthode f des variations f/pl

10646 variieren v
 e vary
 f varier

10647 Vektor m, räumliche
 e space vector
 f vecteur m spatial

10648 Vektordiagramm n
 e vector diagram
 f diagramme m vectoriel

10649 Vektorfeld n
 e vector field, vectorial field
 f champ m vectoriel

10650 Vektorgröße f
 e vector quantity, vectorial quantity
 f quantité f de vecteur m, quantité f vectorielle

10651 Vektorpotential n
 e vector potential
 f vecteur-potentiel m

10652 Ventil n
 e valve
 f soupape f

10653 Ventilation f
 e ventilation
 f ventilation f

10654 Ventilator m
 e ventilator, air blower, fan
 f ventilateur m, aérateur m

10655 verallgemeinern n
 e generalize
 f généraliser

10656 Verallgemeinerung f
 e generalization
 f généralisation f

10657 Veränderbarkeit f
 e variability
 f variabilité f

10658 veränderlich adj
 e variable
 f variable

10659 Veränderliche f
 e variable
 f variable f

10660 Veränderlichkeit f
 e variability
 f variabilité f

10661 verändern v
 e vary, change, modify, alter, fluctuate
 f varier, changer, modifier, fluctuer

10662 Veränderung f
 e variation, change, modification, alteration, fluctuation, swing
 f variation f, changement m, modification f, altération f, déviation f, fluctuation f

10663 Verankerung f
 e anchor, guy, stay, truss wire, bolting
 f hauban m, haubanage m, ancrage m, boulonnage m

10664 Verarbeitbarkeit f
 e processing
 f mise f en œuvre

10665 verarbeiten v
 e process, machine, handle, manufacture
 f traiter, usiner, manufacturer

10666 verarmen v
 e deplete, exhaust
 f appauvrir, épuiser

10667 Verarmung f
 e depletion, deterioration, impoverishment, usage
 f appauvrissement m, épuisement m, usure f

10668 verästeln v
  e branch
  f brancher, ramifier

10669 Verband m [Bindung]
  e binding, bond, link, linkage, bracing, joint
  f liaison f, assemblage m

10670 Verband m [Formation]
  e formation, unit
  f formation f

10671 Verband m [Institution]
  e union
  f union f

10672 Verband m [Medizin]
  e bandage, dressing
  f pansement m

10673 verbessern v
  e improve, correct
  f améliorer, perfectionner, corriger

10674 Verbesserung f [Qualität]
  e enhancement, improvement, amelioration, perfection
  f amélioration f, perfectionnement m

10675 Verbesserung f [Richtigstellung]
  e amendment, correction
  f correction f, corrigé m

10676 verbiegen v
  e bend, deform, distort
  f contourner, distordre, déformer

10677 Verbiegung f
  e torsion, distorsion, bending
  f contournement m, pliage m, torsion f

10678 verbinden v [chemisch]
  e combine
  f combiner

10679 verbinden v [koppeln]
  e couple, link
  f accoupler

10680 verbinden v [mechanisch]
  e connect, join, contact, annex, link up with, plug in
  f raccorder, joindre, lier, attacher, contacter, accoupler, brancher, réunir, assembler

10681 verbinden v [zusammenschalten]
  e connect, mount, wire
  f monter, connecter, relier, brancher, raccorder

10682 Verbindung f [Ankopplung]
  e coupling, connection [USA], connexion
  f couplage m, accouplage m, connexion f

10683 Verbindung f [Chemie]
  e compound, combination, alloy
  f composé m, combinaison f, combiné m, alliage m

10684 Verbindung f [Kontakt]
  e contact, touch
  f contact m, attouchement m

10685 Verbindung f [Übergang]
  e junction
  f jonction f

10686 Verbindung f [Zusammenhang]
  e communication
  f communication

10687 Verbindung f [Zusammenschluß]
  e connection [USA], connexion, interconnection, link, linkage, joining, joint
  f connexion f, raccord m, raccordement m, jonction f, liaison f, union f, interconnexion f, communication f, assemblage m, branchement m

10688 Verbindung f, chemische
  e chemical compound, chemical combination
  f composé m chimique, combinaison f chimique

10689 Verbindung f, geschweißte
 e welded joint, weld
 f joint m soudé, assemblage m soudé

10690 Verbindung f, organische
 e organic compound
 f composé m organique

10691 Verbindung f, punktgeschweißte
 e spot-welded joint, spot joint
 f joint m soudé par points m/pl, soudure f par points m/pl

10692 Verbindungsflüssigkeit f
 e couplant liquid
 f liquide m de couplage m

10693 Verbindungsstück n
 e joining piece
 f pièce f de jonction f, raccord m, rallonge f, appendice m

10694 verblassen v
 e fade, bleach
 f décolorer, blanchir

10695 Verblassen n
 e fading, damping
 f amortissement m, affaiblissement m

10696 Verbleiben n
 e retention
 f rétention f

10697 verbleibend adj
 e residual
 f résiduel

10698 verbleit adj
 e lead-lined, leaden, of lead
 f en plomb m, de plomb m, plombé

10699 verblocken v
 e block, lock, interlock, stop
 f bloquer, arrêter, stopper, verrouiller, encliqueter

10700 Verbolzung f
 e bolted joint, bolting
 f boulonnage m, vissage m

10701 Verbrauch m, niedriger
 e low consumption
 f consommation f faible

10702 verbrauchen v
 e use up, deplete, exhaust, wear
 f consommer, s'user, épuiser, appauvrir, dépenser

10703 Verbraucher m
 e user, customer, consumer, subscriber
 f usager m, utilisateur m, abonné m, client m, consommateur m

10704 Verbrauchsmesser m
 e flowmeter
 f débitmètre m

10705 verbreitern v
 e broaden, enlarge, widen, ream
 f élargir

10706 Verbreiterung f
 e broadening, bulge-out, enlarging
 f élargissement m

10707 verbrennen v
 e burn
 f brûler

10708 Verbrennung f
 e burn, burning, combustion
 f brûlure f, combustion f

10709 Verbrennungsmotor m
 e combustion engine
 f moteur m à combustion f

10710 Verbundwerkstoff m
 e composite material
 f matériau m stratifié

10711 Verbundwicklung f
 e compound winding
 f enroulement m compound

10712 verchromen v
 e chromium-plate
 f chromer

verdampfen

10713 verdampfen v
   e vaporize, evaporate, distil(l)
   f vaporiser, évaporer, distiller

10714 verdecken v
   e mask
   f masquer, cacher, couvrir

10715 Verdeckungseffekt m
   e masking effect
   f effet m de masque m

10716 Verdichtbarkeit f
   e compressibility
   f compressibilité f

10717 verdichten v [Dampf]
   e condense
   f condenser

10718 verdichten v [komprimieren]
   e compress
   f comprimer

10719 Verdichter m [Dampf]
   e condenser
   f condenseur m

10720 Verdichter m [Kompressor]
   e compressor
   f compresseur m

10721 Verdichtung f [Dampf]
   e condensation
   f condensation f

10722 Verdichtung f [Kompression]
   e compression
   f compression f

10723 Verdichtungswelle f
   e compression wave, bulk wave
   f onde f de compression f, onde f compressive

10724 verdicken v
   e thicken, inspissate
   f épaissir, condenser

10725 Verdickung f, klumpenförmige
   e lump
   f épaississement m grumeleux

10726 verdoppeln v
   e double
   f doubler

10727 Verdopplung f
   e doubling
   f doublage m, doublement m, redoublement

10728 verdrahten v
   e wire
   f câbler

10729 verdrängen v
   e displace, change the place, expel, relocate
   f déplacer, changer la place, réarranger, regrouper

10730 verdrehen v
   e distort, twist, wrench
   f contourner, tordre, torsader

10731 Verdrehung f
   e torsion, distortion, bending, twist, twisting
   f torsion f, distorsion f, contournement m, pliage m

10732 Verdrehungsversuch m
   e torsion test
   f essai m de torsion f

10733 Verdünnen n [Gas]
   e rarefaction
   f raréfaction f

10734 Verdünnen n [Lösung]
   e dilution
   f dilution f

10735 Verdünnen n [Verengen]
   e diminishing, reduction, thinning down
   f amincissement m, réduction f, rétrécissement m

10736 Verdünnung f
→ Verdünnen n

10737 verdunsten v
e volatilize
f se volatiliser

10738 Verdunsten n
e volatilization
f volatilisation f

10739 Verdunstung f
→ Verdunsten n

10740 veredeln v [allgemein]
e improve, valorize, upgrade, elevate
f améliorer, valoriser, élever

10741 veredeln v [chemisch]
e purify, refine
f purifier, apprêter

10742 veredeln v [Erz]
e enrich
f enrichir

10743 veredeln v [Leichtmetall]
e age
f vieillir

10744 Veredelung f [Werterhöhung]
e valorization, benefication
f valorisation f

10745 Veredelungsverfahren n
e upgrading process
f procédé m de valorisation f

10746 vereinbar adj
e compatible
f compatible

10747 vereinfachen v
e simplify
f simplifier

10748 Vereinfachung f
e simplification
f simplification f

10749 vereinheitlichen v
e unify, standardize, normalize
f unifier, standardiser, normaliser

10750 vereinigen v
e connect, join, unite, bond
f joindre, lier, accoupler, unir, réunir, assembler

10751 Vereinigung f [Ankopplung]
e coupling
f couplage m, accouplage m

10752 Vereinigung f [Verband]
e union, association
f union f, association f

10753 Vereinigung f [Verschmelzung]
e fusion
f fusion f

10754 Vereinigung f [Zusammenwachsen]
e coalescence
f coalescence f

10755 vereinzelt adj
e individual, single, scattered
f seul, unique, individuel, dispersé

10756 Verengung f
e narrowing, reduction, diminishing, thinning down
f rétrécissement m, réduction f, amincissement m, resserrement m

10757 Verfahren n
e method, technique, techniques pl, process, procedure, processus, mode, operation, manner
f méthode f, technique f, procédé m, procédure f, processus m, mode m, opération f

10758 Verfahren n, automatisches
e automatic method
f procédé m automatique

10759 Verfahren n, computergestütztes
e computer-aided method
f méthode f assistée par computer m

10760 Verfahren n, elektromagnetisches
 e electromagnetic method
 f méthode f électromagnétique

10761 Verfahren n, empirisches
 e empirical method
 f méthode f empirique

10762 Verfahren n, grafisches
 e graphic method
 f méthode f graphique, procédé m graphique

10763 Verfahren n, herkömmliches
 e conventional technique
 f technique f conventionnelle

10764 Verfahren n, induktives
 e inductive technique
 f technique f inductive

10765 Verfahren n, magnetisches
 e magnetic method, magnetic technique
 f méthode f magnétique

10766 Verfahren n, magnetoelastisches
 e magneto-elastic method
 f méthode f magnétoélastique

10767 Verfahren n, optisches
 e optical method
 f méthode f optique

10768 Verfahren n, radiometrisches
 e radiometric method
 f méthode f radiométrique

10769 Verfahren n, thermisches
 e thermal method
 f méthode f thermique

10770 Verfahren n, thermoelektrisches
 e thermoelectric method
 f méthode f thermoélectrique

10771 Verfahrensart f
 e technique, procedure, processus, methodology
 f technique f, procédure f, processus m, méthodologie f

10772 Verfahrenstechnik f
 e process techniques pl
 f technique f d'utilisation f

10773 Verfahrenswahl f
 e choice of method
 f choix m de méthode f

10774 Verfahrensweise f
 → Verfahrensart f

10775 Verfall m
 e failure
 f dommage m, ruine f

10776 verfärben v
 e fade, bleach
 f décolorer, blanchir

10777 Verfärbung f
 e discoloration
 f décoloration f

10778 Verfassung f
 e consistence, consistency, nature, state, condition, quality
 f constitution f, consistance f, état m, nature f, condition f, qualité f

10779 verfehlen v
 e miss
 f manquer

10780 verfeinern v
 e refine
 f raffiner

10781 verfertigen v
 e manufacture, machine, handle
 f manufacturer

10782 verfestigen v
 e solidify, stabilize
 f solidifier, stabiliser, durcir

10783 Verfestigung f
 e solidification, strainhardening, strengthening
 f solidification f, écrouissage m, endurcissement m

10784 Verfestigungsmechanismus m
 e stabilization mechanism
 f mécanisme m de l'écrouissage m

10785 verflüchtigen v
 e volatilize
 f volatiliser

10786 Verflüchtigen n
 e volatilization
 f volatilisation f

10787 verflüssigen v
 e liquefy
 f liquéfier

10788 verformbar adj
 e deformable
 f déformable

10789 Verformbarkeit f
 e deformability, formability, ductility, plasticity
 f déformabilité f, formabilité f, ductilité f, plasticité f

10790 verformen v [deformieren]
 e deform
 f déformer

10791 verformen v [gestalten]
 e form, shape, develop
 f former, façonner, développer

10792 verformen v [verzerren]
 e distort
 f distordre

10793 Verformung f [Deformation]
 e deformation
 f déformation f

10794 Verformung f [Formgebung]
 e forming, shaping, formation, forming operation
 f formage m, façonnage m, formation f, opération f de formage m

10795 Verformung f, elastische
 e elastic deformation
 f déformation f élastique

10796 Verformung f, plastische
 e plastic deformation
 f déformation f plastique

10797 Verformung f, thermische
 e thermal deformation
 f déformation f thermique

10798 Verformungsarbeit f
 e work of deformation
 f travail m de déformation f, effort m de déformation f

10799 Verformungsfähigkeit f
 e capability of deformation
 f capacité f de déformation f

10800 verfügbar adj
 e available
 f disponible

10801 Vergasung f
 e gasification
 f gazéification f

10802 vergießen v [eingießen]
 e seal, coat, encapsulate, fill, encase
 f revêtir, surmouler, sceller

10803 Vergleich m
 e comparison
 f comparaison f

10804 vergleichen v
 e compare
 f comparer

10805 Vergleichseinrichtung f
 e comparator
 f comparateur m

10806 Vergleichskörper m
 e reference piece, reference block, comparison piece
 f pièce f de référence f, bloc m de référence f, pièce f de comparaison f

10807 Vergleichsstück n
→ Vergleichskörper m

10808 Vergleichsversuch m
e comparative test, competitive experiment
f expérience f comparative

10809 vergolden v
e gild
f dorer

10810 Vergoldung f
e gold plating, gilding
f dorure f

10811 vergrößern v [optisch]
e magnify
f grossir

10812 vergrößern v [steigern]
e increase, raise, augment, multiply
f croître, augmenter, élargir, étendre, multiplier

10813 vergrößern v [Zeichnung]
e enlarge
f agrandir

10814 Vergrößerung f [allgemein]
e increase, increasing, enlargement, augmentation
f agrandissement m, élargissement m, augmentation f

10815 Vergrößerung f [optisch]
e magnification
f grossissement m

10816 Vergrößerungsglas n
e magnifying glass, magnifier
f verre m grossissant, loupe f

10817 Vergrößerungsradiographie f
e magnifying radiography
f radiographie f grossissante

10818 Vergrößerungstechnik f
e technique of magnification
f technique f du grossissement

10819 Vergußmasse f
e sealing compound
f masse f de remplissage m

10820 vergüten v [Stahl]
e temper, harden, anneal
f tremper, durcir, malléabiliser

10821 vergüten v [verbessern]
e improve
f améliorer

10822 Vergütung f
e tempering, heat treatment
f traitement m à chaud, traitement m thermique, trempe f et revenu m

10823 Verhalten n
e behaviour, response
f comportement m, tenue f, réponse f

10824 Verhältnis n
e ratio, relation, proportion
f rapport m, relation f, proportion f

10825 verhältnismäßig adj
e relative, proportional
f relatif, proportionnel

10826 Verhältnismäßigkeit f
e proportionality
f proportionnalité f

10827 verharren v
e persist, continue
f persister, continuer, persévérer

10828 Verharren n
e persistence, inertia
f persistance f, permanence f, inertie f

10829 verharzt adj
e resinous
f résineux

10830 verhüllen v
e envelop, coat, cover, sheathe, seal, encapsulate, encase, incase, mask
f envelopper, revêtir, couvrir, masquer, blinder, capsuler, encapsuler, sceller

10831 Verkabelung f
 e wiring
 f câblage m

10832 Verkauf m
 e sale
 f vente f

10833 Verkehr m
 e traffic, transport, communication
 f circulation f, transport m, trafic m, communication f

10834 verkehrt adj [falsch]
 e wrong, faulty, bad, incorrect
 f faux, mauvais, incorrect, fautif

10835 verkehrt adj [umgekehrt]
 e inverted, inverse, reverse
 f inverse, renversé

10836 Verkleidung f
 e coat, coating, cover, covering, film, layer, clothing, lining, envelope, sheath, shell, deposit, shield, shielding, jacket
 f couche f, couverture f, revêtement m, film m, enduit m, enveloppe f, dépôt m, gaine f, écorce f, frette f, enceinte f, enrobement m

10837 verkleinern v
 e reduce, decrease
 f réduire, diminuer

10838 Verknüpfung f, logische
 e logic interconnection
 f enchaînement m logique

10839 Verkohlung f
 e carbonization, carbonizing
 f carbonisation f

10840 verkupfern v
 e copper-plate
 f cuivrer

10841 verkürzen v
 e shorten, reduce
 f raccourcir, réduire, diminuer

10842 Verkürzung f
 e shortening, reduction
 f raccourcissement m, réduction f

10843 verlagern v [räumlich]
 e displace, change the place, relocate
 f déplacer, changer la place, réarranger, regrouper

10844 Verlagerung f
 e displacement, relocation, rearrangement
 f déplacement m, réarrangement m, regroupement m

10845 verlängern v [räumlich]
 e lengthen, elongate, extend, stretch
 f allonger, étendre, étirer

10846 verlängern v [zeitlich]
 e prolong
 f prolonger

10847 Verlängerung f [räumlich]
 e dilatation, elongation, extension
 f dilatation f, allongement m, extension f

10848 Verlängerung f [zeitlich]
 e prolongation
 f prolongation f

10849 Verlängerung f, bleibende
 e permanent elongation
 f allongement m rémanent

10850 Verlängerung f, elastische
 e elastic elongation
 f allongement m élastique

10851 Verlängerungskabel n
 e extension cable, extension cord
 f câble m de rallonge f, corde f d'allongement m, cordon m de prolongement m

10852 Verlängerungsschnur f
 → Verlängerungskabel n

10853 **Verlängerungsstück** n
  e extension piece
  f prolongateur m

10854 **verlangsamen** v
  e delay, decelerate, retard, slow down
  f ralentir, décélérer, retarder

10855 **Verlangsamung** f
  e delay, slowing-down, braking, moderation
  f ralentissement m, retard m, freinage m, modération f

10856 **Verläßlichkeit** f
  e reliability
  f fiabilité f

10857 **Verlauf** m [Kurve]
  e path, line
  f parcours m, tracé m, ligne f

10858 **Verlauf** m [Prozeß]
  e process, operation
  f procès m, processus m, opération f

10859 **Verlauf** m [Weg]
  e course
  f course f

10860 **Verletzung** f
  e damage, injury, lesion
  f dommage m, lésion f, dégât m

10861 **verlöten** v
  e solder together
  f souder

10862 **Verlust** m [Einbuße]
  e floss
  f perte f

10863 **Verlust** m [Entweichen]
  e leakage, escape
  f fuite f

10864 **Verlust** m [Verbrauch]
  e expense, expenditure
  f dépense f

10865 **Verlust** m [Zerstreuung]
  e dissipation
  f dissipation f

10866 **Verlustenergie** f
  e expended energy
  f énergie f dépendue

10867 **Verlustfaktor** m
  e loss factor
  f facteur m de perte f

10868 **Verlustfaktor** m, dielektrischer
  e dielectric loss factor
  f facteur m de perte f diélectrique

10869 **verlustfrei** adj
  e loss-free, dissipationless
  f exempt de pertes f/pl, sans pertes f/pl

10870 **Verlustleistung** f
  e dissipation power
  f puissance f dissipée

10871 **verlustlos** adj
  → verlustfrei adj

10872 **Verlustwinkel** m
  e loss angle
  f angle m de perte f

10873 **vermehren** v
  e increase, proliferate, multiply, augment, raise
  f croître, proliférer, multiplier, augmenter, élargir, étendre

10874 **vermehrend** adj
  e proliferative
  f prolifératif

10875 **Vermehrung** f
  e increase, augmentation, proliferation, multiplying
  f augmentation f, prolifération f, multiplication f

10876 **vermeiden** v
  e avoid
  f éviter

10877 vermindern v
 e reduce, decrease, diminish, depress
 f réduire, diminuer, décroître, baisser

10878 Verminderung f
 e decrease, diminution, reduction, fall, decrement, drop, loss, decay
 f décroissement m, diminution f, réduction f, chute f, baisse f, décrément m

10879 vermischen v
 e mix, interchange
 f mélanger, entremêler

10880 Vermögen n [Fähigkeit]
 e capability, capacity, ability, power
 f capacité f, pouvoir m, faculté f

10881 Vermutung f
 e supposition, presumption, assumption, hypothesis
 f supposition f, présomption f, hypothèse f

10882 vernachlässigbar adj
 e negligible
 f négligeable

10883 vernehmlich adj
 e audible
 f audible

10884 Vernetzung f
 e crosslinking
 f formation f en réseau m

10885 Vernichtung f
 e annihilation, destruction
 f annihilation f, destruction f

10886 vernickeln v
 e nickel-plate
 f nickeler

10887 verriegeln v
 e interlock, block
 f verrouiller, bloquer

10888 Verriegelung f
 e interlock, blocking, suppression, cutting-off
 f verrouillage m, blocage m, suppression f

10889 verringern v
 e diminish, decrease, reduce, depress, weaken, attenuate, soften, damp, deaden
 f diminuer, décroître, réduire, baisser, affaiblir, atténuer, amortir, absorber, évanouir

10890 Verringerung f
 e diminishing, decrease, reducing, damping, attenuation, deadening, weakening, decrement, diminution, drop, fall, loss, decay
 f diminution f, décroissance f, réduction f, chute f, décrément m, amortissement m, affaiblissement m, atténuation f, baisse f, absorption f, décroissement m, évanouissement m

10891 verrosten v
 e rust
 f se rouiller, s'enrouiller

10892 Verrosten n
 e rusting
 f rouillure f, enrouillement m

10893 verrostet adj
 e rusty
 f rouillé, enrouillé

10894 versagen v
 e fail, intermit, interrupt, suspend
 f faillir, rater, manquer, interrompre

10895 Versagen n
 e failure, trouble, malfunction, mishap, outage, leakage, accident, breakdown, average
 f défaillance f, panne f, raté m, accident m, interruption f, avarie f, défaut m

10896 Versagensgefahr f
e danger of failure
f danger m de défaillance f, danger m de ruine f

10897 Versagensmechanismus m
e failure mechanism
f mécanisme m de défaillances f/pl

10898 Versammlung f
e meeting, conference, symposium, congress
f assemblée f, conférence f, symposium m, congrès m

10899 Verschiebung f
e displacement, shift, drift
f déplacement m, décalage m, déviation f

10900 verschieden adj
e different, various, distinct
f différent, varié, distinct, divers

10901 Verschiedenheit f
e difference, diversity, variety
f différence f, diversité f, variété f

10902 Verschlechterung f
e deterioration, depletion, impoverishment
f détérioration f, appauvrissement m, épuisement m, altération f

10903 Verschleiß m
e wear, abrasion
f usure f, abrasion f

10904 verschleißfest adj
e wear-resistant
f résistant à l'usure f

10905 Verschleißfestigkeit f
e resistance to wear
f résistance f à l'usure f

10906 Verschleißmessung f
e wear measurement
f mesure f de l'usure f

10907 Verschleißprüfung f
e wear test, abrasion test
f essai m d'usure f, essai m de frottement m

10908 Verschleißverhalten n
e dry wear behaviour
f comportement m à l'abrasion f

10909 verschließen v
e shut, inclose, enclose, incase, lock, seal
f fermer, enfermer, renfermer, coffrer, plomber

10910 Verschluckeffekt m
e absorption effect
f effet m d'évanouissement m

10911 Verschluß m [Abdeckung]
e cover, covering, cover plate, closure, closing, cap, lid, dome, seal
f recouvrement m, couvercle m, capot m, calotte f, chapeau m, dôme m

10912 Verschluß m [Kamera]
e shutter
f obturateur m

10913 Verschluß m [Stopfen]
e plug
f bouchon m

10914 Verschluß m [Verriegelung]
e lock, interlock, snap
f serrure f, fermeture f, fermoir m, verrouillement m, arrêt m, clôture f

10915 Verschluß m, luftdichter
e airtight closing
f clôture f hermétique

10916 Verschlußkappe f
e cover cap, cover plate, cap end
f capot m, couvercle m, chapeau m, bouchon m

10917 verschmelzen v
  e fuse together, melt, synthesize
  f fondre ensemble, synthétiser

10918 Verschmelzung f
  e fusion, melting, coalescence
  f fusion f, coalescence f

10919 Verschmutzung f
  e contamination, pollution, dirt, mud, smudge
  f contamination f, pollution f, salissure f, boue f

10920 Verschmutzungsgrad m
  e pollution level
  f degré m de pollution f

10921 verschrauben v
  e bolt, screw on
  f visser, boulonner, serrer, goujonner, cheviller

10922 Verschraubung f
  e screw joint, bolted joint, bolting
  f vissage m, boulonnage m, assemblage m à vis f/pl

10923 verschwinden v
  e vanish, disappear
  f disparaître, s'évanouir

10924 Verschwinden n
  e vanishing, disappearance
  f disparition f

10925 verschwommen adj [Bild]
  e blurred, indeterminate, smeared-out
  f diffusé, indéterminé, délavé

10926 versehen v [mit]
  e equip, fit, provide
  f équiper, munir, pourvoir

10927 versenken v
  e immerse, plunge, sink, dip, submerge
  f immerger, noyer, tremper, plonger, submerger, abaisser

10928 Versetzung f [Kristall]
  e dislocation
  f dislocation f

10929 Versetzung f [Verlagerung]
  e displacement, shift
  f déplacement m

10930 Versetzung f, bewegliche
  e moving dislocation
  f dislocation f mobile

10931 Versetzung f, schraubenförmige
  e screw-like dislocation
  f dislocation f en spirale f

10932 Versetzungsbewegung f
  e dislocating movement
  f mouvement m de dislocation f

10933 Versetzungsdämpfung f
  e dislocation attenuation
  f affaiblissement m par dislocation f

10934 Versetzungsdichte f
  e dislocation density
  f densité f de dislocations f/pl

10935 Versetzungsgrenze f
  e dislocation limit, dislocation line, dislocation boundary
  f limite f de dislocation f

10936 verseuchen v
  e contaminate
  f contaminer

10937 verseucht adj
  e contaminated
  f contaminé

10938 Verseuchung f
  e contamination, pollution
  f contamination f, pollution f

10939 Verseuchungsstoff m
  e contaminating material, contaminant
  f matière f contaminante

10940 versilbern v
 e silver-plate, silver
 f argenter

10941 Versilberung f
 e silver-plating, silvering
 f argenture f

10942 versorgen v
 e supply, feed
 f alimenter, desservir

10943 Versorgung f
 e supply, feed, feeding
 f alimentation f, chargement m

10944 Versorgungsnetz n
 e mains pl, network, supply system, supply
 f secteur m, réseau m

10945 Verspannung f
 e anchor, guy, stay, bracing, truss wire
 f haubanage m, hauban m, ancrage m

10946 Versprödung f
 e embrittlement, embrittleness
 f écrouissage m

10947 Versprödungstemperatur f
 e embrittlement temperature
 f température f d'écrouissage m

10948 verstärken v [kräftiger machen]
 e reinforce, strengthen
 f renforcer, épaissir, consolider

10949 verstärken v [vergrößern]
 e amplify, repeat, multiply, intensify, gain, increase
 f amplifier, répéter, intensifier, multiplier, augmenter, agrandir, accroître, grossir

10950 Verstärker m [Elektronik]
 e amplifier, follower, repeater
 f amplificateur m, répéteur m

10951 Verstärker m [Radiografie]
 e intensifier
 f renforceur m

10952 Verstärkerausgang m
 e amplifier output
 f sortie f d'amplificateur m

10953 Verstärkereingang m
 e amplifier input
 f entrée f d'amplificateur m

10954 Verstärkerfolie f [Radiografie]
 e intensifying screen
 f écran m renforçateur, écran m convertisseur

10955 Verstärkung f [Elektronik]
 e amplification, gain
 f amplification f, gain m

10956 Verstärkung f [Kräftigung]
 e reinforcement, strengthening
 f renforcement m, renforçage m

10957 Verstärkung f [Radiografie]
 e intensification, intensifying, multiplication
 f intensification f, multiplication f

10958 Verstärkung f [Vergrößerung]
 e amplification, increase, gain, magnification
 f amplification f, gain m, augmentation f, agrandissement m

10959 Verstärkungsfaktor m
 e amplification factor, intensifying factor, multiplying factor
 f coefficient m d'amplification f, facteur m de renforcement m, facteur m de multiplication f

10960 Verstärkungsgrad m [elektrisch]
 e degree of amplification
 f degré m d'amplification f

10961 Verstärkungsregelung f
 e gain control
 f réglage m du gain, commande f du gain

10962 versteifen v
 e reinforce, stiffen, strengthen
 f renforcer, raidir, épaissir

10963 Versteifung f
 e reinforcement, strengthening
 f renforcement m, renforçage m

10964 Verstellbarkeit f
 e adjustability, variability
 f ajustabilité f, variabilité f

10965 verstellen v [Regler]
 e adjust, regulate, readjust
 f ajuster, rajuster/réajuster, réajuster/rajuster, régler

10966 verstellen v [verlegen]
 e displace
 f déplacer

10967 Verstrebung f
 e strut, brace, stay, shore, gib, leg
 f contrefiche f, traverse f, jambe f, étançon m

10968 Verstümmelung f
 e mutilation
 f mutilation f

10969 Versuch m [Erprobung]
 e test, testing, check, checking, check-up, trial, sampling, assay, essay
 f essai m, contrôle m, test m, épreuve f

10970 Versuch m [Experiment]
 e experiment
 f expérience f

10971 Versuch m [Prüfung]
 e test, essay, check
 f contrôle m, essai m, épreuve f, vérification f

10972 versuchen v
 e test, check, prove, try
 f contrôler, essayer, vérifier, éprouver, prouver

10973 Versuchsablauf m
 e running of the test, experimental procedure
 f procédé m d'essai m

10974 Versuchsanlage f
 e experimental facilities pl, experimental plant, pilot plant
 f installation f d'expérimentation f, installation f expérimentale, installation f pilote

10975 Versuchsaufbau m
 e experimental setup
 f arrangement m expérimental

10976 Versuchsbericht m
 e test report
 f rapport m d'essai m

10977 Versuchsdurchführende m
 e experimenter, experimentor
 f expérimentateur m

10978 Versuchsdurchführung f
 e experimental procedure, running of the test, test performance
 f procédé m d'essai m, conduite f des essais m/pl

10979 Versuchseinrichtung f
 e experimental plant, experimental facilities pl, pilot plant
 f installation f expérimentale, installation f d'expérimentation f, installation f pilote

10980 Versuchsergebnis n
 e test result
 f résultat m d'essai m

10981 Versuchsfeld n
 e test floor, test bay, test room, experimental area
 f banc m d'essai m, atelier m d'essais m/pl, terrain m à expérimenter, salle f de contrôle m

10982 Versuchslabor(atorium) n
 e testing laboratory
 f laboratoire m d'essai m

10983 Versuchsserie f
 e test series pl
 f série f d'expériences f/pl

10984 Versuchsverlauf m
 e running of the test, test performance, experimental procedure
 f conduite f d'essai m, procédé m d'essai m

10985 vertauschen v [austauschen]
 e exchange, interchange, commute
 f échanger, interchanger, inverser, commuter

10986 vertauschen v [umstellen]
 e permutate
 f permuter

10987 Vertauschung f
 e exchange, commutation, permutation
 f échange m, commutation f, permutation f

10988 verteilen v
 e distribute, disperse
 f distribuer, répartir, disperser

10989 Verteilung f [Aufteilung]
 e repartition, splitting
 f répartition f, subdivision f

10990 Verteilung f [Ausgabe]
 e distribution, delivery
 f distribution f, délivrance f

10991 Verteilung f [Zerlegung]
 e dispersion, dispersal, spread, straggling
 f dispersion f

10992 Verteilung f, statistische
 e statistical distribution
 f distribution f statistique

10993 Verteilungsfunktion f
 e distribution function
 f fonction f de distribution f

10994 Verteilungsgesetz n
 e distribution law
 f loi f de distribution f, loi f distributive

10995 Vertiefung f
 e deepening, pit
 f enfoncement m, creux m, fosse f

10996 vertikal adj
 e vertical, perpendicular
 f vertical, perpendiculaire

10997 Vertikalablenkung f
 e vertical deflection/deflexion
 f déviation f verticale

10998 Vertikalebene f
 e vertical plane
 f plan m vertical

10999 Vertikalkomponente f
 e vertical component
 f composante f verticale

11000 Vertikalstrahlung f
 e vertical radiation
 f rayonnement m vertical

11001 verträglich adj
 e compatible, adaptable, permissible
 f compatible, adaptable, admissible, permissible

11002 Verträglichkeit f
 e compatibility
 f compatibilité f

11003 verunreinigen v
 e contaminate, soil, pollute, infect
 f contaminer, salir, infecter, souiller

11004 Verunreinigung f
 e contamination, pollution, impurity, crude particle
 f contamination f, pollution f, impureté f, infection f

11005 vervielfachen v
e multiply
f multiplier

11006 Vervielfacher m
e multiplier
f multiplicateur m

11007 Vervielfachung f
e multiplication, multiplying
f multiplication f

11008 vervielfältigen v [kopieren]
e copy, duplicate
f copier, reproduire

11009 vervollkommnen v
e perfect, improve, finish
f perfectionner, finir, achever

11010 Vervollkommnung f
e perfection, improvement, enhancement, amelioration
f perfectionnement m, amélioration f

11011 verwandeln v
e transform, translate, convert, modify, change, transpose
f transformer, transférer, convertir, changer, modifier, traduire, transposer

11012 Verwandlung f
e transformation
f transformation f

11013 verwaschen adj [Bild]
e burred, smeared-out, indeterminate
f décoloré, délavé, diffusé, indéterminé

11014 Verwaschung f [Optik]
e smearing-out, blur, spread, obliteration
f oblitération f, décoloration f

11015 Verweilzeit f
e hold-up time, lingering period
f temps m d'attardement m

11016 verwenden v
e use, utilize, employ
f utiliser, user, employer, se servir (de)

11017 Verwendung f
e use, usage, utilization, application, action
f usage m, utilisation f, emploi m, application f, mise f en œuvre f, mise en service m

11018 verwendungsfähig adj
e useful, usable, applicable, efficient, serviceable
f utile, utilisable, applicable, efficace, puissant, capable

11019 Verwendungszweck m
e application, usage, intended purpose, use
f emploi m prévu, usage, application f, but m d'emploi m

11020 verwerfen v [ablehnen]
e reject
f rejeter

11021 verwerfen v [sich verziehen]
e warp, distort
f contourner, se gondoler, gauchir

11022 Verwerfen n
e warping, distortion
f contournement m, déformation f, gauchissement m

11023 verwerten v
e utilize
f utiliser

11024 Verwertung f
e utilization, use, using, application
f utilisation f, usage m, application f

11025 verwickelt adj [kompliziert]
e complicated
f compliqué

11026 verwinden v
 e twist, twine
 f tordre

11027 Verwinden n
 e twist, twisting
 f torsade f

11028 Verwindeversuch m
 e torsion test
 f essai m de torsion f

11029 verwirklichen v
 e realize, perform, make, finish
 f réaliser, exécuter, finir, faire

11030 Verwirklichung f
 e realization, execution, performance
 f réalisation f, exécution f, performance f

11031 verwittern v
 e weather
 f se décomposer, s'effriter

11032 Verwitterungsbeständigkeit f
 e weathering resistance
 f résistance f à la décomposition à l'air m, résistance f au vieillissement

11033 verzerren v
 e distort
 f distordre

11034 Verzerrung f
 e distortion
 f distorsion f

11035 Verzerrung f, lineare
 e linear distortion
 f distorsion f linéaire

11036 verzerrungsfrei adj
 e undistorted, distortionless
 f sans distorsion f

11037 verziehen v (sich ~)
 e warp, deform, distort, buckle, bend
 f contourner, se déformer, gauchir, se plier, courber, se déjeter

11038 Verziehen n
 e warping, distortion
 f contournement m, gauchissement m, déformation f

11039 verzinken v
 e zinc
 f zinguer

11040 verzinnen v
 e tin, tin-plate
 f étamer

11041 verzögern v
 e decelerate, delay, retard, slow down, lag, moderate
 f décélérer, ralentir, retarder, temporiser

11042 Verzögerung f
 e retardation, deceleration, delay, slowing-down, moderation, lag, braking
 f retardation f, retard m, ralentissement m, décélération f, freinage m, modération f, délai m

11043 verzögerungsfrei adj
 e instantaneous, without delay
 f instantané, sans retard m

11044 Verzögerungsleitung f
 e delay line
 f ligne f de retard m

11045 Verzögerungslinse f
 e retarding lens
 f lentille f de décélération f

11046 Verzögerungszeit f
 e delay time
 f temps m de retard m

11047 Verzug m [Verziehen]
 e warping, distortion
 f contournement m, déformation f, gauchissement m

11048 Verzug m [Verzögerung]
 e retardation, deceleration, delay, slowing-down, moderation, lag, braking
 f retardation f, retard m, ralentissement m, décélération f, freinage m, modération f, délai m

11049 verzweigen v (sich ~)
 e branch, derive, bifurcate
 f brancher, dériver, bifurquer, se ramifier

11050 Verzweigung f
 e branching, branch, branching-off, ramification, bifurcation, splitting off
 f branchement m, bifurcation f, dérivation f, ramification f, séparation f

11051 Verzwillingen n
 e twinning
 f maclage m

11052 Vibrationsprüfung f
 e vibration test
 f essai m de vibration f

11053 Vibrationsversuch m
 → Vibrationsprüfung f

11054 Vibrator m
 e vibrator, oscillator
 f vibrateur m, oscillateur m

11055 vibrieren v
 e vibrate, oscillate, swing
 f vibrer, osciller

11056 Vibrothermographie f
 e vibrothermography
 f vibrothermographie f

11057 Vickers-Härte f
 e Vickers hardness
 f dureté f Vickers

11058 Vickers-Verfahren n
 e Vickers method
 f méthode f d'après Vickers

11059 Video-Aufzeichnungsgerät n
 e video recorder, video tape recorder
 f enregistreur m vidéo, enregistreur m à bande f vidéo

11060 Videoband n
 e videotape
 f bande f vidéo

11061 Videobandaufnahmegerät n
 e videotape recorder
 f appareil m enregistreur à bande f magnétique vidéo

11062 Videosignal n
 e video signal
 f signal m vidéo

11063 Videoverstärker m
 e video amplifier
 f amplificateur m vidéo

11064 Vidikon n
 e vidicon
 f vidicon m

11065 vielatomig adj
 e polyatomic
 f polyatomique

11066 vielfach adj
 e multiple, multiplex
 f multiple, multiplex

11067 Vielfach...
 → auch: Mehrfach...

11068 Vielfachabtastung f
 e multiple scanning
 f palpage m multiple, exploration f multiple

11069 Vielfachbetrieb m
 e multiple operation
 f exploitation f multiple

11070 Vielfachecho n
  e multiple echo
  f écho m multiple

11071 Vielfachinstrument n
  e multi-purpose instrument, multi-range meter
  f instrument m universel, instrument m multiple, multimètre m

11072 Vielfachstreuung f
  e multiple scattering
  f diffusion f multiple

11073 vielgestaltig adj
  e complex
  f complexe

11074 Vielkanal...
  e multichannel ...
  f ...multicanaux pl, ... à plusieurs canaux m/pl

11075 Vielkristall m
  e polycrystal
  f polycristal m

11076 vielkristallin adj
  e polycrystalline
  f polycristallin

11077 Vielschicht...
  e lamination ..., laminated, in layers pl, multi-layer ..., stratified, foliated, sandwich ...
  f ...multicouche, en couches f/pl, par couches f/pl, laminé, laminaire, feuillé, stratifié, en sandwich m

11078 vielschichtig adj
  → Vielschicht...

11079 viereckig adj
  e quadrangular
  f quadrangulaire

11080 vierfach adj
  e quadruple
  f quadruple

11081 Vierkantknüppel m
  e square billet
  f billette f carrée

11082 vierseitig adj
  e quadrilateral
  f quadrilatéral

11083 Viertel n [mathematisch]
  e fourth, quarter
  f quart m

11084 Vinylharz n
  e vinyl resin
  f résine f vinylique

11085 violett adj
  e violet
  f violet

11086 virtuell adj
  e virtual
  f virtuel

11087 viskos adj
  e viscous, consistent
  f visqueux, consistent

11088 Viskosimeter n
  e viscosimeter
  f viscosimètre m

11089 Viskositätsprüfung f
  e viscosity test
  f essai m de viscosité f

11090 visuell adj
  e visual
  f visuel

11091 Vollast f
  e full load
  f pleine charge f

11092 Vollausschlag m
  e full-scale travel, maximum deflection
  f pleine déviation f

11093 vollautomatisch adj
 e fully automatic
 f entièrement automatique

11094 Vollbelastung f
 e full load
 f pleine charge f

11095 Vollbestrahlung f
 e whole-body irradiation, total body irradiation
 f irradiation f du corps entier, irradiation f totale

11096 vollenden v
 e achieve, finish, perfect
 f achever, finir, perfectionner

11097 völlig adj
 e whole, total, entire, complete, global, integral
 f entier, complet, total, global, intégral

11098 Vollmechanisierung f
 e full mechanization
 f mécanisation f intégrale

11099 vollständig adj
 → völlig adj

11100 vollziehen v
 e perform, make, finish, realize
 f faire, exécuter, réaliser, finir

11101 Volta-Effekt m
 e Volta effect
 f effet m de Volta

11102 Voltmeter n
 e voltmeter
 f voltmètre m

11103 Volumen n
 e volume
 f volume m

11104 Volumenbestimmung f
 e volumetric measurement, cubature
 f cubature f

11105 Volumenwelle f
 e volume wave
 f onde f d'espace m

11106 Vorangehen n
 e advance, advancing
 f avance f, avancement m

11107 Voranhebung f
 e preemphasis
 f préemphasis f

11108 Vorausberechnung f
 e precalculation
 f précalculation f, calcul m préalable

11109 Vorausbestimmung f
 e predetermination
 f prédétermination f

11110 vorauseilen v
 e lead
 f avancer

11111 Vorauslaufen n
 e advancing, advance
 f avancement m, avance f

11112 Voraussage f
 e prediction, prognostication
 f prédiction f, prognose f

11113 Voraussetzung f
 e supposition
 f supposition f

11114 Vorbehandlung f
 e pretreatment
 f traitement m préalable

11115 vorbereiten v
 e prepare
 f préparer

11116 Vorbereitung f
 e preparation
 f préparation f

11117 Vorbereitungsdauer f
 e preparatory period
 f période f préparatoire

11118 Vorbestrahlung f
 e pre-irradiation
 f préirradiation f

11119 vorbeugend adj
 e preventive
 f préventif

11120 vorbildlich adj
 e ideal
 f idéal

11121 Vorblock m
 e bloom
 f bloom m

11122 Vorbramme f
 e slab
 f brame f

11123 Vorderfläche f
 e front face
 f face f antérieure

11124 Vorderflanke f
 e leading edge
 f flanc m antérieur

11125 Vorderfolie f [Radiografie]
 e front screen
 f écran m frontal, écran m antérieur

11126 Vorderseite f
 e front, face, front side
 f front m, face f, devant m

11127 Vorderteil n
 e front part
 f partie f antérieure

11128 voreilen v
 e lead, advance
 f avancer

11129 Voreilen n
 e advancing, advance
 f avancement m, avance f

11130 Voreilungswinkel m
 e lead angle
 f angle m d'avance f

11131 Voreinstellung f
 e preset
 f prépositionnement m

11132 Vorfall m
 e event, case
 f événement m, cas m, accident m

11133 vorfertigen v
 e prefabricate
 f préfabriquer

11134 Vorfilter m
 e front filter
 f filtre m antérieur

11135 Vorfilterung f
 e prefiltration
 f préfiltration f

11136 vorführen v
 e demonstrate, present, prove
 f démontrer, prouver, présenter

11137 Vorführung f [Demonstration]
 e demonstration
 f démonstration f

11138 Vorgang m
 e process, processes pl, action, phenomenon, operation
 f procès m, processus m, action f, phénomène m, opération f

11139 vorgehen v [voreilen]
 e advance, lead
 f avancer

11140 Vorhaben n
 e project, plan, design, layout, sketch
 f projet m, plan m, dessin m

11141 vorherrschen v
　e dominate
　f dominer

11142 vorherrschend adj
　e dominant
　f dominant

11143 Vorhersage f
　e prediction, forecast, prognostication
　f prédiction f, prognose f, prévision f

11144 vorkommen v [geschehen]
　e occur, happen, act, appear, crop up
　f se faire, paraître, se présenter (comme)

11145 Vorkommen n
　e occurrence, happening, event
　f apparition f, occurrence f, événement m

11146 vorkritisch adj
　e precritical
　f précritique

11147 Vorlaufstrecke f
　e lead section
　f section f d'entrée f

11148 Vormagnetisierung f
　e magnetic bias, premagnetization
　f préaimantation f, prémagnétisation f

11149 vormontieren v
　e pre-mount
　f pré-monter

11150 Vorrang m
　e priority
　f priorité f

11151 Vorratsbehälter m
　e reservoir, tank, container, boiler, silo, vessel, storage basin, cistern
　f réservoir m, réservoir m de stockage m, silo m, tank m, cuve f, récipient m, citerne f

11152 Vorratskessel m
　→ Vorratsbehälter m

11153 Vorrichtung f, ferngesteuerte
　e remotely controlled device
　f dispositif m télécommandé

11154 vorrücken v
　e advance, lead
　f avancer

11155 Vorsatzkeil m
　e frontal wedge
　f coin m intercalaire

11156 vorschieben v
　e advance
　f avancer

11157 Vorschrift f
　e regulation, standard, norm, specification, prescription
　f régulation f, standard m, norme f, spécification f, prescription f

11158 Vorschub m
　e feed, drive, advance, advancing
　f avance f, avancement m

11159 Vorschubgeschwindigkeit f
　e drive speed
　f vitesse f d'avance f

11160 Vorsichtsmaßnahme f
　e precautionary measure, precautions pl, safeguard
　f précautions f/pl, mesure de sécurité f

11161 Vorspannung f [elektrisch]
　e bias voltage, bias
　f tension f de polarisation f

11162 Vorsprung m [Konsole]
　e console, overhanging
　f console f, saillie f

11163 Vorteil m
　e advantage
　f avantage m

11164 vorübergehend adj
 e temporary, acute, short-term
 f temporaire, passager, à court terme m

11165 vorwärmen v
 e preheat
 f préchauffer

11166 Vorwärtslauf m
 e forward running
 f marche f en avant

11167 Vorzugsorientierung f
 e preferred orientation, texture
 f orientation f préférée, texture f

W

11168 Waage f
  e balance
  f balance f

11169 waagerecht adj
  e horizontal
  f horizontal

11170 Wabenstruktur f
  e honeycomb structure
  f structure f en nid m d'abeille f

11171 Wachs n
  e wax
  f cire f

11172 wachsen v [einwachsen]
  e wax
  f encirer, cirer

11173 wachsen v [zunehmen]
  e grow, increase, rise
  f agrandir, accroître, augmenter, élever, monter

11174 Wachsen n [Zunahme]
  e increase, increasing, rise, growth, ascending
  f accroissement m, croissance f, augmentation f, montée f, élévation f

11175 Wachstum n
  e growth
  f croissance f

11176 Wachstumsgeschwindigkeit f
  e rate of growth
  f vitesse f de croissance f

11177 Wagen m [allgemein]
  e car
  f voiture f

11178 Wagen m [Schreibmaschinenwagen]
  e carriage
  f chariot m

11179 Wahl f
  e selection, choice
  f sélection f, choix m

11180 wählen v [allgemein]
  e select, choose
  f sélectionner, choisir

11181 wählen v [Telefon]
  e dial, key
  f numéroter

11182 wahlweise adj
  e selective, alternative
  f sélectif, facultatif, alternatif

11183 Wahrnehmbarkeit f
  e perceptibility, detectability
  f perceptibilité f, détectabilité f, réceptivité f

11184 Wahrnehmbarkeitsgrenze f
  e limit of perceptibility
  f limite f de perceptibilité f

11185 Wahrnehmung f
  e observation, perception, watching, remark, note, viewing
  f observation f, perception f, remarque f, mise f au point, mise f en évidence f

11186 wahrscheinlich adj
  e probable
  f probable

11187 Wahrscheinlichkeit f
  e probability
  f probabilité f

11188 Wahrscheinlichkeitsgesetz n
  e probability law
  f loi f des probabilités f/pl

11189 Wall m
  e barrier, boundary, bound, limit, limitation
  f barrière f, borne f, bordure f, limite f

11190 Walzblech n
 e rolled plate
 f tôle f laminée

11191 Walzblock m
 e rolled ingot
 f lingot m

11192 Walzdraht m
 e rolled wire
 f fil m laminé

11193 Walzdraht m, heißer
 e hot-rolled wire
 f fil m laminé à chaud

11194 Walze f
 e drum, roll, cylinder, pulley, barrel
 f rouleau m, cylindre m, poulie f, tambour m, laminoir m

11195 walzen v
 e roll
 f laminer

11196 Walzen n
 e rolling
 f laminage m

11197 Walzenbedingung f
 e final rolling condition
 f condition f de fin f de laminage m

11198 Walzerzeugnis n
 e rolled product
 f produit m laminé

11199 Wälzlager n
 e roller bearing
 f palier m à rouleaux m/pl

11200 Wälzlagerstahl m
 e roller bearing steel
 f acier m pour paliers m/pl à rouleaux m/pl

11201 Walzplattierung f
 e rolled cladding
 f placage m laminé

11202 Walzprodukt n
 e rolled product
 f produit m laminé

11203 Walzrichtung f
 e rolling direction
 f sens m de laminage m

11204 Walzwerk n
 e rolling mill
 f laminoir m

11205 Walzwerkserzeugnis n
 e rolled product
 f produit m laminé

11206 Wanddicke f [Rohr]
 e wall thickness
 f épaisseur f de paroi f

11207 Wandeffekt m
 e wall effect
 f effet m de paroi f

11208 wandeln v
 e transform, translate, convert, change, modify
 f transformer, transférer, convertir, modifier, changer

11209 Wanderfeld n
 e travelling field
 f champ m d'ondes f/pl progressives

11210 Wandergeschwindigkeit f
 e drift velocity, drift speed
 f vitesse f de déplacement m

11211 Wanderriß m
 e running crack
 f fissure f progressive

11212 Wanderung f
 e migration
 f migration f

11213 Wanderwelle f
 e travelling wave
 f onde f progressive

11214 Wandler m [elektroakustisch]
 e transducer, probe, head, acceptor
 f transducteur m, palpeur m, tête f,
 sonde f, capteur m

11215 Wandler m [Konverter]
 e converter
 f convertisseur m

11216 Wandler m [Meßwandler]
 e measuring transformer, transformer
 f transformateur m de mesure f,
 transformateur m

11217 Wandler m, elektroakustischer
 e electroacoustic transducer
 f transducteur m électroacoustique

11218 Wandler m, elektrodynamischer
 e electrodynamic transducer
 f transducteur m électrodynamique

11219 Wandler m, elektrooptischer
 e electrooptical transducer
 f transducteur m électrooptique

11220 Wandler m, elektrostatischer
 e electrostatic transducer
 f transducteur m électrostatique

11221 Wandler m, kammförmiger
 e interdigital transducer
 f transducteur m interdigital

11222 Wandler m, magnetostriktiver
 e magnetostrictive transducer
 f transducteur m magnétostrictif

11223 Wandler m, piezoelektrischer
 e piezo-electric transducer,
 piezo-transducer, ceramic transducer
 f transducteur m piézoélectrique,
 piézo-transducteur m, transducteur m
 céramique

11224 Wandler m, thermaler
 e thermal transducer
 f transducteur m thermique

11225 Wandleranpassung f, elektronische
 e electronic transducer matching
 f adaptation f électronique du
 transducteur

11226 Wandlerimpedanz f
 e transducer impedance
 f impédance f de transducteur m

11227 Wandstärke f [Kessel, Rohr]
 e wall thickness
 f épaisseur f de paroi f

11228 Wandstärke f [Mauerwand]
 e wall thickness
 f épaisseur f de mur m

11229 Warmband n
 e hot strip
 f bande f à chaud

11230 Warmbearbeitung f
 e thermal working
 f travail m à chaud

11231 Warmbruchverhalten n
 e warm fracture behaviour
 f comportement m à la rupture chaude

11232 Wärme f, abgestrahlte
 e radiated heat, radiating heat
 f chaleur f rayonnée, chaleur f
 rayonnante

11233 Wärmeabgabe f
 e thermal dissipation, heat emission,
 caloric radiation, heat radiation,
 infrared radiation
 f radiation f thermique,
 rayonnement m thermique,
 dissipation f de chaleur f, émission f
 de chaleur f, rayonnement m
 infra-rouge

11234 Wärmeabgabevermögen n
 e thermal emissivity
 f émissivité f thermique

11235 Wärmeableiter m
 e heat sink
 f dissipateur m thermique

11236 Wärmeabsorption f
 e heat absorption
 f absorption f de chaleur f

11237 Wärmeabstrahlung f
 → Wärmeabgabe f

11238 Wärmeaufnahme f
 e heat absorption
 f absorption f de chaleur f

11239 Wärmeausdehnungskoeffizient m
 e coefficient of thermal expansion
 f coefficient m de dilatation f thermique

11240 Wärmeausstrahlung f
 → Wärmeabgabe f

11241 Wärmeaustauscher m
 e heat exchanger
 f échangeur m de chaleur f

11242 Wärmebeanspruchung f
 e heat stress
 f fatigue f thermique

11243 Wärmebehandlung f
 e heat-treatment, tempering
 f traitement m thermique, traitement m à chaud, trempe f et revenu m

11244 Wärmebehandlungsofen m
 e heat-treating furnace
 f four m de traitement m thermique

11245 Wärmebehandlungszone f
 e heat-treatment region
 f région f du traitement thermique

11246 wärmebeständig adj
 e heat-resisting, heat-resistant, heat-proof
 f résistant à la chaleur

11247 Wärmebeständigkeit f
 e thermal stability, resistance to heat
 f stabilité f thermique, résistance f à la chaleur

11248 Wärmedurchgang m
 e heat transfer, heat passage, heat transmission
 f transfert m de chaleur f, passage m de chaleur f, transmission f de chaleur f

11249 Wärmedurchgangswiderstand m
 e heat transfer resistance
 f résistance f au transfert de chaleur f

11250 wärmedurchlässig adj
 e diathermic
 f diathermique

11251 Wärmedurchlässigkeit f
 e diathermancy
 f diathermanéité f

11252 Wärmeeinflußzone f [WEZ]
 e heat-affected zone [HAZ]
 f zone f thermiquement affectée [ZTA]

11253 wärmeempfindlich adj
 e sensitive to heat
 f sensible à la chaleur

11254 Wärmeempfindlichkeit f
 e sensitivity to heat
 f sensibilité f à la chaleur

11255 Wärmeenergie f
 e thermal energy, heat energy, calorific energy
 f énergie f thermique

11256 wärmefest adj
 e heat-proof, heat-resistant, heat-resisting
 f résistant à la chaleur

11257 Wärmefestigkeit f
 e resistance to heat, heat-proofness, heat stability
 f résistance f à la chaleur, stabilité f thermique

11258 Wärmeflußerzeugung f
  e generation of heat flow
  f génération f du flux de chaleur f

11259 Wärmeflußverfahren n
  e heat flow method
  f méthode f du flux de chaleur f

11260 Wärmefreisetzen n
  e heat release
  f libération f de chaleur f

11261 Wärmehärteprüfung f
  e hot hardness test
  f essai m de dureté f aux températures f/pl élevées

11262 Wärmeisolation f
  e thermal isolation
  f isolation f thermique

11263 Wärmekonvektion f
  e heat convection, thermoconvection
  f convection f de chaleur f, convection f thermique

11264 Wärmeleistung f
  e thermal power
  f puissance f thermique

11265 wärmeleitend adj
  e heat-conducting
  f enlevant la chaleur

11266 Wärmeleiter m
  e heat conductor
  f conducteur m de chaleur f

11267 Wärmeleitfähigkeit f
  e heat conductivity, thermal conductivity
  f conductivité f de chaleur f, conductibilité f thermique

11268 Wärmeleitung f
  e heat, conduction, thermal conduction
  f conduction f de chaleur f, conduction f thermique

11269 Wärmemenge f
  e heat quantity
  f quantité f de chaleur f

11270 Wärmemengenmesser m
  e calorimeter
  f calorimètre m

11271 Wärmemesser m
  → Wärmemengenmesser m

11272 wärmen v
  e heat, warm
  f chauffer, s'échauffer, recuire

11273 Wärmequelle f
  e heat source
  f source f thermique, source f de chaleur f

11274 Wärmerauschen n
  e thermal noise
  f bruit m thermique

11275 Wärmeregler m
  e thermal regulator
  f thermorégulateur

11276 Wärmesicherheit f
  e thermal safety
  f résistance f à la chaleur

11277 Wärmespannung f [Materialspannung]
  e thermal stress
  f tension f thermique

11278 Wärmestrahler m
  e heat source
  f source f thermique, source f de chaleur f

11279 Wärmestrahlung f
  e heat radiation, thermal radiation, thermal dissipation, heat emission, infrared radiation, caloric radiation
  f radiation f thermique, rayonnement m thermique, dissipation f de chaleur f, émission f de chaleur f, rayonnement m infra-rouge

11280 Wärmetauscher m
 e heat exchanger
 f échangeur m de chaleur f

11281 Wärmeübergang m
 e heat passage, heat transfer, heat transmission
 f passage m de chaleur f, transfert m de chaleur f, transmission f de chaleur f

11282 Wärmeübergangswiderstand m
 e heat transfer resistance
 f résistance f au transfert de chaleur f

11283 Wärmeübergangszahl f
 e heat transfer coefficient
 f coefficient m de transfert m de chaleur f

11284 Wärmeübertragung f
 e heat transmission, heat transfer
 f transmission f de chaleur, transfert m de chaleur f

11285 wärmeundurchlässig adj
 e heat-tight, heat-proof
 f imperméable à la chaleur

11286 wärmeunempfindlich adj
 e not sensitive to heat
 f insensible à la chaleur

11287 Wärmeverlust m
 e loss of heat
 f perte f de chaleur f

11288 Wärmewert m
 e thermal value
 f valeur f thermique

11289 Wärmewiderstand m
 e thermal resistance
 f résistance f thermique

11290 Wärmezufuhr f
 e heat supply
 f apport m de chaleur f

11291 warmfest adj
 e heat-proof, heat-resistant, heat-resisting, not sensitive to heat
 f résistant à la chaleur, insensible à la chaleur

11292 Warmfestigkeit f
 e heat resistance
 f résistance f à la chaleur

11293 warmformen v
 e thermoform
 f former à chaud

11294 Wärmofen m
 e reheating furnace
 f four m de réchauffage m

11295 Warmpressen n
 e hot pressing
 f estampage m à chaud

11296 Warmrißanfälligkeit f
 e susceptibility to warm cracking
 f susceptibilité f à la fissuration à chaud

11297 Warmrißbildung f
 e hot cracking
 f fissuration f à chaud

11298 Warmstreckgrenze f
 e hot yield point
 f limite f d'écoulement m aux températures f/pl élevées

11299 Warmverformung f
 e hot forming, hot working
 f déformation f à chaud, façonnage m à chaud

11300 Warmversprödung f
 e hot embrittlement
 f fragilisation f thermique

11301 Warmzugversuch m
 e hot tensile test
 f essai m de traction f à chaud

11302 Warnanlage f
 e warning device
 f dispositif m d'avertissement m

11303 Warnsignal n
 e warning signal
 f signal m avertisseur

11304 Warnung f
 e warning
 f avertissement m

11305 Wartedienst m
 e service
 f service m

11306 Wartung f
 e maintenance, attendance, upkeep, service
 f maintenance f, entretien m, service m

11307 Wartung f, vorbeugende
 e preventive maintenance
 f maintenance f préventive, entretien m préventif

11308 wartungsfrei adj
 e maintenance-free
 f ne nécessitant aucun entretien m

11309 Warze f
 e lug, stud
 f bouton m

11310 waschen v
 e wash
 f laver

11311 Waschversuch m
 e washing test
 f essai m de lavage m

11312 Wasser n, destilliertes
 e distilled water
 f eau f distillée

11313 Wasser n, entgastes
 e degassed water, degasified water
 f eau f dégazée

11314 Wasser n, reines
 e pure water
 f eau f pure

11315 Wasser n, schweres
 e heavy water
 f eau f lourde

11316 Wasserabsorption f
 e water absorption
 f absorption f d'eau f

11317 Wasserankopplung f
 e water coupling
 f couplage m par eau f

11318 Wasseraufnahme f
 e water absorption
 f absorption f d'eau f

11319 Wasserbehälter m
 e water tank
 f réservoir m d'eau f

11320 Wasserdampf m
 e water vapour
 f vapeur f d'eau f

11321 wasserdicht adj
 e waterproof, watertight
 f étanche à l'eau f

11322 Wasserdichtigkeitsprüfung f
 e test of waterproof material
 f essai m de l'étanchéité f à l'eau f

11323 Wasserdruck m
 e hydrostatic pressure, hydraulic pressure
 f pression f hydrostatique, pression f hydraulique

11324 Wasserdruckprüfung f
 e hydrostatic test
 f contrôle m hydrostatique

11325 wasserfrei adj
 e anhydride
 f anhydride

11326 **wassergekühlt** adj
  e water-cooled
  f refroidi par eau f

11327 **wasserhaltig** adj
  e hydrous, water-containing, aqueous
  f contenant de l'eau f, aqueux

11328 **Wasserkessel** m
  e water boiler
  f chaudière f

11329 **Wasserkühlung** f
  e water cooling
  f refroidissement m par eau f

11330 **wasserlöslich** adj
  e water-soluble
  f soluble dans l'eau f

11331 **Wasserschallsender** m
  e submarine sound transmitter, sonar transmitter, immerged transmitter
  f émetteur m immergé dans l'eau f

11332 **Wasserspiegel** m
  e water level
  f niveau m d'eau f

11333 **Wasserstoff** m [H]
  e hydrogen
  f hydrogène m

11334 **Wasserstoff** m, schwerer
  e heavy hydrogen, deuterium
  f hydrogène m lourd, deutérium m

11335 **Wasserstoff** m, überschwerer
  [T = $_1$H^3]
  e tritium
  f tritium m

11336 **wasserstofffrei** adj
  e non-hydrogenous
  f non hydrogénique

11337 **Wasserstoffgehalt** m
  e hydrogen content
  f teneur f en hydrogène m

11338 **wasserstoffhaltig** adj
  e hydrogenous
  f hydrogène

11339 **Wasserstofflinie** f
  e hydrogen line
  f raie f d'hydrogène m

11340 **Wasserstoffriß** m
  e hydrogen induced crack
  f fissure f induite par hydrogène m

11341 **Wasserstoffversprödung** f
  e hydrogen embrittlement
  f fragilisation f par l'hydrogène m

11342 **Wasserstrahl-Ankopplung** f
  e water-jet coupling
  f couplage m par jet m d'eau f

11343 **Wasserumlauf** m
  e water circulation
  f circulation f d'eau f

11344 **wasserundurchlässig** adj
  e watertight, waterproof
  f étanche à l'eau f

11345 **wasserunlöslich** adj
  e water-insoluble
  f insoluble dans l'eau f

11346 **wasservergütet** adj
  e water-quenched
  f trempé à l'eau f et revenu

11347 **wäßrig** adj
  e aqueous
  f aqueux

11348 **Wechsel** m [Abwechseln]
  e alternation, cycle
  f alternation f, cycle m

11349 **Wechsel** m [Änderung]
  e change, variation, modification, reversal
  f changement m, variation f, modification f, inversion f

11350 Wechsel m [Austausch]
e exchange
f échange m

11351 Wechsel m [Übergang]
e transition
f transition f

11352 Wechselbeanspruchung f
e alternating stress, cyclic loading, cycling
f effort m alternant, cyclage m

11353 Wechselbelastung f
e alternating load, varying load, changing load
f charge f alternante, charge f variable, charge f variante, charge f alternative

11354 Wechselbeziehung f
e correlation, relation, relationship, interrelationship
f corrélation f, relation f

11355 Wechseldehnverhalten n
e fatigue behaviour
f comportement m à la fatigue

11356 Wechselfeld n
e alternating field
f champ m alternatif, champ m alternant

11357 Wechselfeld-Streuflußverfahren n
e alternating field stray flux technique
f technique f de flux m de dispersion f à champ m alternatif

11358 Wechselformungsverhalten n
e fatigue behaviour
f comportement m à la fatigue

11359 wechseln v [abwechseln]
e alternate, change
f alterner, changer

11360 wechseln v [ändern]
e vary, modify, change
f varier, modifier, changer, invertir

11361 wechseln v [austauschen]
e exchange
f échanger

11362 Wechseln n [Abwechseln]
e alternation, alternating
f alternation f

11363 Wechseln n [Auswechseln]
e exchange
f échange m

11364 wechselseitig adj
e mutual, reciprocal, alternating
f mutuel, réciproque, alternant

11365 Wechselspannung f
e alternating current voltage, alternating voltage
f tension f alternative

11366 Wechselstrom m
e alternating current [a.c.]
f courant m alternatif

11367 Wechselstrom m, gleichgerichteter
e rectified alternating current, rectified a.c.
f courant m alternatif redressé

11368 Wechselstromanteil m
e alternating-current component, alternating component
f composante f de courant m alternatif, composante f alternative

11369 Wechselstrombrücke f
e alternating-current bridge, a.c. bridge
f pont m à courant m alternatif

11370 Wechselstromerregung f
e alternating-current excitation
f excitation f par courant m alternatif

11371 Wechselstrominstrument n
e alternating-current instrument
f instrument m pour courant m alternatif

11372 Wechselstromkomponente f
 e alternating-current component, alternating component
 f composante f de courant m alternatif, composante f alternative

11373 Wechselstromkreis m
 e alternating-current circuit
 f circuit m à courant m alternatif

11374 Wechselstromleitung f
 e alternating-current line, a.c. line
 f ligne f à courant m alternatif

11375 Wechselstrom-Meßbrücke f
 e alternating-current bridge, a.c. bridge
 f pont m de mesure f à courant m alternatif

11376 Wechselstrommessung f
 e alternating-current measurement
 f mesure f de courant m alternatif

11377 Wechselstrommotor m
 e a.c. motor
 f moteur m à courant m alternatif

11378 Wechselstromnetz n
 e alternating-current mains pl, alternating-current power line, a.c. mains pl
 f secteur m à courant m alternatif, secteur m alternatif

11379 Wechselstromquelle f
 e alternating-current supply, a.c. source
 f source f de courant m alternatif

11380 Wechselverformungsversuch m
 e fatigue experiment
 f essai m de déformation f alternée

11381 Wechselwirkung f
 e interaction, mutual influence, mutual reaction
 f interaction f, influence f mutuelle, action f mutuelle, action f réciproque

11382 Weg m [Methode]
 e method, manner, way
 f méthode f, manière f

11383 Weg m [Wegstrecke]
 e path, course, track, trajectory, travel, orbit, road, route, way
 f chemin m, route f, voie f, trace f, trajectoire f, orbite f, course f, parcours m, piste f, marche f

11384 Weggeber m
 e scanning control unit
 f dispositif m de commande f de balayage m

11385 Weglänge f, mittlere freie
 e mean free path
 f libre parcours m moyen

11386 Wegnehmen n [Entfernen]
 e removal, demounting
 f enlèvement m, démontage m

11387 Wegunterschied m
 e path difference
 f différence f de parcours m

11388 Weg/Zeit-Kurve f
 e travel-time curve
 f courbe f parcours/temps

11389 weich adj
 e soft, non-penetrating
 f mou, molle f, non pénétrant

11390 Weicheisen n
 e soft iron
 f fer m doux

11391 Weichlot n
 e soft solder, tin-lead solder
 f étain m à souder

11392 weichlöten v
 e solder
 f souder à l'étain m, braser tendrement

11393 Weichlöten n
  e soldering
  f brasage m tendre

11394 Weichlötverbindung f
  e soft soldered joint
  f joint m à brasage m tendre

11395 weichmachen v
  e soften
  f ramollir, adoucir

11396 weichmagnetisch adj
  e soft-magnetic
  f à matériau m magnétique doux

11397 Weichstrahlung f
  e soft radiation
  f radiation f molle f, rayonnement m mou

11398 Weißblech n
  e tin plate
  f tôle f étamée

11399 Weißrost m
  e white rust
  f rouille f blanche

11400 Weißscher Bezirk m
  e Weiss' region
  f domaine m de Weiss

11401 Weite f
  e width, breadth
  f largeur f

11402 Weite f, lichte
  e clear, inside diameter
  f ouverture f, diamètre m intérieur

11403 weiten v
  e widen
  f élargir

11404 Weiterbildung f [Ausbildung]
  e advanced training
  f éducation f permanente

11405 Weiterentwicklung f
  e further development, experimental perfection
  f perfection f expérimentale

11406 Weiterverbreitung f
  e proliferation, augmentation, increase, multiplying
  f prolifération f, augmentation f, multiplication f

11407 Weitfeld n
  e far field
  f champ m lointain, champ m éloigné, champ m libre

11408 weitreichend adj
  e long-range ...
  f à grande portée f, à long parcours m

11409 Weitwinkelstreuung f
  e wide angle scattering
  f diffusion f aux grands angles m/pl

11410 Wellblech n
  e profiled steelsheeting
  f tôle f ondulée, tôle f d'acier m profilée

11411 Welle f [Achswelle]
  e shaft, arbor
  f arbre m, axe m

11412 Welle f [Schwingung]
  e wave
  f onde f

11413 Welle f, ebene
  e plane wave
  f onde f plane

11414 Welle f, einfallende
  e incident wave
  f onde f incidente

11415 Welle f, elastische
  e elastic wave
  f onde f élastique

Welle

11416 Welle f, hinlaufende
e forward wave
f onde f progressive

11417 Welle f, longitutinale
e longitudinal wave
f onde f longitudinale

11418 Welle f, magnetoakustische
e magnetoacoustic wave
f onde f magnéto-acoustique

11419 Welle f, magnetohydrodynamische
e magneto-hydrodynamic wave
f onde f magnéto-hydrodynamique

11420 Welle f, magnetoionische
e magneto-ionic wave
f onde f magnéto-ionique

11421 Welle f, reflektierte
e reflected wave
f onde f réfléchie

11422 Welle f, rücklaufende
e recurrent wave
f onde f récurrente

11423 Welle f, sinusförmige
e sinus wave
f onde f sinusoïdale

11424 Welle f, stehende
e standing wave
f onde f stationnaire

11425 Welle f, ungedämpfte
e undamped wave, continuous wave
f onde f non amortie, onde f continue

11426 Wellenabsorption f
e wave absorption
f absorption f d'onde f

11427 Wellenausbreitung f
e wave propagation
f propagation f d'onde f

11428 Wellenausbreitungsgeschwindigkeit f
e wave propagation velocity
f vitesse f de propagation f d'onde f

11429 Wellenbauch m
e wave loop
f ventre m d'onde f

11430 Wellenbereich m
e wave range
f gamme f d'ondes f/pl

11431 Wellenberg m
e peak, crest
f crête f, sommet m, point m haut

11432 Wellenbeugung f
e wave diffraction
f diffraction f d'onde f

11433 Wellenbündel n
e wave beam
f faisceau m d'ondes f/pl

11434 Wellenbündelung f
e wave concentration
f concentration f d'ondes f/pl

11435 Wellendämpfung f
e wave attenuation
f affaiblissement m d'onde f, amortissement m d'onde f

11436 Wellenerreger m
e oscillator
f oscillateur m

11437 Wellenform f
e waveform, waveshape
f forme f d'onde f

11438 Wellenfront f
e wave front
f front m d'onde f

11439 Wellengeschwindigkeit f
e wave velocity
f vitesse f d'onde f, célérité f d'onde f

11440 Wellengleichung f
   e wave equation
   f équation f d'onde f

11441 Wellenknoten m
   e wave node
   f nœud m d'onde f

11442 Wellenlänge f
   e wavelength
   f longueur f d'onde f

11443 Wellenleiter m
   e waveguide
   f guide m d'ondes f/pl

11444 Wellenmesser m
   e ondometer, wavemeter, cymometer, wave-length-meter
   f ondemètre m, cymomètre m

11445 Wellenmode m
   e wave mode
   f mode m de propagation f d'onde f

11446 Wellenreflexion f
   e wave reflection
   f réflexion f d'onde f

11447 Wellenumwandlung f
   e wave transformation
   f transformation f d'onde f

11448 Wellenwiderstand m
   e characteristic impedance
   f impédance f caractéristique

11449 Wellenzahl f
   e wave number
   f nombre m d'onde f

11450 Wellenzug m
   e wave train
   f train m d'ondes f/pl

11451 Welt f [Erde]
   e world
   f monde m

11452 Welt f [Weltall]
   e universe, space
   f univers m, espace m

11453 Weltraum m
   e space, cosmic space, outer space
   f espace m, espace m cosmique

11454 wendelförmig adj
   e helical, helicoid
   f hélicoïdal, spiralé

11455 wenden v
   e turn, overturn, invert, reverse
   f tourner, retourner, renverser, invertir

11456 Wendepunkt m
   e turning point, inflection point
   f point m d'inflexion f, point m de rebroussement m, point m de retour m

11457 Wendung f
   e turn, turning, deflection
   f tour m, déflexion f, renversement m

11458 Werk n [Arbeit]
   e work, product
   f œuvre f, ouvrage m, produit m

11459 Werk n [Betrieb]
   e plant, works pl, factory, installation, establishment
   f usine f, fabrique f, installation f, établissements m/pl

11460 Werk n [Station]
   e post, station
   f poste m, station f

11461 Werkprüfung f
   e factory test, bench test
   f essai m en usine f

11462 Werkstatt f
   e workshop
   f atelier m

11463 Werkstoff m
 e material
 f matériau m, matériaux m/pl, matériel m, matière f

11464 Werkstoff m, faserverstärkter
 e fiber-reinforced material
 f matière f renforcée par fibres f/pl

11465 Werkstoff m, geschichteter
 e lamellar material
 f matériau m stratifié, matériau m lamelleux

11466 Werkstoff m, hitzebeständiger
 e heat-resistant material, heat-proof material
 f matière f résistant à la chaleur

11467 Werkstoff m, keramischer
 e ceramic material
 f matière f céramique

11468 Werkstoff m, magnetischer
 e magnetic material
 f matériau m magnétique

11469 Werkstoff m, metallischer
 e metallic material
 f matériau m métallique

11470 Werkstoff m, nichtferromagnetischer
 e non-ferromagnetic material
 f matériau m non ferromagnétique

11471 Werkstoff m, poröser
 e porous material
 f matière f poreuse, matériau m poreux

11472 Werkstoffbeanspruchung f
 e stress on material
 f effort m des matériaux m/pl

11473 Werkstoffdefektoskopie f
 e defectoscopy of materials pl
 f défectoscopie f des matériaux m/pl

11474 Werkstoffeigenschaft f
 e material property
 f caractéristique f du matériau

11475 Werkstoffermüdung f
 e fatigue of material, lowcycle fatigue
 f fatigue f oligocyclique

11476 Werkstofffehler m
 e material defect, material flaw
 f défaut m des matériaux m/pl, défaut m en matériaux m/pl

11477 Werkstoffkenngröße f
 e material characteristic
 f caractéristique f de matériau m

11478 Werkstoffkunde f
 e materials science
 f science f des matériaux m/pl

11479 Werkstoffnummer f
 e material number
 f numéro m de matériau m

11480 Werkstoffprobe f [Prüfmuster]
 e sample, specimen, test piece, piece to be tested
 f échantillon m, spécimen m, éprouvette f, pièce f d'essai m, pièce f à essayer, pièce f à examiner

11481 Werkstoffprüfmaschine f
 e material testing machine
 f machine f d'essai m des matériaux m/pl

11482 Werkstoffprüfung f [Einzelprüfung]
 e material test, material examination
 f essai m de matériau m, contrôle m des matériaux m/pl, test m des matériaux m/pl

11483 Werkstoffprüfung f [Prüfwesen]
 e testing of materials pl
 f contrôle m des matériaux m/pl

11484 Werkstoffprüfung f, zerstörende
 e destructive testing of materials pl
 f contrôle m destructif des matériaux m/pl

11485 Werkstoffprüfung f, zerstörungsfreie
 e nondestructive testing of materials pl
 f contrôle m non destructif des matériaux m/pl, essai m non destructif des matériaux m/pl

11486 Werkstofftechnik f
 e material technology
 f technologie f du matériel

11487 Werkstofftrennung f
 e material separation, discontinuity
 f séparation f matérielle, discontinuité f

11488 Werkstoffuntersuchung f
 e material inspection, material examination
 f essai m des matériaux m/pl, inspection f des matériaux m/pl

11489 Werkstoffverhalten n
 e behaviour of material
 f comportement m de matériau m

11490 Werkstück n
 e workpiece, piece
 f pièce f d'œuvre f, pièce f, pièce f à travailler, pièce f à usiner

11491 Werkstück n, bearbeitetes
 e machined workpiece, finished piece
 f pièce f usinée, pièce f travaillée

11492 Werkstück n, bewegtes
 e moved workpiece, moving piece
 f pièce f mobile, pièce f agitée

11493 Werkstück n, geschweißtes
 e welded piece, weldment
 f pièce f soudée

11494 Werkstück n, ruhendes
 e resting workpiece
 f pièce f en repos m

11495 Werkstück n, unbearbeitetes
 e unmachined workpiece, non-machined workpiece, unfinished piece
 f pièce f non usinée, pièce f non travaillée

11496 Werkzeug n
 e tool, implement
 f outil m, outillage m

11497 Werkzeugmaschine f
 e machine-tool
 f machine-outils f

11498 Werkzeugstahl m
 e tool steel
 f acier m pour outils m/pl

11499 Wert m, berechneter
 e calculated value
 f valeur f calculée

11500 Wert m, erwarteter
 e expected value, anticipated value
 f valeur f expectée

11501 Wert m, gemessener
 e measured value
 f valeur f mesurée

11502 Werte m/pl [Daten]
 e data pl, dates pl, values pl
 f données f/pl, informations f/pl, valeurs f/pl

11503 Werterhöhung f [Aufwertung]
 e valorization, benefication
 f valorisation f

11504 Wertigkeit f
 e valence, valency
 f valence f

11505 wesentlich adj
 e essential, substantial
 f essentiel, substantiel

11506 wetterbeständig adj
 e weather-proof, weatherresistant
 f résistant aux intempéries f/pl

11507 wetterfest adj
 → wetterbeständig adj

11508 wickeln v
e wind, coil, reel
f enrouler, bobiner

11509 Wickeln n
e winding, coiling, spooling
f bobinage m, enroulement m

11510 Wickelversuch m [Draht]
e wrapping test
f essai m d'enroulement m

11511 Wicklung f
e coil, winding
f enroulement m

11512 Wicklung f, bifilare
e bifilar winding
f enroulement m bifilaire

11513 Wicklung f, mehrlagige
e multi-layer winding
f enroulement m à plusieurs couches f/pl

11514 Wicklung f, primäre
e primary winding
f bobinage m primaire

11515 Widerstand m [Behinderung]
e obstruction, obstacle
f obstruction f, obstacle m

11516 Widerstand m [Eigenschaft]
e resistance
f résistance f

11517 Widerstand m [elektronisches Bauelement]
e resistor
f résistance f

11518 Widerstand m, akustischer
e acoustic resistance, acoustic impedance
f résistance f acoustique, impédance f acoustique

11519 Widerstand m, magnetischer
e magnetic resistance, reluctance
f résistance f magnétique, réluctance f

11520 Widerstand m, scheinbarer
e apparent resistance, impedance
f résistance f apparente, impédance f

11521 Widerstand m, thermischer
e thermal resistance
f résistance f thermique

11522 Widerstandsabnahme f
e decrease of resistance, resistance drop
f diminution f de résistance f

11523 Widerstandsänderung f
e variation of resistance, change of impedance
f variation f de résistance f, changement m d'impédance f

11524 Widerstandserhöhung f
e increase of resistance
f accroissement m de résistance f, augmentation f de résistance f

11525 widerstandsfähig adj
e resistant, resisting, resistive
f résistant

11526 Widerstandsfähigkeit f
e resistance, robustness, stability
f résistance f, robustesse f, stabilité f

11527 Widerstandskraft f
e resisting power, resisting force
f force f de résistance f

11528 widerstandslos adj
e non-resistant, resistanceless
f sans résistance f

11529 Widerstandsmessung f
e measurement of resistance, impedance measurement
f mesure f de résistance f, mesure f d'impédance f

11530 Widerstandsmoment n
  e moment of resistance
  f moment m de résistance f

11531 Widerstandspreßschweißen n
  e resistance pressure welding
  f soudage m par résistance f par pression f

11532 Widerstandspunktschweißen n
  e resistance spot welding
  f soudage m par résistance f par points m/pl

11533 Widerstandsrauschen n
  e resistance noise
  f bruit m propre de la résistance

11534 Widerstandsschwankung f
  e variation of resistance, change of impedance
  f variation f de résistance f, changement m d'impédance f

11535 Widerstandsschweißen n
  e resistance welding
  f soudage m par résistance f

11536 Widerstandsverringerung f
  e decrease of resistance, resistance drop
  f diminution f de résistance f

11537 Widerstandszunahme f
  e increase of resistance
  f accroissement m de résistance f, augmentation f de résistance f

11538 widerstehen v
  e withstand, resist
  f résister, endurer, s'opposer, soutenir

11539 wiederaufbereiten v
  e regenerate
  f régénérer

11540 Wiederaufbereitung f
  e regeneration, reprocessing, retreatment
  f régénération f, retraitement m

11541 Wiederaufnahme f
  e resorption
  f résorption f

11542 wiederaufnehmen v
  e resorb
  f résorber

11543 wiederaufsaugen v
  → wiederaufnehmen v

11544 wiedereinsetzen v
  e reuse, recycle
  f réuser, recycler

11545 Wiedereinsetzen n
  e recycling
  f recyclage m

11546 Wiedereinstellungsgenauigkeit f
  e repeatable accuracy, accuracy of repetition
  f précision f répétable, précision f de répétition f

11547 Wiedererwärmungsriß m
  e reheating crack
  f fissure f par réchauffage m

11548 Wiedergabe f
  e reproduction, response
  f reproduction f, réponse f

11549 Wiedergabequalität f
  e quality of reproduction
  f qualité f de reproduction f

11550 Wiedergabetreue f
  e fidelity [of reproduction]
  f fidélité f [de reproduction f]

11551 wiedergewinnen v
  e recover
  f récupérer

11552 wiederherstellen v [erneuern]
  e restore, reconstruct, regenerate
  f restaurer, reconstruire, restituer, rétablir, régénérer

11553 wiederherstellen v [reparieren]
 e repair
 f réparer

11554 wiederherstellen v [reproduzieren]
 e reproduce
 f reproduire

11555 Wiederherstellung f [Erneuerung]
 e restoration, reconstruction, regeneration, regenerating
 f restauration f, reconstruction f, restitution f, rétablissement m, régénération f

11556 Wiederherstellung f [Reparatur]
 e repair, repairing
 f réparation f

11557 Wiederherstellung f [Reproduktion]
 e reproduction
 f reproduction f

11558 wiederholbar adj
 e reproducible, repeatable
 f reproduisable, répétable

11559 Wiederholbarkeit f
 e reproducibility
 f reproductibilité f

11560 wiederholen v
 e reproduce, repeat
 f reproduire, répéter

11561 wiederholend adj (sich ~)
 e repeated, iterative, re-iterated/reiterated, frequent
 f fréquent, itératif, réitératif

11562 Wiederholgenauigkeit f
 e repeatable accuracy, accuracy of repetition
 f précision f répétable, précision f de répétition f

11563 Wiederholung f
 e repetition, iteration
 f répétition f, itération f

11564 Wiederholungsfrequenz f
 e repetition frequency, recurrence rate
 f fréquence f de répétition f

11565 Wiederholungsprüfung f
 e inservice inspection, inservice test, inservice examination
 f inspection f en service m

11566 wiederinstandsetzen v
 e repair, restore, mend, mend up, service, overhaul
 f réparer, mettre en état m, refaire, raccommoder

11567 Wiederinstandsetzung f
 e repair, redressing, mending, refit, refitment, overhaul, servicing, renovation
 f réparation f, remise f en état m, mise f en état m, raccommodage m, réfection f, dépannage m, révision f

11568 wiederverwendbar adj
 e reusable
 f récupérable

11569 wiederverwenden v
 e reuse, recycle
 f réuser, recycler

11570 Wiederverwendung f
 e recycling, recirculation, recovery
 f recyclage m, récirculation f, récupération f

11571 Wilsonsche Nebelkammer f
 e Wilson's cloud chamber
 f chambre f de Wilson

11572 Wind m
 e wind, air, blast
 f vent m, air m

11573 winddicht adj
 e airtight
 f imperméable au vent

11574 winden v [aufziehen]
  e hoist, wind
  f guinder, hisser

11575 winden v (sich ~)
  e wind, meander
  f serpenter, se tordre, rouler, s'entortiller autour de

11576 Windschutz m
  e wind shield, wind screen
  f paravent m

11577 Windung f [Spule]
  e turn, winding
  f spire f

11578 Windung f, benachbarte
  e adjacent turn
  f spire f voisine

11579 Windungsschlußprüfung f
  e shorted-turn test
  f essai m de court-circuit m entre spires f/pl

11580 Windungszahl f
  e number of turns pl
  f nombre m de spires f/pl

11581 Windzuführung f
  e blast inlet
  f admission f du vent

11582 Winkel m [Bauform]
  e elbow, knee
  f coude m

11583 Winkel m [Geometrie]
  e angle
  f angle m

11584 Winkel m [Zeichenutensil]
  e side gauge
  f angle m rectiligne, équerre f

11585 Winkel m, kritischer
  e critical angle
  f angle m critique

11586 Winkel m, rechter
  e right angle
  f angle m droit

11587 Winkel m, schiefer
  e oblique angle
  f angle m oblique

11588 Winkel m, spitzer
  e acute angle
  f angle m aigu

11589 Winkel m, stumpfer
  e obtuse angle
  f angle m obtus

11590 Winkel m, toter
  e dead angle
  f angle m mort

11591 winkelabhängig adj
  e angle-dependent
  f dépendant de l'angle m

11592 Winkelabhängigkeit f
  e angle dependence
  f dépendance f de l'angle m

11593 Winkelbeschleunigung f
  e angular acceleration
  f accélération f angulaire

11594 Winkelblech n
  e gusset, junction plate
  f gousset m, plaque f de jonction f

11595 Winkeldivergenz f
  e angular divergence, angular spread
  f divergence f angulaire

11596 Winkeleisen n
  e angle iron, angle bar
  f fer m cornière

11597 Winkelfunktion f
  e trigonometric function
  f fonction f trigonométrique

11598 Winkelgeschwindigkeit f
  e angular velocity
  f vitesse f angulaire

11599 Winkelgrad m
  e degree
  f degré m

11600 Winkelkopf m [Prüfkopf]
  e angle probe, angle-beam probe, angle-beam transducer, inclined probe, inclined probe head, inclined search head, wedge-type transducer, angular test head
  f palpeur m d'angle m, palpeur m angulaire, sonde f d'angle m, tête f angulaire

11601 Winkelprüfkopf m
  → Winkelkopf m

11602 Winkelschälversuch m [Metallklebung]
  e T-peel test with angle test piece
  f essai m d'écorcement m avec l'éprouvette f angulaire

11603 Winkelstahl m
  e angle steel
  f acier m cornière

11604 Winkelstreuung f
  e angular divergence, angular spread
  f divergence f angulaire

11605 Winkelverschiebung f
  e angular displacement
  f déplacement m angulaire, décalage m

11606 Wirbel m
  e vortex, eddy, circulatory motion
  f tourbillon m

11607 Wirbelbildung f
  e turbulence
  f turbulence f

11608 Wirbelfeld n
  e vortex field, eddy field, rotational field
  f champ m de tourbillon m, champ m rotationnel

11609 wirbelfrei adj
  e irrotational, non-vortical
  f non tourbillonnaire, irrotationnel

11610 wirbelnd adj
  e turbulent
  f turbulent

11611 Wirbelschallverfahren n
  e eddy-sonics method
  f méthode f à son m tourbillonnaire

11612 Wirbelstrom m
  e eddy current
  f courant m de Foucault

11613 Wirbelstrom-Impulsverfahren n
  e pulsed eddy current method
  f méthode f des courants m/pl de Foucault à impulsions f/pl

11614 Wirbelstrommessung f
  e eddy current measurement
  f mesure f par courants m/pl de Foucault

11615 Wirbelstrom-Prüfgerät n
  e eddy current apparatus
  f appareil m à courants m/pl de Foucault

11616 Wirbelstrom-Prüfsonde f
  e eddy current probe
  f sonde f à courants m/pl de Foucault

11617 Wirbelstromprüfung f
  e eddy current test
  f contrôle m par courants m/pl de Foucault

11618 Wirbelstromverfahren n
  e eddy current method
  f méthode f des courants m/pl de Foucault

11619 Wirbelstromverlust m
  e eddy-current loss
  f perte f par courants m/pl de Foucault

11620 Wirbelstromverteilung f
e eddy-current distribution
f répartition f des courants m/pl de Foucault

11621 Wirkbelastung f
e active load, actual load, useful load
f charge f active, charge f efficace, charge futile

11622 Wirkkomponente f
e real component
f composante f réelle

11623 Wirklast f
→ Wirkbelastung f

11624 Wirkleistung f
e active power, real power, actual output, effective power
f puissance f active, puissance f réelle, puissance f efficace

11625 wirklich adj
e real, effective, actual
f réel, effectif, actuel, vrai

11626 wirksam adj
e usable, useful, efficient, effective, net, powerful
f efficace, effectif, utile, utilisable, net, puissant

11627 Wirksamkeit f
e efficiency, effectiveness, activity, performance
f efficacité f, performance f, activité f, rendement m

11628 Wirkstoff m
e agent, means, medium
f agent m, médium m, moyen m

11629 Wirkung f
e effect, action, influence
f effet m, action f, influence f

11630 Wirkungsbereich m
e efficient range, operating range, sphere of influence
f rayon m d'action f, portée f

11631 Wirkungsdosis f
e effective dose
f dose f efficace

11632 Wirkungsgesetz n
e efficiency law
f loi f d'efficacité f

11633 Wirkungsgrad m
e efficiency
f rendement m, débit m

11634 Wirkungsquerschnitt m
e effective cross-section
f section f efficace

11635 Wirkungsweise f
e manner of action, function, action, operation
f mode m d'action f, opération f, fonctionnement m, action f

11636 wirtschaftlich adj
e economic(al)
f économique

11637 Wirtschaftlichkeit f
e economy
f économie f

11638 Wischtest m
e rubbing test
f essai m de rétention f par nettoyage m

11639 Wismut n [Bi]
e bismuth
f bismuth m

11640 Witterungsbeständigkeit f
e resistance to atmospheric corrosion
f résistance f contre la corrosion atmosphérique

11641 Witterungseinfluß m
e atmospheric influence
f influence f atmosphérique

11642 Wobbelfrequenz f
   e wobbling frequency
   f fréquence f de wobbulation f,
      fréquence f de vobulation f

11643 Wobbelgenerator m
   e wobbler
   f wobbulateur m, vobulateur m

11644 wobbeln v
   e wobble
   f wobbuler, vobuler

11645 Wobblung f
   e wobbling, sweep
   f wobbulation f, vobulation f,
      balayage m

11646 Wöhler-Kurve f
   e Wöhler curve, S/N curve
   f courbe f de Wöhler

11647 Wöhler-Linie f
   e Wöhler line
   f ligne f de Wöhler

11648 Wölbung f
   e curvature, buckling, camber
   f courbure f, courbe f

11649 Wolfram n [W]
   e tungsten, wolfram
   f tungstène m, wolfram m

11650 Wolframstahl m
   e tungsten steel
   f acier m au tungstène

11651 Wolle f
   e cotton
   f laine f

11652 wuchern v
   e proliferate, multiply, increase,
      augment
   f proliférer, multiplier, augmenter

11653 wuchernd adj
   e proliferative
   f prolifératif

11654 Wulst m
   e protuberance
   f protubérance f

11655 Wurzelbindefehler m [Schweißen]
   e lack of fusion at the root, incomplete
      fusion at the root
   f manque m de fusion f à la racine,
      défaut m du type collage m en
      racine f

11656 Wurzelfehler m
   e root defect
   f manque m de racine f

11657 Wurzelkerbe f [Schweißen]
   e root shrinkage, shrinkage groove,
      root concavity, suck-back
   f caniveau m à la racine

11658 Wurzelspalt m
   e root split
   f fente f de racine f

11659 Wurzelüberhöhung f [Schweißen]
   e root cant
   f surhaussement m à la racine

11660 Wüstitkristall m
   e wüstite crystal
   f cristal m de wustite f

X

11661 x-Achse f
  e x-axis
  f axe m x

11662 Xeroradiographie f
  e xeroradiography
  f xéroradiographie f

11663 X-Y-Schreiber m
  e x-y-recorder, x-y-tracer, x-y-plotter
  f enregistreur m XY

Y

11664 y-Achse f
  e y-axis
  f axe m y

11665 Youngscher Modul m
  e Young's modulus, elastic modulus, modulus of elasticity
  f module m de Young, module m d'élasticité f

11666 Ytterbium n [Yb]
  e ytterbium
  f ytterbium m

11667 Yttrium n [Y, Yt]
  e yttrium
  f yttrium m

Z

11668 z-Achse f
 e z-axis
 f axe m z

11669 Zacke f
 e point, indentation
 f dent f, endenture f, pointe f

11670 zäh adj
 e tough, tenacious, viscous, ropy
 f tenace, visqueux

11671 Zähigkeit f
 e viscosity, tenacity, toughness, consistence
 f viscosité f, ténacité f, consistance f

11672 Zähigkeitsmeßgerät n
 e viscosimeter
 f viscosimètre m

11673 Zahl f, komplexe
 e complex number
 f nombre m complexe

11674 Zähleinrichtung f
 e counting device, counter arrangement, counter, scaler
 f dispositif m de comptage m, compteur m, démultiplicateur m

11675 zählen v
 e count
 f compter

11676 Zählen n
 e counting, count
 f comptage m

11677 Zahlenbeispiel n
 e numerical example
 f exemple m numérique

11678 zahlenmäßig adj
 e quantitative
 f quantitatif

11679 Zahlenwert m
 e numerical value
 f valeur f numérique

11680 Zähler m [Bruch]
 e numerator
 f numérateur m

11681 Zähler m [Zählgerät]
 e counter, counting device
 f compteur m, dispositif m de comptage m

11682 Zählgerät n
 e counting device, integrating apparatus, counter, scaler
 f dispositif m de comptage m, appareil m intégrateur, compteur m, démultiplicateur m

11683 Zählimpuls m
 e counting pulse
 f impulsion f de comptage m

11684 Zählkammer f
 e counting chamber, count chamber
 f chambre f de comptage m, chambre f compteuse

11685 Zählkreis m
 e counting circuit, scaling circuit
 f circuit m compteur, montage m compteur, circuit m démultiplicateur

11686 Zählrate f
 e counting rate
 f taux m de comptage m

11687 zahlreich adj
 e numerous, abundant
 f nombreux, abondant

11688 Zählrichtung f
 e counting direction
 f sens m de comptage m

11689 Zählrohr n
   e counting tube, counter tube, counter
   f tube m compteur, tube m de comptage m

11690 Zählröhre f
   → Zählrohr n

11691 Zählschaltung f
   e counting circuit, scaling circuit
   f circuit m compteur, montage m compteur, circuit m démultiplicateur

11692 Zählstoß m
   e count
   f coup m

11693 Zählung f
   e counting, count
   f comptage m

11694 Zählvorgang m
   e counting run
   f opération f de comptage m

11695 Zahnrad n
   e toothed wheel
   f roue f dentée

11696 Zangenmanipulator m
   e expansion tong
   f manipulateur m à pince f

11697 Zapfen m
   e pivot, neck, gudgeon
   f pivot m, goujon m, tourillon m

11698 Zäsium n [Cs]
   e caesium
   f césium m

11699 Zeichen n [Index]
   e index
   f indice m, index m

11700 Zeichen n [Marke]
   e mark
   f marque f, repère m

11701 Zeichen n [mathematisch]
   e sign
   f signe m

11702 Zeichen n [Signal]
   e signal
   f signal m

11703 Zeichen n [Symbol]
   e symbol, character
   f symbole m, caractère m

11704 Zeichen n, negatives [Mathematik]
   e negative sign
   f signe m négatif

11705 Zeichen n, negatives [Signal]
   e negative signal
   f signal m négatif

11706 Zeichen...
   → Signal...

11707 Zeichengebung f
   e signalling, signal emission
   f signalisation f

11708 Zeichenpunkt m
   e dot
   f point m

11709 Zeichenstärke f
   e signal intensity, signal strength
   f intensité f du signal

11710 Zeichenstrich m
   e dash
   f trait m

11711 Zeichenverzerrung f
   e signal distortion
   f distorsion f du signal

11712 zeichnen v
   e draw, design, trace
   f dessiner, tracer

11713 zeichnerisch adj
 e graphic(al)
 f graphique

11714 Zeichnung f [Abbildung]
 e figure, graph, representation, presentation, diagram, chart
 f figure f, graphique m, représentation f graphique, présentation f, diagramme m

11715 Zeichnung f [Konstruktionszeichnung]
 e drawing, draft, design, sketch
 f dessin m, tracé m, plan m

11716 Zeiger m [Instrument]
 e pointer, needle, indicator
 f aiguille f, indicateur m

11717 Zeiger m [Uhr]
 e hand
 f aiguille f

11718 Zeiger m [Vektor]
 e vector
 f vecteur m

11719 Zeigerdiagramm n
 e vector diagram
 f diagramme m vectoriel

11720 Zeile f
 e line, raw
 f ligne f

11721 Zeit f
 e time
 f temps m

11722 zeitabhängig adj
 e time-dependent
 f dépendant du temps

11723 Zeitabschnitt m
 e period, time interval
 f période f, intervalle m

11724 Zeitachse f
 e time axis, time base
 f base f de temps m

11725 Zeitbasis f
 e time base
 f base f de temps m

11726 Zeitdauer f
 e duration, time
 f durée f, temps m

11727 Zeit-Dehnungsschaubild n
 e creep rate stress diagramm
 f diagramme m allongement-temps

11728 Zeitdifferenz f
 e time difference, time lapse, time interval
 f différence f de temps m, intervalle m de temps m

11729 Zeitersparnis f
 e time saving
 f épargne f en temps m

11730 Zeitfestigkeit f
 e fatigue strength
 f résistance f à la fatigue

11731 Zeitgeber m
 e clock generator, timer
 f générateur m de rythme m, minuterie f

11732 Zeitintegral n
 e time integral
 f intégrale f de temps m

11733 Zeitkonstante f
 e time constant
 f constante f de temps m

11734 Zeitlinie f
 e time base, time axis
 f base f de temps m

11735 Zeitlupe f
 e slow-motion
 f ralenti m

11736 Zeitmarke f
 e time mark
 f marque f de temps m

11737 Zeitmarkierer m
 e time marker
 f marqueur m de temps m

11738 Zeitmarkierung f
 e time marking
 f marquage m de temps m

11739 Zeitmesser m
 e chronometer
 f chronomètre m

11740 Zeitmessung f
 e time measurement, time keeping, timing
 f chronométrie f, chronométrage m

11741 Zeitnahme f
 e time keeping, timing
 f chronométrage m

11742 Zeitpunkt m
 e moment, instant
 f moment m, instant m

11743 Zeitraffer m
 e quick-motion
 f accéléré m

11744 Zeitraum m
 e time interval, period
 f intervalle m, période f, entretemps m

11745 Zeitschalter m
 e stepping switch, timer, time-delay switch
 f interrupteur m temporisé, minuterie f

11746 Zeitschreiber m
 e time recorder
 f enregistreur m de temps m

11747 Zeitspanne f
 e time interval, period
 f intervalle m, période f, entretemps m

11748 Zeitstand-Bruchversuch m
 e creep stress rupture test
 f essai m de rupture f par fluage m

11749 Zeitstandfestigkeit f
 e long period creep resistance
 f résistance f contre le fluage à long temps m

11750 Zeitstand-Kriechversuch m
 e creep stress
 f essai m de fluage m

11751 Zeitstandprüfung f
 e long period creep test, creep test
 f essai m de fluage m à long temps m, essai m de fluage m

11752 Zeitstandschaubild n
 e long period creep diagram
 f diagramme m du fluage à long temps m

11753 Zeitstand-Scherversuch m
 e creep shear test
 f essai m de cisaillement m par fluage m

11754 Zeitstandverhalten n
 e long period creep behaviour
 f comportement m au fluage à long temps m

11755 Zeitstandversuch m
 → Zeitstandprüfung f

11756 zeitunabhängig adj
 e time-independent
 f indépendant du temps

11757 Zeitunterschied m
 e time difference, time lapse, time interval
 f différence f de temps m, intervalle m de temps m

11758 Zeitverhalten n
 e time behaviour
 f comportement m à temps m

11759 Zeitverlust m
 e loss of time
 f perte f de temps m

11760 Zeitverteilung f
 e time distribution
 f distribution f en temps m

11761 Zeitverzögerung f
 e time delay, time lag
 f délai m, ralentissement m, période f de retard m

11762 zeitweilig adj
 e temporary
 f passager, temporaire

11763 Zelle f, heiße [für hochradioaktive Stoffe]
 e hot cell, radiation-proof room
 f cellule f chaude, chambre f étanche au rayonnement radioactif

11764 Zement m
 e cement, concrete
 f ciment m

11765 Zementieren n [Einsatzhärten]
 e case-hardening, carbonization, cementation, carburizing
 f cémentation f, carburation f, trempe f en coquille f

11766 Zementierung f
 → Zementieren n

11767 Zementprüfung f
 e cement test
 f essai m de ciment m

11768 zentralisieren v
 e centralize
 f centraliser

11769 Zentralkraft f
 e central force
 f force f centrale

11770 Zentralstrahl m
 e central ray, central beam
 f rayon m central, rayon m normal

11771 zentrieren v
 e center [USA], centre
 f centrer, fixer le centre

11772 Zentrifugalkraft f
 e centrifugal force
 f force f centrifuge

11773 Zentrifugalmaschine f
 e centrifugal whirler
 f machine f centrifuge

11774 Zentrifuge f
 e centrifuge
 f centrifugeuse f

11775 Zentripetalkraft f
 e centripetal force
 f force f centripète

11776 zentrisch adj
 e centric(al)
 f centrique, central, centré

11777 Zentrum n
 e center [USA], centre, central point, middle
 f centre m, milieu m

11778 Zer n [Ce]
 e cerium
 f cérium m

11779 zerbrechen v
 e break, break off, fracture, split, crash, crush
 f rompre, se rompre, détacher, se casser, se briser

11780 Zerbrechen n
 e break, breaking, breakage, fracture, rupture, abruption
 f rupture f, fracture f, fêlure f

11781 zerbrechlich adj
 e fragile
 f fragile

11782 Zerfall m [Umwandlung]
 e decay, disintegration
 f désintégration f, désagrégation f

11783 Zerfall m [Zersetzung]
 e decomposition, dissociation
 f décomposition f, dissociation f

11784 Zerfall m [Zerstörung]
 e destruction, breakage
 f destruction f

11785 Zerfall m, radioaktiver
 e radioactive decay, radioactive disintegration
 f désintégration f radioactive

11786 zerfallen v [umwandeln]
 e decay, disintegrate
 f désintégrer

11787 zerfallen v [zersetzen]
 e decompose, dissociate
 f décomposer, dissocier

11788 zerfallen v [zerstören]
 e destroy, break
 f détruire

11789 Zerfallsakt m
 e decay event, event of disintegration
 f acte m de désintégration f, événement m de désintégration f

11790 Zerfallsenergie f
 e disintegration energy
 f énergie f de désintégration f

11791 Zerfallsereignis n
 → Zerfallsakt m

11792 Zerfallskonstante f
 e decay constant, disintegration constant
 f constante f de désintégration f, constante f radioactive

11793 Zerfallskurve f
 e decay curve
 f courbe f de désintégration f

11794 Zerfallsprodukt n
 e decay product, disintegration product, daughter
 f produit m de désintégration f, produit m de filiation f, substance f fille

11795 Zerfallsprodukt n, radioaktives
 e radioactive product
 f produit m radioactif

11796 Zerfallsrate f
 e disintegration value
 f vitesse f de désintégration f

11797 Zerfallsreihe f
 e decay chain, decay series pl, disintegration chain
 f série f de désintégration f

11798 Zerfallszeit f
 e decay time, disintegration time
 f durée f de désintégration f, vie f

11799 zerfressen v
 e etch, corrode
 f rogner, corroder

11800 Zerhacker m
 e chopper, interrupter, contact breaker
 f rupteur m, vibreur m

11801 Zerkleinern n
 e breaking, crushing, rupture
 f rupture f, broyage m

11802 zerknallen v
 e burst, explode, detonate
 f éclater, exploser, détoner

11803 zerlegen v [auflösen]
 e dissociate, decompose
 f dissocier, décomposer

11804 zerlegen v [demontieren]
 e dismount, dismantle
 f démonter

11805 zerlegen v [mathematisch]
  e analyze, expand, reduce
  f analyser, réduire

11806 Zerlegung f [Analyse]
  e analysis
  f analyse f

11807 Zerlegung f [Demontage]
  e dismounting, dismantling
  f démontage m

11808 Zerlegung f [Dispersion]
  e dispersion, dispersal
  f dispersion f

11809 Zerlegung f [Dissoziation]
  e dissociation
  f dissociation f

11810 Zerlegung f [Komponentenzerlegung]
  e decomposition, separation
  f décomposition f, séparation f

11811 Zerlegung f [mathematisch]
  e analysis
  f analyse f

11812 zerplatzen v
  e burst, crack
  f crever, fêler, fendre

11813 zerreißen v
  e tear, rupture
  f déchirer, arracher

11814 Zerreißen n
  e rupture
  f rupture f

11815 Zerreißfestigkeit f
  e resistance to tearing, rupturing strength, breaking strength
  f résistance f au déchirement, résistance f à la traction

11816 Zerreißfestigkeit f, statische
  e rupture modulus
  f module m de rupture f

11817 Zerreißgrenze f
  e breaking load
  f limite f de déchirement m, charge f de pliage m

11818 Zerreißmaschine f
  e rupture device
  f machine f d'essais m/pl de rupture f

11819 Zerreißversuch m [Metall, Feststoff]
  e tensile test, test to destruction
  f essai m de traction f

11820 Zerreißversuch m [Textilien]
  e breaking test
  f essai m de déchirure f

11821 Zerrüttungsversuch m
  e fatigue test
  f essai m de fatigue f

11822 zersetzen v
  e decompose, dissociate, disintegrate
  f décomposer, dissocier

11823 Zersetzung f [Auflösung]
  e dissolution, dissolving
  f dissolution f

11824 Zersetzung f [chemisch]
  e decomposition
  f décomposition f

11825 Zersetzung f [Dissoziation]
  e dissociation
  f dissociation f

11826 Zersetzung f, radiolytisch
  e radiolytic degradation
  f dégradation f radiolytique

11827 Zerspanbarkeitsprüfung f
  e test of cutting aptitude
  f essai m de l'aptitude f à enlever des copeaux m/pl

11828 Zerspanung f
  e (metal) cutting
  f enlèvement m de copeaux m/pl

11829 zerspringen v
 e burst, crack
 f fêler, éclater, fendre, crever

11830 zerstäuben v
 e spray, powder, sputter, pulverize, atomize
 f pulvériser, atomiser

11831 zerstören v
 e destroy, break, demolish
 f détruire

11832 zerstörend adj
 e destructive
 f destructif

11833 Zerstörung f
 e destruction, demolition, failure, breakage
 f destruction f, ruine f, dommage m

11834 zerstörungsfrei adj
 e nondestructive
 f non destructif

11835 Zerstörungsgefahr f
 e danger of failure
 f danger m de ruine f

11836 Zerstörungsmechanismus n
 e mechanism of destruction
 f mécanisme m de destruction f

11837 Zerstörungsprüfung f
 e destruction test, test to destruction
 f essai m de destruction f

11838 Zerstrahlung f
 e annihilation
 f annihilation f

11839 zerstreuen v [auseinanderlaufen]
 e diverge
 f diverger

11840 zerstreuen v [streuen]
 e disperse, scatter, diffuse, stray
 f disperser, diffuser

11841 zerstreut adj
 e diffuse, diffused, scattered, stray
 f diffus, diffusé, dispersé

11842 Zerstreuung f
 e dispersion, dispersal, scattering, divergence, spread, straggling
 f dispersion f, diffusion f, divergence f

11843 zerteilen v
 e divide, part, split
 f diviser, partager

11844 zertrümmern v [allgemein]
 e smash
 f fracasser, détruire

11845 zertrümmern v [Atom]
 e disintegrate
 f désintégrer

11846 Ziehbarkeit f [Blech]
 e drawability, malleability
 f emboutissabilité f, malléabilité f

11847 ziehen v [Blech]
 e draw
 f emboutir

11848 ziehen f [Draht]
 e draw
 f étirer, tréfiler

11849 ziehen v [herausziehen]
 e pull ($\sim$ out)
 f tirer, retirer, retraiter

11850 ziehen v [Linie]
 e draw
 f tracer

11851 ziehen v [schleppen]
 e pull
 f traîner, entraîner

11852 ziehen v [Wurzel]
 e extract [the root]
 f extraire [la racine]

11853 Ziehen n [Blech]
 e drawing
 f emboutissage m

11854 Ziehen n [Draht]
 e drawing
 f étirage m, affilage m

11855 Ziehen n [Strecken]
 e stretch, stretching, elongation
 f allongement m, prolongement m, étirage m

11856 Ziel n
 e target, aim, object, mark
 f cible f, but m, objet m, fin f

11857 Zimmer n
 e room
 f chambre f, salle f, pièce f

11858 Zimmertemperatur f
 e room temperature
 f température f ambiante

11859 Zink n [Zn]
 e zinc
 f zinc m

11860 Zinkblech n
 e zinc sheeting, zinc plate
 f feuille f de zinc m

11861 Zinn n [Sn]
 e tin
 f étain m

11862 Zinnbad n
 e tin bath
 f bain m d'étain m

11863 Zipfel m [Richtdiagramm]
 e lobe
 f lobe m

11864 Zirkaloy n
 e zircaloy
 f zircaloy m

11865 Zirkonium n [Zr]
 e zirconium
 f zirconium m

11866 zirkular adj
 e circular
 f circulaire

11867 Zirkularbeschleuniger m
 e circular accelerator
 f accélérateur m circulaire

11868 Zirkularfeld n
 e circular field
 f champ m circulaire

11869 Zirkularpolarisation f
 e circular polarization
 f polarisation f circulaire

11870 Zirkularschwingung f
 e circular oscillation
 f oscillation f circulaire

11871 Zirkulation f
 e circulation
 f circulation f

11872 zirkulieren v
 e circulate
 f circuler

11873 zittern v
 e shake, quake, vibrate
 f ébranler, trembler, trembloter, vibrer

11874 Zone f [Gebiet]
 e zone, area, region, domain, field, sphere
 f zone f, région f, domaine m, régime m, sphère f

11875 Zone f, aktive
 e active area, active section
 f zone f active

11876 Zone f, neutrale
 e neutral zone
 f zone f neutre

11877 Zone f, tote
 e dead zone, silent zone
 f zone f morte, zone f de silence m

11878 Zone f, wärmebeeinflußte [WBZ]
 e heat-affected zone [HAZ]
 f zone f thermiquement affectée [ZTA]

11879 Zonenaufteilung f
 e zone repartition
 f répartition f des zones f/pl

11880 Zonenplatte f, Fresnelsche
 e Fresnel zone plate
 f plaque f de zones f/pl de Fresnel

11881 Zubehör n
 e accessories pl, fittings pl, attachments pl
 f accessoires m/pl, garniture f, armature f

11882 Zubehörteil n
 e accessory fitment, accessory
 f accessoire m

11883 zudecken v
 e cover, coat, mask, incase, sheathe
 f couvrir, revêtir, envelopper, masquer

11884 zufällig adj
 e random, accidental, casual
 f accidentel, alétoire, fortuit

11885 Zufallsfehler m
 e random erreur
 f erreur f fortuite, erreur f aléatoire

11886 Zufallssignal n
 e random signal
 f signal m alétoire

11887 Zufuhr f
 e feed, feeding, supply, inlet, influx, inflow, leading-in
 f alimentation f, amenée f, chargement m, admission f

11888 zuführen v
 e feed, supply, introduce, inject
 f amener, alimenter, introduire

11889 Zuführung f
 → Zufuhr f

11890 Zug m [Anziehen]
 e pull, traction
 f traction f

11891 Zug m [Eisenbahn, Wellenzug]
 e train
 f train m

11892 Zug m [Luftzug]
 e draft, draught
 f tirage m

11893 Zug m [Zugkraft]
 e drag, drag loading, pull, extension
 f traction f, entraînement m, force f d'entraînement m

11894 Zug m [Zugspannung]
 e stress, tensile stress
 f contrainte f de traction f, effort m de traction f

11895 Zugabe f
 e addition, admixture, additional charge
 f addition f, additif m, charge f additionnelle

11896 Zugang m
 e acces, entrance, entry
 f accès m, abord m, entrée f

11897 zugänglich adj
 e accessible
 f accessible, abordable

11898 Zugänglichkeit f
 e accessibility
 f accessibilité f

11899 Zugbeanspruchung f
 e tensile load, tensile stress, tensile strain
 f effort m de traction f, effort m de tension f, charge f de traction f, contrainte f de traction f

11900 Zugbelastung f
e tensile stress
f effort m de tension f

11901 zugehörig adj
e appropriate, belonging [to]
f appartenant [à]

11902 Zugehörigkeit f
e dependence
f dépendance f

11903 Zugelastizitätsversuch m
e test of elasticity of
f essai m de l'élasticité f à la traction

11904 Zugfestigkeit f
e tensile strength, ultimate tensile stress [U.T.S.], rupturing strength, ultimate strength, breaking strength, tenacity, tear resistance
f résistance f à la traction f, résistance f au déchirement

11905 Zugkraft f
e drag loading, load, tractive effort
f charge f, force f d'entraînement m, effort m de traction f

11906 Zugprobe f
e tensile test piece
f éprouvette f d'essai m de traction f

11907 Zugprüfmaschine f
e tensile testing machine
f machine f d'essai m de traction f

11908 Zugprüfung f
e tensile test
f essai m de traction f

11909 Zugriff m
e access, entry, entrance
f accès m, entrée f, abord m

11910 Zugscherversuch m
e shear tension test
f essai m de traction f au cisaillement

11911 Zugschwellbeanspruchung f
e pulsating tensile stress
f effort m de traction f ondulée

11912 Zugschwellprüfung f
e pulsating tensile stress test, pulsating tension test
f essai m de traction f alternée, essai m de traction f pulsatoire

11913 Zugschwellversuch m
→ Zugschwellprüfung f

11914 Zugspannung f [mechanisch]
e tension, tensile stress
f tension f de traction f, effort m de traction f

11915 Zugversuch m [Metall, Feststoff]
e tensile test
f essai m de traction f

11916 Zugversuch m [Textilien]
e breaking test
f essai m de déchirure f

11917 Zugzone f
e region in tension
f zone f tendue

11918 zulassen v [erlauben]
e admit, permit, authorize
f admettre, permettre, autoriser

11919 zulassen v [lizensieren]
e licence, license [USA]
f licencier

11920 zulässig adj
e permissive, permissible, allowable, allowed, passable
f admissible, permissible, permis, autorisé

11921 Zulässigkeit f
e admissibility
f admissibilité f, autorisation f, permission f

11922 Zulassung f [Erlaubnis]
 e admission, permission
 f admission f, permission f, accès m

11923 Zulassung f [Lizenz]
 e licence, license [USA]
 f licence f

11924 Zulauf m
 e influx, inflow, onflow, entrance
 f entrée f, amenée f, admission f

11925 zuleiten v
 e supply, feed, introduce, lead in, inject
 f alimenter, amener, introduire

11926 Zuleitung f
 e feed, feeding, feeder, lead, leading-in, supply, inlet, influx, inflow, mains pl
 f alimentation f, admission f, amenée f, feeder m, chargement m, conduite f

11927 Zunahme f
 e increase, increasing, augmentation, growth, build-up, building-up, ascending, progression
 f croissance f, accroissement m, augmentation f, élévation f, montée f, progression f

11928 Zunahme f, starke
 e drastic increase
 f augmentation f raide

11929 zünden v
 e ignite, fire
 f allumer, enflammer

11930 Zunder m
 e scale, sinter, tinder
 f paille f, paillettes f/pl, battitures f/pl, mâche-fer m

11931 zunehmen v
 e increase, grow, rise, progress, raise, augment, multiply
 f croître, accroître, augmenter, agrandir, élever, monter, progresser, élargir, étendre, multiplier

11932 Zunge f
 e tongue, reed
 f lame f, languette f

11933 zuordnen f
 e associate, identify, allocate
 f associer, identifier, allouer, affecter

11934 Zuordnung f
 e conjugation, identification, association, assignment
 f conjugation f, association f, identification f, assignation f

11935 zurückbleiben v
 e lag, retard, remain
 f retarder, rester

11936 Zurückgehen n [Rückgang]
 e return motion, reverse motion
 f marche f arrière, mouvement m arrière, retour m

11937 zurückhalten v
 e hold back, retain
 f retenir, garder

11938 Zurückhaltung f
 e retention, hold-back, hold-up
 f rétention f

11939 zurückkehren v
 e return
 f retourner, revenir

11940 zurückprallen v
 e rebound
 f rebondir

11941 zurückspringen v
 → zurückprallen v

11942 zurückstellen v
 e reset
 f rajuster/réajuster, réajuster/rajuster

11943 zurückstoßen v
 e repel
 f repousser

11944 Zurückstoßen n
  e repulsion
  f répulsion f

11945 zurückstrahlen v
  e reflect, mirror, reverberate
  f réfléchir, refléter, réverbérer

11946 zurückweisen v
  e reject
  f rejeter

11947 zurückwerfen v [Schall]
  e reverberate
  f réverbérer

11948 zurückwerfen v [Strahlung]
  e reflect
  f réfléchir

11949 Zurückwerfen n
  e reflection, reverberation
  f réflexion f, réverbération f

11950 zurückziehen v
  e retract
  f retirer

11951 Zusammenbacken n
  e caking, sintering
  f frittage m, briquettage m

11952 zusammenballen n
  e bunch
  f grouper

11953 Zusammenballung f
  e bunching
  f groupement m

11954 Zusammenbau m
  e assembly, assemblage, mounting, installation, fitting, setting up, erection, erecting
  f assemblage m, montage m, installation f, réunion f

11955 zusammenbauen v
  e assemble, mount, erect
  f assembler, monter

11956 zusammenbrechen v
  e breakdown
  f s'annuler

11957 Zusammenbruch m
  e breakdown, accident
  f défaut m, panne f

11958 Zusammendrückbarkeit f
  e compressibility
  f compressibilité f

11959 zusammendrücken v
  e compress
  f comprimer, presser, briquetter

11960 Zusammendrücken n
  e compression
  f compression f

11961 zusammenfallen v
  e coincide
  f coïncider

11962 Zusammenfallen n
  e coincidence, concordance
  f coïncidence f, concordance f

11963 zusammenfallend adj [zeitlich]
  e simultaneous, isochronous, synchronous, concurrent
  f simultané, isochrone, synchrone, concurrent

11964 Zusammenfassung f
  e summary, conclusion
  f sommaire m, résumé m, conclusion f

11965 Zusammenfügung f
  e connection, coupling, joint
  f connexion f, couplage m, accouplement m, jonction f

11966 zusammengedrängt adj
  e massive, compact, consistent, dense, solid
  f compact, massif, dense, solide, consistant, dur

11967 zusammengesetzt adj
　e complex, composite
　f complexe, composé

11968 Zusammenhang m
　e correlation, relation, relationship,
　　interrelationship, communication
　f corrélation f, relation f,
　　communication f, rapport m, suite f

11969 zusammenlaufen v
　e converge
　f converger

11970 zusammenlöten v
　e solder together
　f souder

11971 Zusammenprall m
　e collision, impact, shock
　f collision f, impact m, choc m,
　　heurt m

11972 zusammenpressen v
　e compress
　f comprimer, presser, briquetter

11973 zusammenschalten v
　e connect, interconnect, mount, wire
　f connecter, interconnecter, monter,
　　relier, brancher, raccorder

11974 zusammenschließen v
　e join, unite, connect, contact, plug in,
　　annex, link up with, bond
　f joindre, raccorder, lier, contacter,
　　attacher, accoupler, brancher, unir,
　　réunir, assembler, ajouter

11975 Zusammenschluß m
　e connection, connexion,
　　interconnection, joint, joining, link,
　　linkage
　f connexion f, raccord m,
　　assemblage m, jonction f,
　　branchement m, liaison f, union f,
　　prise f, communication f

11976 Zusammenschmelzen n
　e fusion, melting
　f fusion f

11977 zusammensetzen v
　e compose, synthesize, join, assemble,
　　mount, install, fit up, erect, attach
　f monter, assembler, installer, attacher,
　　composer, synthétiser, joindre

11978 Zusammensetzung f [Aufbau]
　e constitution, assembly, structure
　f constitution f, assemblage m,
　　structure f

11979 Zusammensetzung f [chemisch]
　e composition
　f composition f

11980 zusammenstellen v
　e set up, arrange, make out, compose,
　　combine
　f grouper, arranger, dresser, combiner,
　　disposer, composer

11981 Zusammenstellung f [Aufbau]
　e assembly
　f assemblage m, montage m

11982 Zusammenstellung f [Liste]
　e list, schedule
　f relevé m, liste f

11983 Zusammenstoß m
　e collision, impact, shock
　f collision f, impact m, choc m,
　　heurt m

11984 zusammenstoßen v
　e collide, push, thrust, bump, hit,
　　knock, impinge
　f pousser, choquer, entrechoquer,
　　entrer en collision f, toucher, heurter

11985 zusammenstürzen v
　e fall in, cave in
　f s'écrouler

11986 zusammentreffen v
　e coincide
　f coïncider

11987 Zusammentreffen n
 e coincidence, concordance
 f coïncidence f, concordance f

11988 Zusammenwachsen n
 e coalescence, fusion
 f coalescence f, fusion f

11989 zusammenwirkend adj
 e simultaneous, isochronous, synchronous, concurrent
 f simultané, isochrone, synchrone, concurrent

11990 Zusammenziehen n
 e contraction, shrinking, shrinkage
 f contraction f, retrait m, rétrécissement m

11991 Zusatz m [Hinzufügung]
 e addition, admixture
 f addition f

11992 Zusatz m [Nachtrag]
 e addendum, supplement
 f annexe f, supplément m

11993 zusätzlich adj
 e additional, additive, supplementary, auxiliary, provisional
 f additionnel, additif, supplémentaire, auxiliaire, provisoire

11994 Zusatzmittel n
 e additive, addition agent
 f additif m, agent m d'addition f

11995 Zusatzmittelversuch m
 e test of additives pl
 f essai m d'additifs m/pl

11996 zuschalten v
 e add
 f additionner, ajouter

11997 Zuschlag m
 e addition, additional charge, admixture, supplement
 f additif m, addition f, charge f additionnelle, supplément m

11998 zuschließen v
 e shut, close, enclose, inclose, incase, lock in, seal
 f fermer, enfermer, renfermer, serrer, coffrer, plomber, bloquer

11999 zusetzen v
 e add, admix
 f ajouter, additionner, mélanger

12000 Zustand m
 e state, situation, condition, stage, consistence, consistency, nature, quality, phase, level, grade
 f état m, situation f, condition f, constitution f, consistance f, nature f, qualité f, degré m, phase f, étage m, niveau m, stade m, échelon m

12001 Zustand m, stationärer
 e steady state, bound state
 f état m stationnaire

12002 Zutritt m
 e entry, access, entrance
 f entrée f, accès m, abord m

12003 zuverlässig adj
 e reliable
 f fiable, éprouvé

12004 Zuverlässigkeit f
 e reliability, dependability
 f fiabilité f, sécurité f

12005 Zuverlässigkeitsgrad m
 e grade of reliability
 f degré m de confiance f

12006 Zuverlässigkeitsprüfung f
 e reliability test
 f test m de fiabilité f

12007 Zuwachs m
 e increase, increasing, augmentation, build-up, building-up, rise, rising, growth, ascending, progression
 f croissance f, accroissement m, augmentation f, élévation f, montée f, progression f

12008 Zwangslauf m
 e forced circulation
 f circulation f forcée

12009 zwangsläufig adj
 e forced
 f forcé

12010 Zweck m
 e purpose, aim
 f but m, fin f, objet m

12011 zwecklos adj
 e useless
 f inutile

12012 zweckmäßig adj
 e suitable
 f convenable

12013 zweidimensional adj
 e two-dimensional
 f bidimensionnel

12014 Zweier...
 e bi..., binary, double, twin, twice, dual
 f bi..., binaire, double

12015 Zweifach...
 → Zweier...

12016 Zweifachstreuung f
 e double scattering
 f diffusion f double, dispersion f double

12017 Zweig m
 e branch
 f branche f

12018 Zweipol m
 e dipole
 f dipôle m

12019 zweiseitig adj
 e bidirectional, bilateral
 f bidirectionnel, bilatéral

12020 Zweistrahl-Oszilloskop n
 e double-beam oscilloscope, two-beam oscilloscope
 f oscilloscope m à rayon m double, oscilloscope m bitrace, oscilloscope m à faisceau m double

12021 zweistufig adj
 e two-stage ..., two-step
 f à deux étages m/pl

12022 zweiteilen v
 e halve, bisect
 f partager en deux, dédoubler

12023 zweiteilig adj
 e two-piece ...
 f en deux pièces f/pl, biparti

12024 Zwilling m [Doppelkristall]
 e twin crystal
 f cristal m jumeau, jumeau m

12025 Zwillingsbildung f
 e twinning
 f maclage m, hémitropie f

12026 Zwischen...
 e intermediate
 f intermédiaire

12027 Zwischenbeschleunigung f
 e interacceleration
 f accélération f intermédiaire

12028 Zwischenecho n
 e intermediate echo
 f écho m intermédiaire

12029 Zwischenflächenkorrosion f
 e interfacial corrosion
 f corrosion f interfaciale

12030 Zwischenfrequenz f [ZF]
 e intermediate frequency [I.F.]
 f moyenne fréquence f [M.F.], fréquence f intermédiaire

12031 Zwischengitter n [Kristall]
 e interstitial lattice
 f réseau m intermédiaire

12032 Zwischenglied n
 e intermediary, connecting link
 f intermédiaire m, bielle f

12033 zwischenlegen v
 e sandwich, interpose
 f intercaler, interposer

12034 zwischenmolekular adj
 e intermolecular
 f intermoléculaire

12035 Zwischenprüfung f
 e intermediate test
 f contrôle m intermédiaire

12036 Zwischenraum m
 e interval, interspace, spacing,
  interstice, intermediate space,
  distance, clearance
 f intervalle m, interstice m, espace m
  intermédiaire, distance f,
  écartement m, écart m

12037 Zwischenraum m, atomarer
 e atomic interspace
 f espace m entre les atomes m/pl

12038 Zwischenschicht f
 e intermediate layer, interface layer
 f couche f intermédiaire

12039 zwischensetzen v
 e insert, interline, connect
 f insérer, intercaler, interposer

12040 Zwischensetzen n
 e intercalation, insertion
 f intercalation f, insertion f,
  interposition f

12041 Zwischenstück n
 e intermediary, intermediate piece,
  adapter
 f intermédiaire m, pièce f intermédiaire,
  adaptateur m

12042 Zwischenwand f
 e separating wall, intermediate
  partition, partition wall, diaphragm
 f paroi f de séparation f,
  diaphragme m

12043 Zyan n
 e cyanogene
 f cyanogène m

12044 zyklisch adj
 e cyclic(al)
 f cyclique

12045 Zyklotron n
 e cyclotron
 f cyclotron m

12046 Zyklus m
 e cycle
 f cycle m

12047 Zylinder m
 e cylinder
 f cylindre m

12048 Zylinderbohrung f
 e cylindrical bore-hole
 f percement m cylindrique, trou m
  cylindrique

12049 zylindrisch adj
 e cylindric(al)
 f cylindrique

English

English

A

abandonment 849, 1330
abbreviated description 5628
aberration 43
ability 3193, 10880
ability to vibrate 8688
able to vibrate 8687, 8731
abnormal 147, 561, 568, 6414, 6700, 7651, 10500, 10521
abnormity 148, 562, 6413, 7652, 10522
abrade 158, 184, 7664, 8424
abrasion 162, 10903
abrasion crack 8427
abrasion test 159, 10907
abrasive crack 8427
abrupt 168, 379, 5629, 7065, 9138
abruption 10547, 11780
abscissa [-ae] 269
absolute error 3254
absolute level 6912
absolute measurement 218
absolute temperature 4986, 9958
absolute value 219
absorb 223, 901, 921, 1960, 1961, 1962, 8444
absorbability 222, 226, 239
absorbed dose 2311
absorbent 220, 234
absorbent paper 3596, 6011, 8171
absorber 221
absorbing agent 220, 234
absorbing material 1990, 6229
absorbing power 239
absorptance 230
absorption 224, 887, 1969, 1970, 1971, 8724
absorption capacity 222, 239
absorption coefficient 230
absorption cross section 235
absorption curve 231
absorption effect 225, 241, 10910
absorption index 229
absorption line 232
absorption loss 238
absorption method 233, 237
absorption of moisture 3488
absorption of radiation 9577
absorption power 226
absorption spectrum 236
absorption surface 227
absorption test 240
absorptive capacity 8169
absorptive power 222, 239
absorptivity 222, 226, 8169

abundance 4303
abundance distribution 4307
abundant 4302, 11687
a.c. bridge 11369, 11375
a.c. line 11374
a.c. mains 11378
a.c. motor 11377
a.c. source 11379
accelerate 1485
accelerated life test 5748
accelerated test 5642
accelerating area 1488, 1494
accelerating chamber 1491
accelerating electrode 1489
accelerating field 1490, 3355
accelerating force 1492
accelerating gap 1493
accelerating region 1488
accelerating slit 1493
acceleration 1487
accelerator 380, 1486
accentuate 381, 4346, 4358
accentuation 504
accept 145, 2939, 10282
acceptability of defects 3264, 3324
acceptance 139, 556, 2937, 10281
acceptance test 141
acceptor 382, 2942, 7268, 8948, 9156, 11214
acces 11896
access 11909, 12002
accessibility 11898
accessible 11897
accessories 11881
accessory 11882
accessory fitment 11882
accident 1018, 10895, 11957
accident hazard 10485
accident prevention 715, 10486
accidental 10457, 10501, 11884
accommodate 358, 489, 569, 3989
accommodation 328, 357, 490, 571
accordance 254, 4040, 10245
account 1462
accu 359, 361, 8146, 9038
accumulate 362, 500, 583, 931, 2749, 4299, 7657, 8144, 9043
accumulated dose 2312, 3954, 9822
accumulation 360, 501, 584, 932, 4303, 4308, 9045
accumulation of damages 8189
accumulator 359, 361, 8146, 9038
accuracy 3919, 6213

accuracy in measurement 6315
accuracy of adjustment 2763
accuracy of detection 6530
accuracy of repetition 11546, 11562
accurate 3918
ac-dc set 394
ac-dc unit 394
achieve 2962, 3434, 11096
achromatic 316, 3222
achromaticity 315
achromatism 315, 318
achromatize 317
acid 8164
acid-forming 8178
acidimeter 8183
acidity 8181
acidless 8180
acidometer 8183
acid-proof 8177, 8179
acid-resistant 8177, 8179
acid-resisting 8177
acoustic absorption 8202, 8209
acoustic attenuation 8209, 8255
acoustic attenuation coefficient 8256
acoustic attenuation measurement 8257
acoustic backscattering 8251
acoustic conductor 8216
acoustic emission [A.E.] 8217
acoustic emission analysis [A.E.A., ACEMAN] 8218
acoustic emission event 8219
acoustic emission source 2926, 8222
acoustic emission test 8220
acoustic emission test method 8221
acoustic field 8230
acoustic field imaging 8231
acoustic field parameter 8232
acoustic field visualization 8231
acoustic filter 3534
acoustic flux 8234
acoustic frequency 8236
acoustic imaging display 8260
acoustic imaging method 8261
acoustic imaging system 8260
acoustic impedance 4496, 8276, 11518
acoustic intensity 8239, 8264
acoustic irradiation 2720
acoustic lens 5956
acoustic line 5852
acoustic optics 8240
acoustic power 8215

English

acoustic pressure 8210
acoustic radiation 8203
acoustic resistance 11518
acoustic shock 5141
acoustic signal 8262, 8876
acoustic spin resonance 9092
acoustic(al) 378, 8201
acoustical holography 4445
acoustical line holography 5944
acoustical radiation pressure 8268
acoustical radiator 8267
acoustical ray displacement 8269
acoustical shadow 8252
acoustical sump 9826
acoustical transducer 8273
acoustical transmission 8235, 8271
acoustical transmitter 8259
acoustics 377
act 954, 2775, 3960, 11144
act ($\sim$ on, $\sim$ upon) 2784
actinism 363, 5910
action 1553, 1557, 2713, 2785, 9897, 11017, 11138, 11629, 11635
action phase 710
activate 366, 579, 7445
activating agent 365
activation 367, 580, 618, 3124
activation analysis 368
activation check 370
activation energy 369
activation probe 372
activator 365
active area 11875
active load 1384, 6740, 11621
active material 6230
active power 5796, 11624
active section 3559, 11875
activity 373, 9897, 11627
activity level 376
activity measurement 375
actual 9898, 11625
actual charge 1384
actual load 6740, 11621
actual output 11624
actual power 5796
actual situation (in) 9245
actual size 4158, 4857
actual value 2599, 4858
actuate 605, 1529, 1588, 8281
acute 168, 379, 5629, 7065, 8303, 9100, 9138, 11164
acute angle 11588
acute angled 9107
acute exposure 5638

acute irradiation 5638
adapt 330, 489, 569, 2701, 3989
adaptability 574
adaptable 573, 646, 5213, 11001
adaptation 328, 490, 571
adapter 329, 570, 575, 6905, 12041
adaption 328
adatom 332
add 333, 1365, 1367, 3089, 4375, 9825, 11996, 11999
addendum 11992
addition 334, 1366, 1371, 3090, 3699, 4376, 11895, 11991, 11997
addition agent 11994
additional 11993
additional charge 1366, 11895, 11997
additive 11993, 11994
adhere 4224, 5105
adherence 338, 494, 516, 4225, 4228
adherent 495, 4226
adhesion 338, 494, 516, 4225, 4228, 5106
adhesion zone 4230
adhesive 5104, 5107, 5111
adhesive agent 5104, 5111
adhesive bond 5113
adhesive bond joint 5108, 5113
adhesive bonded structure 1284
adhesive for metals 6351
adhesive force 339, 4227, 4229
adhesive power 339, 4227, 4229
adhesive substance 5104, 5111
adhesive tape 5103, 5109
adhesively bonded structure 5113
adion 340
adjacent 492, 549, 621, 1436
adjacent frequency 6505
adjacent turn 6508, 11578
adjust 74, 253, 489, 569, 2707, 2756, 3475, 3989, 4864, 7639, 7663, 10965
adjustability 10964
adjustable 2754, 4863, 7632, 9349
adjustable release 1076
adjusting 2760, 4865
adjusting device 2768, 7634, 7650
adjustment 2760, 4865, 7644
adjustment by hand 2767, 4262
adjustment dot 2764
adjustment instructions 2769
adjustment piece 4866
adjustment procedure 75
adjustment reflector 4867

admissibility 11921
admission 11922
admit 11918
admittance 341, 5868, 8330
admix 1369, 11999
admixture 1366, 1371, 3699, 11895, 11991, 11997
adsorb 345, 529, 2651, 3087
adsorbability 344, 347, 349
adsorbate 342, 8962, 8965, 9386
adsorbent 343, 348, 8963
adsorption 346, 530
adsorption affinity 344, 347
adsorption capacity 344, 347
adsorption power 344, 347, 349
advance 833, 11106, 11111, 11128, 11129, 11139, 11154, 11156, 11158
advanced training 11404
advancing 11106, 11111, 11129, 11158
advantage 11163
aerate 1431, 6052, 6066
aerated concrete 3852
aerial [GB] 631, 9544
aerial ropeway 2347, 8763
aeronautical engineering 6071
aeronautical industry 6070
aeronautics 350, 3601, 6069
aerotechnics [USA] 6071
affect 1325, 2784
affinity 351
affix 867
after-accelerate 6511
after-effect 6533
after-pulse 6517, 6566
after-treatment 6503, 6510
age 409, 410, 10743
age determination 414
age measurement 414
age-hardening crack 857
ageing 411, 417
ageing induced crack 419
ageing test 416
agent 352, 6270, 6421, 9384, 11628
agglomeration 9779
aggregate 354, 4200
aging 411, 417
aging/ageing test 420
agitated 1586
agitation 1587
agreement 4040, 10245
aim 11856, 12010
air 1431, 2519, 6047, 6052, 6066, 11572
air access 6064, 6089

air admission 6064, 6089
air blower 6068, 10654
air bubble 6055
air compression 6084
air cooling 6077
air cushion 6076
air dehumidifier 6067
air friction 6080
air gap 6082
air humidity 6073
air intake 6064, 6089
air layer 6081
air outlet 6053
air pressure 6058
air rarefaction 6085
air space 6081
air speed 6075
air supply 6086, 6088
air vessel 6054
air volume 6087
air-blast 3697
air-condition 5127
air-conditioning 5128
air-cooled 6074
aircraft 3602, 6072
air-forced ventilation 3698
airplane [USA] 3602, 6072
air-pressure test 4875
airpump 6079
airsealed 2166, 6057
airtight 2166, 6057, 11573
airtight closing 189, 10915
alarm 383, 6299
alarm signal 384
alcohol 390
alcohol soluble 393
alcoholic(al) 392
aldehyde resin 385
algebra 386
algebraic 387
algebraic addition 335
align 1090, 2702, 2755, 10022
alignment 73, 565, 820, 1091, 2703, 2759, 10020
alive 9742
alkaline metal 389
all mains device 394
allocate 11933
allow to pass 4364
allowable 11920
allowable deviation 308
allowable load 1402
allowance 129, 132, 307, 6184, 9088, 10078
allowance above nominal size 130

allowance below nominal size 131
allowed 11920
allowed load 1402
alloy 5771, 5772, 10683
alloy steel 5775, 9185
alloyed iron 2805
alloyed sheet 1708
alloyed steel plate 9203
alloying constituent 5773
alloying element 5774
alpha active 395
alpha activity 396
alpha chamber 398, 406
alpha counter 398, 405
alpha counter tube 398, 406
alpha decay 407
alpha disintegration 407
alpha emitter 402
alpha iron 397
alpha particle 404
alpha radiation 403
alpha radiator 402
alpha radioactive 399
alpha radioactivity 396
alpha rays 401
alphameter 405
alpha-ray emitter 402
alpha-ray spectrometer 400
alter 1, 450, 8573, 10661
alteration 451, 8574, 10662
alternate 302, 11359
alternating 303, 304, 4373, 11362, 11364
alternating component 11368, 11372
alternating current [a.c.] 11366
alternating current voltage 11365
alternating field 11356
alternating field stray flux technique 11357
alternating load 1394, 1400, 11353
alternating stress 11352
alternating voltage 11365
alternating-current bridge 11369, 11375
alternating-current circuit 11373
alternating-current component 11368, 11372
alternating-current excitation 11370
alternating-current instrument 11371
alternating-current line 11374
alternating-current mains 11378

alternating-current measurement 11376
alternating-current power line 11378
alternating-current supply 11379
alternation 303, 11348, 11362
alternative 304, 413, 11182
altitude 4425
altitude indication 4428
altitude indicator 4429
aluminide coating 388
aluminium 421
aluminum [USA] 421
aluminum alloy 425
aluminum foil 424
aluminum plate 423
aluminum sheet 423
aluminum strip 422
aluminum weld 426
always-safe 9433
amassing of cracks 7811, 7861
ambient 10378, 10381
ambient influence 10382
ambient light 7521, 10384
ambient medium 10379
ambient noise 7510, 10383
ambient temperature 7529, 10385
amelioration 10674, 11010
amend 1464, 7760
amendment 1465, 5417, 5420, 10675
ammeter 428, 9747
ammunition 6493
amorphous 427, 3673, 9773
amount 1080, 1549, 6304, 7387
ampere turn 429
ampere turns 2496
amperemeter 428, 9747
amplification 10955, 10958
amplification factor 10959
amplifier 10950
amplifier input 10953
amplifier output 10952
amplify 10949
amplifying by screen 3649
amplitude 430, 1101, 8336, 9105
amplitude correction 436
amplitude diminution 432, 440
amplitude distribution 441
amplitude drop 432, 440
amplitude function 434
amplitude of oscillation 8679, 8720, 8742
amplitude of vibration 8679, 8720
amplitude overshooting 438
amplitude response 433, 435

amplitude spectrum 437
amplitude swing 431
amplitude-frequency
 characteristic 433
amplitude-frequency response
 435
analyse 445
analyser 442, 446
analyses 443
analysis 443, 11806, 11811
analysis of emission spectrum
 2929
analysis of fibrous material 3240
analysis of plastics 5589
analysis of sieved pit-coal 8869
analytic(al) 447
analyze 11805
analyzer 442, 446
anchor 510, 513, 514, 8386,
 10663, 10945
angle 11583
angle bar 11596
angle dependence 11592
angle iron 11596
angle of beam spread 9556
angle of departure 265, 2933,
 9623
angle of divergence 2255, 9710
angle of emergence 1162
angle of emission 265, 2933, 9623
angle of impact 953
angle of incidence 953, 2777
angle of inclination 6579
angle of inlet 2777
angle of radiation 265, 2933,
 9623
angle of reflection 1162
angle of refraction 1823
angle of rotation 2383
angle of viewing 1749
angle probe 11600
angle steel 11603
angle-beam probe 11600
angle-beam transducer 11600
angle-dependent 11591
angular 2590, 4934
angular acceleration 11593
angular displacement 11605
angular divergence 11595, 11604
angular impulse 3568
angular kinetic energy 8068
angular momentum 2363
angular spread 11595, 11604
angular test head 11600
angular velocity 11598
anhydride 11325
anhydrite 506

animal permissible dose 2317
animal tolerance dose 2317
anion 507
anisotropic 508
anisotropy 509
anneal 533, 1052, 4091, 9989,
 10820
annealed iron 2794
annealing 4087, 4093, 9990
annealing colour 536, 541
annealing furnace 4096
annealing temperature 4097
annex 499, 524, 596, 1368, 10680,
 11974
annihilation 10885, 11838
announce 6300, 6420
annual dose 4860
annul 558, 858, 6017, 9658
annular 7781
annular magnet 7782
annulment 6027
anode 559
anodic 560
anodic layer 8355
anomalous 147, 561, 568, 6414,
 7651, 10500, 10521
anomalous abundance 4305
anomalous scattering 9700
anomaly 148, 562, 6413, 7652,
 10522
anorganic 567
antenna [USA] 631, 9544
anticathode 632, 9883
anticipated value 3154, 11500
anti-clockwise 3905, 5953
anticoincidence 633
anticorrosion 5439
anti-corrosive 5431, 5434, 5441
antidiffusion screen 9692
anti-freezing 3771, 4892, 4894
anti-interference device 3056
antinode 1265, 8723
antinoidal point 1265, 8723
antiparticle 635
anti-phase 3897
anti-piping compound 6094
anti-rust 8065
aperiodic 674
aperiodic damping 1972
aperiodic oscillation 8699
aperiodicity 675
aperture 676, 6804
aperture angle 6806
aperture correction 678
aperture diaphragm 677
aperture distortion 679
aperture of diaphragm 1748

apex 4000, 4430, 8333, 9101
apex angle 9106
apparatus 680, 681, 2675, 3928,
 4714
apparatus for room air
 conditioning 7512
apparent 8328
apparent power 5801, 8329
apparent resistance 8331, 11520
appear 11144
appear ($\sim$ as) 954, 2775, 3960
appendix 499, 524, 1368
applicability 2619
applicability ($\sim$ to) 647
applicable 646, 11018
application 650, 1442, 2713,
 3873, 6748, 11017, 11019,
 11024
applied current 9723, 9730
applied example 652
applied physics 7014
apply 648, 831, 947
apply ($\sim$ to) 545, 836
appoint 3476, 9814
appreciation 1595, 2727
apprenticeship 5777, 10599
approach 6541
appropriate 11901
approximate 552, 10492
approximate formula 6542
approximation 553, 682, 6540
approximation equation 6543
approximation method 555
approximative 552
approximative solution 6544
aptitude 2619
aqueous 11327, 11347
aqueous solution 6029
arbitrary duration 2022
arbor 319, 7438, 11411
arc 1777, 1778, 5894
arc crack 7789
arc discharge 1780, 5895
arc of the circle 5478
arc weld 5899
arc welding 1781, 5897
arcatom welding 723
arch 1775
architecture 1289
arc-over 10291
arc-welding seam 5898
area 1455, 3554, 3564, 3869,
 4174, 4673, 11874
area of radiation protection 9527
area of the circle 5481, 5483
argentiferous 8897
argil 10082

argon 724
argument 725
arithmetic mean 6423
arithmetic(al) 726
arm 1067, 10115
armature 511, 512, 727, 8075
armor [USA] 6872
armour 729, 730, 1592, 1593, 6872
armoured concrete test 1540
armouring 730, 1593
arrange 563, 825, 937, 939, 1064, 2228, 2708, 2773, 4353, 6829, 9935, 11980
arrangement 526, 565, 680, 681, 820, 940, 2774, 3065, 3928, 4078, 5248, 9767
arrangement of an equation 589
array 563, 565, 820, 825, 937, 940, 4203, 4353
arrest 731, 3470, 3475
arresting device 732, 3479
arris 4114
article 919
artificial 5585
artificial aging 412
artificial defect 3256
artificial flaw 3256
artificial gamma radiator 3837
artificial isotope 4835
artificial lighting 1421
artificial radioactivity 7443
artificial reference defect 10006
asbestos 733
asbestos cement tube test 735
asbestos covered 734
ascend 612, 642, 936, 9326
ascending 613, 616, 643, 9327, 11174, 11927, 12007
ascertain 3476, 9814
asphalt 736, 738
asphalt cover 737
assay 7178, 7180, 7184, 7309, 10969
assay piece 7183
assemblage 565, 820, 940, 6472, 11954
assemble 563, 825, 937, 4353, 6476, 11955, 11977
assembling site 6474
assembly 565, 820, 940, 1277, 6472, 11954, 11978, 11981
assembly line 1225, 3437, 3590, 6473
assess 1594, 2726, 8313
assessment 1177, 1583, 2727
assignment 11934

assimilate 489, 569, 3989
assimilation 490, 571
associate 11933
associated wave 1341
association 739, 10752, 11934
associative 740
assortment 8156
assumption 557, 10881
astable 741, 10534
astatic 742
astigmatism 743
astronautics 7507
asymmetric(al) 745, 10540
asymmetry 744, 6415, 10539
asymptote 746
asymptotic(al) 747
asynchronous 748
at rest 1551
at the site 4699, 6839
atmosphere 750
atmospheric corrosion 5429
atmospheric humidity 6073
atmospheric influence 11641
atmospheric pressure 6059, 6682
atmospheric(al) 751
atom 752
atom excitation 761
atom smashing 809
atom surface 792
atom-bound electron 767
atomic arrangement 760
atomic attenuation coefficient 795
atomic binding energy 765
atomic bond 764, 1677
atomic clock 799
atomic configuration formula 9772
atomic decay 808
atomic diameter 766
atomic disintegration 796, 808
atomic displacement 801
atomic electron 767
atomic energy 768, 782, 5030, 6709
atomic energy plant 784
atomic excitation 761
atomic frequency 770
atomic fusion 802
atomic group 774
atomic heat 805
atomic heat of fusion 794
atomic hydrogen welding 723
atomic index 807
atomic industry 776
atomic interspace 12037
atomic ionization 777

atomic lattice 773
atomic mass 785
atomic nucleus 781
atomic number 807, 5043, 6831
atomic physics 790
atomic pile 786, 5051
atomic plant 784
atomic power plant 784, 5041
atomic radius 791
atomic research 769
atomic science 798
atomic shell 775, 793
atomic shift 801
atomic splitting 796
atomic structure 763, 797
atomic technique 798, 5064
atomic transformation 800, 803
atomic transmutation 800, 803
atomic volume 804
atomic waste 51, 787
atomic wave function 806
atomic weight 772
atomic(al) 762, 778
atomicity 10638
atomics 790
atomistic(al) 780
atomistics 779
atomize 11830
atom-powered 771
attach 448, 6476, 11977
attach ($\sim$ on) 1334
attachable 934
attachment 1335
attachments 11881
attend ($\sim$ to) 1317, 1354, 1529
attendance 1318, 1530, 11306
attenuate 23, 203, 223, 901, 1961, 8444, 10889
attenuated 3877
attenuating band 1979
attenuating element 207
attenuation 204, 1970, 8566, 8724, 10890
attenuation characteristic 1984, 1995
attenuation coefficient 205, 208, 209, 1987
attenuation compensation 1978, 1981
attenuation constant 205, 210, 1989
attenuation correction 1981
attenuation distortion 1998
attenuation equalization 1978, 1981
attenuation factor 205, 1982
attenuation function 206, 8568

English

attenuation measurement 1992
attenuation network 810, 1985
attenuation of radiation 9533, 9576, 9585, 9614
attenuator 810, 1985
attenuator pad 810, 1985
attic 1767
attract 669
attraction 671, 672, 811
attraction power 672
attractive force 672
attrition 162
audibility range 4459
audible 4458, 10883
audible range 4459
audible sound test 5096
audio frequency 4460, 10090
audio frequency generator 10091
audio sound 4466
Auger effect 981
Auger electron 982
Auger electron spectroscopy 983
Auger spectrometry 984
Auger spectroscopy 983
augment 3094, 10812, 10873, 11652, 11931
augmentation 10814, 10875, 11406, 11927, 12007
augmentation of cracks 7897
austenite 1157, 3825
austenitic 1158
austenitic cast 4209
austenitic steel 9170
austenitic weld 8243
austenitic weld material 8609
austeno-ferritic steel 9171
authorize 11918
autocollimation camera 1187
autocorrelation 1188
autocorrelation function 1189
autogenous 1184
autogenous welding 1186
autogenously welded 1185
automate 1193
automatic adjustment 2766
automatic control 5319, 7646, 8798
automatic controller 7661, 8799
automatic evaluator 1174
automatic exposure unit 1426
automatic frequency control (A.F.C.) 3738
automatic machine 1190
automatic method 10758
automatic scanning 283
automatic system 527
automatic welder 8594

automatic welding machine 8614
automatic(al) 1192, 8801
automation 1191, 1194
automaton 1190
automobile 5463
autoradiography 1195
auxiliary 1056, 1363, 4360, 11993
auxiliary line 4361
auxiliary means 4362
auxiliary working 6702
available 10800
available power 5802
avalanche 2487
avalanche effect 5746
average 1018, 2539, 2541, 6422, 6431, 6870, 10895
average output 5800
average speed 2540
average value 2541, 6431
Avogadro constant 1199
Avogadro's number 1199
avoid 10876
axes 320, 6426
axial 1200
axial force 5698
axial pressure 1201
axial section 5703
axial symmetric(al) 1202
axiom 1203
axis 320, 6426
axis of ordinates 6828
axis of revolution 2355
axis of symmetry 9837
axle 319, 7438
axle bearing 325
axle shaft 327
azimuth 1204
azimuthal 1205

B

back 873, 4371, 4372, 8079, 8090
back diffusion 8078
back echo 8102
back face echo 8102
back face echo curve 8104
back face echo height 8103
back part 4372, 8079
back pulse 8084
back screen 4369
back side 4371, 8090
back-emf 3892
background 4370, 6717, 10553
background determination 6718, 10555
background monitoring 6719, 10559

background noise 2612, 4181, 6565, 9408, 10556
background radiation 10558
backing 10563
back-pressure 9311
backscatter factor 8099
backscattering 8101, 8105
backscattering method 8100
backward wave 8106
bad 10834
bad conductor 5838
baffle plate 7143, 10414
baffle shield 179
bakelit 1213
balance 73, 74, 1045, 1179, 1214, 2755, 2759, 4034, 5222, 11168
balanced 4035
balanced load 1395
balancing 1044
balancing device 3068
balancing method 75
ball 5542
ball pressure test 5547
ball shape 5550, 5553
ball thrust test 5548
balloon 1217
ball-shaped 5551
banana jack 1219
banana pin 1219
banana plug 1219
band 1220, 1226, 1454, 9662
band elimination filter 1244
band filter 1239
band iron 1237
band pass 1242
band pass filter 1242, 1243
band pass response 1240
band recorder 9664
band rejection 1244
band rejection filter 1244
band selector 1459, 1460
band spread 1235, 1245
band spreading 1235, 1245
band stop 1244
band stop filter 1244
band switch 1459
band width 1232
bandage 1231, 10672
bandwidth 1233
bandwidth control 1234
bang 5141, 5142
bank 4200
bar 2817, 5162, 8381, 9157, 9271, 9381, 9864
bar inspection installation 9275
bar iron 9158, 9274
bar magnet 9167

English

bare 1687, 10508
bare electrode 2855
bare wire 2326
barometer 6060
barometric pressure 6059
barrel 10205, 11194
barrier 1246, 4124, 8501, 8648, 11189
barrier layer 9074
base 1247, 1248, 1249, 1250, 1251, 1567, 1771, 3789, 3813, 3816, 4175, 4179, 4183, 4186, 4196, 8938, 8939, 8942, 9263, 9800, 10541, 10552, 10563, 10566, 10572
base coil 1774
base line 1251, 4186, 6721
base material 4188, 4195, 9812, 10126, 10129
base plate 1772, 4189
basement 1249, 3789, 4175, 4196, 10541, 10552, 10566
basic frequency 4180
basic principle 4184, 4190
basic research 4185
basicity 1252
basin 3883
basis 1250, 4183
bass 10054, 10085
batch 7126
batch product 6208
batch production 6197, 8829
battery 1253, 4200
battery pole 1256
battery supply 1258
battery voltage 1257
battery-operated 1254
battery-powered 1254
bay 3185
bayonet catch 1212
bayonet closure 1212
bayonet fixing 1212
bayonet joint 1212
bayonet lock 1212
be composed (~ of) 1505
be made up (~ of) 1505
bead remelting 8623
beam 1215, 1904, 7757, 9464, 9486, 10119
beam aperture 1906, 9488
beam axis 9472
beam concentration 9475, 9552, 9555
beam deflection 9471
beam extraction 1907, 9487
beam extractor 1907
beam focusing 9475, 9552, 9555

beam generation 9551
beam hole 1511, 9510
beam limiter 9474
beam limit(ing) 9482
beam spread 9476, 9624
beam spreading 9624
beam tube 9557
beam velocity 9553
beam width 1906, 9488
bear 10117
bearing 872, 5669, 9800
beat 4738, 8589, 10269
beat note 4747
bed 1249, 1567, 1771, 3789, 4196, 8938, 8942, 10541, 10552, 10566
bed-plate 1567, 1772, 3789, 4189, 8942
begin 1340, 2745
beginning 456, 1339
behaviour 10823
behaviour of material 11489
bell 4081
bellied 1266
bell-shaped 4084
bell-shaped pulse 4085
belonging [to] 11901
belt 1222
bench test 5647, 11461
bend 1613, 1622, 1776, 2484, 5144, 5149, 5534, 5535, 5537, 10676, 11037
bend test 1614, 1617, 3207
bending 1622, 2484, 10677, 10731
bending fatigue strength 1618
bending moment 1612, 1626
bending resistance 1611
bending strength 1611
bending stress 1610, 1624
bending test 1614, 1617, 3207
bending vibration test 1616
bending wave 1619
benefication 10744, 11503
bent 3872, 5533
bent characteristic 4990
beryllium 1475
beta activity 1520
beta background 1532
beta backscattering 1525
beta counter 1522, 1533
beta emission 1521, 1528
beta emitter 1527
beta phase 1524
beta radiation 1528
beta ray 1526
beta-background 1523
beta-radioactivity 1520

beta-ray emission 1521, 1528
betatron 1531
bevel 199
bevelling 200
bevelling plane 8463
bezel 2654
bi... 12014
bias 11161
bias voltage 11161
biaxial 2269
bibliography 5970
bidirectional 12019
bifilar winding 11512
bifocal 1628, 2279
bifocus 2278
bifurcate 313, 3817, 11049
bifurcation 314, 928, 3819, 10186, 11050
big diameter tube 7926
big sample test 4168
bilateral 2286, 12019
billet 1760, 2817, 5162, 9864
bimetal 1666
bimetallic 1667
bimetallic strip 1668
binary 1669, 2267, 2291, 2469, 12014
binary notation 1670
binding 1674, 10669
biological damage 8188
biological dose 2313
biological half-life 4244
biological material 6232
bipolar 1682
birefringence 2274
birefringent crystal 5516
bisect 4235, 12022
bismuth 11639
bistable 1685
biting 8301
bitumen 736
bituminous tar test 1686
black body 5411
black body radiation 8576
black light 8577
black spot 9335
blackboard 9865
black-body radiation 9573
blackening 8578
blade 1224, 1700, 5130
blank 995, 1146, 1344, 5202, 5767, 7038, 7044, 7922, 8320
blanket 1690, 1891, 2061, 10392
blanking 1151, 2473, 2475
blanking interval 1148
blanking level 1149
blanking pulse 1147

blanking signal 1150
blast 2143, 3172, 11572
blast furnace 4404
blast inlet 11581
blast pipe 2551
blast wave 3170
bleach 1731, 10694, 10776
blending 6409
blink 828, 874
blip 4510
blister 1692
blister formation 1694
blistery 1698
block 164, 245, 354, 1758, 1762, 1763, 5225, 9065, 9066, 10699, 10887
block [against] 24
block diagram 1761, 1763, 1764
block schematic diagram 1764
block technology 1765
blocking 9067, 9076, 10549, 10888
blocking device 9077
blocking pulse 9072
bloom 1760, 1812, 5162, 6096, 7922, 11121
blot 3582, 8467
blow 2531, 2534, 8407, 9444
blow out 2534
blur 10528, 11014
blurred 10925
board 6869, 7037, 9865
bobbin 9139
body 3908, 8197
body dose 5412
Bohr atom model 1790
boil 8871
boiler 1349, 4330, 5073, 9039, 11151
boiler installation 5075
boiler tube 5076
boiling point 8872
boiling water reactor [BWR] 8874
bolometer 1793
bolster 10563
bolt 599, 1795, 3475, 8197, 10921
bolted joint 10700, 10922
bolting 10663, 10700, 10922
Boltzmann's constant 1794
bombard 1483
bombarded particle 9885, 9927
bombardment 1484, 1496, 1796
bombardment speed 952
bond 1674, 10669, 10750, 11974
bonded metal joint 6352
bonding 1675

bonding medium 1673
bonding technique 3773, 5110
booking 847
booking office 8286
boost 4346, 4358
booth 9237
borated 1799, 1802
border 191, 1342, 4122, 4928, 7468, 7469, 8174, 9318
border region 7474, 7483
border zone 7474, 7483
border-line case 4126
bore 1783, 1787
bore out 996
bore through 2485
bore-hole 1787, 1791
bore-hole logging 1789
boring 1787, 1791
boron 1798
boron counter tube 1805
boron lining 1800
boron steel 1804
boron-filled counter 1805
boron-filled ionization chamber 1803
boss 5834
both-away 2286
bottom 1249, 1567, 1770, 3789, 4176, 8938, 8942, 10541, 10552, 10566, 10572
bottom dead center 10107
bottom echo 8102
bottom plate 1772, 4189
bounce 912, 7152
bound 912, 1342, 7152, 8159, 8648, 9134, 11189
bound atom 755
bound electron 2875
bound state 12001
boundary 1346, 4122, 7468, 8647, 11189
boundary conditions 4118, 7472
boundary layer 4138
boundary surface 4127, 10176
boundary wavelength 4142
bounding surface 4127, 10176
bow 1778
box 1350, 1807, 1899, 2304, 3883, 3908, 4916, 4962, 8186
brace 510, 5094, 9640, 10967
bracing 10669, 10945
Bragg diffraction 1808
Bragg reflection 1809
Bragg scattering 1811
Bragg's equation 1810
braided wires 2342

braking 1832, 10855, 11042, 11048
braking moment 1829
braking test 1833
braking torque 1829
branch 104, 107, 313, 314, 928, 3186, 3819, 3868, 10186, 10668, 11049, 11050, 12017
branching 107, 314, 928, 3819, 10186, 11050
branching crack 7807
branching-off 107, 314, 928, 3819, 10186, 11050
brand 6169
brass 6318
braze 4287, 6038
brazed joint 4290, 8980
brazing 4288, 6040
brazing solder 4286, 6033
breadth 1827, 11401
break 1818, 1862, 5146, 5149, 5154, 6803, 6908, 7787, 8108, 9133, 10545, 11779, 11780, 11788, 11831
break (a circuit) 1094, 10172
break frequency 4131
break limit 7434
break off 26, 11779
break through 2531
breakage 1862, 11780, 11784, 11833
breakdown 1018, 1563, 2487, 2528, 2531, 6870, 9404, 9424, 9432, 10547, 10895, 11956, 11957
breakdown tester 2536
breaker 1096
breaking 1819, 1862, 5154, 11780, 11801
breaking elongation 1865
breaking limit 1870
breaking load 1872, 5152, 7689, 11817
breaking point 1868
breaking strain 5148
breaking strength 1580, 1868, 3457, 5150, 11815, 11904
breaking stress 1877
breaking test 11820, 11916
breaking transient phenomenon 1098
breaking-up of atoms 808
break-proof 1876
breast 9639
breeder 1890, 1893
breeder reactor 1890, 1893
breeding 1889, 1895

breeding blanket 1690, 1891, 1896
breeding material 1892, 1894
bremsstrahlung 1831
Brewster angle 1855
brick test 6259
bridge 1884, 5713, 10236
bridge bearing test 1885
bridge circuit 1886
bridge weld 5714
bright 1688, 4015, 4339, 5099, 7678
bright up 864
brighten up 864
brightening 865
brightness 4014, 4340
brilliancy 4014
brilliant 4015, 4339
Brinell hardness 1856
brittle 9128
brittle crack 9130
brittle fracture 9124
brittle fracture growth 9125
brittle fracture propagation 9125
brittle fracture test 9127
brittleness 1871, 9129
broad-band amplifier 1826
broadcast 3794, 10309
broaden 961, 10705
broadening 962, 10706
bromic counter tube 1858
bromine 1857
bromine counter 1858
bronze 1859
brown coloration 1816
Brownian motion 1860
Brownian movement 1860
bubble 1691
bubble chamber 1696
bubble formation 1693
bubbling 1693
bubbly 1698
buckle 1579, 2623, 5144, 5149, 11037
buckling 1579, 5537, 11648
buckling strain 1581, 5153
buckling strength 1580, 5150
buckling stress 1578, 5147
buckling test 1582, 5155
buffer 595
buffer resistance 1999
build 5263
build up 2741
building 1261, 1288
building above ground 4386
building block system 1278
building foundation 1270

building ground 1279
building material 1281
building materials 1274
building plot 1279
building site 1279, 6474
building-up 821, 5264, 11927, 12007
building-up process 2742
building-up time 617
build-up 11927, 12007
built-up weld 949
built-up welding 948
bulb 1217, 1683, 4088
bulge 985, 1579
bulge-out 962, 10706
bulgy 1266
bulk goods 8534
bulk production 6197, 8829
bulk test 8399, 8552
bulk wave 5232, 10723
bulk-manufactured piece 6208
bullet 5542
bullet mould 5549
bump 9450, 10168, 11984
bunch 1216, 1901, 1903, 1905, 5354, 6866, 7757, 11952
bunching 1218, 11953
bundle 1901, 4300, 6866, 9443
buried pipe 7947
burn 10707, 10708
burning 8301, 10708
burning in 2626
burning off 25, 28, 997
burning point 3071, 3574
burning up 25, 28, 997
burnt 3244
burnt-through weld spot 8628
burn-up 997
burred 11013
burst 910, 1909, 1911, 2143, 3172, 4510, 7061, 7062, 7063, 7684, 9442, 11802, 11812, 11829
burst pressure 1466
burst signal 1911
bursting pressure 1466
bus 8145, 8382, 9751
bus bar 8145, 8382, 9751
bush 1898
bushing 1898, 2499
business 691
butt joint 9791, 9797
butt seam 9791
butt strap 5713
butt weld 9791, 9795
butt welding 9791, 9793, 9794
button test 165

butt-seam weld 9791
butt-seam welding 9793
by hand 4258
by steps 8514
by-pass 6570, 8836
by-product 6564, 6569

C

cabinet 3908
cabinet according to Kesternich 5077
cable 4869, 4870, 8762, 9900
cable duct 4877
cable finder 4878
cable pressure test 4875
cable railway 2347, 8587, 8763
cable running 5863, 5865
cable tube 4877
cabling 5863
cadmium 4880
cadmium control rod 4881
cadmium-plate 4879
caesium 1913, 11698
cage 1350, 1899, 2304, 3883
cake 7161, 8911, 8912
caking 8913, 11951
calcination 1839, 8062
calculable 1445
calculate 1446, 7589
calculated value 11499
calculation 1447, 2727, 7594
calculation of strength 3456
calculator 7590
calculus 7594
calender 6160
caliber 5778
calibrate 2601, 4883
calibrating 4884
calibration 2607, 4884
calibration block 2605, 5326, 10013, 10018
calibration curve 2606
calibration frequency 2602
calibration instrument 2603
calibration station 2600
californium 4886
calk 2533, 5373, 6909
calking 2529, 5372, 6907
callipers 9892
calm 1467
caloric radiation 11233, 11279
calorific energy 11255
calorimeter 4888, 11270
calorimetry 4889
calotte 4890
camber 11648

English 556

camera 897, 4914
camp 5670
camshaft 6671
can 1350, 1837, 1899, 2304, 3883, 4474
can plug 4475
canal 4922, 8185
canal rays 4927
cancel 558, 862, 1071, 9658
cancel (~ out) 858
canned 3910
cantilever 1067, 10115
caoutchouc 4204, 4971
caoutchouc test 4972
cap 37, 190, 920, 2062, 2261, 4082, 4298, 4943, 5609, 5610, 10911
cap end 192, 10916
cap nut 4477
capability 885, 10880
capability of deformation 10799
capacitance 4936, 4940
capacitive 4941
capacitive coupling 5378
capacitive foil strain gauge 4937
capacitor 5242
capacity 3243, 4935, 5825, 7497, 10880
capillarity 4942
capillary flaw 4222, 6380
capsule 4944
capture 61, 529, 530, 2650, 2651, 3087
capture probability 2653
car 5463, 11177
car element 1197
carbon 2529, 5186
carbon black 8126
carbon content 5187
carbon copy 2529
carbon dioxide 5184
carbon fiber 5182
carbon fiber reinforced 5183
carbon hydrogen 5189
carbon steel 5188
carbon-fiber reinforced plastics 5588
carbonization 868, 2716, 4946, 5190, 10839, 11765
carbonizing 4946, 5190, 10839
carbonyl iron 1912, 4947
carburization hardness 2715
carburized iron 2799
carburizing 868, 2716, 4946, 4948, 11765
carburizing steel 2718
card 4951

card file 4955
card index 4955
Cardan joint 4949
Cardan suspension 856
cardanic suspension 856
card-controlled 4957
care 957
carriage 11178
carrier 10118, 10121, 10124, 10128, 10130
carrier amplitude 10122
carrier fluid 10123
carrier frequency 10124
carrier gas 10125
carrier rocket 10120, 10127
carrier wave 10121, 10128, 10130
carry 10117
carry off 103
carry over 10296
carrying power 1402
Cartesian coordinates 5360
cascade 4958, 9782, 9788
cascade connection 4959
cascade radiation 4960
case 1350, 1899, 2304, 2739, 3185, 3197, 3883, 3908, 4962, 8186, 11132
case [for fuel rods] 1844
case for fuel elements 1838
case of loading 1407
case-hardened layer 8359
case-hardening 868, 2716, 6769, 11765
case-hardening depth 2717
case-hardening steel 2718
casing 1350, 1899, 2059, 2304, 3883, 4962, 7674
casket 10155
cassette 4961
cast 3993, 3994, 4208
cast iron 4210
cast steel 4214, 9211
casting 3994, 3996, 4208, 4215
casting house 3995
casual 11884
catalog [USA] 4963, 5969, 10301
catalogue 4963, 5969, 10301
catalyst 4964
catalyzer 4964
catch 595, 732, 841, 2651, 2706, 3210, 3477, 3479, 9065
catch fire 3069
cathode ray 4968
cathode ray tube (CRT) 4969
cathode sputtering 4970
cation 4965
cation exchanger 4966

cause 1597, 4177, 10621
cause of error 3312, 3322
caustic 816, 818
cave in 2643, 2645, 11985
cavitation 4974
cavitation test 4975
cavity 3327, 4436, 4439, 4973
cavity resonator 4437
cease 866
ceiling 2060
cell 2908, 7499
cement 38, 2174, 11764
cement test 11767
cementation 2716, 11765
cemented metal 4292
center [USA] 5017, 6419, 6426, 6429, 6430, 11771, 11777
center line 320
center of gravity 8667
center of mass 8667
center of rotation 2368
central beam 11770
central force 11769
central point 6429, 11777
central ray 323, 11770
centralize 11768
centre 5017, 6419, 6426, 6429, 6430, 11771, 11777
centre frequency 6434
centre line 6428
centre of gravity 6199
centre of mass 6199
centric(al) 6435, 11776
centrifugal force 3588, 11772
centrifugal whirler 8748, 11773
centrifuge 11774
centripetal force 11775
ceramic 5004
ceramic material 5000, 11467
ceramic transducer 5003, 7019, 11223
ceramic-metal (cermet) 5001, 6350
ceramics 4999
Cerenkov counter 1915
Cerenkov radiation 1914
cerium 11778
certificate (~ on) 1479
cesium 1913
chain 5078
chain reaction 5081
chain test 5080
chamfer 199, 200, 3810, 5469
change 1, 2, 450, 451, 8573, 8574, 10375, 10376, 10435, 10439, 10443, 10446, 10661,

10662, 11011, 11208, 11349, 11359, 11360
change in temperature 9963, 9984
change of direction 7769, 7774
change of impedance 11523, 11534
change of length 5687
change of temperature 9963, 9984
change over 10426
change the place 10429, 10729, 10843
change the polarity 10417, 10419
change-over switch 8285, 10427
changing load 1400, 11353
channel 1132, 3810, 4921, 4923, 5847, 7776, 7784, 8185, 10315
channel arrangement 4925
channel section 4926
channel spacing 4924
character 11703
characteristic 1916, 4988, 4989
characteristic data 4988, 6891
characteristic function 9235
characteristic impedance 11448
characteristic radiation 2616, 9560
characteristic value 4994
charge 869, 1379, 1380, 1919, 3783, 3788
charge carrier 5658, 10118
charge distribution 5661
charge exchange 5657, 10402
charge separation 5659
charge transfer 5657, 5660, 10402
charged atom 756
charged element 1888
charger 5654
charges 5445
charging 1375, 1481, 3784, 5655
charging area 1482
charging device 5654
charging unit 5654
Charpy impact test 5012
Charpy test 6923
chart 1702, 2006, 4953, 5623, 5624, 8315, 9859, 10301, 11714
chart recorder 9664
chart speed 9665
chartprinter 1705
chassis 1920, 3971, 10551, 10552, 10566
check 1086, 2542, 5318, 5324, 7178, 7196, 7254, 7309, 7645, 10002, 10284, 10582, 10969, 10971, 10972

check mark 5329
check program 7293, 10016
checking 847, 2542, 5318, 7178, 7309, 7645, 10002, 10284, 10969
checking device 7245, 7252, 7263, 7324
checking of parts 9939
check-up 2542, 7178, 7309, 10002, 10284, 10969
cheek 1206
chemical agent 1921, 7551
chemical binding 1678
chemical bond 1678
chemical combination 10688
chemical compound 10688
chief ingredient 4311
chill 201
chip 8995
chipping 243, 928
chipping test 6298
chisel 2372
chlorine 1923
choc 911, 923
choice 1163, 11179
choice of method 10773
choke 2394, 2395, 2396, 9140
choking 2397
choking coil 2394, 2396
choose 1164, 11180
chopped pulse 4509
chopper 10546, 11800
chromatic 1925
chromatic aberration 44, 3211
chromatic sensitivity 3218
chromaticity value 3230
chrome steel 1928
chrome-nickel 1926
chrome-nickel steel 1927
chromium 1924
chromium-plate 10712
chronic 9265
chronic exposure 2027, 9483
chronometer 10327, 11739
circle 5471
circuit 5472, 5847, 8294
circuit arrangement 8278
circuit breaker 1096, 8283
circuit breaking 1097
circuit diagram 8279, 9746
circuit element 8280
circuitry 5863
circular 5482, 5489, 7781, 11866
circular accelerator 5477, 7779, 11867
circular arc crack 7793
circular bead 8123

circular cross-section 5487
circular design 8116
circular diaphragm 5485
circular disk equivalent defect 5490
circular field 3367, 11868
circular orbit 5476
circular oscillation 11870
circular polarization 7073, 11869
circular reflector 5491
circular scanning 5474
circular tube 5488, 7937
circular waveguide 8119
circular-disk-shaped 5492
circulate 2493, 2550, 5479, 10401, 10408, 11872
circulating pulse 4515
circulation 5480, 5484, 9756, 10405, 11871
circulation period 10407
circulatory motion 11606
circumference 10371, 10400
circumference of the circle 5495
circumferential crack 10374
circumferential magnetization 10373
circumferential seam 8123
cistern 9880, 11151
civil engineering 1289
clad 2687, 7053, 7054, 10322, 10391
cladding 7055, 10323, 10392
clamp 731, 3470, 3475, 5092, 8199
clamping plate 930
class 9242
classification 2774, 5100, 8966, 9945
classify 2700, 2773, 5101, 6829, 9935
claw 5102
clay 10082
clean 5098, 7679, 8161
cleaning 7681, 8162
cleansing 7681, 8162
clear 1361, 1497, 1688, 2146, 4015, 4339, 4697, 5098, 5099, 7678, 8300, 11402
clear a trouble 3052
clearance 248, 1132, 4756, 6048, 7496, 9088, 12036
clearing 7681, 8162
clearness 2147, 4340, 8304
cleavability 8971
cleavable 8969, 8978
cleavage 8967, 8974, 8975, 8991, 9133

cleavage property 8971
cleavage strength 8979
cleavage test 8992
cleave 8976
cleft 8967, 8975, 9133
click 5136, 5137, 9065
clicking 5138
clicking noise 5139
clicks 5138
climate 5122
climatic 5126
climatic resistivity 5123
climatic test 5124, 5129, 7311
climatization 5128
climatize 5127
climax 4000, 4430
climbing iron 5121, 9325
cling (~ to) 4224
clip 194, 1343, 1495, 5092
clipper 1345, 4073
clipping 47, 195
clipping of frequency band 3729
clock 10327
clock frequency 9870
clock generator 9871, 11731
clock pulse 9872
clockwise 7600, 10329
close 186, 2168, 2757, 3443, 8435, 9376, 10475, 11998
close (~ the circuit) 2725
close (~ to) 2167, 6538
close coupling 5376
closed circuit 9744
closed-circuit television 4651, 5633
closing 188, 2761, 9377, 10911
closing time 8437
closure 188, 10911
closure time 8437
closure weld 193, 8436
cloth 3978, 9382, 10216
clothing 1376, 6655, 10323, 10392, 10398, 10836
cloud chamber 6563
cluster 353, 502, 1929, 4300, 6584, 8175
cluster of cracks 7811, 7867
cluster of fuel elements 1836, 1846
cluster of inclusions 2733
cluster (of voids) 5769
clustered flux inclusions 8404
clustered porosity 7115
clustered slag inclusions 8404
clutch 5102, 5613
coalescence 5164, 10754, 10918, 11988

coarse 4145, 7492
coarse adjustment 4147
coarse control 4150
coarse estimate 4151, 10292
coarse ripple 7419
coarse structure 4152
coarse-grained 4148
coarse-grained film 3512
coarse-grained structure 4149
coat 624, 946, 947, 1057, 1376, 1480, 2672, 2729, 3510, 5662, 6167, 8353, 8354, 9657, 10321, 10323, 10390, 10392, 10398, 10418, 10802, 10830, 10836, 11883
coat of lacquer 5653
coated 10322, 10391
coated electrode 2856
coated sheet 1707
coating 624, 946, 1058, 1376, 1480, 2672, 3510, 6655, 8354, 10323, 10392, 10398, 10836
coating of ice 2846
coating thickness 8366, 8372
coating thickness measuring device 8367
coaxial 5165
coaxial cable 4872, 5166
coaxial line 5854
cobalt 5167
cobalt content 5168
cock 4231
code 1930, 5169, 5170
coder 1931, 5171
coding 5172
coefficient 1372, 5173
coefficient of thermal expansion 11239
coercitivity 5175
coercive force 5175
coercive intensity 5174
coherence 5179
coherent 5177
coherent scattering 9703
coherent-optical 5178
cohesion 5180
cohesive force 5181
coil 9140, 11508, 11511
coil magnetization 9145
coil up 966
coiling 11509
coin 6494
coincide 5193, 11961, 11986
coincidence 5191, 11962, 11987
coincidence measurement 5192
cold air 4901
cold cathode 4900, 4967

cold crack 4904
cold cracking resistance 4907
cold cracking risk 4905
cold formability 4910
cold forming 4912
cold heading 9308
cold neutron radiography 4902
cold pressing 4903
cold rolled metal 6340
cold shaping 4912
cold shot 4909, 6043, 8637
cold straining 4891
cold weld 8637
cold welding 4908
cold (wire) drawing 4913
cold work hardening 4911
cold-formed 4898
cold-rolled 4899
cold-rolled steel 9183
cold-rolled steel strip 1238
cold-strained wire 2330
collapse 4
collar 1902, 3580, 8324, 10567
colleague 5196
collect 61, 841, 2651, 3210, 8144, 9043
collecting electrode 3209, 8143
collection 842, 2652, 8147
collection of informations 2015
collector 3209, 8143
collector electrode 840, 843, 9883, 10169
collide 9450, 10168, 11984
colliery 4173, 5185
collimate 995, 1344, 5202
collimating slit 5201, 8972
collimation 5197
collimator 1747, 5198
collimator portal 5200
collimator window 5199
collision 619, 5203, 9446, 11971, 11983
collision excitation 9448, 9452
color [USA] 3220
coloration 3231
colorimeter 1932, 3225
colour 3220
colour correction 3221
colour defect 3219
colour image 3212
colour ink recorder 3227
colour radiography 3226
colour sensitivity 3218
colour temperature 3229
colour tone 3230
colour/color [USA] penetration test 3216

coloured 3220
coloured magnetic ink 7261
coloured tracer thread 4987
colouring 3231
colourless 3222
colour-sensitive 3217
column 5204, 7675, 8172, 9261
coma 5205
combination 5206, 6409, 10683
combination ratio 6410
combine 5207, 10678, 11980
combined field 3368
comb-type 4915
combustible 1834, 1845, 3500
combustion 10708
combustion engine 10709
come into contact 1469
command 1332, 1529, 1530
commence 1340
commencement 456, 1339
commentary 3102, 4755, 5208
commercial 5209
communication 10686, 10833, 11968
commutate 10426
commutation 10428, 10987
commutative 5210
commute 10985
compact 2170, 3444, 5211, 6214, 7161, 11966
compact-grained 3344
compactness 2171, 3453
comparative study 10587
comparative test 10808
comparator 5212, 10805
compare 10804
comparison 1602, 10803
comparison piece 10806
comparison voltage 1609
comparison with reference defect 10010
compartment 3185, 3354
compatibility 574, 5214, 11002
compatible 573, 5213, 10746, 11001
compensate 861, 862, 1045, 3066, 5222, 6596
compensating current 1050, 5218
compensating filter 1046
compensating voltage 1049, 5217
compensating winding 5220
compensation 1044, 3127, 5215
compensation method 5216, 5219
compensation of pressure 2408
compensator 1048, 3067, 5221, 5421
competitive experiment 10808

complain (~ of) 1307, 2782
complaint 1308, 2778
complement 3090
complementary 5223
complete 3089, 3952, 4375, 11097
complete load 1398
complete shadow 5056
complete test 7313
complex 5224, 5225, 11073, 11967
complex number 11673
complex oscillation 8719
complex quantity 4157
complicated 965, 5226, 11025
complicately shaped 5227
component 626, 1267, 1268, 1282, 1504, 2906, 5228, 5266, 9921
component of the radiation 9600
components 2793
compose 11977, 11980
composed oscillation 8719
composite 11967
composite material 10710
composition 823, 919, 9768, 11979
composition of the alloy 5776
compound 10683
compound coil 2288
compound winding 10711
compress 5234, 7156, 10718, 11959, 11972
compressed air 2437, 6051, 7157
compressed gas 3848
compressibility 5230, 10716, 11958
compression 2401, 2422, 5231, 5235, 10722, 11960
compression test 2441, 2443, 2459, 7435, 9310
compression wave 5232, 10723
compressional wave 1619, 2107, 2466, 5674, 7051
compression-proof 2414, 2424, 2450
compressive load 2409
compressive strength 2425
compressive stress 2409, 2451
compressor 2421, 5233, 10720
Compton effect 1933
Compton scattering 1934
computable 1445
computation 1447, 2727
computation of error 3316
compute 1446, 7589
computed tomography 1939, 10080

computer 1935, 7590
computer centre 7588
computer program 7587
computer-aided 1938, 5238, 7593
computer-aided method 10759
computer-aided signal processing 8891
computer-assisted 1938, 5238, 7593
computer-assisted tomography 1939, 10080
computer-based 1938, 5238, 7593
computer-controlled 1937, 5237, 7592
computer-generated image 1936
computerized 7593
computerized signal processing 8891
computerized tomography 1939, 5239, 10080
computing 1447
concave 4432
concave lens 5958
concave mirror 4438
concentrate 1905, 5354, 7757
concentrated 4405
concentrating coil 5355
concentration 501, 584, 1908, 4308, 5353, 8305
concentration of cracks 7811, 7861
concentration of ions 4774
concentric 5356
conception 3065, 5357
conclusion 11964
concordance 10245, 11962, 11987
concrete 1534, 1535, 11764
concrete envelope 1537
concrete shield 1539
concrete test 1538
concreting 1536
concurrent 4063, 11963, 11989
concussion 3138
condensate 5240
condensation 5241, 10721
condense 5244, 10717
condenser 5243, 5245, 10719
condition 1324, 1478, 5246, 5257, 9244, 10778, 12000
conditioning 5247
conditions of radiation field 9501
conduct 69, 103, 3775, 3779, 5827
conductance 5840, 5867, 5868
conductibility 5867
conducting 5832, 5839
conduction 5848, 11268

conduction band 5856
conduction electron 5858
conductive 5832, 5839
conductive layer 5843, 8360
conductivity 5840, 5867
conductor 337, 5835
conduit 4920, 5860, 7924, 7946
cone 4976, 5333
cone of radiation 9604
cone of ultrasonic sound 10361
cone-shaped 4977, 5251, 5334
conference 9869, 10898
configuration 566, 823, 5248, 9241, 9767
conformable ($\sim$ to) 5249, 10244
conformal 5249, 10244
conformity 4040, 5250, 10245
confrontation 3904
congeal 3884
congress 9869, 10898
conical 4977, 5251, 5334
conjugate 5252
conjugate-complex 5253
conjugated 5252
conjugation 11934
conjunction 5254
connect 594, 596, 8282, 10680, 10681, 10750, 11973, 11974, 12039
connect ($\sim$ in) 2722
connect in parallel 6885, 8837
connecting diagram 9746
connecting link 12032
connection 598, 11965, 11975
connection [USA] 10682, 10687
connection diagram 8289
connection plate 5160
connexion 10682, 10687, 11975
consecutive 838, 4367, 9816
consequence 3642, 5255, 7743
conservation 3091, 5256
conservation of energy 2989
conserve 859
consideration 1544, 10279
consist ($\sim$ of) 1505
consistence 1478, 2171, 4040, 5257, 10245, 10778, 11671, 12000
consistency 1478, 4040, 4249, 5257, 10245, 10778, 12000
consistent 2183, 3444, 6214, 11087, 11966
console 5258, 10572, 11162
constancy 4046, 4455, 5261, 10603
constant 449, 498, 1503, 2033, 4030, 4045, 5259, 5260, 7638,

8111, 8115, 9161, 9265, 9346, 10467, 10600, 10601, 10602
constant current 9726
constant load 1388, 2025, 2036
constant power 2039
constant value 2052
constituent 626, 1504
constitution 823, 9768, 11978
constrained oscillation 8701
constriction 2736
construct 825, 937, 4353, 5263
construction 821, 992, 1028, 1259, 1260, 1261, 1262, 1264, 1286, 1288, 3126, 3969, 5264, 6437
construction fault 5265
construction of motor vehicles 5451
construction site 1279
construction steel 1276
construction unit 1267, 1271, 1282
constructional defect 5265
consumed current 9722
consumed energy 2983
consumer 1441, 10703
consumption 25, 28, 997
contact 596, 598, 1469, 1470, 5268, 10680, 10684, 11974
contact agent 5280
contact autoradiography 5271
contact breaker 10546, 11800
contact contamination 5288
contact corrosion 5277
contact element 5285
contact fault 5275
contact irradiation 5272
contact line 1472, 9877
contact maker 5285
contact material 5279
contact medium 5280
contact pad 5285
contact piece 5285
contact plating 5281
contact point 493, 5284
contact potential 5282
contact pressure 5274
contact process 5287
contact rail 9750
contact scanning 5270
contact spot 5108
contact surface 5276
contact technique 5286
contact time 5273, 5289
contactless 1473, 5278
contactless measurement 6330
contactless probe 8949, 8951

contactless test method 7323
contactor 8284
contactor panel 8292
container 1347, 1940, 3883, 5267, 9880, 10155, 11151
containing faults 3275, 3297, 6161
containing iron 2824
contaminant 1371, 3699, 10939
contaminate 10936, 11003
contaminated 10937
contaminated area 3870
contaminated ground 3870
contaminating material 10939
contamination 5290, 10919, 10938, 11004
contamination monitor 5291
contemporaneousness 4039, 4064, 9848
content 3907, 4675
contents 3907, 4676, 7511
contiguous line 9877
continue 1358, 10827
continuity 5294, 9347
continuous 449, 498, 1503, 2033, 2968, 4030, 4045, 5259, 5293, 5706, 7237, 7638, 9265, 9346, 9787, 10600, 10601
continuous casting 9634
continuous casting plant 9633
continuous function 3804
continuous inspection 2035, 5320, 7312
continuous load 1382, 2025, 2036
continuous operating 2028
continuous oscillation 2048, 8704
continuous output 2039
continuous process 2028
continuous radiation 1831, 2050
continuous run 2037, 3116
continuous running 2028
continuous sound 2044
continuous spectrum 9063
continuous test(ing) 7312
continuous testing machine 2038
continuous wave 11425
continuously cast 9632
continuum 5295
contour 3655, 3967, 5331, 7204, 7470, 7475, 10424
contour holography 5332
contract 8516, 8673
contraction 2736, 5296, 8517, 8521, 8676, 8746, 11990
contrast 5297, 5305
contrast agent 5308
contrast control 5309

contrast criterium 5307
contrast expansion 5300, 5311
contrast method 5306
contrast ratio 5312
contrast reduction 5304, 5313
contrast sensitivity 5303
contrast width 5302
contrasty 5310
control 926, 1087, 1088, 1135, 1136, 1318, 1529, 1530, 5316, 5317, 5324, 5325, 7254, 7640, 7645, 9358, 9366, 10316
control area 5315
control board 1322, 8290, 8292, 9359
control button 1321
control by pulses 4601
control circuit 9360
control console 1322, 8290, 9359
control desk 1322, 8290, 9359
control device 9351
control electrode 9352
control element 7635, 9353
control for automatic steering 9348
control installation 9351
control key 1323
control knob 1321
control loop 7637
control of the pulse 4588
control panel 8290, 8292, 9359
control pulse 9356
control range 1137, 7633, 9350
control rod 7641
control room 5328, 8291, 8296, 9369
control section 5314, 10317
control system 7642, 7648, 9364
control technology 7643, 7649
control unit 5321, 10318
control voltage 9363
control zone 5330
controllable 7632, 9349
controlled variable 7636
controller 5321, 7660, 10318
convection 5335
convective 5336
conventional 5337, 10114, 10326
conventional construction 1263
conventional design 1287
conventional probe 6691
conventional technique 10763
converge 5341, 11969
convergence 5339
convergence angle 5340
convergence distance 1854
convergent 5338

conversion 5342, 5349, 10376, 10421, 10432, 10446
conversion factor 5343, 10422
conversion line 5344
conversion of electric energy 2851
conversion spectrum 5345
conversion time 5350, 10449
convert 10375, 10430, 10443, 11011, 11208
converter 1684, 5346, 10444, 11215
converter screen 5347
converting 5342, 5349, 10446
convex 1266, 3990, 5351
convex lens 5959
conveyed current 9723, 9730
conveyer 3653
conveyor 3653
conveyor belt 1222, 3652
convolution 3206, 5352
cool 5561, 5564
cool down 87, 3096
cool off 88
coolant 5569
cooler 5566
cooling 89, 3097, 5565, 5577
cooling agent 5569
cooling coil 5572
cooling column 5576
cooling curve 91
cooling device 5563, 5578
cooling fin 5571
cooling fluid 5567
cooling gas 5568
cooling liquid 5567
cooling medium 5569
cooling plate 5562
cooling rate 90
cooling room 5570
cooling system 5575
cooling tower 5576
cooling water 5579
cooling worm 5572, 5574
cooling-down 89, 3097, 5565, 5577
coordinate 5359
coordinate axis 5363
coordinate system 321, 5365
coordinate transformation 5366
copper 5597
copper alloy 5608
copper bar 5606
copper coating 5607
copper filter 5599
copper foil 5600
copper layer 5605

copper plate 5603
copper rod 5606
copper sheath 5602
copper sheet 5598
copper tube 5604
copper-plate 10840
copy 8, 14, 2529, 2533, 5372, 5373, 6512, 6513, 6907, 6909, 7710, 11008
cord 4870, 8762, 9631
core 337, 1941, 4698, 5017, 6430, 8994
core diameter 5028
core lamination 5025
core memory 5058
core mold [USA] 5036
core mould 5036
core plate 5025
core shadow 5056
cored 4431, 8118
corner 2588, 7469
cornered 2590, 4934
cornerwise 2590, 4934
corona 5410
corpuscle 5413, 9390, 9926
corpuscular 5414
corpuscular radiation 5415, 9933
correct 1, 450, 1464, 3288, 3303, 5416, 7759, 7760, 10673
correcting device 3067
correction 1465, 5417, 5420, 10675
correction factor 5418
correction term 5419
corrective network 3068
correctness 6213
corrector 1048, 3067, 5221, 5421
correlation 1601, 5422, 11354, 11968
correlation analysis 5423
correlation function 5424
correlation holography 5425
correspondence 4040, 6217, 10245
corrode 67, 485, 491, 815, 1373, 5426, 11799
corrosion 814, 1374, 5428
corrosion crack 5437
corrosion cracking 5438
corrosion due to vibration 8739
corrosion fatigue 5433
corrosion inhibitor 5440
corrosion protection 5439
corrosion resistance 5432, 5435
corrosion test 5436
corrosion-proof 5431, 5434, 5441

corrosion-resistant 5431, 5434, 5441
corrosive 816, 5427, 5442
cosine curve 5443
cosmic 5444
cosmic radiation 9568
cosmic space 11453
cost 5445
costs 956, 5445
costs saving 5446, 5447
cotton 11651
Coulombian scattering 1943
Coulomb's law 1942
count 1181, 4506, 11675, 11676, 11692, 11693
count chamber 11684
counter 11674, 11681, 11682, 11689
counter arrangement 11674
counter electromotive force 3892
counter force 3895
counter pressure 3891
counter tube 11689
counteract 1597
counter-action 3906, 8107
counterclockwise 3905
counter-current 3902
countercurrent 3903
countercurrent flow 3903
counter-effect 3906, 7554, 8107
counter-emf 3892
counterflow 3903
counterpole 3898
counter-voltage 3901
counterweight 1047, 3893
counting 1181, 11676, 11693
counting chamber 11684
counting circuit 11685, 11691
counting device 11674, 11681, 11682
counting direction 11688
counting pulse 11683
counting rate 4540, 11686
counting run 11694
counting tube 11689
couplant 5389
couplant liquid 10692
couple 5374, 5612, 10679
couple ($\sim$ to) 517, 522
couple in parallel 6885, 8837
coupled 3911
coupler 9317
coupling 518, 523, 5375, 5613, 10682, 10751, 11965
coupling agent 5389
coupling check 520
coupling coefficient 5388

coupling coil 5392
coupling element 5383, 5386
coupling factor 5384
coupling film 5390
coupling medium 521, 5389
coupling slot 5391
course 1211, 5614, 5733, 5781, 10859, 11383
course of pressure 2455
course of the beam 9506, 9625
covalent bond 764, 1677
cover 32, 37, 188, 190, 871, 1316, 1376, 1463, 2058, 2062, 2063, 2689, 4472, 4943, 5610, 6167, 10321, 10392, 10398, 10418, 10830, 10836, 10911, 11883
cover cap 192, 10916
cover plate 34, 190, 192, 2062, 2064, 10911, 10916
cover sheet 31
coverage 7673
covered 10322, 10391
covered distance 9649
covered electrode 2856
covering 37, 188, 190, 871, 1376, 2058, 2062, 10237, 10272, 10323, 10392, 10398, 10836, 10911
crack 585, 5146, 5712, 7061, 7684, 7787, 8984, 9133, 11812, 11829
crack area 7912
crack arrest 7884
crack behaviour 7893
crack bifurcation 7900
crack border 7855, 7890
crack boundary 7891
crack branching 7900
crack cleavage 7813
crack closure 7835, 7877
crack concentration 7831
crack density 7831
crack depth 7887
crack detecting 7843
crack-detecting coating 7687
crack detecting means 7873
crack detection 7839
crack detection capability 7865
crack detector pig 7874
crack development 7837
crack edge 7860, 7876
crack elongation 7894
crack elongation velocity 7895
crack end 7835
crack extent 7822
crack face 7850
crack formation 7828, 7836

crack front 7850
crack ground 7857, 7910
crack growth 7816, 7845, 7901
crack growth behaviour 7906
crack growth resistance 7907
crack growth step 7905
crack growth velocity 7903
crack initiation 7825, 7833, 7836
crack length 7862
crack model 7864
crack monitoring 7889
crack motion 7827, 7908
crack movement 7827, 7908
crack opening 7814, 7869
crack opening displacement [C.O.D.] 7815, 7870
crack orientation 7871
crack origination 7825
crack place 7883
crack plane 7832
crack position 7883
crack processing 7824
crack profile 7872
crack propagation 7816, 7845
crack propagation rate 7847, 7903
crack propagation resistance 7821
crack propagation velocity 7820, 7846, 7854
crack region 7852, 7912
crack resistance 7909
crack retardation 7899
crack sensitivity 7809
crack shape 7844, 7886, 7896
crack size 7856
crack start 7810, 7825
crack structure 7844, 7886
crack surface 7868
crack surveillance 7889
crack susceptibility 7809
crack test 7875
crack tip 7878
crack tip opening 7880
crack tip opening displacement [CTOD] 7881
crack tip radius 7882
crack type 7812, 7888
crack type defect 7841
crack under cladding 10568
crack warping 7898
crack width 7830
crack zone 7852, 7912
cracked 7858
cracking 7828, 7836, 7840, 7859
cracking phenomenon 7840
cracking stop 7884

cracking tendency 7866
crackle 5136, 5137
crackle lacquer method 7688
crackless 7848, 7863
crackling 5138
crackling noise 5139
cramp 5092
crank 532
crash 1818, 5712, 11779
crash test 1944
crater crack 3146, 5468
crater formation 5466
crater pipe 5467
craze 1945
crease 5146, 9133
creep 5506, 5507
creep behaviour 5513
creep crack growth 7902
creep fatigue 5508
creep loading 5505
creep rate 5511
creep rate stress diagramm 11727
creep resistance 5510
creep shear test 11753
creep stress 5512, 11750
creep stress rupture test 11748
creep test 2049, 5514, 9269, 11751
creepage 5507
creeping 5507
creep-resistant 5509
crest 1461, 8333, 9101, 11431
crest line 8334
crest value 8336, 9105
crevice 8967, 8975, 9133
criteria 5531
criterion 4995, 5531
critical 5532
critical angle 11585
critical coupling 5379
critical crack 7795
critical damping 1974, 4120
critical defect 3255
critical frequency 3712
critical incidence angle 2649
critical mass 6189
critical slot length 8442
critical tension 4140, 9005
crook 1613, 4232, 5534
crooked 3913, 5533
crop up 954, 2775, 3960, 11144
cropping 8491
cross 2522, 5496, 7405, 7406, 10286, 10296
cross adjustment 7430, 7431
cross coil method 5503
cross-correlation 5498

cross correlation analysis 5500
cross correlation contrast 5502
cross-correlation function 5501
cross-crack 7423
cross field 7417
cross movement 7413
cross section 3556, 7424
cross section deformation 7428
crossed 3912, 5497
crossed weld bead 5504
crosshatched 8492
crosslinking 10884
cross-sectional area 7426
cruciform 3912, 5497
crude 7920
crude particle 3707, 11004
crumpling test 5157
crush 1818, 2640, 11779
crushing 1819, 11801
crushing strength 2425
crushing test 2459, 7435
cryogenic 1946, 5539, 10064
cryogenic technology 10065
cryogenics 5540, 9832
crystal 5515
crystal axis 5517
crystal detector 5521
crystal diffraction 5520
crystal grating 5522
crystal lattice 5522
crystal structure 5518, 5528
crystal structure defect 5519
crystal zone 5529
crystal-controlled crystal 7391
crystalline 5523, 5526
crystallization 5524
crystallization crack 5525
crystallize 5527
cubature 4679, 11104
cubic 7520
cubic capacity 4675, 7511
cubic contents 7511
culmination point 4000, 4430, 5580
cumulating 5581
cumulative 5581
cumulative radiation exposure 9484
cup 8198
cupping 10066
cupping test 10067
cupreous 5601
cupreous film 5607
cupriferous 5601
Curie temperature 1947
curium 1948
current 3614, 9717

current alternation 9762
current amplitude 9732
current change 9733
current consumption 9734, 9757
current control 9749
current curve 9745
current decrease 9731, 9759
current density 9738
current displacement 9758
current distribution 9761
current drop 9731, 9759
current feed 9763
current fluctuation 9733, 9752
current increase 9764
current induction method 4644
current input 9734
current intensity 9753
current lead 9763
current limiter 9736
current passage 9739
current pulse 9754
current regulation 9749
current rise 9764
current source 9748
current supply 9760
current variation 9733, 9752
current-carrying 9742
current-controlled 9743
current-operated 9737, 9743
curvature 1776, 5537, 11648
curve 1613, 1623, 1776, 5534, 5537, 5624
curve discussion 5625
curve family 4993, 5626
curve follower 5627
curve recorder 5627
curve representation 5624
curve sheet 5623
curve tracer 5627
curved 3872, 3913, 5533, 5536
curved surface 3557, 6752
curvilinear 5536
customer 10703
cut 2735, 5469, 7776, 8470, 8473, 8483, 8500
cut (~ in) 2734
cut in 2725
cut off 172, 177, 194, 293, 1094, 1495, 3974, 10172, 10545
cut-off 294, 10183
cut-off frequency 4131
cut-off range 9064, 9078
cut out 1094, 8283, 8855, 10172, 10545
cut-out 10546
cut-out switch 1096
cutting 8483, 8995

cutting angle 8489
cutting off 173, 1095
cutting-off 9067, 9076, 10182, 10547, 10549, 10888
cutting off of frequency band 3729
cutting out 1095, 10182
cutting-out 10547
cutting speed 8486
cutting through 2538, 7204, 8484
cuttings 47, 195
cyanogene 12043
cybernetic(al) 5645
cybernetics 5644
cycle 5484, 5486, 5728, 8696, 11348, 12046
cyclic loading 11352
cyclic stress 1301, 8680
cyclic(al) 12044
cycling 11352
cyclotron 12045
cylinder 7956, 10205, 11194, 12047
cylindric(al) 12049
cylindrical bore-hole 1788, 1792, 12048
cymometer 11444

D

damage 1477, 8187, 8194, 8195, 9402, 10860
damage analysis 8190
damaged 8193
damaged place 8196
damp 85, 481, 1106, 1314, 1467, 1957, 1960, 1961, 8564, 10889
damp heat alternating atmosphere 8745
damped 3877
damped oscillation 8703
dampen 1314, 1957
damping 86, 204, 1107, 1315, 1468, 1967, 1969, 1970, 8566, 8724, 8747, 10695, 10890
damping capacity 1997
damping coefficient 1982, 1986
damping constant 1988
damping decrement 1980
damping factor 1955, 1982, 1986
damping function 1983
damping loss 1996
damping resistance 1999
danger of cracking 7853
danger of failure 1019, 10896, 11835
danger signal 6705

dangerous 3881
dark 10213
dark control 2474
dash 5937, 9711, 9713, 11710
dash-board 728
dash-dotted line 5942
dashed curve 5618
dashed line 5940
data 487, 2009, 6336, 11502
data acquisition 2015
data collection 2015
data detection 2015
data flow 2016
data flux chart 2017
data handling 2019
data input 2014
data output 2011
data presentation 2013
data processing 2019
data processing centre 7588
data recording 2010, 2018
data sheet 2012
data transducer 2020
data transmission 6338
dates 2009, 11502
datum 6336
daughter 11794
daylight 9868
dB-drop method 2054
d.c. magnet 4056
de Broglie wave 2055, 6254
dead angle 11590
dead load 1393
dead time 1182, 10108
dead zone 10105, 10109, 11877
deaden 1957, 1960, 8444, 10889
deadening 1967, 10890
deaerate 3037
deal ($\sim$ with) 1355
debris 1880, 7736, 10235
Debye's effect 2056
Debye-Scherrer method 2057
decade 2109
decarbonization depth 2110
decarburization 3026
decay 4, 5, 48, 86, 140, 217, 879, 881, 1107, 8909, 10878, 10890, 11782, 11786
decay chain 11797
decay constant 11792
decay curve 11793
decay event 11789
decay of power 5805
decay product 11794
decay series 11797
decay time 58, 1105, 1108, 3202, 11798

decelerate 144, 10854, 11041
deceleration 11042, 11048
decentralization 2151
decentralize 2152
deception 9912
decibel 2153
decibelmeter 1991
decimal 2156
decimal digit 2156
decimal fraction 2154
decimal place 9334
decimal point 2155
decimeter 2157
decimeter wave 2158
decimetric(al) 2157
deck 1920, 3971, 7037, 10551
declination 50, 6578
decline 6577, 8498
declivity 50, 6578
decoder 2065
decoding 2066
decompose 11787, 11803, 11822
decomposition 3, 881, 11783, 11810, 11824
decomposition into components 5229
decontaminating agent 2112, 3045
decontamination 2111, 3021, 3044
decontamination substance 2112, 3045
deconvolution 2113, 3007
decoration method 2114
decouple 1059, 3027
decoupling 3028
decrease 48, 53, 55, 140, 146, 216, 217, 1957, 1967, 3199, 3200, 3882, 6391, 6392, 7605, 7606, 8081, 8908, 8909, 10837, 10877, 10878, 10889, 10890
decrease of amplitude 432, 440
decrease of potential 7130
decrease of pressure 2402, 2440, 2457
decrease of resistance 11522, 11536
decrease of temperature 9960, 9974
decrement 140, 217, 2115, 8909, 10878, 10890
decremeter 1991, 2116
deduce 105
deemphasis 2067
de-energization 46
de-energize 45, 156, 3042
de-energizing 157, 3043

deep drawability 10068
deep drawing 10069
deep irradiation 10053
deep X-ray irradiation 8053
deep-drawing steel 10070
deepening 10995
de-excitate 156, 3042
de-excitation 157, 3043
defect 1018, 2069, 3252, 3327, 6148, 6158, 6870, 8187, 8195, 9421, 9424
defect analysis 3263
defect border 3291, 3313
defect boundary 2071, 3291, 3313
defect echo 3279
defect evaluation 3278
defect limit 2071, 3291
defect location 3308
defect marking 3304
defect nature 3266
defect near to the surface 3259
defect orientation 3307
defect shape 3287
defect signal 3318
defect size 3293
defect size estimation 3295
defect sort 3266
defectfree 3288, 3303
defective 1476, 2068, 3275, 3297, 3972, 6161, 8193
defective place 8196
defective signal 3317
defectoscope car for rails 8384
defectoscopy 2072, 3311
defectoscopy of materials 11473
deficiency 6159, 10616
deficient 6161, 10497, 10615
define 878, 1342, 2073, 3466
defined 8298
definite 2074
definition 883, 1506, 2075, 3468
definition of the image 893
deflect 111, 1069, 4344
deflecting force 112
deflecting mirror 10415
deflecting plate 7143, 10414
deflection 113, 1070, 1101, 1621, 2484, 10416, 11457
deflection of electrons 2876
deflection plate 7143
deflector plate 7143
defocus 2076, 3002
defocusing 2077, 3003
deform 2080, 10676, 10790, 11037
deformability 10789
deformable 10788

deformation 2078, 3658, 10793
deformation birefringence 2079
deformation by explosion 3174
defrost 291, 3019
defroster 292
degas 3020, 6066
degasified water 11313
degassed water 11313
degauss 3038, 6007
degaussing coil 3040
degenerated 3001
degradation 175, 2081
degrease 3016
degreasing agent 3017
degree 4101, 9968, 11599
degree of absorption 228
degree of amplification 10960
degree of attenuation 205, 208
degree of coupling 5387
degree of disturbance 9435
degree of freedom 3687
degree of hardness 4275
degree of modulation 6444
degree of purity 7680
degree of safety 8846
dehumidify 10204
dehydrate 10204
de-ice 291, 3019
de-icer 292
deionization 2108, 3025
deionize 3024
deionizing 3025
dejamming 3801
delay 851, 1832, 4341, 10854, 10855, 11041, 11042, 11048
delay line 11044
delay time 11046
delayed crack propagation 7819
delayed pulse 4517
deletion of errors 3276
delimitation 78, 1346, 4122, 7468
deliver 5929
delivered power 5793
delivery 847, 1035, 5930, 10990
delivery pipe 2436
delta scan technique 2117, 2118
delta technique 2118
delusion 9912
demagnetization 3039, 3043
demagnetization coil 3040
demagnetize 3038
demand for energy 2987
demarcation 1346, 4122, 7468
demodulation 2119, 4051
demodulator 2120, 4050
demolish 11831
demolition 11833

demonstrable 6526
demonstrate 2122, 6529, 11136
demonstration 2121, 6524, 11137
demount 3009, 6015, 10174
demounting 138, 3012, 3015, 11386
demultiplier 10577
demultiply 10576
denaturant 2127
denaturate 2125
denaturation 2126
denitrate 2128
denitrify 2128
denote 1437, 1600
dense 1695, 2170, 11966
densitometer 2129, 2173, 8584
density 2171, 8579
density curve 8583
density function 8581
density of lines of force 5457
dent 2623
deoxidation 2134
department 196, 944, 1452, 2257, 2774, 3186, 3868
depend [~ on, ~ upon] 79
dependability 12004
dependence 80, 11902
dependence on direction 7768
dependence on frequency 3716
dependence on temperature 9962
dependency 80
dephased 6983
dephased current 9728
deplete 160, 829, 3136, 10666, 10702
depleted 72
depleted uranium 10619
depletion 161, 830, 10667, 10902
depletion layer 9074
depolarization 2130
depolarize 2131
deposit 92, 170, 213, 214, 590, 1021, 1773, 6655, 6660, 8158, 8354, 8750, 10323, 10392, 10836
deposition 92, 170, 1021, 1773, 6655
depot 827, 2132, 5672
depress 146, 216, 2418, 8908, 10877, 10889
depth 10055, 10060
depth characteristic 10059
depth compensation 10057
depth dose 10058
depth of definition 10061
depth of penetration 2625, 2637
depth resolution power 10056

derivation 108, 4352
derivative 110
derive 104, 106, 313, 2209, 11049
derived function 3803
derived unit 2678
descend 3199, 8907
descending curve 5616
descent 50, 6578
describe 2001, 8390, 10423
description 2004
design 821, 969, 1028, 1260, 1262, 1286, 3065, 3969, 5262, 6437, 6496, 7022, 10227, 11140, 11712, 11715
design defect 3970
designate 1437, 1600, 6171, 8892
designation 4998
desired value 8946
desk 1920, 3971, 7037, 10551
desorption 2133
dessiccate 10204
destroy 11788, 11831
destruction 10885, 11784, 11833
destruction test 11837
destructive 2137, 11832
destructive reading 5870
destructive test 7316
destructive testing 7316
destructive testing of materials 11484
detach 126, 3009, 6015, 6020, 10174
detachable 6003
detached 3975, 8826
detachment 127, 6023, 10184
detail perceptibility 2138
detail sensitivity 2138
details 487, 2009, 2789
detect 845, 2139, 3005, 3100, 3476, 4343, 6529, 9814
detectability 844, 3098, 3473, 11183
detectability of cracks 7838
detectability of discontinuities 10488
detectability of imperfections 3267
detectable 3472, 6526
detection 933, 2119, 3006, 3104, 3478, 4051, 6525
detection level 609
detection limit 609, 2953, 6532
detection of defects 3271, 3320
detection of imperfections 3268
detection of radiation 9518
detection sensitivity 6527

detector 2120, 2140, 4050, 6531, 9156, 9815
detector matrix 2141
detector pig 6457, 7287
detent 595
deterioration 10667, 10902
determinant 2142
determination 1507, 3104, 3478
determination of grain size 5401
determination of polarity 7082, 7088
determination of shrinkage 8675
determination of textile moisture 3490
determine 2073, 3466, 3476, 9814
detonate 3171, 5142, 7062, 11802
detonation 2143, 3172, 5141
deuterium 2145, 11334
develop 990, 3668, 10791
developer 3057
development 992, 3059, 4342
development time 3061, 3064
deviate 306
deviation 113, 129, 307, 1070, 1101, 2149
deviation of vibration 8742
device 525, 565, 680, 820, 940, 2709, 3928
dew 9899
dew point 9909
Dewar flask 2150
dextro-rotatory 7600
DGS diagram 1198
dia 2159
diagonal 2160
diagram 2002, 2006, 2161, 5623, 5624, 8315, 11714
dial 8927, 11181
diamagnetic(al) 2162
diameter 9287
diamond 2163
diaphragm 22, 1744, 6302, 8327, 10191, 12042
diapositive 2159
diathermancy 2164, 11251
diathermic 2165, 11250
die 85, 1106, 6256
die out 85, 1106
dielectric 2191
dielectric constant 2193
dielectric loss factor 10868
dielectric rigidity 9013
dielectric stress 1295
dielectric(al) 2192
Diesel drive 2194
difference 2207, 10574, 10901
difference method 2212

difference system 2210
difference tone 2211
different 10502, 10900
differential 2195, 2206
differential calculus 2199
differential coil 2200
differential equation 2196
differential method 2197, 2203
differential quotient 2198
differential transformer 2201
differential winding 2204
differentiate 106, 2208, 2209
differentiating network 2205
differentiator 2205
difficult 8660, 8670
diffraction 1568, 2213
diffraction angle 1577
diffraction grating 1574, 4003
diffraction grating spectrum 4010
diffraction grid 1574, 4003
diffraction method 1576
diffraction pattern 1569, 1572
diffraction phenomenon 1571
diffraction scattering 1575
diffractional focusing 1573
diffractometer 2214
diffuse 1140, 2215, 2216, 2488, 2779, 3973, 9667, 9670, 11840, 11841
diffuse light 5885, 9686
diffuse radiation spectrum 9697
diffuse scattering 9701
diffused 2216, 3973, 9667, 11841
diffused light 5885
diffused lighting 1419
diffused radiation 9695
diffusion 2217, 2490, 2629
diffusion of radiation 9589
diffusion welding 2218
diffusion zone 2220
diffusivity 2219
digit 9334
digital 2221
digital indication 656, 2223
digital reading 122, 2222
digital voltmeter 2224
dilatable 2084, 9641
dilatation 1010, 2093, 2225, 10847
dilate 1007, 3156, 3168
dilation 1010
dilatometer 2101, 2226
dilution 10734
dim 23, 1959, 10213
dimension 134, 1011, 1080, 2227, 4154, 4166, 6180
dimension ($\sim$ for) 2228

dimension figure 6222
dimension line 6215
dimensional accuracy 6212
dimensional error 6211
dimensional stability 2232
dimensional test 2231
dimensioned sketch 6216
dimensioning 2229
dimensionless 2230
diminish 53, 146, 203, 216, 1957, 6391, 7605, 8564, 8674, 8908, 10877, 10889
diminishing 48, 140, 217, 1967, 8909, 10735, 10756, 10890
diminution 48, 140, 217, 6392, 7606, 8081, 8909, 10878, 10890
dimly focused screen 3648
dimming 1968, 5902
dimple 4172
DIN standard 2233
dip 211, 2503, 2772, 3200, 3882, 6578, 9902, 10927
dip the lights 23
dipole 12018
dip-solder 9903
direct 974, 1905, 2234, 3775, 5829, 5831, 7757, 8941, 9357, 10518
direct coupling 2238
direct current (d.c.) 4055
direct-current conduction method 7136
direct-current voltage (d.c. voltage) 4054
direct exposure 2237
direct indicating 2236
direct irradiation 2237
direct lighting 1420
direct method 2239
direct reading 123, 657, 666, 2235, 2236
directed radiation 7765
direction 548, 3777, 5846, 7762, 7766, 8770, 8910
direction finding 7770
direction of incidence 2647
direction of polarization 7077
direction of propagation 1002
direction of rotation 2369, 2382, 10411
direction of testing 7296
directional 3951
directional antenna 7754
directional characteristic 7755
directional distribution 7773
directional effect 7775
directional pattern 7755

directional quantity 7758
directional radiation 7765, 9565
directional ray 7764
directional sensitivity 7771
directionality 7775
direction-dependent 7767
direction-independent 7772
directions for adjustment 2769
directive 564, 645
directive antenna 7754
directly proportional 7225
director 5834
dirt 8466, 10919
dirty 8468, 10523
disabled 1476
disappear 10923
disappearance 10924
disarrangement 3326, 9426, 10519
disavantage 6523
disc [USA] 8243, 8321
discharge 93, 99, 3031, 3034
discoid 8325
discoloration 10777
disconnect 172, 863, 1059, 1094, 6015, 6803, 10172, 10174, 10544, 10545
disconnected 3974
disconnecter 1096
disconnection 173, 1095, 6026, 10182, 10547
disconnector 10546
discontinuity 452, 2242, 3252, 6046, 6251, 7787, 10487, 10538, 11487
discontinuity indication 3265
discontinuous 2241, 10537
discontinuous function 9137, 10252
discover 845, 3005, 4343
discrete 2244
discriminate 878
discrimination 883, 2245, 2247
discriminator 2246
disengage 1059, 3035, 3686, 3692
dish 8198
disintegrate 11786, 11822, 11845
disintegration 11782
disintegration chain 11797
disintegration constant 11792
disintegration energy 11790
disintegration product 11794
disintegration rate 10448
disintegration time 11798
disintegration value 11796
disjunction 2240
disk 7046, 8243, 8321

disk coil 3571
disk reflector 7613, 8326
disk-type 8325
dislocating movement 10932
dislocation 10928
dislocation attenuation 10933
dislocation boundary 10935
dislocation density 10934
dislocation limit 10935
dislocation line 10935
dismantle 2124, 11804
dismantling 2123, 11807
dismount 1017, 2124, 6020, 11804
dismounting 2123, 11807
dispersal 10991, 11808, 11842
disperse 9670, 10988, 11840
dispersion 2248, 9699, 10991, 11808, 11842
dispersoid steel 9173
displace 10429, 10437, 10729, 10843, 10966
displacement 10433, 10441, 10844, 10899, 10929
display 970, 1629, 2003, 8395
display unit 8866
disproportion 6415, 10539
disrupt 2531
disruptive discharge 2528
disruptive strength 2535
dissipated energy 2979
dissipation 10865
dissipation by damping 1996
dissipation power 10870
dissipationless 10869
dissociate 879, 11787, 11803, 11822
dissociation 881, 2249, 8990, 11783, 11809, 11825
dissolubility 6018
dissoluble 6004
dissolution 880, 6022, 11823
dissolvable 6002
dissolve 125, 876, 6014
dissolvent 6031
dissolving 880, 11823
dissymmetric(al) 10540
dissymmetry 10539
distance 248, 2250, 3014, 3397, 4756, 9643, 9645, 12036
distance meter 252, 9954
distance piece 2251
distance sleeve 2251
distant 3397
distant control 3401, 3411
distant reading 3398
distant zone 3424

distil(l) 2136, 10713
distillation 2135
distilled water 11312
distinct 2146, 5098, 10900
distinctness 2147
distorsion 10097, 10677
distort 9403, 10676, 10730, 10792, 11021, 11033, 11037
distortion 9427, 10731, 11022, 11034, 11038, 11047
distortion factor 5134
distortion-free 10608
distortionless 11036
distribute 943, 9937, 10988
distribution 945, 1035, 10990
distribution function 10993
distribution law 10994
distribution of acoustic pressure 8212
distribution of imperfections 3323
distributive 2252
district 1455, 3869
disturb 1328, 8194, 9402
disturbance 1563, 6870, 9425
disturbance function 9434
disturbed 3972
disturbing component 9414
disturbing effect 9439
disturbing field 9405
disturbing noise 9408
disturbing voltage 9420
disturbing wave 9438
diverge 1016, 2256, 11839
divergence 2254, 9699, 11842
divergent 2253
diversity 10901
divert 104, 111, 313, 1069, 4344
divide 266, 943, 2773, 9935, 9936, 11843
diving buoy 9901
division 196, 944, 1452, 2257, 2258, 2774, 4078, 9920, 9948
do 1597, 5791
doctrine 5779
document 2259, 10565
documentation 2260
dog 595
domain 1455, 3869, 11874
dome 920, 2062, 2261, 4082, 4298, 4943, 5609, 5610, 10911
dome-shaped 5611
dominant 2262, 11142
dominate 2263, 10287, 11141
door 10096, 10220
dope 2323
doping 2264, 2324

Doppler broadening 2299
Doppler displacement 2300
Doppler effect 2297
Doppler principle 2298
Doppler shift 2300
Doppler width 2296
dosage 2307, 2310
dosage measurement 2320
dosage measurement of personnel 6946
dosage rate 2318, 2321
dose 2306, 2310
dose output 2318
dose rate 2318, 2321
dose warner 2322
dosifilm 9531
dosimeter 2308, 2319, 9514
dosimetry 2309, 2320
dosimetry probe 9515, 9535
dot 7347, 7351, 9663, 11708
dotted curve 5619
dotted line 5941
double 2267, 2291, 10726, 12014
double action 2276, 2295
double coil 2288
double contact 2281
double effect 2276, 2295
double exposure 2270
double image 2273
double plug 2289
double precision 2301
double pulse 2280
double pulse holography 2284
double refraction 2274
double scale 2287
double scanning 2268
double scattering 2290, 12016
double testing 2283
double vibration 2285
double wall 2292
double-beam oscilloscope 12020
double-exposure method 2271
double-exposure technique 2271
double-field winding 2277
double-range 1458
double-wall irradiation 2293
double-walled 2294
double-wire traverse 2275
doubling 2302, 10727
dowel 2471
down time 1023, 8113, 9270, 9378
downlead 109, 5859
downward gain control 301
draft 11715, 11892
drag 11893
drag loading 11893, 11905

drain 93, 99, 4919
drastic increase 11928
draught 11892
draw 969, 5262, 11712, 11847, 11848, 11850
draw up 907
draw up the minutes 7230
drawability 11846
drawer 3185
drawing 3065, 7022, 11715, 11853, 11854
drawing test 10071
drawn wire 2328
dress 1090, 6504, 7756, 10022
dressing 826, 1091, 4354, 8966, 10020, 10672
drift 2392, 10899
drift expanding test 963
drift speed 11210
drift velocity 11210
drift way 9644
drill 1782
drill hole 1787
drilling 1791
drip 296, 299, 10209
drip time 300
dripping 297
drip-proof 10212
drive 614, 615, 636, 638, 1588, 3776, 3841, 5869, 11158
drive speed 11159
drive through 2489, 2532
driving 3776, 9365
driving gear 641
driving machinery 641
driving pulse 9356
drop 48, 54, 55, 140, 215, 217, 296, 3196, 3199, 3200, 3882, 4357, 8907, 8909, 9799, 10209, 10210, 10878, 10890
drop in temperature 9974
drop of pressure 2426
drop test 10219
drop time 300
droplet 10210
drop-out 2393
drop-out time 59
dropping 297
drum 7956, 10205, 11194
dry 10204
dry coupling 519, 10199
dry joint 6043
dry magnetic powder 6134
dry powder 7338
dry powder method 10202
dry wear behaviour 10908
drying chamber 10200, 10203

drying oven 10201
dual 2291, 2469, 12014
dual magnet 2282
duality principle 2470
duct 2499, 4920, 5849, 5860, 5861, 7924, 7941, 7946
ductile 2084
ductile cast iron 4211
ductility 2087, 2472, 9642, 10789
ductility-dip crack 9130
dull 6257
dummy 812
duplex operation 2272
duplex working 2272
duplicate 2266, 2482, 2529, 5372, 6907, 11008
durability 2034, 4249
durable 3441, 6939, 9265
duraluminium 2483
duraluminum [USA] 2483
duration 2021, 11726
dust 9303
dust-free 9305
dustless 9305
dust-proof 9304, 9306
dust-tight 9304, 9306
duty 1293, 1380
dwindle 8674
dye 3228
dye penetrant 2634, 3214
dying oscillation 8697
dying out 86
dying-out 1107
dying-out time 1105, 1108
dynamic balancing 1180
dynamic characteristic 700, 709
dynamic effect 5465
dynamic load 1383, 8680
dynamic pressure 9311
dynamic range 2555
dynamic stress 1296
dynamic test 8412
dynamics 2554
dynamo 5915
dynamometer 2560, 5460
Dynstat apparatus 2561

E

ear 588, 4232
early recognition of a crack 7851
earth 1768, 3074, 3077, 4176, 6185
earth bar 3082
earth leakage 3080
earth metal 3076
earth satellite 3078

earthing 3081
earth's attraction 3073, 8664
easy 5784
ebonite 4284
eccentric(al) 3182
eccentricity 3183
echo attenuation 2568
echo decrement 2573
echo dynamic method 2570
echo dynamics 2569
echo grass 2571, 4113
echo height 2572
echo image 2273
echo killing 2580
echo position 2576
echo pulse 2574
echo pulse method 2575
echo signal 2578
echo sounder 2577
echo suppression 2580
echo trouble 2579
echo wave 2581
economic(al) 11636
economize 3140
economy 11637
eddy 11606
eddy current 11612
eddy current apparatus 11615
eddy-current distribution 11620
eddy-current loss 11619
eddy current measurement 11614
eddy current method 11618
eddy current probe 11616
eddy current test 11617
eddy field 11608
eddy-sonics method 11611
edge 169, 2588, 3577, 4114, 4928, 7469, 7483
edge crack 4931, 7478
edge dislocation 9789
edge spread 4932
edge spread function 4933
edge steepness 3579
edging 84
edifice 1261, 1288
edit 8473
edition 870, 1033
educate 991, 5780
education 314, 993, 5777, 10599
eduction 107, 10186
effect 1178, 2785, 5792, 11629
effective 2597, 9898, 11625, 11626
effective absorption coefficient 8569
effective area 3559

effective cross-section 7425, 11634
effective dose 2314, 11631
effective load 1384
effective mass 6188
effective output 5793
effective power 5796, 11624
effective source diameter 7400
effective value 2599
effective work 695, 6736
effectiveness 2598, 11627
effectuate 1597
efficacious agent 6425
efficacy 988
efficiency 989, 1084, 2598, 3988, 5809, 6737, 6741, 11627, 11633
efficiency law 11632
efficient 1814, 2597, 11018, 11626
efficient range 11630
effluence 1024, 1144
effluent 1025
efflux 1025, 1144
effort 623, 1293, 1380
effusion 1024, 1144
eigenfunction 2611
eigenvalue 2618
Einstein shift 2753
eject 1139, 1172, 4349
elastic 2082
elastic collision 9447
elastic deformation 10795
elastic elongation 2095, 10850
elastic limit 2849, 9652
elastic modulus 2850, 2936, 11665
elastic scattering 9702
elastic suspension 855
elastic wave 11415
elastic(al) 2847
elastic(al) material 6233
elasticity 2085, 2091, 2848
elbow 11582
elbow joint 5156
electric arc 5894
electric arc furnace 5896
electric breakdown 9012
electric charge 5656
(electric) component test 1269
electric conductance 5841
electric conductivity 5841
electric drive 639, 2853
electric energy 2861
electric field 3356
electric field intensity 3382
electric field strength 3382
electric focusing 3639
electric furnace 2896, 6800

English 570

electric generator 5915
electric line 5853
electric plate test 2854
electric steel works 2901
electric surge 9012
electric test 7310
electric tool 2905
electric traction 2853
electrical equivalent circuit 3132
electrical potential method 7136
electrical resistance probe method 7136
electroacoustic transducer 11217
electroanalysis 2852
electrocorrosion 2863
electrode arrangement 2858
electrode indentation 2859
electrode separation 2857
electrodeposition 6658
electrodynamic probe 8950
electrodynamic transducer 11218
electro-erosion 2862
electroluminescence 2864
electrolysis 2865
electrolyte 2866
electrolytic bath 1207
electrolytic polishing 7091
electromagnet 2867
electromagnetic method 10760
electromagnetic suspension engineering 8588
electromagnetic(al) 2868
electromechanic(al) 2870
electromechanical coupling factor 5385
electromechanics 2869
electromedical 2872
electro-medicine 2871
electromotor 2873
electron avalanche 2882
electron beam 2890
electron beam welded 2891
electron beam welding (EB-welding) 2892
electron capture 2881
electron density 2880
electron drift 2894
electron microscope 2884
electron migration 2894
electron multiplier 2893
electron optics 2886
electron orbit 2878
electron path 2878
electron probe 2889
electron scanning beam 2877
electron source 2888
electron trajectory 2878

electronic computer 7591
electronic deflection 2876
electronic lens 2883
electronic noise 7538
electronic transducer matching 11225
electronic welding 2900
electronics 2895
electro-optical 2887
electrooptical transducer 11219
electrooptics 2886
electroplating 2897, 3820
electropolish 2898
electrostatic 2902
electrostatic lens 5957
electrostatic transducer 11220
electrostrictive 2903
electrotechnical porcelain 2899
electrothermal 2904
electrothermic 2904
electrowelding 2900
element 626, 1504, 2906, 2907, 2908, 4076, 4194, 9921
element jacket 2913
elementary charge 2910
elementary particle 2911
elements 2793
elevate 10740
elevated temperature 9959
elevation 917, 4424
eliminate 69, 103, 1131, 1139, 1361, 1497, 2914, 4349
eliminate interferences 3051, 3053
elimination of radio interference 3801
ellipse 2915
ellipsoid 2918
ellipsoidal 2917
ellipsoidal take 2916
elliptic pick-up 2916
elliptic(al) 2917, 2919
elliptical oscillation 8700
elongate 2090, 9650, 10845
elongated slag inclusion 8405
elongation 2094, 9651, 9656, 10847, 11855
elongation at rupture 1865
elongation coefficient 2096, 2106
emanate 1140, 8814, 9477
emanation 1024, 1141, 1144, 2921, 2922
embed 2687
embrittlement 10946
embrittlement temperature 10947
embrittleness 10946
emergency 1056, 4360

emergency operation 6702
emergency service 6702
emergency signal 6705
emery 8465
emission 263, 1113, 2921, 2923, 9559
emission line 2924
emission mechanism 2925
emission of bursts 1910
emission of exoelectrons 3166
emission of light 5892, 5923
emission of photons 7006
emission (of rays pl) 9582
emission rate 2927
emission resistance 2932
emission spectrum 2930
emissive power 2931, 9620
emissivity 2931, 9620
emit 71, 1112, 1139, 2935, 3794, 4349, 8814, 9477
emit light 5874
emitted pulse 4507
emitter 9543
emitter contact 2934
emitter terminal 2934
emitting layer 2928
emitting power 2931
emphasize 4346, 4358
emphasizing 504
empirical method 10761
employ 648, 831, 947, 1440, 3874, 6738, 11016
employment 691
empty 1063, 3036, 5761, 5762
emulsification time 2957
enamel 2920
enamelled 4019
encampment 5670
encapsulate 2689, 2729, 10390, 10802, 10830
encapsulated 3910, 10391
encapsulation 4945
encase 2689, 10390, 10418, 10802, 10830
encased 10391
encircling 10409
encircling inner coil 4695
encircling inner probe 4694
encircling outer probe 1123
encircling probe 8952
enclose 2689, 2731, 8435, 10909, 11998
enclosed 3910
enclosing 2690, 4945
enclosure 524, 1368, 3908
encode 5170

end 185, 187, 866, 1329, 1331,
  2959, 2960, 2961, 2962, 8445,
  9101
end closure 2974
end configuration 2963
end plug 2965
end position 2971
end region 2977
end zone 2977
endless 2968
endurance running 2037, 3116
endurance test 2037, 2051, 3116
energization 3124
energize 3120, 7445
energy distribution 3000
energy exchange 2985
energy gap 2986
energy level 9995
energy loss 175, 2999
energy of emission 264
energy preservation 2989
energy release rate 2993
energy saving 2988
energy spectrum 2997
energy threshold 2996
engage 2724
engineering 9917
enhancement 10674, 11010
enlarge 10705, 10813
enlargement 10814
enlarging 10706
enlarging of frequency band
  3731, 3733
enrich 583, 8144, 9043, 10742
enriched uranium 10620
enrichment 584, 4308, 9045
enter 2670
entire 3952, 11097
entrance 2499, 2659, 2696, 2776,
  11896, 11909, 11924, 12002
entry 7127, 11896, 11909, 12002
envelop 2687, 2689, 2729, 10390,
  10418, 10830
envelope 2688, 4472, 4473, 6167,
  8199, 10392, 10836
environment 10450
environment protection 10452
environmental 10378, 10381
environmental dose 10454
environmental influence 10382,
  10451
environmental monitoring 10386
environmental noise 7510, 10383
environmental protection 10452
environmental protection
  regulations 10453
environmental region 10379

environmental temperature 7529,
  10385
envolve 2001, 8390, 10423
epithermal neutrons 6598
epoxy resin 3072, 3998, 5583
epoxyde resin 3072
equality 4038, 4062
equalization 1044, 5215
equalize 1045, 3066, 5222
equalizer 1048, 3067, 5421
equate 489, 569, 3989
equation of magnitudes 4165
equation with two unknowns
  4060
equidirectional 4053
equidistant 251
equilibrate 74, 861
equip 1092, 1133, 1517, 2708,
  10926
equiphase 4047
equipment 525, 1093, 1134, 1518,
  2709
equipotential line 684
equipotential surface 683
equivalence 688, 4038, 4062
equivalent 685, 686, 3127, 4061
equivalent circuit diagram 3131
equivalent dose 687
equivalent flaw 3128
equivalent flaw size 3129, 3130
equivalent reflector size 3130
equlibrate 6596
erase 6007
erase head 6009
erasing 6008
erasing head 6009
erasure 6008
erect 937, 3125, 4178, 4353, 5263,
  6476, 11955, 11977
erecting 11954
erection 941, 1259, 3126, 4366,
  5264, 6472, 11954
erosion 3117
erratum 2423
error 3251, 4802
error correction 3300
error curve 3301
error function 3289
error integral 3298
error magnitude 3294
error of measurement 6313
error quantity 3294
error rate 3315
escape 1143, 10863
escutcheon 1746, 2654
essay 919, 7184, 7186, 7309,
  10969, 10971

essential 11505
establish 2708
establishment 525, 821, 2709,
  4707, 5264, 11459
estimate 176, 2726, 7589, 8313
estimation 1583, 2727
etch 485, 491, 815, 1373, 11799
etch pit 817
etch trace 819
etching 814, 1374
etching bath 813
evacuate 3036, 3165, 5762
evacuated 6078
evaluate 176, 1176, 2726, 7589,
  8313
evaluating accuracy 1175
evaluation 1177, 1447, 1507,
  1583, 1595, 2727, 3104, 3478,
  7594
evaluation system 1173
evaporate 832, 10713
evaporator tube 8873, 8875
even 3926, 4024, 7021, 10503
even-order harmonic 4271
event 955, 3084, 3197, 8219,
  11132, 11145
event of disintegration 11789
evolution 95, 3060
evolution of cracks 7837
evolution of defects 3283
exact 3918, 7759, 8298
exactitude 3919
examination 1499, 10284, 10583
examination of metals 6359
examination report 7249, 7320,
  10589
examine 10582
example of calculation 1449,
  7586
example of execution 1031
exceed 10295
excessive irradiation 10233
exchange 1152, 1154, 1168, 1169,
  9910, 10985, 10987, 11350,
  11361, 11763
exchange energy 1155
exchange piece 3133
exchanged energy 2981
exchanger 1156, 9811
excitation 580, 618, 3124
excitation energy 581
excitation of oscillations 8722,
  8728
excite 366, 579, 3120, 7445, 9380
excited atom 753
exciting coil 3122, 4642
exciting field 3121, 3358

exciting winding 3123
execution 3654, 11030
execution defect 1032
execution method 311, 2498, 2500
exert 622, 1290, 1379
exertion 623, 957, 1293, 1380
exhaust 160, 829, 3036, 3165, 5762, 10666, 10702
exoelectron emission 3167
expand 1007, 1170, 2088, 3156, 3168, 11805
expansibility 1006, 2086
expansible 1005, 2083
expansion 1009, 1171, 2093, 3157, 3169
expansion coefficient 1014
expansion crack 2104
expansion joint 2098, 2105
expansion tong 11696
expectation 3154
expected value 3154, 11500
expel 1139, 4349, 10729
expend 964
expended energy 10866
expenditure 956, 10864
expense 10864
expenses 956, 5445
expensive 965, 5448
experience 3086
experiment 10970
experimental area 10981
experimental facilities 10974, 10979
experimental perfection 11405
experimental plant 10974, 10979
experimental procedure 10973, 10978, 10984
experimental setup 10975
experimenter 10977
experimentor 10977
expiration 96
expire 101
explain 1065, 3101
explication 3102
explode 3171, 7062, 11802
exploitation 1553, 1557
exploration 282
explore 68, 272
exploring aperture 278
explosion 2143, 3172
explosion test 9114
explosion-proof 3173
explosive clad 9113
explosive cladding 9113
exponent 3176
exponential 3178

exponential law 3177
expose 1424
exposition 888
exposure 888, 1425
exposure diagram 1428
exposure meter 1429
exposure techniques 899
exposure time 895, 1427, 1430, 3179
exposure to radiation 9498
expulsion 1085
expulsion energy 295
exsiccator 10200, 10203
extend 998, 1007, 2088, 3156, 3168, 10845
extended-time 5706, 7237
extensibility 2087, 9642
extensible 2084, 9641
extension 1012, 3157, 10847, 11893
extension cable 10851
extension cord 10851
extension of life 5749
extension piece 10853
extensiveness of testing 7308
extensometer 2101, 3180
extent 1008, 1011, 1080, 1453, 2227, 4154, 4166, 7673, 10370
exterior 1117, 1122, 1127
exterior comparison 3709
exterior defect 1115
exterior layer 1111, 7479
exterior temperature 1125
exterior view 1110
external 1117, 1122, 1127
external dimension 1109
external field 3702
external modulation 3705
external strain 1294
external synchronization 3708
external voltage 3706
extinct 6006
extinguish 1071, 6006
extract [the root] 11852
extraneous noise 6565, 9408
extreme position 2971
extreme value 3181
extremely high flaw resolution 3270
extrusion 9636
eye sight 8316

F

fabric 9382, 10216
fabricate 3184

fabrication 692, 3436, 4356, 6098, 7199
face 1121, 3553, 3769, 9639, 11126
facility 525, 680, 681, 2709, 3928, 4714
factor of expansion 2096, 2106
factor of probability 3154
factory 1556, 11459
factory test 11461
fade 1731, 10694, 10776
fade out 85, 995, 1106, 1344, 5202
fading 204, 8566, 8747, 10695
fail 994, 3250, 10894
failure 1018, 1128, 1129, 2070, 3253, 6158, 6870, 8191, 9424, 10775, 10895, 11833
failure localization 9431
failure mechanism 10897
failure of the current supply 9735
failure prediction 8192
failure rate 1020
fall 48, 50, 54, 140, 217, 3196, 3199, 3200, 3882, 4357, 6578, 8081, 8909, 9799, 10878, 10890
fall in 2645, 11985
fall of current 9731, 9759
fall of pressure 2402, 2457
fall off 55
fall time 58
falling drop method 10211
falling into step 4757
falling pawl 8469
falling-in 2643
fall-out 6657
false measurement 3325
fan 3188, 6068, 10654
fan-shaped 3189
far field 3404, 11407
far from the film 3521
far zone 3424
fashion 1309, 1353
fashioning 1311, 1356
fast 3445, 10467
fast colour/color test 3213
fast film 3515
fast neutron radiography 6627
fasten 3469, 3475
fastener 4253
fastening 1335
fastening device 4254
fastness to light 5893
fat 3483, 3484
fatigue 622, 1290, 1379, 3106, 3107

fatigue behaviour 3115, 8743,
    11355, 11358
fatigue crack 2023, 3111
fatigue crack growth 3114
fatigue crack propagation 3112
fatigue experiment 11380
fatigue life 5747
fatigue life prediction 5750
fatigue limit 2030, 3110
fatigue limit diagram 2031
fatigue loading 2024
fatigue of material 11475
fatigue phenomenon 3109
fatigue strength 1560, 2030, 3110,
    8689, 11730
fatigue stress intensity 3108
fatigue test 2037, 2042, 2047,
    3116, 8690, 11821
fatigue testing machine 2046
fatty 3483, 3485
fault 1018, 2069, 3252, 6148,
    6158, 6870, 8187
fault clearance 3055, 3276, 6871,
    9429
fault current 3329, 9698
fault detection 2072, 3282, 3285,
    3311
fault finding 3271, 3281, 3320
fault finding device 3321
fault localization 9431
fault locating 3281, 3302, 3308
fault rejection 3273
fault removal 3055, 6871, 9429
faultless 3288, 3303
faulty 2068, 3275, 3297, 3972,
    8193, 10834
faulty signal 3317
feasibility 1026, 2497
feature 1500
features 1134
feeble 8562
feed 2750, 9051, 10942, 10943,
    11158, 11887, 11888, 11925,
    11926
feed (into) 2670, 2738
feedback 8085
feedback method 8086
feeder 5850, 11926
feeding 2751, 10943, 11887,
    11926
feeling head 9894, 10012
felt 3544
fence 1206, 4005, 4008
ferriferous 2824
ferrite 397, 3425
ferrite content 3426
ferrite core 3428

ferrite grain 3429
ferritic 3427
ferritic austenitic steel 9176
ferritic steel 9177
ferromagnetic 3430
ferromagnetic material 6235
ferromagnetic specimen 7181
ferromagnetic(al) 2828
ferro-probe 3431
ferrous 2844
ferruginous 2824
ferry across 10296
fertile material 1894
fiber [USA] 3190, 3232, 3505
fiber composite material 3241
fiber curl [USA] 3235
fiber length [USA] 3236
fiber-optical device 3506
fiber orientation 3237
fiber portion 3233
fiber-reinforced 3242
fiber-reinforced material 3241,
    6234, 11464
fiber rupture 3234
fibre 3190, 3232, 3505
fibre curl 3235
fibre length 3236
fibrous 3192
fibrous material 3239, 3507
fictive 5585
fidelity [of reproduction] 11550
field 1455, 3352, 3353, 3869,
    11874
field coil 4642
field configuration 3370, 3374
field contrast 3378
field decay 3395
field density 3371
field displacement 3391
field distortion 3394
field distribution 3393
field equation 3376
field excitation 3372
field form factor 3375
field generation 3373
field intensifying 3387, 3392
field intensity measurement 3386
field intensity meter 3384
field line 3379, 3630
field line density 3380, 3617
field line dispersion 5458
field line scattering 5458
field of action 699, 707
field of activity 699, 703
field of application 653
field of characteristics 4993, 5626
field of force 5454

field pattern 3370
field perturbation 3388
field quantity 3377
field sounding 3369
field strength dependent
    permeability 6941
field strength meter 3384
field theory 3389
field vector 3390
field weakening 3381
figure 6, 12, 1630, 2000, 2002,
    3508, 3967, 4491, 5624, 6496,
    8315, 11714
filament 3191, 4329
filamentary 3192
file 6829
filing card 4956
filings 3330
fill 3783, 10802
fillet 4433, 4978, 8174, 9318
fillet joint 4978
fillet weld 4978, 4980
fillet welded 4979
filling 3784, 3788, 5655
filling height 3786
film 1376, 1480, 3509, 3510,
    6655, 8354, 10323, 10392,
    10836
film badge 9531
film blackening 3531
film class 3525
film contrast 3526
film dosimeter 3519, 9531
film gradient 3524
film grain size 3527
film granulation 3528
film interpretation 3516
film processing 3517, 3532
film sensibility 3520
film thickness 8366, 8372
film viewing apparatus 3518
film-focus distance 3522
film-object distance 3530
film-screen system 3523
film-source distance 3522
filter 3533, 3541
filter characteristic 3539
filter curve 3540
filter element 8870
filtering device 8870
filtration 3542
fin 7785
final amplifier 2975, 5826
final assembly 2969
final control 2970, 8446
final examination 2970, 8446
final inspection 2966

final position 2971
final rolling condition 11197
final speed 2964
final stage 2972
final state 2978
final test 2970
final value 2976
find (~ out) 845, 3005, 4343
fine 2476
fine adjusting 3337
fine alignment 3331, 3333
fine grain 3342
fine grained iron 2796
fine-grained 3344
fine-grained film 3511
fine-grained steel 9175
fine-grained structural steel 3343
fine-granular 3344
fine-meshed 3346
fine particle 3342
fine production 3593
fine regulation 3337
fine scanning 3334
fine structure 3350, 6286
fineness determination 3341
finish 101, 185, 866, 1027, 1028, 1309, 1329, 1343, 1353, 2757, 2962, 3434, 6437, 6437, 9376, 11009, 11029, 11096, 11100
finished 1689
finished part 3435, 9925
finished piece 11491
finished product 3432
finishing 1311, 1356
finite 2967
finite element method 3545
finite elements 2912
fire 673, 11929
fireproof 3497, 10471, 10604
fireproof quantity test 3498
fire-resistant 3497, 8663, 10471
fire-scouring 3504
fire-tinning 3504
firing 367
firm 3449, 9283
firmness 2034, 3453
fish joint 5715
fish-bar 5713
fish-plate 5713
fishtail formation 3546
fissile 8968, 8977
fissile material 8981, 8985
fissility 8970
fission 8989, 9947
fission process 8983, 8993
fission product 8982
fissionable 8968, 8977

fissionable material 8981, 8985
fit 569, 1092, 1133, 1334, 2622, 2744, 3989, 6902, 8924, 10926
fit (~ for) 3880
fit in 2657, 2701
fit up 6476, 11977
fitting 6472, 11954
fitting out 1093, 1134
fittings 727, 11881
fix 448, 1334, 3465, 3469, 3547
fixation 3467, 3477
fixed 3442, 3446, 3471, 6846, 8111, 8115, 9463, 10467
fixed frequency 3450
fixing 1335
fixing device 3479
fixing plate 930
fixture 1335, 4254
flag 3589
flake 153
flaking 154
flame-proof 3575
flange 1902, 3580
flanged joint 3581
flanging test 1801
flank 3577, 8771, 8778
flap 5097
flash 828, 874, 3795
flash butt welding 30
flash magnetization 9455
flash point 3574
flasher unit 1754
flashlight 1755
flashlight radiography 1756
flash-over 10291
flash-over resistance 10293
flash-over strength 10293
flash-over test 10294
flat 2562, 3548, 3563, 3976, 4024, 7043, 7044
flat bar 7039
flat-bottom drill hole 3550
flat-bottomed drill hole 3350
flat bottom hole 3551, 8134
flat coil 3571
flat curve 5617
flat defect 3328
flat iron 3560
flat link 4074, 5079
flat noise 3937
flat smooth 7021
flat steel 3572
flat tuning 258
flat wire 3552
flatness 2566, 7024

flatten 64, 151, 1961, 2567, 4025, 7025
flattening 65, 152, 1970, 4027
flattening [of oscillation/ vibration] 8724
flattening test 7435, 7780
flat-type magnet 3569
flaw 2069, 3252, 3327, 7787, 9421, 10487
flaw characterization 3299
flaw detectability 3267
flaw detectibility 3284
flaw detecting 3282, 3285
flaw detection 3305, 3320
flaw detection capability 3306
flaw detection probability 3269
flaw detector 3310, 3321
flaw distribution 3323
flaw echo 3279
flaw echo height 3280
flaw extension 3272
flaw finding 3302
flaw indication 3265
flaw localization 3308
flaw marking 3304
flaw scanning 3262
flaw signal 3318
flaw size 3293
flaw size evaluation 3295
flawed 3275, 3297
flexibility 1620
flexible 1584, 3587
flexible pipe 8418
flexible tube 7925, 7930
flexure 1621, 2484
flickering lamp 3573
flip over 10396, 10397
flip-flop 5090
float 8672
floating roller peel test 7958
floor 1769, 3814
floor slab 929
floss 10862
flow 97, 3592, 3614, 5734, 9718, 9740, 9756
flow chart 98, 3616
flow diagram 98, 7587
flow mechanism 3595
flow of information 2016
flow out 1143
flow point 9852
flow through 2493, 2550
flowmeter 2494, 3631, 10704
fluctuate 8573, 10661
fluctuation 8574, 10662
fluctuation in temperature 9975
flue-gas test 7491

fluence 2491, 3600
fluid 3619, 3622
fluidity 3597, 3603
fluoresce 3612
fluorescence 3605
fluorescence dosimetry 3606
fluorescent 3613
fluorescent coat 5878
fluorescent crack detection 3610
fluorescent magnetic particle test 3609
fluorescent paint 3607, 5875
fluorescent penetrant 2633
fluorescent screen 3608, 3611, 5879
fluorescent tube 5882
fluorine 3604
fluorine-metallic screen 3645
fluorograph 8397
fluorography 5880
flush 10570
flute 3810
flutter 10092
flux 3614, 9718, 9756
flux density 3380, 3617, 5457
flux inclusion 8403
fluxmeter 3631
flyback pulse 8084
fly's-eye lens 5962
flywheel 8749
foam material 8319
foamed concrete test 3853, 8317
foamed rubber 6477, 8318
focal distance 1854
focal length 1854, 3634
focal point 1841
focal ray 1853
focal spot 1840
focalized transducer 3635
focus 1841, 1905, 3633, 5354, 7757
focus tube 3636
focused beam 9468
focusing 1908, 3638, 5353, 8305
focusing coil 5355
focusing point 1841
focusing probe 7269
focusing transducer 3635, 7269
focussing 3638
fog 8420, 10215
fog blackening 8421
fogging 8420, 10215
foil 3643
foil strain gauge 2102
fold 3203, 3204, 3208, 5145, 5149
folding 84, 3205

foliated 3871, 3961, 5675, 5682, 8363, 11077
follow 6417
follower 10950
follow-up 6516
follow-up device 6516
follow-up of weld 6554
foot 3816
foot-controlled 3815
force 5449, 9286
force in 2640
force of compression 2434
force of inertia 1360
force of pressure 2434
forced 12009
forced air cooling 2438
forced circulation 12008
forced oscillation 8701
forecast 11143
foreign atom 754, 3696
foreign body 3703
foreign inclusion 3700
foreign matter 3703
foreign metallic inclusion 3704
forge 8459
forging 8460, 8461
forging ingot 8457
fork 3817
fork truck 3818
form 990, 1640, 3655, 3667, 3668, 3967, 10791
form constancy test 3663
form factor 3670
formability 3661, 10789
formability limit curve (F.L.C.) 4130
formation 992, 1655, 3058, 3672, 3969, 4078, 4342, 10670, 10794
formation mechanism 1656
formation of cracks 7828
formation of ends 2963
formation of ions 4768
formation of shrink holes 6093
formation of shrinkage cavities 6093
forming 1655, 10794
forming limit curve 4130
forming operation 3672, 10794
formula 3666
formula [of calculation] 1450
formulation 589
forth and back 4373
forward direction 2510
forward running 11166
forward wave 11416
found 543, 3125, 3993, 4178

foundation 1249, 1567, 1771, 3789, 4175, 4196, 8938, 8942, 10541, 10552, 10566
foundation plate 4189
founding 4208
foundry 3995
Fourier transformation 3679
Fourier transformation holography 3680
fourth 11083
fraction 627, 1861
fraction of radiation 9579
fractional line 1879
fractography 3681
fracture 1818, 1862, 11779, 11780
fracture behaviour 1881
fracture mechanics 1874
fracture modulus 1875
fracture toughness 1882, 7911
fracture toughness factor 1883
fracture velocity 1869
fragile 11781
fragment 9108, 9777
fragments 1880, 7736, 10235
frame 1920, 3971, 9260, 10551
Fraunhofer lines 3683
free electron 2874
free from air bubbles 6056
free from cracks 7848, 7863
free from harmonics 6793
free from streaks 8432
free half-space 4238
free motion 9088
free of reflection 7620
free oscillation 8702
free space 3693, 7500, 9088
freedom from cracks 7849
freeze 3884
freezing point 2845, 3885
frequency 4304
frequency accuracy 3741
frequency analyser 3720
frequency analysis 3721
frequency band compression 3732
frequency band width 3730
frequency changer 3761
frequency changing 3762
frequency characteristic 3737, 3742, 3757
frequency comparison 3755
frequency constancy 3735, 3743
frequency control 3746, 3747
frequency converter 3752
frequency curve 3737, 3742, 3757
frequency departure 3719, 3723
frequency determination 3736

English 576

frequency deviation 3719, 4468
frequency distribution 3758
frequency divider 3751
frequency fluctuation 3748
frequency function 4306
frequency measurement 3745
frequency meter 3744
frequency mixture 3740
frequency multiplier 3759
frequency of oscillation 8691, 8735
frequency range 3734
frequency regulator 3747
frequency response 433, 3739
frequency response of attenuation 1984, 1995
frequency scanning 3718
frequency selector 3760
frequency shift 3719, 3723
frequency spacing 3717
frequency spectrum 3749
frequency stability 3735, 3743, 3750
frequency sweep 4468
frequency swing 3719, 3723, 4468
frequency tolerance 3719
frequency transformation 3753
frequency transformer 3761
frequency translation 3756
frequency transposition 3756
frequency variation 3722, 3748
frequency wobbling 3763
frequency-dependent 3715
frequency-dependent attenuation 1973
frequency-independent 3754
frequent 4301, 6808, 11561
fresh air 3767
fresh mortar test 3768
Fresnel zone plate 3764, 11880
friction 3765, 7667
friction coefficient 7671
friction surface 7665
friction welding 7666
friction work 7670
frictional resistance 7672
frigid 5561
fringing field 7473, 9674
front 1121, 3769, 11126
front face 11123
front filter 11134
front panel 3770
front part 11127
front screen 3647, 11125
front side 3769, 11126
frontal wedge 11155
frontier 4123

frosted 6257
fuel 1845, 10170
fuel assembly 1835, 1847, 1849
fuel assey 8986
fuel cell 1852
fuel element 1835, 1847
fuel filter 1848
fuel kernel 1850
fuel pin 1843
fuel reprocessing plant 1851
fuel rod 1843
full load 1398, 11091, 11094
full mechanization 11098
full scale 6217
full size 4158, 4857, 6217
full weight 3955
full-scale travel 11092
fully automatic 11093
function 3806, 11635
function of optical density 8581
functional test 1561, 3807
functioning 1553, 1557
fundamental frequency 4180
fundamental harmonic 4182
fundamental oscillation 4192
fundamental wave 4197
fundamentals 1250, 4184, 7173
fungus resistance 8391
funnel 6092
furnace 4330, 5073
further development 11405
fuse 2534, 2537, 8450, 8451, 8855
fuse together 10917
fused aluminum coated 3496
fusibility 8449
fusible 6666, 8855
fusion 1675, 3811, 8452, 10753, 10918, 11976, 11988
fusion point 8453
fusion temperature 8455
fusion welding 8454
fusion zone 8456
fusion-welded butt joint 9792
future prospect 7028

G

gage [USA] 5778
gaging [USA] 2607
gain 988, 3988, 10949, 10955, 10958
gain control 10961
gallery 9644
galvanic bath 1208
galvanized iron 2807
galvanized wire 2333
galvanizing 3820

galvanometer 3821
galvanoplastics 2897, 3820
galvanotechnical 3822
gamma backscattering 3833
gamma camera 3829
gamma disintegration 3840
gamma intensity 3828
gamma iron 3825
gamma irradiation 3823
gamma radiation 3824, 3839
gamma radiator 3836
gamma radiogram 3826
gamma radiography 3827, 3832
gamma-radiometric test 3831, 3838
gamma ray 3835
gamma-ray examination 3831, 3838
gamma-ray radiography test 3831, 3838
gamma spectroscopy 3834
gamma-graphic test(ing) 3831
gammagraphic test(ing) 3838
gammagraphy 3831, 3838
gammametry 3830
gap 5974, 6046, 7787, 8967, 8975, 9088, 9133
gap leakage 8988
gapping 1015, 5091
garret 1767
gas analysis 3850
gas cavity 3856
gas conduit 3859
gas formation 3857
gas fusion welding 3863
gas generation 3857
gas holder 3851, 3860
gas pore 3861
gas pressure 3855
gas tank 3851, 3860
gas tube 3859, 3862
gas tubing 3859
gaseous 3858
gaseous environment 10380
gaseous trace element 9154
gasification 10801
gas-main 3859
gasometer 3851, 3860
gassing 3857
gastight 3854
gate 3864, 10096, 10220
gate stop valve [USA] 246
gauge 5778
gauging 2607
Gaussian curve 4086
Gaussian error distribution 3865
gauze 3866

gay 514
gear 3928, 10297
gear down 10576
Geiger-Müller counter tube 3909
general transformation 10141
generalization 10656
generalize 10655
general-purpose manipulator 10510
generate 3160, 4355, 7203
generation 3164, 7199
generation of heat flow 11258
generation of oscillations 8730
generation of rays 9497, 9551, 9597
generator 3921
geomagnetic field 3357
geometric addition 336
geometric distortion 3922
geometric(al) mean 6424
geometrical unsharpness 10529
geostationary 3923
get out of range 1165
get through 2489, 2532
get up 9326
gib 9640, 10967
gild 10809
gilding 10810
gilled tube 7786, 7931
gimbals-mounted 4950
girder 1215, 10119
give off 71
giving up 849, 1330
glas-metal-joint 4020
glass fiber 4017
glass fiber reinforced 4018
glass test 4021
glass wool 4023
glass-fiber reinforced plastics 5587
glassy 4016
glaze 4022
glazed 4019
glazing 4022
glide 4066, 8128
gliding 4067, 8129
gliding discharge 4068
global 11097
globe 5542
globular 5551
globular pe(a)rlite 6937
glove box 4266
glow 4079, 4090, 4092, 5874
glow cathode 4095
glowing 4092
glowing needle test 4089
glucinum 1475

glue 515, 5105, 5787, 5788
glueing 5789
go away 3010
gold plating 4098, 10810
goniometry 7770
go/no-go-indication 4861
good conductor 5836
gorge 7777
gradation 267, 4102
grade 266, 4099, 9169, 9784, 12000
grade of radiation 9520
grade of reliability 12005
gradient 4104
grading 826, 4354, 8966
graduate 266, 2773, 9169, 9935
graduation 4103, 8926, 9949
graduation of the dial 8931
grain 5393
grain boundary 5396
grain boundary segregation 5398
grain density 5395
grain growth 5409
grain noise 5405
grain orientation 5404
grain size 5400
grain volume 5408
grained 5402
graininess 5403, 5407
graining 5403, 5407
grainy 5402
granular 5402
granular structure 5406
granulate 913
granulated 5402
granulated iron 2800, 2803, 2823
granulated material 4106
granulation 4107, 5394, 5403, 5407
graph 6, 2000, 2002, 2006, 4109, 5623, 5624, 8315, 11714
graphic method 10762
graphic representation 5624
graphic solution 6028
graphic(al) 4110, 11713
graphical determination 3105
graphic(al) representation 2006, 4109
graphite 4111
graphite content 4112
grappling iron 510
grasp 4144
grass 2571, 4113
grating 4003, 4005, 4008, 7484
gravitation 3073, 4116, 8664
gravitation field 4117, 8662
gravitation force 3073, 8664

gravity 3073, 8664
gravity of flaw 3290
grease 3484, 8464
green concrete test 3766
grey cast iron 4115, 4212
grid 4004, 7484
grid bias 4013
grid method 7486
grid polarization voltage 4013
grill 2835, 3501
grind 7664, 8424
grind off 184
groove 2691, 2735, 3208, 3810, 4433, 4439, 5008, 7776, 7777, 7784, 8439, 8441
ground 1768, 3074, 3352, 4176, 7060, 9332
ground [USA] 3077, 6185
ground contact [USA] 3080
ground layer [USA] 3079
grounding [USA] 3081
group 4200, 4203, 8156
grow 600, 11173, 11931
growing 601
growing load 1399, 1403
growth 9327, 11174, 11175, 11927, 12007
guarantee 3846
guaranty [USA] 3846
guard 8540, 8559
gudgeon 1795, 11697
guide 3775, 3778, 5828, 5831, 5869, 7757, 9365
guide bar 3781
guide line 7761
guide pin 3782
guide rail 3781
guide strip 3780
guided acoustic wave 8275
guiding effect 7775
gum 4205, 5105, 5111
gum ($\sim$ to, $\sim$ on) 515
gusset 11594
guy 10663, 10945
guy wire 8998
gypsum 4001
gypsum test 4002

H

hairline crack 4222, 6380, 7790
hairline cracking 4223, 6381
half load 1386
half round iron 2804
half wave 4239
half width 4240
half-life constant 4242

half-life period 4243
half-time 4243
half-value layer (H.V.L.) 4241
half-value thickness 4241
half-value time 4243
half-value width 4240
Hall effect 4246
Hall generator 4247
Hall voltage 4248
halve 4235, 12022
hand 11717
hand regulation 4265
hand setting 2767, 4262
handle 1317, 1353, 1529, 4144, 4253, 4263, 5131, 10665, 10781
handling 1318, 1356, 1530
hand-operated 4258
hang 4268
hang up 852
hangover 3194
happen 954, 2775, 3960, 11144
happening 955, 3084, 11145
hard coal 9331
hard copper 4285
hard metal 4292
hard rubber 4284
hard solder 4286
hard X-rays 8032
harden 1054, 3092, 4277, 9989, 10820
hardened steel 9178
hardening 1055, 4278, 4293
hardening by irradiation 9508
hard-fiber material 4283
hard-magnetic 4291
hardness 4273
hardness by case-hardening 2715
hardness depth 4282
hardness depth by case-hardening 2717
hardness of radiation 9507, 9554
hardness test 4279
hardness tester 4276
hardsolder 4287
hard-soldered joint 4290, 8980
hard-soldering 4288
harm 8194, 9402
harmful radiation 9564, 9572
harmless 10493, 10525
harmonic 3711, 4270, 6790, 8705
harmonic analysis 3721, 6792
harmonic distortion factor 5134
harmonic frequency 3711
harmonic oscillation 6790, 8705
harmonic(al) 4269
harmony 4040, 10245
hatched 8492

haze 8420, 10215
head 5367, 5368, 9101, 11214
head receiver 5369
head wave 5370
headphone 5369
health physicist 9532
health physicist (in charge of personnel monitoring) 9526
heap 4300, 9443
heart 4698, 5017, 6430
heat 1362, 3093, 3149, 4079, 4090, 4327, 11268, 11272
heat absorption 11236, 11238
heat colour 4094
heat conductivity 11267
heat conductor 11266
heat convection 11263
heat emission 11233, 11279
heat energy 11255
heat exchanger 11241, 11280
heat flow method 11259
heat passage 11248, 11281
heat quantity 11269
heat radiation 11233, 11279
heat release 11260
heat resistance 11292
heat resisting 4381
heat sink 5562, 11235
heat source 11273, 11278
heat stability 11257
heat stress 11242
heat supply 11290
heat transfer 11248, 11281, 11284
heat transfer coefficient 11283
heat transfer resistance 11249, 11282
heat transmission 11248, 11281, 11284
heat treatment 10822
heat-affected zone [HAZ] 11252, 11878
heat-conducting 11265
heater 4329
heating 3150, 4328, 4334
heating crack 3152
heating element 4326, 4331
heating time 505, 3148, 3153, 4325
heating-up period 505, 4325
heat-proof 4377, 4381, 11246, 11256, 11285, 11291
heat-proof material 6236, 11466
heat-proofness 4382, 11257
heat-resistant 4377, 4381, 11246, 11256, 11291
heat-resistant material 11466
heat-resistant steel 9179

heat-resisting 11246, 11256, 11291
heat-tight 11285
heat-treated steel 9196
heat-treating furnace 11244
heat-treatment 11243
heat-treatment region 11245
heavy 8659
heavy concrete shielding 8661
heavy hydrogen 2145, 11334
heavy metal 8665
heavy plate 4146
heavy water 11315
heavy-current 4417
heavy-metal shielding 8666
heavy-wall 2190
heavy-wall pressure vessel 2411
heavy-water boiling reactor 8669
height 4425, 9240
helical 8505, 9096, 11454
helical line 8506, 9097
helical weld 9098
helically weld tube 7935
helicoid 11454
helicoidal 8505, 9096
helicoidal scanning 287
helium 4337
helix 8506, 9095, 9097
hemisphere 4236
heterogeneous 4359, 4681, 10503
heterogeneousness 10504
high atomic number 788, 6832
high building 4386
high building bearing test 4387
high contrast 5299
high current 4417
high frequency (h.f.) 4395
high power 4400, 4402
high pressure vessel 4390
high resolution 1648
high speed 4398
high tension 4407
high vacuum 4423
high voltage 4407
high voltage gasket 4408
high-activity source 7396, 9546
high-alloy 4401
high-alloy steel 9181
high-alloyed 4401
high-energy 2994, 4392, 5821, 9284
high-energy X-rays 8033
high-frequency interference 4397
high-frequency signal 4396
high-frequent 4394
high-intensity 5821, 9284
high-level 5821, 9284

highly concentrated acid 8176
highly damped 674
highly damped oscillation 8715
highly pure 4406
highly sensitive 4391
high-power 5821, 9284
high-power ultrasonics 4403
high-purity 4406
high-purity iron 7682
high-quality steel 7372, 9182
high-resistant 4393
high-resistant steel 9180
high-resolution 4384
high-resolution radiography 7449
high-speed regulator 8480
high-strength quenched fine-grained steel 3345
high-temperature 4419, 4422
high-temperature adapter 4421
high-temperature reactor 4420
high-tension winding 4411
high-voltage generator 4409
high-voltage test 4410
highway engineering 9637
hinge joint 3914
hit 912, 7152, 9450, 10168, 11984
hoist 4321, 4399, 11574
hold 4144, 4251
hold back 11937
hold down 3451
hold-back 11938
holder 4253, 4254
holding time 4256
hold-up 11938
hold-up time 11015
hole 1791, 2486, 2499, 4921, 5972, 5975, 5976, 6805, 8185, 9278
hollow 4431, 4439, 8118
hollow cylinder 4440
hollow section 4435
hollow space 4436, 4973
hollow waveguide 4234
hologram 4441
hologram generation 4442
hologram reconstruction 4443
holographic interference pattern technique 4751
holographic interferometry 4751
holographic(al) 4446
holography 4444
homogeneity 4029, 4046, 4455
homogeneous 2682, 4028, 4045, 4454, 7638
homogeneous field 3360
homogeneousness 4029, 4037
homopolar 4048

honeycomb structure 4456, 11170
hood 920, 2261, 4082, 4298, 4943, 5609, 5610
hook 4232
Hooke's law 4457, 9010
hoop iron 1237
horizontal 4461, 5931, 11169
horizontal deflection/deflexion 114, 4462
horizontal pattern 4463
horizontal plane 4464
horizontal sweep 114
horizontally polarized 7080
horn-gap arrester 4465
horse-shoe shaped 4471
hose 8418
hot cell 11763
hot crack 4324, 6042
hot cracking 11297
hot dip galvanizing 3503
hot embrittlement 11300
hot forming 11299
hot galvanization 3503
hot hardness test 11261
hot pressing 11295
hot rolled 4322
hot rolled metal 6339
hot-rolled wire 11193
hot short 3244
hot strip 11229
hot tensile test 11301
hot tin-coating 3504
hot working 11299
hot yield point 11298
house 903, 2622, 2758, 10548, 10579
housing 2762, 3908, 10580
hue 3230
hum 1887
hum interference 1887
human permissible dose 2316
human tolerance dose 2316
humid air 6049
humid powder 7336
humidification 482
humidify 481, 1336, 1438
humidity 3487
humidity test 3493
humidity-proof 3489, 3494
hump 601
hunt 68, 6921
hunting 6922
Huygens principle 4478
hydraulic 2462, 4479
hydraulic pressure 11323
hydrocarbon 5189
hydrogen 11333

hydrogen content 11337
hydrogen embrittlement 11341
hydrogen induced crack 11340
hydrogen line 11339
hydrogen sulphide 8593
hydrogenous 11338
hydrostatic pressure 11323
hydrostatic test 11324
hydrostatic(al) 4481
hydrostatics 4480
hydrous 11327
hygrometer 3492, 4482
hypercritical 10266
hypercritical coupling 5382
hypothesis 557, 10881
hypsometer 1991, 2116, 6915
hysteresis 4483, 4486
hysteresis loop 4484
hysteresis loss 4485

I

ideal 4487, 11120
ideal requirement 4412
identical 4489, 10244
identification 1507, 3104, 3478, 4488, 4998, 11934
identify 11933
identity 4490, 10245
idle 5765
ignite 673, 3069, 11929
ignition 3070
illuminance 1423
illuminate 1417
illuminating power 5877
illumination 1418, 1423, 4340
illusion 9912
illustrate 7, 1312, 4492
illustration 13, 1313, 1630, 4491
image 11, 970, 1629, 2003, 8395
image analysis 1635
image brightness 1644
image contrast 1645
image converter 1664
image defect 17, 1641
image definition 1647
image distortion 1641, 1663
image intensifier 1661
image intensifier tube 1662
image interpretation 893
image memory 1651
image plane 1638
image quality 18, 1642, 1646
image quality indicator [=I.Q.I.] 1643
image recording 1637
image reproduction 1665

English 580

image sharpness 1647
image storage tube 1652
image store 1651
image structure 1653
image transmission 1654
image treatment 1658
image unsharpness 1657
image wave 9087
image with high resolution 1633
image with the best contrast 1632
imaginary 4493
imaginary component 628
imaginary unit 2679
imaging 970, 1629, 2003
imaging method 1660
imaging technique 19
imbalance 10464
immediate 974, 8941, 10518
immerged 10591
immerged transmitter 10596, 11331
immerse 2772, 9902, 10927
immersion method 9908
immersion probe 9906
immersion technique 4494, 9905
immersion testing 9907
immission 889, 2786, 4495
immobile 10467
immovable 3445, 10467
impact 619, 911, 912, 923, 5203, 7152, 8407, 9441, 9444, 9446, 11971, 11983
impact bending strength 8408
impact excitation 9448, 9452
impact fatigue test 2045
impact resistance 8410, 8414
impact speed 952
impact strength 5009
impact test 8412
impact-resistant 8409
impair 1328, 8194, 9402
impedance 8331, 11520
impedance diagram 4497
impedance measurement 4498, 8332, 11529
imperfect 3275, 3297, 6161, 10610
imperfect nugget dimensions 5965
imperfect shape 3671
imperfect tuning 257
imperfection 2069, 3252, 3326, 6148, 6158, 9421, 9426, 10519
imperfection size 3293
impermeability 10477
impermeable 2168, 10475

impinge 9450, 10168, 11984
impinge ($\sim$ at, $\sim$ upon) 950
impinging ($\sim$ at) 951, 2646
implantation 4499
implement 11496
impoverishment 10667, 10902
impregnant 4501
impregnate 4500, 10136
impregnated pole 6225, 9273
impregnating matter 4501
impregnating medium 4501
impregnation 4502
impress 2419, 4685
impress ($\sim$ on) 835, 2705
impression 2398
imprint 2398
improve 10673, 10740, 10821, 11009
improvement 10674, 11010
improvement of quality 7373
improving of the performance 5822
impulse 580, 618, 3124, 4504, 5462, 8407, 9441, 9444
impulse voltage test 9459
impulsion 638, 4504, 5462, 9441
impulsive moment 3568
impure 8468, 10523
impurity 754, 3696, 3699, 11004
in counterclockwise direction 3905
in gear 1554
in layers 5668, 8363, 8376, 11077
in opposite direction 3896
in phase 4047, 6954, 6969
in practise 7148
in praxi 7148
in service 1554
in situ 4699, 6839, 8922
in the same direction 4053
in the same sense 4053
inability 10484, 10605
inaccuracy 10496
inaccuracy of measurement 6331
inacessible 10614
inactive 4627
inadequacy 10616
inadmissible load 1305
inaudible 10507
incandescence 4092
incandescent cathode 4095
incase 2731, 8435, 10830, 10909, 11883, 11998
incertitude of measurement 6332
incidence 2642, 4763
incidence angle 2648, 4764

incident angle of acoustic wave 2721
incident dose 2644
incident energy 2644
incident light 875, 5884, 5886
incident radiation 9563
incident ray 9467
incident wave 11414
incipient crack 585, 4684
incipient crack characteristic 586
incision 2735
incite 579, 3120, 7445
inclination 6578, 9330
incline 4930, 5088, 6577, 8498, 9330
inclined 56, 3920
inclined plane 2565
inclined position 8499
inclined probe 11600
inclined probe head 11600
inclined search head 11600
inclined surface 3558
inclose 2731, 8435, 10909, 11998
include 2730
inclusion 2732, 3327
incoherence 4687
incoherent 4686
incombustible 10471, 10604
incoming current 9721
incomplete 10610
incomplete flank fusion 3578
incomplete fusion 1671
incomplete fusion at the root 11655
incomplete interpass fusion 5667
incorporate 2622, 10548, 10579
incorporated dose 5412
incorporation 2694, 4688
incorrect 10834
increase 612, 613, 616, 642, 643, 3094, 4321, 9326, 9327, 10812, 10814, 10873, 10875, 10949, 10958, 11173, 11174, 11406, 11652, 11927, 11931, 12007
increase of cracking 7897
increase of potential 7131
increase of pressure 2406, 2420, 2468
increase of production 7201
increase of resistance 11524, 11537
increase of temperature 9964, 9966, 9987
increasing 613, 616, 643, 9327, 10814, 11174, 11927, 12007
increasing oscillation 8698
indefinite 10472

indent 2691, 5008, 8441
indentation 40, 11669
independence 10456
independent 10455
independent on current 9755
independent on temperature 9979
indeterminacy 10466, 10528, 10532
indeterminate 10465, 10527, 10925, 11013
indeterminate equation 4059
indetermination 10466
index 4680, 4996, 6170, 9859, 10301, 11699
index card 4956
indicate 10, 665, 4633, 6528, 8863
indicated power 5798
indicated work 694
indicating device 660, 668
indicating instrument 664
indicating lamp 8885
indicating range 659
indication 487, 655, 1333, 2009, 6525
indication equipment 660, 668
indication error 663
indicator 660, 668, 4630, 6531, 9156, 9815, 10111, 11716
indifferent 4629
indirect 4631
indirectly proportional 7226
indissoluble 10514
indium 4632
individual 2792, 10755
individual picture 2788
induce 4654
induced current 4643, 9725
induced field 3359, 3361
induced oscillation 8706
induced voltage 4641, 9004
inductance 4647
inductance meter 4650
induction coil 4642
induction current 4643
induction effect 4635, 4645
induction field 4637
induction flux 4638
induction furnace 4640
induction heating 3151, 4286, 4636, 4639
inductive 4646
inductive coupling 5377
inductive heating 3151, 4636, 4639
inductive technique 10764
industrial furnace 4652

industrial radiograph 7969
industrial robot 4653
industrial television 4651, 5633
ineffective 10612
inefficient 10612
inert gas 2591, 8542
inertia 1359, 1360, 10132, 10828
inertness 10132
inexact 10495
inexactitude 10496
infect 11003
infinite 10460, 10483
inflame 3018, 3069
inflammable 3500
inflammation 3070
inflection point 11456
inflexible 10469
inflow 11887, 11924, 11926
influence 1325, 1326, 2784, 2785, 11629
influence [on] 2655
influence of magnitude 4164
influence of the surroundings 10382
influx 11887, 11924, 11926
inform 6300, 6420
inform (~ of) 1463
informatics 4655
information (about) 4656
information content 4657
information flow 6520
information processing 4658
infrared 4659
infrared apparatus 4663
infrared camera 4664
infrared detector 4661
infrared lamp 4665
infrared method 4672
infrared optics 4666
infrared radiation 4671, 9566, 11233, 11279
infrared radiator 4670
infrared ray 4669
infrared receiver 4662
infrared region 4660
infrared spectroscopy 4668
infrared technique 4672
ingot 1759, 6193, 6344
ingot iron 3618
ingot mould 5194
ingot steel 3632
inherent filtering 2609
inherent filtration 2609
inherent frequency 2610
inherent unsharpness 10530
inhibit pulse 9072
inhomogeneity 3252, 4682, 10504

inhomogeneous 4681, 10503
inhomogeneousness 4682
initial 457, 458
initial activity 459
initial amplitude 460
initial charge 463
initial concentration 461, 466
initial condition 462
initial creeping 467
initial current 475
initial enrichment 461, 466
initial permeability 468
initial phase 469
initial position 473, 1041
initial pressure 464
initial pulse 8813
initial radiation 474
initial speed 465
initial state 478
initial tension 472
initial test 3147, 4191
initial value 477, 1043, 4199
initial voltage 471
initiate 2745
initiation 2712, 2746
initiation pulse 9294
inject 835, 2419, 2705, 4685, 9118, 11888, 11925
injection moulding 9121
injection-mould 9117
injure 8194, 9402
injured 1476
injury 1477, 8187, 8195, 10860
inlet 2659, 2663, 2696, 2776, 11887, 11926
inner diameter 2521, 4691
inner passing coil 4690
inner surface 4693
inner test of tube 7945
inorganic 567
inoxidable 6860
input 891, 2661, 2663, 2664, 2666, 2667, 2696, 2776, 5792, 5795, 5806
input circuit 2666
input equipment 2662
input level 2668
input power 2664, 2667, 5795, 5803
input pulse 2665
input signal 2669
insensitive 10481
insensitivity 10482
insert 2622, 2640, 2657, 2670, 2697, 2722, 2738, 2744, 12039
insert (the tape) 1230, 2698
insertion 2658, 2714, 2747, 12040

insertion piece 2714, 2719
inservice examination 11565
inservice inspection 11565
inservice test 11565
inset 2714, 2719
inside diameter 2521, 4691, 4697, 11402
in-situ processing 4701
in-situ test 4700
in-situ testing 1280
insoluble 10516
inspect 1498, 4704, 10283, 10316
inspection 926, 1499, 2542, 4702, 5316, 5318, 7309, 8865, 8868, 10284, 10285
inspection device 5321, 7245, 7252, 7324, 10318
inspection uncertainty 4703
inspiration 8168
inspissate 10724
instability 4706, 10464, 10535
instable 4705, 10534
install 448, 543, 937, 1334, 2622, 2708, 3125, 4178, 4353, 6476, 10548, 10579, 11977
installation 525, 822, 941, 1093, 1134, 1556, 2709, 4366, 4707, 6472, 8294, 11459, 11954
instant 11742
instantaneous 974, 6466, 8941, 10518, 10609, 11043
instantaneous amplitude 975
instantaneous control 7647
instantaneous frequency 976, 3710, 3713, 6467
instantaneous value 977, 6468
instruct 547, 644, 991, 4713, 5780, 10571, 10598
instruction 548, 645, 993, 1332, 5777, 7762, 10599
instruction manual 3875
instructions for use 3875
instrument 680, 3928, 4714
instrument adjustment 3934
instrument board 728, 4718, 4722
instrument correction 4721
instrument error 4720
instrument layout 4717
instrument panel 728, 4718, 4722
instrument reading 4716
instrument sensitivity 3933, 4719
instrumentation 3931, 4717
insufficiency 10616
insufficient 10459, 10497, 10615
insufficient fusion 1680
insulant 4810, 4821, 4828
insulate 4816

insulated conductor 5837
insulated conduit-tube 4824
insulated wire 2329
insulating 4829
insulating cover 4819
insulating covering 4819
insulating disk 4825, 10180
insulating envelope 4819
insulating guide 4824
insulating liquid 4818
insulating material 4810, 4820, 10177
insulating oil 4822
insulating sheath 4826, 10181
insulating sleeving 4827
insulating strength 4808
insulating tube 4824
insulation 4804, 4829
insulation class 4809
insulation defect 4807
insulation indicator 4811
insulation resistance 4813
insulation test 4812
insulator test 4814
integral 3952, 11097
integral action regulator 4723
integral value 3958
integrate 4729
integrating apparatus 11682
integrating device 4725, 9821
integration method 4726
integration time 4727
integrator 4725, 4728, 9821
integrity 10606
intended purpose 11019
intense 4735
intensification 8586, 10957
intensification of density 8580
intensifier 10951
intensify 4736, 10949
intensifying 10957
intensifying factor 10959
intensifying screen 10954
intensimeter 4730, 4732
intensity 4731, 9288
intensity method 4734
intensity modulation 4733
intensity of radiation 9603
intensive 4735
interacceleration 12027
interact 2784
interaction 1327, 2785, 2787, 11381
intercalation 2658, 12040
intercept 61, 841, 851, 2651, 3210, 4341
interception 842, 2652

interchange 1152, 1154, 1168, 1169, 9910, 10879, 10985
interchangeable 1153, 1166
interchangeable between each other 1167
interconnect 11973
interconnection 598, 10687, 11975
intercrystalline crack 7792
intercrystalline fracture 1863
interdendritic shrinkage 6150
interdigital 4917
interdigital transducer 4737, 4918, 11221
interface 4127, 9460, 10176
interface layer 12038
interfacial corrosion 4129, 12029
interfere 4749
interfere ($\sim$ with) 2784
interference 4738, 8589, 10269
interference ($\sim$ with) 2785
interference area 4743, 9430
interference elimination 3054
interference filter 4742
interference fringe 4746
interference pattern 4740, 4745
interference phenomenon 4741
interference pulse 9413
interference region 4743, 9407, 9430
interference risk 9398
interference scanning 4739
interference string 4746
interference suppression 9399, 9436
interference tone 4747
interference voltage 9420
interference wave 9438
interference welding 2218
interference zone 4743, 4748, 9407, 9430
interfering area 9407
interfering field 9405
interfering radiation 9422
interfering signal 9419, 9440
interfering tone 9423
interferometer 4744, 4750
intergranular 4752, 5397
intergranular corrosion 5430
intergranular crack 5399, 7791
interior 4698, 5017, 6430
interior pressure test 42, 4689
interior temperature 4696
interline 2722, 12039
interlock 9066, 9076, 10699, 10887, 10888, 10914
intermediary 12032, 12041

English

intermediate 12026
intermediate echo 12028
intermediate frequency [I.F.] 12030
intermediate layer 12038
intermediate partition 12042
intermediate piece 12041
intermediate space 12036
intermediate test 12035
intermission 6908, 8108
intermit 1128, 10894
intermittent 1130, 4753
intermittent load 1381
intermolecular 4754, 12034
internal defect 4692
internal diameter 4691
internal diameter [ID] 2521
internal friction 7669
internal noise 2612, 10556
internal stress 1298
internal temperature 4696
internal unsharpness 10530
international standardization 6699
interphase 6971
interpose 12033
interpret 1065
interpretation 667, 1068, 1177, 1583, 2148, 3102, 4755, 5208
interprete 2144, 3101
interrelationship 11354, 11968
inter-run undercut 5697
interrupt 27, 172, 863, 1094, 1128, 6803, 10172, 10543, 10544, 10545, 10894
interrupter 1096, 10546, 11800
interruption 173, 1095, 1563, 9424, 10182, 10547
intersection 2538, 7204, 8484
intersection line 8487
interspace 9648, 12036
interstice 9648, 12036
interstitial lattice 12031
interval 248, 4756, 6046, 9648, 12036
interval timer 8293
intrinsic radiance 9620
introduce 2622, 2670, 2738, 11888, 11925
introduction 2659, 2696
introduction ($\sim$ to) 2660
invariability 10603
invariable 10601
inverse 4759, 10387, 10835
inverse current 9075
inverse direction 9071

inversely proportional 7226, 10388
inversion 10395
inversion zone 4760
invert 4762, 10394, 11455
inverted 10835
inverter 4761
investigation 10583
iodine 4862
ion activity 4765
ion beam 4780
ion cluster 4778
ion current 4781, 4790
ion density 4769
ion dose 4771
ion dosimeter 4785
ion emission 4772
ion exchange 4766
ion implantation 4773
ion migration 4782
ion radiography 4777
ion ray 4779
ion source 4776
ionic charge 4775
ionic current 4781, 4790
ionic dosimeter 4770
ionic quantimeter 4770
ionium age 4797
ionium method 4798
ionizable 4792
ionization 4783, 4794
ionization chamber 4786
ionization counter 4791
ionization current 4781, 4790
ionization manometer 4787
ionization rate 4788
ionization voltage 4789
ionize 4793
ionized atom 757
ionizing 4783, 4794
ionizing energy 4784
ionizing radiation 9567
ion-meter 4785
iridium 4800
irod-shaped 9159
iron 2844
iron alloy 2826
iron armour(ing) 2812
iron band 2814
iron bar 2839
iron-clad 2811
iron clothing 2829
iron core 2825
iron-core coil 9143
iron-cored coil 2838
iron core losses 2843
iron dust 2832

iron filings 2820
iron filter 2821
iron-free 2822, 2827
iron gate 2835
iron girder 2842
iron grate 3501
iron jacket 2829
iron losses 2843
iron ore 2819
iron oxide 2830
iron particle 2841
iron plate 2831
iron powder 2832
iron rust 2834
iron saturation 2836
iron screen 2809, 2837
iron sheet 2816
iron shell 2829
iron shield 2809, 2837
iron strip 2814
iron tape 2814
iron tube 2833
iron wire 2818
ironless 2822, 2827
irradiate 1509
irradiated piece 9923
irradiation 1510
irradiation cell 1512
irradiation drum 1516
irradiation exposure 9498
irradiation position 1513
irradiation sensitivity 9594
irradiation technique 1515
irradiator 9543
irregular 147, 561, 568, 6414, 7651, 10500, 10503, 10521
irregular load 1396
irregularity 148, 562, 6413, 7652, 9421, 10504, 10522
irreversible 4801
irrotational 11609
isochronous 4063, 4803, 11963, 11989
isolant 4821, 4828
isolate 4817, 10173
isolating disk 4825, 10180
isolating joint 4831, 10190
isolating layer 4826, 10181
isolating piece 4820, 10177
isolating plate 4823, 10178
isolation 4805, 4830, 10185
isolation fault 4807
isolation test 4812
isomeric 4832
isomorphic 4032, 4833
isomorphous 4032, 4833
isosceles 4052

isothermal 4834
isotope analyzer 4837
isotope application 4839
isotope chart 4849
isotope container 4842
isotope dilution 4853
isotope dosimetry 4844
isotope enrichment 4838
isotope measuring techniques 4846
isotope radiography 4847
isotope table 4849
isotope technique 4851, 4854
isotope technology 4851, 4854
isotope therapy 4843
isotopic abundance 4845
isotopic dating 415
isotopic exchange 4841
isotopic method 4851, 4854
isotopic spin 4848
isotopic target 4840, 4850
isotopism 4855
isotopy 4855
isotropic 4856
issue 62, 63, 870, 1033
item 7127
iteration 4304, 4859, 11563
iterative 4301, 6808, 11561

J

jack 5132, 5283, 9316
jack up 4399
jacket 4474, 6167, 10392, 10398, 10836
jacket [of a fuel element] 1837
jacket plug 4475
jammed 3972
jamming 9425
jaw 1206, 5102
jet 9465
jet engine 2552, 9558
jet propulsion 9473
job 691, 848
join 596, 2657, 10680, 10750, 11974, 11977
joining 598, 10687, 11975
joining piece 591, 10693
joint 598, 2180, 9445, 9460, 10669, 10687, 11965, 11975
joint bar 5713
jump 9134
jump in temperature 9978
jump over 10305
junction 2677, 10248, 10260, 10685

junction plate 5160, 11594
jute covering 4868

K

Kaiser effect 4882
keen 8299, 9100
keep 859, 4251
keep the minutes 7231
Kelvin temperature 4986, 9958
kernel 4698, 5017, 6430
key 9889, 9891, 11181
key board 9888
key groove 4984
key off 1146
key switch 9891
keying 9896
keyway 4984
killed steel 9172
kind of energy 2992
kind of flaw 3266
kind of radiation 9480, 9580
kind of rays 9480, 9580
kinetic 5086
kinetic energy 1589
kinetics 5085
kinetics of crack growth 7904
kink 5159, 8422
kit 1277
kit system 1273, 1278
klystron 5135
knee 5156, 11582
knee-shaped piece 5156
knick 5144
knob 9889
knob handle 4263
knock 620, 8413, 9450, 10168, 11984
knuckle joint 3914
krypton 5541

L

label 8388
labor [USA] 689
laboratory 5646
laboratory examination 5648
laboratory experiment 5649
laboratory test 5647
labour 689
lack of focus 10529
lack of fusion 1671
lack of fusion at the root 11655
lack of image definition 1657
lack of interrun fusion 5667
lack of side fusion (in a welding seam) 6799

lacquer 5650
lacquered wire 2331, 5652
ladder 5833
lag 6514, 11041, 11042, 11048, 11935
lagging current 9727
lagging edge 4368
Lamb wave 1619, 2107, 2175, 5674, 7051
Lamb wave method 7052
Lamé constant 5685
lamellar 5675, 5682
lamellar crack 5676
lamellar cracking 5677
lamellar graphite 5678
lamellar graphite cast iron 4212
lamellar material 8377, 11465
lamellar tearing 5676, 5677, 9998
laminar 3563, 3976, 5684, 7043
laminar void 3328
laminate 8373
laminated 3871, 3961, 5675, 5682, 8363, 8376, 11077
laminated iron 2795
laminated plastic sheet 8371
lamination 2303, 5683, 8363, 8365, 8368, 8375, 8376, 11077
lamp 5686
land 544
lap 2303, 3208, 10270
lap joint 8644, 10274
lap weld 10271, 10274
large diameter pipe 4169
large signal 4170
large-grained 4148
laser 5716
laser fusion 5719
laser fusion target 5720
laser holography 5721
laser photography 5722
laser radiation 5724
laser ray 5723
laser scanning 5718
latch 595, 5133, 9065
latent energy 2982
latent injury 9035
lateral 7406, 8781
lateral defect 7416
lateral dimension 7407
lateral face 8776
lateral force 7421, 8341, 8528
lateral loading 7412
lateral motion 7413, 8775
lateral section 7424
lateral strength 7414, 7418
lateral view 8772
lathe 2366

lattice 4006, 5946
lattice deformation 4011
Laue diffraction pattern 5732
Laue's diagram 5732
launcher 10120, 10127
lay 9802
lay (~ against, ~ to) 546
lay in 2697
lay out 1064, 1066, 2228, 4365
layer 5662, 8353, 8354, 8363, 10323, 10392, 10836
layer hybrid technology 8369
layer of earth 3079
layer of varnish 5653
layer technology 8374
layer thickness 8366, 8372
laying-out 7028, 7217
lay-out 821
layout 526, 565, 3065, 7022, 11140
lead 337, 3775, 5828, 5831, 5835, 5850, 6035, 8820, 11110, 11128, 11139, 11154, 11926
lead angle 11130
lead bronze 1730
lead covering 1739
lead filter 1734
lead foil 1735
lead in 11925
lead joint 1732
lead lining 1726, 1743
lead lump 1727
lead packing 1732
lead pig 1727
lead pipe 1741
lead plate 1740
lead screen 1725, 1736
lead screening 1725
lead seal 8857
lead section 11147
lead sheet 1729
leaden 1733, 10698
leaden container 1728
leaden pipe 1741
lead-glass 1737
lead-in 2659, 2696
leading current 9729
leading edge 11124
leading edge of the pulse 4619
leading-in 11887, 11926
lead-lined 10698
leads 5850
lead-through 2499
leaf 1699
leafy 1703
leak 5753, 5757, 10474
leak detection 5758

leak detector 5754
leak test 5756
leak tester 5755, 5759
leakage 3253, 5753, 6870, 9706, 10474, 10863, 10895
leakage detector 5754, 5759
leakage field 9674
leakage field method 9676
leakage flow 9677
leakage inductance 9682
leakage line 9687
leakage resistance 4813
leakage test 5756
leakage tester 5755
leakproof 10475
leakproof tight 2168
leaky 5752, 10473
leaky area 5757
leaky wave 9709
leap 8159, 9134
leather test 5760
leave 1159, 4350
left-handed 5953
leg 9640, 10967
length 9643
length of the near field 6546
lengthen 2090, 9650, 10845
lens 5954
lens system 5968
lens-shaped 5964
lens-type array 5962
lenticular 5964
lesion 8195, 10860
lesson 848
let through 2506, 4364, 6903
lethal 10077
lethal dose 5871
level 4426, 6670, 6911, 7025, 9240, 9784, 12000
level diagram 6914
level indicator 6915
level meter 6915
level recorder 6916
level recording set 6916
lever arm 4320
levitation train 8587
liberate 1337, 3686, 3692
licence 11919, 11923
license [USA] 11919, 11923
lid 37, 190, 2062, 5097, 10911
life expectancy 5751
life prediction 5750
lifetime 5747
lift 82, 142, 503, 860, 902, 3008, 4321, 4399, 4469
lift up 860, 902, 4399
lifting 21, 83, 128, 154, 6021

lifting effect 81, 250
lifting lug 10134, 10156
lift-off effect 81, 250
light 673, 1417, 4339, 5783, 5874
light absorption 5890
light attenuation 5902
light current 5925
light diffusion 5904, 5924
light emission 5908
light filter 5911
light intensity 5913, 5920
light metal 5785
light modulation 5917
light quantum 5918, 7005
light radiation 5923
light resistance 5893
light source 5919
light spot 5876, 5912
light up 864
light wave 5928
light-beam scanning 5922
lighting 1418
lighting power 5877
lightning arrester 1757
lightning protection 1757
light-sensitive 5909
light-tight 5903, 5927, 6818
light-water reactor 5786
like steel 9207
limit 1342, 1346, 4122, 4143, 7468, 8501, 8648, 11189
limit case 4126
limit frequency 2589, 4131
limit gauge 4135
limit load 4119, 4133, 4414, 4416
limit of body dose 4132
limit of elasticity 2849
limit of perceptibility 3099, 3474, 11184
limit of resistance 3457
limit of stretching strain 9652
limit of temperature 9970
limit power 4136
limit sensitivity 4125
limit value 4143
limitation 1346, 4122, 7468, 8501, 8647, 11189
limitation of frequency band 3728
limiter 1345
limiting case 4126
limiting frequency 4131
limiting temperature 4141
linac 5932
line 1057, 1224, 1225, 5847, 5849, 5935, 5936, 5937, 5938, 6473,

English 586

6555, 7675, 9631, 9646, 9711, 10857, 11720
line attenuation 5857
line fault 5862
line focus 9714
line integral 5945
line of finite length 9645
line of flux 3379, 3630
line of force 3379, 5456
line production 3591
line recorder 5947
line spectrum 5948
line spread 5949
line spread function 5950
linear 3925, 3927, 5943
linear accelerator 5932
linear array 9549
linear distortion 11035
linear flux inclusion 8405
linear motor 5934
linear porosity 7116
linearize 5933
line-shaped 5943
lingering period 11015
lining 1058, 10836
link 1676, 4074, 4077, 5079, 5612, 5847, 10669, 10679, 10687, 11975
link system 5863
link up with 596, 10680, 11974
linkage 1676, 10669, 10687, 11975
liquation crack 924
liquefied natural gas [LNG] 3621
liquefy 10787
liquid 3619, 3622
liquid air 6050
liquid alloy 8450
liquid contact 3625, 3627
liquid coupling 3624, 3628
liquid crystal 3629
liquid iron 2797, 3620
liquid penetrant 2630
liquid penetrant method 2631, 2638
liquid penetrant test 2636
liquid-solid interface 4128
list 939, 942, 5969, 10301, 11982
lithium 5971
little load 1297
live 9742
load 1290, 1293, 1379, 1380, 3783, 11905
load capacity 10131
load change 1415
load characteristic 1409, 5812
load control 1410

load curve 1411
load diagram 1406
load duration 1405, 1416
load extension diagram 9010
load fluctuation 1415
load graph 1409
load limit 1387, 1408, 5811
load line 1411
load surveillance 1410
load test 1413
load time 1405, 1416
load variation 1404, 1415
load very much 1292
load-elongation curve 5726
loading 1375, 1380, 1481, 3784, 3788, 5655
loading capacity 1378
lobe 5083, 5710, 11863
lobe width 5084
local 5991, 6841
local corrosion 486
local dose 5992, 6844
local dose power 6845
local range 6536
local zone 6557
localization 2674, 5666, 5993, 6843
localize 2673, 5994
localized corrosion 5978
localizer 5844
location 5664, 6838, 6849, 7060, 9243, 9266, 9332
location of rupture 1878
location system 6850
locator 9815
lock 732, 1762, 2706, 3451, 3477, 8435, 9066, 10699, 10909, 10914
lock in 2731, 11998
lock spring 9068
locking device 3479, 9077
locus 7495
loft 1767
logarithmic scale 6220
logarithmic(al) 5987
logic 5989
logic interconnection 10838
logic(al) 5990
long crack 7797
long distance control 3401
long duration test 2051
long period creep behaviour 11754
long period creep diagram 11752
long period creep resistance 11749
long period creep test 11751

long-continued 5706, 7237
long-continued irradiation 5707
longevity 5689, 5691
longitudinal 5996
longitudinal crack 5702
longitudinal defect 5696
longitudinal direction 5701
longitudinal flaw 5696
longitudinal force 5698
longitudinal joint 5699
longitudinal movement 5695
longitudinal oscillation 5705, 5998, 8707
longitudinal seam 5699
longitudinal section 5703
longitudinal slot 5700
longitudinal vibration 5705, 5998
longitudinal wave 5999, 11417
longitudinal weld 5704
longitudinally welded tube 7933
long-life 5690
long-lived 5690
long-period test 5709
long-range 11408
long-term 5688
long-term operation 2028
long-time 5706, 7237
long-time behaviour 5708
long-time test 5709
loop 1265, 8422, 8723
loose 1584, 5985, 6012, 8406, 10116
loose coupling 5380
loosen 126, 877, 3009, 5986, 6015, 6020, 10174
loosening 6026
Lorentz function 6000
Lorentz transformation 6001
lorry 5727
Loschmidt constant 6010
Loschmidt's number 6010
loss 48, 140, 217, 1970, 8724, 8909, 10878, 10890
loss angle 10872
loss by reflection 8096
loss factor 10867
loss of heat 11287
loss of pressure 2456
loss of time 11759
loss-free 10869
lost time 5765
lot 1279, 7126, 8156
loudspeaker 5744
Love wave 6045
low 5790, 8562
low carbon steel 9184
low consumption 10701

English

low contrast 5298
low frequency 6654
low load range 5115
low speed 5694, 6663
low tension 6662
low voltage 6662
low-alloy 6665, 8565
low-alloy steel 9190
low-alloyed steel 9193
low-carbonized 6664
lowcycle fatigue 11475
low-energy 2984, 5819
low-energy radiography 6653
lower limit of hearing 4467
lower yield point 9654
lower yield stress 9654
low-intensity 5819
low-intensity irradiation 8563
low-level 5819
low-melting 6666
low-noise 3942, 7537, 9409
low-pass 10062
low-pass filter 10063
low-power 5819
lubricant 4070
lubricate 6812, 8464
lug 588, 1900, 4232, 11309
luminance 5872
luminance indicator 5873
luminescence 6090
luminescent 6091
luminescent layer 5878
luminescent material 5881
luminescent powder 7337
luminosity 4340
luminous coat 5878
luminous density 5872
luminous digital indication 5883
luminous efficiency 5891
luminous flux 5926
luminous intensity 1423, 5877
luminous paint 5875
luminous spot 5876
lump 10725
luxmeter 1422
lying 5931

M

machine 1309, 1353, 10665, 10781
machine noise 6177
machine part 6178
machined all over 1310
machined workpiece 11491
machine-tool 11497
machining 1311, 1356

macroanalysis 4153, 6149
macrocrack 6152
macromolecular 6151
macromolecule 4167
macroscopic 6153
macroscopic crack 7798
macroscopic X-ray analysis 8003
macrosonics 4403
macrostructure 4152
made of steel 9207
magnesium 6099
magnet coil 6143
magnet system 6146
magnet winding 6147
magnetic bias 11148
magnetic bubble 6103
magnetic core 6120
magnetic discontinuity measurement 2243
magnetic disk 6133
magnetic field 3362, 6105
magnetic field coil 7100
magnetic field intensity 3383, 6107
magnetic field measurement 6106
magnetic field strength 3383
magnetic flow 3615, 6108
magnetic focusing 3640
magnetic head 6121
magnetic induction 4634, 6109
magnetic ink 6136, 7260
magnetic intensity 3383
magnetic iron 6104
magnetic leakage field 9675
magnetic lens 5960
magnetic material 11468
magnetic method 10765
magnetic needle 6122
magnetic particle flaw detection 6137
magnetic particle indication 6135
magnetic particle test 6137
magnetic pole 7069
magnetic power test 6137
magnetic probe 6141
magnetic probe method 6142
magnetic residual field 7739
magnetic resistance 11519
magnetic steel 6144
magnetic stray field 6145, 9675
magnetic stray flux 9678
magnetic tape 1223, 6101, 10089
magnetic tape record 6102
magnetic technique 10765
magnetic test(ing) 7314
magnetic(al) 6111
magnetic-particle method 6139

magnet-inductive probe 6110
magnetite 6119
magnetizable 6112
magnetization 6114
magnetization current 6117
magnetization curve 6115
magnetize 6113
magnetizing coil 6116
magnetoacoustic 6123
magnetoacoustic wave 11418
magnetoelastic 6124
magnetoelastic coupling 5381
magneto-elastic method 10766
magneto-fiydrodynamic 6127
magnetography 6125
magneto-hydrodynamic wave 11419
magneto-hydrodynamics 6126
magneto-ionic 6128
magneto-ionic wave 11420
magnetometer probe 6129
magnetooptical 6130
magnetoscopic test 6137
magnetoscopy 6137
magnetostriction 6131
magnetostrictive 6132
magnetostrictive sound sensor 8205
magnetostrictive transducer 11222
magnetron 6140
magnification 10815, 10958
magnifier 6095, 10816
magnify 10811
magnifying glass 10816
magnifying radiography 10817
magnitude 1549, 4155, 6304, 7387
mailing 847
main component 4311
main constituent 4311
main echo 4312
main field 4313
main instrument 4314
main lobe 4315
main signal 4316
main-diagonal sum 9150
mains 6587, 10944, 11926
mains operated 6589
mains operation 6588
mains supply 6588
mains supply unit 6591
maintain 915, 4708
maintenance 916, 1364, 4709, 6948, 10560, 11306
maintenance welding 4710
maintenance-free 11308

English 588

major axis 4310
major lobe 4315
make 479, 692, 1027, 1028, 3160, 3184, 4355, 6098, 6169, 6437, 7203, 11029, 11100
make close 2174
make contact 1469
make out 939, 11980
making 480, 3164, 4356
malfunction 1018, 1129, 2070, 3253, 6158, 6870, 9424, 10895
malfunction(ing) 696
malleability 2087, 9642, 11846
malleable 9641
malleable iron 8458, 9988
manage 5831
management 3777, 5846
manager 5834
manganese 6154
manganese content 6155
manganese steel 6157
manganesiferous 6156
mangle 6160
manhole 6165, 8185
manipulate 1317, 1353, 1529
manipulation 1318, 1530, 4264, 6162, 9897
manipulator 6163
manner 10757, 11382
manner of action 11285
manometer 2407, 2439, 6166
manual 4258, 6168
manual adjusting 2767
manual adjustment 4262
manual control 4265, 4267
manual operating 4260
manual scanning 284, 4257
manufacture 479, 480, 3160, 3164, 3184, 4355, 4356, 7199, 7203, 10665, 10781
manufacturing costs 7200
map 908, 968, 3452, 4952, 7657, 9043
mapping 15, 5622, 7659, 9045
margin 7715, 8840, 9088
margin of error 3292
margin of reliability 8853
margin of safety 8840, 8846, 9088
marginal condition 7482
marginal conditions 7472
marginal zone 7483
mark 692, 1600, 4996, 6098, 6169, 6170, 6171, 8892, 11700, 11856
marker pulse 6173
market 171

marketing 171
marking 4998, 8893
marking device 6172
martensite 6174
martensitic 6175
martensitic steel 9186
martensitic transformation 10447
mask 32, 36, 1316, 1744, 2063, 6179, 10321, 10390, 10714, 10830, 11883
masking 36, 1744
masking effect 10715
masonry test 6260
mass 6186, 9383
mass absorption 6194
mass analysis 6195
mass assignment 6196
mass attenuation coefficient 6201
mass dispersion 6207
mass element 6209, 9926
mass particle 6209, 9926
mass production 6197, 8829
mass scattering 6207
mass spectrography 6202
mass spectrometer 6203
mass spectrometric 6204
mass spectroscopic 6205
mass spectrum 6206
massive 2170, 3444, 5211, 6214, 11966
mass-produced part 6208
mast 6223
master gauge 7282
master oscillator 9355, 9361
master set 4314
mat 1377, 6257, 10564
match 489, 569, 3989
matched 6902
matcher 329, 570, 575, 6905
matching 328, 490, 571
matching unit 329, 570, 575, 6905
material 6226, 6227, 6228, 9385, 11463
material characteristic 11477
material composition 6252
material constant 6245, 9389
material defect 6243, 11476
material examination 6248, 11482, 11488
material flaw 6243, 11476
material inhomogeneity 6243
material inspection 11488
material number 11479
material property 11474
material sample 6247
material separation 6250, 11487

material specimen 6247
material strength 6244
material technology 11486
material test 6248, 11482
material testing machine 11481
materials science 6246, 11478
mathematical model 6438
matrix 6255
matter 6253, 9383, 9810
matter wave 2055, 6254
maxim 5782, 7630
maximum 6261, 6264, 8333, 9101
maximum amplitude 6262
maximum charge 4133
maximum deflection 11092
maximum dose 4121
maximum load 1387, 1390, 1408, 4119, 4414, 4416, 6263, 9103
maximum loading 9102
maximum number of stress cycles 4134
maximum output 5799, 9104
maximum power 5799
maximum range 364, 4137
maximum stress 4413
maximum value 4171, 4418, 8336, 9105
maximum voltage 4139
mean 2539, 2541, 6422, 6431
mean error 3257
mean free path 11385
mean load 1300
mean power 5800
mean speed 2540
mean value 2541, 6431
mean velocity 2540
meander 11575
meander curve 6097, 7598
means 6421, 9384, 11628
measure 133, 1081, 6180, 6182, 6219, 6311
measure of precaution 8859
measure of radiation protection 9529
measured power 5797
measured value 6336, 11501
measured voltage 6324
measurement 6312, 6329
measurement of blackening 8585
measurement of optical density 8585
measurement of resistance 11529
measurement of sound 8238
measurement of temperature 9973
measurement technique 6321
measuring 6312

measuring accuracy 6315
measuring amplifier 6334
measuring apparatus 6316
measuring coil 6325, 9895
measuring device 6310, 6316, 6335
measuring diaphragm 6309
measuring engineering 6327
measuring equipment 6310, 6335
measuring head 6320, 6320, 7268, 8948
measuring installation 6310, 6335
measuring instrument 6316, 6319
measuring method 6328, 6333, 6333
measuring pick-up 6314
measuring pin 9890
measuring probe 6323, 9894, 10012
measuring range 6307
measuring range extension 6308
measuring technique 6328
measuring technique of nuclear radiation 5062
measuring transformer 11216
mechanic absorption test (of materials) 1993
mechanic(al) 6266
mechanical engineering 6176
mechanical(al) filter 3535
mechanical scanning 285
mechanical stress 1299
mechanical test 7315
mechanically driven 488, 6267
mechanically operated 488, 6267
mechanics 6265
mechanism of destruction 11836
mechanization 6269
mechanize 6268
medium 352, 6270, 6421, 9384, 11628
medium-speed film 3514
medium-term 6427
meeting 9840, 9869, 10898
melt 2537, 8451, 10917
meltableness 8449
melting 8452, 10918, 11976
melting point 8453
melting temperature 8455
member 2906, 4077, 8769, 9921
membrane 6302
memorization 9046
memorize 2748, 9044
memory 9037
memory device 9048
memory element 9041
memory system 9048

memory unit 9041
mend 986, 7708, 10263, 11566
mend up 986, 7708, 10263, 11566
mending 987, 7707, 10265, 11567
mercury 7394
message 1462
metal alloy 6345
metal cassette 6349
metal compound 6362
metal cover 6342, 6357
metal covering 6358
(metal) cutting 11828
metal foil 6346
metal working 6341
metal workpiece 6364
metallic alloy 6345
metallic coating 6342, 6357
metallic conduction 5855
metallic deposit 6354
metallic film 6342, 6357
metallic foil 6346
metallic joint 6363
metallic material 11469
metallic powder 6356
metallic product 3161
metalliferous 6347
metallization 6358
metallize 832, 6348
metallographic atlas 749
metallography 6355, 6359
metalloid 6644
metallurgical 6361
metallurgy 6353, 6360
method 7242, 9918, 10757, 11382
method of finite elements 6366
method of image treatment 1659
method of least squares 6367
method of modulation 6450
methodology 10771
mica 4080
micro 6375
microanalysis 6368
microcrack 4222, 6380, 7803
microcrack formation 6381
microcrack of void 5770
microdefect 6369
microelectronics 6370
microfissure 6380
microfocus 3338
microfocus tube 3339
microhardness 6372
microhardness test 6373
microphone 6375
microphotometer 6376
microphotometry 6377
microporosity 6378
microprobe 6383

microradiography 6379
microscope 6382
microscopic crack 7800
microscopic X-ray analysis 7993
microshrinkage 6374
microstress 6385
microstructure 3340, 3350, 3886, 6371, 6386
microstructure test 3351
microtron 6387
microvoltage 6384
microwave 6388
microwave apparatus 6389
microwave technique 6390
middle 6419, 11777
middle of the nugget 5966
midline 6428
migration 11212
mike [USA] 6375
mild steel 1276, 3632, 9189, 9197
mill 3682
mill bar 7039
mine 4173, 5185
mineral 6399
miniature type 6400
minicomputer 5116
minimize 6402
minimum 5118, 6398
minimum audibility 4467
minimum detectability 6532
minimum distance 6394, 6396
minimum flaw size 6397
minimum load 1391, 6395
minimum spacing 6394, 6396
minimum value 6398
minimum-to-maximum stress ratio 9031
minor lobe 6567, 6572, 8780
minus 6404
minus sign 6404
minutes 7229
mirror 9083, 9085, 11945
mirror galvanometer 9084
mishap 1018, 6870, 8187, 8195, 10895
mismatch 3249
mismatching 572
misprint 2423
miss 3250, 10779
mistake 3251, 4802
mistuning 257
mix 6407, 10879
mixed ferrite 6408
mixer 6405, 6412
mixing 6409
mixing device 6405, 6412
mixing installation 6405, 6412

mixtion 6409
mixture 3916, 6409, 6410
mobile 1584, 3587, 6848, 10116, 10154
mobility 1585, 6436
mock-up 824
mode 10757
mode of operation 3809
mode of oscillation 8734, 8737, 8741
mode of radiation 9480, 9580
mode of working 721
model 1028, 1260, 1262, 3654, 6437, 6497, 10227
model test 6439
moderate 3915, 11041
moderation 10855, 11042, 11048
modification 2, 451, 8574, 10389, 10439, 10662, 11349
modify 1, 450, 8573, 10375, 10435, 10443, 10661, 11011, 11208, 11360
modular construction system 1278
modulate 6454
modulate ($\sim$ upon) 886
modulated oscillation 8708
modulated signal 8877
modulating frequency 6443
modulating voltage 6446
modulation 6441
modulation amplifier 6451
modulation depth 6447
modulation distortion 6452
modulation factor 6442
modulation index 6445
modulation percentage 6444
modulation transfer function [MTF] 6448
modulator 6453
module 1277, 6440
module technique 6455
modulus 6440
modulus of elasticity 2850, 2936, 11665
modulus of sliding movement 4071
modulus of torsion 10098
Moessbauer effect 6482
Moessbauer spectroscopy 6483
moiré method 6456
moisten 481, 1336, 1438
moistening 482
moisture 3487
moisture content 3491
moisture test 3493
moisture-proof 3489, 3494

moisture-resistant 3489, 3494
mold [USA] 3656, 3669, 3997, 9117
molecular 6460
molecular friction 7669
molecular scattering 6461
molecular structure 6462
molecule 6459
molten iron 2802
molybdenum 6463
moment 6464, 6465, 11742
moment of inertia 10133
moment of resistance 11530
momentary 974, 6466, 8941, 10518
momentary load 1389
momentary value 977, 6468
monatomic 2621
monitor 1087, 1135, 5321, 5322, 5324, 6469, 7254, 7640, 9358, 10316, 10318
monitored area 10317
monitoring 1088, 1136, 5316, 7645, 9366
monitoring receiver 5322
monitoring technique 10320
monoatomic 2621
monochromatic 6470
monochromatic radiation 9569
monochrome 6470
monocrystal 2693
monophase 2704
monophasic steel 9174
monotone 6471
monovalent 2783
Monte-Carlo method 6475
mortar test 6478
mosaic 6479
mosaic structure 6480
mosaic target 6481
motion 1587
motion displacement 1591
motion of ions 4767
motion unsharpness 1591
motionless 1590
motive 637
motor car 5463
motor component 6487
motor drive 6484
motor part 6487
motor vehicle 5450, 6485
motor vehicle test 5452
motor-driven 6486
mould 3656, 3669, 3997, 9117
moulded laminated material 8370
moulding/molding [USA] compound 3674

mount 563, 612, 825, 936, 937, 1334, 2622, 2708, 3125, 4178, 4353, 6476, 8282, 9326, 10681, 11955, 11973, 11977
mount ($\sim$ on) 448
mounting 565, 820, 822, 940, 1335, 6472, 8294, 11954
mounting component 8280
mounting diagram 8289
movable 1584, 3587, 6012, 6848
move 1588, 5735
moved 1586
moved object 6794
moved workpiece 11492
movement 1587
moving 1584
moving coil 2371, 9904
moving dislocation 10930
moving mass 6187
moving piece 11492
mud 8416, 8466, 10919
muffle 1960
muffling 1969
muffling material 1990
multichannel 6290, 11074
multichannel scanning system 6291
multicolour ink recorder 6286
multi-element test probe 6272
multifrequency 6287
multifrequency apparatus 6492
multifrequency eddy current method 6289
multifrequency method 6288
multi-layer 6293, 6295, 8363, 11077
multilayer coil 9141
multi-layer winding 11513
multi-parameter method 6294
multiphase steel 9188
multiple 11066
multiple alloy 6277
multiple backscattering 6282
multiple control 6280
multiple crack 6281
multiple echo 6275, 11070
multiple operation 11069
multiple recorder 6283
multiple reflection 6279
multiple scanning 11068
multiple scattering 6284, 11072
multiple system 6285
multiple use 6273, 6278
multiple-alloy steel 9187
multiple-echo succession 6276
multiplex 11066
multiplication 3158, 10957, 11007

multiplier 11006
multiply 10812, 10873, 10949, 11005, 11652, 11931
multiplying 10875, 11007, 11406
multiplying factor 10959
multiprobe 6272
multi-probe tandem technique 6292
multipurpose 6297
multi-purpose instrument 11071
multirange 6274
multi-range meter 11071
multistage 6296
mutilation 10968
mutual 3900, 11364
mutual induction 3894
mutual influence 1327, 2787, 11381
mutual reaction 11381

N

naked 1687, 10508
naked wire 2326
narrow 8447
narrow band 1228
narrow beam 3349, 8448
narrowing 10756
natural background radiation 6717, 10558
natural flaw 3258
natural frequency 2610
natural logarithm 5988
natural oscillation 2613
natural radioactivity 7444
natural reference defect 10007
natural stone test 6561
natural temperature 2617
natural vibration 2613
nature 1478, 10778, 12000
naval engineering 8387
near ($\sim$ to) 6538
near echo 6539
near field 6545
near region 6536
near surface crack 7801
near (surface) resolution 6535
near the film 3529
near to the surface 6772
near zone 6557
near-surface layer 8362
necessity 6706
neck 11697
needle 11716
needle-shaped 6534
negative image 6574
negative pole 6403, 7070

negative pulse 6575
negative sign 6573, 6576, 11704
negative signal 11705
negatively charged particle 9928
negligible 10882
neighbourhood 10379
neighbouring 492, 549, 621, 1436
neighbouring layer 6507, 8356
neon 6583
nepermeter 1991
nerve 7785
net 2597, 6585, 6742, 8300, 11626
network 6586, 6587, 6592, 10944
neutral 6594
neutral point 6728, 9345
neutral position 6730
neutral zone 11876
neutralization 6595
neutralize 861, 6596
neutron 6597
neutron absorber 6617
neutron absorption 6600
neutron activation analysis 6601
neutron beam 6607, 6633
neutron bombardment 6603, 6606
neutron capture 6611
neutron collimator 6621
neutron concentration 6622
neutron counter 6635
neutron detecting chamber 6624
neutron detector 6608
neutron diffraction 6605
neutron dose 6610
neutron dosimeter 6609
neutron emission 6612
neutron emitter 6634
neutron energy 6613
neutron fluence 6618
neutron flux 6619
neutron flux meter 6620
neutron generation 6615
neutron generator 6614
neutron irradiation 6604
neutron probe 6623
neutron producer 6614
neutron production 6615
neutron protection 6628
neutron radiography 6626
neutron ray 6633
neutron shield 6628
neutron source 6625
neutron spectrometry 6630
neutron spectroscopy 6631
neutron spectrum 6632
neutron sponge 6617

neutron standard 9258
neutron trap 6602, 6616
nickel alloy 6651
nickel-plate 10886
nickelsteel 6652
nitric oxide 9371
nitrogen 9372
nitrogen oxide 9371, 9373
noble metal 2592
noctovision 4667
nodal point 5161
node 5158
nodular graphite 5554
noise 5712
noise abatment 1969, 8209
noise analysis 3940, 7535
noise background 3944, 3950, 7541, 7545, 9437
noise component 3941, 7536
noise factor 3943, 7539
noise level 3947, 7543, 9411, 9415
noise level analysis 3948
noise limit 7540
noise measurement 3946, 7542, 9410
noise source 9417
noise suppression 3054, 3949, 7544
noise suppressor 3056
noiseless 8114, 9375
no-load characteristic 5763
no-load test 5764
nomenclature 6672
nominal 6673
nominal level 6917
nominal load 6581
nominal value 6582, 8947
nomogram 6675
non shattering 9109, 10613
non splintering 9109, 10613
non-acid 8180
non-alloyed steel 9195
non-capacitive 4938
noncarbon steel 9189
non-combustible 3497, 10471
noncombustible 10604
non-conducting sense 9071
nonconductor 6640
noncontact 1473, 5278
noncontact measurement 6330
noncontact probe 8949
non-dangerous 10493
non-delayed 10609
non-desired radiation 9574
nondestructive 11834
nondestructive examination 7317

non-destructive examination
 [NDE] 10588
nondestructive inspection 7317
nondestructive test 7317
nondestructive testing 7317
nondestructive testing of
 materials 11485
non-detection rate 6637
non-directional 7772
non-ferromagnetic material
 11470
non-ferrous metal 6580, 6636
non-flammability 6639
non-flammable 3576, 6638
nonharmonic oscillation 8709
non-hydrogenous 11336
non-hygroscopic 3489, 3494
non-inductive 4648
non-injurious 10493, 10525
non-linear 6641, 10498
nonlinear theory 10025
non-linearity 6642
non-machined 10458
non-machined workpiece 11345
non-magnetic 634, 6643, 10517
non-magnetic material 6239
non-metal 6644
nonmetallic product 3162
nonmetallic(al) 6645
non-modulated oscillation 8718
non-oscillatory 674, 6649
non-penetrating 11389
non-polarized 10520
nonporous 1695
non-proportional 6646
non-radioactive 6647
non-resistant 11528
non-stationary 10536
nonstationary 6650
non-synchronous 748
non-uniform 10503
non-uniformity 10504
non-vortical 11609
nonweighted voltage 3706
nonworked 10458
norm 6676, 7631, 9246, 11157
normal 2683, 6677, 8822, 9247,
 10326
normal conditions 6679
normal dosis 6681
normal incidence 6683, 8823
normal level 6690
normal load 6680
normal position 6693
normal pressure 6682
normal probe 6691
normal probing 8824

normal scanning 6684
normal speed 6686
normal temperature and pressure
 (NTP) 6679
normal tension 6692
normal type 9250
normalization 6687, 6689, 6696
normalize 6688, 6694, 10749
normalized frequency 3714
not sensitive to heat 11286,
 11291
notation 2005, 8513
notch 1132, 2691, 5006, 5008,
 6734, 8439, 8441, 8483
notch bending test 5012
notch flank 5010
notch impact strength 5014
notch opening 5005
notch point 5015
notch sensitivity 5007
notched bar impact test 5013
notched flat specimen 3570
notched plate 7047
notching point 5015
note 551, 967, 6703, 10081,
 11185
notice 971, 6704
notification 971, 6704
novel 6593
nozzle 2412, 2551, 3580, 7938,
 7951, 9803
nozzle weld 9805
nozzle welding 9804
nuclear 6707
nuclear binding energy 1681,
 5024
nuclear bombardment 5023
nuclear chain reaction 5082
nuclear charge 5042
nuclear charge number 5043,
 6831
nuclear constitution 5021
nuclear decay 5070
nuclear density test 2177
nuclear diameter 5027
nuclear disintegration 5070
nuclear electron 5029
nuclear energy 768, 782, 5030,
 6709
nuclear engine 5035, 5067
nuclear facility 528
nuclear fission 5057
nuclear force 5040
nuclear fuel 5026, 8981, 8985
nuclear fusion 783, 5038, 5069
nuclear fusion power plant 3612
nuclear mass 5044

nuclear material 5045
nuclear matter 5046
nuclear medicine 5047, 6710
nuclear particle 5022, 5065
nuclear photoeffect 5048
nuclear physics 5049
nuclear plant 528
nuclear power 5040
nuclear power plant 5031, 5041
nuclear power production 5033
nuclear power station 784, 5041
nuclear propellant 5066
nuclear propulsion 5020, 5032
nuclear radiation 5061
nuclear reaction 5050, 7555
nuclear reactor 786, 5051
nuclear reactor safety 5054
nuclear research 769, 5037
nuclear resonance spectrography
 5055
nuclear spallation 5071
nuclear spectroscopy 5059
nuclear spectrum 5060
nuclear structure 5021, 5063
nuclear technique 798, 5064
nuclear technology 5064
nuclear transformation 5068
nuclear transmutation 5068
nuclear vessel 5052, 7568
nuclear-powered 5019, 5039
nucleation 4985
nucleon charge 6711
nucleonics 5049, 5064, 6712
nucleus 5016
nuclide 6713
nugget 5955, 5963
nugget edge 5967
null detector 6715
null indicator 6715
null instrument 6722
null method 6723
null position 6714
nullify 558, 858, 9658
number 6731
number indication 6733
number of revolutions 2384,
 10110, 10412
number of stress cycles 5730
number of stress cycles until first
 incipient crack 587
number of stress cycles until
 fracture 1873
number of turns 11580
numerator 11680
numerical 6732
numerical example 11677
numerical reconstruction 7692

English

numerical value 11679
numerous 4302, 11687
nut 6502

O

object 11856
object (~ to) 1307, 2782
object contrast 6796
object extent 6798
object ray 6797
objection 1308, 2778
objective 6795
oblique 8379
oblique acoustic irradiation 8495
oblique angle 11587
oblique crack 8497
oblique defect 8496
oblique incidence 8494
oblique incidence of sound 8214
oblique irradiation 8493
obliteration 11014
observation 121, 1444, 1543, 8865, 8868, 11185
observe 1443, 1542, 10316
obstacle 4363, 11515
obstruct 851, 4341
obstruction 11515
obtuse angle 11589
obtuse-angled 9798
occlude 901, 8444
occupation 691, 3186
occur 954, 2775, 3960, 11144
occurrence 955, 3084, 11245
ocular 6809
odd 10499
odd harmonic 4272
of glass 4016
of high percentage 4405
of iron 2844
of lead 1733, 10698
of small dimensions 5114
of three places 2390
offcentering 2151
off-shore construction 6807
off-size 129, 307
oil 6810, 6812, 8464
oil film 6813, 6816
oil-and-chalk method 6811
oil-cooled 6814
oily 3483, 3485, 6815
omit 1062
omni-direction characteristic 5546
on line real time system 6817
on site 4699
ondometer 11444

one-phase 2704
one-way 2743
one-way switch 2781
onflow 11924
on-line 2582
on-line test 2585
onset 2712, 2746
onset of cracking 7823
on-site test 1280, 4700
opacity 6819, 10478
opaque 5927, 6818, 10213, 10476
open 3974, 6801, 6802, 6803
open-air weathering test 3684
opened 6801
opening 456, 1079, 1338, 1339, 2486, 3685, 3694, 5975, 6805
operate 605, 1317, 1529, 1550, 5735, 8281
operating 97
operating behaviour 1565
operating condition 698, 1558
operating control 1564
operating curve 700, 709
operating data 1559
operating error 1320
operating level 610
operating method 718
operating observation 1564
operating point 714
operating principle 712
operating range 11630
operating survey 1564
operating temperature 717
operating trouble 1563
operation 97, 689, 1318, 1530, 1553, 1557, 5733, 7241, 10757, 10858, 11138, 11635
operation cycle 710
operation region 699, 703, 707
operation supervision 1564
operational amplifier 6820
operational life of electrodes 2860
operational safety 1562
operator 1319, 6821, 7256, 7306
opposite direction 3899
opposite phase 3897
optic(al) 6827
optical density 2172, 8579
optical filter 3536, 5911
optical illusion 979
optical method 10767
optics 6822
optima 1519
optimization 6825
optimize 6824
optimizing 6825

optimum 1519, 6823, 6826
orbicular 5489
orbit 1211, 9929, 10406, 11383
order 564, 645, 848, 4100, 7762
order of magnitude 4166
order of sequence 7677
ordinal 6830
ordinal number 6830
ordinate axis 6828
ore 3159
OR-function 2240
organic 6834
organic compound 10690
organic substance 9387
orient 1090, 6835, 10022
orientation 1091, 6836
orifice 5975, 6805
origin 3050, 4351, 6727, 7395, 10622
origin of coordinates 5364
origin of crack 7810
original 458, 6837
original cross-section area 470
originate 1639
origination 3050, 4351, 10622
orthochromatic 3217
orthogonal 6840
oscillate 6853, 6921, 8682, 11055
oscillating 6922, 8683
oscillating circuit 8693
oscillating crystal 8694
oscillating energy 8684, 8727
oscillating frequency 6920
oscillating load 1392
oscillating motion 8681
oscillating probe 8692
oscillation 8683, 8696
oscillation analysis 8721
oscillation circuit 8693
oscillation energy 8684, 8727
oscillation generator 8729
oscillation impedance 8744
oscillation node 8736
oscillation spectrum 8740
oscillator 6851, 8729, 11054, 11436
oscillator frequency 6852
oscillatory 8687, 8731
oscillogram 6854
oscillograph 6855
oscilloscope 6856
osculating plane 8463
osculation 1471
out of order 3972
out of service 1551
outage 1018, 2070, 3253, 6158, 6870, 10895

outage time 1023
outdoor 1117, 1122, 1127
outdoor installation 3690
outdoor insulator 3691
outer 1117, 1122, 1127
outer coating 1111
outer coil 1124
outer diameter 1114, 2520
outer jacket 1119
outer layer 1120
outer space 11453
outer surface 1116
outer winding 1126
outgoing current 9720
outlet 1037, 1061, 1160
outlier 1089, 6337
outline 2001, 5331, 7204, 7470, 7475, 8390, 10301, 10423, 10424
out-of-phase 6983
output 1034, 1037, 1039, 1042, 1061, 1160, 5792, 5793, 5808, 6857, 7199
output device 1036
output level 1040
output power 1039
output stage 2972
outside 1121
outside coating 1119
outside diameter 1114, 2520
outward 1117, 1122, 1127
over 10390
overall diameter 2520
over-allowance 130
overamplify 10306
overburden 10230, 10231, 10267, 10275, 10276
overcharge 10267, 10275, 10276
overdesign 10238
overdimension 10238
overdosage 10239
overdose 10240
overdrive 10306
overexposure 10232
overground work 4385
overground workings 4385, 4389
overhanging 11162
overhaul 4711, 4712, 7707, 7708, 10263, 10265, 11566, 11567
overhead line insulator 3691
overhead power-line 9289
overhead wire 3689
overheat 10261
overirradiation 10233
overlap 10270, 10272
overlap riveting 10273
overlap weld 10271

overlapping 10237, 10272
overload 1304, 10230, 10231, 10267, 10275, 10276, 10306
overload behaviour 10278
overload characteristics 10278
overload test 10277
overmodulate 10306
overmodulation 10280
overpressure 10241
overshooting 10262
overspeed test 8428
overstrain 10230, 10276
overstress 10230, 10276
overstressing 10230
overturn 11455
overview 10301
overwork 10230, 10231, 10276
oxidable 6863
oxidation 540, 6858
oxide coating 6861, 6864
oxide film 6861, 6864
oxide inclusion 6859, 6862
oxide-proof 6860
oxidize 538
oxygen 8165
oxygenous 8166

P

pack 38, 1216, 1901, 1903, 2174, 6866
package 1903, 6867
packet 1216, 1901, 1903, 6866
packing 39, 2180
packing test 2181
pad elasticity 1275
page 1701, 8768
pains 957
paint 624, 9657
paint coat test 625
paint marker 3224
paint marking 3223
pair creation 6865
pair production 6865
pairing 6865
palace 7495
palladium 6868
pan 8198
pancake coil 3571
pane 8322, 9863
panel 2739, 3185, 3354, 6869, 9865
paper 1701, 6873
paper wrapping 6874
parabola 6875
parabolic reflector 6876

paraelectrical acoustic resonance [PEAR] 7717
paraffin 6877
parallactic error 6879
parallax 6878
parallel 6880, 6885, 8837
parallel branch 6888
parallel circuit 6886, 8836
parallel connection 6886, 8836
parallel guide 6882
parallel movement 6881
parallel operation 6884
parallel running 6884
parallel working 6884
parallelism 6883, 6887
paramagnetic(al) 6889
paramagnetism 6890
parameter 4155, 4988, 6891
parametric(al) 6892
parasite 6893
parasitic 6893
parasitic echo 9400
parasitic oscillation 8710, 9418
parasitic radiation 6894, 9422
paraxial 322, 326, 6895
parcel 1903, 6867, 7126
parent material 4187, 4193, 4198
parenthesis 5095
parity 4036, 6896
Parker screw 8474
part 626, 1267, 1268, 1282, 1504, 2906, 4076, 9776, 9920, 9921, 9922, 9938, 11843
partial 6899, 9950
partial flow 6898, 9934
partial incorporated dose 9940
partial integration 4724
partial load 9941
partial pressure 6897
partial test 9942
partial wave 9951
partial winding 9952
particle 6900, 9390, 9926
particle acceleration 9931
particle accelerator 9930
particle beam 9486
particle detector 9932
particle radiation 5415, 9933
particulars 2789
partition wall 8327, 10191, 12042
part-through crack 7799
pass 2493, 2506, 2512, 2550, 4921, 6903, 8185, 10264
pass out 1159, 4350
pass over 10296
pass through 2513
passable 11920

passage 2501, 2512, 6901, 9756, 10247, 10310
passage through zero 6716
passage zone 2504, 10311
pass-band/passband 2504, 3727, 10311
passing coil 2515
passing speed 2514
passing-through 2499
passing-through radiation 9562
passive 6904
paste 515, 6906
paste ($\sim$ on) 867
patch 986, 7708, 10263
path 1211, 5737, 5938, 9647, 10406, 10857, 11383
path difference 11387
path of propagation 1003
path of the lines of force 5459
pattern 566, 1629, 2003, 3656, 3997, 5778, 6437, 6495, 6496, 6499, 9767, 10021
pattern recognition 6500
pause 6908, 8108
pavement 9638
paving 9638
pawl 5133, 9065
pay off 100
pay out 1066, 4365
paying-off 94
peak 1461, 8333, 9101, 11431
peak load 4414, 4416, 9102, 9103
peak power 9104
peak stress 4413
peak value 4418, 8336, 9105
peaking 504
pearlite 6936
pebble reactor 5555, 6910
pebble-bed reactor 5555, 6910
pedestal 1249, 3789, 3813, 8938, 9260, 10541, 10552, 10563, 10566, 10572
peel ($\sim$ off) 20
peel test by means of a drum 10206
peeling 21, 83, 128, 154, 6021
peeling-off 21, 83, 128, 154, 6021, 8364
peg 1795, 9374
pellet 6918
pencil dosimeter 3785
pencil of rays 9489
pendulum impact testing machine 6924
pendulum motion 6919
penetrameter 6925
penetrant 2632, 3623

penetrant fluid test 2636
penetrant liquid 3623
penetrate 2489, 2505, 2532
penetrate ($\sim$ into) 2628
penetrating capacity 2492
penetrating depth 2637
penetrating device 2627
penetrating liquid 2630
penetrating power 2492
penetrating radiation 2546, 9561
penetration 2490, 2629, 2637
penetrometer 6925
penny-shaped crack 7794
per cent 7240
percentage 7239
percentage elongation 2094
percentage elongation after fracture 1865
percentage elongation before reduction 4044
percentage of alcohol 391
percentage reduction of area after fracture 1866
perceptibility 3098, 3473, 11183
perceptibility of discontinuities 10488
perception 11185
perch 9271
percussion 8407, 9444
percussion method 6935
percussion welding 9457
perfect 2780, 6928, 11009, 11096
perfect structure 9924
perfect structure part 1283
perfection 992, 3969, 10674, 11010
perforate 5977, 6929, 9276
perforated tape 5981
perforation 5976, 5983, 9278, 9279
perform 1027, 5791, 11029, 11100
performance 1029, 2500, 5792, 5809, 11030, 11627
performance specifications 6949
period 198, 6930, 8725, 10413, 11723, 11744, 11747
periodic(al) 6931
peripheral 2680, 6932, 6934
peripheral layer 7479
peripheral speed 10372
peripheral velocity 10372
peripherical unit 2680
periphery 6933, 7468, 10371
perlite 6936
perlitic 6938
perlitic steel 9191

permanence 2034, 4046, 4455
permanency 4455, 5261, 9347, 10603
permanent 498, 1503, 2033, 3441, 5706, 6939, 7237, 9265, 10600
permanent discharge 2029
permanent duty 2039
permanent elongation 10849
permanent exposure technique 2026
permanent load 1382, 1388, 2025, 2036
permanent magnet 2040, 6100, 6940
permanent magnet test 2041
permanent service 2028
permeability to air 6062
permeable 2508
permeable penetrable 10473
permeable to air 6061
permeameter 6943
permeate 2505, 2628
permissible 11001, 11920
permissible dose 2315, 4121
permissible load 1306, 1402
permissible variation 308
permission 11922
permissive 11920
permit 11918
permittivity 2193
permutate 10986
permutation 10438, 10442, 10987
perpendicular 6034, 8821, 10996
perpendicular line 6034
persevering 498, 1503, 2033, 9265
persist 10827
persist ($\sim$ in) 1358
persistence 1359, 6533, 10132, 10828
persistence of vision 980
personal dose 6947
personnel 6944
personnel monitoring 6945
perturbance 9425
perturbation 9425
perturbing effect 9439
perturbing field 9405
perturbing field strength 9406
perturbing influence 9401
perturbing quantity 9412
perturbing radiation 9422
pervious 2508
phantom 6952
phase 6953, 9168, 9784, 12000
phase angle 6985
phase boundary 6971
phase change 6957

phase coincidence 6970, 6978
phase compensation 6958, 6964
phase conductor 9629
phase contrast method 6973
phase conversion 6977, 6980
phase correction 6958, 6964
phase-dependent 6956, 6963
phase determination 6959
phase diagram 6960
phase difference 3842, 6961, 6981, 6982
phase-displaced 6983
phase displacement 6982
phase distribution 6984
phase division 6976
phase equalization 6958, 6964
phase error 6965
phase inversion 6979
phase measurement 6975
phase meter 6974
phase of oscillation 8738
phase response 6966
phase rotation 6962
phase shift 6982
phase splitting 6976
phase transformation 6977, 6980
phase variation 6957
phase velocity 6967
phased 6968
phased array 4202, 9550
phaselock technique 6955
phase-sensitive 6956, 6963
phase-shifted 6983
phenomena 3135, 6951
phenomenon 3135, 6951, 11138
phenomenon of crack formation 7840
phosphor 6986
phosphorescence 6987
phosphoric 6988
phosphorus 6986
photo 6989, 6996, 6998
photo-cathode 6999
photocell 7013
photo-conductor 5914, 7001
photocopy 7000
photo-current 7011
photoeffect 6990
photoelastic surface coating method 6780
photoelastics 9023
photo-electric/photoelectric 5907, 6991
photo-electric cell 6995
photo-electric effect 2594, 6990
photoelectric threshold frequency 8652

photo-electron 6992
photo-electron multiplier 6994
photoelectron spectroscopy 6993
photograph 906, 6989, 6996, 6998
photographic emulsion 2958
photographic paper 7010
photographic reproduction 7000
photography 6997
photoluminescence 7002
photometer 1429, 5916, 7003
photometry 7004
photomultiplier 7012
photon 5918, 7005
photon source 7007
photoneutron 7008
photonuclear 7009
photosensitive 5909
photosensitive layer 8361
photosensitivity 5910
physicist 7015
pick up 841, 860, 902, 908, 4399, 9043
picking-up 9045
pickling void 486
pick-up 892, 972, 7659, 10086
picture 970, 1629, 1631, 2003
picture definition 1636
picture scan 1634
picture scanning 1634
picture screen 1649, 8392
picture structure 1653
piece 9778, 9922, 11490
piece test 9780
piece to be tested 7304, 11480
pierce 1785, 2485, 2489, 2628, 5977, 6929, 9276
pierce through 2485
pierced step wedge 9786
piercing 8302
piercing radiation 9562
piercing test 2545
piezoelectric crystal 8695
piezo-electric effect 2595, 7017
piezo-electric transducer 11223
piezoelectric(al) 7018
piezo-transducer 5003, 7019, 11223
pig 6457, 7287
pig detector 6458
pig iron 7921
pile 500, 501, 583, 584, 2908, 4300, 4308, 8144, 8173, 9043, 9045, 9443
pile neutron source 5053
pile-up of pulses 4606
pillar 9263, 9800, 10572

pilot beam 5844
pilot frequency 9354
pilot lamp 8885
pilot oscillator 9355, 9361
pilot plant 10974, 10979
pilot pulse 9356
pilot signal 7020, 9362
pilotage 3776
pimple 7016
pin 595, 1795, 9374, 9890
pip 4510
pipe 5861, 6092, 7924, 7941, 7946
pipe connection 7939
pipe joint 7952
pipe laying 7953
pipe system 5864, 7946
pipe weld 7950
pipeline 5864, 7946
piping 5849, 6093, 7946
pit 4174, 7111, 8185, 10995
pit coal 9331
pitch 4426, 6911, 9328, 9946
pitting 5978
pivot 11697
place 448, 563, 825, 937, 1066, 1334, 2744, 4353, 4365, 6838, 7056, 7060, 9266, 9332
plain 2563, 3352, 3548, 3553, 4024, 7021
plain view 925
plan 526, 2354, 3065, 7022, 7023, 11140
plan area 7426
plane 2562, 2564, 2567, 3553, 4025, 7021, 7025
plane bending test 3549
plane of polarization 7074
plane parallel 7027
plane surface 6751
plane wave 11413
planish 7025
planning 7028, 7217
plano-concave lens 5961
plant 525, 543, 1556, 2709, 3125, 4178, 4707, 11459
plant surveillance 1564
plasma oscillation 7029
plasma welding 7030
plaster 4001
plaster test 4002
plastic 7032
plastic cabinet 5591
plastic case 5591
plastic casing 5591
plastic collapse load 5195
plastic deformation 10796
plastic element 5590

plastic foil 5582, 5592
plastic mass 6190
plastic material 6237
plastic tube 5594
plasticity 2472, 7033, 10789
plastics 5586
plate 7037, 7045, 7053, 8321, 8388, 9863
plate [USA] 559
plate defect 7048
plate holder 7049
plate mill 1719
plate testing 1716
plate thickness 1711, 1718
plate wave 1619, 2107, 5674, 7051
plate working 1710
plated 7054, 10322, 10391
plate-like 9867
plate-shaped test block 7050, 10014
platform 9238
plating 7055, 10323, 10392
platiniferous 7040
platinize 7041
platinum 7034
platinum alloy 7042
platinum double-wire traverse 7035
platinum wire 7036
play 6048, 7496, 9088
pleat 3203, 3204
pleating 3205
plexiglass shoe 7064
pliability 1620
pliable 8462
plot 904, 969, 5624, 8315
plotting 890, 5622
plug 9315, 9316, 10913
plug cock 4231
plug in 596, 935, 2725, 9315, 10680, 11974
plug-in 2752, 9312
plug-in assembly 9313
plug-in instrument 2740
plug-in unit 2740, 9313
plug receptacle 9314
plug socket 9314
plumb 6035, 8820
plumbiferous 1738
plummet 6035, 8820
plunge 2772, 9902, 10927
plural scattering 6284
plus sign 7066
ply 3203
plywood 9070
pneumatic 7067

pocket computer 9887
pocket dosimeter 9886
point 2961, 7347, 7348, 8333, 9101, 11669
point of application 493
point of attack 493
point of discontinuity 9135
point of impact 493
point of intersection 8488
point of measurement 6322
point out 6528
point source 7352, 7397
pointed 8303, 9100
pointer 11716
Poisson's number 7068
polar alternation 7099
polar coordinates 7087
polar diagram 7072
polar head 7092
polar intensity 7096
polar post 7092
polarity 7081, 7098
polarity change 7086
polarity indicator 7094
polarity reversal 7085
polarity test 7084
polarity tester 7083
polarization 7098
polarization error 7075
polarization filter 7076
polarize 7079
polarized light 5887
polarized radiation 9570
polarizing voltage 7078
pole 6223, 6950
pole changing 7099
pole climbers 5121, 9325
pole distance 7071, 7089
pole piece 7095, 7097
pole shoe 7095, 7097
pole strength 7096
pole tester 7094
pole tip 7095, 7097
pole-changing 10420
polish 7090, 7664, 8423
polished 1688, 4015
pollute 11003
pollution 10919, 10938, 11004
pollution level 10920
polonium 7093
polyamide 7101
polyatomic 11065
polycarbonate 7105
polycrystal 11075
polycrystalline 11076
polyester 7103
polyethylene 7102

polymer 7106
polymerization 7107
polystyrene 7108
polythene 7102
polythylene 7102
polyurethane 7109
polyvinyl chloride 7110
pondage 4675
poor 8562
poor contact 5269
poor contrast 5298
poor in contrast 5301
poor in iron 2810
poor indication 658
porcelain 7122
pore 7111
pore formation 7112
porosity 7118, 7120
porous 6061, 7117, 7119
porous diffusion 7113
porous material 11471
portable 1030, 1584, 5176, 6848, 10116
portable instrument 4715
portable set 1030, 5176
portion 627, 5292, 7121, 9920, 9943
position 2756, 4864, 5664, 5665, 7057, 7123, 7639, 9243, 9266, 9336
position of the test piece 7189
positioning 2760, 4865, 7644
positive feedback 6416
positive sign 7066
positron 7124
positron radiation 7125
possibility of testing 7246
post 6950, 7128, 7129, 9261, 9263, 9296, 9333, 9337, 9800, 10572, 11460
post-accelerate 6511
posting 847
potassium 4887
potential difference 7132
potential discontinuity 7137
potential drop 7130
potential gradient 7133
potential threshold 7135
potentiometer control 7138
potter's earth 10082
pouring jet 3999
powder 7340, 11830
powder metallurgy 7342
powdering 7341
powdery 7339
power 5449, 5792, 5804, 7140, 9286, 10880

power amplifier 2975, 5826
power consumption 5823
power control 5818
power current cable 9290
power curve 5812
power factor 5810
power fluctuation 5820
power head 5815
power increase 5822
power input 891, 5803, 5806
power law 7139
power level 5816
power limit 5811
power loss 5824
power of penetration 2492
power plant 5464
power rack 6591
power reactor 5817
power requirement 5807
power series 7141
power station 5464
power supply 6591, 9033, 9760
power system 6587
power-driven 6486
powerful 5455, 5821, 9284, 11626
powermeter 5814
practicability 1026, 2497
practical 7142
practical application 651
practical unit 2681
practice [USA] 7147
practise 7147
praseodymium 7146
precalculation 11108
precautionary measure 8551, 8848, 8859, 11160
precautions 8551, 8848, 11160
precious metal 2592
precipitate 92, 1021, 1773, 6656, 6660, 8750
precipitation 6656
precipitation alloy 1099
precipitation induced crack 1100
precise 3918
precision 3919, 7149
precision instrument 3347
precision measurement 3348, 7151
precision measuring instrument 7150
precritical 11146
predetermination 11109
prediction 11112, 11143
preemphasis 11107
prefabricate 11133
prefabricated element 3435

preferred orientation 10020, 11167
prefiltration 11135
preheat 11165
pre-ignition 3772
pre-irradiation 11118
premagnetization 11148
pre-mount 11149
preparation 7144, 11116
preparatory period 11117
prepare 7145, 11115
prescription 1508, 7762, 11157
present 11136
presentation 2002, 5624, 11714
presentation method 2008
preservation 3091, 5256
preserve 859
preservice examination 141
preservice inspection 141, 6725, 7319
preset 11131
press 2418, 7155, 9307
press ($\sim$ against) 453
press ($\sim$ on) 577
press button 2432, 9889
press close ($\sim$ to) 453
press key 2453
press switch 2446
pressed material 7160
pressed part 7161
pressed piece 7161
pressure 2399
pressure balance 2408
pressure behaviour 2454
pressure chamber 2430
pressure difference 2426
pressure disk 2447
pressure distribution 2460
pressure fluctuation 2448
pressure gauge 2407, 2439
pressure generation 2422
pressure generator 2421
pressure governor 2444
pressure gradient 2429
pressure indicator 2407
pressure pipe 2445
pressure piping 2436
pressure regulator 2444
pressure response 2455
pressure sensitivity 2417
pressure shift 2458
pressure test 2441, 2443, 2459, 7435
pressure variation 2405
pressure vessel 2410, 2427, 2431
pressure vessel flange 2412
pressure wave 2466

pressure weld 7159
pressure welding 2449, 7158
pressure-controlled 2415, 2428
pressure-dependent 2403
pressure-sensitive 2416
pressurized air 7157
pressurized connection 7163
pressurized heavy-water reactor 8668
pressurized water 2461
pressurized-water reactor [PWR] 2464
prestressed concrete 8996
prestressed concrete pipe 8997
prestressed steel test 9000
presumption 10881
pretreatment 11114
preventive 11119
preventive maintenance 11307
primary 458, 7164
primary beam 6746, 7169
primary circuit 7167
primary coil 7168
primary creep 467
primary electron 7165
primary emission 7171
primary emitter 7170
primary hardness 7166
primary radiation 7171
primary radiator 7170
primary test 3147, 4191
primary winding 7172, 11514
principal axis 4310
principal dimension 4309
principal stress 4317
principle 4184, 7173, 8157
principle of energy conservation 2990, 2995
print 2398, 6907
printing 870
printing tape 2452
priority 7175, 11150
proactinium 7177
probability 11187
probability law 11188
probability of excitation 582
probability of failure 1022
probability of fault rejection 3274
probable 11186
probable detectability 846
probe 909, 2942, 3774, 6320, 7268, 8948, 9156, 9815, 11214
probe arrangement 7270
probe displacement 7275
probe holder 7272
probe switch 7274

probe switch unit 7274
probe voltage 8954
probing 3320, 8957
problem 850, 7197
procedure 7242, 9918, 10757, 10771
process 97, 1353, 7241, 10665, 10757, 10858, 11138
process techniques 10772
processes 11138
processing 826, 4354, 8966, 10664
processus 9918, 10757, 10771
produce 1597, 3160, 3184, 4355, 7203
product 693, 6169, 7198, 11458
product test 3163
production 480, 3164, 3436, 4356, 7199
production control 3438
production costs 7200
production line 1225, 3437, 3590, 6473
production of signals 8883
production of specimen(s) 7188
productivity 5808, 7202
profession 3186, 3868, 9239
profile 2538, 3655, 3967, 5331, 7204, 7475, 8484, 10424
profile iron 3665, 7205
profile material 7206
profile steel 7207
profiled sheet 3664
profiled steel 3675
profiled steelsheeting 11410
profit 988, 3988
prognostication 11112, 11143
program 7211
program control 7214
program flow 7208
program selector 7215
program sequence 7209
program-controlled 7210
programming 7212
progress 11931
progression 7676, 8828, 11927, 12007
prohibited area 9064, 9078
project 9, 3065, 5357, 7022, 7023, 7216, 7219, 11140
projecting probe 8815
projection 15, 7218
proliferate 10873, 11652
proliferation 7220, 10875, 11406
proliferation activity 7221
proliferative 7222, 10874, 11653
prolong 1007, 3156, 10846

prolongation 1010, 2093, 10848
proof 7179
proof certificate 7327
proof sheet 2442, 7182
proof stress 2092, 2099
propagate 998
propagation 999
propagation condition 1000
proper ($\sim$ to) 3880
proper motion 2608
proper value 2618
proportion 627, 5292, 7223, 10824
proportion of components 6410
proportional 630, 7224, 10825
proportionality 7227, 10826
proportionality limit (of elasticity) 7228
propulsion 638
protect 181, 729, 1592, 6872, 8540, 8854
protecting device 8559
protecting envelope 8547
protecting screen 9525
protecting spectacles 8538
protecting tube 8554
protection 730, 1593, 8858
protection [against] 8535
protection against accidental contact 1474
protection against scattered rays 9694
protection area 8561
protection cell 8553
protection suit 8536, 8548
protection zone 8537, 8561
protective cap 35
protective clothes 8536, 8548
protective clothing 8536, 8548, 9528
protective coating 8547, 8556
protective coating test 8558, 10325
protective cover 8547
protective device 8858
protective film 8556
protective glass 8544
protective gloves 8545
protective lacquer 8549
protective layer 8556
protective screen 8555, 8557, 9525
protective shield 8389, 8560
protective system 8860
protective wall 8560
protector 8559, 8856
protocol 7229

proton 7232
proton beam 7235
proton radiography 7233
proton ray 7235
proton scattering 7236
proton spectrum 7234
protracted 5706, 7237
protracted irradiation 5707
protraction 7238
protuberance 1145, 11654
provable 6526
prove 1086, 3118, 3476, 6529, 7196, 7255, 9814, 10582, 10972, 11136
provide 563, 825, 937, 1092, 1133, 4353, 10926
provisional 1056, 1363, 4360, 11993
provisional installation 824
proximity 553, 6541
psophometric power 3945
pull 11851, 11890, 11893
pull ($\sim$ out) 11849
pulley 7956, 10205, 11194
pull-in 4757
pulling 3722
pulsating tensile stress 11911
pulsating tensile stress test 11912
pulsating tension test 11912
pulsation 7332, 7335
pulsator 7333
pulse 4505, 7329, 7334, 8407, 9029, 9441, 9444
pulse amplifier 4616
pulse amplitude 4523, 4567, 4600
pulse ascent 1950
pulse base 4531, 4559
pulse center 4581
pulse clipper 4532
pulse clipping 4522, 4533, 4605
pulse compression 4571
pulse control 4589
pulse-controlled 4565
pulse correction 4545, 4572, 4612
pulse counter 4623
pulse counting 4624
pulse curve 4573
pulse decay 4518, 4566
pulse decay time 4519
pulse decoder 4539
pulse deformation 4615
pulse delay 4618
pulse demultiplication 4611
pulse distortion 4617
pulse division 4604, 4611
pulse-driven 4565
pulse drop 1952

pulse duration 4535, 4537, 4575
pulse echo 4542
pulse echo method 2575, 4543
pulse echo mode 2575, 4543
pulse edge 4549
pulse elevation 4523, 4567
pulse emission 4560
pulse energy 4544
pulse excitation 4525, 4529
pulse flank 4549
pulse front 4550, 4558
pulse generation 4548
pulse generator 4547, 4562, 4564
pulse group 4552, 4591, 4593, 7330
pulse height 4523, 4567
pulse height distribution 4524, 4569
pulse-height meter 4568
pulse intensity 4600
pulse interval 4521, 4570, 4626
pulse inversion 4610
pulse length 4535, 4537, 4575
pulse measurement 4579
pulse memory 4596
pulse meter 4578
pulse method 4580, 4614
pulse mixture 4563
pulse modulation 4582
pulse overlap 4607
pulse period 4584
pulse phase 4585
pulse position 4574
pulse power 4577
pulse propagation time 4576
pulse rate 4586
pulse recurrence frequency 4553
pulse-reflection method 4587
pulse regeneration 4545, 4572, 4590, 4612
pulse repetition 4552, 7330
pulse (repetition) frequency 4557
pulse repetition frequency 4553, 9893
pulse repetition rate 4553
pulse reply 4542
pulse reproduction 4621
pulse response 4542, 4621
pulse restoration 4545, 4546, 4572, 4612
pulse rise 4526
pulse rise time 4527
pulse sag 1952, 4520
pulse selection 4530, 4620
pulse separation 4521, 4522, 4570, 4605, 4626
pulse sequence 4552, 4591, 7330

pulse series 4593
pulse shape 4554, 4573
pulse shaping 4555, 4556
pulse signal 4594
pulse slope 4549, 4551
pulse spacing 4521, 4570, 4626
pulse spectrometry 4597
pulse spectrum 4598
pulse spike 4599
pulse steepness 4551
pulse storage device 4596
pulse stretch 4538
pulse stretching 4613
pulse stripping 4533
pulse sum 4602
pulse summation 4624
pulse summator 4623
pulse superposition 4606
pulse technique 4603
pulse tilt 1949, 1953, 4520
pulse top 4536
pulse train 4552, 4591, 4593, 4625, 7330
pulse transit time 4576
pulse transmission 4541, 4608
pulse trigger 4561
pulse triggering 4525, 4529
pulse voltage 4595
pulse width 4535, 4537, 4575
pulsed discharge 9451
pulsed eddy current method 4622, 11613
pulsed laser 5717
pulsed neutron source 4583
pulsed operation 4534
pulsed sound 4592
pulser 4547, 4562, 4564
pulsing 4560
pulverize 11830
pump 7344, 7345
pump assembly 7343
pumping installation 7343
pumping system 7343, 7346
punch 2489, 2530, 2532, 5976, 5977, 6929, 9276, 9278
punch card 5979
punch-card-controlled 5980
punched tape 5981
punched-tape-controlled 5982
punching 5983, 9279
punching test 5984
punctual 7348
puncture 2528, 2531, 5977, 6929, 9276
puncture voltage tester 2536
pure 7678
pure oscillation 8713

pure water 11314
purification 7681, 8162
purify 10741
purpose 12010
push 620, 2400, 2418, 2640, 8407, 8524, 9444, 9450, 10168, 11984
push button 2432, 2453, 9889
push button control 2433
push switch 2446
push-button switch 2446
put (∼ against, ∼ to) 546, 9802
put (∼ into) 2738
put down 212, 6661
put in 2671, 2697, 2744
put in motion 636, 1588, 3841
put into action 3841
put into gear 2724
put into service 1555
put out 71, 6005
put out of operation 1552
put out of service 1552
put up [an equation] 938, 4057
putting into service 4628
putting up 941, 4366
pylon 6223
pyrometer 7356
pyrotechnics 7357

Q

Q-factor 4217
quadrangular 11079
quadrature 4678
quadrilateral 11082
quadripole 7361
quadruple 11080
quadrupole 7361
quadrupole radiation 7362
quake 11873
qualification 7363, 7365
qualified (∼ for) 3880
qualify 7364
qualitative 5813, 7367
qualitative spectral analysis 9054
quality 1478, 4216, 7366, 10778, 12000
quality assurance 4219, 7371
quality control 4220, 7369
quality decrease 4218, 7370, 7374
quality evaluation 7368
quality factor 4217
quality judgement 7368
quality of reproduction 11549
quality reduction 4218, 7370, 7374
quality specification 4221
quanta 7375, 7389

quantitative 6305, 7388, 11678
quantity 1549, 4155, 6304, 7126, 7387
quantity to be measured 6317
quantization 7377, 7385
quantization noise 7386
quantize 7376
quantum 7375, 7389
quantum emission 7379
quantum energy 7380
quantum gain 7378
quantum mechanics 7381
quantum noise 7383
quantum optics 7382
quantum radiation 7384
quantum yield 7378
quarter 11083
quartz 7390
quartz crystal 7392
quartz-controlled 7391
quasi-stationary 7393
quasi-stationary oscillation 8711
quench 201, 6006
quenching 202
quenching crack 4274, 4280
quick-motion 11743
quick-operating 607
quiet 8114, 9375
quota 5292, 7436
quota pars 627

R

rabbet 3208, 7777, 8439
rack 9260
radial 9505
radial component 7439
radial extent 1013
radial oscillation 7440, 8712
radial vibration 7440, 8712
radiant energy 9595
radiant flux density 9601
radiate 262, 1140, 8814, 9477
radiated beam 7764
radiated energy 9595
radiated heat 11232
radiated power 5794, 9606
radiating 1141
radiating capacity 9620
radiating crack 7802
radiating heat 9621, 11232
radiation 263, 1141, 2921, 9559
radiation accident 9540
radiation analysis 9578
radiation assembly 4201
radiation background 9618
radiation cone 9511

radiation coupling 9605
radiation damage 9523
radiation damping 9576, 9585, 9614
radiation density 9588
radiation detector 9490, 9519, 9586, 9592
radiation dose 9492, 9591
radiation dosimetry 9491, 9590
radiation effect 9542
radiation energy 9595
radiation excitation 9497, 9596
radiation exposure 9481
radiation field 9500, 9598
radiation field parameter 9599
radiation filter 9504
radiation indicator 9509, 9602
radiation injury 1514, 9523
radiation level 9612
radiation loss 9619
radiation measurement 9517, 9610
radiation measuring technique 9516
radiation monitor 9611
radiation monitoring 9536
radiation of light 5892
radiation pattern 9584, 9587
radiation power 9606
radiation-proof 9502, 9534, 9537
radiation-proof room 11763
radiation protection 9524
radiation protection agent 9526, 9532
radiation quality 9520
radiation resistance 9622
radiation risk 9522
radiation safety 9615
radiation shield 9525
radiation shielding 9479
radiation source 9521, 9613
radiation survey meter 9617
radiation thermometer 9616
radiative loss 9619
radiator 4331, 4335, 7441, 9543
radiator assembly 4201
radiator test 4332
radio 3790, 3794
radio interference suppression 3801
radioactivate 366, 579, 7445
radioactivation 367
radioactive 7442
radioactive atom 758
radioactive decay 11785
radioactive deposit 6659
radioactive disintegration 11785

radioactive effluent 70, 1138
radioactive element 2909, 7446
radioactive isotope 4836
radioactive material 9388
radioactive product 11795
radioactive radiation 9571
radioactive source 7398, 9521, 9547, 9613
radioactive tracer 7461, 10111
radioactive tracer technique 7462
radioactive waste 52, 6490
radio-controlled 3802
radio-element 7446
radiogram 7447, 7961, 7968, 7978, 8013
radiograph 2517, 7959, 7968, 7978, 8013
radiographic film 7996
radiographic paper 8018
radiographic test(ing) 2549
radiographic(al) 7450, 7960
radiography 7448, 7970
radioisotope 7451
radiologic(al) 7453, 8015
radiological apparatus 7966, 8002
radiological protection 9524
radiological unit 7965, 7989
radiology 7452, 8014, 8042, 9512
radiolytic degradation 11826
radiolytic(al) 7454
radiometer 7455, 9513, 9607, 9608
radiometric image 16
radiometric method 10768
radiometric(al) 7457
radiometry 7456, 9517, 9610
radionuclide 7458
radiopacity 9503, 9538
radiopaque 9502, 9534, 9537
radiopaque medium 5308
radioprobe 7460
radioresistance 9503, 9538
radioscopy 7459
radiosensitive 9495, 9593
radiosensitivity 9496, 9594
radioshield 3053
radiotelegraph 3794
radiotracer 7461
radiotracer method 7462
radium 7463
radium drug 7464
radius of action 364
radius of curvature 5538
radius vector 5845
radon 7465
rag 5711

rail 8380
rail probe 8383
rail testing car 8384
railroad [USA] 1209, 2813
railway [GB] 1209, 2813
rain 6657
rain shield 7655
rainfall 6657
raise 503, 860, 4321, 4399, 10812, 10873, 11931
raise to a power 7140
raise to the second power 7359
ramification 107, 314, 3819, 10186, 11050
random 11884
random erreur 11885
random noise 2612, 3938, 10556
random sample test 7476, 9370
random signal 11886
range 1220, 1453, 1454, 1456, 7673, 8930, 10370
range multiplying 6308
range of application 653
range switch 1459
rank 9242
rapid breaking test 8482
rapid checking 8479
rapid examination 8479
rapid scanning 8475
rapid test 8479
rapidly declining 57, 9285
rapidly declining characteristic 1918, 4992
rare earth 3075
rare gas 2591
rare-earth nuclide 8808
rare-earth screen 8807
rarefaction 10733
rarefied gas 3849
raster 7484
raster microscope 7487
rate 2726, 6182, 7489, 8313
rate meter 9514
rate of events 3085
rate of growth 11176
rate of wrong alarms 3248
rated load 6581
rated output 8945
rated power 5797
rated value 6582, 8947
ratemeter 2308, 2319
rating 1177
ratio 10824
ratio of attenuation 1994
rationalize 7490
raw 7920, 10458, 11720
raw material 7923, 7955

ray 9466
ray path 9506, 9541, 9625
ray shift 9626
ray tube 9557
Rayleigh angle 2649, 7550
Rayleigh disk 7546
Rayleigh radiation 7547
Rayleigh scattering 7548
Rayleigh wave 6784, 7549
Rayleigh wave velocity 6786
reach 1453
react 605, 7552
react (~ on) 2784
reactance 1753, 7553
reaction 2785, 3906, 7554, 8107
reaction coupling 8085
reaction rate 7557
reaction threshold 7559
reaction time 7556, 7561
reaction zone 7562
reactivation 7563
reactive component 1750, 1752
reactive energy 1751
reactivity 7560, 7564
reactor art 7566
reactor component 7567, 7577
reactor construction 7566
reactor containment 7573, 7575, 7578
reactor core 7570, 7576
reactor engineering 7566
reactor envelope 7573, 7575, 7578
reactor in service 7569
reactor material 7582
reactor operation 7569
reactor plant 7565
reactor pressure vessel 7571
reactor safety 5054, 7580
reactor safety test 7581
reactor shell 7573, 7575, 7578
reactor tank 7574
reactor vessel 7568, 7574
reactor waste 7579
reactor working 7569
read 119, 272
read in 2671, 2738, 2748
read out 66
readable 116
read-in apparatus 2662
reading 121, 655, 9236
reading accuracy 118
reading device 120
reading error 117
readjust 6519, 6522, 10965
readjustable 6521
reagent 1921, 7551, 7558

real 7607, 9898, 11625
real component 629, 7584, 11622
real part 7584
real power 5796, 11624
real time 2582
real-time imaging method 2584
real-time operating 2583
real-time technique 2586, 7585
real-time test 2585
real-time working 2583
realization 1029, 2500, 7583, 11030
realize 1027, 11029, 11100
ream 961, 10705
rear filter 6515
rear screen 3646, 4369
rearrange 10436
rearrangement 10433, 10440, 10844
reason 4177, 10621
rebound 155, 7153, 11940
receipt 556, 10281
receive 905, 2939, 9043, 10282
received energy 2980
received signal 2945
received wave 2949
receiver 2940, 2941
receiver coil 2946
receiver input 2944
receiver output 2943
receiving amplifier 2948
receiving coil 2946
receiving section 2947
receptacle 1350, 1899, 2304, 3185, 3883
reception 556, 2938, 10281
recessed 10570
reciprocal 3900, 4981, 7748, 10387, 11364
reciprocal value 4981
reciprocating 4373
reciprocity 7749
recirculation 8080, 8083, 11570
reckon 7589
recoil 8094
recombination 7691
reconstruct 11552
reconstruction 11555
record 892, 908, 931, 968, 3452, 7046, 7229, 7657, 8243, 8473, 9043
recorder 898, 7658, 7693, 8510, 8511, 9042
recording 892, 932, 972, 7659, 9045
recording apparatus 898, 7693, 9042

recording device 8510, 8511
recording instrument 7658, 7693, 9042
recording speed 8512
recording tape 894, 6101
recording technique 973
recording techniques 900
recording time 896, 9040
recording unit 898, 7658, 7693, 9042
recover 11551
recovery 8080, 8083, 11570
recovery time 3095
recrystallization 7694
rectangular 7595, 7601
rectangular coil 9142
rectangular coordinates 5361
rectangular curve 6097, 7598
rectangular diaphragm 6303, 7599
rectangular pulse 4511, 7597
rectification 2119, 4051
rectified a.c. 11367
rectified alternating current 11367
rectified current 9724
rectifier 4050
rectify 4049, 7756
rectilinear 3925, 4105
recurrence rate 11564
recurrent wave 11422
recycle 11544, 11569
recycling 7603, 8080, 8083, 11545, 11570
red screen 3537
red sear 8072
redress 986, 4049, 7708, 10263
redressing 987, 7707, 10265, 11567
reduce 53, 135, 146, 203, 216, 1957, 6391, 7605, 8564, 8908, 10576, 10837, 10841, 10877, 10889, 11805
reduce the damping 3004
reduced scale 6221
reducer 10577
reducing 204, 8566, 10890
reducing element 207
reducing gear 10578
reduction 4, 136, 140, 217, 1967, 6392, 7604, 7606, 8081, 8566, 8909, 10735, 10756, 10842, 10878
reduction in area 2736
reduction of area 7429
reduction of pressure 2402, 2440, 2457

reductor 10577
reed 11932
reel 11508
reel off 247
reel up 966
reference 1602
reference block 2605, 5326, 7611, 10013, 10018, 10806
reference defect 1604, 7608
reference defect block 10008
reference defect method 10009
reference exposure 1603
reference fault 5323, 7608
reference frequency 3714
reference level 1606, 6724
reference piece 7611, 10806
reference point 8946
reference ray 7610
reference reflector 1607
reference signal 1608
reference standard 1605, 7609
reference voltage 1609
refine 10741, 10780
refinish 6504, 6509
refinishing 6503, 6510
refit 987, 7707, 10265, 11567
refitment 987, 7707, 10265, 11567
reflect 7612, 9085, 11945, 11948
reflected 8088
reflected light 5888
reflected light beam 5921
reflected pulse 4512
reflected radiation 8095
reflected ray 5921, 9469
reflected signal 8878
reflected wave 11421
reflecting layer 7623
reflecting surface 7619
reflection 8095, 9086, 11949
reflection [from] 7616
reflection angle 7627
reflection coefficient 7621
reflection factor 7618
reflection loss 7625
reflection method 7624, 8097
reflective power 7626
reflector 8393, 9083
reflector area 7614
reflector size 7615
reflux 8087
refract 1817
refracting 5900
refracting angle 1823
refraction 1820, 7628, 9485
refraction index 1821
refraction of light 5901
refractive 5900

refractive index 1821
refractive power 1822
refractometer 7629
refrangibility 1822
refrigerate 87, 5564
refrigerating agent 4897
refrigerating chamber 4896
refrigerating installation 5563, 5578
refrigeration 89, 3097, 5565, 5577
refrigerator 5566, 5573
refuse 1103, 6393
refuse utilising plant 6491
regenerate 7654, 11539, 11552
regenerating 11555
regeneration 7653, 11540, 11555
region 1455, 3869, 11874
region in compression 2467
region in tension 11917
register 968, 3452, 7656, 7657, 9043, 9859, 10301
register system 9048
registration 892, 972, 7659, 9045
registry 4955
regular 4045, 4454, 7638, 7662
regular interval 249
regulate 2707, 2756, 4864, 7639, 7663, 9358, 10965
regulating 9366
regulating device 7634, 7650
regulating rod 7641
regulating system 7642, 7648, 9364
regulation 1088, 1136, 2760, 4865, 5317, 7631, 7644, 11157
regulations on environmental protection 10453
regulator 7660
reheating crack 11547
reheating furnace 11294
reinforce 10948, 10962
reinforced concrete 9201
reinforcement 10956, 10963
re-iterated/reiterated 6808, 11561
reiterative 4301
reject 11020, 11946
reject quota 1104
rejection 1308, 2778, 10549
rejection frequency 9069
rejector circuit 9073
rejects 1103, 6393
relate (~ to) 1355
relation 1601, 7696, 10824, 11354, 11968
relationship 1601, 11354, 11968
relative 7697, 10825
relative calibrating 7699

relative elongation 2094
relative elongation measurement 2103
relative error 3260
relative level 6913
relative permeability 6942
relative threshold 8649
relativistic(al) 7698
relaxation 3046
relaxation effect 7700
relaxation speed 3047
relaxation test 3049, 7701
relaxation time 7702
relay 7695
release 293, 614, 1073, 1074, 1075, 1079, 1337, 1338, 3685, 3686, 3692, 3694, 5133, 6015, 6020, 6026, 9065, 10174
release mechanism 1078
releasing 1074, 1079, 1338, 3685, 3694, 6026
releasing device 1075
releasing key 1077
releasing of electrons 2879
releasing pulse 9294
releasing time 59
reliability 10856, 12004
reliability test 12006
reliable 8838, 10493, 12003
relief 7703
reloading 10403
relocate 10429, 10437, 10729, 10843
relocation 10441, 10844
reluctance 11519
remain 8092, 10288, 11935
remainder 7735, 10234
remains 7735, 7736, 10234, 10235
remanence 6533, 7705, 7741
remanent 7704
remanent field 7739
remanent magnetism 6118, 7705, 7741
remark 551, 11185
remarkable 839, 1433, 6306
remote 3013
remote- 3397
remote control 3399, 3401, 3408, 3411, 3418, 3420
remote control apparatus 3422
remote control command 3416
remote control equipment 3421
remote control switch 8287
remote effect 3423
remote measurement 3410
remote-action device 3422
remote-controlled 3400, 3405

remotely controlled device 11153
removable 1153, 1166, 6003
removal 3011, 3015, 11386
removal of defects 3276
remove 1361, 1497, 3010, 4348, 6015, 10174
remove a fault 3052
removing 3011
renovation 4712, 7707, 10265, 11567
repair 986, 987, 1361, 1497, 4711, 4712, 7707, 7708, 10263, 10265, 11553, 11556, 11566, 11567
repairing 11556
repartition 945, 10989
repeat 10949, 11560
repeatable 11558
repeatable accuracy 11546, 11562
repeated 4301, 6808, 11561
repeater 10950
repel 259, 11943
repetition 11563
repetition frequency 11564
replace 3139
replacement 3127
replica technique 41, 5651, 7709
report 1462, 6300, 6420
report (∼ on) 1463
represent 6, 2000
representation 12, 2002, 2005, 8315, 8513, 11714
representation of an acoustic field 8231
reprocessing 11540
reproduce 8, 5373, 6512, 7713, 11554, 11560
reproducibility 7712, 11559
reproducible 7711, 11558
reproduction 14, 5372, 6513, 7710, 11548, 11557
repulse 259
repulsion 260, 8094, 11944
request 483, 484
require 483
required energy 2987
requirement 484, 3088
reradiation 8095
reserve 1056, 4360, 7714
reservoir 1351, 5074, 9039, 11151
reset 8093, 8834, 11942
resetting 8093, 8834
residual 10697
residual effect 6533
residual error 7737
residual field 7738
residual field intensity 7740

residual magnetism 6118, 7741
residual stress 2614, 7742
residual stress measurement 2615
residual welding stress 8598
residue 7735, 8092, 8416, 9833, 10234, 10288
resignation 849, 1330
resin 4294
resinous 4296, 10829
resist 1053, 11538
resistance 3454, 4249, 11516, 11526
resistance against elongation 2097
resistance drop 11522, 11536
resistance noise 11533
resistance pressure welding 11531
resistance spot welding 11532
resistance to aging/ageing 418
resistance to atmospheric corrosion 11640
resistance to bending strain 1625
resistance to breaking strain 5151
resistance to changes of temperature 9986
resistance to chemicals 1922
resistance to cold 4893
resistance to compression 2425
resistance to cracking 7842
resistance to deformation 3659
resistance to heat 4378, 4382, 11247, 11257
resistance to impact 9454
resistance to pressure 2425
resistance to shearing 8340
resistance to shearing strain 8526
resistance to suction 8170
resistance to tearing 7686, 11815
resistance to thermal shocks 9986
resistance to wear 10905
resistance welding 11535
resistanceless 11528
resistant 3447, 11525
resistant to abrasion 163
resistant to cold 4892, 4894
resistant to compression 2414, 2424, 2450
resistant to pressure 2414, 2424, 2450
resistant to sea water 8753
resistant to wear 5470
resisting 11525
resisting force 11527
resisting power 11527
resistive 11525
resistive strain gauge 2102
resistor 11517

resolution 883, 885
resolvable 6004
resolve 878, 6016
resolving power 885, 10573
resonance absorption 7718
resonance condition 7719
resonance curve 7721
resonance frequency 7720
resonance line 7722
resonance method 7723, 7729
resonance peak 7724, 7726
resonance point 7727
resonance scattering 7728
resonant frequency 7720
resonate 6418
resorb 7731, 11542
resorption 7732, 11541
resorptivity 7730, 7733
resource 4362
respirator 8550
respond 605
response 988, 3988, 10823, 11548
response sensitivity 604
response threshold 611
rest 872, 5671, 6908, 7735, 8108, 9263, 9301, 9800, 10234, 10572
rest mass 6191, 8110
rest position 8109, 8112
resting workpiece 11494
restoration 11555
restore 986, 7708, 10263, 11552, 11566
result 1639, 3642, 5255, 7743
resultant 4159, 7744
resulting quantity 4159, 7744
retail article 5119
retail piece 5119
retain 4251, 11937
retard 6514, 10854, 11041, 11935
retardation 11042, 11048
retardation of the crack incipiency 7826
retarding lens 11045
retarding the crack initiation 7826
retention 7745, 8091, 10696, 11938
retention power 7746
retentivity 7746
retract 11950
retreatment 11540
retroaction 8107
return 8087, 11939
return motion 8082, 11936
reusable 11568
reuse 11544, 11569
revealing defects 3271

revealing of defects 3282, 3286, 3320
reverberate 11945, 11947
reverberation 7616, 11949
reversal 10395, 11349
reverse 8087, 10835, 11455
reverse bend test 4374
reverse current 9075
reverse direction 3899, 9071
reverse motion 8082, 11936
reverse running 8087
reverse side 4371, 8090
reverse the magnetism 10417
reversible 7747, 10393
revision 8865, 8868
revolution 2377, 10369, 10404
revolution meter 2385
revolution period 10413
revolve 2357, 5479, 10401, 10408
revolving velocity 2362, 8070
rewind 10434
rework 6504, 6509
rhenium 7750
rheology 7751
rheometer 7752
rhodium 7753
rib 7785
ribbed pipe 7786, 7931
ribbon 1226, 9662
rich in contrast 5310
ridge 3810, 4114
right 3924
right angle 11586
right prism 7176
right-angled 7601
right-hand 10329
righthanded 7600
rigid 3442, 9291, 9323, 9463, 10469
rigid linkage 1679
rigid tube 7936
rigidity 9292, 9324
rim 191, 7469, 7483
rimming steel 9194
ring expanding test 7778
ring magnet 7782
ring tensile test 7783
ring-shaped 7781
rinse 1501, 9144
rinsing 1502, 9147
rinsing test 9146
rise 600, 612, 613, 616, 642, 643, 936, 3094, 9326, 9327, 11173, 11174, 11931, 12007
rise of pressure 2406, 2420, 2468
rise time 617
rising 9327, 12007

rising curve 5615
rising load 1399, 1403
risk 455
river 9719
rivet 6667
rivet joint 6668
riveting 6668
r-meter 8008
road 11383
road construction 9637
road surface 9638
road surfacing 9638
robot 7917
robustness 7918, 11526
rocket engine 7467
rocket motor 7467
Rockwell method 7919
rod 8381, 9157, 9271, 9381
rod iron 9158, 9274
rod lattice 9160
roentgen apparatus 7966, 8002
roentgen equivalent 7967
roentgen machine 7966, 8002
roentgen meter 8008
roentgen meter chamber 8011
roentgen radiation 8046
roentgen spectrum 8026
roentgen therapy 8035, 8052
roentgen tube 8022
roentgenfluorescence 7998
roentgenize 2517
roentgenmeter 8010
roentgenogram 7968, 7978, 7997, 8013
roentgenography 8017
roentgenologic(al) 7453, 8015
roentgenology 8014, 8042
roentgenomateriology 8019, 8058
roentgenometer 8008
roentgenoscope 7979, 7987
roentgenoscopy 7986, 7988
roll 7956, 7957, 10205, 10301, 11194, 11195
rolled 3976, 7043
rolled cladding 11201
rolled ingot 11191
rolled lead 1723
rolled plate 11190
rolled product 11198, 11202, 11205
rolled wire 2327, 11192
roller bearing 11199
roller bearing steel 11200
rolling 11196
rolling direction 11203
rolling mill 11204
room 7499, 11857

room air conditioning 7513
room noise 7510, 10383
room temperature 7529, 10385, 11858
roomy 3935
root cant 11659
root concavity 11657
root defect 11656
root mean square value (RMS-value) 2599, 6432, 7358
root of the crack 7857, 7910
root shrinkage 11657
root split 11658
rope 4870, 8762, 9631, 9900
rope test 8765
rope wheel 8766
rope wire test 8764
ropy 11670
rotary 8074, 10409
rotary field 3363, 8069
rotary knob 2364
rotary movement 2356
rotate 2357, 5479, 8073, 10401, 10408
rotating 2360, 5480, 8074, 10409
rotating field 2361, 3363, 8069
rotating motion 2356
rotating probe 8952
rotating pulse 4515
rotating speed 2362, 8070
rotation 2356, 2360, 2377, 5480, 8066, 8067, 10404
rotation axis 2355
rotation energy 8068
rotation stretching 2373
rotation time 10413
rotational field 11608
rotational motion 8067
rotational symmetric 8071
rotor 512, 8075
rough 4145, 7492, 7920, 10479
rough approximation 554
rough calculation 10292
rough coating 10324
rough estimate 1448, 8314
rough estimation 8314, 10292
rough setting 4147
roughen 578, 913
roughness 7493, 10480
round 166, 5492, 8121
round billet 8120
round defect 5491
round iron 2806, 8117
round material 8122
round off 167
round up 918
route 9647, 11383

row 7675
rub 158, 7664, 8350, 8424, 9659
rub off 184
rubber 4204
rubber foam 6477, 8318
rubber glove 4206
rubber test 4207
rubbing 7667
rubbing surface 7665
rubbing test 11638
rubbish 1103, 6393
rubidium 8076
ruby laser 8077
rude 7492
rule 5782, 5952, 6183, 6218, 7630
ruler 6183, 6218
run 296, 298, 636, 1550, 2512, 3592, 5733, 5734, 5735, 10209
run-away/runaway 1089, 6337
run down 102
run through 2513
running 297, 1554, 5733
running belt 1222
running crack 7808, 11211
running cross correlation 5499
running of the test 10973, 10978, 10984
running water film 3598
running-down 7208
rupture 1819, 1862, 7685, 11780, 11801, 11813, 11814
rupture device 11818
rupture modulus 11816
rupture of wire 2336
rupturing strength 11815, 11904
rush 600
rust 2710, 8060, 10891
rust protection 8065
rusting 2711, 8061, 10892
rustless 8063
rusty 8064, 10893
ruthenium 8127

S

safe 8838, 10493
safe distance 8841
safe load 1306, 1402
safeguard 8848, 8852, 8854, 11160
safety 8839, 10494, 10526
safety belt test 8847
safety container 8843
safety control 8851
safety device 8852, 8856
safety factor 8844
safety glass 8845

safety glass test for vehicles 3195
safety system 8860
safety test 8849
safety vessel 8843
sag 215, 1951, 2503, 8907
sagging 1621, 2484
sale 171, 10832
saliferous 8137
saliferous screen 8136, 8140
saline intensifying screen 8136, 8140
salt intensifying screen 8136, 8140
salt solution 8138
salt spray test 8139
salt water 8141
samarium 8142
sample 1434, 6498, 7180, 7183, 7194, 7195, 7284, 7288, 7304, 11480
sample changer 7193
sample preparation 7192
sample temperature 7191
sample test 6501
sampling 1435, 6501, 7178, 7184, 7186, 10969
sand 8148
sandwich 8363, 8376, 11077, 12033
sandwich construction 8149
sandwich holography 8151
sandwich irradiation 8150
satellite launcher 8152
satisfactory 2780
saturate 8153
saturating magnetization 8155
saturation 8154
saving (~ in) 3141
saving in material 6241
saving in work 701
saving in working time 722
saving of current 9741
saving of material 6241
saw-toothed 8135
scalar 8928
scalar quantity 4160, 8928
scale 4103, 6182, 6219, 8926, 8929, 11930
scale 1:1 6217
scale of hardness 4281
scale rule 6183, 6218
scaler 10577, 11674, 11682
scaling circuit 11685, 11691
scan 66, 272, 282, 5087
scan microscope 7487
scan (point by point) 7488
scandium 8932

English

scanned-aperture holography 275
scanner 276, 289
scanner guide 7271
scanning 282
scanning beam 280
scanning coil 279, 9895
scanning control unit 11384
scanning device 289
scanning diaphragm 270
scanning electron microscope 7485
scanning electron microscope (S.E.M.) 2885
scanning head 7268
scanning holography 275
scanning method 277, 288
scanning of the defect 3262
scanning of the defect border 3314
scanning speed 274
scanning spot 273
scanning system 281
scanning time 271, 290
scar 5469, 7776, 7914, 8500
scatter 9670, 11840
scattered 2216, 3973, 9667, 10755, 11841
scattered echo 8184, 9668
scattered light 9686
scattered radiation 9695
scattered radiation dose 9696
scattered ray 9691
scattered ray measurement 9693
scattered wave 9709
scattering 9699, 11842
scattering angle 9710
scattering capacitance 9684
scattering capacity 9684
scattering coefficient 9685
scattering cross-section 9689
scattering event 9671
scattering factor 9673
scattering intensity 9683
scattering matrix 8936, 9688
scattering phenomenon 9672, 9708
scattering power 9707
scattering property 9669
schedule 942, 5969, 9859, 10301, 11982
schematic diagram 7174
schematic(al) 8338
schematic(al) representation 2007
scheme 566, 2007, 3065, 5357, 7173, 8294, 8337, 9767
schlieren method 8434
schlieren optics 8433

schlieren photo 8431
science 5779
science of strength of materials 3458
scintillate 3792, 9857
scintillating 3793
scintillation 3793, 9853
scintillation camera 9854
scintillation counter 9856
scintillation crystal 9855
sclerometer 4276
sclerometric test 7916
scope 653, 1453
scrap 49, 6489, 8515
scrap iron 408
scraper 6457, 7287
scraper detector 6458
scratch 3810, 5469, 7776, 7914, 8500, 8967, 8975
screen 181, 183, 1745, 2517, 3533, 3644, 6872, 7484, 8389, 8392, 8394, 8398, 8539
screen amplification 3649
screen amplification factor 3650
screen defocusing 3648
screen factor 3650
screen free from red 3538
screen haziness 3648
screen height 1650
screen off 23
screen pattern 8395, 8396
screen photograph 8395
screened cable 4871
screened circuit 5851
screened line 5851
screening 183
screening factor 182
screw 8503, 8505, 9096
screw ($\sim$ on) 599
screw bolt 8504
screw connection 8509
screw fastening 8502
screw in 670, 2737
screw joint 10922
screw on 10921
screw test 8507
screwed attachment 8502
screwed joint 8509
screw-like dislocation 8508, 10931
screw-line 8506, 9097
scrub 158, 184, 7664, 8350, 8424
scrubbing test 8351
sea water 8752
seal 38, 39, 186, 2174, 2180, 2672, 2689, 2729, 8435, 10390,

10802, 10830, 10909, 10911, 11998
sealing 39, 2180
sealing compound 10819
sealing end 2974
seam 6547, 6548, 8174, 9318
seam evaluation 6556, 8625
seam imaging 6549
seam mapping 6549
seam rise 7480
seam welding 6555
seamless 6553, 8621
seamless drawn 3992
seamless tube 7934
search 9814
search head 7268
search probe 7299
searching head 7268
seasoning 417
seat 7059, 8925
seat belt test 8847
secant 8782
secondary 8785
secondary circuit 8791
secondary electron emission 8786
secondary electron multiplier [S.E.M.] 8787
secondary emission 8788
secondary hardness 8789
secondary ion emission mass spectrometer 8790
secondary radiation 6571, 8793
secondary ray 8792
section 196, 944, 1102, 1452, 2257, 2538, 2774, 3556, 4076, 7204, 7206, 7424, 8484, 8783, 9920
section iron 7205
section steel 7207
sectional area 8485
sectioning 9945
sector 1102, 5475, 5494, 8784
sector of the circle 5475, 5494
secure 8838, 8854, 10493
securing 8856
security 8839, 10494
security contrivance 8852
security system 8842
sediment 170, 6655, 8158
seek 9714
segment 197, 5473, 8755
segment collimator 8757
segment of the circle 5473, 5493
segmentlike 8756
segment-shaped 8756
segregate 3327
segregation 8758, 8761

English 608

select 614, 1164, 11180
selection 615, 1163, 8803, 11179
selective 8804, 10175, 11182
selectivity 8805, 10179, 10189
selenium 8806
self-acting 8801
self-checking 5319
self-contained 3695
self-excitation 8795
self-extinguishing 8796
self-monitoring 8802
self-powered 1254
self-regulating 8797
self-starting 8794, 8800
sell 10431
semi-automatic 4233
semi-automatic system 9851
semiconductor 4237
semi-finished product 4234, 4245
send out 1112, 8814
sending 847
sensation threshold 7690
sense 68, 272, 7766, 8770, 8910
sense of force 5461
sense of rotation 2369, 2382, 10411
sensibility 2951
sensing coil 279, 9895
sensing element 6314
sensitive (~ to) 2950
sensitive to heat 4379, 11253
sensitive to stray flux 9679
sensitiveness 2951
sensitivity 2951
sensitivity adjustment 2952
sensitivity control 2955
sensitivity level 609, 2953
sensitivity of testing 7253
sensitivity of the eye 978
sensitivity regulator 2956
sensitivity test 2954
sensitivity to brittle fracture 9126
sensitivity to cold cracking 4906
sensitivity to cracking 7834
sensitivity to disturbances 9398
sensitivity to heat 4380, 11254
sensitivity to indication 661
sensitivity to lamellar tearing 9999
sensor 3774, 6314, 8825
sentence 8160
separate 126, 293, 1131, 1342, 3009, 3975, 4817, 6015, 8826, 10173, 10174
separate field 3702
separately excited 3701
separating 3012

separating wall 10191, 12042
separation 127, 294, 4805, 4830, 6023, 6026, 10183, 10184, 10185, 11810
separation fracture 10187
separation of isotopes 4852
separation surface 10176, 10188
sequence 837, 3641, 7677
sequence chart 98
sequence number 5736
sequence of operations 697, 704
sequential 838, 4367, 9816
series 7676, 8828
series manufacture 6197, 8829
series production 8829
serpentine cooler 5572, 5574
service 1553, 1557, 4711, 7708, 8830, 10263, 11305, 11306, 11566
service conditions 1558
service instruction 1566
service life 1815
serviceable 1814, 11018
servicing 4712, 7707, 10265, 11567
servo amplifier 8833
servo system 8832
servo-controlled 8831
set 354, 680, 2675, 2756, 3475, 3928, 4200, 4864, 7639, 8156
set down 212, 6661
set free 1337, 3686, 3692
set going 532, 3841
set in 2744
set in motion 537
set point 8946
set right 1464, 7760
set to work 1555, 3841
set up 937, 938, 939, 4353, 11980
set up an equation 4057
set-back 8093, 8834
setting 2760, 4865, 7644
setting accuracy 2763
setting in motion 539
setting mark 2764
setting to work 4628
setting up 6472, 11954
setting-in 2747
settle 8750
set-up 589, 820, 940, 2677, 3929
sewer 4919
shade 3230, 8312, 8393, 10083, 10093
shadow 8307
shadow area 8310
shadow effect 8309
shadow image 8308

shadow technique 2524
shadow zone 8310, 8311
shaft 319, 7438, 8185, 8197, 11411
shaft height 324
shake 3137, 8531, 11873
shaking 3138
shank 8197
shape 1309, 1353, 3655, 3668, 3682, 3967, 10791
shape deviation 3657
shape factor 3670
shape of cross section 7427
shape of oscillation 8733
shape of the test piece 7187
shape stability 3662, 3968
shape the pulse 4503
shaped piece 3676
shaped steel 3675
shaping 3672, 3969, 10794
sharp 2146, 3918, 8299, 8300, 8301, 9100
sharp tuning 256, 3331, 3333
sharp-edged 8306
sharpness of resonance 7725
shaving 8995
shear 177, 194, 8344
shear force 7421, 8341, 8528
shear load 8339, 8343
shear strength 1672, 8340, 8348
shear stress 8525
shear tension test 11910
shear test 8345, 8349
shear wave 8346, 8530, 10162
shear wave transducer 10163
shearing 178, 8344
shearing effect 8347
shearing force 7421, 8341, 8523
shearing strain 8529
shearing strength 8526
shearing stress 8339, 8343, 8525, 8529
shearing test 8345
sheath 4472, 8199, 8354, 10323, 10392, 10398, 10836
sheathe 10390, 10418, 10830, 11883
sheathed electrode 2856
sheathing 730, 1593, 8547, 10398
sheet 1701, 1706, 1779
sheet bar 7039
sheet billet 7039
sheet edge 1712, 1717
sheet machining 1710
sheet metal 1706, 6343, 9866
sheet of lead 1740
sheet strip 1709

sheeting 1722
sheet-metal bunch 1713
sheet-metal plate 1714, 1721
sheet-metal profile 1715
sheet-metal strip 1720
shelf 9260
shell 1898, 4083, 4472, 4476,
  6167, 6488, 7483, 8198, 8199,
  10392, 10398, 10836
shell-and-tube heat exchanger
  7943
shelter 8553
shield 181, 183, 6167, 6872, 8389,
  8394, 8398, 8539, 10392,
  10398, 10836
shield factor 182
shield tube 8554
shielded arc welding 8543
shielded cable 4871
shielded line 5851
shielding 183, 8400, 10392,
  10398, 10836
shielding material 9530
shielding unit 180
shielding window 8541
shift 8352, 10899, 10929
shine 5874
shine through 2525
shipbuilding 8385
shock 619, 620, 4504, 5462, 8407,
  8490, 9441, 9444, 9446, 11971,
  11983
shock absorption 9449
shock excitation 9448, 9452
shock resistance 8410
shock test 9456
shock wave 9462
shock-proof 9453, 9458, 9461
shock-proof protection 1474
shoe 2059, 7674
shore 9640, 10967
Shore scleroscope 8835
short circuit 5632
short crack 7796
short pulse 5630, 5641
short-circuit 5631
short-circuit proof 5634
short-circuit safety 5635
shortcoming 10616
short-distance irradiation 6537
short-duration pulse 4510
shorted-turn test 11579
shorten 10841
shortening 10842
short-period 5640
short-period loading 5637
short-period strength 5639

short-term 5629, 7065, 9138,
  11164
short-terme use 5636
short-time 5640
short-time exposure 5638
short-time test 5642
shot 888
shoulder 595
show 10, 665, 6528, 8863
shower test 1451
shrill 8302
shrink 8516, 8673
shrink hole 6092
shrinkage 8520, 8521, 8676, 8746,
  11990
shrinkage cavity 6092
shrinkage crack 8519
shrinkage factor 8518, 8677
shrinkage groove 11657
shrinking 8517, 8521, 8746,
  11990
shunt 104, 107, 313, 314, 6570,
  6885, 6886, 8836, 8837, 10236
shunt branch 6888
shunt load 7411
shunt loading 7411
shut 186, 2706, 8435, 10909,
  11998
shut down 2757, 9376
shut-down 2761, 9377
shut-down time 9378
shutter 10912
side 8767, 8781
side board 8779
side face 8776
side gauge 11584
side lobe 6567, 6572, 8780
side part 8778
side piece 8778
side scattering 9704
side-scattering 8777
side view 8772
sideband 8773
sideband suppression 8774
sigmoid curve 8935
sign 4996, 6170, 6171, 8388,
  8892, 11701
signal 6301, 8884, 11702
signal attenuation 8888
signal distortion 11711
signal duration 8880
signal emission 8882, 11707
signal evaluation 8879
signal inertia drag 3194
signal intensity 11709
signal level 8886
signal panel 8890

signal receiver 8881
signal strength 8889, 11709
signal voltage 8894
signalize 6301, 8884
signalling 8882, 11707
signalling lamp 8885
signal-to-noise ratio 3939, 7534,
  9396, 9416
signal-to-noise ration 8887
signature 4996, 6170, 8893
signature analysis 4997
silence 1960, 8108
silencing 1969, 8209
silent 8114, 9375
silent zone 11877
silicate 8899
silicium 8901
silicon 8901
silicon steel 8902
silicone 8900
silk 8760
silo 9039, 11151
silver 8895, 10940
silver coating 8896, 8898
silver film 8898
silvering 10941
silver-plate 10940
silver-plating 10941
simplex operation 2641
simplification 10748
simplify 10747
simulate 6512, 8904
simulation 6513, 7710
simulator 8903
simultaneous 4063, 4803, 8905,
  11963, 11989
simultaneous operation 8906
simultaneousness 4039, 4064,
  9848
sine curve 8919
sine function 8918
sine oscillation 8920
sine shape 8916
sine-shaped 8917
sine wave 8921
single 2792, 10755
single conductor 2791
single crystal 2693
single parts 2793
single-beam 2770
single-frequency method 2656
single-gun 2770
single-layer 2695, 2728
single-phase 2704
single-polarity pulse 4516
single-probe technique 2692
single-pulse testing 2790

single-stage 2771
single-way switch 2781
sink 211, 215, 2772, 3199, 8907, 9902, 10927
sink [a well] 1784
sinter 8912, 11930
sintered material 8915
sintered piece 8911
sintering 8913, 11951
sinus wave 11423
sinusoidal 8917
site 5664, 7060, 9266, 9332
situation 5663, 7129, 8923, 9244, 9337, 12000
size 4154
sizing of defects 3295
sketch 7022, 8934, 11140, 11715
skin 7483
skin effect 4318, 8933, 9758
skip 1062, 10304
skip distance 9136
slab 1812, 3589, 6096, 9863, 11122
slabbing mill 1813
slack 5985, 6012, 8406
slag 8401
slag handbook 8402
slag inclusion 8403
slag line 8405
sleeper 8646
sleeve 1898, 4472, 4476
slender 8417
slew 8658
slice 47, 195, 8323
slice ($\sim$ in) 2734
slide 2159, 4066, 8128, 8425
slide block 4073
slide contact 8426
slide face 4069, 8130
slide valve 246, 8378
slide-in unit 2739
slider 8426
sliding 4067, 8129
sliding contact 8426
sliding friction 4072, 7668
sliding part 4073
sliding surface 4069, 8130
slight 5783, 5790, 8562
slight charge 1297
slight damping 1975
slightly damped 3878
slim 8417
slip 4066, 8128
slip on 935
slip-on type 934
slipping 4067, 8129

slit 7914, 8439, 8441, 8470, 8483, 8967, 8975
slit width 8973
slope 50, 199, 3577, 3882, 4930, 5088, 6577, 6578, 8498, 9329, 9330
sloping top 1949, 1953
slot 1132, 3810, 5006, 6734, 7777, 7914, 8439, 8441, 8967, 8975
slot depth 8443
slot width 8440
slotted 3962
slow 5693
slow down 10854, 11041
slow film 3513
slow-motion 11735
slow-operating 606
slowing-down 10855, 11042, 11048
slowing-down power 9583
slowly rising characteristic 1917, 4991
sluice 8429
slurry 8416, 9833
small atomic number 789, 6833
small diameter tube 7928
small frequency band 3725
small signal 5117
small-angle scattering 5120
smash 11844
smeared-out 10527, 10925, 11013
smearing-out 11014
smearing-out of boundary 7471, 7481
Smith diagram 8937
smooth 151, 184, 1467, 2562, 2567, 3548, 4024, 4025, 7025, 9787
smooth control 9367
smooth down 64
smooth tube 4026
smoothing 65, 152, 1468, 4027
smudge 8466, 10919
S/N curve 11646
S/N ratio 3939, 7534, 9396, 9416
snap 10914
snap ($\sim$ in) 2706
snap check 9370
soak 10136
socket 1898, 2305, 8939
socket contact 8940
sodium 6559
sodium-cooled 6560
soft 5790, 11389
soft iron 2808, 8458, 11390
soft radiation 11397
soft solder 6036, 11391

soft soldered joint 11394
soft steel 9197
soft X-rays 8034
soft-annealed wire 2335
soften 203, 1960, 3023, 3155, 10889, 11395
soft-magnetic 11396
soil 1768, 3074, 4176, 11003
solar battery 8943, 8958
solar energy 8959
solar power station 8960
solder 6039, 11392
solder ($\sim$ in) 2699
solder ($\sim$ to) 550
solder together 10861, 11970
solderable 6037
soldered connection 6044
soldered joint 6044
soldering 6041, 11393
sole 4179
solid 3440, 3444, 3461, 3462, 3480, 5211, 6214, 6271, 8944, 11966
solid angle 7532
solid inclusion 3481
solid of revolution 2365
solid state 356
solidification 3144, 10783
solidification crack 3146
solidification curve 3145
solidify 3143, 3482, 10782
solidity 2034, 3455, 9166
solid-liquid transition 10250
solid-state 3462
solid-state dosimeter 3463
solid-type laser 3464
solubility 6018
soluble 6002
solvable 6004
solution 882, 6022, 6025
solution treatment 6030
solve 6014, 6016
solve an equation 4058
solvent 124, 884, 6013, 6024, 6031
solvent remover 124, 884, 6024
sonar transmitter 10596, 11331
sonic 8201
sonic beam 8208, 8266
sonic depth finder 2577
sonic emission 8217
sonic emitter 8259
sonic field 8230
sonic through transmission 8235
sonic velocity 8237
sonography 8254, 8961
sonometer 8242, 8265

sophisticated 965
sorption 8964
sound 378, 4466, 8200, 8201, 10081
sound absorption 8202
sound analysis 8204
sound conductor 8216
sound deadening 8209
sound distribution 8203
sound emission method 8224
sound emission technique 8223
sound energy 8227
sound energy flux 8234
sound field parameter 8232
sound generation 8229
sound generator 8228, 8259
sound image 8207
sound intensity 5745, 8239, 8264
sound level 8241
sound particle velocity 8253
sound passage 8213
sound path 8272, 8274
sound power 8215
sound pressure 8210
sound pressure level 8211
sound propagation 8206
sound radiator 8267
sound receiver 8225
sound recording 10088
sound reflection 8246
sound reflection coefficient 8248
sound reflection factor 8247
sound reflector 8245
sound reproduction 8250, 8277
sound scattering 8270
sound source 8244
sound spectrum 8263
sound tape 10089
sound transduction 8235, 8271
sound transmission 8271
sound velocity 8237
sound vibration 8258
sound volume 2554, 5745
sound-sensitive 8226
sour 8163, 8301
source 7395, 9545
source of error 3312, 3322
source of perturbation 9417
source point 7401
source-film distance 9548
space 7498, 7520, 11452, 11453
space charge 7515
space-charge density 7516
space-charge region 7517
space-charge wave 7518
space-charge zone 7517, 7519
space curve 7514

space dependence 7503
space-dependent 7502
space flight 7509
space-lattice structure 4007, 4012
space probe 7524
space ray 7526
space reflection 7522
space saving 7506
space shuttle 7530
space vector 10647
space vehicle 7508
space wave 7531
spacer 2251
space-saving 7525
spacing 248, 4756, 7496, 9088, 12036
spacious 3935
spaghetti insulation 4827
span wire 8998
spangle formation 1766
spare 3127, 3140, 7714
spare component 7716
spare part 3133, 7716
spark 3791, 3795, 3796, 9132
spark breakdown 3797
spark erosion 3798
spark test 3799
spark through 2531
spark-over 10291
spatial 7520
spatial radiation 7527
spatial ray 7526
spatial resolution 7504
spatial resolving power 7505
spatial scattering 7528
spatially dependent 6842
spatter 9119
spatter limit 9120
speaker 5744
special 9079
special design 8955
special purpose 8956
special steel 2593
speciality 1500
specific activity 374
specific deformation energy 719, 3660
specific fracture work 1867
specific(al) 9080
specification 1508, 11157
specifications 6949
specimen 2442, 7180, 7182, 7183, 7195, 7284, 7288, 7304, 11480
speckle 4108
speckle interferometry 9036
spectra 9062
spectral 9052

spectral analysis 9053
spectral line 9056
spectral range 9055
spectrometer 9057
spectrometry 9058
spectroscope 9059
spectroscopic analysis 10584
spectroscopic(al) 9061
spectroscopy 9060
spectrum 9062
spectrum of bremsstrahlung 1830
speed 3963, 8477
speed control 3964
speed of circulation 10410
speed of propagation 1001, 3677
speed of response 608
speed of rotation 2362, 8070
speed releasing 8476
speed up 1485
speedometer 9862
spell 8352
spend 964
sphere 1455, 3869, 5542, 9081, 11874
sphere of influence 11630
spheric(al) 9082
spherical 5551
spherical coordinates 5362
spherical geometry 5552
spherical graphite 5554
spherical radiator 5559
spherical reservoir 5545
spherical sector 5544, 5558
spherical segment 5543, 5557
spherical shape 5550, 5553
spherical tank 5545
spherical wave 5560
spheroidal graphite 5554
spider 4949
spin 9089
spin moment 9091
spin-dependent 9090
spindle 319, 7438
spiral 8505, 9095, 9096
spiral line 8506, 9097
spiral orbit 9094
spiral path 9094
spiral scanning 9093
spiral tube 7935
spiral weld 9098
splash 9116
splash-proof 9123
splendid 4015
splinter 9108
splinter-proof 9110
splinter-proof glass 8845

split 927, 943, 1818, 8967, 8975,
    9938, 11779, 11843
split off 242, 927
splitting 928, 9944, 10989
splitting off 243, 928, 10186,
    11050
splitting-up of atoms 796
sponge 8571
spongy 8572
spongy lead 1724
spontaneous 9111
spool 9139
spooling 11509
spot 592, 845, 3005, 3476, 3582,
    3584, 4343, 7347, 8467
spot brightness 3585
spot joint 10691
spot sharpness 3586
spot test 10219
spot-type scanning 286
spot weld 7355
spot-weld seam 7354
spot-welded 7350
spot-welded joint 10691
spot welding 7353
spray 9115, 9116, 9131, 11830
spray gun 9122
spread 9112, 9699, 10991, 11014,
    11842
spring catch 8469
spring pressure 3245
spring steel 3246
spring suspension 855
spurious echo 9400
spurious effect 9439
spurious radiation 6571, 6894,
    9574
sputter 9131, 11830
square 7058, 7359, 8322
square billet 11081
square bracket 5093
square-topped pulse 4511, 7597
squaring 7360
squeeze out 7154
squirt 9116
stability 2034, 3455, 4249, 5261,
    9166, 11526
stabilization 9162
stabilization mechanism 10784
stabilize 1467, 9164, 10782
stabilizer 9163
stabilizing 9165
stable 1503, 2033, 3448, 3471,
    8111, 8115, 9161, 9264, 9265,
    9268, 10467
stable crack propagation 7817
stable current 9726

stacking 9281
stacking fault 9280
staff 6944
stage 9168, 9244, 9784, 12000
stagnation pressure 9311
stain 3582, 8467
stainless 6648, 8063
stainless steel 2593, 9192
stair 9783
stall 9237
stamp 9277
stamper 6256
stamping 5025
stand 9237, 9243, 9260, 9263,
    9266, 9301, 9800, 10572
stand pipe 9267
standard 2683, 5778, 6676, 6677,
    7631, 9246, 9247, 11157
standard condition 6701
standard conditions 9251
standard design 1263, 9250
standard deviation 9248
standard energy dose 9252
standard execution 9250
standard form 2684
standard frequency 2602
standard instrument 9253
standard ion dose 9254
standard layout 9249
standard level 6690
standard man 9257
standard model 6678
standard plug-in unit 6685
standard probe 6691
standard sample 9259
standard signal 6697
standard specifications 6679
standard specimen 7276
standard state 6701
standard type 1263, 1287
standard value 2541, 6431
standardization 9256
standardize 6688, 6694, 9255,
    10749
standardized test piece 6698
standing place 9243, 9266
standing wave 9321, 11424
standing-wave ratio 9322
star point 6728, 9245
star-shaped 9344
start 454, 456, 532, 534, 537, 539,
    1339, 1340, 1555, 2712, 2724,
    2745, 2746, 3841, 9293
starting 458, 534, 539, 9293
starting material 4187, 4193,
    4198
starting of oscillations 8726

starting phase 469
starting position 473, 1041
starting temperature 476
starting-up period 542
start-up 4628, 9293
state 1478, 5257, 9168, 9244,
    9784, 10778, 12000
state of aggregation 355
state of development 3062
statement 589
state-of-the-art (for) 3062
static(al) 9298
statics 9295
station 7128, 9243, 9266, 9296,
    9333, 11460
stationary 3441, 3471, 6846,
    6939, 8111, 8115, 9264, 9268,
    9297, 10467
stationary field 3366, 9320
stationary oscillation 8716
statistical 9300
statistical distribution 10992
statistical scattering 9705
statistical straggling 9705
statistical uncertainty 10533
statistics 9299
statistics of error 3319
stator 9262, 9302
stay 60, 268, 510, 514, 872, 5671,
    9640, 9800, 9801, 10572,
    10663, 10945, 10967
steadfast 9264, 9268
steadiness 5261
steady 1467, 1503, 2033, 3449,
    4030, 5259, 9265, 9346, 10601
steady field method 4031
steady load 1393, 2025, 2036
steady noise 2032, 2043
steady state 2053, 12001
steam 1958
steam boiler 1349, 1965, 5073
steam generator 1963
steam generator tube 1964
steam separator 1956
steam turbine 1966
steel alloy 9217
steel ball 9216
steel band 9198
steel bar 9214, 9228
steel beam 9229
steel belt 9198
steel billet 9214
steel bloom 9205
steel bullet 9216
steel cable 9226
steel casting 9210, 9211
steel conduit 9223

steel construction 9199
steel cord 9226
steel cuttings 9227
steel cylinder 9208
steel for reactor pressure vessels 7572
steel girder 9229
steel grade 9212
steel ingot 9205
steel jacket 9218, 9231
steel pipe 9223
steel plant 9233
steel plate 9219
steel plating 9220
steel quality 9212
steel rail 9224
steel ribbon 9198
steel rod 9228
steel rope 9226, 9230
steel sample 9221
steel scrap 9225
steel section 9222
steel shaft 9232
steel structure 9215
steel tape 9198
steel test piece 9221
steel tube 9223
steel turnings 9227
steel vessel 9209
steel wire 9206
steel wool 9227, 9234
steelmaking 9213
steelmaking work 9233
steelworks 9233
steep curve 5620
steep-front pulse 4513
steer 5829, 5869, 9357
steering 9365
stencil 6256
step 266, 2773, 9781, 9783, 9935
step by step 8514, 9790
step up 922
step wedge 9785
stepless 9346, 9787
stepping switch 11745
stepwise 9790
stereo image 9339
stereogram 9338, 9341
stereophotography 9342
stereoradioscopy 9340
stereoscopic photography 9342
stereoscopy 7523, 8759, 9343
stick 515, 4224, 5105, 6183, 6218, 9157, 9271, 9381
stick on 867
stiff 9291, 9323, 9463
stiffen 10962

still 3471
stimulate 366, 579, 3120, 7445, 9380
stimulation 580, 618, 3124, 9379
stimulation energy 581
stipple 7351
stock 5672
stockroom 5673
Stoneley wave 9391
stop 173, 245, 496, 497, 595, 731, 732, 851, 866, 1095, 1343, 1552, 1762, 2757, 2761, 3451, 3470, 3475, 3477, 3479, 4250, 4341, 6908, 8108, 9065, 9066, 9319, 9376, 9377, 9392, 9393, 9394, 10182, 10547, 10699
stopped 9463
stopper 595, 3479
stopping 9394
storage 932, 972, 9045, 9046
storage basin 9880, 11151
storage battery 359, 8146, 9038
storage device 9037, 9048
storage element 9041
storage room 827, 2132, 5673
storage time 9040
storage tube 9047
store 859, 931, 2749, 2758, 2762, 5672, 7657, 9043, 9044, 10548, 10579, 10580
straggling 9699, 10991, 11842
straight 3925
straighten 7756
straightening machine 7763
straight-lined 3925, 3927, 4105
strain 603, 622, 623, 1290, 1293, 1379, 1380, 2088, 8999, 9309
strain ageing 7602
strain gage [USA] 2102
strain hinge 244
strain rate 76
strain slightly 1291
strain strongly 1292
strainhardening 10783
strand 9631
stranded cable 4873
stranded wire 2332
strap 1226, 9662
strap iron 1237
stratification 8365, 8368, 8375
stratified 8363, 8376, 11077
stray 2216, 3973, 9667, 9670, 10623, 11840, 11841
stray current 3329, 9698
stray field 9674
stray flux 9677
stray flux technique 9681

stray flux test probe 9680
stray light 9686
stray line 9687
stray radiation 9422, 9695
stray tension 9690
streak 8430, 9661, 9663, 9712, 9713
stream 3614, 9718, 9719, 9740, 9756
stream out 1143
strength 3454, 9286
strength behaviour/behavior [USA] of steel 3460
strength of flexure 1625
strength test 3459
strengthen 10948, 10962
strengthening 10783, 10956, 10963
stress 1290, 1293, 1379, 1380, 9003, 11894
stress analysis 9007
stress concentration factor 9016
stress corrosion 9017
stress corrosion cracking 5438, 9019, 9026
stress corrosion test 9018
stress crack 9024
stress crack growth 9027
stress cracking 9025
stress cycle frequency 5729
stress distribution 9034
stress intensity factor 9015
stress measurement 9021
stress on material 6240, 11472
stress-relieving 9008
stress-relieving temperature 9009
stress-strain curve 9011
stress-strain diagram 4457, 9010
stress test 9666
stressed material 6231
stretch 1170, 2089, 8999, 9650, 9651, 9656, 10845, 11855
stretch limit 2092, 2099
stretchable 9641
stretching 2095, 9651, 9656, 11855
stria 3810, 7776, 8430
striae 8430
strict 8298
strike 912, 950, 7152, 9659
string 3190, 5078
strioscopy 8434
strip 1226, 3190, 9662
strip chart 1702
strip chart recorder 1705
stripping 3041
stroboscope 9715

stroboscopic disk 9716
stroboscopic display 8864
stroboscopic visualization 8864
stroke 4470, 5937, 9711
strong 3449, 5455, 9283
strong damping 1976
strong field 3365
strong load 1302
strongly damped 3879
strontium 9765
strontium method 9766
struck particle 9885
structural analysis 9770, 9775
structural component 3887
structural condition 3890
structural element 1267, 1268, 1277, 1282
structural group 1271
structural investigation 3889
structural member 1282, 5266
structural parameter 3888
structural part 1267, 1282, 5266
structural steel engineering 9200
structure 566, 823, 1260, 1262, 3886, 4078, 5248, 6437, 9767, 9768, 9769, 11978
structure anomaly 9771
structure disarrangement 9774
structure examination 3889
structure micrography 8438
strut 9640, 9801, 10581, 10967
stud 1795, 9374, 11309
study 10582, 10583
stuff 3978
style 1260, 1262, 1286, 6437
subcladding crack 10568
subcritical 10562
subcritical crack 7806
subcritical crack propagation 7818
subcritical defect 3261
subject 4674
sublimation 9807
submarine 10591
submarine cable 8751, 10592
submarine sound transmitter 10596, 11331
submerge 9902, 10927
submerged arc welding 10569
submicroscopic crack 7803
submicroscopic(al) 9809
subscriber 10703
subsequent 597
subsequent machining 6503, 6510
subsequent treatment 6503, 6510
subsidiary 4360
substance 6253, 9383, 9810

substantial 11505
substitute 3139
substitution 3127
substitution method 9811
substraction method 9813
substrate 4188, 4195, 9812, 10126, 10129
substratum 10563
substructure 1249, 3789, 10541, 10552, 10566
subsurface 6750, 6772, 10561
subsurface crack 7801
subsurface flaw 3259
subsurface layer 8362
subterranean 10561
succession 837, 3641, 7677
successive 838, 4367, 9816
suck 593, 8167
suck (~ up) 921, 8444
suck-back 11657
sucking 8168
suction 8168
sudden 168, 379, 5629, 7065, 9138
suit 8156
suitability for welding 8599
suitable 12012
suitable (~ to, ~ for) 3880
suitable for welding 8599
suite 837, 3641
suited (~ to, ~ for) 3880
sulfur 8590
sulphate 9817
sulphide 9818
sulphite 9819
sulphur 8590
sulphur dioxide 8591
sulphurous 8592
sum frequency 9823
sum up 9825
summary 4677, 11964
sunk 10570
superconducting 9828
superconductive 9828
superconductivity 9830
superconductor 9829
supercritical 10266
superficies 3555, 3564, 6749
superimpose 10268
superpose 10242, 10268
superposition 9827, 10269
superposition of amplitudes 439
supersaturate 10289
super-sensitive 4415
supersensitive [to] 10246
supersonic speed 10290
superstructures 4385, 4589

supervision 926, 5316
supervisory lamp 10319
supplement 499, 3090, 11992, 11997
supplementary 11993
supply 5929, 5930, 6587, 9051, 10942, 10943, 10944, 11887, 11888, 11925, 11926
supply system 6587, 10944
support 872, 4252, 4254, 5671, 9263, 9301, 9800, 9801, 10117, 10119, 10563, 10572, 10581
support insulator 9806
supposition 557, 10881, 11113
suppress noise 3051
suppress radio noise 3053
suppression 9067, 9076, 10549, 10888
suppression of parasites 9436
supraconducting cable 9831
sure 8838, 10493
surface 3555, 6749
surface-breaking crack 6779
surface coil 279, 9895
surface conductance 6771
surface conductivity 6770
surface crack 6779
surface curvature 3566
surface defect 6766
surface density 6758
surface detensioning 6765
surface diffusion 6759
surface discontinuity 6783
surface dose 6760
surface element 3562, 6763
surface energy 6764
surface examination 6776
surface finish 6756
surface hardening 6769
surface hardness 6768
surface influence 6762
surface inspection 6776
surface integral 3565
surface irradiation 6757
surface normal 3567
surface of liquid 3626
surface opening 6773
surface oxidation 6774, 7477
surface pore 6775
surface pressure 3561, 6761
surface protuberance 6753, 6789
surface quality 6756
surface resistance 6788
surface roughness 6778
surface shrink hole 1118
surface structure 6756
surface temperature 6782

English

surface tension 6781
surface treatment 6754
surface wave 6784, 7549
surface wave dispersion 6785
surface wave probe 6787
surface wave velocity 6786
surge 9441
surge arrester 10303
surroundings 10379, 10400
surveillance 5317, 7645, 9366
survey 10301
susceptibility 9834
susceptibility [to] 455
susceptibility to cold cracking 4905
susceptibility to crack formation 7829
susceptibility to cracking 7829, 7834
susceptibility to troubles 9398
susceptibility to warm cracking 11296
susceptiblity to weld cracking 8631
suspend 852, 1128, 4268, 10894
suspension 853, 854, 8416, 9833
suspension device 853
sustain 915, 4252, 10117
sustained 498, 1503, 2033, 9265, 10490
swage 3965
swage-forging 3966
swarf 8995
sweep 272, 1165, 5087, 11645
sweep frequency 5089
sweep velocity 274
swell 7399
swelling 8650
swelling test 7403
swim 8672
swimming-pool research reactor 8671
swing 6921, 8573, 8574, 8658, 8682, 8696, 10662, 11055
swing arm 8656
swinging 6922
switch 8281, 8284, 10426
switch knob 8288
switch off 172, 1094, 6005, 10172, 10545
switch on/in 2723, 2725
switch over 10426
switch panel 8292
switch room 8291, 8296
switchboard 8290, 8292, 9359
switching 10428
switching clock 8293

switching off 173, 1095, 10182
switching-off 1097
swivel 8658
swivelling 8657
symbol 9835, 11703
symmetric load 1395
symmetric(al) 9839
symmetrize 9838
symmetry 9836
symmetry axis 9837
symposium 9840, 9869, 10898
synchronism 4039, 4041, 4064, 9848
synchronization 4757, 9843
synchronization signal 9847
synchronize 9844
synchronizing pulse 9846
synchronizing signal 9847
synchronous 4042, 4063, 9841, 11963, 11989
synchronous operation 9849
synchronous run 4041
synchronous running 9849
synchronous scanning 9842
synopsis 10301
synthesize 10917, 11977
synthetic 3998
synthetic material 5586
synthetic resin 4295, 5583
synthetic resin varnish 5584
synthetic(al) 9850
syntonization 254
syntonize 253
system 526, 3065
systematic(al) 9852

T

tab 5097
table 9859, 9863, 10301
table instrument 10073, 10074
table microscope for high temperatures (in metal microscopy) 4333
table model 10073
table of contents 4680
tablet 9860, 9864
tabular 9858, 9867
tabulated 9858
tabulator 9861
tachometer 2385, 9862
tail 2959
take 888, 905, 906
take a photo 6998
take away 3009, 6015, 6020, 10174
take down the minutes 7230

take-off 9293
take out 4345, 4347
take place 102
take up 902, 4399
taking 888
taking the mean 6433
tall bearing 5556
tandem method 9876
tandem operation 9873
tandem technique 9875
tandem testing method 9874
tangent 1472, 9877
tangent line 1472, 9877
tangential 9878
tangential speed 9879
tank 1351, 3883, 5074, 9880, 11151
tantalum 9881
tantalum-rich 9882
tap 137, 143, 312, 1786
tap off 313
tape 1223, 1226, 6101, 9662
tape iron 1237
tape length 1241
tape recorder 9664
tape stretching 1236
tape width 1232
taper 4976, 5333
tapered 4983, 5251
tapper 77
tapping 107, 137, 314, 10186
target 632, 840, 843, 9883, 10169, 11856
target electrode 840, 843, 9883, 10169
target material 9884
target particle 9885
tarnish 538
tarred pole 6224, 9272
task 690, 848
tax 176, 2726, 8313
Taylor equation 9914
Taylor series 9913
teach 991, 5780
teaching 5777, 10599
tear 7685, 10135, 11813
tear resistance 11904
technetium 9916
technical term 3187
technics 9917
technique 7242, 9918, 10757, 10771
technique of magnification 10818
technique of testing 7305, 7322
techniques 10757
technology 9917, 9919

technology of radiation measurement 9609
tele 3397
teleaction 3423
teleattended 3419
telecamera 3415
telecommand 3416
telecommunication satellite 3409
telecontrol 3399, 3401, 3411, 3418
telecontrol apparatus 3417
telecontrolled 3400, 3405, 3419
telecontrolled manipulator 6164
teleguide 3407, 3408
telemeter 252, 9954
telemetering 3410
telephone 9953
telephone apparatus 9953
telephone set 9953
telescopic tube 9955
telesupervision 3420
telesurveillance 3420
telethermography 9956
televise 10308
televised radioscopy 2547
television [TV] 3413
television camera 3415
television picture tube 3412
television set 3414
television tube 3412
tellurium 9957
telly 3414
temper 533, 1052, 4091, 4277, 9989, 10820
temper colour 536, 541
temperate 3915
temperature behaviour 9981
temperature coefficient 9971
temperature controller 9983
temperature curve 9972
temperature difference 9965, 9980
temperature distribution 9982
temperature drop 9960
temperature error 9967
temperature gradient 9969
temperature in the transition zone 10257
temperature of NDT (= Non-Destructive Testing) 6562
temperature rise 9964, 9966, 9987
temperature scale 9976
temperature shift 9963, 9984
temperature-dependent 9961
temperature-independent 9979
tempered iron 2798
tempered steel sheet 9204

tempering 535, 4278, 4293, 9990, 10822, 11243
tempering (of metal alloys) 1060
tempering time 531
temporary 5629, 5640, 7065, 9138, 9992, 11164, 11762
temporary mounting 824
tenacious 11670
tenacity 11671, 11904
tendency 9993, 10171
tendency to brittle fracture 9126
tendency to cracking 7809, 7834
tendency to lamellar tearing 5681
tense 8999
tensile 2084, 9641
tensile impact test 8415
tensile load 1401, 11899
tensile strain 11899
tensile strength 11904
tensile stress 11894, 11899, 11900, 11914
tensile test 11819, 11908, 11915
tensile test piece 11906
tensile testing machine 11907
tension 8999, 9001, 9002, 11914
tension impact test 8415
tension measurement 9021
terbium 9994
term 4075, 9995, 9996
terminal separation 2973
terminate 185, 1329, 1343
termination 187, 1331, 2959
ternary 9997
terrestrial magnetic field 3357
tertiary rays 10000
tertiary winding 10001
test 1086, 2542, 3118, 3119, 5318, 5324, 7178, 7196, 7254, 7255, 7309, 10002, 10284, 10582, 10969, 10971, 10972
test agent 7285
test bar 7194
test bay 7259, 10981
test bed 7300
test block 7276, 10013, 10018
test circuit 7297
test class 7267
test coil 6325, 9895
test condition 7247
test connection 7297
test criteria 7278
test criterium 7278
test data 7326
test defect 5323
test desk 7292
test duration 7251
test engineer 7266

test equipment 5321, 7245, 7252, 10318
test floor 7259, 10981
test frequency 7262
test head 7268, 8948, 9894, 10012
test hole 10005
test instrument 7263, 7324
test lamp 7280
test load 7281
test mark 7327
test means 7286
test medium 7285
test method 7322
test method for surfaces 6777
test object 7289, 7304
test of additives 11995
test of adhesive substances 5112
test of building lime 1272
test of ceramics 5002
test of components for motor vehicles 5453
test of concrete aggregate 1541
test of cutting aptitude 11827
test of elasticity of 11903
test of explosion effects 9114
test of explosives 3175
test of falling mass 3201
test of fibre damage/fiber damage [USA] 3238
test of genuine colour/color [USA] 3213
test of leak-proofing material 2179
test of means for wood protection 4452
test of packing material 2179
test of permeability to air 6063
test of plastic material 5593
test of protective helmets 8546
test of solubility (of fibrous materials) 6019, 6032
test of steel for overground workings 4388
test of torch-cut plates 1842
test of waterproof material 11322
test of welding material 8610
test of welding safety 8634
test of wooden materials (in architecture) 4453
test parameter 7290
test pattern 10004
test performance 7283, 10978, 10984
test personnel 7291
test piece 5327, 7180, 7183, 7195, 7277, 7284, 7288, 7304, 10013, 10018, 11480

test piece material 7190
test point 6322, 7303
test probe 9894, 10012
test program 7293
test pulse 7265, 10011
test reflector 10017
test report 7249, 7294, 7320, 10589, 10976
test result 7258, 7321, 10980
test room 7259, 10981
test sample 7277, 7284, 7288, 7289, 7304
test section 7244
test sensitivity 7253
test series 10983
test shot 10015
test signal 7298
test specification 7250
test specifications 7325
test specimen 5327, 7277, 7284, 7288, 7289, 7304
test speed 7264
test staff 7291
test stand 7300
test station 7301, 7303
test team 7307
test technique 7243, 7305, 7322
test to destruction 11819, 11837
test unit 7245, 7252, 7263, 7324
test using immersion technique 7318
tester 7256, 7257, 7306
testing 2542, 3119, 5318, 7178, 7309, 10002, 10284, 10969
testing agent for crack detection 7873
testing apparatus 7245, 7252, 7263, 7324
testing device 7257, 7324
testing equipment 7324
testing laboratory 7279, 10982
testing of billets 5163
testing of materials 6249, 11483
testing procedure 7322
testing radiogram 10003
testing range 7248
testing result 7258, 7321
testing room 7295
testing speed 7264
testing station 7301, 7303
testing system 7245, 7252, 7324
testing time 7251
testing zone 7328
textile 3978
textile test 10019
texture 3886, 9769, 10020, 11167
texture recognition 6500

theorem 5782, 7630, 8157
theoretical 10024
theoretical curve 5621
theoretical study 10585
theory 5779
theory/experiment comparison 10026
thermal 10027, 10031
thermal analysis 444
thermal conduction 11268
thermal conductivity 11267
thermal cycling 9985
thermal deformation 10797
thermal diffusion 10034
thermal dissipation 11233, 11279
thermal emissivity 11234
thermal energy 11255
thermal isolation 11262
thermal method 10769
thermal neutrons 6599
thermal noise 11274
thermal power 11264
thermal radiation 11279
thermal regulator 11275
thermal resistance 11289, 11521
thermal safety 11276
thermal shock crack 10047
thermal stability 11247
thermal stress 1303, 11277
thermal test 4383
thermal transducer 10028, 11224
thermal value 11288
thermal working 11230
thermion 10029
thermionic source 10030
thermistor 4323, 10032
thermite welding 10033
thermoconvection 11263
thermocouple 10037
thermodynamic temperature scale 9977
thermodynamic(al) 10035
thermo-electric effect 2596
thermoelectric method 10770
thermoelectric voltage 10048
thermoelectric(al) 10036
thermoform 11293
thermography 10038
thermoluminescence 10039
thermoluminescence dosimeter 10040
thermoluminescence dosimetry 10041
thermomagnetic study 10586
thermometer 10042
thermonuclear 10043

thermoplastic material 6238, 10044
thermoplastics 10044
thermoshock 10046
thermostat 10045
thermovision camera 10050
thick 2182, 9282
thick film 8357
thick steel plate 9202
thick steel sheet 9202
thick weld test 2189
thicken 10724
thick-film technology 2188
thickness 2184, 5963, 9287
thickness compensation 2186
thickness gauging 2187
thickness measurement 2187
thickness of test piece 7185
thickness test by backscattering 8098
thick-walled 2190
thick-walled pressure vessel 2411
thick-walled tube 7927
thin 2476
thin film 2478, 2479, 8358
thin layer 2478, 2479
thin line 5939
thin sheet 3335
thin sheet metal 3335
thin-film differential method 2480
thin-film technology 2481
thinning down 10735, 10756
thin-walled 8570
thin-walled tube 7929
thorium 10051
thread 3190, 3982, 8471
thread diameter 3984
thread length 3985
threaded bolt 3983
threaded collar 3986
threaded pin 3987
thread-shaped 3192
three phase current 2374
three phase motor 2375
three phase winding 2388
three-digit 2390
three-dimensional 2386, 7520
three-dimensional parameter 4156
three-pin 2389
three-pole 2389
threshhold of hearing 4467
threshold 8647
threshold energy 8651
threshold of perception 4467
threshold value 8654

threshold voltage 8653
throttle 2395
throttling 2397
through radiation 9562
through-coil 2515
throughput 2523
through-transmission (testing) mode 2524
throw 4470
throw on 2724
throw-over switch 8285
thrust 2400, 8524, 8527, 9444, 9450, 10168, 11984
thrust bearing 2435
thrust shaft 2465
thrust washer 2447
thulium 10052
ticket 4954
tidal power plant 3991
tie 510, 8646
tight 3442, 9463, 9628, 10475
tight coupling 5376
tighten 38, 670, 1334, 2174
tightening 1335
tightness 2176
tile test 1954
tilt 1951, 4930, 5088, 6577, 8498
tilted edge 4929
timber 60, 268, 9801
time 2021, 11721, 11726
time axis 11724, 11734
time base 11724, 11725, 11734
time behaviour 11758
time constant 11733
time delay 11761
time-delay switch 11745
time-delay technique 5742
time-dependent 11722
time difference 11728, 11757
time distribution 11760
time-independent 11756
time integral 11732
time interval 11723, 11728, 11744, 11747, 11757
time keeping 11740, 11741
time lag 11761
time lapse 11728, 11757
time mark 11736
time marker 11737
time marking 11738
time measurement 11740
time of discharge 3029, 3032
time of fall 3202
time-of-flight method 5742
time of penetration 2639
time recorder 11746
time saving 11729

timer 4561, 7214, 8293, 9871, 11731, 11745
timing 11740, 11741
timing pulse 9872
tin 1350, 1899, 2304, 3883, 11040, 11861
tin bath 11862
tin-lead solder 6036, 11391
tin plate 11398
tinder 11930
tinge 3231, 10083, 10093
tinned wire 2334
tin-plate 11040
tint 3230, 10083, 10093
tip 2961, 9101
tire [USA] 1183, 1196, 2059, 7674
tissue 3977, 9382, 10216
tissue layer 3979
titanium 10075
titanium alloy 10076
to and fro 4373
toe-crack 5011
tolerance 308, 6184, 9088, 10078
tome 1221, 1897
tomogram 10079
tone 10081, 10083, 10093
tongue 511, 5713, 11932
tool 1309, 1353, 11496
tool steel 11498
tooling 1311, 1356
toothed wheel 11695
top 920, 2261, 2961, 4082, 4298, 4943, 5367, 5610, 8333, 9101
top tensile test 5371
top view 925, 2354
topogram 10094
topography 10095
torque 2367, 6464
torsion 2379, 10097, 10677, 10731
torsion bar 10100
torsion test 10101, 10732, 11028
torsional bar 10100
torsional moment 2367
torsional strain 2381
torsional stress 2381
torsional vibration 10099
total 3952, 11097
total body dose 3844
total body irradiation 10102, 11095
total excitation 2496
total flow 3843, 10103
total load 3953, 3956
total number 3959
total radiation 9824

total reflection 7617, 10104
total unsharpness 3957
total weight 3955
touch 1469, 1470, 5268, 9660, 10072, 10684
tough 11670
toughness 11671
T-peel test with angle test piece 11602
trace 969, 5951, 9149, 10166, 11712
trace amount 9149
trace detector 9155
trace element 9153
trace etching technique 9151
trace of rays 9541
tracer 9890, 10111
tracer isotope 5842
tracer method 10112
tracer technique 10112
tracing 6907
track 1211, 4065, 9148, 9630, 11383
track of trajectory 9148
tracking of cracks 7892
traction 11890
tractive effort 11905
traditional 10114, 10326
traffic 10833
trailing edge 4368
train 991, 5780, 11891
training 993, 5777, 10599
trajectory 1211, 10406, 11383
trajectory of the beam 9506, 9625
transceiver 10137
transceiver probe 8811, 8817, 8827
transcode 10399
transcrystalline 10147
transcrystalline crack 7805
transcrystalline fracture 1864
transducer 909, 2942, 6320, 7268, 8685, 8948, 9156, 10313, 10445, 11214
transducer impedance 11226
transducer shape 8686
transfer 5830, 10138, 10153, 10247, 10307, 10310
transfer factor 10312
transfer function 10252
transfer method 10139
transform 10143, 10299, 10307, 10375, 10443, 11011, 11208
transformation 10140, 10376, 10446, 11012
transformation behaviour 10377

English

transformation of energy 2998
transformation period 10449
transformation ratio 10300
transformer 10142, 11216
transgranular 10144
transgranular crack 7804
transient current 1050, 5218
transient phenomenon 1051, 2742
transient state 10255
transient voltage 1049, 5217
transilluminate 2516
transillumination method 2518
transistor 10145
transit 2502, 10146
transit time 5738, 10258
transit-time delay 5743
transit-time difference 5739
transit-time error 5740
transit-time measurement 5741
transit-time technique 5742
transition 10249, 11351
transition curve 10254
transition period 10258
transition time 617
transition zone 10251, 10253, 10259
transitional function 9137, 10252
transitional stage 10255
translate 10298, 10299, 10375, 10430, 10443, 11011, 11208
translation 10376, 10421, 10432, 10446
translucence 5906
translucency 2526, 2544, 5906
translucent 2477, 2527, 2543, 5905
transmission 1113, 10148, 10247, 10310, 10376, 10446
transmission beam method 10149
transmission behaviour 10314
transmission electron microscopy 2548
transmission factor 2509, 2511
transmission method 10149
transmission of radiation 2546
transmission range 2504, 10311
transmission ratio 10300
transmission shaft 10150
transmission system 10313
transmit 2507, 4364, 5830, 8814, 10297, 10307, 10309
transmittance 2509, 2511
transmitted frequency 8812
transmitted frequency band 3727
transmitted light technique 2518
transmitter 8809, 8816

transmitter coil 8819
transmitter energy 8818
transmitter frequency 8812
transmitter system 3867
transmitter/receiver probe 8811, 8817, 8827
transmitting device 8809
transmitting probe 8815
transmitting pulse 8813
transmitting set 8809
transmitting/receiving probe 8811, 8827
transparence 2509
transparency 2526, 2544, 5906, 9494, 10152
transparency region 2504, 10311
transparent 2527, 2543, 5905, 9493, 10151
transport 10153, 10247, 10310, 10833
transportable 1584, 6012, 10116, 10154
transpose 10430, 10443, 11011
transradiation method 2495
transuranic element 10157
transversal 7404, 10158
transversal crack 8497
transverse 7405, 7406, 10158
transverse bending strength 8340
transverse contraction 7420
transverse crack 7423, 8497
transverse defect 7416
transverse displacement 7430
transverse field 7417
transverse load 7412
transverse motion 7413, 10159
transverse movement 7413
transverse oscillation 8717, 10160
transverse resolution power 7409
transverse scanning 7408, 7422
transverse section 7424
transverse sensitivity 7415
transverse shaft 7432, 10161
transverse strain 1627, 7410, 8529
transverse strength 1625, 7414, 7418
transverse vibration 10160
transverse wave 7433, 8530, 10162
trap 3198
trap circuit 9073
trapezoidal 10164
trapezoidal pulse 4514, 10165
travel 11383
travel time 5738
travelling field 11209

travelling wave 11213
travel-time curve 11388
traverse 2493, 2501, 2512, 2513, 2522, 2550, 5496, 6901, 8472, 10167, 10286
traversed by current 9742
traversing coil 2515
traversing speed 2514
tray 8198
treat 1353, 1355
treatment 826, 1311, 1356, 4354
treatment depth 1357
treble 4338, 4427, 10084
trellis-work 4005, 4008
trend 9993, 10171
trend of development 3063
trial 3119, 7178, 10969
trial rod 7194
triangular 2387
triangulation method 10192
triboluminescence 10193
trigger 614, 1073, 1075, 10195, 10196, 10198
trigger pulse 1072, 10194
trigger threshold 10197
triggering 10196, 10198
triggering by pulse 4528
triggering device 1078
trigonometric function 3805, 11597
trim 3022
trim-plate 1746, 2654
trip 1337, 3686
tripartite 2391
triped 9301
tri-phase current 2374
tripod 10572
tripolar 2389
tripping 1074, 1079, 1338, 3685, 3694
tritium 11335
tropical-proof tropicalized 10207
trouble 1018, 1129, 1328, 3253, 6870, 8194, 9402, 9404, 9424, 9432, 10895
trouble by sparks 3800
trouble-clearing 9429
trouble on line 5862
trouble shooting 3281, 3302, 9399
trouble zone 4743, 9407, 9430
troubled 3972
troublefree 9433
trouble-sensitive 9397
trouble-shooting 3055, 6871, 9429
trough 6488, 7784, 8198

TR-probe 8811, 8817, 8827
truck [USA] 5727
true value 4858
truncated crack 7788
truncation of the crack tip 7879
truss wire 514, 10663, 10945
try 1086, 3118, 7196, 10972
tub 1350, 1806, 1899, 2304, 3883
tube 5861, 7924, 7940, 7941, 7946, 8418
tube connection 7952
tube flange 7944
tube socket 7948
tube test 7949
tube thickness 7954
tube wall thickness 7954
tube welding seam 7950
tubing 5864, 7946
tubular 7942
tubular heat exchanger 7943
tune 74, 253, 2755
tuner 10217
tungsten 11649
tungsten steel 11650
tuning 73, 254, 2759
tuning method 75
tuning unit 10217
tunnel 10218
turbe-drive 10223
turbidity 8420, 10214, 10215, 10528
turbine 10221
turbine blade 10222
turbo-electric drive 640
turbogenerator 10224
turbulence 10226, 11607
turbulent 10225, 11610
turn 1623, 2357, 2359, 2360, 2378, 5479, 5480, 8352, 8658, 10401, 10408, 10416, 11455, 11457, 11577
turn off 104, 313
turn on 833, 2723, 2724
turned part 2376
turning 2360, 5480, 10416, 11457
turning moment 2367
turning point 11456
turning stretching 2373
turning tool 2372
twice 12014
twin 2291, 12014
twin coil 2288
twin contacts 2281
twin crystal 5530, 12024
twin plug 2289
twine 2358, 11026
twinning 11051, 12025

twist 2358, 2379, 2380, 10730, 10731, 11026, 11027
twisted wire 2332
twisting 2380, 10097, 10731, 11027
two pin plug 2289
two-beam oscilloscope 12020
two-dimensional 12013
two-dimensional parameter 4163
two-piece 12023
two-stage 12021
two-step 12021
two-way 2286
type 1028, 1260, 1262, 1286, 3654, 6437, 6497, 10227
type of radiation 9480, 9580
type series 10229
type test 10228
tyre 1183, 1196, 2059, 7674

U

ultimate strength 11904
ultimate stress 1877
ultimate tensile stress [U.T.S.] 11904
ultra-pure water 7683
ultrasonic 10330
ultrasonic apparatus 10342
ultrasonic attenuation 10337, 10357
ultrasonic beam 10336
ultrasonic device 10333
ultrasonic diagnostics 10338
ultrasonic echography 10339
ultrasonic equipment 10333
ultrasonic examination 10354, 10365
ultrasonic flaw detector 10352
ultrasonic generator 10341
ultrasonic goniometry 10345
ultrasonic holography 10346
ultrasonic imaging 10331
ultrasonic imaging arrangement 10359
ultrasonic imaging device 10359
ultrasonic imaging display 10359
ultrasonic imaging technique 10332
ultrasonic indication 10334
ultrasonic inspection 10354
ultrasonic installation 10333
ultrasonic lens 10349
ultrasonic method 10350, 10363, 10366
ultrasonic probe 10353
ultrasonic probing 10351

ultrasonic pulse emitter 10348
ultrasonic pulse spectrometry 10347
ultrasonic pulse system 4609
ultrasonic resonance technique 10356
ultrasonic scanning with normal probe 6684
ultrasonic scattering 10362
ultrasonic source 10355
ultrasonic spectrometry 10360
ultrasonic technique 10350, 10363, 10366
ultrasonic test 10354
ultrasonic testing 10351
ultrasonic tomography 10364
ultrasonic velocity 10343
ultrasonic velocity measurement 10344
ultrasonic visualization 10331
ultrasonic welding 10358
ultrasound 10330
ultrasound indication 10334
ultraviolet 10367
ultraviolet radiation 10368
unallowed load 1305
unalloyed 10513
unattenuated 10490
unbalanced load 1397
unbind 126, 3009, 6015, 6020, 10174
unbreakable 10613
uncertain 10531
uncertainty 10466, 10528, 10532
uncoil 100, 309
uncoiling 94, 310
uncollimated 10489
uncontaminated 10607
uncover 33, 3688
undamaged 10462
undamped 10490
undamped wave 11425
under plaster 10570
under-allowance 131
undercut 2624
under-exposure 10542
underground 10561, 10590
underground laying 3083
understay 60, 268, 9801
underwater 10591
underwater manipulator 10593
underwater radiography 10595
underwater test 10594
underwater welding 10597
undesired noise 6565, 9408
undesired radiation 6571
undetachable 10515

undistorted 10608, 11036
undisturbed 9433
undressed 10458
undulation 8696
unequal 10502
uneven 10479
unevenness 10480, 10504
unfinished 10458, 10610
unfinished piece 11495
ungrease 3016
unhomogeneous 4681
unhook 142, 3008
uniaxial 2620
unidirectional 2743, 4053
uniform 2682, 4032, 4045, 7638
uniform load 1385
uniformity 4033, 4046, 4455
unify 10749
unilateral 2743
uninterrupted 10600
uninterrupted test 7313
union 2677, 10671, 10752
uniphase 2704
unisolated 10508
unit 354, 680, 2675, 2676, 2683, 3928, 6181, 6677, 9247, 9922, 10670
unit of measure 6192
unit (of measurement) 6192
unit vector 2685
unit volume 2686
unitary 10509
unite 10750, 11974
unity 2677
universal angle probe 10512
universal joint 4949
universal manipulator 10510
universal testing machine 10511
universe 11452
unlimited 10460, 10483
unload 3030
unloaded 10461
unloading 3033
unlocking 6026
unmachined 10458
unmachined workpiece 11495
unobjectionable 2780, 6928
unpolarized 10520
unscrew 834
unsharpness 10528
unspool 247
unstable 10463, 10534
unsuited 10491
untie 877, 5986, 6015, 6020, 10174
untight 10473
untooled 10458

unwanted signal 9419, 9440
unweighted 10468
unweighted noise 3937
unwind 309
unwinding 94, 310
upgrade 10740
upgrading process 10745
upkeep 4709, 11306
upper dead center 10106
upper part 6791
upper yield stress 9653
upright 914
upright projection 917
upset 9307
upset welding 9794
upward motion 960
upwards 959
uranium 10618
usable 2597, 6742, 11018, 11626
usage 830, 1442, 3873, 10667, 11017, 11019
use 149, 648, 650, 831, 947, 1083, 1440, 1442, 2713, 3873, 3874, 6738, 6748, 11016, 11017, 11019, 11024
use up 829, 3136, 10702
use value test 3876
useful 1814, 2597, 6742, 11018, 11626
useful beam 6746
useful cross-section 6744
useful energy 6739
useful load 6740, 11621
useful power 6741
useful signal 6745
useful work 695, 6736
useless 6743, 10470, 12011
user 649, 1441, 10703
using 6748, 11024
usual 646, 5337, 10114, 10326
usual position 6693
utilization 650, 1083, 2713, 3873, 6748, 11017, 11024
utilization coefficient 1084
utilize 1082, 1440, 3874, 6738, 11016, 11023

V

vacancy 4009, 5768, 7501
vacuometer 10630
vacuous 5761
vacuum 10624
vacuum chamber 10629
vacuum factor 10628
vacuum fusion 10633
vacuum gauge 10550, 10630

vacuum installation 10625
vacuum lock 10637
vacuum pump 10631
vacuum seal 10627
vacuum stove 10636
vacuum switch 10632
vacuum system 10625, 10634
vacuum technique 10635
vacuummeter 10550
vacuum-sealed 10626
vacuum-tight 10626
valence 10638, 11504
valency 11504
valorization 10744, 11503
valorize 10740
values 487, 2009, 11502
valve 7940, 10652
vanadium 10639
vanadium steel 10640
vanish 10923
vanishing 10924
vaporize 1958, 10713
vapour-deposit 832
variability 10642, 10657, 10660, 10964
variable 10641, 10643, 10658, 10659
variable quantity 4162
variation 2, 451, 8574, 10439, 10644, 10662, 11349
variation method 10645
variation of resistance 11523, 11534
variation of synchronism 4043
variation of temperature 9975
variational method 10645
variety 10901
various 10900
varnish 5650
vary 1, 450, 8573, 10435, 10646, 10661, 11360
varying load 1394, 1400, 11353
vat 1350, 1806, 1899, 2304, 3883
vaulted 3990
vector 11718
vector diagram 10648, 11719
vector field 10649
vector potential 10651
vector quantity 4161, 10650
vectorial field 10649
vectorial quantity 4161, 10650
vectorial sum 9820
vee-groove 4984
veil 8420, 10215
velocity 3963, 8477
ventilate 1431, 2519, 3037, 6052, 6066

ventilation 1432, 6083, 10653
ventilator 6068, 10654
verify 5324, 6518, 7254
vernier 3336
vernier control 3337
vernier reading 3332
version 63
vertex 8333, 8335, 9101
vertical 914, 8821, 10996
vertical component 10999
vertical deflection/deflexion 115, 10997
vertical plane 10998
vertical radiation 11000
vertical sweep 115
vertices 8335
very low temperature 10064
vessel 1348, 5072, 9880, 11151
vessel nozzle 1352
vibrate 3137, 6921, 8531, 8682, 11055, 11873
vibrating 8683
vibrating head 8692
vibration 6922, 8683, 8696
vibration frequency 8691, 8735
vibration node 8736
vibration spectrum 8740
vibration test 8132, 8532, 11052
vibrational excitation 8722
vibration-proof 8732
vibrator 8131, 8133, 8685, 8729, 11054
vibratory movement 8681
vibrothermography 11056
vicinity 6506, 10239
Vickers hardness 11057
Vickers method 11058
video amplifier 1661, 11063
video recorder 11059
video signal 11062
video tape recorder 11059
videotape 11060
videotape recorder 11061
vidicon 11064
view 602, 1443, 1498, 1542, 4704, 7204, 8484, 10283
viewing 1444, 1543, 11185
viewing angle 1548
viewing condition 1546
viewing distance 1545
viewing luminous density 1547
viewing screen 1649, 8392
vinyl resin 11084
violet 11085
virtual 8328, 11086
vis inertia 1360
viscosimeter 11088, 11672

viscosity 11671
viscosity test 11089
viscous 2183, 11087, 11670
visible 8862
visible light 5889
visible region 1457
visual 11090
visual examination 8867
visual indication 8861
visual inspection 8867
visual test 8867
visualization of the acoustic field 8233
visualize 10, 665, 8863
vitreous 4016
voice frequency 10090
void 3327, 4436, 4973, 5761, 5762, 5768, 5973, 7501
volatilization 10738, 10786
volatilize 10737, 10785
Volta effect 11101
voltage 9001
voltage drop 9006, 9032
voltage fluctuation 9028
voltage measurement 9020
voltage swing 9028
voltage variation 9028
voltage-controlled 9014
voltage-independent 9030
voltmeter 11102
volume 1221, 1897, 4675, 7497, 7511, 11103
volume compression 2557
volume control 2559
volume expansion 2556
volume wave 11105
volumetric measurement 4679, 11104
vortex 11606
vortex field 11608
voucher 10565

W

wall 6258
wall effect 11207
wall socket 2305, 9314
wall thickness 7954, 11206, 11227, 11228
warm 3149, 11272
warm fracture behaviour 11231
warm up 958, 3093
warning 11304
warning device 11302
warning signal 11303
warp 11021, 11037
warping 11022, 11038, 11047

warranty 3846
wash 11310
washer 8324, 10567
washing test 11311
waste 49, 1103, 6393, 6489
watch 1443, 1542, 10316, 10328
watching 926, 1444, 1543, 5316, 11185
water absorption 11316, 11318
water boiler 11328
water circulation 11343
water cooling 11329
water coupling 11317
water level 11332
water tank 11319
water under pressure 2461
water vapour 11320
water-containing 11327
water-cooled 11326
water-insoluble 11345
water-jet coupling 11342
water-jet-proof 9627
waterproof 2169, 11321, 11344
water-quenched 11346
water-soluble 11330
watertight 2169, 11321, 11344
watertight cable 4874
watertight under pressure 2463
water-washable dye penetrant 3215
water-washable penetrant 2635
wattmeter 5814
wave 11412
wave absorption 11426
wave attenuation 11435
wave beam 11433
wave concentration 11434
wave diffraction 11432
wave equation 11440
wave front 11438
wave loop 11429
wave mode 11445
wave node 11441
wave number 11449
wave propagation 11427
wave propagation velocity 11428
wave range 11430
wave reflection 11446
wave train 11450
wave transformation 11447
wave velocity 11439
waveform 11437
waveguide 11443
wavelength 11442
wave-length-meter 11444
wavemeter 11444
waveshape 11437

English

wax 11171, 11172
way 9647, 11382, 11383
weak 2476, 5790, 8562
weak acid 8175
weak field 3364
weaken 203, 1957, 8564, 10889
weakening 1967, 1970, 8566, 8724, 10890
weakly damped 3878
weakly damped oscillation 8714
wear 149, 10702, 10903
wear measurement 10906
wear off [away, down, out] 150
wear-resistant 10904
wear test 10907
weather 11031
weathering behaviour 1598
weathering resistance 11032
weathering test 1599
weather-proof 11506
weatherresistant 11506
web 3978
wedge 4982
wedge-shaped 4983
wedge-type transducer 11600
weight 1594, 3980
weighted noise 3936
weighting 1596, 2727, 3981
weighting rating 1583
weighty 8659
Weiss' region 11400
weld 6548, 8602, 8615, 8636, 8642, 10689
weld crack 8630
weld defect 8606, 8618
weld deposit 7533
weld discontinuity 8624
weld edge 8611
weld evaluation 6556, 8625
weld in plastics 5596
weld length 8620
weld nugget 8613
weld range 8617
weld scanner 8622
weld seam 8615
weld spot 8627
weld test 8641
weld tester 8622
weld zone 8617
weldability 8596
weldability test 8597
weldable 8595
welded cladding 8626
welded joint 8615, 8636, 8642, 10689
welded joint test 8641
welded piece 8638, 11493

welded structure 1285, 8612
welded tube 7932
welder 8604
welding 8603, 8640
welding apparatus 8607
welding bead 7533, 8629
welding by sparks 29
welding defect 8606
welding deposit 8629
welding device 8607
welding electrode 8601
welding fillet 8629
welding method 8645
welding of cast iron 4213
welding of plastics 5595
welding process 8645
welding safety 8633
welding seam 8615
welding seam defect 6551, 8618
welding seam flank 6552, 8619
(welding) seam section 6550, 8616
welding simulation 8635
welding speed 8608
welding technique 8645
welding temperature 8639
weldless 6553, 8621
weldless tube 7934
weldment 8636, 8638, 11493
wet 481, 1336, 1438
wet powder 7336
wet powder method 6558
wetting 482
wetting agent 1439, 3048, 6590
wheel 7437
wheel set 7466
white rust 11399
whole 3952, 11097
whole body counter 3845
whole-body irradiation 10102, 11095
wide 1170, 2088
wide angle scattering 11409
wide band 1227, 1229, 1824, 1825
wide-band amplifier 1826
wide frequency band 3724
wide thickness 2185
widen 961, 10705, 11403
widening of the beam 9624
width 1210, 1827, 11401
width fluctuation 1828
Wilson's cloud chamber 11571
wind 11508, 11572, 11574, 11575
wind off 100, 247, 309
wind screen 11576
wind shield 11576

wind up 966
winding 11509, 11511, 11577
winding-off 94, 310
window 3396
wire 337, 5835, 8282, 10681, 10728, 11973
wire-braced 2352
wire break 2336
wire breakage 2336
wire cloth 2340
wire cross section 2345
wire diameter 2337, 2349
wire gage [USA] 2341
wire gauge 2341, 2349
wire gauze 2339
wire grate 2339
wire grid type image quality indicator 7302
wire netting 2343
wire perceptibility 2338
wire rod mill 2351
wire rope 2346, 9230
wire rope test 2348
wire screen 2343
wire section 2345
wire test 2344
wire tissue 2340
wire traverse 2350
wire work 2339
wireless 3790, 3794
wiring 822, 8294, 10831
wiring diagram 8279, 8289
with cardanic suspension 4950
with poor attenuation 1977
with three ciphers 2390
withdraw 4348
without accident 9433
without blisters 1695
without bubbles 1695
without delay 11043
without pits 7114
without pores 7114
without striae 8432
without texture 10023
withstand 1053, 11538
wobble 11644
wobbler 11643
wobbling 11645
wobbling frequency 11642
Wöhler curve 11646
Wöhler line 11647
wolfram 11649
wood 4447
wood fiber 4449
wood protection 4451
wood test 4450
wooden 4448

English 624

work 636, 689, 693, 1309, 1317, 1318, 1353, 1529, 1530, 1550, 5791, 11458
work function 1161
work of deformation 10798
work saving 701
working 1311, 1356, 1553, 1554, 1557
working condition 698
working conditions 1558
working cycle 710
working data 1559
working frequency 705
working line 1411
working period 710
working phase 706, 710
working point 493, 714
working practice 716
working principle 721
working process 713, 718
working range 699, 703, 707
working scope 699, 707
working speed 708
workmanship 692, 6098
workpiece 11490
works 1556, 11459
workshop 11462
workshop practice 716
world 11451
worm-hole 8419
woven fabric 3978
wow 10092
wrapping of jute 4868
wrapping test 11510
wrench 10730
wrinkle 8124
wrinkling 8125
wrong 10834
wrong alarm 3247
wrong dimension 6211
wrong signal 3317
wrought alloy 5143
wrought iron 2801, 8458
wüstite crystal 11660

X

x-axis 11661
xeroradiography 11662
X-irradiation 7971
X-radiation 8046
X-ray 2517, 7959, 7960, 8028
X-ray absorption 7962
X-ray absorption edge 7963
X-ray absorption spectrum 7964
X-ray analysis 8029

X-ray analysis of structure 8050
X-ray apparatus 7966, 8002
X-ray background 8041, 8055
X-ray burn 8057
X-ray camera 8005
X-ray chamber 8005, 8006
X-ray diffraction 7972, 8031, 8036
X-ray diffraction analysis 7973, 7983
X-ray diffraction camera 7976
X-ray diffraction instrument 7975, 7984
X-ray diffraction method 7977
X-ray diffraction pattern 7974
X-ray diffractometer 7975, 7984
X-ray dose 7985, 8037
X-ray effect 8044, 8059
X-ray emission 7990, 8038
X-ray emission spectrum 7991
X-ray examination 8056
X-ray flash method 7982
X-ray fluorescence 7998
X-ray fluorescence analysis 7999
X-ray fluorescence spectrometry 8000
X-ray generator 8001, 8040
X-ray image 7961, 7968, 7978, 8013
X-ray image converter 7981
X-ray image enlarger 7981
X-ray image intensifier 7981
X-ray image unsharpness 7980
X-ray installation 7965, 7989
X-ray interference 8004
X-ray irradiation 7971
X-ray line 8007
X-ray machine 7966, 8002
X-ray materiology 8019, 8058
X-ray measurement of stress 9022
X-ray microscopy 8012, 8045
X-ray optics 8016
X-ray photography 8017
X-ray picture 7961, 7978
X-ray protection 8043
X-ray quantum 8020, 8047
X-ray radiation 8046
X-ray radiography 8021, 8030
X-ray radiology 8019, 8058
X-ray scattering 8049
X-ray screen 7979
X-ray sensitivity 7992, 8039
X-ray source 8048
X-ray spectrography 8023
X-ray spectrometer 8024

X-ray spectroscopy 8025
X-ray spectrum 8026
X-ray stereoscopy 8027
X-ray technology 8051
X-ray television image 7995
X-ray test 8019
X-ray therapy 8035, 8052
X-ray topography 8054
X-ray tube 8001, 8022, 8040
X-ray unit 7965, 7989
X-ray video installation 7994
x-y-plotter 11663
x-y-recorder 11663
x-y-tracer 11663

Y

yarn homogeneity 3847
y-axis 11664
yearly dose 4860
yield 988, 3988
yield of radiation 9581
yield point 3594, 9652
yield resistance 3599
yield strength 3594
yield stress 9655
Young's modulus 2850, 2936, 8342, 11665
ytterbium 11666
yttrium 11667

Z

z-axis 11668
zero 6726
zero adjustment 6714, 6720, 6729
zero indicator 6722
zero level 6724
zero line 6721
zero passage 6716
zero point 6726
zero position 6730
zero setting 6720
zeroizing 6730
zinc 11039, 11859
zinc plate 11860
zinc sheeting 11860
zircaloy 11864
zirconium 11865
zone 1455, 3869, 11874
zone repartition 11879

Français

Français

A

à action instantanée 607
à action lente 606
à action rapide 607
à action retardée 606
à angle aigu 9107
à arêtes 4934
à arêtes vives 8306
à autoréglage 8797
à basse température de fusion 6666
à bruit réduit 3942, 7537, 9409
à chute rapide 57, 9285
à contraste élevé 5310
à corps solide 3462
à court terme 168, 379, 5629, 7065, 9138, 11164
à cristal 7391
à démarrage automatique 8794, 8800
à deux étages 12021
à deux lectures 1458
à disque 8325
à distance 3397
à double foyer 1628, 2279
à double sens 2286
à encoches 3962
à encombrement réduit 7525
à étage unique 2771
à excitation séparée 3701
à exploitation manuelle 4258
à faible amortissement 1977
à faible bruit 3942, 7537, 9409
à fermeture hermétique 2168, 10475
à grains fins 3344
à grand débit 4417
à grande économie d'espace 7525
à grande portée 11408
à grande puissance 4400, 4402
à grande résistance 4393
à grande vitesse 4398
à gros grains 4148
à haut pouvoir 4400, 4402
à haute énergie 4392
à haute fréquence 4394
à haute résolution 4384
à haute température 4419, 4422
à joint universel 4950
à la main 4258
à lamelles 5675, 5682
à large bande 1825
à lecture directe 666
à l'épreuve des court-circuits 5634
à lire 116

à long parcours 11408
à long temps 5706, 7237
à long terme 5688
à longue échéance 5706, 7237
à longue période 5690
à mailles étroites 3346
à main 4258
à matériau magnétique doux 11396
à matériau magnétique dur 4291
à mouvement opposé 3896
à moyen terme 6427
à paroi double 2294
à paroi épaisse 2190
à paroi mince 8570
à pas à gauche 5953
à petite vitesse 5694, 6663
à petites dimensions 5114
à pinceau étroit 8448
à plans parallèles 7027
à plusieurs canaux 6290, 11074
à plusieurs étages 6296
à propulsion nucléaire 771, 5019
à puissance élevée 9284
à quartz 7391
à rayon unique 2770
à rayons X 7960
à revêtement d'aluminium 3496
à rotation 8074, 10409
à rotation à droite 7600
à sens unique 2743
à suspension à Cardan 4950
à symétrie de révolution 8071
à trois décimales 2390
à trois dimensions 7520
à trois places 2390
à ultrasons 10330
à un étage 2771
à une couche 2728
à une seule couche 2695
à usage multiple 6297
à ventilation séparée 3697
abaisser 211, 2772, 9902, 10927
abandon 849, 1330
abat-jour 8393
aberration 43
aberration chromatique 44, 3211
abondance 4303
abondance anomale 4305
abondance isotopique 4845
abondant 4302, 11687
abonné 10703
abord 11896, 11909, 12002
abordable 11897
aborder 544
about 9445, 9460
abraser 158, 184, 7664, 8424

abrasion 162, 10903
abrégé descriptif 5628
abri 8553
abrupt 168, 379, 5629, 7065, 9138
abscisse 269
absence de fissures 7849
absorbabilité 222, 226, 239
absorbant 220, 234, 6229
absorbant de neutrons 6617
absorber 223, 901, 921, 1957, 1959, 1960, 1962, 8444, 10889
absorbeur 221
absorption 224, 887, 1967, 1968, 1969, 1971, 10890
absorption acoustique 8202
absorption de chaleur 11236, 11238
absorption de choc 9449
absorption de la lumière 5902
absorption de lumière 5890
absorption de masse 6194
absorption de neutrons 6600
absorption de rayonnement 9577
absorption de rayons X 7962
absorption de résonance 7718
absorption de son 8202
absorption d'eau 11316, 11318
absorption d'humidité 3488
absorption d'onde 11426
absorption massique 6194
accélérateur 380, 1486
accélérateur circulaire 5477, 7779, 11867
accélérateur de particules 9930
accélérateur de porteurs électrisés 9930
accélérateur linéaire 5932
accélération 1487
accélération angulaire 11593
accélération de particules 9931
accélération intermédiaire 12027
accéléré 11743
accélérer 1485
accentuation 504
accentuer 381, 4346, 4358
acceptabilité de défauts 3264, 3324
acceptation 556, 2937, 10281
accepter 2939, 10282
accepteur 382
accès 2659, 2696, 2776, 11896, 11909, 11922, 12002
accessibilité 11898
accessible 11897
accessoire 11882
accessoires 727, 11881

accident 1018, 3197, 6870, 9424, 10895, 11132
accident par rayonnement 9540
accidentel 10457, 10501, 11884
accolade 5094
accommodation 328, 357, 490, 571
accommoder 358, 489, 569, 3989
accompagnement 6417
accompli 2780, 6928
accord 73, 254, 2759, 4040, 10245
accord imparfait 257
accord précis 3331, 3333
accorder 74, 253, 489, 569, 2755, 3989
accoster 544
accouplage 10682, 10751
accouplement 523, 5613, 11965
accoupler 517, 522, 596, 5612, 10679, 10680, 10750, 11974
accrochage 4757
accrocher 852
accroissance de la température 9964, 9966, 9987
accroissement 613, 616, 643, 9327, 11174, 11927, 12007
accroissement de courant 9764
accroissement de fissuration 7897
accroissement de potentiel 7131
accroissement de pression 2406, 2420, 2468
accroissement de résistance 11524, 11537
accroître 922, 3094, 9326, 10949, 11173, 11931
accu 359, 361, 8146, 9038
accumulateur 359, 361, 8146, 9038
accumulation 360, 501, 584, 932, 4303, 4308, 9045
accumulation de dommages 8189
accumuler 362, 500, 583, 931, 4299, 7657, 8144, 9043
acéré 8299, 8303, 9100
achever 866, 1329, 2962, 3344, 11009, 11096
achromasie 315
achromatique 316, 3222
achromatiser 317
achromatisme 315, 318
acide 8164
acide faible 8175
acide fortement concentré 8176
acide sulfhydrique 8593
acidifiant 8178
acidimètre 8183

acidité 8181
acier à bas carbone 9184
acier à basse teneur en carbone 9189
acier à bore 1804
acier à dispersoïdes 9173
acier à grain fin 9175
acier à grains fins 3343
acier à grains fins et résistance élevée 3345
acier à grande résistance 9180
acier à ressort 3246
acier allié 5775, 9178, 9185
acier au carbone 5188
acier au chrome 1928
acier au chrome-nickel 1927
acier au manganèse 6157
acier au nickel 6652
acier au silicium 8902
acier au tungstène 11650
acier au vanadium 10640
acier austénitique 9170
acier austéno-ferritique 9171
acier calmé 9172
acier cémenté 2718
acier chromé 1928
acier cornière 11603
acier de cémentation 2718
acier de construction 1276
acier de construction à grains fins 3343
acier de premier choix 7372, 9182
acier doux 1276, 3632, 9197
acier effervescent 9194
acier faiblement allié 9190, 9193
acier ferritique 9177
acier ferritique et austénitique 9176
acier fin 2593
acier fondu 3632
acier fortement allié 9181
acier hautement allié 9181
acier homogène 3632
acier inoxydable 2593, 9192
acier laminé à froid 9183
acier martensitique 9186
acier monophasique 9174
acier moulé 4214, 9210
acier multi-allié 9187
acier multiphase 9188
acier non allié 9195
acier perlitique 9191
acier plat 3572
acier pour aimants 6144
acier pour cuves de pression de réacteur 7572

acier pour emboutissage profond 10070
acier pour outils 11498
acier pour paliers à rouleaux 11200
acier profilé 3675, 7207
acier résistant aux températures élevées 9179
acier traité à chaud 9196
aciérie 9233
aciérie à fours électriques 2901
acoustique 377, 378, 8201
acquisition des données 2015
âcre 8301
acte de désintégration 11789
actif alpha 395
actinisme 363, 5910
action 1530, 1553, 1557, 2785, 9897, 11138, 11629, 11635
action double 2276, 2295
action mutuelle 11381
action réciproque 11381
actionné par courant 9737
actionné par la pression 2415, 2428
actionné par moteur 6486
actionnement 638, 1530
actionner 605, 636, 1529, 1588, 3841
activateur 365
activation 367
activer 366, 579, 7445
activité 373, 9897, 11627
activité alpha 396
activité bêta 1520
activité de prolifération 7221
activité d'ions 4765
activité initiale 459
activité spécifique 374
actuel 9898, 11625
acuité de résonance 7725
acutangle 9107
adaptabilité 574
adaptable 573, 646, 5213, 11001
adaptable (à) 3880
adaptateur 329, 570, 575, 6905, 12041
adaptateur pour hautes températures 4421
adaptation 328, 490, 571
adaptation électronique du transducteur 11225
adapter 330, 489, 569, 2701, 3989
adatome 332
additif 1366, 11895, 11993, 11994, 11997

addition 334, 1366, 1371, 3090, 3699, 4376, 11895, 11991, 11997
addition algébrique 335
addition géométrique 336
additionnel 11993
additionner 333, 1365, 1367, 3089, 4375, 9825, 11996, 11999
adhérant 495, 4226
adhérence 338, 494, 516, 4225, 4228
adhérer 4224, 5105
adhérer [à] 515
adhésif 5104, 5107, 5111
adhésion 338, 494, 516, 4225, 4228
adion 340
adjacent 549, 621, 1436
adjuster 7639
admettre 11918
administrer 5831
admissibilité 11921
admissible 11001, 11920
admission 11887, 11922, 11924, 11926
admission d'air 6064, 6089
admission du vent 11581
admittance 341, 5868, 8330
adoucir 533, 1052, 3023, 4091, 11395
adoucissement 535
adsorbabilité 344, 347, 349
adsorbant 343, 348, 8963
adsorber 345, 529, 2651, 3087
adsorption 346, 530
aérateur 6068, 10654
aérer 1431, 2519, 6052, 6066
aérien 631
aéronautique 350, 3601, 6069
affaiblir 85, 203, 1106, 1957, 8564, 10889
affaiblissement 204, 1967, 8566, 8747, 10695, 10890
affaiblissement acoustique 8209, 8255
affaiblissement de ligne 5857
affaiblissement de radiation 9533
affaiblissement d'écho 2568
affaiblissement dépendant de la fréquence 1973
affaiblissement d'onde 11435
affaiblissement du champ 3381
affaiblissement du rayonnement 9576, 9585, 9614
affaiblissement du signal 8888
affaiblissement par dislocation 10933

affaiblisseur 810, 1985
affecter 1325, 2784, 11933
affichage 2013
afficher 515, 867
affilage 11854
affinité 351
âge 409
âge d'ionium 4797
agent 352, 6270, 6421, 9384, 11628
agent caustique 818
agent couplant 5389
agent d'activation 365
agent d'addition 11994
agent de contact 5280
agent de contraste 5308
agent de contrôle pour la détection de fissures 7873
agent de dégraissage 3017
agent de fusion 1673
agent de la protection contre les rayonnements 9526, 9532
agent de refroidissement 5569
agent décontaminant 2112, 3045
agent dénaturant 2127
agent d'essai 7285
agent d'humectation 1439, 3048, 6590
agent efficace 6425
agent humidificateur 1439, 3048, 6590
agent mouillant 5389
agent pour éliminer la retassure 6094
agent réfrigérant 4897, 5569
agglomération 353, 502, 9779
agglomération de lacunes 5769
aggloméré 6918
agglomérer 8912
agglutinant 5104
agile 1584, 6012
agitation 1587
agité 1586
agrafe 4253, 5092
agrandir 10813, 10949, 11173, 11931
agrandissement 10814, 10958
agrégat 354, 4200
agrément 10245
agrouper 4203
aigre 8163
aigu 168, 379, 4338, 4427, 7065, 8302, 8303, 9100, 9138, 10084
aiguille 11716, 11717
aiguille magnétique 6122
aiguillée 3190
ailette 7785

ailette de refroidissement 5562, 5571
aimant annulaire 7782
aimant double 2282
aimant permanent 2040, 6100, 6940
aimant plat 3569
aimantable 6112
aimantation 6114
aimanter 6113
air 6047, 11572
air comprimé 2437, 6051, 7157
air frais 3767
air froid 4901
air humide 6049
air liquide 6050
aire 3554, 3556, 3564, 4673
aire active 3559
aire de chargement 1482
aire de la section initiale 470
aire de réflecteur 7614
aire de section 7426
aire de voie 4926
aire du cercle 5481, 5483
ajouter 596, 1365, 1367, 1369, 4375, 11974, 11996, 11999
ajustabilité 10964
ajustable 2754, 4863
ajustage 73, 2760, 4865, 7644
ajustage à main 4262
ajustage de la sensibilité 2952
ajustage de zéro 6720
ajustage d'instrument 3934
ajustage du zéro 6729
ajustage transversal 7430, 7431
ajusté 6902
ajustement 2760, 4865, 8924
ajuster 74, 253, 2701, 2707, 2756, 3475, 4864, 7663, 10965
alarme 383
alarmer 6299
alcool 390
alcoolique 392
aléser 996, 1783
alétoire 11884
algèbre 386
algébrique 387
alignement 73, 1091, 2703, 2759, 10020
alignement à vernier 3331, 3333
aligner 74, 1090, 2702, 2755, 10022
alimentation 2751, 9033, 10943, 11887, 11926
alimentation batterie 1258
alimentation d'air 6086, 6088
alimentation de courant 9760

alimentation par piles 1258
alimentation par secteur 6588
alimenté par batterie 1254
alimenté par pile 1254
alimenté par secteur 6589
alimenter 2670, 2750, 9051, 10942, 11888, 11925
aller 5735
aller et retour 4373
alliage 5772, 10683
alliage au nickel 6651
alliage au titane 10076
alliage corroyé 5143
alliage d'acier 9217
alliage d'aluminium 425
alliage de corroyage 5143
alliage de cuivre 5608
alliage de fer 2826
alliage de nickel 6651
alliage de platine 7042
alliage de précipitation 1099
alliage liquide 8450
alliage métallique 6345
alliage multiple 6277
allié à faible teneur 6665, 8565
allié à haute teneur 4401
allier 5771
allongement 2094, 9651, 9656, 10847, 11855
allongement à chaud 5506
allongement de fluage 5506
allongement de rupture 1865
allongement de torsion 2373
allongement élastique 2095, 10850
allongement pour cent 2094
allongement pour cent après rupture 1865
allongement relatif 2094
allongement rémanent 10849
allongement uniforme 4044
allonger 1007, 2089, 2090, 3156, 9650, 10845
allouer 11933
allumage 865, 3070
allumage prématuré 3772
allumer 673, 11929
allumer (la lumière) 2723
allure de fissure 7896
allure de phase 6966
allure du fluage 5513
alpha 404
altération 451, 8574, 10662, 10902
altération de courant 9762
alternance de polarité 7086
alternance polaire 7099

alternant 11364
alternatif 304, 413, 4373, 11182
alternation 303, 11348, 11362
alternation de polarité 7086
alternation polaire 7099
alterne 304
alterné 4373
alterner 302, 11359
altitude 4425
aluminium 421
amas 1929, 4300, 6584, 8575
amas de fissures 7811, 7861
amasser 500, 583, 8144, 9043
ambiance 10379
ambiant 10378, 10381
âme 337, 5017, 6430
amélioration 10674, 11010
amélioration de qualité 7373
améliorer 10673, 10740, 10821
amenée 11887, 11924, 11926
amenée de courant 9763
amener 11888, 11925
amétallique 6645
amiante 733
amincissement 10735, 10756
amorçage 367
amorçage d'arc 3797
amorçage de fissure 7823
amorçage d'oscillations 8726
amorce de crique 585
amorcer 673
amorphe 427, 3673, 9773
amorti 3877
amortir 85, 1106, 1314, 1957, 1960, 1961, 1962, 8444, 10889
amortissement 86, 204, 1107, 1315, 1967, 1969, 1970, 1971, 8566, 8724, 8747, 10695, 10890
amortissement acoustique 8209, 8255
amortissement apériodique 1972
amortissement critique 1974, 4120
amortissement de choc 9449
amortissement de l'impulsion 4518, 4566
amortissement de radiation 9614
amortissement des ultrasons 10337
amortissement d'onde 11435
amortissement ultrasonore 10357
amovible 1153, 1166, 6003
ampère-conducteur 2496
ampèremètre 428, 9747
ampère-tour 429, 2496
amplificateur 10950
amplificateur à large bande 1826

amplificateur d'asservissement 8833
amplificateur de mesure 6334
amplificateur de modulation 6451
amplificateur de puissance 2975, 5826
amplificateur de réception 2948
amplificateur d'impulsions 4616
amplificateur final 2975, 5826
amplificateur image 1661
amplificateur image X 7981
amplificateur opérationnel 6820
amplificateur vidéo 1661, 11063
amplification 10955, 10958
amplification par écran 3649
amplifier 10949
amplitude 430, 1101, 8336, 9105
amplitude de courant 9732
amplitude de vibration 8679, 8720
amplitude d'impulsion 4523, 4567, 4600
amplitude d'oscillation 8679, 8720; 8742
amplitude initiale 460
amplitude instantanée 975
amplitude maximum 6262
amplitude porteuse 10122
ampoule 1217, 1683, 1691, 4088, 7940
analyse 443, 11806, 11811
analyse acoustique 8204
analyse d'activation de neutrons 6601
analyse de contrainte 9007
analyse de corrélation 5423
analyse de défaut 3263
analyse de diffraction de rayons X 7973
analyse de dommage 8190
analyse de fluorescence à rayons X 7999
analyse de fréquences 3721
analyse de gaz 3850
analyse de l'émission acoustique [A.E.A.] 8218
analyse de masse 6195
analyse de matière fibreuse 3240
analyse de matière plastique 5589
analyse de rayonnement 9578
analyse de structure 9770, 9775
analyse de structure par rayons X 8050
analyse des signatures 4997
analyse d'image 1635
analyse d'oscillation 8721

analyse du bruit 3940, 7535
analyse du niveau de bruit 3948
analyse du spectre d'émission 2929
analyse granulométrique (de charbon de terre) 8869
analyse harmonique 3721, 6792
analyse macroscopique à rayons X 8003
analyse microscopique à rayons X 7993
analyse par activation 368
analyse par corrélation croisée 5500
analyse par diffraction des rayons X 7983
analyse par rayons X 8029
analyse spectrale 9053
analyse spectrale qualitative 9054
analyse thermique 444
analyser 445, 11805
analyseur 442, 446
analyseur de fréquences 3720
analyseur d'impulsions 4578
analyseur d'isotopes 4837
analytique 447
ancrage 10663, 10945
ancre 510, 513, 8386
angle 11583
angle aigu 11588
angle au sommet 9106
angle critique 11585
angle d'avance 11130
angle de Brewster 1855
angle de convergence 5340
angle de coupe 8489
angle de déphasage 6985
angle de diffraction 1577
angle de diffusion 9710
angle de divergence 2255, 9710
angle de divergence du faisceau 9556
angle de perte 10872
angle de projection 265, 2933, 9623
angle de Rayleigh 2649, 7550
angle de rayonnement 265, 2933, 9623
angle de réflexion 1162, 7627
angle de réfraction 1823
angle de rotation 2383
angle de sortie 1162
angle de visée 1749
angle d'émission 265, 2933, 9623
angle d'entrée 2777
angle d'incidence 953, 2648, 2777, 4764

angle d'incidence critique 2649
angle d'incidence de l'onde acoustique 2721
angle d'inclinaison 6579
angle d'observation 1548
angle d'ouverture 6806
angle droit 11586
angle mort 11590
angle oblique 11587
angle obtus 11589
angle rectiligne 11584
angle solide 7532
angulaire 2590, 4934
anhydride 11325
anhydride sulfureux 8591
anhydrite 506
anion 507
anisotropie 509
anisotropique 508
annexe 499, 524, 1368, 11992
annihilation 10885, 11838
annoncer 6300, 6420
annulaire 7781
annulation 6027
annuler 558, 858, 6017, 9658
anode 559
anodique 560
anomal 147, 561, 568, 6414, 6700, 7651, 10500, 10521
anomalie 148, 562, 6413, 7652, 10522
anomalie de structure 9771
anorganique 567
anormal 147, 561, 568, 6414, 6700, 7651, 10500, 10521
anse 588, 4232
antagonisme 3906
antenne 631, 9544
antenne directionnelle 7754
antenne directrice 7754
antiacide 8177, 8179
anticathode 632, 9883
anti-choc 9453, 9458, 9461
anticoïncidence 633
anti-corrosif 5431, 5434, 5441
anti-corrosion 5439
anti-déflagrant 3173
antimagnétique 634
antinœud 1265, 8723
antiparasitage 3801
antiparticule 635
apériodicité 675
apériodique 674
apex 4000, 4430, 8333, 8335, 9101
aplanir 64, 151, 1361, 2567, 4025, 7025

aplati 3563, 3976, 7043
aplatir 64, 151, 2567, 4025
aplatissement 65, 152, 4027
aplatissement d'impulsion 4520
appareil 525, 680, 2675, 2709, 3928, 4714
appareil à courants de Foucault 11615
appareil à l'irradiation par rayons X 7966, 8002
appareil à pénétrer 2627
appareil antiparasites 3056
appareil d'action à distance 3422
appareil de commande à distance 3417
appareil de mesure 6316
appareil de mesure d'allongement 2101
appareil de mesure de flux neutronique 6620
appareil de mesure de niveau 6915
appareil de soudage 8607
appareil de télécommande 3417, 3422
appareil de test 5321, 7245, 7252, 7263, 7324, 10318
appareil d'étalonnage 2603
appareil d'observation du film 3518
appareil Dynstat 2561
appareil enregistreur 8510, 8511
appareil enregistreur à bande magnétique vidéo 11061
appareil imprimeur sur bande 1705
appareil infra-rouge 4663
appareil intégrateur 11682
appareil multifréquence 6492
appareil normal 9253
appareil pour la climatisation des locaux 7512
appareil principal 4314
appareil rack 2740
appareil roentgen 7966, 8002
appareil téléphonique 9953
appareil tous-courants 394
appareil ultrasonore 10342
appareil vérificateur 7257, 7324
appareil X 7966, 8002
appareillage 618
appareillage ultrasonore 10333
apparent 8328
apparition 955, 3084, 11145
appartenant [à] 11901
appauvri 72
appauvrir 160, 829, 10666, 10702

Français

appauvrissement 161, 830, 10667, 10902
appendice 499, 524, 591, 1368, 10693
applicabilité 647, 2619
applicable 646, 11018
application 650, 2713, 3873, 6748, 11017, 11019, 11024
application de courte durée 5636
application d'isotopes 4839
application pratique 651
appliquer 545, 648, 831, 836, 947
apport de chaleur 11290
apport par soudure 949
appréciation 1177, 1583, 1595, 2727
appréciation de la qualité 7368
apprentissage 5777, 10599
apprêter 10741
approché 552
approximatif 552, 10492
approximation 553, 682, 6540
approximation grossière 554
appui 872, 873, 5671, 9800, 10563, 10572
appuyer 9801, 10581
aptitude 2619, 3193
aptitude à l'arrachement lamellaire 5681
aptitude au soudage 8599
aqueux 11327, 11347
arbre 319, 7438, 11411
arbre à cames 6671
arbre d'acier 9232
arbre de butée 2465
arbre de transmission 10150
arbre moteur 641
arbre transversal 7432, 10161
arc 1777, 1778, 5894
arc de cercle 5478
arc électrique 5894
arche 1775
architecture 1289
arête 169, 2588, 4928, 7469, 7383
arête de fissure 7860, 7876
arête de tôle 1712
argent 8895
argenter 10940
argentifère 8897
argenture 10941
argile 10082
argon 724
argument 725
arithmétique 726
armature 511, 512, 727, 8075, 11881
armé de fer 2811

armer 729, 1592
armure 730, 1593
arqué 3990
arrachement lamellaire 5676, 9998
arracher 7685, 11813
arrangement 526, 565, 681, 820, 940, 1134, 2774, 3065, 4078, 4366, 5248, 9767
arrangement du circuit 8278
arrangement expérimental 10975
arrangement lenticulaire 5962
arrangement optique à fibre 3506
arranger 563, 825, 937, 939, 1064, 2228, 2708, 2773, 4353, 6829, 9935, 11980
arrêt 173, 497, 595, 1095, 2761, 9377, 9392, 9394, 10182, 10547, 10914
arrêt de fissure 7835
arrêt de la fissuration 7884
arrêter 245, 496, 731, 851, 1552, 1762, 2757, 3451, 3470, 3475, 4250, 4341, 9066, 9319, 9376, 9393, 10699
arrière 4371, 8090
arrondir 166, 8121
arrondir en bas 167
arrondir par le haut 918
article 919, 7127
article de série 6208
articulation de haubanage 244
artificiel 5585
asbeste 733
asphalte 736
asphalter 738
aspiration 8168
aspirer 593, 921, 8167, 8444
assemblage 820, 940, 6472, 10669, 10687, 11954, 11975, 11978, 11981
assemblage à couvre-joint 5715
assemblage à vis 10922
assemblage articulé 3914
assemblage collé 1284, 5113
assemblage d'appareils 3929
assemblage de tubes 7952
assemblage définitif 2969
assemblage fileté 8509
assemblage métallique 6363
assemblage par collage 5108, 5113
assemblage par rivets 6668
assemblage soudé 8642, 10689
assemblage soudé bout à bout 9795
assemblage verre/métal 4020

assemblée 9840, 9869, 10898
assembler 596, 825, 937, 4353, 6476, 10680, 10750, 11955, 11974, 11977
asservissement 6516
assidu 498, 1503, 2033, 9265
assignation 11934
assimilation 490, 571
assimiler 489, 569, 3989
assise de terre 3079
assisté par computer 1938, 5238, 7593
associatif 740
association 739, 10752, 11934
associer 11933
assortiment 8156
assourdir 1959, 1960
assurance de qualité 4219, 7371
assurer 8854
astatique 742
astigmatisme 743
astronautique 7507
asymétrie 744, 6415, 10539
asymétrique 745, 10540
asymptote 746
asymptotique 747
asynchrone 748
atelier 11462
atelier d'essais 7259, 10981
atlas des laitiers 8402
atlas métallographique 749
atmosphère 750
atmosphère humide saturée 8745
atmosphérique 751
atome 752
atome chargé 756
atome étranger 754, 3696
atome excité 753
atome ionisé 757
atome lié 755
atome radioactif 758
atomique 762, 778, 798
atomiser 11830
atomistique 779, 780, 798, 5064
attache 1335, 4254, 5713
attacher 448, 515, 517, 522, 596, 935, 1334, 6476, 10680, 11974, 11977
attaque 615
attaquer 485, 491, 614
atténuateur 810, 1985
atténuation 204, 1968, 1970, 8566, 8724, 10890
atténuation de la lumière 5902
atténuation du rayonnement 9533, 9576, 9585, 9614
atténuation du son 8209, 8255

atténué 3877
atténuer 23, 203, 223, 901, 1959, 1961, 8444, 8564, 10889
attirer 669
attouchement 1470, 5268, 10684
attraction 671, 811
attrape 812
au chantier 4699, 6839
au fond 10590
aube de turbine 10222
audibilité minimum 4467
audible 4458, 10883
augmentation 613, 616, 643, 9327, 10814, 10875, 10958, 11174, 11406, 11927, 12007
augmentation de courant 9764
augmentation de dureté par écrouissage 4911
augmentation de fissures 7897
augmentation de pression 2406, 2420, 2468
augmentation de production 7201
augmentation de puissance 5822
augmentation de résistance 11524, 11537
augmentation de température 9964, 9966, 9987
augmentation des performances 5822
augmentation du contraste 5300, 5311
augmentation raide 11928
augmenter 612, 642, 3094, 9326, 10812, 10873, 10949, 11173, 11652, 11931
austénite 1157, 3825
austénitique 1158
auto 5463
autocontrôle 5319, 8802
autocorrélation 1188
autodémarreur 8794, 8800
auto-excitation 8795
autoextinguible 8796
autogène 1184
automate 1190
automation 1191, 1194
automatique 1192, 8801
automatisation 1194
automatiser 1193
automobile 5450, 5463
auto-radiographie 1195
autoradiographie par contact 5271
autoréglage 8798
autoréglé 8797
autorisation 11921

autorisé 11920
autoriser 11918
auxiliaire 1056, 1363, 4360, 11993
avalanche 2487
avalanche d'électrons 2882
avance 11106, 11111, 11129, 11158
avancement 11106, 11111, 11129, 11158
avancer 11110, 11128, 11139, 11154, 11156
avantage 11163
avarie 1018, 1477, 6870, 8187, 8195, 10895
avarié 1476
avertissement 11304
avertisseur de dose 2322
avion 3602, 6072
axe 319, 320, 6426, 7438, 11411
axe de cristal 5517
axe de rotation 2355
axe de symétrie 9837
axe des coordonnées 5363
axe des ordonnées 6828
axe du faisceau 9472
axe principal 4310
axe x 11661
axe y 11664
axe z 11668
axial 1200
axiome 1203
azimut 1204
azimutal 1205
azote 9372

B

bac 1806, 1899, 2304, 3883
baguette 9157, 9271, 9381
baie 9260
baigner 1501, 9144
bain caustique 813
bain d'étain 11862
bain électrolytique 1207
bain galvanique 1208
baisse 140, 217, 3200, 3882, 8909, 10878, 10890
baisse de pression 2402, 2457
baisser 54, 55, 146, 216, 3199, 4357, 8907, 10877, 10890
bakélite 1213
balance 1214, 4034, 4035, 11168
balance de pression 2408
balancement 6922
balancer 74, 1045, 5222, 6921, 8682

balayage 113, 282, 1070, 1101, 6922, 11645
balayage de fréquences 3718
balayage d'image 1634
balayage du bord de défaut 3314
balayage du défaut 3262
balayage horizontal 114, 4462
balayage rapide 8475
balayage vertical 115
balayer 68, 272, 1165, 5087, 6921, 8682
balayer (point par point) 7488
balle 5542
ballon 1217
banc d'essai 7259, 7300, 10981
bandage 1183, 1196, 1231, 2059, 7674
bande 1220, 1223, 1226, 1454, 6101, 9662
bande à chaud 11229
bande d'acier 9198
bande d'affaiblissement 1979
bande de conduction 5856
bande de fréquences étroite 3725
bande de fréquences transmise 3727
bande de papier 1702
bande d'enregistrement 894, 6101
bande en fer 2814
bande enregistreur 2452
bande étroite 1228
bande latérale 8773
bande magnétique 1223, 6101, 10089
bande passante 2504, 3727, 10311
bande perforée 5981
bande sonore 10089
bande transporteuse 1222
bande vidéo 11060
baromètre 6060
barre 1759, 2817, 5162, 5937, 6344, 8381, 9157, 9271, 9381, 9663, 9711, 9712
barre collectrice 8145, 8382, 9751
barre d'acier 9214, 9228
barre de commande 7641
barre de contrôle 7641
barre de cuivre 5606
barre de fer 2839
barre de fraction 1879
barre de guidage 3780, 3781
barre de mise à la terre 3082
barre de réglage 7641
barre de torsion 10100
barre omnibus 8145, 8382
barreau 9157, 9271, 9381

Français 634

barreau aimanté 9167
barreau combustible 1843
barrette 5713, 9157, 9271, 9381
barrière 1246, 4124, 8501, 8648, 9065, 11189
bas 5790
basculer 5088, 6577, 8498
base 1247, 1248, 1249, 1250, 1251, 1567, 1771, 3789, 3813, 3816, 4175, 4179, 4183, 4186, 4196, 8938, 8942, 10541, 10552, 10563, 10566, 10572
base de temps 11724, 11725, 11734
base d'impulsion 4531, 4559
basicité 1252
basse 10054
basse fréquence 6654
basse tension 6662
bâti 3971, 9260, 10551
bâtiment 1261, 1288
bâtiment élevé 4386
bâtir 3125, 4178
bâton 9157, 9271, 9381
battement 4738, 4747, 8589, 10269
batterie 1253, 4200
battitures 11930
battre 7334
bavure 4114
bavure d'égouttage 299
béryllium 1475
besogne 691
bêtatron 1531
béton 1534
béton aéré 3852
béton armé 9201
béton précontraint 8996
bétonnage 1536
bétonner 1535
bévue 3251, 4802
bi 2291, 12014
biaxial 2269
bibliographie 5970
bidimensionnel 12013
bidirectionnel 12019
bielle 4077, 12032
bifocal 1628, 2279
bifurcation 107, 314, 928, 3819, 10186, 11050
bifurcation de fissure 7900
bifurquer 3817, 11049
bilatéral 2286, 12019
bille 5542
bille d'acier 9216
billet 4954
billette 1760, 2817, 5162, 9864

billette carrée 11081
billette en acier 9214
billette ronde 8120
bimétal 1666
bimétallique 1667
binaire 1669, 2267, 2291, 2469, 12014
biparti 12023
bipolaire 1682
biréfringeance 2274
biréfringeance par déformation 2079
bismuth 11639
bistable 1685
bitume 736
bitumer 738
blanc 1688, 4015, 5767
blanchir 1731, 10694, 10776
blanking 2473, 2475
bleu 6907
blindage 183, 730, 1593, 2690, 4945, 8400
blindage contre les rayonnements 9479
blindage en cuivre 5602
blindage en fer 2809, 2837
blindage en tôle 1722
blindé 3910
blinder 181, 729, 1592, 2689, 2729, 6872, 8398, 8539, 10390, 10830
bloc 354, 1758, 8156
bloc à défauts-étalon 10008
bloc d'alimentation 6591
bloc de référence 7276, 7611, 10013, 10018, 10806
bloc de référence en plaque 7050, 10014
bloc d'étalonnage 2605, 5326
bloc fonctionnel 1277
bloc fonctionnel enfichable 9313
bloc secteur 6591
blocage 3477, 9065, 9067, 9076, 10549, 10888
bloom 1760, 1812, 5162, 6096, 11121
bloquer 164, 245, 731, 1762, 3470, 3475, 9066, 10699, 10887, 11998
bloquer [par rapport à ...] 24
bobinage 11509
bobinage primaire 11514
bobine 9139, 9140
bobine à noyau de fer 2838, 9143
bobine à plusieurs couches 9141
bobine compound 2288
bobine d'aimant 6143

bobine d'aimantation 6116
bobine d'arrêt 2394, 2396
bobine de base 1774
bobine de champ 4642
bobine de choc 2394, 2396
bobine de concentration 5355
bobine de couplage 5392
bobine de désaimantation 3040
bobine de focalisation 5355
bobine de mesure 6325, 9895
bobine de palpage 279, 9895
bobine de passage 2515
bobine de traversée 2515
bobine de traversée intérieure 4690
bobine différentielle 2200
bobine d'inducteur 7100
bobine d'induction 4642
bobine double 2288
bobine émettrice 8819
bobine en galette 3571
bobine excitatrice 3122, 4642
bobine exploratrice 6325, 9895
bobine extérieure 1124
bobine inductrice 4642
bobine intérieure tournante 4695
bobine mobile 2371, 9904
bobine plate 3571
bobine primaire 7168
bobine réceptrice 2946
bobine rectangulaire 9142
bobine traversante 2515
bobineau 9139
bobiner 966, 11508
bois 4447
bois contreplaqué 9070
boîte 1350, 1807, 1899, 2304, 3883, 4916, 4962, 8186
boîte à gants 4266
boîtier 1350, 1899, 2304, 3185, 3883, 3908, 4962, 8186
boîtier en plastique 5591
boîtier plastique 5591
bolomètre 1793
bombardement 1484, 1496, 1796
bombardement de neutrons 6603, 6606
bombardement neutronique 6603, 6606
bombardement nucléaire 5023
bombarder 1483
bombé 3990
bon conducteur 5836
bond 8159, 9134, 9136
bond de température 9978
bord 169, 4928, 7469, 7483, 8174, 9318

Français

bord de défaut 3291, 3313
bord de fissure 7855, 7860, 7876,
 7890
bord de tôle 1712, 1717
bord du noyau de soudure 5967
border 1342
bordure 191, 1346, 2654, 4122,
 7468, 8647, 11189
bordure de fissure 7891
bore 1798
boré 1799, 1802
borne 1346, 4122, 7468, 8647,
 11189
borne d'émetteur 2934
borner 1342
bosse 985, 1579
bosseler 2623
boucher 38, 2174
bouchon 192, 2965, 2974, 10913,
 10916
bouchon du tube de gaine 4475
boucle d'hystérésis 4484
bouclier en métal lourd 8666
boue 8466, 10919
bouée à immersion 9901
bouillir 8871
boule 5542
boule d'acier 9216
boulon 1795
boulon fileté 8504
boulon polaire 7092
boulonnage 10663, 10700, 10922
boulonner 599, 10921
bourbe 8416
bourrelet 1902, 3580
bout 588, 2959, 5367
bout de fissure 7835
bouteille d'acier 9208
bouton 7016, 9889, 11309
bouton à tourner 2364
bouton de commande 1321
bouton de commutateur 8288
bouton de réglage 1321
bouton de touche 9891
bouton-poussoir 2432, 2453,
 9889
brame 1812, 6096, 9863, 11122
branche 3186, 3868, 12017
branche parallèle 6888
branchement 107, 314, 598, 928,
 3819, 10186, 10687, 11050,
 11975
branchement de fissure 7900
brancher 104, 312, 313, 596,
 8282, 10668, 10680, 10681,
 11049, 11973, 11974
brancher en parallèle 6885, 8837

bras 1067, 4253, 10115
bras de levier 4320
bras pivotant 8656
brasage 6040
brasage tendre 11393
braser 6038
braser [sur] 550
braser tendrement 11392
bras-levier 1067, 10115
brasure 6033
bride 1902, 5092
bride de tuyau 7944
bridge 3580
brillance 4014, 4340
brillant 1688, 4014, 4015, 4339,
 5099, 7678
briller 5874
brin 337, 5835
briquettage 8913, 11951
briquette 7161, 8911
briquetter 7156, 8912, 11959,
 11972
briser 5149
brisure 5146, 9133
broche 9374
broche de guidage 3782
brome 1857
bronze 1859
bronze chinois 1730
broyage 1819, 11801
bruit 5712
bruit ambiant 7510, 10383
bruit de fond 2612, 4181, 10556
bruit de machine 6177
bruit de quantification 7386
bruit de salle 7510, 10383
bruit des grains 5405
bruit des quanta 7383
bruit électronique 7538
bruit erratique 3938, 10556
bruit non pondéré 3937
bruit parasite 6565, 9408
bruit permanent 2032, 2043
bruit perturbateur 9408
bruit pondéré 3936
bruit propre 2612, 10556
bruit propre de la résistance
 11533
bruit quantique 7383
bruit thermique 11274
brûlé 3244
brûler 4079, 4090, 10707
brûlure 25, 28, 997, 10708
brûlure de l'écran 2626
brûlure due aux rayons X 8057
brusque 168, 379, 5629, 7065,
 9138

brut 4145, 7492, 7920, 10458
bulle 1691
bulle d'air 6055
bulle magnétique 6103
bulletin 1462
bulleux 1698
bure 2061
burin 2372
burst 1909, 1911, 9442
but 11856, 12010
but d'emploi 11019
butée 595
by-pass 6570, 8836

C

cabinet d'après Kesternich 5077
câblage 5863, 10831
câble 4869, 4870, 8762, 9631,
 9900
câble à courant fort 9290
câble blindé 4871
câble coaxial 4872, 5166
câble d'acier 9226, 9230
câble de rallonge 10851
câble imperméable 4874
câble métallique 2346
câble sous-marin 8751, 10592
câble supraconducteur 9831
câble toronné 4873
câbler 10728
cabosse 1579
cabosser 2623
cacher 10714
cadence d'impulsions 4552, 7330
cadmier 4879
cadmium 4880
cadran 8927
cadre 1746, 2654
cage 1350, 1899, 2304, 3883,
 3908
cahier de charges 6949
caisse 1350, 1899, 2304, 3883,
 3908, 4962, 8186
caisse de transport 5267, 10155
caisson 2739, 3185
caisson à éléments combustibles
 1838
calandre 6160
calcination 1839, 8062
calcul 1447, 2727, 7594
calcul approximatif 10292
calcul de résistance 3456
calcul d'erreur 3316
calcul différentiel 2199
calcul préalable 11108
calculable 1445

calculateur 7590
calculateur électronique 7591
calculatrice 7590
calculatrice de poche 9887
calculatrice électronique 7591
calculer 1446, 7589
calfatage 39, 2180
calfater 38, 2174
calibrage 2607, 4884
calibrage relatif 7699
calibration 2607, 4884
calibre 5778
calibre de fil 2337, 2349
calibre de tolérance 4135
calibre étalon 7282
calibre pour fils 2341
calibrer 4883
californium 4886
calmer 1467
calorimètre 4888, 11270
calorimétrie 4889
calotte 2062, 4298, 4890, 4943, 5610, 10911
calotte protectrice 35
calque 2529, 5372, 6907
calquer 2533, 5373, 6909
caméra 897, 4914
caméra à autocollimation 1187
caméra à rayons X 8005
caméra à scintillation 9854
caméra autocollimateur 1187
caméra de rayons X 8005
caméra de télévision 3415
caméra de thermovision 10050
caméra gamma 3829
caméra infra-rouge 4664
caméra pour la diffraction de rayons X 7976
camion 5727
camp 5670
campagne 3352
campement 5670
canal 4921, 4922, 4923, 5847, 8185, 10215
canalisation 5849, 7946
caniveau 4920, 5860, 7776
caniveau à la racine 11657
cannelure 3810, 4433, 7784
cantilever 1067, 10115
caoutchouc 4204, 4971
caoutchouc durci 4284
caoutchouc mousse 6477, 8318
capable 1814, 11018
capable (de) 3880
capable de vibrer 8687, 8731
capacitance 4936, 4940
capacitance de diffusion 9684

capacité 3243, 4675, 4935, 5825, 7497, 7511, 10880
capacité d'absorption 8169
capacité d'amortissement 1997
capacité de charge 1378, 10131
capacité de déformation 10799
capacité de diffusion 9684
capacité de pénétration 2492
capacité d'indication 661
capacitif 4941
capillarité 4942
capot 37, 190, 192, 2062, 4298, 4943, 5609, 5610, 10911, 10916
capsule 4944
capsule d'irradiation 1512
capsuler 2689, 2729, 10390, 10418, 10830
captage 842, 2652
capter 841, 2651, 3210
capteur 909, 2942, 6314, 7268, 8948, 9156, 11214
capture 530, 2650
capture de neutrons 6611
capture d'électrons 2881
capturer 61, 529, 2651, 3087
caractère 11703
caractérisation des défauts 3299
caractéristique 1916, 4988, 4989
caractéristique à chute rapide 1918, 4992
caractéristique à montée faible 1917, 4991
caractéristique amplitude-fréquence 433
caractéristique coudée 4990
caractéristique d'atténuation 1984
caractéristique de charge 1409
caractéristique de fréquence 3737, 3742, 3757
caractéristique de l'amorce de crique 586
caractéristique de marche à vide 5763
caractéristique de matériau 11477
caractéristique directionnelle 7755
caractéristique du filtre 3539
caractéristique du matériau 11474
caractéristique du rayonnement 9584
caractéristique dynamique 700, 709
caractéristique omnidirectionnelle 5546
carapace en béton 1539

carbone 5186
carbonisation 868, 2716, 4946, 5190, 10839
carburant 1845, 10170
carburation 4946, 4948, 11765
cardan 4949
carottage 1789
carreau 3589, 8322
carte 4951, 4952, 4953
carte perforée 5979
carter plastique 5591
carteux 3443
cartonner 867
cartothèque 4955
cas 3197, 11132
cas de charge 1407
cas de dérangement 9432
cas de panne 9404, 9432
cas limite 4126
cascade 4958, 9782, 9788
case 3185
casque d'écoute 5369
casque respiratoire 8550
casser 5149
cassette 4961
cassette métallique 6349
cassure 1862
cassure à rouge 8072
catalogue 4963, 5969, 10301
catalyseur 4964
cathode froide 4900, 4967
cathode incandescente 4095
cation 4965
cause 4177, 10621
cause d'erreur 3312, 3322
causer 1597
caustique 816
cavitation 4974
cavité 4436, 4439, 4973
célérité 3963, 8477
célérité de l'onde de surface 6786
célérité de son 8237
célérité d'onde 11439
célérité d'ultrason 10343
célérité ultrasonore 10343
cellule 2908, 7499
cellule chaude 11763
cellule de carburant 1852
cellule photoélectrique 7013
cémentation 868, 2716, 6769, 8359, 11765
central 6435, 11776
centrale d'énergie atomique 784, 5041
centrale d'énergie nucléaire 784, 5041
centrale génératrice 5464

centrale génératrice à fusion
  nucléaire 3812
centrale nucléaire 5031, 5041
centraliser 11768
centre 5017, 6419, 6429, 6430,
  11777
centré 11776
centre de gravité 6199, 8667
centre de masse 6199, 8667
centre de rotation 2368
centre de traitement de données
  7588
centre d'impulsion 4581
centre du noyau de soudure 5966
centrer 11771
centrifugeuse 11774
centrique 6435, 11776
céramique 4999, 5004
céramique à métal 5001, 6350
cercle 5471
cérium 11778
cermet 5001, 6350
certificat [de] 1479
césium 1913, 11698
cesser 866, 2962
chaîne 1225, 5078, 6473
chaîne de montage 1225, 3437,
  3590, 6473
chaîne de production 3590
chaînon 4074, 5079
chaise 8925
chaleur atomique 805
chaleur atomique de fusion 794
chaleur rayonnante 9621, 11232
chaleur rayonnée 11232
chambre 7499, 11857
chambre à bulles 1696
chambre à détection des neutrons
  6624
chambre à détente 6563
chambre à sécher 10200, 10203
chambre à vide 10629
chambre alpha 398, 406
chambre compteuse 11684
chambre d'accélération 1491
chambre de comptage 11684
chambre de pression 2430
chambre de prise 897
chambre de protection 8553
chambre de rayons X 7976, 8006
chambre de Wilson 11571
chambre d'ionisation 4786
chambre d'ionisation à bore 1803
chambre du r-mètre 8011
chambre étanche au
  rayonnement radioactif 11763
chambre frigorifique 4896

chambre froide 5570
chambre roentgen 8005
champ 3352, 3353
champ accélérateur 1490, 3355
champ acoustique 8230
champ alternant 11356
champ alternatif 11356
champ circulaire 3367, 11868
champ composé 3368
champ d'accélération 1490, 3355
champ d'action 699, 703, 707
champ d'activité 699, 703, 707
champ de bord 7473
champ de dispersion 9674
champ de dispersion magnétique
  6145, 9675
champ de forces 5454
champ de fuite 9674
champ de fuite magnétique 9675
champ de gravitation 4117, 8662
champ de rayonnement 9500,
  9598
champ de tourbillon 11608
champ d'excitation 3121
champ d'induction 4637
champ d'ondes progressives
  11209
champ d'utilisation 653
champ électrique 3356
champ éloigné 3404, 11407
champ étranger 3702
champ excitant 3358
champ extérieur 3702
champ faible 3364
champ homogène 3360
champ induit 3359, 3361
champ intense 3365
champ libre 3404, 11407
champ lointain 3404, 11407
champ magnétique 3362, 6105
champ magnétique de terre 3357
champ magnétique terrestre 3357
champ parasite 9405, 9674
champ perturbateur 9405
champ principal 4313
champ proche 6545
champ rémanent 7739
champ résiduel 7738
champ résiduel magnétique 7739
champ rotationnel 11608
champ sonore 8230
champ stationnaire 3366, 9320
champ tournant 2361, 3363, 8069
champ transversal 7417
champ vectoriel 10649
chancir 538
chanfrein 200, 4928, 7469, 7483

chanfrein de soudure 8611
chanfreiner 199
changement 2, 451, 8574, 10376,
  10395, 10439, 10446, 10662,
  11349
changement de direction 7769,
  7774
changement de fréquence 3762
changement de longueur 5687
changement de phase 6957
changement de place 10441
changement de température 9963,
  9984
changement d'impédance 11523,
  11534
changer 1, 450, 8573, 10375,
  10435, 10443, 10661, 11011,
  11208, 11359, 11360
changer la place 10429, 10437,
  10729, 10843
changer la polarité 10417
changeur de fréquence 3761
changeur de sensibilité 2956
chantier 1279, 6474
chapeau 37, 190, 192, 2062, 4943,
  5367, 5610, 10911, 10916
chapiteau 920, 2261, 4082, 4298,
  4943, 5610
charbon de terre 9331
charge 603, 623, 1293, 1380,
  1919, 7129, 9337, 11905
charge [unitaire] 9003
charge active 1384, 6740, 11621
charge additionnelle 1366, 11895,
  11997
charge admissible 1306, 1402,
  4414, 4416
charge admissible maximum 1387
charge alternante 1394, 1400,
  11353
charge alternative 1400, 11353
charge asymétrique 1397
charge brève 5637
charge constante 1382, 1388,
  1393, 2025, 2036
charge croissante 1399, 1403
charge de compression 2409
charge de courte durée 1389
charge de l'écroulement d'une
  matière plastique 5195
charge de pliage 1578, 5147,
  5152, 7689, 11817
charge de traction 1401, 11899
charge défendue 1305
charge d'espace 7515
charge d'essai 7281
charge d'étirage 9655

charge d'ion 4775
charge dynamique 1383, 8680
charge efficace 1384, 6740, 11621
charge électrique 5656
charge élémentaire 2910
charge équilibrée 1395
charge forte 1302
charge futile 11621
charge initiale 463
charge intermittente 1381
charge irrégulière 1396
charge latérale 7412
charge limite 1378, 1408, 4119, 4133, 4414, 4416
charge maximum 1387, 1390, 4119, 4133, 4414, 4416, 6263, 9102, 9103
charge minimum 1391, 6395
charge moyenne 1300
charge nominale 6581
charge normale 6680
charge nucléaire 5042
charge nucléonique 6711
charge oscillante 1296
charge partielle 9941
charge passagère 1389
charge permanente 1388, 2025, 2036
charge shuntée 7411
charge spatiale 7515
charge symétrique 1395
charge totale 1398, 3953, 3956
charge transversale 7412
charge uniforme 1385
charge utile 6740
charge variable 1394, 1400, 11353
charge variable (de ... à ...) 1392
charge variante 1400, 11353
chargement 1375, 1380, 1481, 3784, 3788, 5655, 10943, 11887, 11926
charger 869, 1290, 1379, 3783
charger fortement 1292
chariot 11178
chariot à fourche 3818
charpente 1746, 2654
châssis 1920, 3971, 10541, 10551, 10552, 10566
chaudière 1349, 4330, 5073, 5073, 11328
chaudière à vapeur 1965, 5073
chaudron 1349, 4330, 5073
chaudron à vapeur 1965
chauffage 3150, 4328, 4334
chauffage inductif 4636, 4639

chauffage par induction 3151, 4336, 4636, 4639
chauffer 1362, 3093, 3149, 4079, 4090, 4327, 11272
chef 5834
chemin 1211, 9647, 11383
chemin de fer 1209, 2813
cheminée 8185
chemise en fer 2829
chemise en tôle 1722
chercher 9814
cheville 1795, 9374
cheville de guidage 3782
cheville filetée 3987
cheviller 599, 2471, 10921
chicane 7143, 10414
chiffon 5711
chlore 1923
chlorure de polyvinyle 7110
choc 619, 911, 923, 4504, 5203, 5462, 8407, 8490, 9441, 9444, 9446, 11971, 11983
choc acoustique 5141
choc thermique 10046
choisir 1164, 11180
choix 1163, 11179
choix de méthode 10773
choquer 620, 9450, 10168, 11984
chromatique 1925
chrome 1924
chrome-nickel 1926
chromer 10712
chronique 9265
chronométrage 11740, 11741
chronomètre 10327, 11739
chronométrie 11740
chute 48, 140, 217, 3196, 3200, 3882, 6392, 7606, 8081, 8909, 9799, 10878, 10890
chute d'amplitude 432, 440
chute de potentiel 7130
chute de pression 2402, 2426, 2457
chute de puissance 5805
chute de température 9960
chute de tension 9006, 9032
cible 840, 843, 10169, 11856
cible à fusion par laser 5720
cible électrode de captage 9883
cible isotopique 4840, 4850
cible mosaïque 6481
ciel 2060
ciment 11764
cimenter 38, 515, 2174
cinétique 5085, 5086
cinétique de croissance de fissure 7904

cintre 1778
circonférence 10371, 10400
circonférence du cercle 5495
circuit 5472, 5847, 8294
circuit à courant alternatif 11373
circuit blindé 5851
circuit bouchon 1244, 9073
circuit compteur 11685, 11691
circuit correctif 3068
circuit de réglage 7637, 9360
circuit démultiplicateur 11685, 11691
circuit d'entrée 2666
circuit d'épreuve 7297
circuit d'essai 7297
circuit d'oscillation 8693
circuit équivalent électrique 3132
circuit fermé 9744
circuit oscillant 8693
circuit oscillatoire 8693
circuit primaire 7167
circuit rejecteur 9073
circuit secondaire 8791
circulaire 5482, 5489, 7781, 11866
circulation 5484, 9756, 10405, 10833, 11871
circulation d'eau 11343
circulation forcée 12008
circuler 2357, 2493, 2550, 5479, 10401, 10408, 11872
cire 11171
cirer 11172
cisaillement 178, 8344, 8523
cisailler 177, 194
citerne 9880, 11151
clair 4339, 5098
clapet 5097
claquage 2487, 2528
claquage électrique 9012
claquement 5138, 5139
claquer 2531, 2534, 5137
clarté 2147
classe 9242
classe de pellicule 3525
classe d'essai 7267
classe d'isolement 4809
classement 826, 4354, 8966
classer 6829
classification 2774, 5100, 9945
classifier 2700, 2773, 5101, 6829, 9935
clavier 9888
clic 5136, 5138
cliché 888, 1629
cliché contrasté 1632
cliché de référence 1603

cliché net 1633
cliché radiographique 7968
client 10703
clignoter 828, 874
climat 5122
climatique 5126
climatisation 5128
climatisation des locaux 7513
climatiser 5127
cliquer 5137
cliquet 5133, 8469, 9065
clivabilité 8971
clivable 8969, 8978
clivage 8974, 8991
clivage de fissure 7813
cloche 920, 2261, 4081, 4082, 4298, 5610
clos 3910
clôture 188, 10914
clôture hermétique 189, 10915
coalescence 5164, 10754, 10918, 11988
coaxial 5165
cobalt 5167
cocher 2691, 5008, 8441
codage 5172
code 1930, 5169
coder 5170
codeur 1931, 5171
codification 5172
coefficient 1372, 5173
coefficient d'absorption 230
coefficient d'absorption effectif 8569
coefficient d'affaiblissement 1987
coefficient d'allongement 2096, 2106
coefficient d'amortissement 1982
coefficient d'amplification 10959
coefficient d'atténuation 205, 208, 209
coefficient d'atténuation acoustique 8256
coefficient d'atténuation atomique 795
coefficient d'atténuation massique 6201
coefficient de couplage 5388
coefficient de dilatation 2096
coefficient de dilatation thermique 11239
coefficient de dispersion 9685
coefficient de friction 7671
coefficient de réflexion 7621
coefficient de réflexion acoustique 8248

coefficient de rétrécissement 8518, 8677
coefficient de sécurité 8844
coefficient de striction après rupture 1866
coefficient de température 9971
coefficient de transfert de chaleur 11283
coefficient d'expansion 1014
cœur 1941, 4698, 5017, 6430, 8994
cœur de réacteur 7570, 7576
coffrer 2689, 2731, 8435, 10909, 11998
cohérence 5179
cohérent 5177
cohérent-optique 5178
cohésion 5180
coin 2588, 4982, 7469
coin à gradins 9785
coin à gradins percés 9786
coin gradué 9785
coin intercalaire 11155
coïncidence 5191, 11962, 11987
coïncidence des phases 6970, 6978
coïncider 5193, 11961, 11986
colis 6867
collage 5106, 5113, 5789
collage de métal 6352
colle 4205, 5104, 5111, 5787
colle pour métaux 6351
collecte de données 2015
collecte d'informations 2015
collecteur 840, 843, 9883, 10169
collection 842, 2652, 8147
collectionner 61, 841, 2651, 3210, 8144, 9043
collègue 5196
coller 515, 4224, 5105, 5788
coller [sur] 867
collet 1902, 3580
collet de cuve de pression 2412
collimateur 1747, 5198
collimateur neutronique 6621
collimateur segment 8757
collimation 5197
collimer 995, 1344, 5202
collision 619, 5203, 9446, 11971, 11983
collision élastique 9447
colonne 5204, 7675, 8172, 9261
colorant 3228
coloration 3231
coloration brune 1816
coloré 3220
colorimètre 1932, 3225

coloris 3230, 3231
coma 5205
combinaison 1674, 5206, 6409, 10683
combinaison chimique 10688
combiné 10683
combiner 5207, 10678, 11980
combustible 1834, 1845, 3500, 10170
combustible nucléaire 5026, 5066, 8981, 8985
combustion 10708
commande 615, 638, 1332, 9366
commande à distance 3399, 3401, 3411, 3418
commandé à distance 3400, 3405
commande à main 4265, 4267
commande continue 9367
commande de sensibilité 2955
commande du gain 10961
commandé par bande perforée 5982
commande par bouton-pressoir 2433
commandé par calculateur électronique 1937, 5237, 7592
commandé par cartes 4957
commandé par cartes perforées 5980
commandé par computer 5237, 7592
commandé par courant 9743
commandé par cristal 7391
commande par impulsions 4589, 4601
commandé par impulsions 4565
commandé par la tension 9014
commandé par moteur 6484
commandé par pied 3815
commandé par programme 7210
commandé par quartz 7391
commandé par radio 3802
commander 614, 1529, 5325, 5831, 7640, 8281, 9358
commencement 456, 1339, 2712, 2746
commencement de la fissuration 7825
commencer 1340, 2745
commentaire 3102, 4755, 5208
commercial 5209
communication 10686, 10687, 10833, 11968, 11975
commutateur 8284, 10427
commutateur à commande à distance 8287
commutateur à touche 9891

commutateur à une seule voie 2781
commutateur de fréquences 3760
commutateur de gammes 1459
commutateur de palpeur 7274
commutatif 5210
commutation 10428, 10987
commutation télécommandée 8287
commuter 10426, 10985
compacité 2171, 3453
compact 2170, 3444, 5211, 11966
comparaison 1602, 10803
comparaison avec défauts-étalon 10010
comparaison de fréquence 3755
comparaison extérieure 3709
comparaison théorie à expérience 10026
comparateur 5212, 10805
comparer 10804
compartiment 3185, 3354
compas [d'épaisseur] 9892
compatibilité 574, 5214, 11002
compatible 573, 5213, 10746, 11001
compensateur 1048, 3067, 5221, 5421
compensation 1044, 3127, 5215
compensation d'atténuation 1981
compensation de la profondeur 10057
compensation de phase 6958, 6964
compensation de pression 2408
compensation d'épaisseur 2186
compenser 861, 1045, 3066, 5222, 6596
compenser l'affaiblissement 3004
compenser l'un par l'autre 862
compétence 3186
complément 3090
complémentaire 5223
complet 3952, 11097
compléter 3089, 4375
complexe 5224, 5225, 11073, 11967
compliqué 965, 5226, 11025
compliquément formé 5227
comportement 10823
comportement à la croissance de criques 7906
comportement à la déformation 10377
comportement à la fatigue 3115, 8743, 11355, 11358
comportement à la pression 2454

comportement à la rupture 1881
comportement à la rupture chaude 11231
comportement à l'abrasion 10908
comportement à longue échéance 5708
comportement à temps 11758
comportement au fluage 5513
comportement au fluage à long temps 11754
comportement aux agents atmosphériques 1598
comportement de la fissure 7893
comportement de la résistance d'acier 3460
comportement de la transmission 10314
comportement de matériau 11489
comportement d'opération 1565
comportement thermique 9981
composant 626, 1267, 1268, 1282, 1504, 2906
composant d'alliage 5773
composante 5228, 9921
composante alternative 11368, 11372
composante de bruit 3941, 7536
composante de champ de rayonnement 9600
composante de courant alternatif 11368, 11372
composante de réacteur 7567, 7577
composante perturbatrice 9414
composante radiale 7439
composante réactive 1750, 1752
composante réelle 7584, 11622
composante verticale 10999
composants 2793
composé 10683, 11967
composé chimique 10688
composé métallique 6362
composé organique 10690
composer 825, 11977, 11980
composer [de] 1505
composition 823, 919, 9768, 11979
composition de la matière 6252
composition de l'alliage 5776
comprendre 2730
compresseur 2421, 5233, 10720
compressibilité 5230, 10716, 11958
compression 2401, 2422, 5231, 5235, 10722, 11960
compression d'air 6084

compression de dynamique 2557
compression de la bande de fréquences 3732
compression d'impulsion 4571
comprimer 5234, 7156, 10718, 11959, 11972
compromettre 1328, 8194, 9402
comptage 1181, 11676, 11693
comptage d'impulsions 4624
compte 7594
compte rendu 1462
compter 7589, 11675
compte-tours 2385
compteur 11674, 11681, 11682
compteur à ionisation 4791
compteur à scintillation 9856
compteur alpha 405
compteur bêta 1522, 1533
compteur Cérenkov 1915
compteur de neutrons 6635
compteur de vitesse 9862
compteur d'impulsions 4623
compteur pour le corps entier 3845
computer 1935, 7590
concave 4432
concentration 501, 584, 1908, 4308, 5353, 8305
concentration de fissure 7811
concentration de fissures 7831, 7861
concentration de neutrons 6622
concentration des rayons 9475, 9552, 9555
concentration d'ions 4774
concentration d'ondes 11434
concentration initiale 461, 466
concentration ionique 4774
concentré 4405
concentrer 1905, 5354, 7757
concentrique 5356
conception 3065, 5357, 7028, 7217
conception circulaire 8116
conception normale 9250
concerner 1355
conclusion 11964
concordance 4040, 10245, 11962, 11987
concordance de phases 6970, 6978
concurrent 4063, 11963, 11989
condensateur 5242
condensation 5241, 10721
condensé 5240
condenser 5244, 10717, 10724

condenseur 5243, 5245, 10719
condition 1324, 1478, 5246, 5257,
    9244, 10778, 12000
condition de contrôle 7247
condition de fin de laminage
    11197
condition de fonctionnement 698
condition de propagation 1000
condition de résonance 7719
condition de service 698
condition de travail 698
condition d'essai 7247
condition d'observation 1546
condition d'opération 698
condition initiale 462
condition marginale 7482
conditionnement 5247
conditionnement d'air 5128
conditionner 5127
conditions de fonctionnement
    1558
conditions de limite 4118, 7472
conditions de service 1558
conditions du champ de
    rayonnement 9501
conditions marginales 7472
conditions normales 6679, 6701,
    9251
conductance 5840, 5867, 5868
conductance électrique 5841
conductance superficielle 6771
conducteur 337, 5832, 5835
conducteur acoustique 8216
conducteur (conductrice) 5839
conducteur de chaleur 11266
conducteur de phase 9629
conducteur du son 8216
conducteur isolé 5837
conducteur photoélectrique 5914,
    7001
conducteur unique 2791
conductibilité 5840, 5867
conductibilité thermique 11267
conductible 5832, 5839
conductif 5832
conduction 5848
conduction de chaleur 11268
conduction métallique 5855
conduction thermique 11268
conductivité 5840, 5867
conductivité de chaleur 11267
conductivité de la surface 6770
conduire 3775, 5827, 5869, 9357
conduire [à/de l'autre côté] 10296
conduit 4920, 5860, 5861, 7924,
    7941, 7946

conduite 3779, 4920, 5848, 5849,
    5850, 5860, 7924, 7946, 9365,
    11926
conduite de gaz 3859
conduite des essais 10978
conduite d'essai 10984
conduite sous pression 2436
conduite souterraine 7947
cône 4976, 5333
cône de rayonnement 9511, 9604
cône du rayonnement
    ultrasonore 10361
conférence 9869, 10898
configuration 566, 823, 4078,
    5248, 9241, 9767
configuration de champ 3374
configuration des extrémités 2963
configuration du champ 3370
conforme 5249, 10244
conformité 5250, 10245
confrontation 3904
congeler 3884
conglomérat 1929
congrès 9869, 10898
conique 4977, 5251, 5334
conjonction 5254
conjugaison 11934
conjugué 5252
conjugué-complexe 5253
connaître 3100, 3476, 9814
connecter 594, 596, 8282, 10681,
    11973
connecter en parallèle 6885
connexion 598, 10682, 10687,
    11965, 11975
connexion en cascade 4959
connexion en parallèle 6886,
    8836
connexion par pression 7163
consécutif 838, 4367, 9816
conséquence 3642, 5255, 7743
conservation 3091, 5256
conservation de l'énergie 2989
conserver 859
considération 1544, 10279
consigne 564, 645
consistance 1478, 2171, 4249,
    5257, 10778, 11671, 12000
consistant 2183, 3444, 6214,
    11966
consistent 11087
consister [en] 1505
console 1067, 5258, 10115,
    10572, 11162
consolider 10948
consommateur 1441, 10703

consommation 25, 28, 891, 997,
    5806
consommation de courant 9757
consommation de puissance 5823
consommation en courant 9734
consommation faible 10701
consommer 829, 905, 10702
constance 4046, 4455, 5261,
    10603
constance de fréquence 3735,
    3743
constant 449, 498, 1503, 2033,
    4030, 4045, 5259, 7638, 8111,
    8115, 9161, 9265, 9346, 10467,
    10600, 10601
constante 5260, 10602
constante d'amortissement 1988
constante d'atténuation 210
constante de Boltzmann 1794
constante de désintégration
    11792
constante de Lamé 5685
constante de matériau 6245
constante de mi-temps 4242
constante de temps 11733
constante diélectrique 2193
constante matérielle 9389
constante radioactive 11792
constater 3476, 9814
constituant 626, 1504
constitution 823, 1478, 5257,
    9768, 10778, 11978, 12000
constitution de noyau 5021
constriction 2736
construction 821, 1028, 1259,
    1260, 1261, 1262, 1264, 1286,
    1288, 3126, 5264, 6437
construction au-dessus du sol
    4385, 4389
construction d'automobiles 5451
construction de courbe 5622
construction de machines
    marines 8387
construction de pile 7566
construction de routes 9637
construction en acier 9199
construction en sandwich 8149
construction mécanique 6176
construction métallique 9200
construction navale 8385
construction off-shore 6807
construction soudée 1285, 8612
construction standard 1263, 1287
construire 543, 825, 937, 3125,
    4178, 4353, 5263
contact 598, 1470, 5268, 10684
contact à liquide 3625, 3627

Français 642

contact de culot 8940
contact frottant 8426
contact glissant 8426
contacter 596, 1469, 10680, 11974
contacteur 8284
contacts jumelés 2281
container 1347, 1940, 3883, 5267, 10155
contamination 1371, 3699, 5290, 10919, 10938, 11004
contamination de contact 5288
contaminé 10937
contaminer 10936, 11003
contenance 3907, 4675, 7511
contenant de bore 1799
contenant de l'eau 11327
contenant des défauts 3275, 3297, 6161
contention 623
contenu 3907, 4676
contester 1307, 2782
contingent 627, 5292
continu 449, 498, 1503, 2033, 4030, 4045, 5259, 5293, 5706, 7237, 7638, 9265, 9346, 9787, 10600, 10601
continué 5706, 7237
continuer 1358, 10827
continuité 5294, 5295, 9347
contour 5331, 7204, 7470, 7475, 10424
contournement 10097, 10677, 10731, 11022, 11038, 11047
contourner 10676, 10730, 11021, 11037
contracter 8516, 8673
contraction 5296, 8517, 8521, 8676, 8746, 11990
contraction transversale 7420
contraindre 1290, 1379
contrainte 1293, 1380
contrainte de fatigue 2024
contrainte de fluage 5512
contrainte de rupture 1877
contrainte de traction 11894, 11899
contrainte dynamique 1296
contrainte principale 4317
contrainte propre de soudage 8598
contrainte propre due au soudage 8598
contrainte thermique 1303
contraste 5297
contraste à corrélation croisée 5502

contraste de champ 3378
contraste de film 3526
contraste d'image 1645
contraste d'objet 6796
contraste élevé 5299
contraster 5305
contre-courant 3902, 3903
contre-effet 7554, 8107
contrefiche 9640, 10967
contre-force 3895
contre-poids 1047, 3893
contre-pression 3891
contre-tension 3901
contrôlable 7632, 9349
contrôle 926, 1088, 1136, 2542, 5316, 5317, 5318, 7178, 7309, 7645, 9366, 10002, 10284, 10969, 10971
contrôle à simple impulsion 2790
contrôle au chantier 4700
contrôle automatique 5319
contrôle automatique de fréquence 3738
contrôle de charge 1413
contrôle de combustible nucléaire 8986
contrôle de couplage 520
contrôle de dynamique 2559
contrôle de la fissuration 7875
contrôle de la qualité 4220, 7369
contrôle de l'activation 370
contrôle de pièces 9939
contrôle de production 3438
contrôle de soudures épaisses 2189
contrôle de tôle 1716
contrôle de tube interne 7945
contrôle d'épaisseur par diffusion en retour 8098
contrôle des billettes 5163
contrôle des dimensions 2231
contrôle des matériaux 6249, 11482, 11483
contrôle des matériaux par rayons X 8019, 8058
contrôle des produits 3163
contrôle destructif 7316
contrôle destructif des matériaux 11484
contrôle d'exploitation 1564
contrôle double 2283
contrôle du fond 6719, 10559
contrôle du rayonnement 9536
contrôle électrique 7310
contrôle en continu 2035, 5320, 7312
contrôle final 2970, 8446

contrôle grossier 4150
contrôle hydrostatique 11324
contrôle individuel 6945
contrôle ininterrompu 7313
contrôle initial 3147, 4191
contrôle in-situ 1280
contrôle intermédiaire 12035
contrôle magnétique 7314
contrôle magnétoscopique 6137
contrôle manuel 4265, 4267
contrôle mécanique 7315
contrôle multiple 6280
contrôle non destructif 7317
contrôle non destructif des matériaux 11485
contrôle par courants de Foucault 11617
contrôle par émission acoustique 8220
contrôle par immersion 9907
contrôlé par la pression 2415, 2428
contrôle par particules magnétiques 6137
contrôlé par phase 6968
contrôle par rayons gamma 3831, 3838
contrôle par rayons X 8019
contrôle par ressuage 2636
contrôle par ultrasons 10354
contrôle partiel 9942
contrôle pour commande automatique 9348
contrôle radiographique 2549
contrôle radioscopique 2549
contrôle rapide 8479
contrôle sous eau 10594
contrôle sous immersion 7318
contrôle sur fond foncé 2474
contrôle ultrasonore 10351, 10354
contrôle visuel 8867
contrôler 1086, 1087, 1135, 5324, 5325, 7196, 7254, 7255, 7640, 9358, 10316, 10582, 10972
contrôleur 7256, 7306, 7660
contrôleur de température 9983
convectif 5336
convection 5335
convection de chaleur 11263
convection thermique 11263
convenable 12012
conventionnel 5337, 10114, 10326
convergence 5339
convergent 5338
converger 5341, 11969

conversion 5342, 5349, 10376, 10421, 10432, 10446
conversion de phase 6977, 6980
conversion d'énergie électrique 2851
convertir 10375, 10430, 10443, 11011, 11208
convertisseur 1684, 5346, 10444, 11215
convertisseur de données 2020
convertisseur de frequence 3752
convertisseur d'image 1664
convexe 1266, 3990, 5351
convolution 3206, 5352
convoyeur à bande 1222
coordonnée 5359
coordonnées cartésiennes 5360
coordonnées polaires 7087
coordonnées rectangulaires 5361
coordonnées sphériques 5362
copeau 8995
copie 14, 2529, 5372, 6513, 6907, 7710
copie photographique 7000
copier 8, 2533, 5373, 6512, 6909, 11008
coque 5159, 8422
corde 3190, 4870, 8762, 9631, 9900
corde d'acier 9226
corde d'allongement 10851
corde en fer 2346
cordon 1226, 9631, 9662
cordon de prolongement 10851
cordon de soudure 7533, 8615, 8629
cordon de soudure croisé 5504
corne polaire 7095, 7097
corona 5410
corps 8197
corps étranger 3703
corps noir 5411
corps solide 3461, 3480, 6271
corps tournant 2365
corpusculaire 5414
corpuscule 5413, 9390, 9926
correct 3288, 3303, 5416, 7759
correcteur 1048, 3067, 5221, 5421
correction 1465, 5417, 5420, 10675
correction d'affaiblissement 1981
correction d'amplitude 436
correction de l'instrument 4721
correction de phase 6958, 6964
correction d'erreur 3300
correction des couleurs 3221

correction d'impulsion 4545, 4572, 4612
correction d'ouverture 678
corrélation 1601, 5422, 11354, 11968
corrélation croisée 5498
corrélation croisée mobile 5499
correspondance 4040, 10245
corrigé 1465, 5417, 5420, 10675
corriger 1, 450, 1464, 3066, 7760, 10673
corroder 67, 485, 491, 815, 1373, 5426, 11799
corrosif 816, 5427, 5442
corrosion 814, 1374, 5428
corrosion atmosphérique 5429
corrosion de contact 5277
corrosion interfaciale 4129, 12029
corrosion intergranulaire 5430
corrosion locale 486
corrosion sous tension 9017, 9026
corrosion sous vibration 5431
cosmique 5444
cosse 4476
cote 6180, 6222, 9236
côté 8767
côté de derrière 4371, 8090
côté postérieur 4371, 8090
cote réelle 4857
couche 946, 1376, 1480, 3510, 5662, 6655, 8199, 8353, 8354, 10323, 10392, 10398, 10836
couché 5931
couche anodique 8355
couche cémentée 8359
couche conductrice 5843, 8360
couche d'air 6081
couche d'argent 8896, 8898
couche d'arrêt 9074
couche de barrage 9074
couche de calorisation 388
couche de couplage 5390
couche de cuivre 5605
couche de glace 2846
couche de peinture 624
couche de réflexion 7623
couche de séparation 10181
couche de terre 3079
couche de tissu 3979
couche de vernis 5653
couche d'huile 6813, 6816
couche d'oxyde 6861, 6864
couche électronique de l'atome 775
couche émettrice 2928

couche épaisse 8357
couche extérieure 1111, 7479
couche externe 1120
couche fluorescente 5878
couche intermédiaire 12038
couche isolante 4826, 10181
couche limite 4138
couche limite entre deux phases 6971
couche lumineuse 5878
couche métallique 6342, 6357, 6358
couche mince 2478, 2479, 8358
couche périphérique 7479
couche photosensible 8361
couche proche de la surface 8362
couche protectrice 8547, 8556
couche voisine 6507, 8356
coude 5144, 5156, 5535, 11582
couder 5149
coulé 4215
coulé en continu 9632
coulée continue 9634
coulée interrompue 8637
couler 3592, 3993, 5734, 9740
couler à travers 2493, 2550
couleur de recuit 4094
couleur de revenu 536, 541
coulisse 3208
couloir 2501, 7784
coup 4470, 4506, 8407, 8413, 9444, 11692
coupe 2538, 3556, 7204, 8198, 8483, 8484
coupé 3974
coupe en travers 7424
coupe longitudinale 5703
coupe transversale 7424
coupe-circuit 1096, 8283, 8855, 10546
couper 172, 177, 194, 293, 863, 995, 1094, 1344, 1495, 5202, 6803, 8470, 8473, 10172, 10544, 10545
couper (dans) 2734
couplage 518, 5375, 10682, 10751, 11965
couplage à réaction 8085
couplage à sec 10199
couplage capacitif 5378
couplage critique 5379
couplage direct 2238
couplage hypercritique 5382
couplage inductif 5377
couplage lâche 5380
couplage liquide 3624, 3628
couplage magnétoélastique 5381

Français 644

couplage par capacité 5378
couplage par eau 11317
couplage par induction 5377
couplage par jet d'eau 11342
couplage par rayonnement 9605
couplage sec 519
couplage serré 5376
couple 6464
couplé 3911
couple de freinage 1829
couple de torque 2367
couple freinant 1829
coupler 517, 522, 5374
coupleur 9317
coupole 920, 2261, 4082, 4298, 5609, 5610
coupon 47, 195
coupure 173, 294, 1095, 1097, 9424, 10182, 10183, 10547
coupure de la bande de fréquences 3729
courant 3614, 9717
courant absorbé 9734
courant alternatif 11366
courant alternatif redressé 11367
courant amené 9723, 9730
courant appliqué 9723, 9730
courant arrivant 9721
courant compensateur 1050, 5218
courant consommé 9722
courant constant 9726
courant continu 4055
courant d'aimantation 6117
courant de Foucault 11612
courant de fuite 3329, 9698
courant d'éclairage 5925
courant déphasé 9728
courant d'induction 4643
courant d'ionisation 4781, 4790
courant en avance 9729
courant en retard 9727
courant induit 4643, 9725
courant initial 475
courant inverse 9075
courant ionique 4781, 4790
courant magnétisant 6116, 6117
courant partant 9720
courant photoélectrique 7011
courant reçu 9721
courant redressé 9724
courant stable 9726
courant transitoire 1050, 5218
courant triphasé 2374
courant vagabond 9698
courbage 1621, 2484
courbe 1623, 1776, 2006, 3913, 5537, 5624, 11648

courbé 3872, 3913, 5533
courbe charge-élongation 5726
courbe contrainte-allongement 9011
courbe cosinusoïdale 5443
courbe d'absorption 231
courbe d'aimantation 6115
courbe de charge 1411
courbe de courant 9745
courbe de débit 1411
courbe de densité optique 8583
courbe de désintégration 11793
courbe de fréquence 3737, 3742, 3757
courbe de Gauss 4086
courbe de noircissement 8583
courbe de profondeur 10059
courbe de puissance 5812
courbe de refroidissement 91
courbe de réponse du filtre passe-bande 1240
courbe de réponse en fonction de la fréquence 433, 435, 3739
courbe de résonance 7721
courbe de solidification 3145
courbe de température 9972
courbe de transition 10254
courbe de Wöhler 11646
courbe d'écho de fond 8104
courbe d'erreur 3301
courbe descendante 5616
courbe d'étalonnage 2606
courbe du filtre 3540
courbe en traits interrompus 5618
courbe limite de formage [CLF] 4130
courbe méandre 6097, 7598
courbe montante 5615
courbe parcours/temps 11388
courbe plate 5617
courbe ponctuée 5619
courbe raide 5620
courbe rectangulaire 6097, 7598
courbe sigmoïde 8935
courbe sinusoïdale 8919
courbe spatiale 7514
courbe théorique 5621
courbement 1621, 2484
courber 1613, 5534, 11037
courbure 1776, 5144, 5537, 11648
courbure de surface 3566
courir 3592, 5734, 9740
courroie 1222
courroie transporteuse 3652
cours 5614, 5781

course 1211, 4470, 5733, 10859, 11383
court-circuit 5632
court-circuiter 5631
coussin à air 6076
coussinet 325, 872, 5669, 9800
coussinet à billes 5556
coûteux 965, 5448
coûts 5445
couture 6547, 8174, 9318
couvercle 37, 190, 192, 2062, 10911, 10916
couverte 1480, 8354, 10392
couverture 871, 1376, 1480, 2058, 2061, 8354, 10323, 10392, 10398, 10836
couverture isolante 4819
couvre-joint 5713
couvrir 32, 1316, 2063, 10321, 10390, 10418, 10714, 10830, 11883
crac 5136
cracher 9132
crampon 5092
craquellement 8125
craquement 5136, 5138, 5139, 5712
craquer 5137
cratérisation 5466
crayon combustible 1843
craze 1945
création de paires 6865
créer 3160, 4355, 7203
crépure de fibre 3235
crête 1461, 9101, 11431
crête de résonance 7724, 7726
crête maximum 8333
creusé 4431, 8118
creuser 1784, 2485
creux 3656, 3997, 4174, 4431, 8118, 10995
crevassage 910, 7063, 7828, 7836, 7859
crevasse 7787, 8967, 8975, 9133
crevassé 7858
crevasse de trempe 4274, 4280
crever 7061, 7684, 11812, 11829
crique 7787, 9133
crique de soudage 8630
crique transversale 7423, 8497
cristal 5515
cristal biréfringent 5516
cristal de quartz 7392
cristal de wustite 11660
cristal jumeau 5530, 12024
cristal liquide 3629
cristal oscillant 8694

cristal scintillant 9855
cristallin 5523, 5526
cristallisation 5524
cristalliser 5527
critère 4995, 5531
critère de contraste 5307
critère de contrôle 7278
critique 5532
critiquer 1307, 2782
croc 4232
crochet 4232, 5093
crochu 5533
croisé 3912, 5497
croiser 5496, 10286
croissance 601, 616, 643, 9327, 11174, 11175, 11927, 12007
croissance de fissuration 7897
croissance de fissure 7901
croissance des grains 5409
croître 600, 612, 642, 9326, 10812, 10873, 11931
croquis 3065, 7022, 8934
croquis coté 6216
cru 7920, 10458
cryogénique 1946, 5539, 10064
cryotechnique 5540
crypton 5541
cubature 4679, 11104
cubique 7520
cuirassé 3910
cuirasser 6872
cuivre 5597
cuivre dur 4285
cuivrer 10840
cuivreux 5601
culot 8939
cumulatif 5581
cunéiforme 4983
cuprifère 5601
cuprique 5601
curium 1948
curseur 77
curviligne 3913, 5536
cut-off 294, 10183
cuve 1350, 1806, 1899, 2304, 3883, 5072, 9880, 11151
cuve de pression 2410, 2427, 2431
cuve de pression à paroi épaisse 2411
cuve de pression de réacteur 7571
cuve de réacteur 5052, 7568, 7574
cuve pour fortes pressions 2410
cuvette 6488, 8198
cyanogène 12043
cybernétique 5644, 5645

cyclage 11352
cyclage thermique 9985
cycle 5484, 5486, 5728, 8696, 11348, 12046
cycle d'opération 710
cycles d'effort 5730
cyclique 12044
cyclotron 12045
cylindre 7956, 10205, 11194, 12047
cylindré 3976, 7043
cylindre creux 4440
cylindre en acier 9208
cylindrique 12049
cymomètre 11444

D

d'acier 9207
dalle 3589, 9863
dalle de fixation 929
danger d'accident 10485
danger de défaillance 1019, 10896
danger de fissuration 7853
danger de ruine 1019, 10896, 11835
dangereux 3881
dans la même direction 4053
dans le même sens 4053
dans le sens antihoraire 3905
dans le sens inverse des aiguilles d'une montre 3905
datation par isotopes 415
dates 487, 2009
(de) à faible énergie 2984, 5819
(de) à faible intensité 5819
(de) à faible niveau 5819
(de) à faible puissance 5819
(de) à grand niveau 5821, 9284
(de) à grande énergie 2994
(de) à grande intensité 5821, 9284
(de) à grande puissance 5821, 9284
(de) à haute énergie 2994
(de) à puissance élevée 5821
de courant fort 4417
de courte durée 5640
de fer 2844
de fort contraste 5310
de haute teneur 4405
de l'ambiance 10378, 10381
de longue durée 5690, 5706
de même phase 4047
de peu de puissance 5819
de peu d'énergie 2984

de plomb 1733, 10698
de puissance 5804
de réserve 1056, 4360
de sortie 1042
de trois chiffres 2390
de verre 4016
débit 171, 989, 2523, 5792, 11633
débit d'essai 7283
débit maximum 5799
débit moyen 5800
débiter 5791
débitmètre 2494, 10704
débobinage 310
débobiner 247, 309
debout 914
débrayer 1059
débris 1880, 7736, 8515, 10235
débris de fer 408
début 456, 1339
décade 2109
décalage 2392, 10899, 11605
décalage de phase 6982
décalé en phase 6983
décaper 815, 1373
décarburation 3026
décelable 3472, 6526
déceler 3005, 3476, 4343
décélération 11042, 11048
décélérer 10854, 11041
décentrage 2151
décentralisation 2151
décentraliser 2152
déception 9912
décharge 3034
décharge de fuite 10291
décharge disruptive 2528, 10291
décharge en impulsions 9451
décharge en surface 4068
décharge par arc 1780, 5895
décharge permanente 2029
déchargement 3033
décharger 3030, 3031
déchet 1103, 6393
déchets 49, 6489
déchets atomiques 51, 787
déchets de réacteur 7579
déchets radioactifs 52, 6490
déchirement 7859
déchirer 7685, 11813
déchirure 7859
déchirure lamellaire 9998
décibel 2153
décibelmètre 1991, 6915
décimale 9334
décimétrique 2157
déclenchement 1074, 1079, 1338, 3685, 3694, 9377, 10196, 10198

déclenchement d'impulsion 4529
déclenchement par impulsion 4528
déclenchement rapide 8476
déclencher 614, 1073, 1337, 3686, 3692, 9376, 10195
déclencheur 1075
déclencheur ajustable 1076
déclencheur d'impulsions 4561
décliner 6577, 8498
déclivité 50, 6578
décodage 2066
décodeur 2065
décodeur d'impulsions 4539
décollement 4909, 6043, 8637
décoloration 10777, 11014
décoloré 11013
décolorer 1731, 10694, 10776
décombres 1880, 7736, 10235
décomposer 5, 879, 11787, 11803, 11822
décomposition 3, 4, 881, 11783, 11810, 11824
décomposition de champ 3395
décomposition en composantes 5229
déconnecté 3974
déconnecter 172, 293, 1094, 6015, 6020, 6803, 10172, 10174, 10545
déconnexion 173, 1095, 1097, 6026, 10182, 10547
décontamination 2111, 3021, 3044
déconvolution 2113, 3007
découpe 1132
découper 8470
découplage 3028
découpler 1059, 3027
découvert 6801
découvrir 33, 845, 3005, 3476, 3688, 4343
décrément 140, 217, 2115, 8909, 10878, 10890
décrément d'amortissement 1980
décrément des signaux d'écho 2573
décrémètre 1991, 2116
décrire 2001, 8390, 10423
décrocher 142, 1059, 3008
décroissance 48, 140, 217, 1967, 3200, 3882, 6392, 8909, 10890
décroissement 140, 217, 1967, 7606, 8081, 8909, 10878, 10890
décroître 53, 55, 85, 146, 216, 1106, 1957, 3199, 6291, 7605, 8674, 8908, 10877, 10889

dédoubler 4235, 12022
dédoublure 2303
déduire 105
déemphase 2067
défaillance 696, 1018, 1129, 2070, 3253, 6158, 6870, 9424, 10895
défaire 877, 5986
défaut 1018, 1129, 2069, 3252, 3327, 6148, 6158, 6870, 8187, 8195, 9421, 9424, 10895, 11957
défaut artificiel 3256
défaut critique 3255
défaut de chromatisme 3219
défaut de conception 3970
défaut de construction 5265
défaut de contact 5275
défaut de cotes 6211
défaut de fusion en œil-de-bœuf 6799
défaut de joint soudé 6551, 8618
défaut de la structure cristalline 5519
défaut de l'entassement 9280
défaut de plaque 7048
défaut de référence 1604, 5323, 7608
défaut de réseau 4011
défaut de soudage 8606
défaut de soudure 8606, 8618
défaut de surface 6766
défaut des matériaux 11476
défaut d'exécution 1032
défaut d'image 17, 1641
défaut d'isolement 4807
défaut du matériau 6243
défaut du type collage en racine 11655
défaut en forme de fissure 7841
défaut en matériaux 11476
défaut équivalent en forme d'un disque circulaire 5490
défaut étalon artificiel 10006
défaut étalon naturel 10007
défaut extérieur 1115
défaut fictif 3128
défaut interne 4692
défaut longitudinal 5696
défaut oblique 8496
défaut plat 3328
défaut près de la surface 3259
défaut rond 5491
défaut sous-critique 3261
défaut superficiel 6766
défaut transversal 7416
défectoscopie 2072, 3311
défectoscopie des matériaux 11473

défectueux 1476, 2068, 3275, 3297, 3972, 6161, 8193
défectuosité 2069, 3252, 6148, 6158, 6870
défectuosité du matériau 6243
défendre 8540
déficience 1018, 2070, 6870
déficit 6159
défini 2074, 8298
définir 878, 2001, 2073, 3466, 8390, 10423
définition 883, 1506, 2075, 3468
définition de l'image 1636, 1647
définition du cliché 893
défléchir 111, 1069, 4344
déflecteur 7143, 10414
déflexion 113, 1070, 1101, 10416, 11457
déflexion de rayon 9471
défocalisation 2077, 3003
défocalisation de l'écran 3648
défocaliser 2076, 3002
déformabilité 10789
déformable 10788
déformation 2078, 3658, 10793, 11022, 11038, 11047
déformation à chaud 11299
déformation à froid 4912
déformation de la coupe transversale 7428
déformation d'impulsion 4615
déformation élastique 10795
déformation par explosion 3174
déformation plastique 10796
déformation thermique 10797
déformer 2080, 10676, 10790
dégagement du gaz 3857
dégager 1337, 3035, 3686, 3692
dégager le gaz 3020, 6066
dégât 1477, 8187, 8195, 10860
dégazer 3020, 6066
dégénéré 3001
dégivrer 291, 3019
dégivreur 292
dégradation 175, 2081
dégradation radiolytique 11826
dégraisser 3016
degré 4101, 9784, 9968, 11599, 12000
degré d'absorption 228
degré d'amortissement 1986
degré d'amplification 10960
degré d'atténuation 205, 208, 1982
degré de confiance 12005
degré de couplage 5387
degré de dureté 4275

degré de liberté 3687
degré de perturbation 9435
degré de pollution 10920
degré de pureté 7680
degré de sécurité 8846
degré d'humidité 3491
dehors 1117, 1121, 1122, 1127
déhumidificateur d'air 6067
déhumidifier 10204
délai 11042, 11048, 11761
délavé 10527, 10925, 11013
délimitation 78, 1346, 4122, 7468
délivrance 1035, 10990
délivrer 71, 1337
demande 484
demande d'énergie 2987
demander 483
démarrage 534, 539, 9293
démarrer 454, 532, 537, 1555, 2724, 3841
demi-charge 1386
demi-espace libre 4238
demi-onde 4239
démodulateur 2120, 4050
démodulation 2119, 4051
démonstration 2121, 6524, 11137
démontage 138, 2123, 3012, 3015, 11386, 11807
démonter 1017, 2124, 3009, 6015, 6020, 10174, 11804
démontrable 6526
démontrer 2122, 6529, 11136
démultiplicateur 10577, 10578, 11674, 11682
démultiplication d'impulsions 4604, 4611
démultiplier 10576
dénaturant 2127
dénaturation 2126
dénaturer 2125
dénitrer 2128
dénoter 1437, 1600
dense 2170, 11966
densité 2171, 8579
densité de champ 3371, 3380, 3617
densité de charges spatiales 7516
densité de courant 9738
densité de dislocations 10934
densité de fissures 7831
densité de flux 3380, 3617, 5457
densité de flux de radiation 9601
densité de rayonnement 9588
densité de surface 6758
densité d'électrons 2880
densité des grains 5395

densité des lignes de force 3380, 3617, 5457
densité d'ions 4769
densité ionique 4769
densité optique 2172, 8579
densitomètre 2129, 2173, 8584
dent 11669
dépannage 3055, 4712, 6871, 7707, 9399, 9429, 10265, 11567
dépanner 1361, 1497, 3052
déparasitage 3054
déparasiter 3051, 3053
départ 456, 1339, 2712, 2746, 9293
département 196, 944, 1452, 2257, 2774
dépeindre 2001, 8390, 10423
dépendance 80, 11902
dépendance de la direction 7768
dépendance de la fréquence 3716
dépendance de la température 9962
dépendance de l'angle 11592
dépendance de l'espace 7503
dépendant de la direction 7767
dépendant de la fréquence 3715
dépendant de la phase 6956, 6963
dépendant de la position spatiale 6842
dépendant de la pression 2403
dépendant de la température 9961
dépendant de l'angle 11591
dépendant de l'espace 7502
dépendant du spin 9090
dépendant du temps 11722
dépendre [de] 79
dépense 10864
dépenser 964, 10702
dépenses 956, 5445
dépérir 8673
déphasage 6982
déphasé 6983
déplacement 2392, 10433, 10441, 10844, 10899, 10929
déplacement angulaire 11605
déplacement atomique 801
déplacement de champ 3391
déplacement de l'écartement de la fissure 7870
déplacement de l'écartement de l'extrémité de la fissure 7881
déplacement de l'élargissement de fissure 7815
déplacement de palpeur 7275
déplacement de pression 2458

déplacement de rayon acoustique 8269
déplacement d'Einstein 2753
déplacement d'électrons 2894
déplacement Doppler 2300
déplacement transversal 7430
déplacer 10429, 10437, 10729, 10843, 10966
dépolarisation 2130
dépolariser 2131
dépoli 6257
déposer 212, 6660, 6661, 8750
déposer par vaporisation 832
dépôt 92, 170, 590, 827, 847, 1021, 1376, 1773, 2132, 3510, 5672, 5673, 6655, 8158, 8354, 10323, 10392, 10836
dépôt de métal 6354
dépôt de soudage 7533, 8629
dépôt par contact 5281
dépôt radioactif 6659
dépouillage 3041
dérangé 3972
dérangement 9424
dérangement de ligne 5862
dérangement de service 1563
déranger 1328, 8194, 9402
dérapage 4067, 8129
déraper 4066, 8128
dérivation 107, 108, 314, 4352, 6570, 8836, 10186, 11050
dérivation à la terre 3080
dérive 2392
dérivée 110
dériver 104, 106, 313, 2209, 8837, 11049
déroulement 94, 310
dérouler 100, 247, 309
derrière 4371, 8090
désactivation 2111, 3021, 3044
désadapter 3249
désaérer 3037, 6066
désagrégation 11782
désagrégation de cathode 4970
désagrégation des atomes 809
désagrégation nucléaire 5070
désaimantation 3039
désaimanter 3038
désamorçage 46, 3043
désamorcer 45, 3042
désarrangement 3326, 9426, 10519
désarrangement de structure 9774
désavantage 6523
descendre 215, 3199, 8907

descente 109, 3196, 5859, 6578, 9799
description 2004
désemparé 1476
désexcitation 46, 157, 3043
désexciter 45, 156, 3042
désigner 1437, 1600
desintégration 11782
désintégration alpha 407
désintégration des atomes 796, 808
désintégration gamma 3840
désintégration nucléaire 5070
désintégration radioactive 11785
désintégrer 11786, 11845
désionisation 2108, 3025
désioniser 3024
désorption 2133
désoxydation 2134
d'espace 7520
dessécher 10204
desserrage 6026
desserrer 877
desservir 1317, 1529, 10942
dessiccateur 10200, 10203
dessin 6496, 7022, 11140, 11715
dessiner 969, 5262, 11712
dessus 920, 2261, 4082, 4298, 4943, 5610
destinaire 2941, 2941
destructif 2137, 11832
destruction 10885, 11784, 11833
détachable 6003
détaché 3975, 8826
détachement 127, 243, 6023, 10184
détacher 26, 126, 3009, 6015, 6020, 10174, 11779
détails 2789
détectabilité 844, 3098, 3473, 11183
détectabilité de défauts 3267, 3306
détectabilité de discontinuités 10488
détectabilité de fissures 7838, 7865
détectabilité minimum 6532
détectabilité probable 846
détectable 3472, 6526
détecter 845, 2139, 3005, 3100, 3476, 4343, 6529, 9814
détecteur 2120, 2140, 4050, 6531, 9156, 9815
détecteur à cristal 5521
détecteur à ultrasons 10352
détecteur de défauts 3310, 3321

détecteur de fuites 5754, 5755, 5759
détecteur de neutrons 6608
détecteur de particules 9932
détecteur de racleurs 6458
détecteur de rayonnement 9490, 9519, 9586, 9592
détecteur de traces 9155
détecteur infra-rouge 4661
détection 933, 2119, 3006, 3104, 3478, 4051, 6525
détection de défauts 2072, 3268, 3271, 3282, 3285, 3305, 3311, 3320
détection de données 2015
détection de fissures 7839, 7843
détection de fuites 5758
détection de radiation 9518
détection de rayonnement 9518
détendre 1007, 1170, 2088, 3156, 3168
détente 1009, 1171
détente superficielle 6765
détergent 1439, 3048, 6590
détérioration 10902
déterminant 2142
détermination 1507, 3104, 3478
détermination de direction 7770
détermination de finesse 3341
détermination de la fréquence 3736
détermination de la grosseur de grain 5401
détermination de la phase 6959
détermination de l'âge 414
détermination de l'humidité de textiles 3490
détermination de masse 6196
détermination de polarité 7082, 7088
détermination du fond 6718, 10555
détermination graphique 3105
déterminer 2073, 3466, 3476, 9814
détonation 2143, 3172, 5141
détoner 3171, 5142, 7062, 11802
détruire 11788, 11831, 11844
deutérium 2145, 11334
devant 3769, 11126
développement 992, 3059, 3969, 4342
développement de la fissure 7837
développement prévu 7028
développer 990, 3668, 10791
développeur 3057

déviation 113, 129, 307, 451, 1070, 1101, 2149, 10662, 10899
déviation admissible 308
déviation de fréquence 3719, 3723
déviation de rayon 9626
déviation de vibration 8742
déviation des amplitudes 431
déviation des électrons 2876
déviation horizontale 114, 4462
déviation inférieure 131
déviation normale 9248
déviation permissible 132
déviation supérieure 130
déviation verticale 115, 10997
dévider 100, 309
dévier 111, 306, 1069, 1165, 4344
devis approximatif 1448, 8314, 10292
dévisser 834
devoir 848
d'extérieur 1117, 1122, 1127
dextrogyre 7600
dia 2159
diagnostic ultrasonore 10338
diagonal 2160
diagramme 2002, 2006, 2161, 5623, 5624, 8315, 11714
diagramme allongement-temps 11727
diagramme AVG (DGG) 1198
diagramme de calcul 3616
diagramme de charge 1406
diagramme de circuit 9746
diagramme de diffraction de Laue 5732
diagramme de la résistance à la fatigue 2031
diagramme de Laue 5732
diagramme de rayonnement 9584, 9587
diagramme d'ensemble 1761, 1763, 1764
diagramme des efforts et des allongements 4457, 9010
diagramme des niveaux 6914
diagramme des phases 6960
diagramme des temps de pose 1428
diagramme d'impédance 4497
diagramme directif 7755
diagramme du fluage à long temps 11752
diagramme horizontal 4463
diagramme polaire 7072
diagramme Smith 8937

diagramme vectoriel 10648, 11719
diamagnétique 2162
diamant 2163
diamètre 9287
diamètre atomique 766
diamètre de fil 2337
diamètre de filet 3984
diamètre de noyau 5028
diamètre du fil 2349
diamètre effectif de la source 7400
diamètre extérieur 1114, 2520
diamètre intérieur 2521, 4691, 4697, 11402
diamètre nucléaire 5027
diaphragme 1744, 6302, 8327, 10191, 12042
diaphragme circulaire 5485
diaphragme de mesure 6309
diaphragme d'exploration 270
diaphragme d'ouverture 677
diaphragme rectangulaire 6303, 7599
diaphragmer 22
diapositive 2159
diathermanéité 2164, 11251
diathermique 2165, 11250
diélectrique 2191, 2192
différence 2207, 10574, 10901
différence admissible 308
différence de parcours 11387
différence de phase 3842
différence de potentiel 7132
différence de températures 9965, 9980
différence de temps 11728, 11757
différence de temps de propagation 5739
différence des phases 6961, 6981
différencier 106, 2208, 2209
différent 10502, 10900
différentiateur 2205
différentiel 2195, 2206
difficile 8660, 8670
difficilement inflammable 8663
diffraction 1568, 2213
diffraction de Bragg 1808
diffraction de rayons X 7972, 8031, 8036
diffraction d'onde 11432
diffraction neutronique 6605
diffraction par cristal 5520
diffractomètre 2214
diffractomètre pour rayons X 7975, 7984
diffus 2216, 3973, 9667, 11841

diffusé 2216, 3973, 9667, 10925, 11013, 11841
diffuser 1140, 2215, 2488, 2779, 8814, 9670, 11840
diffusion 2217, 2490, 2629, 9699, 9701, 11842
diffusion acoustique 8270
diffusion anomale 9700
diffusion aux grands angles 11409
diffusion aux petits angles 5120
diffusion bêta en retour 1525
diffusion cohérente 9703
diffusion Compton 1934
diffusion coulombienne 1943
diffusion de Bragg 1811
diffusion de la lumière 5904, 5924
diffusion de rayonnement 9589
diffusion de rayons X 8049
diffusion de retour 8078
diffusion des protons 7236
diffusion diffractive 1575
diffusion double 2290, 12016
diffusion élastique 9702
diffusion en arrière 8078, 8101, 8105
diffusion en retour 8101, 8105
diffusion latérale 8777, 9704
diffusion massique 6207
diffusion moléculaire 6461
diffusion multiple 6284, 11072
diffusion par résonance 7728
diffusion poreuse 7113
diffusion rétrograde acoustique 8251
diffusion spatiale 7528
diffusion superficielle 6759
diffusion thermique 10034
diffusivité 2219
dilatable 2084, 9641
dilatation 1010, 2093, 2225, 10847
dilater 1007, 1170, 2088, 3156, 3168
dilatomètre 2101, 2226
dilution 10734
dilution isotopique 4853
dimension 134, 1008, 1011, 1080, 2227, 4154, 4166, 6180
dimension du défaut 3293
dimension du défaut fictif 3129, 3130
dimension du réflecteur fictif 3130
dimension extérieure 1109
dimension latérale 7407

dimension minimum du défaut 6397
dimension principale 4309
dimensionnement 2229
dimensionner 2228
diminuant les frais 5447
diminuer 53, 146, 203, 216, 1957, 6391, 7605, 8564, 8674, 8908, 10837, 10841, 10877, 10889
diminution 48, 140, 217, 6392, 7606, 8081, 8909, 10878, 10890
diminution de courant 9731, 9759
diminution de l'amplitude 432, 440
diminution de pression 2402, 2457
diminution de résistance 11522, 11536
diminution de température 9974
dioxyde de carbone 5184
dipôle 12018
direct 974, 2234, 8941, 10518
directement proportionnel 7225
directeur 5834
direction 3777, 5846, 7766, 8770, 8910
direction de la propagation 1002
direction de polarisation 7077
direction de rotation 2369, 2382, 10411
direction d'incidence 2647
direction du test 7296
directionnel 3951
directive 548, 564, 645, 7761, 7762
dirigé 3951
diriger 1905, 3775, 5829, 5831, 5869, 7757, 9357
discontinu 2241, 10537
discontinuité 452, 2069, 2242, 3252, 6046, 6251, 7787, 10487, 10538, 11487
discontinuité artificielle 3256
discontinuité d'absorption pour rayons X 7963
discontinuité de potentiel 7137
discontinuité de soudure 8624
discontinuité de surface 6783
discontinuité naturelle 3258
discret (discrète) 2244
discriminateur 2246
discrimination 883, 2245, 2247
discriminer 878
discussion de courbe 5625
disjoncteur 1096, 8283, 10546
disjoncteur sous vide 10632

Français 650

disjonction 2240
dislocation 10928
dislocation du coin 9789
dislocation en spirale 8508, 10931
dislocation mobile 10930
disparaître 10923
disparition 10924
dispendieux 5448
disperse 9667
dispersé 10755, 11841
disperser 9670, 10623, 10988, 11840
dispersion 2248, 9699, 10991, 11808, 11842
dispersion de masse 6207
dispersion de Rayleigh 7548
dispersion des lignes de force 5458
dispersion d'onde superficielle 6785
dispersion double 2290, 12016
dispersion du faisceau 9624
dispersion interstitielle 8988
dispersion statistique 9705
dispersion ultrasonore 10362
disponible 10800
disposer 563, 825, 937, 939, 1064, 2228, 4203, 4353, 11980
dispositif 680, 2675, 2709, 3928
dispositif à micro-ondes 6389
dispositif antiparasites 3056
dispositif automatique de pose 1426
dispositif automatique d'évaluation 1174
dispositif d'analyse 446
dispositif d'avertissement 11302
dispositif de balayage 289
dispositif de blocage 732, 3479, 9077
dispositif de charge 5654
dispositif de commande 9351
dispositif de commande de balayage 11384
dispositif de comptage 11674, 11681, 11682
dispositif de contrôle 5321, 7245, 7252, 7263, 7324, 10318
dispositif de contrôle de soudures 8622
dispositif de déclenchement 1078
dispositif de fixation 4254
dispositif de lecture 120
dispositif de marquage 6172
dispositif de mesure 6310, 6316, 6335

dispositif de mesure d'amplitudes d'impulsion 4568
dispositif de mesure de l'épaisseur de couche 8367
dispositif de palpage 289
dispositif de projection de peinture 3224
dispositif de propulsion par jet 9558
dispositif de protection 8858
dispositif de protection contre les rayonnements 9525
dispositif de refroidissement 5563, 5578
dispositif de réglage 2768, 7634, 7635, 7650, 9353
dispositif de sécurité 8852
dispositif de serrage 9077
dispositif de serrage de plaque 7049
dispositif de sondage 289
dispositif de sûreté 8852, 8856
dispositif de surveillance des rayonnements 9617
dispositif de suspension 853
dispositif de visualisation du champ acoustique 8260
dispositif de visualisation d'ultrasons 10359
dispositif d'enregistrement 898, 7693, 9042, 9048
dispositif d'entraînement 641
dispositif d'étanchéité au vide 10627
dispositif d'exploration 289
dispositif d'extraction de faisceau 1907, 9487
dispositif d'output 1036
dispositif indicateur 8866
dispositif intégrateur 4725, 9821
dispositif mélangeur 6405, 6412
dispositif protecteur 8559
dispositif télécommandé 11153
dispositif ultrasonore 10333
disposition 526, 564, 565, 589, 645, 820, 940, 3065
disposition des atomes 760
disposition des électrodes 2858
disposition des instruments 4717
disposition des voies 4925
disposition du palpeur 7270
disposition par couches 8365, 8368, 8375
disposition type 9249
disproportion 6415, 10539
disque 7038, 7046, 8243, 8321
disque de butée 2447

disque de Rayleigh 7546
disque isolant 4825, 10180
disque magnétique 6133
disque stroboscopique 9716
dissipateur thermique 11235
dissipation 10865
dissipation de chaleur 11233, 11279
dissociation 881, 2249, 8990, 11783, 11809, 11825
dissocier 879, 11787, 11803, 11822
dissolution 880, 11823
dissolvant 124, 884, 6013, 6024, 6031
dissoudre 125, 876, 6014
dissymétrie 744, 6415, 10539
dissymétrique 745, 10540
distance 248, 2250, 3014, 4756, 9643, 9645, 12036
distance d'observation 1545
distance entre film et foyer 3522
distance entre les électrodes 2857
distance entre pôles 7071, 7089
distance film-foyer 3522
distance film-objet 3530
distance focale 1854, 3634
distance minimum 6394, 6396
distance parcourue 9649
distance pellicule/foyer 3522
distance polaire 7071, 7089
distance source-film 9548
distance sûre 8841
distillation 2135
distiller 2136, 10713
distinct 2146, 10900
distordre 9403, 10676, 10792, 11033
distorsion 9427, 10731, 11034
distorsion de champ 3394
distorsion de géométrie 3922
distorsion de l'image 1663
distorsion de modulation 6452
distorsion d'image 1641
distorsion d'impulsion 4617
distorsion d'ouverture 4573
distorsion du signal 11711
distorsion linéaire 11035
distorsion par affaiblissement 1998
distribuer 943, 9937, 10988
distributif 2252
distribution 945, 1035, 10990
distribution d'amplitudes d'impulsion 4524, 4569
distribution de courant 9761
distribution de défauts 3323

distribution de la pression 2460
distribution de la pression
  acoustique 8212
distribution de l'abondance 4307
distribution de phase 6984
distribution de température 9982
distribution d'énergie 3000
distribution d'erreurs de Gauss
  3865
distribution des amplitudes 441
distribution des charges 5661
distribution des fréquences 3758
distribution directionnelle 7773
distribution du champ 3393
distribution en temps 11760
distribution statistique 10992
district 1455, 3869
divergence 2254, 9699, 11842
divergence angulaire 11595,
  11604
divergence du faisceau 9476
divergent 2253
diverger 1016, 2256, 11839
divers 10900
diversité 10901
diviser 266, 943, 2773, 9935,
  9936, 11843
diviseur de fréquence 3751
division 196, 243, 944, 1452,
  2257, 2258, 2774, 4078, 8926,
  9920, 9948
division de phase 6976
division en quanta 7377, 7385
division par degrés 4103
doctrine 5779
document 2259, 10565
documentation 2260
domaine 1455, 3869, 11874
domaine d'application 653
domaine de Weiss 11400
dôme 920, 2062, 2261, 4082,
  4298, 4943, 5609, 5610, 10911
dominant 2262, 11142
dominer 2263, 10287, 11141
dommage 1477, 8187, 8195,
  10775, 10860, 11833
dommage biologique 8188
dommage par rayonnement 9523
donnée 6336
données 487, 2009, 11502
données de service 1559
données d'essai 7326
donner 2671
doper 2323
doping 2264, 2324
dorer 10809
dorure 10810

dos 4371, 4372, 8079, 8090
dosage 2307
dose 2310
dose absorbée 2311
dose accumulée 2312, 3954, 9822
dose admissible 2315, 4121
dose admissible pour les animaux
  2317
dose admissible pour l'homme
  2316
dose annuelle 4860
dose biologique 2313
dose de rayonnement 9492, 9591
dose de rayonnement diffusé
  9696
dose de rayons X 7985, 8037
dose de surface 6760
dose d'énergie normalisée 9252
dose des environs 10454
dose d'irradiation 9591
dose efficace 2314, 11631
dose en profondeur 10058
dose équivalente 687
dose excessive 10240
dose incidente 2644
dose incorporée 5412
dose incorporée limite 4132
dose incorporée maximum 4132
dose incorporée partielle 9940
dose ionique 4771
dose ionique normalisée 9254
dose létale 5871
dose locale 5992, 6844
dose maximale 4121
dose maximum 4121
dose neutronique 6610
dose normale 6681
dose personnelle 6947
dose relative au corps entier 3844
dose sortante 2318
doser 2306
dosimètre 2308, 2319, 9514
dosimètre à film 3519
dosimètre à solide 3463
dosimètre à thermoluminescence
  10040
dosimètre de film 9531
dosimètre de poche 9886
dosimètre des neutrons 6609
dosimètre d'ionisation 4785
dosimètre d'ions 4770
dosimètre en stylo 3785
dosimétrie 2309, 2320
dosimétrie à fluorescence 3606
dosimétrie à thermoluminescence
  10041

dosimétrie de rayonnement 9491,
  9590
dosimétrie d'isotopes 4844
doublage 2302, 10727
double 2266, 2267, 2291, 2482,
  12014
doublé 7054, 10322, 10391
double balayage 2268
double foyer 2278
double image 2273
double réfraction 2274
doublement 2302, 10727
doubler 7053, 10264, 10726
doublure 2303
douille 1898, 2499, 4472, 4476
douille d'écartement 2251
doux 5790
drain 4919
drap 3978, 10216
drapeau d'écoulement 298
dresser 907, 937, 939, 1090, 4353,
  7756, 10022, 11980
dresser le procès-verbal 7230
droit 914, 3924, 3925
droite 9645
drop-out 2393
dual 2469
ductile 2084, 9641
ductilité 2087, 2472, 9642, 10789
duplicata 2529, 5372
dur 3444, 3449, 6214, 9283,
  11966
durabilité 2034, 4249
durable 3441, 6939, 9265
duraluminium 2483
durcir 3092, 4277, 9989, 10782,
  10820
durcissement 4278, 4293
durcissement à froid 4911
durcissement par irradiation 9508
durée 2021, 11726
durée arbitraire 2022
durée d'amortissement 1105
durée de charge 1405, 1416
durée de circulation 10407
durée de contrôle 7251
durée de décharge 3029
durée de désintégration 11798
durée de fermeture 8437
durée de pose 1430
durée de réaction 7556
durée de réchauffage 3148
durée de revenu 531
durée de vie 5747
durée d'exposition 1427, 1430,
  3179

durée d'impulsion 4535, 4537, 4575
durée du signal 8880
dureté 4273
dureté au choc et à l'entaille 8408
dureté Brinell 1856
dureté de surface 6768
dureté du rayonnement 9507, 9554
dureté par cémentation 2715
dureté par trempe en coquille 2715
dureté primaire 7166
dureté secondaire 8789
dureté superficielle 6768
dureté Vickers 11057
duromètre 4276
dynamique 2554
dynamique de l'écho 2569
dynamo (à éclairage) 5915
dynamomètre 2560, 5460

E

eau de mer 8752
eau dégazée 11313
eau distillée 11312
eau lourde 11315
eau pure 11314
eau réfrigérante 5579
eau salée 8141
eau sous pression 2461
eau ultra-pure 7683
ébarber 3022
ébarbure 4114
ébauche 7922
ébénisterie 3908
ébonite 4284
éboutage 8491
ébranlement 3138
ébranler 3137, 8531, 11873
écaillage 21, 83, 128, 154, 6021, 8364
écaillement 21, 83, 128, 154, 6021, 8364
écart 248, 4756, 9088, 12036
écart entre fréquences 3717
écart entre signal et bruit 3939, 7534
écart intervoies 4924
écartement 248, 4756, 7496, 9088, 12036
écartement de fissure 7869
écartement de l'extrémité de la fissure 7880

écartement d'impulsions 4521, 4570, 4626
écartement minimum 6394, 6396
écarter 6015, 6020, 9112, 10174
échange 1152, 1169, 9910, 10987, 11350, 11363
échange de charge 5657, 10402
échange d'énergie 2985
échange d'ions 4766
échange isotopique 4841
échanger 1154, 1168, 10985, 11361
échangeur 1156, 9911
échangeur de cations 4966
échangeur de chaleur 11241, 11280
échangeur de chaleur tubulaire 7943
échangeur d'échantillons 7193
échantillon 6498, 7180, 7183, 7284, 7288, 7304, 11480
échantillon d'acier 9221
échantillon de matériau 6247
échantillon ferromagnétique 7181
échantillonnage 1435, 6501, 7184, 7186
échantillonner 1434
échauffement 3150
échauffer 3093, 3149
échelle 4103, 5833, 6182, 6219, 8926, 8929
échelle 1:1 6217
échelle de dureté 4281
échelle de température 9976
échelle double 2287
échelle logarithmique 6220
échelle réduite 6221
échelle thermodynamique des températures 9977
échelon 9784, 12000
échelonné 9790
échelonner 266, 9169
écho de défaut 3279
écho de fond 8102
écho de proche 6539
écho d'impulsion 4542
écho dispersé 8184, 9668
écho intermédiaire 12028
écho multiple 6275, 11070
écho parasite 9400
écho primaire 4312
écho principal 4312
écho saccadé 8184, 9668
échographie ultrasonore 10339
éclairage 865, 1418, 1423
éclairage artificiel 1421
éclairage diffus 1419

éclairage direct 1420
éclaircir 864
éclairé 4339
éclairement 4340
éclairer 864, 1417
éclat 1909, 4014, 5141, 9108, 9442
éclater 5142, 7062, 10305, 11802, 11829
éclateur à cornes 4465
éclateur de surtension 10303
éclisse 5713
écluse 8429
économie 11637
économie de courant 9741
économie de matériaux 6241
économie de place 7506
économique 11636
économiser 3140
écorce 8199, 10392, 10836
écoulement 93, 297, 1024, 1144, 3614, 9718, 9756
écoulement de programme 7208
écouler 296, 1143, 10209
écran 183, 1745, 1746, 2654, 3533, 3644, 8389, 8392, 8394
écran à béton lourd 8661
écran à fluorescence 3608, 3611
écran à métal lourd 8666
écran à terre rare 8807
écran antérieur 3647, 11125
écran arrière 4369
écran contre les radiations 9525
écran convertisseur 5347, 10954
écran de fil 2343
écran de terre rare 8807
écran défocalisé 3648
écran en plomb 1725, 1736
écran exempt de rouge 3538
écran fluorescent 3608, 3611, 5879
écran fluorine-métallique 3645
écran frontal 11125
écran image 1649, 8392
écran postérieur 3646, 4369
écran pour rayons X 7979
écran protecteur 8557, 9525
écran renforçateur 10954
écran renforçateur salin 8136, 8140
écran rouge 3537
écran salifère 8136, 8140
écrannage 183
écrire le procès-verbal 7231
écrou 6502
écrou à chapeau 4477
écrou-chapeau 4477

écrouissage 10783, 10946
écroulement 2643
écuelle 8198
édifice 1261, 1288
éditer 62
édition 63, 870, 1033
éducation 993, 5777, 10599
éducation permanente 11404
éduction 107, 314, 10186
effacement 6008
effacer 6007
effectif 2597, 9898, 11625, 11626
effectuer 1597, 5791
effet 1178, 2598, 2785, 5792, 11629
effet à distance 3423
effet Auger 981
effet Compton 1933
effet d'absorption 225, 241
effet d'avalanche 5746
effet de cisaillement 8347
effet de compensation de distance 81, 250
effet de Hall 4246
effet de masque 10715
effet de Moessbauer 6482
effet de paroi 11207
effet de peau 4318, 8933, 9758
effet de perturbation 9439
effet de radiation 9542
effet de rayons X 8044, 8059
effet de relaxation 7700
effet de Volta 11101
effet Debye 2056
effet d'enlevage 81, 250
effet d'évanouissement 10910
effet d'induction 4635, 4645
effet directionnel 7775
effet d'ombre 8309
effet Doppler 2297
effet double 2276, 2295
effet dynamique 5465
effet Kaiser 4882
effet Kelvin 4318, 8933
effet pelliculaire 4318, 8933, 9758
effet photoélectrique 2594, 6990
effet photonucléaire 5048
effet piézoélectrique 2595, 7017
effet thermoélectrique 2596
effet utile 6737, 6741
efficace 1814, 2597, 6742, 11018, 11626
efficacité 2598, 5809, 11627
effleurer 9660
effluence 1024, 1144
effluent 1025
effluve radioactif 70, 1138

effort 603, 623, 1293, 1380
effort admissible 1306
effort alternant 11352
effort alterné 1301, 8680
effort de cisaillement 8339, 8343, 8525
effort de compression 2409
effort de déformation 10798
effort de flambage 1578, 5147
effort de flexion 1610, 1624, 5147, 5148
effort de fluage 5505
effort de tension 1401, 11899, 11900
effort de torsion 2381
effort de traction 1401, 11894, 11899, 11905, 11914
effort de traction ondulée 11911
effort des matériaux 6240, 11472
effort diélectrique 1295
effort d'oscillation 1296
effort externe 1294
effort inadmissible 1305
effort interne 1298
effort maximum 4413
effort mécanique 1299
effort transversal 7410
effusion 1024, 1144
égalisateur 3067
égalisation 65, 152, 4027
égaliser 64, 151, 489, 569, 1045, 2567, 3066, 3989, 4025, 5222
égalité 4038, 4062
égouttage 297
égoutter 296, 10209
égratigner 578, 913
égratignure 3810, 5469, 7914, 8500
éjecter 1139, 4349
éjecter (des cartes) 1172
élancé 8417
élargir 961, 1007, 3156, 10705, 10812, 10873, 11403, 11931
élargissement 962, 10706, 10814
élargissement de fissure 7814, 7869
élargissement de la bande de fréquences 3731, 3733
élargissement de l'entaille 5005
élargissement d'impulsion 4538, 4613
élargissement Doppler 2299
élargissement du faisceau 9624
élasticité 2085, 2091, 2848
élasticité de tampons 1275
élastique 2082, 2847
électro-aimant 2867

électro-aimant à courant continu 4056
électro-analyse 2852
électro-corrosion 2863
électrode accélératrice 1489
électrode collectrice 3209, 8143
électrode d'accélération 1489
électrode de captage 840, 843, 10169
électrode de contrôle 9352
électrode de soudage 8601
électrode enrobée 2856
électrode enveloppée 2856
électrode nue 2855
électro-érosion 2862
électroluminescence 2864
électrolyse 2865
électrolyte 2866
électromagnétique 2868
électromécanique 2869, 2870
électro-médecine 2871
électromédical 2872
électromoteur 2873
électron atomique 767
électron Auger 982
électron de conduction 5858
électron libre 2874
électron lié 2875
électron nucléaire 5029
électron primaire 7165
électronique 2895
électro-optique 2886, 2887
électro-polir 2898
électrostatique 2902
électrostrictif 2903
électrothermique 2904
élément 626, 1504, 2906, 2907, 2908, 4076, 4194, 9921
élément chauffant 4326
élément combustible 1835, 1847
élément d'affaiblissement 207
élément d'alliage 5774
élément de circuit 8280
élément de construction 1267, 1268, 1282, 5266
élément de contact 5285
élément de couplage 5383, 5386
élément de filtrage 8870
élément de machine 6178
élément de masse 6209, 9926
élément de mémoire 9041
élément de montage 8280
élément de moteur 6487
élément de protection 180
élément de réduction 207
élément de surface 3562, 6763
élément de surrégénération 1888

Français   654

élément en plastique 5590
élément irradié 9923
élément photoélectrique 6995
élément préfabriqué 3435
élément principal 4311
élément radioactif 2909, 7446
élément sans défaut 1283, 9924
élément thermoélectrique 10037
élément transuranien 10157
éléments 2793
éléments finis 2912
élévation 613, 616, 643, 917, 4424, 9327, 11174, 11927, 12007
élévation au carré 7360
élévation d'impulsion 4523, 4567
élévation latérale 8772
élever 543, 937, 3094, 4178, 4321, 4353, 10740, 11173, 11931
élever à une puissance 7140
élever au carré 7359
élimination de bande 1244
élimination des défauts 3276
élimination des parasites 3801
élimination d'interférences 3054
éliminer 1131, 1139, 1361, 1497, 2914, 4349
éliminer les interférences 3051
éliminer les interférences radioélectriques 3053
ellipse 2915
ellipsoïdal 2917
ellipsoïde 2918
elliptique 2917, 2919
éloigné 3013
éloignement 3011
éloigner 3010
élongation de la fissure 7894
émail 2920
émaillé 4019
émanation 1024, 1141, 1144, 2921, 2922
émaner 1140, 8814, 9477
emboutir 11847
emboutissabilité 10068, 11846
emboutissage 11853
emboutissage profond 10066, 10069
embrayage 5613
émeri 8465
émetteur 8809, 8816, 9543
émetteur acoustique 8259
émetteur alpha 402
émetteur bêta 1527
émetteur de neutrons 6634
émetteur de rayonnement infrarouge 4670

émetteur d'impulsions ultrasonores 10348
émetteur immergé dans l'eau 10596, 11331
émetteur primaire 7170
émettre 71, 1112, 1139, 2935, 3794, 4349, 8814, 9477
émission 263, 1033, 1113, 2921, 2923, 9559
émission acoustique [E.A.] 8217
émission bêta 1521, 1528
émission de bursts 1910
émission de chaleur 11233, 11279
émission de lumière 5892, 5908, 5923
émission de neutrons 6612
émission de photons 7006
émission de rayons 9582
émission de rayons X 7990, 8038
émission d'électrons secondaires 8786
émission d'exoélectrons 3166, 3167
émission d'impulsions 4560
émission d'ions 4772
émission en cascade 4960
émission primaire 7171
émission quantique 7379
émission secondaire 8788
émissivité 2931
émissivité thermique 11234
emmagasiner 2749
emmener 69, 103
émoudre 158, 184, 7664, 8350, 8424
empilage 9281
empilage de tôle 1713
empilement 9281
empiler 937, 4353
emplacement 1279, 5664, 7060, 9266
emploi 650, 691, 1442, 2713, 11017
emploi prévu 11019
employer 648, 831, 947, 1440, 3874, 6738, 11016
empreindre 835, 2419, 2705, 4685
empreinte 40, 6256
empreinte de l'électrode 2859
empreinte d'interférences 4740, 4745
émulsion photographique 2958
en acier 9207
en bois 4448
en cône 4977, 5251, 5334
en couches 5668, 8363, 8376, 11077

en couleurs 3220
en courbe 5536
en croix 3912, 5497
en dents de scie 8135
en deux pièces 12023
en disque 8325
en éventail 3189
en fer 2844
en fer à cheval 4471
en feuilles 1703
en forme d'aiguille 6534
en forme de barre 9159
en forme de cloche 4084
en forme de coin 4983
en forme de disque 8325
en forme de disque circulaire 5492
en forme de dôme 5611
en forme de lentille 5964
en forme de ligne 5943
en forme de segment 8756
en forme d'étoile 9344
en grandeur naturelle 6217
en haut 959
en ligne droite 3925, 4105
en marche 1554
en peigne 4915
en phase 4047, 6954, 6969
en plomb 1733, 10698
en pourcent 7240
en pratique 7148
en sandwich 8363, 8376, 11077
en sens des aiguilles de montre 10329
en sens horaire 7600
en service 1554
en spirale 9096
en trois parties 2391
en vraie grandeur 6217
encapsuler 10390, 10830
encastré 10570
encastrer 2622
enceinte 4945, 6167, 10392, 10736
enchaînement logique 10838
enchâssure 2654
encirer 11172
encliqueter 2706, 9066, 10699
encoche 5006, 6734, 8439
encoche longitudinale 5700
encocher 2691, 5008, 8441
encombrement 501, 584, 4308, 9045
encre colorée 7261
encre magnétique 6136, 7260
endenture 11669

endommagé 1476, 2068, 3275, 3297, 8193
endommager 9402
endroit 6838, 7060, 9332
endroit de fuite 5757
endroit de la fissure 7883
enduit 946, 1376, 8354, 10323, 10392, 10836
enduit protecteur 8556
endurance 4249
endurcir 3092, 4277, 9989
endurcissement 10783
endurer 1053, 11538
énergie acoustique 8227
énergie atomique 768, 782, 5030, 6709
énergie cinétique 1589
énergie consommée 2983
énergie d'activation 369
énergie de désintégration 11790
énergie de liaison atomique 765
énergie de liaison nucléaire 1681, 5024
énergie de rayonnement 9595
énergie de rotation 8068
énergie de seuil 8651
énergie de transmetteur 8818
énergie débitée 2979
énergie d'échange 1155
énergie d'émission 264
énergie dépendue 10866
énergie d'excitation 581
énergie d'expulsion 295
énergie d'impulsion 4544
énergie d'ionisation 4784
énergie d'oscillation 8684, 8727
énergie échangée 2981
énergie électrique 2861
énergie latente 2982
énergie nécessaire 2987
énergie neutronique 6613
énergie nucléaire 768, 782, 5030, 6709
énergie oscillatoire 8684, 8727
énergie quantique 7380
énergie rayonnante 9595
énergie réactive 1751
énergie reçue 2980
énergie solaire 8959
énergie sonore 8227
énergie spécifique de rupture 1867
énergie stimulante 581
énergie superficielle 6764
énergie thermique 11255
énergie utile 6739
énergie-seuil 8651

enfermer 2689, 2731, 8435, 10909, 11998
enfichable 2752, 9312
enficher 9315
enflammer 673, 3018, 3069, 11929
enflure 985, 1579
enfoncement 10995
enfoncer 2640
engager 1340
engin nucléaire 5035, 5067
engorgement 2397
engrener 10297
enlevant la chaleur 11265
enlèvement 138, 3012, 3015, 11386
enlèvement de copeaux 11828
enlèvement du dérangement 3055, 9429
enlever 82, 142, 503, 3008, 4348, 4399, 6015, 6020, 10174
énoncé 589
enregistrement 892, 932, 972, 7659, 9045
enregistrement de l'image 1637
enregistrement des données 2010, 2018
enregistrement sonore 10088
enregistrement sur bande magnétique 6102
enregistrer 908, 931, 968, 3452, 7657, 8473, 9043
enregistreur 898, 7658, 7693, 8510, 8511, 9042
enregistreur à bande vidéo 11059
enregistreur à tracés linéaires 5947
enregistreur colore 3227
enregistreur de courbes 5627
enregistreur de niveau 6916
enregistreur de temps 11746
enregistreur multicolore 6286
enregistreur multicourbe 6283
enregistreur sur bande 1705, 9364
enregistreur vidéo 11059
enregistreur XY 11663
enrichir 583, 8144, 9043, 10742
enrichissement 584, 4308
enrichissement d'isotopes 4838
enrichissement initial 461, 466
enrichissement isotopique 4838
enrobement 6167, 10392, 10398, 10836
enrober 2687
enrouillé 8064, 10893
enrouillement 10892

enroulement 11509, 11511
enroulement à double champ 2277
enroulement à plusieurs couches 11513
enroulement bifilaire 11512
enroulement compensateur 5220
enroulement compound 10711
enroulement d'aimant 6147
enroulement de jute 4868
enroulement d'excitation 3123
enroulement différentiel 2204
enroulement extérieur 1126
enroulement haute tension 4411
enroulement partiel 9952
enroulement polaire 7100
enroulement primaire 7172
enroulement tertiaire 10001
enroulement triphasé 2388
enrouler 966, 11508
enseigne 8388
ensemble 5225, 8156
ensemble de combustible 1849
ensemble de radiateurs 4201
ensemble de radiateurs commandé par phase 4202
entaille 2735, 5006, 8439
entaille longitudinale 5697
entaille transversale 7419
entailler 2691, 2734, 5008, 8441
entassement 9281
entier 3952, 11097
entièrement automatique 11093
entourage 10379, 10400
entourage gazeux 10380
entraîné mécaniquement 488, 6267
entraîné par moteur 6486
entraînement 638, 11893
entraînement Diesel 2194
entraînement électrique 639, 2853
entraînement par moteur 6484
entraînement par turbo 10223
entraîner 636, 11851
entrechoquer 9450, 10168, 11984
entrée 2499, 2659, 2661, 2663, 2696, 2776, 11896, 11909, 11924, 12002
entrée d'air 6064, 6089
entrée d'amplificateur 10953
entrée de données 2014
entrée de récepteur 2944
entrefer 6082
entremêler 10879
entrer 2671
entrer en collision 11984
entretemps 11744, 11747

entretenir 4708
entretenu 10490
entretien 4709, 6948, 10560, 11306
entretien préventif 11307
entretoise 2251
enveloppante 2688, 4473
enveloppe 871, 1119, 1376, 2058, 2059, 2688, 4472, 4473, 6167, 6655, 7674, 8199, 10323, 10392, 10836
enveloppé 10322, 10391
enveloppe [d'un élément combustible] 1837
enveloppe cuivreuse 5602
enveloppe d'acier 9218, 9231
enveloppe d'atome 793
enveloppe de papier 6874
enveloppe de protection 8547
enveloppe de réacteur 7573, 7575, 7578
enveloppe en béton 1537
enveloppe en fer 2829
enveloppe en plomb 1739
enveloppe fertile 1690, 1891, 1896
enveloppe isolante 4819
envelopper 2687, 2689, 2729, 10321, 10390, 10418, 10830, 11883
environnement 10450
environs 10379, 10400
envisager 7023
épais 2182, 9282
épaisseur 2184, 9287
épaisseur de couche 8366, 8372
épaisseur de demi-absorption 4241
épaisseur de l'éprouvette 7185
épaisseur de mur 11228
épaisseur de paroi 11206, 11227
épaisseur de paroi de tube 7954
épaisseur de tôle 1711, 1718
épaisseur d'intensité moitié 4241
épaisseur du film 8366, 8372
épaisseur du noyau de soudure 5963
épaisseur moitié 4241
épaissir 10724, 10948, 10962
épaississement grumeleux 10725
épargne [en] 3141
épargne en énergie 2988
épargne en frais 5446
épargne en matière 6241
épargne en temps 11729
épargne en temps de travail 722
épargne en travail 701

épargne en volume 7506
épargner 3140
épaulement 588, 4232
éponge 8571
épreuve 2529, 2542, 3119, 5318, 7178, 7309, 10002, 10284, 10969, 10971
épreuve climatique 5124, 5129, 7311
épreuve de charge 1413
épreuve de (com)pression 2441, 2443
épreuve de pression intérieure 42, 4689
épreuve d'imprimerie 2442, 7182
épreuve hygrométrique 3493
éprouvé 12003
éprouver 1086, 3118, 3476, 7196, 10972
éprouvette 5327, 7180, 7183, 7194, 7195, 7277, 7284, 7288, 7304, 11480
éprouvette d'acier 9221
éprouvette de matériau 6247
éprouvette d'essai de traction 11906
éprouvette plate entaillée 3570
éprouvette-étalon 7276
épuisement 10667, 10902
épuiser 160, 829, 3136, 10666, 10702
épuration 7681, 8162
équation à deux inconnues 4060
équation d'approximation 6543
équation de Bragg 1810
équation de champ 3376
équation de grandeurs 4165
équation de Taylor 9914
équation différentielle 2196
équation d'onde 11440
équation indéterminée 4059
équerre 11584
équidistant 251
équilibrage 73, 1044, 2759, 5215
équilibrage d'affaiblissement 1978
équilibrage de phase 6958, 6964
équilibrage dynamique 1180
équilibrer 74, 861, 1045, 1179, 2755, 3066, 5222, 6596
équipe d'essai 7307
équipement 525, 1093, 1134, 1518, 2709
équipement de mesure 6310, 6335
équipement de télécommande 3421

équipement de traitement des données 1173
équipement d'entrée 2662
équipement d'essai 5321, 7245, 7252, 7324
équipement d'inscription 2662
équipement d'inspection 10318
équipement indicateur 660, 668
équipement nucléaire 528
équipement ultrasonore 10333
équiper 1092, 1133, 10926
équiper [de] 1517
équivalence 688, 4038, 4062
équivalent 685, 686, 3127, 4061
équivalent du roentgen 7967
éraflure 3810, 7776, 8500
érection 941, 1259, 3126, 4366, 5264
ergot 595
ériger 543, 3125, 4178
érosion 3117
érosion de paroi 7471, 7481
érosion par étincelles 3798
erreur 3251, 4802
erreur absolue 3254
erreur aléatoire 11885
erreur de dimensionnement 6211
erreur de lecture 117
erreur de manœuvre 1320
erreur de mesure 6313
erreur de phase 6965
erreur de polarisation 7075
erreur de température 9967
erreur d'indication 663
erreur d'instrument 4720
erreur fortuite 11885
erreur instrumentale 4720
erreur moyenne 3257
erreur par temps de transit 5740
erreur parallactique 6879
erreur relative 3260
erreur résiduelle 7737
escaler 544
espace 7498, 11452, 11453
espace cosmique 11453
espace d'air 6082
espace entre les atomes 12037
espace intermédiaire 12036
espace libre 3693, 7500
espace vide 4436, 4973, 7501
espacer 10304
essai 919, 2542, 3119, 5318, 7178, 7184, 7186, 7309, 10002, 10284, 10583, 10969, 10971
essai à air comprimé 4875
essai à bille 5547
essai à bille tombante 5548

essai à la tension de choc 9459
essai à long temps 5709
essai à vide 5764
essai accéléré 5642
essai accéléré de la durée de vie 5748
essai au brouillard salin 8139
essai au burin 6298
essai au choc 8412
essai au choc sur éprouvette entaillée 5012
essai au mouton-pendule 6923
essai au poinçon 4089
essai aux chocs 9456
essai Charpy 6923
essai climatique 5124, 5129, 7311
essai complet 7313
essai continu 2051
essai crash 1944
essai d'absorption 240
essai d'absorption mécanique (des matériaux) 1993
essai d'acier pour bâtiments élevés 4388
essai d'acier précontraint 9000
essai d'additifs 11995
essai d'agrégat de béton 1541
essai d'aimant permanent 2041
essai d'aplatissement 7435, 7780
essai d'appui de bâtiments élevés 4387
essai d'arrosage 1451
essai d'automobile 5452
essai de béton 1538
essai de béton armé 1540
essai de béton humide 3766
essai de béton moussé 3853, 8317
essai de bois 4450
essai de bon teint 3213
essai de brin de câble 8764
essai de brique 6259
essai de câble 8765
essai de câble métallique 2348
essai de caoutchouc 4207, 4972
essai de casques protecteurs 8546
essai de cavitation 4975
essai de céramique 5002
essai de chaîne 5080
essai de chaux à bâtir 1272
essai de ciment 11767
essai de cisaillement 8345
essai de cisaillement par fluage 11753
essai de claquage 10294
essai de clivage 8192
essai de composants (électriques) 1269

essai de composants pour automobiles 5453
essai de (com)pression 2441, 2443, 2459, 7435
essai de constance de forme 3663
essai de contrainte 9666
essai de corrosion 5436
essai de couche de peinture 625
essai de couleur résistante 3213
essai de court-circuit entre spires 11579
essai de courte durée 5642
essai de coussinet de pont 1885
essai de couvertures protectrices 8558, 10325
essai de cuir 5760
essai de déchirement rapide 8482
essai de déchirure 11820, 11916
essai de déformation alternée 11380
essai de densité nucléaire 2177
essai de déroulage à tambour 10206
essai de destruction 11837
essai de destruction par explosifs 9114
essai de dilatation d'anneau 7778
essai de dommage de fibre 3238
essai de dureté 4279
essai de dureté aux températures élevées 11261
essai de fatigue 2037, 2042, 2051, 3116, 8690, 11821
essai de fatigue par oscillations 2047
essai de fil 2344
essai de flambage 1582, 5155
essai de flammèche 3799
essai de flexion 1614, 1617, 3207
essai de flexion plane 3549
essai de fluage 2049, 9269, 11750, 11751
essai de fluage à long temps 11751
essai de fonctionnement 1561, 3807
essai de freinage 1833
essai de froissement 5157
essai de frottement 159, 8351, 10907
essai de gonflage 7403
essai de goudron bitumineux 1686
essai de gouttes 10219
essai de gypse 4002
essai de joint 2181

essai de la ceinture de sécurité 8847
essai de la corrosion sous tension 9018
essai de la perméabilité à l'air 6063
essai de la résistance aux chocs répétés 2045
essai de la rupture fragile 9127
essai de la sûreté de soudage 8634
essai de laboratoire 5647
essai de l'allongement de fluage 5514
essai de l'aptitude à enlever des copeaux 11827
essai de lavage 11311
essai de l'élasticité à la traction 11903
essai de l'étanchéité à l'eau 11322
essai de maçonnerie 6260
essai de maquette 6439
essai de masse tombante 3201
essai de matériau 6248, 11482
essai de matériaux d'étanchéité 2179
essai de matériaux en bois (en architecture f) 4453
essai de matière à souder 8610
essai de matière plastique 5593
essai de matières adhésives 5112
essai de microdureté 6373
essai de microstructure 3351
essai de mortier 6478
essai de mortier frais 3768
essai de mouchetures 10219
essai de pénétration de couleur 3216
essai de perçage 2545
essai de pierre naturelle 6561
essai de plâtre 4002
essai de pliage 1614, 1617, 3207
essai de pliages alternés 4374
essai de poinçonnage 5984
essai de polarité 7084
essai de pression 4875
essai de quantité réfractaire 3498
essai de rabattement de collerette 1801
essai de radiateur 4332
essai de réception 141
essai de refoulement 9310
essai de relaxation 3049, 7701
essai de résilience sur barreaux entaillés 5013
essai de résistance 3459

essai de résistance aux
   intempéries 1599, 3684
essai de ressuage d'huile 6811
essai de rétention par nettoyage
   11638
essai de rétention par rinçage
   9146
essai de rigidité diélectrique 4410
essai de rupture au choc 8415
essai de rupture par fluage 11748
essai de sécurité 8849
essai de sensibilité 2954
essai de solubilité (de matériaux
   fibreux) 6019, 6032
essai de soudabilité 8597
essai de soudure 8641
essai de substances pour la
   protection de bois 4452
essai de surcharge 10277
essai de sûreté du réacteur 7581
essai de textiles 10019
essai de tôle électrique 2854
essai de tôles découpées au
   chalumeau 1842
essai de torsion 10101, 10732,
   11028
essai de traction 11819, 11908,
   11915
essai de traction à chaud 11301
essai de traction à l'anneau 7783
essai de traction alternée 11912
essai de traction au cisaillement
   11910
essai de traction de cisaillement
   8349
essai de traction en tête 5371
essai de traction pulsatoire 11912
essai de tube 7949
essai de tube en ciment d'asbeste
   735
essai de tuile 1954
essai de type 10228
essai de valeur d'usage 3876
essai de verre 4021
essai de verre de sécurité pour
   véhicules 3195
essai de vibration 8132, 8532,
   11052
essai de vieillissement 416
essai de vis 8507
essai de viscosité 11089
essai de volume 8399, 8552
essai d'écaillage à l'aide de
   rouleaux 7958
essai d'échantéité 5756
essai d'échantillon 6501

essai d'échantillon au hasard
   7476, 9370
essai d'écorcement avec
   l'éprouvette angulaire 11602
essai d'emballement 8428
essai d'emboutissage 10071
essai d'emboutissage profond
   10067
essai d'endurance 2037, 2051,
   3116, 5709
essai d'enroulement 11510
essai des matériaux 11488
essai des produits 3163
essai des vibrations dues à la
   flexion 1616
essai d'évasement 963
essai d'explosif 3175
essai d'homologation 141
essai d'humidité 3493
essai d'isolateur 4814
essai d'isolation 4812
essai d'un gros échantillon 4168
essai d'usure 10907
essai en charge 1413
essai en continu 7312
essai en laboratoire 5647
essai en temps réel 2585
essai en usine 11461
essai individuel 9780
essai non destructif 7317, 10588
essai non destructif des
   matériaux 11485
essai par liquide pénétrant 2636
essai par poudre magnétique
   6137
essai par prise au hasard 9370
essai par roulement 165
essai partiel 9942
essai primaire 3147, 4191
essai sclérométrique 7916
essai sonore 5096
essai sous-marin 10594
essai sur chantier 1280
essai thermique 4383
essai ultrasonore 10354
essaim 1929, 6584, 8575
essaim d'ions 4778
essai/test de vieillissement 420
essayer 1086, 3118, 7196, 7255,
   10582, 10972
essentiel 11505
essieu 319, 7438
essieu d'axe 327
estampage à chaud 11295
estampage à froid 4903
estampe 6256
estamper 9277

estimation 1583, 2727
estimation approximative 1448,
   4151, 8314, 10292
estimation de la qualité 7368
estimer 176, 2726, 8313
établir 543, 2708, 2741, 3125,
   4178
établissement 525, 941, 2709,
   4366, 4707
établissements 11459
étage 9784, 12000
étage de sortie 2972
étage final 2972
étain 11861
étain à souder 6036, 11391
étalement de bande 1235, 1245
étalon 5778, 6676, 6677, 9246,
   9247, 9259
étalon neutronique 9258
étalonnage 2607
étalonner 2601
étamage à chaud 3504
étamage au feu 3504
étamer 11040
étamper 9277
étanche 2168, 10475
étanche à la lance d'eau 9627
étanche à la lumière 5903, 5927,
   6818
étanche à l'air 2166, 6057
étanche à l'eau 2169, 11321,
   11344
étanche à l'eau projetée 9123
étanche à l'eau sous pression
   2463
étanche au vide 10626
étanche aux gaz 3854
étanche aux poussières 9304,
   9306
étanchéité 2176
étancher 38, 2174
étançon 9640, 10967
étançonner 60, 268, 9801
état 1478, 5257, 9168, 9244,
   9784, 10778, 12000
état d'agrégation 355
état de développement 3062
état de surface 6756
état d'équilibre 2053
état final 2978
état initial 478
état normal 6701
état solide 356
état stationnaire 12001
état structural 3890
état transitoire 10255
éteindre 1071, 6005, 6006

étendre 852, 998, 1007, 2090, 3156, 3168, 9112, 9650, 10812, 10845, 10873, 11931
étendue 1008, 1011, 1080, 1453, 2227, 4154, 4166, 7673, 9643, 10370
étendue de dynamique 2555
étendue de fissure 7822, 7856
étendue de réglage 7633
étendue d'essai 7308
étendue d'objet 6798
étendue radiale 1013
étinceler 3795
étincelle 3791, 3796
étiquette 8388
étirable 9641
étirage 9651, 9656, 11854, 11855
étiré sans soudure 3992
étirer 2090, 9650, 10845, 11848
étoffe 3978, 9382, 10216
étouffement 86, 1107
étouffer 1960, 6006, 8444
étoupage 39, 2180
étouper 38, 2174
étranglement 2397, 2736
étrangler 2395
être bâillant 1015
être déphasé en arrière 6514
être fixé 4224
étrier 1900
étriers à grimper 5121, 9325
étroit 8447
étude 10583
étude comparative 10587
étude de la structure 3889
étude des métaux 6359
étude en laboratoire 5648
étude par rayons X 8056
étude rapide 8479
étude spectroscopique 10584
étude théorique 10585
étude thermomagnétique 10586
étudier 10582
étuve à vide 10636
évacué 5761, 6078
évacuer 3036, 3165, 5762
évaluation 1177, 1447, 1507, 1583, 1595, 2727, 3104, 3478, 7594
évaluation de la soudure 6556, 8625
évaluation de l'extension du défaut 3295
évaluation du défaut 3278
évaluation du signal 8879
évaluer 176, 1176, 1594, 2726, 7589, 8313

évanouir 85, 1106, 1957, 10889
évanouissement 86, 1107, 1967, 10890
évaporer 10713
évasement 985, 1579
évaser 1170, 2088
événement 955, 3084, 3197, 8219, 11132, 11145
événement de désintégration 11789
événement de diffusion 9671
événement d'émission acoustique 8219
éventail 3188
évidement 1132, 5974, 6046
éviter 10876
évolution 95, 3060
évolution de défauts 3283
évolution de fissures 7837
exact 3918, 7759, 8298
exactitude 3919, 6213
exactitude d'ajustage 2763
examen 1499, 10284, 10285, 10583
examen de surface 6776
examen non destructif 7317
examen par ultrasons 10365
examen structural 3889
examination ultrasonore 10354
examiner 1498, 4704, 5324, 7254, 7255, 10283, 10582
excéder 10295
excentricité 3183
excentrique 3182
excitation 580, 618, 3124
excitation atomique 761
excitation de champ 3372
excitation de rayonnement 9497, 9596
excitation de vibration 8722
excitation des atomes 761
excitation d'impulsion 4525, 4529
excitation d'oscillations 8722, 8728
excitation par choc 9448, 9452
excitation par courant alternatif 11370
excitation par impulsion 9448, 9452
exciter 366, 579, 3120, 7445, 9380
excursion de fréquence 4468
exécuter 1027, 11029, 11100
exécution 1028, 1264, 3654, 11030
exécution normale 6678
exécution spéciale 8955
exécution standard 9250

exemple d'application 652
exemple de calcul 1449, 7586
exemple de réalisation 1031
exemple d'exécution 1031
exemple numérique 11677
exempt d'acide 8180
exempt de bulles d'air 6056
exempt de pertes 10869
exempt de pores 7114
exempt de stries 8432
exercer 964
exfoliation 21, 83, 128, 154, 6021
exfolier 20
exigence 484, 3088
exigence idéale 4412
expansibilité 1006, 2086
expansible 1005, 2083
expansion 1009, 1171, 2093, 3157, 3169
expansion de dynamique 2556
expansion du contraste 5300, 5311
expectance de vie 5751
expédition 847
expérience 3086, 10970
expérience comparative 10808
expérience en laboratoire 5649
expérimentateur 10977
expert de radiophysique médicale et sanitaire 9526, 9532
expiration 96
expirer 101
explication 3102
expliquer 1065, 3101
exploitation 1553, 1557
exploitation du réacteur 7569
exploitation duplex 2272
exploitation en parallèle 6884
exploitation manuelle 4260
exploitation multiple 11069
exploitation simultanée 8906
exploiter 1550
exploration 282
exploration automatique 283
exploration circulaire 5474
exploration en spirale 9093
exploration fine 3334
exploration interférentielle 4739
exploration manuelle 284, 4257
exploration multiple 11068
exploration par contact 5270
exploration par laser 5718
exploration par points 286
exploration par rayon lumineux 5922
exploration synchrone 9842
exploratrice de câbles 4878

explorer 68, 272
exploser 3171, 7062, 11802
explosion 2143, 3172
exponentiel 3178
exposant 3176
exposé 526, 3065
exposer 1424
exposimètre 1429
exposition 1425
exposition à l'irradiation 9481, 9498
exposition au rayonnement 9498
exposition brève 5638
exposition chronique 2027, 9483
exposition cumulative 9484
exposition directe 2237
expulser 1139, 4349
expulsion 1085
exsiccateur 10200, 10203
extensibilité 2087, 9642
extensible 2084, 9641
extension 1012, 2094, 3157, 10847
extension de défaut 3293
extension de la gamme de mesure 6308
extension de la vie 5749
extension du défaut 3272
extensomètre 2101, 3180
extensomètre à fil d'acier 2102
extérieur 1117, 1121, 1122, 1127
externe 1117, 1122, 1127
extra pur 4406
extraction de faisceau 1907, 9487
extraire [la racine] 11852
extrémité 2959
extrémité de la fissure 7878

F

fabrication 480, 692, 3164, 3436, 4356, 6098, 6169, 7199
fabrication d'acier 9213
fabrication en masse 8829
fabrication en série 6197
fabrique 1556, 11459
fabriquer 479, 3160, 3184, 4355, 7203
face 3769, 11126
face antérieure 11123
face extérieure 1116
face intérieure 4693
face latérale 8776, 8779
facile 5784
façon 692, 3655, 3967, 6098
façonnage 1311, 1356, 3672, 3969, 10794

façonnage à chaud 11299
façonnage à froid 4912
façonnage des tôles 1710
façonner 1309, 1353, 3668, 3682, 10791
facteur d'affaiblissement 1982, 1986
facteur d'amplification de l'écran 3650
facteur d'atténuation 205
facteur de blindage 182
facteur de bruit 3943, 7539
facteur de concentration des efforts 9016
facteur de conversion 5343, 10422
facteur de correction 5418
facteur de couplage 5384
facteur de couplage électromécanique 5385
facteur de diffusion 9673
facteur de diffusion en retour 8099
facteur de dilatation 2096, 2106
facteur de distorsion 5134
facteur de forme 3670
facteur de forme de champ 3375
facteur de l'intensité de la contrainte 9015
facteur de modulation 6442
facteur de multiplication 10959
facteur de perte 10867
facteur de perte diélectrique 10868
facteur de probabilité 3154
facteur de puissance 5810
facteur de qualité 4217
facteur de réflexion 7618
facteur de réflexion acoustique 8247
facteur de renforcement 10959
facteur de ténacité de rupture 1883
facteur de transfert 10312
facteur de transmission 2509, 2511
facteur d'écran 3650
facteur d'isolement 1955
facteur du vide 10628
facteur Q 4217
facture 692, 6098
facultatif 11182
faculté 10880
faible 8562
faible amortissement 1975
faible contraste 5298, 5301
faiblement allié 6665, 8565

faiblement carbonisé 6664
failleux 3972
faillir 1128, 10894
faire 479, 1027, 1597, 3160, 3184, 4355, 5791, 7203, 11029, 11100
faire escale 544
faire feu 3795
faire passer 2506, 6903
faire revenir 533, 1052, 4091
faire rougir 4079, 4090
faire travailler 1290, 1379
faisceau 1904, 9464, 9486
faisceau de neutrons 6607
faisceau de particules 9486
faisceau de protons 7235
faisceau dirigé 7764
faisceau d'ondes 11433
faisceau électronique de balayage 2877
faisceau étroit 3349
faisceau explorateur 280
faisceau focalisé 9468
faisceau ionique 4780
faisceau neutronique 6607, 6633
faisceau primaire 6746, 7169
faisceau sonore 8208, 8266
faisceau ultrasonore 10336
famille de courbes caractéristiques 4993, 5626
fantôme 6952
fatigue 623, 1293, 1380, 3107
fatigue au froid 4891
fatigue due à la corrosion 5433
fatigue oligocyclique 11475
fatigue par l'allongement de fluage 5508
fatigue thermique 11242
fatiguer 622, 1290, 1379, 3106
fausse adaptation 572
fausse alarme 3247
fausse mesure 3325
faute 3251, 4802, 6158, 6870
faute d'impression 2423
fautif 2068, 3275, 3297, 8193, 10834
faux 10834
faux signal 3317
feeder 5850, 11926
fêlé 7858
fêler 7061, 7684, 11812, 11829
fêlure 5146, 7777, 7787, 8967, 8975, 9133, 11780
fendabilité 8971
fendable 8969, 8978
fendre 242, 927, 7061, 7684, 8441, 8976, 11812, 11829
fenêtre 3396

fenêtre de protection 8541
fenêtre du collimateur 5199
fente 3810, 5006, 7787, 7914,
　8439, 8967, 8975, 9088, 9133
fente collimatrice 8972
fente d'accélération 1493
fente de couplage 5391
fente de racine 11658
fente du collimateur 5201, 8972
fente transversale 7423
fer à grains fins 2796
fer allié 2805
fer alpha 397
fer brut 7921
fer carbonyle 4947
fer carbonylique 1912
fer carburé 2799
fer cornière 11596
fer de haute pureté 7682
fer demi-rond 2804
fer doux 2808, 11390
fer du type gamma 3825
fer en barre 9158, 9274
fer en ruban 1237
fer fondu 2797, 2802, 3618, 3620,
　4210
fer forgé 2801, 8458
fer galvanisé 2807
fer granulé 2800, 2803, 2823
fer homogène 3618
fer lamelleux 2795
fer magnétique 6104
fer malléable 8458
fer plat 3560
fer profilé 3665, 7205
fer recuit 2794
fer rond 2806, 8117
fer trempé 2798
ferme 3449
fermer 186, 2731, 8435, 9376,
　10909, 11998
fermer (le circuit) 2725
fermeté 3453
fermeture 188, 9377, 10914
fermeture à baïonnette 1212
fermeture de la fissure 7877
fermoir 10914
ferraille 408
ferrifère 2824
ferrite 397, 3425
ferrite mixte 6408
ferritique 3427
ferromagnétique 2828, 3430
ferro-sonde 3431
ferrugineux 2824
feu clignotant 1754
feuillard 9662

feuillard de fer 1237
feuille 1699, 1779, 3643, 9863
feuillé 3961, 8363, 8376, 11077
feuille d'aluminium 424
feuille de cuivre 5600
feuille de données 2012
feuille de fer 2816
feuille de plomb 1735
feuille de tôle 1721
feuille de zinc 11860
feuille en plomb 1735
feuille métallique 6346
feuille mince de métal 6346
feuille plastique 5582, 5592
feuillet 1701
feuilleté 5675, 5682
feuillure 3208
feutre 3544
fiabilité 10856, 12004
fiable 12003
fibre 3232, 3505
fibre de carbone 5182
fibre de verre 4017
fibre en bois 4449
fiche 4956, 5985, 9316
fiche banane 1219
fiche bipolaire 2289
fiche double 2289
fichier 4955
fictif 5585
fidélité [de reproduction f] 11550
figure 12, 1630, 2002, 3508, 3967,
　4491, 5624, 11714
figure de diffraction 1569, 1572
figure d'interférence 4740, 4745
figurer 6, 2000
fil 337, 3190, 5835
fil à plomb 6035, 8820
fil aérien 3689
fil aplati 3552
fil d'acier 9206
fil d'arrêt 8998
fil de chauffage 4329
fil de fer 2818
fil de platine 7036
fil de repère 4987
fil étamé 2334
fil étiré 2328
fil étiré à froid 2330
fil galvanisé 2333
fil isolé 2329
fil laminé 2327, 11192
fil laminé à chaud 11193
fil nu 2326
fil plat 3552
fil tendeur 8998
fil toronné 2332

fil torsadé 2332
fil tréfilé 2335
fil verni 2331, 5652
filage à la presse 9636
filament 3191, 4329
filet 3982, 6585, 8174, 9318
fileter 8471
filiforme 3192
film 1376, 1480, 3509, 3510,
　6655, 8354, 10323, 10392,
　10836
film à grains fins 3511
film à grains gros 3512
film à rapidité moyenne 3514
film d'eau courante 3598
film d'oxyde 6861, 6864
film huileux 6813, 6816
film lent 3513
film métallique 6342, 6357
film mince 2478, 2479
film protecteur 8556
film radiographique 7996
film rapide 3515
fils tressés 2342
filtrage inhérent 2609
filtration 3542
filtration inhérente 2609
filtre 3533
filtre acoustique 3534
filtre antérieur 11134
filtre correcteur 1046
filtre coupe-bande 1244
filtre de bande 1239, 1242
filtre de combustible 1848
filtre de compensation 1046
filtre de cuivre 5599
filtre de polarisation 7076
filtre de rayonnement 9504
filtre d'élimination de bande
　1244
filtre d'interférence 4742
filtre en fer 2821
filtre en plomb 1734
filtre mécanique 3535
filtre optique 3536, 5911
filtre passe-bande 1242, 1243
filtre passe-bas 10063
filtre postérieur 6515
filtrer 3541
fin 187, 1331, 2476, 2959, 2960,
　8445, 11856, 12010
fin de la fissuration 7884
finement granulé 3344
finesse de détection 6530
finesse de spot 3586
fini 1689, 2967

Français 662

finir 101, 185, 1027, 1329, 1343, 2962, 3434, 6504, 6509, 11009, 11029, 11096, 11100
finir [de] 866
fissile 8968, 8977
fissilité 8970
fission 8989, 9947
fission nucléaire 5057
fissionable 8968, 8977
fissuration 243, 928, 7828, 7836, 7859
fissuration à chaud 11297
fissuration due à la contrainte 9025
fissuration due à la corrosion sous tension 9019
fissuration lamellaire 5677
fissuration par corrosion 5438
fissure 585, 3810, 7787, 8984, 9133
fissure à chaud 4324, 6042
fissure à froid 4904
fissure à la surface 6779
fissure à travers le matériau 7799
fissure capillaire 4222, 6380
fissure circonférentielle 10374
fissure courte 7796
fissure critique 7795
fissure d'abrasion 8427
fissure dans le bord 7478
fissure de bord 4931, 7478
fissure de cratère 5468
fissure de fatigue 2023, 3111
fissure de fusion 924
fissure de retrait 8519
fissure de solidification 3146, 5468
fissure déclenchée à l'état de basse ténacité 9130
fissure due à la contrainte 9024
fissure d'une soudure 8630
fissure en forme d'arc 7789
fissure en forme d'arc de cercle 7793
fissure en forme de disque 7794
fissure entre grains 5399
fissure induite par hydrogène 11340
fissure initiale 4684
fissure intercristalline 7792
fissure intergranulaire 5399, 7791
fissure lamellaire 5676
fissure longitudinale 5702
fissure macroscopique 7798
fissure microscopique 7800
fissure multiple 6281
fissure oblique 8497

fissure oblongue 7797
fissure par chauffage 3152
fissure par choc thermique 10047
fissure par corrosion 5437
fissure par cristallisation 5525
fissure par entaille 5011
fissure par expansion 2104
fissure par réchauffage 11547
fissure par suite de durcissement 857
fissure par suite de durcissement structural 1100
fissure par suite de vieillissement 419
fissure près de la surface 7801
fissure progressive 7808, 11211
fissure ramifiée 7807
fissure rayonnante 7802
fissure sous placage 10568
fissure sous-critique 7806
fissure sousmicroscopique 7803
fissure superficielle 6779
fissure transcristalline 7805
fissure transgranulaire 7804
fissure transversale 7423
fissure tronquée 7788
fissurer 242, 927, 8976
fixage 1335
fixation 1335, 3467, 3477
fixation à vis 8502
fixe 3441, 3446, 3471, 6846, 6939, 8111, 8115, 9264, 9265, 9268, 10467
fixé 3442, 3445, 9463, 10467
fixer 1334, 3465, 3469, 3475, 3547
fixer [sur] 935
fixer le centre 11771
flan 7044, 8320, 8321
flanc 3577, 8771, 8778
flanc antérieur 11124
flanc arrière 4368
flanc d'entaille 5010
flanc d'impulsion 4549
flanc du joint soudé 6552, 8619
flanc frontal de l'impulsion 4619
flanc postérieur 4368
flash 10291
flasque 5985, 8406
flèche 2484, 2503
fléchir 5149
fleuve 9719
flexibilité 1620
flexible 1584, 3587
flexion 1622, 2484
flexion axiale par compression 5154

flexion de pièces chargées debout 5154
flip-flop 5090
flotter 8672
flou 8420, 10214, 10215, 10528
flou d'image 1657
flou d'image X 7980
flou géométrique 10529
flou inhérent 10530
flou interne 10530
flou par mouvement 1591
flou total 3957
fluage 5507
fluage primaire 467
fluctuation 8574, 10662
fluctuation de charge 1415
fluctuation de courant 9733, 9752
fluctuation de fréquence 3748
fluctuation de pression 2448
fluctuation de puissance 5820
fluctuation de température 9975
fluctuation de tension 9028
fluctuer 8573, 10661
fluence 3600
fluence de neutrons 6618
fluide 3619
fluide réfrigérant 5567
fluidité 3597, 3603
fluor 3604
fluorescence 3605
fluorescence par rayons X 7998
fluorescent 3613
fluorescer 3612
fluorographie 5880, 8397
flux 3614, 9718, 9756
flux [traversant le matériau] 2491
flux acoustique 8234
flux de dispersion 9677
flux de dispersion magnétique 9678
flux de neutrons 6619
flux d'énergie sonore 8234
flux d'informations 2016, 6520
flux inducteur 4638
flux lumineux 5926
flux magnétique 3615, 6108
flux neutronique 6619
flux partiel 6898, 9934
flux total 3843, 10103
fluxmètre 3631
focalisation 1908, 3638, 5353, 8305
focalisation diffractive 1573
focalisation du faisceau 9475, 9552, 9555
focalisation électrique 3639

focalisation magnétique 3640
focaliser 1905, 5354, 7757
folié 3871
foncer 1784
fonction caractéristique 9235
fonction continue 3804
fonction d'affaiblissement 1983
fonction d'amplitude 434
fonction d'atténuation 206, 8568
fonction d'autocorrélation 1189
fonction de corrélation 5424
fonction de corrélation croisée 5501
fonction de discontinuité 9137, 10252
fonction de distribution 10993
fonction de fréquence 4306
fonction de la densité optique 8581
fonction de l'oblitération de bord 4933
fonction de l'oblitération de ligne 5950
fonction de Lorentz 6000
fonction de perturbation 9434
fonction de transfert 10252
fonction de transfert de la modulation [FTM] 6448
fonction de transition 9137, 10252
fonction dérivée 3803
fonction d'erreur 3289
fonction d'onde atomique 806
fonction OU 2240
fonction propre 2611
fonction sinusoïdale 8918
fonction trigonométrique 3805, 11597
fonctionnement 1553, 1557, 11635
fonctionnement continu 2028
fonctionnement en tandem 9873
fonctionnement en temps réel 2583
fonctionnement pulsatoire 4534
fonctionner 605, 1529, 3806, 5735
fond 1770, 4176, 4370, 6717, 10553
fond bêta 1523, 1532
fond de bruit 3944, 3950, 7541, 7545, 9437
fond de fissure 7857, 7910
fond de rayons X 8041, 8055
fondage 3994, 4208
fondamentale 4192, 4197

fondation 1249, 3789, 4196, 10541, 10552, 10566
fondement 1249, 1567, 1771, 3789, 4175, 4196, 8938, 8942, 10541, 10552, 10566
fonder 543, 3125, 4178
fonderie 3995, 3996
fondre 2534, 2537, 3993
fondre ensemble 10917
fonte 3994, 4208, 4210, 8450
fonte au graphite à lamelles 4212
fonte austénitique 4209
fonte coulée 4215
fonte ductile 4211
fonte grise 4115, 4212
fonte malléable 9988
forage 1791
forage de contrôle 10005
force 5449, 9286
forcé 12009
force accélératrice 1492
force adhésive 339, 4227, 4229
force attractive 672
force axiale 5698
force centrale 11769
force centrifuge 3588, 11772
force centripète 11775
force coercitive 5175
force contre-électromotrice 3892
force d'accélération 1492
force d'attraction 672
force de cisaillement 7421, 8341, 8528
force de cohésion 5181
force de compression 2434
force de déviation 112
force de gravitation 3073, 8664
force de résistance 11527
force de traction de cisaillement 8348
force d'entraînement 11893, 11905
force d'inertie 1360
force longitudinale 5698
force nucléaire 5040
force transversale 7421, 8341, 8528
forer 996, 1782, 1783
forer [un puits] 1784
forgeage 8460
forger 8459
forger à matrice 3965
formabilité 3661, 10789
formage 3672, 10794
formage à froid 4910
formant l'impulsion 4555

formation 992, 1655, 3058, 3672, 3969, 4200, 4342, 10670, 10794
formation de bulles 1693
formation de fissures 7828
formation de fissures lamellaires 5677
formation de fleurs 1766
formation de pores 7112
formation de queue d'aronde 3546
formation de retassures 6093
formation de soufflures 1694
formation des fissures 7836
formation d'extrémités 2963
formation d'impulsion 4556
formation d'ions 4768
formation en réseau 10884
forme 3655, 3967
formé à froid 4898
forme de boule 5550, 5553
forme de défaut 3287
forme de fissure 7844, 7886
forme de la section 7427
forme de l'éprouvette 7187
forme de sinus 8916
forme défectueuse 3671
forme d'impulsion 4554
forme d'onde 11437
forme d'oscillation 8733
forme du transducteur 8686
formé d'une manière compliquée 5227
forme sphérique 5550, 5553
former 990, 1640, 3667, 3668, 10791
former à chaud 11293
former le carré 7359
former l'impulsion 4503
formule 3666
formule approchée 6542
formule de configuration atomique 9772
fort 3449, 5455, 9283
fort amortissement 1976
forte épaisseur 2185
fortement amorti 3879
fortuit 11884
forure 1791
forure à fond plat 3550, 8134
fosse 4174, 8185, 10995
fossette 817, 4172
four à induction 4640
four à recuire 4096
four de réchauffage 11294
four de séchage 10201
four de traitement thermique 11244

Français 664

four électrique 2896, 6800
four électrique à arc 5896
four industriel 4652
fournir 2670, 5929, 9051
fourniture 5930
foyer 1841, 3633
foyer linéaire 9714
fracasser 11844
fraction 627, 1861
fraction de rayonnement 9579
fraction décimale 2154
fractographie 3681
fracture 1862, 11780
fracture de fissure 7898
fracture de séparation 10187
fragile 9128, 11781
fragilisation par l'hydrogène 11341
fragilisation thermique 11300
fragilité 1871, 9129
fragment 9108, 9777
frais 956, 5445, 5561
frais de production 7200
fraiser 3682
frange d'interférence 4746
frappe 9444
frappe à froid 9308
frapper 950
freinage 1832, 10855, 11042, 11048
freiner 1962
fréquence 4304
fréquence acoustique 8236
fréquence adjacente 6505
fréquence atomique 770
fréquence audible 4460, 10090
fréquence critique 3712
fréquence d'alternances 5729
fréquence d'arrêt 9069
fréquence de balayage 5089
fréquence de coupure 4131
fréquence de milieu 6434
fréquence de référence 3714
fréquence de répétition 11564
fréquence de répétition d'impulsions 4553, 4557, 9893
fréquence de résonance 7720
fréquence de service 705
fréquence de seuil photoélectrique 8652
fréquence de transmission 8812
fréquence de travail 705
fréquence de vibration 8691, 8735
fréquence de vobulation 11642
fréquence de wobbulation 11642
fréquence d'émission 2927

fréquence d'essai 7262
fréquence d'étalonnage 2602
fréquence d'oscillateur 6852
fréquence d'oscillation 8691, 8735
fréquence du mouvement pendulaire 6920
fréquence émise 8812
fréquence étalon 2602
fréquence fixe 3450
fréquence fondamentale 4180
fréquence harmonique 3711
fréquence horloge 9870
fréquence inhérente 2610
fréquence instantanée 976, 3710, 3713, 6467
fréquence intermédiaire 12030
fréquence limite 2589, 4131
fréquence modulante 6443
fréquence naturelle 2610
fréquence normalisée 3714
fréquence oscillatrice 6852
fréquence pilote 9354
fréquence porteuse 10124
fréquence propre 2610
fréquence somme 9823
fréquence vocale 10090
fréquence voisine 6505
fréquencemètre 3744
fréquent 4301, 6808, 11561
frettage 8517, 8520
frette 8199, 10836
friction 3765, 7667
friction à air 6080
friction de glissement 4072, 7668
friction moléculaire 7669
frigorifier 5564
frittage 8913, 11951
fritter 8912
froid 5561
froncement 3205
froncer 3204
front 3769, 11126
front de fissure 7850
front d'impulsion 4550, 4558
front d'onde 11438
frontière 1346, 4122, 4123, 7468
frottement 7667
frottement de glissement 4072, 7668
frottement intérieur 7669
frotter 158, 7664, 8350, 8424, 9659
fuir 1143
fuite 1144, 5753, 10474, 10863
fusée porteuse 10120, 10127
fuser 2537, 8451

fusibilité 8449
fusible 6666, 8855
fusion 1675, 3811, 8452, 10753, 10918, 11976, 11988
fusion atomique 802
fusion dans le vide 10633
fusion insuffisante 1680
fusion nucléaire 783, 5038, 5069
fusion par laser 5719
fût 8197
fuyard 1089, 6337

G

gabarit 5778
gain 988, 3988, 10955, 10958
gaine 1837, 4472, 6167, 8354, 10323, 10392, 10398, 10836
gainé 3910
gaine de l'élément [combustible] 2913
gaine de plomb 1741
gaine isolante 4819, 4827
gaine protectrice 8547
galerie 9644
galvanisation 2897, 3820
galvanisation à chaud 3503
galvanomètre 3821
galvanomètre à miroir 9084
galvanoplastie 2897, 3820
galvanotechnique 3822
gammagraphie 3827, 3831, 3832, 3838
gammamétrie 3830
gamme 1220, 1454, 8930
gamme audible 4459
gamme de lecture 1456
gamme de mesure 6307
gamme de réglage 7633
gamme des fréquences 3734
gamme d'indication 659
gamme d'ondes 11430
gamme multiple 6274
gant en caoutchouc 4206
gants protecteurs 8545
garantie 3846
garder 859, 4251, 8540, 11937
garniture 727, 1093, 1134, 2714, 11881
garniture de fer 2812
garniture de plomb 1739
garniture en plomb 1732
garniture étanche 39, 2180
gâté 8193
gauchir 11021, 11037
gauchissement 11022, 11038, 11047

gaz comprimé 3848
gaz inerte 2591, 8542
gaz naturel liquéfié [GNL] 3621
gaz noble 2591
gaz porteur 10125
gaz rare 2591
gaz raréfié 3849
gaz réfrigérant 5568
gaze 3866
gazéification 10801
gazeux 3858
gazomètre 3851, 3860
généralisation 10656
généraliser 10655
générateur 3921
générateur basse fréquence 10091
générateur de Hall 4247
générateur de neutrons 6614
générateur de pression 2421
générateur de rayons X 8001, 8040
générateur de rythme 9871, 11731
générateur de son 8228, 8259
générateur de vapeur 1963
générateur d'impulsions 4547, 4562, 4564
générateur d'oscillations 8729
générateur d'ultrasons 10341
générateur électrique 5915
génération 3164, 4356, 7199
génération de champ 3373
génération de gaz 3857
génération de neutrons 6615
génération de pression 2422
génération de rayons 9497, 9551, 9597
génération de sons 8229
génération d'hologramme 4442
génération d'impulsions 4548
génération d'oscillations 8730
génération du flux de chaleur 11258
génératrice 3921, 5915
génératrice à haute tension 4409
générer 3160, 4355, 7203
génie civil 1289
géométrie sphérique 5552
géostationnaire 3923
gerçure 9133
germination 4985
gicleur 2551
glacé 4019
glacer 3884
glaçure 4022
glaise 10082
glissage 4067, 8129

glissement 94, 4067, 8129
glisser 100, 4066, 8128, 8425
glissière 3778
global 3952, 11097
globe 4083, 5542
globulaire 5551
glucinium 1475
gomme 4205, 5111
gonflement 601, 8650
gonfleur 6079
goniométrie 7770
goniométrie ultrasonore 10345
gorge 7777
goujon 1795, 9374, 11697
goujonner 599, 10921
gousset 11594
goutte 9119, 10210
gouttière 7784
gradation 267, 4102
gradient 4104
gradient de film 3524
gradient de potentiel 7133
gradient de pression 2429
gradient de température 9969
gradin 9781
graduation 4103, 8926, 9949
graduation de l'écran 8931
graduer 266, 2773, 9169, 9935
grain 5393
grain ferritique 3429
grain fin 3342
grainage 5403, 5407
graisse 3484
graisser 8464
graisseux 3483, 3485
grand axe 4310
grand effort 1302
grandeur 4155
grandeur bidimensionnelle 4163
grandeur caractéristique 4988, 6891
grandeur complexe 4157
grandeur de champ 3377
grandeur de fissure 7856
grandeur d'erreur 3294
grandeur directive 7758
grandeur du réflecteur 7615
grandeur efficace 4158, 4857
grandeur fautive 3294
grandeur mesurée 6317
grandeur perturbatrice 9412
grandeur réglée 7636
grandeur scalaire 4160
grandeur tridimensionnelle 4156
granulaire 5402
granularité 5403, 5407

granulation 4107, 5394, 5403, 5407
granulation du film 3528
granulation optique 4108
granulé 4106, 5402
granuler 578, 913
granuleux 5402
graphique 2002, 2006, 4109, 4110, 5623, 8315, 11713, 11714
graphite 4111
graphite lamellaire 5678
graphite nodulaire 5554
graphite sphérique 5554
graphite sphéroïdal 5554
grappin 510
grappins 5121, 9325
gras 3483
gratter 578, 913
grave 10054, 10085
graver 815, 1373, 2734
gravitation 3073, 4116, 8664
gravité 3073, 8664
gravité de défaut 3290
gravure 814, 1374
grenier 1767
grenu 5402
griffe 1206, 5102
griffes à grimper 5121, 9325
gril 2835, 3501
grille 2835, 3501, 4004, 4005, 4008, 7484
grille antidiffusante 9692
grille en fils 2343
gros 4145, 7492
grosseur de grain 5400
grosseur du grain de pellicule 3527
grossier 4145, 7492
grossir 600, 10811, 10949
grossissement 601, 10815
groupe 354, 1216, 1267, 1901, 1903, 4200, 6866, 8156
groupe atomique 774
groupe de construction 1271
groupe de radiateurs commandé par phases 9550
groupe de radiateurs linéaire 9549
groupement 565, 820, 940, 1218, 4200, 11953
grouper 563, 825, 939, 4203, 11952, 11980
gueuse 6193
guichet 8286
guidage 3778, 6516, 9365
guidage de la soudure 6554
guidage du palpeur 7271

guidage parallèle 6882
guide 3778
guide d'ondes 4434, 11443
guide d'ondes circulaire 8119
guider 3775, 5828, 5869, 7757, 9357
guinder 11574
guipé d'amiante 734
gypse 4001

H

hachuré 8492
hachurer 9661, 9713
harmonie 4040, 10245
harmonique 3711, 4269, 4270, 6790, 8705
harmonique fondamentale 4182
harmonique impaire 4272
harmonique paire 4271
hauban 514, 10663, 10945
haubanage 10663, 10945
haubané par fil 2352
haubaner 8999
haussement du bord 7480
hausser 503, 4321, 4399
haut fourneau 4404
haute fréquence [h.f.] 4395
haute tension 4407
hautement allié 4401
hauteur 4425, 9240
hauteur d'axe 324
hauteur de l'écho de défaut 3280
hauteur de pas 9946
hauteur de remplissage 3786
hauteur d'écho 2572
hauteur d'écho de fond 8103
hauteur d'écran 1650
hauteur d'impulsion 4523, 4567
haut-parleur 5744
hélice 8506, 9095, 9097
hélicé 8505
hélice de refroidissement 5572, 5574
hélicoïdal 8505, 9096, 11454
hélicoïde 8505, 9096
héliopile 8943, 8958
hélium 4337
hémisphère 4236
hémitropie 12025
herbe 4113
herbe d'échos 2571, 4113
hermétique 6057
hétérogène 4359, 4681, 10503
hétérogénéité 10504

heurt 911, 923, 8407, 9444, 11971, 11983
heurter 620, 912, 7152, 9450, 10168, 11984
hisser 11574
hologramme 4441
holographie 4444
holographie à contours 5332
holographie à corrélation 5425
holographie à impulsion double 2284
holographie à transformation de Fourier 3680
holographie acoustique 4445
holographie acoustique en ligne 5944
holographie exploratrice 275
holographie laser 5721
holographie sandwich 8151
holographie ultrasonore 10346
holographique 4446
homme standard 9257
homogène 2682, 4028, 4045, 4454, 7638
homogénéité 4029, 4037, 4046, 4455
homogénéité de fil 3847
homopolaire 4048
horizontal 4461, 5931, 11169
horloge 10327
horloge atomique 799
hors service 1551
houille 9331
houillère 4173, 5185
hublot 3396
huile 6810
huile isolante 4822
huiler 6812, 8464
huileux 3483, 3485, 6815
humectage 482
humectation 482
humecter 1336
humidifier 481, 1336, 1438
humidité 3487
humidité de l'air 6073
hydraulique 2462, 4479
hydrocarbure 5189
hydrogène 11333, 11338
hydrogène carbonique 5189
hydrogène lourd 2145, 11334
hydrostatique 4480, 4481
hygromètre 3492, 4482
hypercritique 10266
hypothèse 557, 10881
hypsomètre 1991, 2116, 6915
hystérèse 4483, 4486
hystérésis 4483, 4486

I

idéal 4487, 11120
identification 3104, 3478, 4488, 4998, 11934
identifier 11933
identique 4489, 10244
identité 4040, 4490, 10245
ignifuge/ignifugé 3575
illimité 10460, 10483
illumination 1418, 4340
illuminer 1817
illusion 9912
illusion optique 979
illustration 13, 1313, 1630, 4491
illustrer 7, 1312, 4492
image 11, 970, 1629, 1631, 2003
image acoustique 8207
image de la diffraction de rayons X 7974
image du joint soudé 6549
image en couleurs 3212
image générée par computer 1936
image individuelle 2788
image négative 6574
image nette 1633
image ombragée 8308
image radiométrique 16
image secondaire 2273
image stéréo 9339
image X 7961, 7978
image X par télévision 7995
image-écran 8395
imagerie ultrasonore 10331
imaginaire 4493
immédiat 974, 8941, 10518
immergé 10591
immerger 2772, 9902, 10927
immission 889, 2786, 4495
immobile 1590, 3445, 6846, 10467
impact 619, 911, 923, 5203, 8407, 9441, 9444, 9446, 11971, 11983
impair 10499
imparfait 3275, 3297, 6161, 10610
impédance 8331, 11520
impédance acoustique 4496, 8276, 11518
impédance caractéristique 11448
impédance de transducteur 11226
impédance d'oscillation 8744
imperfection 3326, 9421, 9426, 10519
imperfection superficielle 6766
imperméabilité 10477
imperméable 2168, 10475

imperméable à la chaleur 11285
imperméable à l'air 2166, 6057
imperméable à l'humidité 3489, 3494
imperméable au vent 11573
imperméable aux gaz 3854
implantation 4499
implantation d'ions 4773
importance 3981
imprécision 10496
imprégnation 4502
imprégner 4500, 10136
impression 2398
imprimé 2398
impropre 10491
impulsion 580, 618, 638, 3124, 4504, 4505, 5462, 7329, 8407, 9029, 9441, 9444
impulsion à courte durée 4510
impulsion à front raide 4513
impulsion à polarité unique 4516
impulsion angulaire 3568
impulsion de blocage 9072
impulsion de commande 9356
impulsion de comptage 11683
impulsion de contrôle 7265, 10011
impulsion de courant 9754
impulsion de courte durée 5630, 5641
impulsion de déclenchement 1072, 9294, 10194
impulsion de départ 8813
impulsion de marquage 6173
impulsion de mesure de temps 9872
impulsion de retour 8084
impulsion de rythme 9872
impulsion de suppression 1147
impulsion de synchronisation 9846
impulsion d'écho 2574
impulsion d'entrée 2665
impulsion d'essai 10011
impulsion d'inhibition 9072
impulsion double 2280
impulsion émise 4507, 8813
impulsion en forme de cloche 4085
impulsion limitée 4509
impulsion négative 6575
impulsion parasite 9413
impulsion pilote 9356
impulsion rectangulaire 4511, 7597
impulsion réfléchie 4512
impulsion retardée 4517

impulsion rotatoire 4515
impulsion secondaire 6517, 6566
impulsion tournante 4515
impulsion trapézoïdale 4514, 10165
impulsion trigger 1072
impur 8468, 10523
impureté 754, 3696, 3699, 11004
in praxi 7148
in situ 4699, 6839, 8922
inaccessible 10614
inachevé 10610
inactif 4627
inaudible 10507
incandescence 4092
incapacité 10484, 10605
incassable 10613
incertain 10531
incertitude 10466, 10528, 10532
incertitude de mesure 6332
incertitude d'inspection 4703
incertitude statistique 10533
incidence 2642, 4763
incidence normale 6683, 8823
incidence oblique 8494
incidence oblique du son 8214
incident (sur) 951, 2646
incider 950
inciser 2734
incision 2735
inciter 579, 3120, 7445
inclinaison 6578, 9330
inclinaison d'impulsion 1951
incliné 56, 3920
incliner 4930, 5088, 6577, 8498
inclusion 2732, 3327
inclusion de flux 8403
inclusion de flux alignée 8405
inclusion de laitier 8403
inclusion de laitier alignée 8405
inclusion de laitier en chapelet 8405
inclusion de scorie 8403
inclusion d'oxyde 6859, 6862
inclusion étrangère 3700
inclusion métallique étrangère 3704
inclusion solide 3481
incohérence 4687
incohérent 4686
incolore 3222
incombustible 3497, 10471, 10604
incomplet 10610
incorporation 2694, 4688
incorporer 2622
incorrect 10834

incorrections du noyau de soudure 5965
indéfini 10472
indépendance 10456
indépendant 10455
indépendant de la direction 7772
indépendant de la fréquence 3754
indépendant de la température 9979
indépendant de la tension 9030
indépendant du courant 9755
indépendant du temps 11756
indétachable 3445, 10467, 10515
indétermination 10466, 10528, 10532
indéterminé 10465, 10527, 10925, 11013
index 4680, 4996, 6170, 11699
index atomique 807
indicateur 660, 668, 4630, 6531, 9156, 9815, 11716
indicateur de hauteur 4429
indicateur de luminance 5873
indicateur de polarité 7094
indicateur de pression 2407
indicateur de qualité d'image [=I.Q.I.] 1643
indicateur de qualité d'image à traverses en fils métalliques 7302
indicateur de rayonnement 9509, 9602
indicateur de zéro 6715, 6722
indicateur d'isolement 4811
indicateur radioactif 7461, 10111
indication 655, 1333, 6525
indication de défaut 3265
indication de discontinuité 3265
indication de hauteur 4428
indication de numéros 6733
indication directe 2236
indication d'ultrasons 10334
indication médiocre 658
indication numérique 656, 2223
indication numérique lumineuse 5883
indication oui-non 4861
indication par poudre magnétique 6135
indication ultrasonore 10334
indication visuelle 8861
indications 487, 2009
indice 11699
indice d'absorption 229
indice d'affaiblissement 1989
indice de modulation 6445
indice de réfraction 1821

Français 668

indice de visibilité 2138
indifférent 4629
indiquer 10, 665, 4633, 6528, 8863
indirect 4631
indirectement proportionnel 7226
indissoluble 10514
indium 4632
individuel 2792, 10755
inductance 4647
inductance de fuite 9682
inductif 4646
induction 3124
induction magnétique 4634, 6109
induction mutuelle 3894
induire 4654
induit 512, 8075
industrie aéronautique 6070
industrie atomique 776
inefficace 10612
inégal 10479, 10502, 10503
inégalité 10480
inertie 1359, 10132, 10828
inertie de l'œil 980
inexact 10495
inexactitude 10496
inexactitude de mesure 6331
infecter 11003
infection 3707, 11004
infini 2968, 10460, 10483
inflammable 3500
inflammation 3070
inflexible 10469
influence 1326, 2785, 11629
influence [sur] 2655
influence ambiante 10382
influence atmosphérique 11641
influence de la surface 6762
influence de l'ambiance 10382
influence de l'environnement 10451
influence du milieu ambiant 10382
influence d'une grandeur 4164
influence mutuelle 2787, 11381
influence perturbatrice 9401
influencer 1325
influer 2784
information [sur] 4656
informations 2009, 11502
informatique 4655
informer 1463, 6300, 6420
infrangible 10613
infra-rouge 4659
ingénieur d'essai 7266
ingrédient 626, 1504
ingrédient principal 4311

inhibiteur de corrosion 5440
inhomogène 4681, 10503
inhomogénéité 3252, 4682, 10504
ininflammabilité 6639
ininflammable 3576, 6638
ininterrompu 10600
initial 457, 458
initiation de fissuration 7833
initiation de fissure 7836
injecter 545, 835, 2419, 2705, 4685, 9118
innocent 10493, 10525
innocuité 8839, 10494, 10526
inorganique 567
inoxydable 6648, 6860, 8063
input 2661
inscription 2661
inscrire 2671, 2738
insensibilité 10482
insensible 10481
insensible à la chaleur 11286, 11291
insérer 1230, 2622, 2657, 2670, 2697, 2698, 2722, 2738, 2744, 12039
insertion 2658, 2714, 2747, 12040
insoluble 10516
insoluble dans l'eau 11345
inspecter 1498, 4704, 10283, 10316
inspection 926, 1499, 2542, 4702, 5316, 5318, 7309, 8865, 8868, 10284, 10285
inspection de surface 6776
inspection des matériaux 11488
inspection en préservice 6725
inspection en service 11565
inspection finale 2966
inspection in situ 4700
inspection non destructive 7317
inspection préservice 7319
inspection ultrasonore 10354
inspection visuelle 8867
instabilité 4706, 10464, 10535
instable 741, 4705, 10463, 10534
installation 525, 565, 820, 940, 940, 941, 1093, 1134, 1556, 2709, 4366, 4707, 6472, 8294, 11459, 11954
installation à rayons X 7965, 7989
installation atomique 7565
installation de chaudières 5075
installation de commande 9351
installation de contrôle 7324
installation de contrôle de barres 9275

installation de coulée continue 9633
installation de mesure 6310, 6335
installation de mixage 6405, 6412
installation de pompage 7343
installation de réacteur 7565
installation de réfrigération 5563, 5578
installation de régénération de combustible 1851
installation de sécurité 8842
installation de transmission 8809
installation de visualisation 8866
installation d'essai 7263, 7324
installation d'expérimentation 10974, 10979
installation d'inspection 5321, 7245, 7252, 7324
installation d'utilisation des déchets 6491
installation expérimentale 10974, 10979
installation extérieure 3690
installation frigorifique 5563, 5578
installation nucléaire 528
installation parafoudres 1757
installation pilote 10974, 10979
installation temporaire 824
installation ultrasonore 10333
installation vidéo pour rayons X 7994
installer 448, 563, 825, 937, 1334, 2622, 2708, 4353, 6476, 10548, 10579, 11977
instant 6465, 11742
instantané 974, 6466, 8941, 10518, 10609, 11043
instruction 548, 645, 993, 1332, 5777, 7762, 10599
instruction d'ajustage 2769
instruction de service 1566
instruction d'emploi 3875
instruire 547, 644, 991, 4713, 5780, 10571, 10598
instrument 680, 3928, 4714
instrument de contrôle 7263
instrument de mesure 6316, 6319
instrument de mesure de précision 7150
instrument de précision 3347
instrument de table 10073, 10074
instrument enregistreur 7658, 7693, 9042
instrument indicateur 664
instrument multiple 11071
instrument portatif 4715

instrument pour courant
  alternatif 11371
instrument principal 4314
instrument universel 11071
instrumentation 3931, 4717
insuffisance 10616
insuffisant 10459, 10497, 10615
intact 10462
intégral 3952, 11097
intégrale de ligne 5945
intégrale de surface 3565
intégrale de temps 11732
intégrale d'erreur 3298
intégrateur 4725, 4728, 9821
intégration partielle 4724
intégrer 4729
intégrité 10606
intensif 4735
intensificateur d'images 1661
intensificateur d'images à rayons
  X 7981
intensification 8586, 10957
intensification de noircissement
  8580
intensification du champ 3387,
  3392
intensifier 4736, 10949
intensimètre 4730, 4732
intensité 4731, 9288
intensité acoustique 8239, 8264
intensité coercitive 5174
intensité de champ électrique
  3382
intensité de champ magnétique
  3383
intensité de courant 9753
intensité de diffusion 9683
intensité de la contrainte par
  fatigue 3108
intensité de la lumière 5913, 5920
intensité de radiation 9603
intensité d'éclairement 1423
intensité d'impulsion 4600
intensité du champ magnétique
  6107
intensité du champ perturbateur
  9406
intensité du signal 8889, 11709
intensité du son 5745
intensité gamma 3828
intensité incidente 2644
intensité lumineuse 1423, 5877
intensité polaire 7096
intensité résiduelle du champ
  7740
intensité sonore 8239, 8264

interaction 1327, 2785, 2787,
  11381
intercalation 2658, 12040
intercaler 2657, 2722, 12033,
  12039
intercepter 841, 851, 2651, 3210,
  4341
interception 842, 2652
interchangeable 1153, 1166
interchanger 1154, 1168, 10985
interconnecter 11973
interconnexion 10687
interdigital 4917
interface 4127, 10176
interface liquide-solide 4128
interférence 4738, 8589, 9425,
  10269
interférence de rayons X 8004
interférence mutuelle 1327
interférer 4749
interféromètre 4744, 4750
interférométrie holographique
  4751
interférométrie speckle 9036
intergranulaire 4752, 5397
intérieur 4698, 5017, 6430
intermédiaire 12026, 12032,
  12041
intermission 6908, 8108
intermittent 1130, 4753
intermoléculaire 4754, 12034
interposer 2722, 12033, 12039
interposition 12040
interprétation 667, 1068, 1177,
  1583, 2148, 3102, 4755, 5208
interprétation de la pellicule 3516
interprétation de la prise 893
interpréter 1065, 2144, 3101
interrompre 27, 172, 863, 1094,
  1128, 6803, 10172, 10543,
  10544, 10545, 10894
interrupteur 1096, 8283, 10546
interrupteur à pression 2446
interrupteur à vide 10632
interrupteur horaire 8293
interrupteur poussoir 2446
interrupteur temporisé 11745
interruption 173, 1095, 1129,
  10182, 10547, 10895
intersection 2538, 7204, 8484,
  8488
interstice 9088, 9648, 12036
intervalle 248, 4756, 6046, 9648,
  11723, 11744, 11747, 12036
intervalle de suppression 1148
intervalle de temps 11728, 11757
intervalle de transition 10255

intervalle d'énergie entre deux
  bandes 2986
intervalle d'impulsions 4521,
  4570, 4626
intervalle régulier 249
introduction 2659, 2663, 2696
introduction [dans] 2660
introduction des données 2014
introduire 2670, 2738, 11888,
  11925
inutile 6743, 10470, 12011
inutilisable 6743, 10470
invariabilité 10603
invariable 10601
inverse 4759, 10387, 10835
inversement proportionnel 7226,
  10388
inverser 1154, 1168, 4762, 10394,
  10985
inverser la polarité 10419
inverser l'aimantation 10417
inverseur 4761, 8285, 10427
inversion 10395, 11349
inversion de phase 6979
inversion de polarité 7085, 10420
inversion d'impulsion 4610
invertir 4762, 10394, 11360,
  11455
iode 4862
ionisable 4792
ionisation 4783, 4794
ionisation atomique 777
ioniser 4793
ionomètre 4785
iridium 4800
irradiation 1510
irradiation à courte distance
  6537
irradiation à faible intensité 8563
irradiation à travers une paroi
  double 2293
irradiation acoustique 2720
irradiation acoustique oblique
  8495
irradiation continue 5707
irradiation directe 2237
irradiation du corps entier 10102,
  11095
irradiation excessive 10233
irradiation gamma 3823
irradiation neutronique 6604
irradiation oblique 8493
irradiation par contact 5272
irradiation par rayons X 7971
irradiation profonde 10053
irradiation profonde par rayons
  X 8053

irradiation prolongée 5707
irradiation sandwich 8150
irradiation superficielle 6757
irradiation totale 10102, 11095
irradier 1509
irrégularité 148, 562, 3252, 6413, 7652, 9421, 10504, 10522
irrégulier 147, 561, 568, 6414, 7651, 10500, 10503, 10521
irréversible 4801
irrotationnel 11609
isocèle 4052
isochrone 4063, 4803, 11963, 11989
isolant 4810, 4820, 4821, 4828, 10177
isolateur 4820, 10177
isolateur extérieur 3691
isolateur pour lignes aériennes 3691
isolateur-support 9806
isolation 4804, 4805, 4829, 4830, 10185
isolation thermique 11262
isolement 4804, 4829
isoler 4816, 4817, 10173
isomère 4832
isomérique 4832
isomorphe 4032, 4833
isotherme 4834
isothermique 4834
isotope artificiel 4835
isotope indicateur 5842
isotope radioactif 4836
isotope traceur 5842
isotopie 4855
isotopisme 4855
isotropique 4856
itératif 4301, 6808, 11561
itération 4304, 4859, 11563

J

jack 5132, 5283
jaillir 2531, 9116, 9131, 10305
jambe 9640, 10967
jauge 5778
jauge de contrainte 2102
jauge de vide 10550, 10630
jauge extensométrique 2102
jauge extensométrique capacitive 4937
jauge pour fils 2341
jaugeage 2607
jauger 2601
jet 9465
jet de coulée 3999

jeu 6048, 7496, 8156, 9088
joindre 596, 10680, 10750, 11974, 11977
joint 39, 2180, 6548, 9445, 9460
joint à brasage tendre 11394
joint à rapprochement 9791
joint à vis 8509
joint abouté 9797
joint au plomb 1732
joint bout à bout 9791
joint Cardan 4949
joint circulaire 8123
joint collé 5108, 5113
joint d'angle 4978
joint de dilatation 2098, 2105
joint de grains 5396
joint de tuyau 7952
joint haute tension 4408
joint isolant 4831, 10190
joint longitudinal 5699
joint soudé 6044, 8615, 8636, 8642, 10689
joint soudé à recouvrement 8644
joint soudé austénitique 8643
joint soudé bout à bout 9795
joint soudé par fusion 9792
joint soudé par points 10691
joint soudé par rapprochement 9791
jointure 9445, 9460
jointure en T 5156
jonction 598, 2677, 9445, 10248, 10260, 10685, 10687, 11965, 11975
jonction par soudage 8642
jonction par soudage fort 4290, 8980
joue 1206, 5102
jumeau 5530, 12024

K

kit 1277
klystron 5135

L

laboratoire 5646
laboratoire d'essai 7279, 10982
lâche 6012, 8406
lacune 2393, 3327, 4009, 5768, 5974, 6046
lacune laminée 3328
laine 11651
laine de verre 4023
laisser passer 4364

laitier 8401
laiton 6318
lame 1700, 5130, 9863, 11932
lame bimétallique 1668
lamellaire 5675, 5682
lamellé 5675, 5682
laminage 5683, 11196
laminage du ruban 1236
laminaire 8363, 8376, 11077
lamination 2303, 5683, 8365, 8368, 8375
laminé 3563, 3871, 3961, 3976, 5684, 7043, 8363, 11077
laminé à chaud 4322
laminé à froid 4899
laminer 11195
laminoir 11194, 11204
lampe 5686
lampe à éclats 3573
lampe de contrôle 7280
lampe de signalisation 8885
lampe de supervision 10319
lampe infra-rouge 4665
lampe témoin 7280, 8885
lampe-pilote 8885
lanceur 10120, 10127
lanceur de satellite 8152
languette 11932
laque 5650
laque protectrice 8549
large bande 1227, 1229, 1824
large bande de fréquences 3724
target 7039
largeur 1827, 11401
largeur de bande 1232, 1233
largeur de Doppler 2296
largeur de fente 8440, 8973
largeur de fissure 7830
largeur de la bande de fréquences 3730
largeur de moitié 4240
largeur de ruban 1232
largeur d'impulsion 4535, 4537, 4575
largeur du contraste 5302
largeur du lobe 5084
larme 10135
laser 5716
laser à corps solide 3464
laser à impulsions 5717
laser rubis 8077
laser solide 3464
latéral 7406, 8781
latte 8381
laver 11310
lé 1210
leçon 848

lecture 121, 655, 8930, 9236
lecture à distance 3398
lecture au vernier 3332
lecture des instruments 4716
lecture destructive 5870
lecture directe 123, 657, 2235, 2236
lecture numérique 122, 2222
léger 5783, 8562
légèrement amorti 3878
lent 5693
lenticulaire 5964
lentille 5954
lentille acoustique 5956
lentille concave 5958
lentille convexe 5959
lentille de décélération 11045
lentille électronique 2883
lentille électrostatique 5957
lentille magnétique 5960
lentille plane-concave 5961
lentille ultrasonore 10249
lésion 1477, 8187, 8195, 10860
lésion latente 9035
lésion par irradiation 9523
létal 10077
levée 4469
lever 503, 860, 902, 4321, 4399
lézarde 3810
lézardé 7858
liaison 598, 1674, 1675, 1676, 10669, 10687, 11975
liaison atomique 764, 1677
liaison chimique 1678
liaison rigide 1679
liasse 4300, 9443
libération 1074, 1079, 1338, 3685, 3694
libération de chaleur 11260
libération d'électrons 2879
libérer 1073, 1337, 3686, 3692
libre parcours moyen 11285
licence 11923
licencier 11919
lier 596, 10680, 10750, 11974
lieu 3584, 6838, 7060, 7495, 9243, 9266, 9332
lieu de rupture 1878
ligne 5847, 5935, 5937, 5938, 7675, 9646, 9711, 10857, 11720
ligne à courant alternatif 11374
ligne acoustique 5852
ligne aérienne à courant fort 9289
ligne auxiliaire 4361
ligne blindée 5851
ligne coaxiale 5854

ligne contiguë 9877
ligne d'absorption 232
ligne de base 1251, 4186
ligne de centre 6428
ligne de champ 3379, 3630
ligne de contact 1472
ligne de contingence 9877
ligne de conversion 5344
ligne de cote 6215
ligne de crête 8334
ligne de dispersion 9687
ligne de flux 3379, 3630
ligne de force 3379, 5456
ligne de retard 11044
ligne de soudure 8615
ligne de Wöhler 11647
ligne d'intersection 8487
ligne électrique 5853
ligne en tirets 5940
ligne équipotentielle 684
ligne hélicoïdale 9097
ligne interrompue et pointillée 5942
ligne médiane 6428
ligne neutre 6721
ligne pointillée 5941
ligne zéro 6721
ligner 5952
lignes de Fraunhofer 3683
limaille 3330
limailles de fer 2820
limitation 1346, 4122, 7468, 8647
limitation de la bande de fréquences 3728
limitation de rayonnement 9482
limitation d'impulsion 4533
limite 1346, 4122, 4143, 7468, 8501, 8648, 11189
limite conventionnelle d'élasticité 2092, 2099
limite d'allongement 2092, 2099
limite de bruit 7540
limite de charge 1378, 1408
limite de déchirement 1872, 7689, 11817
limite de défaut 2071, 3291
limite de détection 609, 2953, 6532
limite de dislocation 10935
limite de granulation 5396
limite de perceptibilité 3099, 3474, 11184
limite de projection 9120
limite de puissance 5811
limite de résistance 3457
limite de rupture 1870
limite de température 9970

limite d'écoulement 3594, 9652
limite d'écoulement aux températures élevées 11298
limite d'écrasement 7434
limite d'élasticité 2849
limite (d'élasticité) proportionnelle 7228
limite d'erreur 3292
limite d'étirage 9652
limite élastique apparente 9652
limite élastique apparente inférieure 9654
limite inférieure d'écoulement 9654
limite supérieure d'écoulement 9653
limiter 1342
limiteur 1345
limiteur de courant 9736
limiteur d'impulsion 4532
limiteur du faisceau 9474
linéaire 3925, 3927, 5943
linéariser 5933
lingot 1759, 6193, 6344, 11191
lingot d'acier 9205
lingot de forge 8457
lingotière 5194
liquéfier 10787
liquide 3619, 3622
liquide de couplage 10692
liquide de refroidissement 5567
liquide isolant 4818
liquide pénétrant 2630, 2632, 3623
liquide pénétrant coloré 3214
liquide pénétrant rinçable par eau 2635
liquide porteur 10123
lire 66, 119, 272
lisible 116
lissage 4027
lisse 2562, 3548, 4024, 7021
liste 942, 5969, 10301, 11982
lithium 5971
livraison 5930
livrer 71, 5929
lobe 5083, 5710, 11863
lobe principal 4315
lobe secondaire 6567, 6572, 8780
local 5991, 6841, 7495
localisateur 9815
localisation 2674, 5666, 5993, 6843, 6849
localisation de défaut 3281, 3302, 3308, 9431
localisation de panne 9431
localiser 2673, 5994

logarithme naturel 5988
logarithmique 5987
logement 2762, 10580
loger 903, 2622, 2758, 10548, 10579
loger (dans) 2697
logique 5989, 5990
loi de Coulomb 1942
loi de distribution 10994
loi de Hooke 4457, 9010
loi d'efficacité 11632
loi des probabilités 11188
loi des puissances 7139
loi distributive 10994
loi exponentielle 3177
loin du film 3521
longévité 1815, 5689, 5691, 5747
longévité des électrodes 2860
longitudinal 5996
longueur 9643
longueur critique de la fente 8442
longueur de bande 1241
longueur de fibre 3236
longueur de filet 3985
longueur de fissure 7862
longueur de ruban 1241
longueur de soudure 8620
longueur d'impulsion 4535, 4537, 4575
longueur d'onde 11442
longueur d'onde limite 4142
longueur du champ proche 6546
loquet 5133, 9065
loqueteau 8469
lot 7126, 7127, 8156
loupe 6095, 10816
lourd 8659
lubrifiant 4070
lubrifier 6812, 8464
luire 5874
luire à travers 2516, 2525
luisant 4015
lumière ambiante 7521, 10384
lumière diffuse 5885, 9686
lumière diffusée 5885
lumière du jour 9868
lumière flash 1755
lumière incidente 875, 5884, 5886
lumière naturelle 9868
lumière noire 8577
lumière polarisée 5887
lumière réfléchie 5888
lumière visible 5889
luminance 5872
luminance d'observation 1547
luminance observée 1547
luminescence 6090

luminescent 6091
luminosité 4340
luminosité de l'image 1644
luminosité du spot 3585
lunettes protectrices 8538
luxmètre 1422

M

mâche-fer 11930
machine à calculer 1935, 7590
machine à dresser 7763
machine à souder 8607
machine à souder automatique 8614
machine centrifuge 8748, 11773
machine d'essai de durée 2038
machine d'essai de fatigue 2046
machine d'essai de traction 11907
machine d'essai des matériaux 11481
machine d'essai universelle 10511
machine d'essais de rupture 11818
machine-outils 11497
mâchoire 1206, 5102
maclage 11051, 12025
macroanalyse 4153, 6149
macro-fissure 6152
macromoléculaire 6151
macromolécule 4167
macroscopique 6153
macrostructure 4152
magasin 5672
magnésium 6099
magnétique 6111
magnétisable 6112
magnétisation 6114
magnétisation circonférentielle 10373
magnétisation de bobine 9145
magnétisation par impulsion 9455
magnétisation saturante 8155
magnétiser 6113
magnétisme rémanent 6118, 7705, 7741
magnétisme résiduel 6118, 7741
magnétite 6119
magnéto-acoustique 6123
magnéto-élastique 6124
magnétographie 6125, 6137
magnéto-hydrodynamique 6126, 6127
magnéto-ionique 6128
magnéto-optique 6130

magnétoscopie à fluorescence 3609
magnétostrictif 6132
magnétostriction 6131
magnétron 6140
maigrir 8516, 8673
maillon 4074, 5079
maintenance 4709, 6948, 10560, 11306
maintenance préventive 11307
maintenir 915, 4251, 4708
maintien 916, 1364
maison 1261, 1288
malléabiliser 10820
malléabilité 2087, 9642, 11846
malléable 9641
malpropre 8468, 10523
manchon 1898, 4472
manchon de tuyau 7948
manchon fileté 3986
manette 4144, 4263, 5131
manganèse 6154
manganésifère 6156
maniement 1318, 1530
manier 1317, 1353, 1529
manière 11382
manière d'opérer 721
manipulateur 6163
manipulateur à pince 11696
manipulateur sous eau 10593
manipulateur sous-marin 10593
manipulateur télécommandé 6164
manipulateur universel 10510
manipulation 1318, 1356, 1530, 4264, 6162, 9896, 9897
manipuler 1317, 1353
manivelle 5131
manœuvre 1530, 6162, 9897
manœuvrer 1317, 1529, 8281
manomètre 2407, 2439, 6166
manomètre à ionisation 4787
manque 696, 1018, 6158, 6870
manque de courant 9735
manque de fusion 1671
manque de fusion à la racine 11655
manque de fusion dans le flanc 3578
manque de fusion entre passes 5667
manque de netteté 10528
manque de racine 11656
manquer 994, 3250, 10304, 10779, 10894
manuel 4258, 6168
manufacturer 10665, 10781
manutention 1356

marche 1553, 1557, 1587, 5733, 9647, 9783, 11383
marche arrière 8082, 11936
marche de pression 2455
marche du rayon 9506, 9541, 9625
marche en avant 11166
marche en parallèle 6884
marche synchrone 4041, 9849
marcher 5735
marge 308, 7715, 8840, 9088
marge de sécurité 8840, 8853, 9088
marquage 4998
marquage coloré 3223
marquage de défauts 3304
marquage de temps 11738
marque 692, 6098, 6169, 11700
marque de temps 11736
marque d'épreuve 7327
marquer 1600, 6171, 8892
marqueter 1066, 4365
marqueur de temps 11737
martensite 6174
martensitique 6175
masquage 36, 1744
masque 36, 1744, 6179
masquer 32, 1316, 2063, 10321, 10390, 10714, 10830, 11883
masse 6185, 6186, 9383
masse atomique 785
masse au repos 6191, 8110
masse critique 6189
masse de remplissage 10819
masse effective 6188
masse mouvante 6187
masse nucléaire 5044
masse plastique 6190
masse-spectrométrique 6204
masse-spectroscopique 6205
massif 2170, 3444, 5211, 6214, 11966
mat 6257
mât 6223
matériau 6228, 9385, 11463
matériau de la pièce à essayer 7190
matériau fibreux 3507
matériau lamelleux 8377, 11465
matériau magnétique 11468
matériau métallique 11469
matériau non ferromagnétique 11470
matériau poreux 11471
matériau rond 8122
matériau stratifié 8377, 10710, 11465

matériau stratifié à fibres 3241
matériaux 6228, 11463
matériaux chargés 6231
matériaux de blindage 9530
matériaux de construction 1274, 1281
matériaux de protection contre les rayonnements 9530
matériaux nucléaires 5045
matériaux pour le réacteur 7582
matériaux profilés 7206
matériel 6226, 9385, 11463
matériel de contact 5279
matériel fissile 8981, 8985
matière 6227, 6253, 9383, 9810, 11463
matière à mouler 3674
matière à souder austénitique 8609
matière absorbante 6229
matière active 6230
matière adhésive 5104, 5111
matière biologique 6232
matière céramique 5000, 11467
matière comprimée 7160
matière contaminante 10939
matière d'amortissement 1990
matière de base 4188, 4195, 9812, 10126, 10129
matière de moulage 3674
matière de pénétration 2632
matière de pénétration colorée 2634, 3214
matière de pénétration fluorescente 2633
matière élastique 6233
matière en fibre dure 4283
matière ferromagnétique 6235
matière fibreuse 3239
matière fissile 8981, 8985
matière frittée 8915
matière imprégnante 4501
matière isolante 4810
matière masonite 4283
matière non-magnétique 6239
matière nucléaire 5046
matière pénétrante colorée mouvable par eau 3215
matière plastique 5586, 6237
matière plastique renforcée par fibres de charbon 5588
matière plastique renforcée par fibres de verre 5587
matière poreuse 11471
matière première 4187, 4193, 4198, 7955
matière radioactive 9388

matière régénératrice 1892, 1894
matière renforcée par fibres 6234, 11464
matière résistant à la chaleur 6236, 11466
matière spongieuse 8319
matière synthétique 5586
matière thermoplastique 6238
matière-cible 9884
matières en tas 8534
matières premières 7923
matrice 6255, 6256
matrice de détecteur 2141
matrice de diffusion 8936, 9688
maturation 411
mauvais 10834
mauvais conducteur 5838
mauvais contact 5269
maximum 6261, 6264, 9101
mécanique 6265, 6266
mécanique de rupture 1874
mécanique quantique 7381
mécanisation 6269
mécanisation intégrale 11098
mécaniser 6268
mécanisme de défaillances 10897
mécanisme de destruction 11836
mécanisme de formation 1656
mécanisme de l'écrouissage 10784
mécanisme de l'émission 2925
mécanisme du fluage 3595
médecine nucléaire 5047, 6710
médiane 6428
médiocre 10615
médiocrité 10616
médium 6270, 6421, 9384, 11628
mélange 3916, 6409
mélange de fréquences 3740
mélange d'impulsions 4563
mélanger 1369, 6407, 10879, 11999
mélangeur 6405, 6412
membrane 6302
membre 2906, 4077, 8769, 9921
mémoire 9037
mémoire à noyau 5058
mémoire d'impulsions 4596
mémoire image 1651
mémorisation 972, 9046
mémoriser 2748, 9044
mercure 7394
mesurage 6312, 6329
mesurage des rayonnements 9517, 9610
mesure 6180, 6182, 6312, 6329
mesure à distance 3410
mesure absolue 218

mesure d'activité 375
mesure d'affaiblissement 1992
mesure d'atténuation acoustique 8257
mesure de célérité d'ultrason 10344
mesure de coïncidence 5192
mesure de courant alternatif 11376
mesure de dose 2320
mesure de dose du personnel 6946
mesure de fréquence 3745
mesure de la densité optique 8585
mesure de la discontinuité magnétique 2243
mesure de la température 9973
mesure de la tension interne/résiduelle 2615
mesure de l'allongement relatif 2103
mesure de l'amortissement 1992
mesure de l'usure 10906
mesure de phase 6975
mesure de protection contre les rayonnements 9529
mesure de rayonnement 9517, 9610
mesure de résistance 11529
mesure de sécurité 8848, 11160
mesure de tension 9020, 9021
mesure de tension par rayons X 9022
mesure de vitesse de son 8238
mesure d'épaisseur 2187
mesure des rayons de dispersion 9693
mesure d'impédance 4498, 8332, 11529
mesure d'impulsions 4579
mesure d'intensité de champ 3386
mesure du bruit 3946, 7542, 9410
mesure du champ magnétique 6106
mesure du noircissement 8585
mesure du retrait 8675
mesure du temps de transit 5741
mesure par courants de Foucault 11614
mesure par isotopes 4846
mesure précise 3348, 7151
mesure sans contact 6330
mesurer 133, 1081, 6311
mesureur d'impulsions 4578

mesureur d'intensité de champ 3384
métal alcalin 389
métal autre que le fer 6580, 6636
métal dur 4292
métal laminé à chaud 6339
métal laminé à froid 6340
métal léger 5785
métal lourd 8665
métal noble 2592
métal non ferreux 6580, 6636
métal précieux 2592
métal terreux 3076
métallifère 6347
métallisation 6358
métalliser 832, 6348
métallographie 6355, 6359
métalloïde 6644
métallurgie 6353, 6360
métallurgie des poudres 7342
métallurgique 6361
méthode 7242, 9918, 10757, 11382
méthode à bobine croisée 5503
méthode à champ continu 4031
méthode à champ de fuite 9676
méthode à défauts-étalon 10009
méthode à éclair roentgen 7982
méthode à impulsions 4614
méthode à paramètres multiples 6294
méthode à pose double 2271
méthode à poudre humide 6558
méthode à poudre magnétique 6139
méthode à poudre sèche 10202
méthode à réflexion d'impulsions 4587
méthode à son tourbillonnaire 11611
méthode à sonde magnétique 6142
méthode à temps de transit 5742
méthode à une fréquence 2656
méthode assistée par computer 10759
méthode d'absorption 233, 237
méthode d'alignement 75
méthode d'approximation 555
méthode d'après Rockwell 7919
méthode d'après Vickers 11058
méthode de chute de niveau en dB (décibels) 2054
méthode de compensation 5216, 5219
méthode de contraste de phases 6973

méthode de contrôle par émission acoustique 8221
méthode de décoration 2114
méthode de diffraction 1576
méthode de diffraction de rayons X 7977
méthode de diffusion en retour 8100
méthode de fonctionnement 721
méthode de la circulation 2495
méthode de la dynamique d'écho 2570
méthode de la résonance 7723, 7729
méthode de la transradiation 2495
méthode de mesure 6321, 6328, 6333
méthode de modulation 6450
méthode de pénétration 2631, 2638
méthode de percussion 6935
méthode de réflexion 7624, 8097
méthode de (re)présentation 2008
méthode de représentation d'image en temps réel 2584
méthode de représentation d'images 19, 1660
méthode de rétrodiffusion 8100
méthode de soudage 8645
méthode de soustraction 9813
méthode de strioscopie 8434
méthode de strontium 9766
méthode de substitution 9811
méthode de syntonisation 75
méthode de transfert 10139
méthode de transmission 10149
méthode de transmission acoustique (à travers le matériau) 2524
méthode de treillis 7486
méthode de triangulation 10192
méthode de visualisation du champ acoustique 8261
méthode de zéro 6723
méthode d'émission acoustique 8224
méthode d'enregistrement 900, 973
méthode des atomes traceurs 10112
méthode des courants de Foucault 11618
méthode des courants de Foucault à impulsions 4622, 11613

méthode des courants de
  Foucault à plusieurs
  fréquences 6289
méthode des éléments finis 3545,
  6366
méthode des gouttes 10211
méthode des isotopes 4854
méthode des plus petits carrés
  6367
méthode des traceurs 10112
méthode des traceurs radioactifs
  7462
méthode des variations 10645
méthode d'essai 7322
méthode d'essai en tandem 9874
méthode d'essai pour surfaces
  6777
méthode d'essai sans contact
  7323
méthode d'exploration 277, 288
méthode différentielle 2197, 2203,
  2212
méthode différentielle des
  couches minces 2480
méthode d'intégration 4726
méthode d'intensités 4734
méthode d'ionium 4798
méthode directe 2239
méthode d'opération 718
méthode du flux de chaleur
  11259
méthode électromagnétique
  10760
méthode empirique 10761
méthode graphique 10762
méthode infra-rouge 4672
méthode isotopique 4851, 4854
méthode magnétique 10765
méthode magnétoélastique 10766
méthode moiré 6456
méthode Monte Carlo 6475
méthode multifréquence 6288
méthode optique 10767
méthode par échos d'impulsions
  2575, 4543
méthode par immersion 9908
méthode par impulsion d'écho
  2575
méthode par impulsions 4580
méthode par induction 4644
méthode par pénétration 2638
méthode par réaction 8086
méthode radiométrique 10768
méthode réplique 5651, 7709
méthode rhéométrique à courant
  continu 7136
méthode tandem 9876

méthode thermique 10769
méthode thermoélectrique 10770
méthode ultrasonore 10350,
  10363, 10366
méthodologie 10771
métier 3186, 3868
mettre au point 2756, 4864, 7639
mettre au repos 496, 9319, 9393
mettre (contre) 546, 9802
mettre (dans) 2697
mettre debout 937
mettre en action 1588
mettre en circuit 2725
mettre en équation 938, 4057
mettre en état 4711, 7708, 10263,
  11566
mettre en feu 3069
mettre en marche 532, 636, 1555,
  1588, 2724, 3841
mettre en mémoire 2748
mettre en place 2744
mettre en service 1555, 3841
mettre hors circuit 1094, 6005,
  10172, 10545
mettre hors fonctionnement 1552
mettre hors service 1552, 9393
meuler 8424
miaulement 10092
mica 4080
mi-charge 1386
micro 6375
microanalyse 6368
microcfente 4222
microconstituant 3887
microdéfaut 6369
microdureté 6372
microélectronique 6370
microfente 6380
microfissuration 4223, 6381
micro-fissure 4222, 6380, 7790,
  7803
micro-fissure d'une lacune 5770
micro-foyer 3338
micrographie de structure 8438
micro-onde 6388
microphone 6375
microphotomètre 6376
microphotométrie 6377
microporosité 6378
microradiographie 6379
microretassure 6374
microscope 6382
microscope à grille 7487
microscope de table pour
  températures élevées (en
  microscopie des métaux) 4333
microscope de trame 7487

microscope électronique 2884
microscope électronique à
  balayage 7485
microscope électronique
  explorant 2885
microscopie à rayons X 8012,
  8045
microscopie électronique par
  transmission 2548
microsonde 6383
microstructure 3340, 3350, 3886,
  6371, 6386
micro-tension 6384, 6385
microtron 6387
migration 11212
migration d'ions 4782
milieu 6419, 6421, 9384, 10379,
  11777
mince 2476, 8562
mine 4173, 5185
minerai 3159
minerai de fer 2819
minéral 6399
minière 4173, 5185
minimiser 6402
minimum 5118, 6398
mini-ordinateur 5116
minuterie 8293, 9871, 11731,
  11745
mire de contrôle 10004
miroir 9083
miroir concave 4438
miroir déflecteur 10415
mise à la terre 3081
mise au point 1444, 1543, 3059,
  4342, 8305, 11185
mise en état 4712, 7707, 10265,
  11567
mise en évidence 1444, 1543,
  11185
mise en fonctionnement 9293
mise en forme d'impulsions 4545,
  4572
mise en marche 4628, 9293
mise en mémoire 932
mise en œuvre 650, 2713, 10664,
  11017
mise en parallèle 6886
mise en route 9293
mise en service 2713, 4628, 11017
mise en solution 6030
mise hors circuit 173, 1095,
  10182, 10547
mission 848
mitraille 8515
mixage 6409
mixer 6407

Français

mobile 1584, 3587, 6012, 6848, 10116, 10154
mobilité 1585, 6436
mode 10757
mode d'action 11635
mode de propagation d'onde 11445
mode de rayonnement 9480, 9580
mode de travail 716
mode d'emploi 3875
mode d'énergie 2992
mode d'exécution 311, 2498, 2500
mode d'oscillation 8734, 8737, 8741
mode opératoire 721, 3809
modèle 1028, 1260, 1262, 1286, 3654, 6437, 6497, 10227
modèle atomique de Bohr 1790
modèle de fissure 7864
modèle mathématique 6438
modèle standardisé 6678
modération 1969, 10855, 11042, 11048
modéré 3915
modérer 1959, 1960
modification 2, 451, 8574, 10389, 10439, 10662, 11349
modifier 1, 450, 8573, 10375, 10435, 10443, 10661, 11011, 11208, 11360
modulateur 6453
modulation 6441
modulation de la lumière 5917
modulation d'intensité 4733
modulation extérieure 3705
modulation par impulsions 4582
module 6440
module d'allongement 2096
module de cisaillement 10098
module de glissement 4071
module de rupture 1875, 11816
module de torsion 10098
module de Young 2850, 2936, 8342, 11665
module d'élasticité 2850, 2936, 11665
module d'élasticité au cisaillement 4071
moduler 6454
moduler [sur] 886
moins 6404
moléculaire 6460
molécule 6459
molle 11389
molybdène 6463

moment 6464, 6465, 11742
moment angulaire 2363
moment de flexion 1612, 1626
moment de résistance 11530
moment de spin 9091
moment de torsion 2367
moment d'inertie 10133
moment d'inertie géométrique 3568
momentané 974, 5640, 6466, 8941, 10518
monde 11451
moniteur 5321, 5322, 6469, 10318
moniteur de contamination 5291
moniteur de rayonnement 9611
monnaie 6494
monoatomique 2621
monoaxé 2620
monocanon 2770
monochromatique 6470
monochrome 6470
monocristal 2693
monophasé 2704
monotone 6471
monovalent 2783
montage 565, 820, 940, 941, 6472, 8294, 11954, 11981
montage compteur 11685, 11691
montage de compensation 3068
montage définitif 2969
montage d'entrée 2666
montage des circuits 8278
montage différentiateur 2205
montage en parallèle 6886, 8836
montage en pont 1886
montage installation 822
montage provisoire 824
montant 6950, 9261
montée 613, 616, 643, 9327, 11174, 11927, 12007
montée d'impulsion 4526
montée du créneau 1950, 1952
monter 612, 642, 825, 936, 937, 2622, 2708, 3125, 4178, 4353, 6476, 8282, 9326, 10681, 11173, 11931, 11955, 11973, 11977
monter en parallèle 6885, 8837
montre 10328
montrer 10, 665, 6528, 8863
morceau 9777
morceau détaché 47, 195
mordant 8301
mordre 815, 1373
morphologie 3655, 3967
morsure 2624
mosaïque 6479

moteur 637
moteur à combustion 10709
moteur à courant alternatif 11377
moteur à fusées 7467
moteur à réaction 2552, 9558
moteur linéaire 5934
moteur triphasé 2375
motif 4177, 10621
motrice 637
mou 5819, 5985, 6012, 8406, 8562, 11389
mouillage 482
mouiller 481, 1336, 1438
moulage par injection 9121
moule 3656, 3997
moule à balles 5549
moule à noyau 5036
mouler 3669, 3993, 9117
mouler à pression 9117
mouton-pendule 6924
mouvant 1584
mouvement 1587
mouvement arrière 8082, 11936
mouvement ascendant 960
mouvement Brownien 1860
mouvement de Brown 1860
mouvement de dislocation 10932
mouvement de la fissure 7827, 7908
mouvement de pendule 6919
mouvement de rotation 8067
mouvement d'ions 4767
mouvement d'oscillation 8681
mouvement en spirale 9094
mouvement latéral 7413, 8775
mouvement longitudinal 5695
mouvement parallèle 6881
mouvement propre 2608, 6717, 10553
mouvement rétrograde 8087
mouvement rotatif 2356
mouvement rotatoire 2356
mouvement transversal 7413, 10159
mouvement vibratoire 8681
moyen 352, 6270, 6421, 6422, 6431, 9384, 11628
moyen auxiliaire 4362
moyen de couplage 521
moyen de détection de fissures 7873
moyen d'imprégnation 4501
moyen dissolvant 124, 884, 6013, 6024, 6031
moyenne 2539, 2541, 6422, 6431
moyenne arithmétique 6423

moyenne fréquence [M.F.] 12030
moyenne géométrique 6424
moyenne quadratique 7358
moyens d'essai 7286
multicanal 6290
multicanaux 6290, 11074
multicouche 6293, 6295, 8363, 11077
multifréquence 6287
multimètre 11071
multipalpeur 6272
multiple 11066
multiplex 11066
multiplicateur 11006
multiplicateur de fréquence 3759
multiplicateur d'électrons 2893
multiplicateur d'électrons secondaires 8787
multiplication 3158, 10875, 10957, 11007, 11406
multiplier 10812, 10873, 10949, 11005, 11652, 11931
munir (de) 1092, 1133, 10926
munition 6493
mur 6258
mutilation 10968
mutuel 3900, 11364
mutuellement interchangeable 1167

N

naissance 456, 1339
naître 1639
nature 1478, 10778, 12000
nature de rayons 9580
nature du défaut 3266
nature du rayonnement 9480
navette spatiale 7530
ne nécessitant aucun entretien 11308
nécessité 6706
négligeable 10882
néon 6583
népermètre 1991
nervure 7785
net 2146, 2597, 7678, 8298, 8300, 11626
netteté 2147, 8304
netteté de l'image 1647
netteté élévée 1648
netteté en profondeur 10061
nettoiement 7681, 8162
nettoyage 7681, 8162
nettoyé 7679, 8161
neutralisation 6595
neutraliser 861, 6596

neutre 6594, 8180
neutrographie 6626
neutron 6597
neutrons épithermiques 6598
neutrons thermiques 6599
neutroradiographie 6626
nickeler 10886
nid de fissures 7867
nid de soufflures 7115
nid d'inclusions 2733
nid d'inclusions de flux 8404
nid d'inclusions de laitier 8404
nitrogène 9372
niveau 4426, 6670, 6911, 9240, 9784, 12000
niveau absolu 6912
niveau acoustique 8241
niveau actuel 9245
niveau d'activité 376
niveau de bruit 3947, 7543, 9411, 9415
niveau de la pression acoustique 8211
niveau de puissance 5816
niveau de radiation 9612
niveau de référence 1606, 6724
niveau de signal 8886
niveau de sortie 1040
niveau de suppression 1149
niveau d'eau 11332
niveau d'entrée 2668
niveau énergétique 9995
niveau étalon 6690
niveau minimum d'actionnement 610
niveau nominal 6917
niveau relatif 6913
niveau standardisé 6690
niveau zéro 6724
niveler 2567, 4025, 7025
nivellement 65
niveller 64, 151
noctovision 4667
nœud 5158, 5159, 8422
nœud de vibration 8736
nœud d'onde 11441
nœud d'oscillation 8736
noircissement 2172, 8578
noircissement de la pellicule 3531
noircissement de voile 8421
noircissement du film 3531
nombre atomique 807, 6831
nombre atomique élevé 788, 6832
nombre atomique faible 789, 6833
nombre complexe 11673
nombre d'Avogadro 1199

nombre de Loschmidt 6010
nombre de Poisson 7068
nombre de révolutions 2384, 10110, 10412
nombre de spires 11580
nombre de tours 2384, 10110, 10412
nombre décimal 2156
nombre des alternances 5730
nombre des charges de noyau 5043, 6831
nombre des cycles d'effort jusqu'à la rupture 1873
nombre des cycles d'effort jusqu'à l'amorce de crique 587
nombre d'onde 11449
nombre maximum de cycles d'effort 4134
nombre ordinal 6830
nombreux 4302, 11687
nomenclature 6672, 10301
nominal 6673
nomogramme 6675
non-acide 8180
non allié 10513
non amorti 10490
non-brouillé 9433
non chargé 10461
non collimé 10489
non-conducteur 6640
non contaminé 10607
non destructif 11834
non étanche 5752, 10473
non homogène 4681
non hydrogénique 11336
non-hygroscopique 3489, 3494
non inductif 4648
non isolé 10508
non-linéaire 6641, 10498
non-linéarité 6642
non magnétique 634, 6643, 10517
non-métallique 6645
non oscillant 674, 6649
non pénétrant 11389
non polarisé 10520
non pondéré 10468
non proportionnel 6646
non radioactif 6647
non-réfléchissant 7620
non soutenu 3695
non stationnaire 6650, 10536
non-synchrone 748
non tourbillonnaire 11609
non travaillé 10458
non-uniformité 10504
non usiné 10458

normal 2683, 6677, 8822, 9247, 10326
normale de surface 3567
normalisation 6687, 6689, 6696
normalisé 2683, 6677, 9247
normaliser 6688, 6694, 10749
norme 6182, 6676, 7631, 9246, 11157
norme d'après DIN 2233
notation 971, 2005, 6704, 8513
notation binaire 1670
note 551
noter 967, 6703
nouveau/nouvelle 6593
noyau 4698, 5016, 5017, 6430
noyau atomique 781
noyau de combustible 1850
noyau de fer 2825
noyau de soudure 5955, 8613
noyau en ferrite 3428
noyau magnétique 6120
noyer 10927
nu 1687, 10508
nuance 10083, 10093
nucléaire 6707
nucléonique 5049, 5064, 6712
nucléopropulseur 5035, 5067
nucléopropulsion 5020, 5032
nuclide 6713
nuclide à terre rare 8808
nuir 8194, 9402
numérateur 11680
numérique 2221, 6732
numéro atomique 5043
numéro de matériau 11479
numéro d'ordre 5736
numéroter 6731, 11181

O

objecter 1307, 2782
objectif 6795
objection 1308, 2778
objet 11856, 12010
objet à contrôler 7289
objet à essayer 7277, 7284, 7289
objet agité 6794
obliger 8498
oblique 7405, 7406, 8379
obliquer 4930, 5088, 6577
obliquité d'impulsion 1951
oblitération 11014
oblitération de bord 4932
oblitération de ligne 5949
obscur 10213
observation 121, 1444, 1543, 8865, 8868, 11185

observation du service 1564
observation extrême aberrante 1089, 6337
observer 1443, 1542
obstacle 4363, 11515
obstruction 11515
obstruer 851, 4341
obturateur 10912
obtusangle 9798
occupation 691
occurrence 955, 3084, 11145
oculaire 6809
œuvre 693, 11458
oligo-élément 9153
oligo-élément gazeux 9154
ombre 8307
ombre acoustique 8252
ombre totale 5056
ombrer 8312
omettre 1062
onde 11412
onde à charge spatiale 7518
onde acoustique guidée 8275
onde acoustique transversale 8346
onde associée 1341
onde compressive 5232, 10723
onde continue 11425
onde de Broglie 2055, 6254
onde de choc 9462
onde de compression 1619, 2107, 5232, 5674, 10723
onde de dispersion 9709
onde de flexion 1619
onde de front 5370
onde de Lamb 1619, 2107, 2175, 5674, 7051
onde de lumière 5928
onde de plaque 5674, 7051
onde de pression 2466
onde de puissance 5815
onde de réception 2949
onde de Stoneley 9391
onde de surface 6784, 7549
onde d'écho 2581
onde décimétrique 2158
onde d'espace 7531, 11105
onde diffusée 9709
onde élastique 11415
onde expansive 3170
onde fondamentale 4197
onde incidente 11414
onde inverse 8106
onde Lamb 2107, 5674, 7051
onde longitudinale 5999, 11417
onde Love 6045
onde lumineuse 5928

onde magnéto-acoustique 11418
onde magnéto-hydrodynamique 11419
onde magnéto-ionique 11420
onde matérielle 2055, 6254
onde non amortie 11425
onde parasite 9438
onde partielle 9951
onde perturbatrice 9438
onde plane 11413
onde porteuse 10121, 10128, 10130
onde progressive 11213, 11416
onde Rayleigh 6784, 7549
onde récurrente 11422
onde réfléchie 11421
onde sinusoïdale 8921, 11423
onde spatiale 7531
onde sphérique 5560
onde stationnaire 9321, 11424
onde superficielle 6784, 7549
onde transversale 7433, 10162
onde transverse 8530, 10162
onde-image 9087
ondemètre 11444
ondulation 8696
onéreux 965
opacité 6819, 10478
opaque 5927, 6818, 10213, 10476
opaque au rayonnement 9502, 9537
opérateur 1319, 6821, 7256
opération 97, 689, 713, 1318, 1530, 1553, 1557, 5733, 7241, 10757, 10858, 11138, 11635
opération à long terme 2028
opération continue 2037, 3116
opération de comptage 11694
opération de formage 10794
opération en temps réel 2583
opération synchrone 9849
opératrice 1319
opéré par secteur 6589
opérer 605, 1317, 1529, 1550, 2784, 5735
optima 1519
optimisation 6825
optimiser 6824
optimum 1519, 6823, 6826
optique 6822, 6827
optique acoustique 8240
optique de rayons X 8016
optique des stries 8433
optique électronique 2886
optique infra-rouge 4666
optique quantique 7382
orbiculaire 5489

orbite 1211, 9929, 10406, 11383
orbite circulaire 5476
orbite d'électron 2878
orbite spirale 9094
ordinateur 1935, 7590
ordinogramme 98, 3616, 7587
ordre 564, 645, 848, 4100
ordre de grandeur 4166
ordre de séquence 7677
oreille 588, 4232, 10134, 10156
organe 9922
organigramme 98
organigramme pour les données 2017
organique 6834
orientable 8657
orientation 1091, 6836
orientation de la fissure 7871
orientation des fibres 3237
orientation des grains 5404
orientation du défaut 3307
orientation préférée 10020, 11167
orienter 1090, 6835, 7757, 8658, 10022
orifice 5975, 6805
orifice d'inspection 8316
originaire 458
original 458, 6837
origine 456, 1339, 3050, 4351, 6727, 7395, 10622
origine de fissure 7810, 7825
origine des coordonnées 5364
originel 458
orthochromatique 3217
orthogonal 6840
oscillateur 6851, 8729, 11054, 11436
oscillateur pilote 9355, 9361
oscillation 6922, 8683, 8696
oscillation amortie 8697, 8703
oscillation apériodique 8699
oscillation circulaire 11870
oscillation complexe 8719
oscillation composée 8719
oscillation continue 2048
oscillation contrainte 8701
oscillation croissante 8698
oscillation de torsion 10099
oscillation décroissante 8697, 8703
oscillation du plasma 7029
oscillation elliptique 8700
oscillation entretenue 8704
oscillation fondamentale 4192
oscillation forcée 8701
oscillation fortement amortie 8715

oscillation harmonique 6790, 8705
oscillation induite 8706
oscillation légèrement amortie 8714
oscillation libre 8702
oscillation longitudinale 5705, 5998, 8707
oscillation modulée 8708
oscillation non-harmonique 8709
oscillation non-modulée 8718
oscillation parasitaire 8710, 9418
oscillation propre 2613
oscillation pure 8713
oscillation quasi-stationnaire 8711
oscillation radiale 7440, 8712
oscillation sinusoïdale 8920
oscillation stationnaire 8716
oscillation transversale 8717, 10160
oscillatoire 8687, 8731
osciller 6853, 6921, 8682, 11055
oscillogramme 6854
oscillographe 6855
oscilloscope 6856
oscilloscope à faisceau double 12020
oscilloscope à rayon double 12020
oscilloscope bitrace 12020
osculation 1471
ôter 4348
outil 11496
outil de tour 2372
outillage 11496
outillage électrique 2905
output 1034, 6857
outrer 622, 1290, 1379
ouvert 3974, 6801
ouverture 456, 592, 676, 1339, 1791, 2659, 2696, 2776, 4697, 5975, 6804, 6805, 11402
ouverture de diaphragme 1748
ouverture de fissure 7869
ouverture d'exploration 278
ouverture du faisceau 1906, 9488
ouvrage 693, 11458
ouvrir 833, 6802, 6803
oxydable 6863
oxydation 540, 6858
oxydation de surface 6774, 7477
oxyde de fer 2830
oxyde de nitrogène 9371, 9373
oxyde nitrique 9371
oxyder 538
oxygéné 8166

oxygène 8165
oxygénifère 8166

P

page 1701, 8768
paille 11930
paille d'acier 9227, 9234
paillettes 11930
pain de plomb 1727
pair 3926
palette 511
palier 5669
palier à rouleaux 11199
palier de butée 2435
palier de poussée 2435
palier d'essieu 325
palladium 6868
palpage 282
palpage de la discontinuité 3262
palpage hélicoïdal 287
palpage manuel 284, 4257
palpage mécanique 285
palpage multiple 11068
palpage normal 6684, 8824
palpage transversal 7408, 7422
palpage ultrasonore normal 6684
palper 272
palpeur 276, 2942, 3774, 6320, 6323, 7268, 8948, 9156, 9890, 9894, 10012, 10445, 11214
palpeur à ondes de surface 6787
palpeur à ondes transversales 10163
palpeur à plusieurs éléments 6272
palpeur à ultrasons 10353
palpeur angulaire 11600
palpeur avec focalisation 3635, 7269
palpeur conventionnel 6691
palpeur d'angle 11600
palpeur d'angle universel 10512
palpeur de contrôle 9894, 10012
palpeur droit 6691
palpeur émetteur-récepteur 8827
palpeur en transmission/réception 8811, 8827
palpeur focalisant 7269
palpeur focalisé 3635
palpeur normal 6691
palpeur oscillant 8692
palpeur pour rails 8383
palpeur pour technique par immersion 9906
palpeur TR 8811, 8817, 8827
palpeur transmetteur/récepteur 8811, 8817, 8827

panne 696, 1018, 1129, 1563, 2070, 3253, 6158, 6870, 9404, 9424, 9432, 10895, 11957
panne de courant 9735
panneau 3354, 6869, 9865
panneau de contrôle 8292
panneau d'instruments 728, 4718, 4722
panneau frontal 3770
panneau stratifié 8371
pansement 10672
papier 6873
papier buvard 3596, 6011, 8171
papier photographique 7010
papier radiographique 8018
paquet 1216, 1901, 1903, 6866, 6867
paquet d'éléments combustibles 1836, 1846
par couches 8363, 8376, 11077
par degrés 9790
parabole 6875
parachever 6504, 6509
paraffine 6877
paraître 954, 2775, 3960, 11144
parallaxe 6878
parallèle 6880
parallélisme 6883, 6887
paramagnétique 6889
paramagnétisme 6890
paramètre 4155, 4988, 6891
paramètre de champ acoustique 8232
paramètre de champ de rayonnement 9599
paramètre de champ sonore 8232
paramètre d'essai 7290
paramètre structural 3888
paramétrique 6892
parasitaire 6893
parasite 6893
parasites 6565, 9408
paravent 11576
paraxial 322, 326, 6895
parcelle de matière 9213
parcourir 2493, 2513, 2550
parcours 1211, 2512, 5737, 5938, 9756, 10857, 11383
parcours de rayon 9541
parcours des lignes de force 5459
parcours du rayon 9625
parcours sonore 8272, 8274
parcouru par courant 9742
pare-éclats 9110
parenthèse 5095
parfait 2780, 6928
parité 4036, 6896

paroi 8389
paroi de protection 8389, 9525
paroi de séparation 10191, 12042
paroi double 2292
paroi intérieure 4693
paroi latérale 8779
paroi protectrice 8560
part 627, 5292, 9920, 9943
partager 2773, 9938, 11843
partager en deux 4235, 12022
particule 6900, 9390, 9926
particule alpha 404
particule bombardée 9885, 9927
particule de fer 2841
particule de la cible 9885
particule élémentaire 2911
particule négativement chargée 9928
particule nucléaire 5022, 5065
partie 626, 1504, 2906, 3186, 4076, 9776, 9921
partie antérieure 11127
partie constituante 626, 1267, 1282, 1504
partie d'auto 1197
partie imaginaire 628
partie latérale 8778
partie ouverte en surface 6773
partie postérieure 4372, 8079
partie principale 4311
partie réception 2947
partie réelle 629, 7584
partie supérieure 6791
partie tournante 2376
partiel 6899, 9950
partir 454, 1340, 2745
pas 9136, 9328, 9781, 9946
pas à pas 8514, 9790
pas de propagation de la fissure 7905
passage 2499, 2501, 2512, 6901, 9756, 10247, 10310
passage de chaleur 11248, 11281
passage de courant 9739
passage du son 8213
passage par zéro 6716
passager 11164, 11762
passe-bas 10062
passer 2493, 2506, 2513, 2550, 6903
passif 6904
pastille 6302, 7044
pâte 6906
patin 4073
patinage 4067, 8129
patiner 4066, 8128
pause 6908, 8108

pauvre en fer 2810
pavage 9638
peindre 9657
peindre au pistolet 9115, 9131
peine 957
peinture 624, 1631
peinture fluorescente 3607, 5875
peinture lumineuse 5875
peinturer 9657
pellicule 3509
pellicule de cuivre 5607
pendre 4268
pénétrable 2508, 10473
pénétramètre 6925
pénétration 2490, 2629, 2637
pénétrer 2505
pénétrer (à travers) 2489, 2532
pénétrer (dans, par) 2628
pénétromètre 6925
pente 50, 3577, 3882, 6578, 6578, 9329, 9330
pente du créneau 1949, 1953
pente négative 1950, 1952
pente positive 1949, 1953
pénurie 6159
perçage 1791
perçant 8302
percement 1787, 1791, 2486, 2499, 2528, 2530, 6805
percement cylindrique 1788, 1792, 12048
perceptibilité 3098, 3473, 11183
perceptibilité de détails 2138
perceptibilité de discontinuités 10488
perceptibilité de fil 2338
perception 11185
percer 1785, 2485, 2489, 2532, 2628, 5977, 6929, 9276
perche 9271
percevoir 2530
perçure de trempe 4274, 4280
perfection expérimentale 11405
perfectionnement 992, 3969, 10674, 11010
perfectionner 10673, 11009, 11096
perforation 2528, 5976, 5983, 9278, 9279
perforation électrique 9012
perforation manquante 5767
perforer 1785, 2485, 2531, 5977, 6929, 9276
performance 1029, 2500, 5809, 11030, 11627
période 198, 6930, 8725, 10413, 11723, 11744, 11747

période biologique 4244
période de demi-vie 4243
période de mise en marche 542
période de retard 11761
période de révolution 10413
période de transformation 10449
période de travail 710
période d'impulsions 4584
période préparatoire 11117
période transitoire 10258
période transitoire finale 1108
périodique 6931
périphérie 6933, 7468, 10371
périphérique 2680, 6932, 6934
perle 9119
perlite 6936
perlite globulaire 6937
perlitique 6938
permanence 1359, 2034, 4046, 4455, 5261, 9347, 10603, 10828
permanent 498, 1503, 2033, 3441, 5706, 6939, 7237, 9265, 10600
perméabilité à l'air 6062
perméabilité dépendant de l'intensité du champ 6941
perméabilité initiale 468
perméabilité relative 6942
perméable 2508, 5752, 10473
perméable à l'air 6061
perméamètre 6943
permettre 11918
permis 11920
permissible 11001, 11920
permission 11921, 11922
permutation 10442, 10987
permuter 10438, 10986
perpendiculaire 6034, 8821, 10996
persévérer 1358, 10827
persistance 1359, 6533, 10132, 10828
persister 1358, 10827
personnel 6944
personnel de contrôle 7291
perte 1970, 10862
perte [d'oscillation] 8724
perte de chaleur 11287
perte de pression 2456
perte de puissance 5824
perte de rayonnement 9619
perte de réflexion 7625
perte de temps 11759
perte de tension 9006, 9032
perte d'énergie 175, 2999
perte due à la réflexion 7625
perte par absorption 238
perte par amortissement 1996

perte par courants de Foucault 11619
perte par dispersion 9706
perte par hystérésis 4485
perte par radiation 9619
perte par réflexion 8096
pertes dans le fer 2843
perturbation 3327, 9421, 9425
perturbation à haute fréquence 4397
perturbation du champ 3388
perturbation par écho 2579
perturbation par étincelles 3800
perturbé 3972
perturber 1328, 8194, 9402
pesant 8659
pèse-acide 8183
petit article 5119
petit objet 5119
petit ordinateur 5116
petite charge 1297
petite pièce 5119
peu charger 1291
peu de contraste 5301
peu encombrant 7525
phase 6953, 9168, 9784, 12000
phase bêta 1524
phase contraire 3897
phase de travail 697, 704, 706
phase d'impulsion 4585
phase d'opération 706, 710
phase d'oscillation 8738
phase initiale 469
phase opposée 3897
phasemètre 6974
phénomène 3135, 6951, 11138
phénomène de diffraction 1571
phénomène de diffusion 9672, 9708
phénomène de fatigue 3109
phénomène de fissuration 7840
phénomène de rupture 1098
phénomène d'interférence 4741
phénomène transitoire 1051, 2742
phosphore 6986
phosphorescence 6987
phosphorique 6988
photo 6989, 6996
photo-cathode 6999
photocopie 7000
photoélasticité 9023
photoélectrique 5907, 6991
photoélectron 6992
photographie 6989, 6996, 6997
photographie à laser 5722
photographie à rayons X 8017

photographie stéréoscopique 9342
photographier 906, 6998
photoluminescence 7002
photomètre 1429, 5916, 7003
photométrie 7004
photomultiplicateur 6994, 7012
photon 5918, 7005
photoneutron 7008
photonucléaire 7009
photosensible 5909
phrase 8160
physicien 7015
physique appliquée 7014
physique atomique 790
physique nucléaire 5049
pic de résonance 7724, 7726
pick-up 10086
picot 9108
pièce 7499, 9778, 9922, 11490, 11857
pièce à contrôler 5327, 7284, 7288, 7304
pièce à essayer 7180, 7183, 7195, 7288, 7304, 11480
pièce à examiner 11480
pièce à travailler 11490
pièce à usiner 11490
pièce adaptatrice 6905
pièce agitée 11492
pièce contrôlée 7284, 7304
pièce coulée 4215
pièce coulissante 4073
pièce d'adaptation 329, 570, 575, 6905
pièce d'ajustage 4866
pièce de comparaison 10806
pièce de construction 5266
pièce de contact 5285
pièce de distance 2251
pièce de jonction 591, 10693
pièce de moteur 6487
pièce de rechange 3133, 7716
pièce de référence 5326, 10806
pièce de référence standardisée 6698
pièce de réserve 7716
pièce de témoignage 5326
pièce d'essai 7180, 7183, 7277, 7284, 7288, 7289, 7304, 11480
pièce détachée 1268, 1277, 1282
pièce d'étalonnage 10013, 10018
pièce d'insertion 2714, 2719
pièce d'œuvre 11490
pièce emboutie à la presse 7161
pièce en acier moulé 9211
pièce en repos 11494

pièce examinée 7284, 7304
pièce fabriquée en grande série 6208
pièce finie 3435, 9925
pièce forgée 8461
pièce frittée 8911
pièce intercalaire 2714, 2719
pièce intercalaire pour hautes températures 4421
pièce intermédiaire 12041
pièce irradiée 9923
pièce isolante 4820, 10177
pièce matriciée 3966
pièce mécanique 6178
pièce métallique 6364
pièce mobile 11492
pièce moulée en acier 9211
pièce non travaillée 11495
pièce non usinée 11495
pièce polaire 7095, 7097
pièce pressée 7161
pièce produite en masse 6208
pièce profilée 3676
pièce soudée 8638, 11493
pièce témoin 5326
pièce travaillée 11491
pièce usinée 11491
pièces détachées 2793
pied 1249, 3789, 3813, 8938, 9263, 9301, 9800, 10541, 10552, 10563, 10566, 10572
piédestal 1249, 3789, 3813, 8938, 9260, 10541, 10552, 10563, 10566, 10572
piège 3198
piège à neutrons 6602, 6616
pieu 6950
piézoélectrique 7018
piézo-transducteur 5003, 7019, 11223
pignon 3778
pile 1253, 2908, 4300, 8173, 9443
pile atomique 786, 5051
pile solaire 8943, 8958
pilotage 3776
pince 5092
pinceau de rayons 9489
piquage 9803
piquage de réservoir 1352
piquage de tube 7938, 7951
piqûre 5978, 6775
piste 1211, 11383
piste de trajectoire 9148
pistolet de peinture 9122
pivot 319, 7438, 11697
pivotant 8657
pivoter 8658

placage 7055, 10323, 10392
placage d'acier 9220
placage d'or 4098
placage laminé 11201
placage par explosion 9113
placage soudé 8626
place 3584, 6838, 7056, 7058, 7060, 7129, 7495, 9332, 9334, 9337
place assise 7059, 8925
place défectueuse 8196
place endommagée 8196
placement 941, 2747, 4366
placer 212, 448, 563, 825, 937, 1066, 1334, 2744, 2758, 4353, 4365, 6661, 10548, 10579
placer (contre) 546, 9802
plafond 2060
plage d'admission 1137
plage de contrôle 1137
plage de réglage 9350
plaine 2563, 3352, 3553
plan 2354, 2562, 2564, 3065, 3548, 3553, 4024, 4179, 7021, 7022, 11140, 11715
plan de câblage 8289
plan de la fissure 7832
plan de polarisation 7074
plan de section 8485
plan de similitude 8463
plan d'image 1638
plan horizontal 4464
plan incliné 2565
plan vertical 10998
plancher 1377, 1567, 1769, 3789, 3814, 8942, 10564
planer 151, 2567, 4025, 7025
planitude 2566, 7024
planter 543, 3125, 4178
plaque 559, 7037, 7045, 8388, 9863
plaqué 7054, 7055, 10322, 10391
plaque d'acier 9219
plaqué d'acier 9220
plaque de base 1772, 4189
plaque de couverture 2064
plaque de cuivre 5603
plaque de déviation 7143
plaque de fer 2831
plaque de fixation 930
plaque de fondation 4189
plaque de jonction 11594
plaque de plomb 1729
plaque de protection 179
plaque de recouvrement 34
plaque de tôle 1714, 9866

plaque de zones de Fresnel 3764, 11880
plaque d'éclissage 5160
plaque déflectrice 7143, 10414
plaque entaillée 7047
plaque isolante 4823, 10178
plaqué par explosion 9113
plaquer 7053
plaquette 7037, 7044
plaquette de film 9531
plasticité 2472, 7033, 10789
plastique 5586, 7032
plastique renforcée par fibres de verre 5587
plat 2562, 3548, 3563, 3976, 4024, 7021, 7043
plateau 8321
plateau de fond 1772, 4189
plateforme d'essai 7300
platine 1920, 3971, 7034, 7037, 7039, 10551
platiner 7041
platinifère 7040
plâtre 4001
plein de soufflures 1698
pleine charge 1398, 11091, 11094
pleine déviation 11092
pli 3203, 5145
pliable 8462
pliage 84, 1622, 3205, 10677, 10731
plier 1613, 3204, 5534
plissage 3205
plisser 3204
plomb 6035, 8820
plomb de sûreté 8857
plomb laminé 1723
plomb spongieux 1724
plombé 1733, 10698
plomber 10909, 11998
plombifère 1738
plonger 211, 2772, 9902, 10927
plot de contact 5285
pluies 6657
pneumatique 7067
poche d'air 6055
poids 3980
poids atomique 772
poids brut 3955
poids total 3955
poignée 4144, 4263, 5131
poinçon 2530
poinçonnage 5983, 9279
poinçonner 5977, 6929, 9276
point 7347, 9266, 11708
point culminant 4000, 4430, 5580
point d'application 493

point d'attaque 493
point de base 3816
point de condensation 9909
point de congélation 2845, 3885
point de contact 5284
point de contrôle 7303
point de départ 592
point de discontinuité 9135
point de fonctionnement 714
point de fusion 8453
point de mesure 6322
point de rebroussement 11456
point de résonance 7727
point de retour 11456
point de rosée 9909
point de soudure 8627
point de soudure percé 8628
point de source 7401
point de travail 714
point d'ébullition 8872
point d'entaillure 5015
point d'inflammation 3574
point d'inflexion 11456
point d'intersection 8488
point haut 1461, 11431
point mort inférieur 10107
point mort supérieur 10106
point neutre 6728, 9345
point nodal 5161
point zéro 6726
pointe 2961, 8333, 9101, 11669
pointe d'impulsion 4599
pointer 2489, 2532
pointiller 7351
pointu 8303, 9100
polarisation 7098
polarisation circulaire 7073, 11869
polarisé horizontalement 7080
polariser 7079
polarité 7081, 7098
pôle de batterie 1256
pôle magnétique 7069
pôle négatif 6403, 7070
pôle opposé 3898
poli 1688, 4015, 4024
polir 7090, 7664, 8423
polissage électrolytique 7091
pollution 10919, 10938, 11004
polonium 7093
polyamide 7101
polyatomique 11065
polycarbonate 7105
polycristal 11075
polycristallin 11076
polyester 7103
polyéthylène 7102

polymère 7106
polymérisation 7107
polystyrène 7108
polystyrol 7108
polythène 7102
polythylène 7102
polyuréthane 7109
pompage 6922
pompe 7344
pompe à air 6079
pompe à vide 10631
pomper 6921, 7345, 8682
ponctuel 7348
pondération 1583, 1596, 2727, 3981
pondérer 1594
pont 1884
pont à courant alternatif 11369
pont de mesure à courant alternatif 11375
ponter 10236
porcelaine 7122
porcelaine électrotechnique 2899
pore 7111
poreux 6061, 7117, 7119
porosité 7118, 7120
portable 1030, 1584, 5176, 10116
portatif 10116
porte 3864, 10096, 10220
porte-agrafe 588, 4232
portée 1453, 7673, 10370, 11630
portée maximum 4137
porter 4252, 10117
porteur 10118
porteur de charge 5658, 10118
porteuse 10121, 10124, 10128, 10130
portion 627, 5292, 7121, 9920, 9943
portion de fibres 3233
pose 941, 1425, 4366
pose de tuyaux 7953
pose double 2270
pose souterraine 3083
posemètre 1429
pose-pied 9783
poser 448, 937, 1066, 1334, 4365
position 5664, 5665, 7057, 7123, 9243, 9266, 9336
position de départ 473, 1041
position de fissure 7883
position de l'échantillon 7189
position de l'écho 2576
position de repos 8109, 8112
position de zéro 6730
position d'impulsion 4574
position d'irradiation 1513

position extrême 2971
position finale 2971
position inclinée 8499
position initiale 473, 1041
position neutre 6730
position normale 6693
position usuelle 6693
position zéro 6714
positionnement 4865, 7644
positionner 4864
positron 7124
possibilité de contrôle 7246
post-accélérer 6511
poste 525, 680, 2709, 3928, 4707, 7128, 8352, 9238, 9296, 9333, 11460
poste de table 10073
poste d'essai 7301, 7303
poste téléphonique 9953
poste tous-courants 394
potassium 4887
poteau 6223, 6950
poteau goudronné 6224, 9272
poteau imprégné 6225, 9273
potentiel de contact 5282
poudre de fer 2832
poudre humide 7336
poudre luminescente 7337
poudre magnétique sèche 6134
poudre métallique 6356
poudre mouillée 7336
poudre sèche 7338
poulie 7956, 10205, 11194
poulie-volant 8749
pourcentage 7239
pourcentage d'alcool 391
pourcentage de modulation 6444
poursuite de criques 7892
pourvoir 1092, 10926
pourvoir (de) 1133
poussée 2400, 8407, 8524, 8527, 9444
poussée transversale 7421, 8341
pousser 620, 2418, 2640, 9450, 10168, 11984
poussière 9303
poutre 1215, 10119
poutrelle 10119
poutrelle d'acier 9229
poutrelle de fer 2842
pouvoir 3193, 5449, 10880
pouvoir absorbant 222, 226, 239
pouvoir adhésif 339, 4227, 4229
pouvoir d'absorption 222, 226, 239
pouvoir d'adsorption 344, 347, 349

pouvoir d'arrêt 9583
pouvoir de diffusion 9707
pouvoir de pénétration 2492
pouvoir de ralentissement 9583
pouvoir de rayonnement 9620
pouvoir de réflexion 7626
pouvoir de résolution 885, 10573
pouvoir de résolution en profondeur 10056
pouvoir de résolution spatiale 7505
pouvoir de résolution transversale 7409
pouvoir de résorption 7730, 7733
pouvoir de rétention 7746
pouvoir de vibration 8688
pouvoir d'émission 9620
pouvoir d'osciller 8688
pouvoir éclairant 5877
pouvoir émissif 2931, 9620
pouvoir pénétrant 2492
pouvoir résolvant 885
pouvoir séparateur proche 6535
practicabilité 1026, 2497
praséodyme 7146
pratique 7142, 7147
préaimantation 11148
précalculation 11108
précaution 8859
précautions 8551, 8848, 11160
préchauffer 11165
précipitation 92, 1021, 1773, 6656
précipitation électrolytique 6658
précipitations 6657
précipité 6656
précipité métallique 6354
précipiter 6660, 8750
précis 3918
précision 3919, 7149
précision de fréquence 3741
précision de lecture 118
précision de l'évaluation 1175
précision de mesure 6315
précision de répétition 11546, 11562
précision dimensionnelle 6212
précision double 2301
précision répétable 11546, 11562
précritique 11146
prédétermination 11109
prédiction 11112, 11143
prédiction de la ruine 8192
prédiction de vie 5750
préemphasis 11107
préfabriquer 11133
préfiltration 11135

préirradiation 11118
prémagnétisation 11148
pré-monter 11149
prendre 143, 312, 841, 905, 906, 2651, 3210
prendre (une photo) 6998
préparation 7144, 11116
préparation de radium 7464
préparation d'échantillon 7192
préparer 7145, 11115
prépositionnement 11131
près de la surface 6772
près du film 3529
prescription 1508, 7762, 11157
prescription de protection des environnements 10453
prescription écologique 10453
présentation 1028, 2002, 6437, 11714
présentation des données 2013
présentation graphique 5624
présenter 11136
préserver 8540, 8854
présomption 10881
presser 2418, 2640, 7155, 11959, 11972
presser (∼ contre) 453
presser [sur] 577
pression 2399
pression acoustique 8210
pression atmosphérique 6059, 6682
pression axiale 1201
pression barométrique 6059
pression d'air 6058
pression de contact 5274
pression de radiation acoustique 8268
pression de ressort 3245
pression d'éclatement 1466
pression dynamique 9311
pression gazeuse 3855
pression hydraulique 11323
pression hydrostatique 11323
pression initiale 464
pression normale 6682
pression partielle 6897
pression sonore 8210
pression superficielle 3561, 6761
presseur 7154
preuve 7179
préventif 11119
prévention d'accidents 10486
prévision 11143
prévoyance contre les accidents 715, 10486
primaire 458, 7164

principe 4184, 4190, 7173, 8157
principe de conservation de l'énergie 2990, 2995
principe de Doppler 2298
principe de dualité 2470
principe de Huygens 4478
principe d'éléments standardisés 1273
principe d'exécution 311, 2498
principe d'opération 712
principe Doppler 2298
priorité 7175, 11150
prise 137, 598, 888, 892, 972, 1898, 7659, 9045, 11975
prise [de courant m] à fiches 9314
prise de courant 2305
prise de la moyenne 6433
prise de stries 8431
prise de vue 888, 1425
prise de vue gammagraphique 3826
prise de vue radiographique 7997
prise d'échantillon 7184, 7186
prise ellipsoïdale 2916
prise par rayons X 7968, 7978, 8013
prisme droit 7176
proactinium 7177
probabilité 11187
probabilité de capture 2653
probabilité de défaillance 1022
probabilité de détection des défauts 3269
probabilité de rejet de défaut 3274
probabilité d'excitation 582
probable 11186
problème 850, 7197
procédé 97, 7242, 9918, 10757
procédé à flux de dispersion 9681
procédé à ondes de plaque 7052
procédé à vernis givré 7688
procédé automatique 10758
procédé continu 2028
procédé de contact 5287
procédé de contraste 5306
procédé de Debye et Scherrer 2057
procédé de soudage 8645
procédé de travail 713, 718
procédé de valorisation 10745
procédé d'essai 10973, 10978, 10984
procédé du traitement d'image 1659
procédé graphique 10762

procédé potentiel électrique 7136
procédé pour le décèlement optique des tensions par couche superficielle 6780
procédé ultrasonore par résonance 10356
procédure 10757, 10771
procédure in situ 4701
procédure sur chantier 4701
procès 7241, 10858, 11138
processus 7241, 10757, 10771, 10858, 11138
processus de fission 8983, 8993
procès-verbal 7229
procès-verbal d'essai 7249, 7294, 7320, 10589
production 480, 3164, 3436, 4356, 7199
production à la chaîne 3591, 3593
production de neutrons 6615
production de paires 6865
production de signaux 8883
production d'échantillon 7188
production d'énergie nucléaire 5033
production en masse 6197
production en série 8829
productivité 5808, 7202
produire 479, 3160, 3184, 4355, 7203
produit 693, 6169, 7198, 11458
produit de condensation 5240
produit de désintégration 11794
produit de filiation 11794
produit de fission 8982
produit demi-fini 4234, 4245
produit fini 3432
produit laminé 11198, 11202, 11205
produit métallique 3161
produit non métallique 3162
produit radioactif 11795
produit secondaire 6564, 6569
profession 3186, 3868, 9239
profil 2538, 3655, 3967, 5331, 7204, 7475, 8484, 10424
profil de la fissure 7872
profil d'impulsion 4554, 4573
profilé 3665, 7205, 7206
profilé creux 4435
profilé de tôle 1715
profilé en acier 9222
profit 988, 3988
profiter (de) 1082
profondeur 10055, 10060

profondeur de décarbonisation 2110
profondeur de dureté 4282
profondeur de dureté par trempe en coquille 2717
profondeur de fente 8443
profondeur de fissure 7887
profondeur de modulation 6447
profondeur de pénétration 2625, 2637
profondeur de traitement 1357
prognose 11112, 11143
programmation 7212
programme de calcul 7587
programme de contrôle 7293, 10016
programme d'essai 7293
programmer 7211
progresser 11931
progression 7676, 8828, 11927, 12007
projection 15, 7218, 9119
projection verticale 917
projet 3065, 5357, 7022, 7028, 7216, 7217, 11140
projeter 9, 5262, 7023, 7219
prolifératif 7222, 10874, 11653
prolifération 7220, 10875, 11406
proliférer 10873, 11652
prolongateur 10853
prolongation 1010, 2093, 7238, 10848
prolongé 5706, 7237
prolongement 9651, 9656, 11855
prolonger 1007, 3156, 10846
propagation 999
propagation acoustique 8206
propagation de fissure 7816, 7845, 7901
propagation de fissure par fatigue 3114
propagation de fissure rampante 7902
propagation de fissures dues à la contrainte 9027
propagation de la rupture fragile 9125
propagation des fissures de fatigue 3112
propagation d'onde 11427
propagation retardée de criques 7819
propagation sous-critique de fissure 7818
propagation stable de fissure 7817
propager 998

proportion 7223, 10824
proportion de mélange 6410
proportionnalité 7227, 10826
proportionnel 630, 7224, 10825
propre 2146, 6902
propre (à) 3880
propre au soudage 8599
propriété de diffusion 9669
propriété de surcharge 10278
propriété particulière 1500
propulseur à réaction 9558
propulseur nucléaire 5067
propulsion 638
propulsion à réaction 9473
propulsion nucléaire 5020, 5032, 5039
propulsion par jet 9473
propulsion turboélectrique 640
protecteur 8559
protection 730, 1593, 8858
protection [contre] 8535
protection antifoudre 1757
protection contre la corrosion 5439
protection contre la pluie 7655
protection contre la rouille 8065
protection contre le contact accidentel 1474
protection contre les neutrons 6628
protection contre les radiations 9524
protection contre les rayons dispersés 9694
protection contre les rayons X 8043
protection de bois 4451
protection de l'environnement 10452
protection du travail 715
protection en béton 1539
protégé contre les gouttes 10212
protégé contre les jets d'eau 9627
protégé contre les lances d'eau 9123
protégé contre les radiations 9502, 9534, 9537
protégé contre l'humidité 3489, 3494
protéger 181, 729, 1592, 6872, 8398, 8539, 8540, 8854
protocole d'essai 7294
proton 7232
protraction 7238
protubérance 1145, 11654
protubérance superficielle 6753, 6789

prouver 3118, 6529, 7255, 10582,
  10972, 11136
provisoire 1056, 1363, 4360,
  11993
proximité 553, 6541
puisard acoustique 9826
puissance 5792, 9286
puissance absorbée 891, 2664,
  5795, 5806
puissance acoustique 8215
puissance active 5796, 11624
puissance apparente 5801, 8329
puissance continue 2039
puissance d'alimentation 2987
puissance d'attaque 2667
puissance de crête 9104
puissance de la dose locale 6845
puissance de radiation 9606
puissance de réfraction 1822
puissance de sortie 1039, 5793,
  6857
puissance d'entrée 2664, 2667,
  5795, 5803
puissance disponible 5802
puissance dissipée 10870
puissance efficace 5793, 5796,
  11624
puissance impulsionnelle 4577
puissance indiquée 5798
puissance limite 4136
puissance maximum 5799, 9104
puissance mesurée 5797
puissance moyenne 5800
puissance nécessaire 5807
puissance nominale 8945
puissance psophométrique 3945
puissance rayonnée 5794, 9606
puissance réelle 5796, 11624
puissance sonore 8215
puissance thermique 11264
puissance utile 6741
puissant 1814, 5455, 9284, 11018,
  11626
puits 8185
puits de forage 1787
pulsateur 7333
pulsation 7332, 7335
pulvérisation 1819, 7341
pulvérisation cathodique 4970
pulvériser 7340, 11830
pulvérulent 7339
pupitre de commande 1322,
  8290, 9359
pur 5099, 7678
purification 7681, 8162
purifier 10741
pylône 6223

pyromètre 7356
pyrotechnique 7357

Q

quadrangulaire 11079
quadrature 4678
quadrilatéral 11082
quadripôle 7361
quadruple 11080
qualification 7363, 7365
qualifié (pour) 3880
qualifier 7364
qualitatif 5813, 7367
qualité 1478, 4216, 7366, 10778,
  12000
qualité d'acier 9212
qualité de rayonnement 9520
qualité de reproduction 11549
qualité de surface 6756
qualité d'image 18, 1642, 1646
quanta 7375, 7389
quantification 7377, 7385
quantifier 7376
quantitatif 6305, 7388, 11678
quantité 1549, 4155, 6304, 7126,
  7387
quantité complexe 4157
quantité de chaleur 11269
quantité de vecteur 4161, 10650
quantité scalaire 8928
quantité variable 4162
quantité vectorielle 4161, 10650
quantum 7375, 7389
quantum de lumière 5918, 7005
quantum de rayonnement X
  8020, 8047
quart 11083
quartz 7390
quartz piézoélectrique 8695
quartz pour oscillateurs 8695
quasi-stationnaire 7393
queue 8197
quitter 1159, 4350
quote-part 627, 5292, 7436, 7489
quote-part de déchet 1104
quote-part de fausses alarmes
  3248
quotient différentiel 2198

R

rabattement 10396, 10397
raboteux 10479
raccommodage 987, 7707, 11567
raccommoder 986, 7708, 10263,
  11566

raccord 591, 598, 10687, 10693,
  11975
raccord à brides 3581
raccord courbé 5156
raccord de tube 7952
raccord de tuyau 7939
raccordement 598, 10687
raccordement à vis 8502
raccorder 596, 8282, 10680,
  10681, 11973, 11974
raccourcir 10841
raccourcissement 10842
racine de fissure 7857, 7910
racleur 6457, 7287
racleur-détecteur 6457, 7287
racleur-détecteur de fissures 7874
radial 9505
radiateur 4331, 4335, 7441, 9543
radiateur acoustique 8267
radiateur gamma 3836
radiateur gamma artificiel 3837
radiateur infra-rouge 4670
radiateur primaire 7170
radiateur sphérique 5559
radiation 1141, 2921, 9559
radiation alpha 403
radiation ambiante 10558
radiation bêta 1528
radiation dangereuse 9564
radiation de Cérenkov 1914
radiation de positrons 7125
radiation de Rayleigh 7547
radiation de rayons X 8046
radiation directive 7765
radiation gamma 3824, 3839
radiation incidente 9563
radiation infra-rouge 4671
radiation molle 11397
radiation nucléaire 5061
radiation parasite 9574
radiation pénétrante 2546
radiation permanente 2050
radiation primaire 7171
radiation thermique 11233, 11279
radio 3790
radioactif 7442
radioactif alpha 399
radioactivation 367
radioactiver 366, 579, 7445
radioactivité alpha 396
radioactivité artificielle 7443
radioactivité bêta 1520
radioactivité naturelle 7444
radiodiffuser 10309
radio-élément 2909, 7446
radiogramme 7447, 7961, 7968,
  7978, 8013

radiographie 7448, 7970
radiographie à éclair 1756
radiographie à faible énergie 6653
radiographie à haute résolution 7449
radiographie à isotopes 4847
radiographie à rayons X 8021, 8030
radiographie en couleurs 3226
radiographie gamma 3827, 3832
radiographie grossissante 10817
radiographie ionique 4777
radiographie isotopique 4847
radiographie neutronique 6626
radiographie par neutrons lents 4902
radiographie par neutrons rapides 6627
radiographie par protons 7233
radiographie sous-marine 10595
radiographie technique 7969
radiographier 2517, 7959
radiographie-témoin 10003
radiographique 7450, 7960
radioisotope 7451
radiolésion 1514, 9523
radiologie 7452, 8014, 8042, 9512
radiologique 7453, 8015
radiolytique 7454
radiomètre 7455, 9513, 9607, 9608
radiométrie 7456, 9517, 9610
radiométrique 7457
radionuclide 7458
radioopacité 9503, 9538
radiophoto 8397
radioscoper 2517
radioscopie 7459
radioscopie télévisée 2547
radiosensibilité 9496, 9594
radiosonde 7460
radiotélégraphier 3794
radiothérapie 8035, 8052
radiotraceur 7461
radium 7463
radon 7465
raffiner 10780
raide 9291, 9323, 9463
raideur de flanc 3579
raideur de flanc d'impulsion 4551
raidir 10962
raie 5469, 5936, 7776, 9663, 9711, 9712
raie de résonance 7722
raie de spectre 9056
raie d'émission 2924

raie d'hydrogène 11339
raie spectrale 9056
raie X 8007
rail 8380
rail d'acier 9224
rail de contact 9750
raillement 5091
rainure 3208, 3810, 5469, 6734, 7776, 7777, 7784, 8439
rainure à coin 4984
rainure de contrôle 10015
raison 4177, 10621
rajustable 6521
rajustement 490
rajuster/réajuster 489, 569, 3989, 6519, 6522, 10965, 11942
ralenti 11735
ralentir 144, 10854, 11041
ralentissement 1832, 10855, 11042, 11048, 11761
rallonge 591, 10693
ramasser 902, 4399
ramification 107, 314, 3819, 10186, 11050
ramifier 10668
ramollir 3023, 3155, 11395
rangée 7675, 10370
ranger 937, 4353
rapidité 3963, 8477
rapport 1462, 10824, 11968
rapport d'atténuation 1994
rapport de contraste 5312
rapport de mélange 6410
rapport de transformation 10300
rapport de transmission 10300
rapport d'engrenage 10300
rapport d'épreuve 7249, 7320, 10589
rapport des tensions minimum et maximum 9031
rapport d'essai 7249, 7320, 10589, 10976
rapport signal sur bruit 3939, 7534
rapport signal/bruit 8887, 9396
rapport signal/perturbation 9416
rapporter 1463, 6300, 6420
raréfaction 10733
raréfaction d'air 6085
rassemblage 842, 2652
rassemblement de données 2015
rassurer 1467
raté 1129, 3253, 6870, 10895
rater 1128, 10304, 10894
rationaliser 7490
rayer 9661, 9713
rayon 1452, 3185, 9466

rayon atomique 791
rayon bêta 1526
rayon cathodique 4968
rayon central 11770
rayon d'action 364, 11630
rayon de courbe 5538
rayon de guidage 5844
rayon de l'extrémité de la fissure 7882
rayon de lumière réfléchi 5921
rayon de référence 7610
rayon diffusé 9691
rayon directif 7764
rayon d'objet 6797
rayon électronique 2890
rayon focal 1853
rayon gamma 3835
rayon incident 9467
rayon infra-rouge 4669
rayon ionique 4779
rayon laser 5723
rayon neutronique 6633
rayon normal 323, 11770
rayon pilote 5844
rayon protonique 7235
rayon réfléchi 9469
rayon secondaire 8792
rayon serré 3349
rayon spatial 7526
rayon X 8028
rayonnement 263, 9559
rayonnement acoustique 8203
rayonnement alpha 403
rayonnement ambiant 9618
rayonnement bêta 1528
rayonnement caractéristique 2616, 9560
rayonnement corpusculaire 5415, 9933
rayonnement cosmique 9568
rayonnement de dispersion 9695
rayonnement de lumière 5923
rayonnement de particules 5415, 9933
rayonnement diffusé 9695
rayonnement directif 9565
rayonnement directionnel 7765
rayonnement dirigé 9565
rayonnement du corps noir 8576
rayonnement du mouvement propre naturel 6717, 10558
rayonnement indépendant 1831
rayonnement infra-rouge 4671, 9566, 11233, 11279
rayonnement initial 474
rayonnement ionisant 9567
rayonnement laser 5724

Français 688

rayonnement lumineux 5892, 5923
rayonnement malsain 9572
rayonnement monochromatique 9569
rayonnement mou 11397
rayonnement noir 9573
rayonnement non-essentiel 6571
rayonnement nucléaire 5061
rayonnement parasite 6571, 6894, 9422
rayonnement passant 9562
rayonnement pénétrant 9561
rayonnement perturbateur 9422
rayonnement polarisé 9570
rayonnement primaire 7171
rayonnement quadripolaire 7362
rayonnement quantique 7384
rayonnement radioactif 9571
rayonnement réfléchi 8095
rayonnement secondaire 6571, 8793
rayonnement spatial 7527
rayonnement thermique 11233, 11279
rayonnement total 9824
rayonnement traversant 9562
rayonnement ultraviolet 10368
rayonnement vagabond 9422
rayonnement vertical 11000
rayonnement X 8046
rayonner 262, 1140, 5874, 8814, 9477
rayons alpha 401
rayons canaux 4927
rayons tertiaires 10000
rayons X de grande puissance 8033
rayons X durs 8032
rayons X moux 8034
rayure 5469, 7776, 7914, 8500
réactance 1753, 7553
réacteur à eau bouillante [REB] 8874
réacteur à eau bouillante lourde 8669
réacteur à eau légère 5786
réacteur à eau lourde sous pression 8668
réacteur à eau sous pression 2464
réacteur à haute température 4420
réacteur atomique 786, 5051
réacteur autorégénérateur 1890, 1893
réacteur de puissance 5817
réacteur en service 7569

réacteur nucléaire 786, 5051
réacteur pebble 5555, 6910
réacteur piscine pour recherches scientifiques 8671
réacteur régénérateur 1890, 1893
réactif 7551, 7558
réaction 2785, 3906, 7554, 8085, 8107
réaction en chaîne 5081
réaction nucléaire 5050, 7555
réaction nucléaire en chaîne 5082
réaction positive 6416
réactivation 7563
réactivité 7560, 7564
réagir 605, 7552
réajuster/rajuster 489, 569, 3989, 6519, 6522, 10965, 11942
réalisation 1029, 1260, 1262, 1286, 2500, 6437, 7583, 11030
réalisation conventionnelle 1263, 1287
réaliser 1027, 11029, 11100
réarrangement 10433, 10440, 10844
réarranger 10429, 10436, 10729, 10843
rebobiner 10434
rebondir 155, 912, 7153, 11940
rebut 1103, 6393
récepteur 2940
récepteur acoustique 8225
récepteur acoustique magnétostrictif 8205
récepteur de signaux 8881
récepteur de télévision 3414
récepteur infra-rouge 4662
récepteur moniteur 5322
récepteur témoin 5322
récepteur vidéo 3414
réception 139, 556, 2938, 10281
réception de courant 9734
réceptivité 3098, 3473, 11183
recevoir 145, 905, 908, 2939, 9043, 10282
rechange 3127
réchauffer 958
recherche de fuites 5758
recherche des défauts 3320
recherche fondamentale 4185
recherches atomiques 769
recherches nucléaires 769, 5037
récipient 1348, 1350, 1899, 2304, 3883, 5072, 9880, 11151
récipient à pression 2410, 2427, 2431
récipient d'acier 9209
récipient de réacteur 7574

récipient de sécurité 8843
récipient de transfert 10155
récipient d'isotopes 4842
récipient en plomb 1728
récipient sous haute pression 4390
réciprocité 7749
réciproque 3900, 4981, 7748, 10387, 11364
récirculation 8080, 8083, 11570
réclamation 1308, 2778
réclamer (contre) 1307, 2782
récognition prématurée d'une fissure 7851
récombination 7691
reconnaissance de texture 6500
reconstruction 11555
reconstruction de l'hologramme 4443
reconstruction numérique 7692
reconstruire 11552
recorder 7693, 9042
recouvert d'asbeste 734
recouvrement 37, 190, 871, 1376, 2058, 2062, 10237, 10272, 10911
recouvrement en jute 4868
recouvrement métallique 6342, 6357
récristallisation 7694
rectangulaire 7595, 7601
rectifier 1464, 7756, 7760
rectiligne 3925, 3927, 4105
recuire 533, 1052, 4091, 9989, 11272
recuit 4087, 4093, 9990
recuit de détente 9008
recul 8094
récupérable 11568
récupération 8080, 8083, 11570
récupérer 11551
recyclage 7603, 8080, 8083, 11545, 11570
recycler 11544, 11569
rédiger le procès-verbal 7230
redoublement 2302, 10727
redressement 1091, 2119, 4051, 10020
redresser 4049
redresseur 4050
réducteur 10577, 10578
réduction 4, 136, 140, 204, 217, 1967, 6392, 7604, 7606, 8081, 8566, 8909, 10735, 10756, 10842, 10878, 10890
réduction de l'aire de section 7429

réduction de l'amplitude 432, 440
réduction de pression 2402, 2440, 2457
réduction de qualité 4218, 7370, 7374
réduction du contraste 5304, 5313
réduire 53, 135, 146, 203, 216, 1957, 6391, 7605, 8564, 8908, 10576, 10837, 10841, 10877, 10889, 11805
réel 7607, 9898, 11625
refaire 986, 7708, 10263, 11566
réfection 987, 6503, 6510, 7707, 10265, 11567
référence 1602
référer 1463
réfléchi 8088
réfléchir 7612, 9085, 11945, 11948
réflecteur 8393, 9083
réflecteur acoustique 8245
réflecteur circulaire 5491
réflecteur d'ajustage 4867
réflecteur de référence 1607, 10017
réflecteur de son 8245
réflecteur de test 10017
réflecteur en forme de disque 7613, 8326
réflecteur parabolique 6876
réflectogramme 8396
refléter 9085, 11945
réflexion 1544, 8095, 9086, 10279, 11949
réflexion [de, à, par] 7616
réflexion acoustique 8246
réflexion de Bragg 1809
réflexion de son 8246
réflexion d'onde 11446
réflexion multiple 6279
réflexion spatiale 7522
réflexion totale 7617, 10104
reflux 8087
refoulement 623, 9309
refouler 9307
réfractaire 3497, 10471, 10604
réfracter 1817
réfractif 5900
réfraction 1820, 7628, 9485
réfraction de la lumière 5901
réfractomètre 7629
réfrangibilité 1822
réfrigérant 5561, 5566, 5569
réfrigérateur 5566, 5573
réfrigération 89, 3097, 5565, 5577
réfrigérer 87, 5564

refroidi par air 6074
refroidi par eau 11326
refroidi par huile 6814
refroidi par sodium 6560
refroidir 87, 5564
refroidir brusquement 201
refroidissement 89, 3097, 5565, 5577
refroidissement par air 6077
refroidissement par air comprimé 2438
refroidissement par eau 11329
refusion des joints soudés 8623
regard 8185
regarder 1443, 1542
régénération 1889, 1895, 7653, 11540, 11555
régénération d'impulsion 4590
régénérer 7654, 11539, 11552
régime 1455, 3869, 11874
régime de transmission 2504, 10311
régime permanent 2053
région 1455, 3869, 11874
région contrôlée 5315
région d'accélération 1488
région de charges spatiales 7517
région de la fissure 7852, 7912
région de protection contre les rayonnements 9527
région de transparence 2504, 10311
région d'interférences 4743, 9407, 9430
région d'ombre 8310
région du bord 7474, 7483
région du traitement thermique 11245
région infra-rouge 4660
région locale 6536
région spectrale 9055
région visible 1457
registre 7656, 9859, 10301
réglable 2754, 4863, 7632, 9349
réglage 73, 254, 1088, 1136, 1318, 1530, 2760, 4865, 5317, 7644, 9366
réglage à vernier 3337
réglage automatique 2766, 7646, 8798
réglage de fréquence 3746
réglage de la bande passante 1234
réglage de largeur de bande 1234
réglage de puissance 5818
réglage de vitesse 3964
réglage de zéro 6720

réglage d'impulsion 4588
réglage du contraste 5309
réglage du gain 10961
réglage fin 3337
réglage grossier 4147
réglage instantané 7647
réglage manuel 2767, 4262
réglage par potentiomètre 7138
règle 5782, 6218, 7630
règle à calcul 1450
règle graduée 6183, 6218
règlement d'essai 7250, 7325
régler 253, 1087, 1135, 2707, 2756, 4864, 5325, 5952, 7639, 7663, 9358, 10965
regroupement 10433, 10440, 10844
regrouper 10429, 10436, 10729, 10843
régulateur 7660
régulateur à action integrale 4723
régulateur à grande vitesse 8480
régulateur automatique 7661, 8799
régulateur de cadmium 4881
régulateur de fréquence 3747
régulateur de pression 2444
régulateur de programme 7214
régulation 5317, 7631, 7644, 11157
régulation à la main 4265
régulation décroissante 301
régulation d'intensité de courant 9749
régulier 4045, 4454, 7638, 7662
réitératif 4301, 6808, 11561
rejaillir 9116
réjection 10549
rejet de défaut 3273
rejeter 11020, 11946
relâché 5985, 6012, 8406
relâchement 1074, 1079, 1338, 3685, 3694
relâcher 1337, 3686, 3692
relais 7695
relatif 7697, 10825
relation 1601, 7696, 10824, 11354, 11968
relativiste 7698
relaxation 3046
relevable 934
relevé 890, 942, 5969, 10301, 11992
relève de la panne 3276
relève du dérangement 6871
relever 902, 904, 4399
relever un dérangement 3052

relié au secteur 6589
relief 7703
relier 8282, 10681, 11973
réluctance 11519
rémanence 6533, 7705, 7741
rémanent 7704
remarquable 839, 1433, 6306
remarque 551, 1444, 1543, 11185
remise 847, 5930
remise à zéro 6729
remise en état 10265, 11567
remplacement 3127
remplacer 3139
rempli 3203
remplir 3783
remplissage 3784, 3788, 5655
rendement 989, 1084, 5792, 5809, 5825, 11627, 11633
rendement du contrôle 7283
rendement en radiation 9581
rendement lumineux 5891
rendement quantique 7378
rendre compte 1463
rendre nul 558, 858, 9658
rendre rugueux 578, 913
renfermer 2731, 8435, 10909, 11998
renforçage 10956, 10963
renforcé par fibres 3242
renforcé par fibres de carbone 5183
renforcé par fibres de verre 4018
renforcement 10956, 10963
renforcer 10948, 10962
renforceur 10951
renversé 10835
renversement 10416, 11457
renverser 11455
réparation 987, 4712, 7707, 10265, 11556, 11567
réparer 986, 1361, 1497, 4711, 7708, 10263, 11553, 11566
répartir 10988
répartition 945, 10989
répartition des contraintes 9034
répartition des courants de Foucault 11620
répartition des zones 11879
répartition du courant 9761
repassage 6503, 6510
repasser 6504, 6509
repérage 4998
repère 4996, 6170, 11700
repère d'ajustage 2764
repère de contrôle 5329
repère d'essai 7327
repérer 6171, 8892

répétable 11558
répéter 10949, 11560
répéteur 10950
répétition 11563
répondre [à] 605
réponse 10823, 11548
réponse de la pression 2455
réponse de phase 6966
réponse d'impulsion 4542, 4621
réponse en amplitude 433, 435
réponse en fréquence 3739
réponse en fréquence de l'affaiblissement 1995
réponse en fréquence de l'amortissement 1984
repos 6908, 8108
repousser 259, 11943
représentation 12, 2002, 2005, 8315, 8513
représentation du champ acoustique 8231
représentation graphique 2006, 4109, 5624, 11714
représentation schématique 2007
représenter 6, 2000
reproductibilité 7712, 11559
reproduction 14, 5372, 6513, 7710, 11548, 11557
reproduction acoustique 8250, 8277
reproduction de l'image 1665
reproduction d'impulsion 4621
reproduction du son 8250, 8277
reproduction photographique 7000
reproduire 8, 5373, 6512, 7713, 11008, 11554, 11560
reproduisable 7711, 11558
répulsion 260, 8094, 11944
réseau 4003, 4006, 5946, 6586, 6587, 6592, 7484, 10944
réseau atomique 773
réseau correcteur 3068
réseau cristallin 5522
réseau de barres 9160
réseau de caractéristiques 4993, 5626
réseau de courbes 5623
réseau de diffraction 1574, 4003
réseau intermédiaire 12031
réserve 7714
réservoir 1351, 5074, 9039, 9880, 11151
réservoir à gaz 3851, 3860
réservoir d'air 6054
réservoir de stockage 11151

réservoir d'eau 11319
réservoir sous pression 2410, 2427
réservoir sphérique 5545
résidu 7735, 8092, 8416, 9833, 10234, 10288
résiduel 10697
résignation 849, 1330
résiliation 6027
résilience 5009, 8408, 8414
résine 4294
résine aldéhydrique 385
résine époxyde 3072
résine moulée 3998, 5583
résine synthétique 3998, 4295, 5583
résine vinylique 11084
résineux 4296, 10829
résistance 3454, 11516, 11517, 11526
résistance à la chaleur 4378, 4382, 11247, 11257, 11276, 11292
résistance à la (com)pression 2425
résistance à la corrosion 5432, 5435
résistance à la déchirure 7686
résistance à la décomposition à l'air 11032
résistance à la déformation 3659
résistance à la fatigue 1560, 2030, 3110, 8689, 11730
résistance à la fissuration 7842
résistance à la fissuration à froid 4907
résistance à la flexion 1611, 1625
résistance à la flexion alternée 1618
résistance à la flexion axiale par compression 5151
résistance à la lumière 5893
résistance à la moisissure 8391
résistance à la propagation de fissure 7821
résistance à la radiation 9503, 9538, 9622
résistance à la rupture 1868, 3457
résistance à la traction 11815, 11904
résistance à l'allongement 2097
résistance à l'aspiration 8170
résistance à l'entaille 8410
résistance à l'usure 10905
résistance acoustique 11518
résistance apparente 8331, 11520

résistance au choc 8410, 9454
résistance au choc de l'éprouvette entaillée 5014
résistance au cisaillement 1672, 7414, 7418, 8340, 8526
résistance au déchirement 11815, 11904
résistance au flambage 1580, 5150
résistance au froid 4893
résistance au glissement 7672
résistance au pliage 1580, 1611, 5150
résistance au rayonnement 9622
résistance au transfert de chaleur 11249, 11282
résistance au vieillissement 418, 11032
résistance aux changements de température 9986
résistance aux court-circuits 5635
résistance aux efforts alternés 8689
résistance aux substances chimiques 1922
résistance climatique 5123
résistance contre la corrosion atmosphérique 11640
résistance contre la croissance de la fissure 7907
résistance contre la fissuration 7909, 7911
résistance contre le claquage 10293
résistance contre le clivage 8979
résistance contre le fluage 5510
résistance contre le fluage à long temps 11749
résistance critique 3457
résistance d'affaiblissement 1999
résistance d'amortissement 1999
résistance de surface 6788
résistance d'écoulement 3599
résistance d'émission 2932
résistance d'isolement 4813
résistance disruptive 2535
résistance du matériau 6244
résistance magnétique 11519
résistance temporaire 5639
résistance thermique 11289, 11521
résistant 3447, 11525
résistant à la chaleur 4377, 4381, 11246, 11256, 11291
résistant à la (com)pression 2414, 2424, 2450

résistant à la corrosion 5431, 5434, 5441
résistant à la flamme 3497, 10471, 10604
résistant à la gelée 3771
résistant à la rupture 1876
résistant à l'abrasion 163
résistant à l'acide 8177, 8179
résistant à l'eau de mer 8753
résistant à l'usure 5470, 10904
résistant au climat tropical 10207
résistant au fluage 5509
résistant au froid 4892, 4894
résistant aux chocs 8409
résistant aux intempéries 11506
résistant aux vibrations 8732
résister 1053, 11538
résoluble 6004
résolution 883, 6025
résolution de défauts extrême 3270
résolution spatiale 7504
résonance acoustique paraélectrique 7717
résonance de spin acoustique 9092
résonateur à cavité 4437
résonner 6418
résorber 7731, 11542
résorption 7732, 11541
résoudre 878, 6016
résoudre une équation 4058
resserrement 10756
resserrer 5986
ressort 3186, 3868
ressort à enrayer 9068
ressource 4362
ressuage fluorescent 3610
restauration 11555
restauration d'impulsion 4546
restaurer 11552
reste 7735, 8092, 10234, 10288
rester 11935
restituer 11552
restitution 11555
résultante 4159, 7744
résultat 3642, 5255, 7743
résultat d'essai 7258, 7321, 10980
résultat du contrôle 7258, 7321
résulter 1639
résumé 4677, 11964
rétablir 11552
rétablissement 11555
retard 1832, 10855, 11042, 11048
retard de temps de propagation 5743
retard d'impulsion 4618

retard du commencement de la crique 7826
retardation 11042, 11048
retardation de fissuration 7899
retardement de l'amorce de crique 7826
retarder 6514, 10854, 11041, 11935
retassure 6092
retassure de cratère 5467
retassure interdendritique 6150
retassure superficielle 1118
retassures se produisant dans les soudures 6093
retenir 4251, 11937
rétention 7745, 8091, 10696, 11938
retient 595
retirer 4348, 11849, 11950
retombées 6657
retouche 6503, 6510
retour 8082, 8087, 8093, 8834, 11936
retourner 11455, 11939
retrait 8517, 8521, 8676, 8746, 11990
retraitement 11540
retraiter 11849
rétrécissement 2736, 8517, 8521, 10735, 10756, 11990
rétreindre 9307
rétrodiffusion 8101, 8105
rétrodiffusion bêta 1525
rétrodiffusion gamma 3833
rétrodiffusion multiple 6282
réunion 11954
réunir 596, 10680, 10750, 11974
réuser 11544, 11569
révélation de défauts 3282, 3286, 3320
revenir 9989, 11939
revenu 535, 9990
revenu (d'alliages métalliques) 1060
réverbération 7616, 11949
réverbérer 11945, 11947
réversible 7747, 10393
revêtement 1058, 6167, 10323, 10392, 10398, 10836
revêtement de bore 1800
revêtement de route 9638
revêtement en asphalte 737
revêtement en plomb 1726, 1743
revêtement en tôle 1722
revêtement métallique 6342, 6357, 7055
revêtement rugueux 10324

revêtir 32, 1057, 1316, 2063, 2689, 2729, 10321, 10390, 10418, 10802, 10830, 11883
revêtu 7054, 10322, 10391
revêtu de bore 1799
révision 4712, 7707, 8865, 8868, 10265, 11567
révolution 2377, 10369, 10404
rhénium 7750
rhéologie 7751
rhéomètre 7752
rhodium 7753
riblons d'acier 9225
riche en tantale 9882
richesse en isotopes 4845
ride 3203, 3810, 8124
rigide 3442, 9291, 9323, 9463, 10469
rigidité 9292, 9324
rigidité diélectrique 2535, 4808, 9013
rinçage 1502, 9147
rincer 1501, 9144
risque 455
risque d'accident 10485
risque de fissuration à froid 4905
risque de rayonnement 9522
risque d'interférences 9398
rive non orthogonale 4929
rivet 6667
rivetage 6668
rivière 9719
rivure à recouvrement 10273
r-mètre 8008
robinet 4231
robinet-vanne 246
robot 7917
robot industriel 4653
robuste 3449, 5455, 9283
robustesse 7918, 11526
roder 184, 8350
roentgenfluorescence 7998
roentgenmètre 8008, 8010
roentgenogramme 7968, 7978, 7997, 8013
roentgenographie 8017
roentgenologie 8014, 8042
roentgenologique 7453, 8015
roentgenoscope 7987
roentgenoscopie 7986, 7988
roentgenthérapie 8035, 8052
rogner 11799
rompre 26, 11779
rond 5492
rondelle 8324, 10567
rondelle de pression 2447
rondelle isolante 4825, 10180

ronflement 1887
ronger 815, 1373
rosée 9899
rotatif 8074, 8657, 10409
rotation 2356, 2360, 2377, 5480, 8066, 8067, 10404
rotation de phase 6962
rotatoire 10409
rotor 512, 8075
roue 7437
roue dentée 11695
rougir 4079, 4090
rougissement 4092
rouillé 8064, 10893
rouille blanche 11399
rouille de fer 2834
rouillure 2711, 8061, 10892
rouleau 7956, 10205, 11194
rouleau de câble 8766
rouler 7957, 11575
roussir 538
route 1211, 9647, 11383
rouverin 3244
ruban 1224, 1226, 9662
ruban adhésif 5103, 5109
ruban d'aluminium 422
ruban de fer 2814
ruban de tôle 1709
ruban en acier 9198
ruban en tôle 1720
rubidium 8076
rude 7492
rugosité 7493, 10480
rugosité de surface 6778
rugueux 7492, 10479
ruine 8191, 10775, 11833
ruines 1880, 7736, 10235
rupteur 8283, 10546, 11800
rupture 1097, 1819, 1862, 2487, 11780, 11801, 11814
rupture de fibre 3234
rupture de fil 2336
rupture diélectrique 2528
rupture fragile 9124
rupture intercristalline 1863
rupture transcristalline 1864
ruthénium 8127

S

s'abaisser 215, 8907
sable 8148
saillie 588, 4232, 11162
sale 8468, 10523
salifère 8137
salir 11003
salissure 8466, 10919

salle 7499, 11857
salle de contrôle 5328, 7259, 7295, 8291, 8296, 9369, 10981
salle d'emmagasinage 5673
salle des connexions 8291, 8296
s'allumer 3018, 3069
samarium 8142
s'amorcer 2741
s'annuler 11956
sans à coup 9433
sans accident 9433
sans bulles 1695
sans capacité 4938
sans contact 1473, 5278
sans couleur 3222
sans couture 6553, 8621
sans défaillances 2780
sans défaut 2780, 3288, 3303, 6928
sans dimension 2230
sans distorsion 10608, 11036
sans éclats 9109, 10613
sans faute 3288, 3303
sans fer 2822, 2827
sans fin 2968
sans fissure 7848, 7863
sans graduations 9346, 9787
sans harmoniques 6793
sans intervalles 9346, 9787
sans pertes 10869
sans poussière 9305
sans raté 9433
sans résistance 11528
sans retard 11043
sans soudure 6553, 8621
sans soufflures 1695
sans texture 10023
s'arrêter 496, 4250, 9319, 9393
satellite de télécommunications 3409
satellite terrestre 3078
saturation 8154
saturation du fer 2836
saturer 8153
saumon de plomb 1727
saut 8159, 9134
sauter 1062, 2534, 10304
scandium 8932
scellé 10391
sceller 2672, 10390, 10802, 10830
schéma 566, 2007, 3065, 5357, 7173, 8294, 8337, 9767
schéma bloc 1761, 1763, 1764
schéma de câblage 9746
schéma de connexions 8279
schéma de montage 8279, 8289
schéma de principe 7174

schéma des connexions 8289
schéma équivalent 3131
schématique 8338
schlamm 8416, 9833
science 5779
science de la résistance des
  matériaux 3458
science des matériaux 6246,
  11478
science technique 9917
scintillation 3793, 9853
scintiller 3792, 9857
scléromètre 4276
scléroscope d'après Shore 8835
scorie 8401
se bifurquer 104, 313
se briser 1818, 11779
se casser 1818, 11779
se coller 515
se cristalliser 5527
se décomposer 11031
se déformer 11037
se déjeter 11037
se déplacer 1165
se faire 954, 2775, 3960, 11144
se fêler 5149
se fermer à ressort 2706
(se) fondre 8451
se gondoler 11021
se gonfler 600, 7399
se mettre en code 23
se mettre en marche 537
se plier 11037
se présenter (comme) 954, 2775,
  3960, 11144
se ramifier 11049
se rapporter [à] 1355
se recouvrir 10270
se refroidir 88, 3096
(se) rétrécir 8516, 8673
se rompre 1818, 11779
se rouiller 2710, 8060, 10891
se servir (de) 1440, 3874, 6738,
  11016
se ternir 538
se tordre 11575
se volatiliser 10737
s'écailler 153
sécante 8782
s'échapper 1143
s'échauffer 3149, 11272
sécher 10204
secondaire 8785
s'écouler 99, 102, 1143, 3592,
  5734, 9740
secousse 911, 923, 3138, 9244
s'écrouler 2645, 11985

secteur 1102, 5475, 6587, 8784,
  10944
secteur à courant alternatif 11378
secteur alternatif 11378
secteur de cercle 5475, 5494
secteur sphérique 5544, 5558
section 196, 944, 1102, 1452,
  2257, 2774, 3556, 4076, 7204,
  7424, 8484, 8783, 9920
section circulaire 5487
section de contrôle 5314, 10317
section de dispersion 9689
section de fil 2345
section d'entrée 11147
section d'essai 7244
section droite 7424
section du joint (soudé) 6550,
  8616
section effective 3559
section efficace 7425, 11634
section efficace d'absorption 235
section longitudinale 5703
section transversale 7424
section utile 6744
sectionnement 2774, 9945
sectionner 2773, 9935
sécurité 8839, 10494, 12004
sécurité de marche 1562
sécurité d'exploitation 1562
sécurité du réacteur 5054, 7580
sédiment 170, 6655
sédimentation 92, 1021, 1773,
  6655
sédimenter 213, 214, 6660, 8750
s'efforcer 622, 1290, 1379
s'effriter 11031
segment 197, 5473, 8755
segment de cercle 5473, 5493
segment sphérique 5543, 5557
ségrégation 8758, 8761
ségrégation des limites de
  granulation 5398
ségrégation intergranulaire 5398
sélecteur de bande 1459
sélecteur de fréquence 3760
sélecteur de gamme 1460
sélecteur de programme 7215
sélectif 8804, 10175, 11182
sélection 615, 1163, 8803, 11179
sélection d'impulsions 4530, 4620
sélectionner 614, 1164, 11180
sélectivité 8805, 10179, 10189
sélénium 8806
s'élever 612, 642, 936, 9326
self 9140
selfmètre 4650

s'éloigner 3010, 6015, 6020,
  10174
semelle en plexiglas 7064
semi-automatique 4233
semiconducteur 4237
semi-produit 4245
s'enflammer 3018, 3069
s'enrouiller 2710, 8060, 10891
sens 7766, 8770, 8910
sens de comptage 11688
sens de force 5461
sens de laminage 11203
sens de non-conduction 9071
sens de polarisation 7077
sens de rotation 2369, 2382,
  10411
sens direct 2510
sens inverse 9071
sens longitudinal 5701
sens opposé 3899
senseur 3774, 8825
sensibilité 2951
sensibilité à la chaleur 4380,
  11254
sensibilité à la déchirure
  lamellaire 9999
sensibilité à la fissuration 7834
sensibilité à la fissuration à froid
  4906
sensibilité à la lumière 5910
sensibilité à la pression 2417
sensibilité à la rupture fragile
  9126
sensibilité à l'arrachement
  lamellaire 9999
sensibilité à l'entaille 5007
sensibilité à l'indication 661
sensibilité au contraste 5303
sensibilité au rayonnement 9594
sensibilité aux couleurs 3218
sensibilité aux criques 7809
sensibilité aux perturbations 9398
sensibilité aux rayons X 7992,
  8039
sensibilité chromatique 3218
sensibilité de détection 6527
sensibilité de détection d'un
  défaut 3284
sensibilité de l'œil 978
sensibilité de réponse 604
sensibilité d'essai 7253
sensibilité d'instrument 3933,
  4719
sensibilité directionnelle 7771
sensibilité du film 3520
sensibilité limite 4125
sensibilité transversale 7415

sensible (à) 2950
sensible à la chaleur 4379, 11253
sensible à la lumière 5909
sensible à la phase 6956, 6963
sensible à la pression 2416
sensible au flux de dispersion 9679
sensible au rayonnement 9495, 9593
sensible au son 8226
sensible aux couleurs 3217
sensible aux perturbations 9317
sentier 1211
s'entortiller autour de 11575
séparateur de vapeur 1956
séparation 127, 294, 3012, 4805, 4830, 6023, 6026, 10183, 10184, 10185, 11050, 11810
séparation de charges 5659
séparation des impulsions 4522, 4605
séparation des matériaux 6250
séparation d'isotopes 4852
séparation finale 2973
séparation matérielle 11487
séparé 3975, 8826
séparer 126, 293, 1131, 3009, 4817, 6015, 6020, 10173, 10174
séquence 837, 3641
séquence de programme 7209
séquence d'impulsions 4552, 4591, 7330
séquentiel 838, 4367, 9816
série 7676, 8828, 10229
série de désintégration 11797
série de Taylor 9913
série de types 10229
série d'expériences 10983
série d'impulsions 4552, 4591, 4593, 7330
série en puissances 7141
serpenter 11575
serrage 1335, 4254
serré 8447, 9628
serrer 38, 186, 453, 599, 670, 1334, 2174, 2395, 2418, 3451, 3469, 3470, 3475, 7155, 8435, 10921, 11998
serrure 10914
service 1553, 1557, 8830, 11305, 11306
service auxiliaire 6702
service de détresse 6702
service de secours 6702
service permanent 2028
service simplex 2641
servocommandé 8831

set-back 8093, 8834
s'étendre 998
seuil 8647
seuil d'audibilité 4467
seuil de déclenchement 10197
seuil de potentiel 7135
seuil de réaction 7559
seuil de réponse 611
seuil de sensation 7690
seuil d'énergie 2996
seuil relatif 8649
seul 2792, 10755
s'évanouir 10923
shunt 6570, 8836
shuntage 6886, 8836
shunter 104, 313, 6885, 8837, 10236
siège 7059, 8925
signal 11702
signal à haute fréquence 4396
signal acoustique 8262, 8876
signal aléatoire 11886
signal avertisseur 11303
signal d'alarme 384
signal de contrôle 7298
signal de détresse 6705
signal de référence 1608
signal de suppression 1150
signal de synchronisation 9847
signal d'entrée 2669
signal du type burst 1911
signal d'urgence 6705
signal écho 2578
signal étalon 6697
signal faible 5117
signal fautif 3317
signal fort 4170
signal impulsionnel 4594
signal incorrect 3317
signal modulé 8877
signal négatif 11705
signal normalisé 6697
signal parasite 9419, 9440
signal perturbateur 9419, 9440
signal pilote 7020, 9362
signal principal 4316
signal provenant du défaut 3318
signal reçu 2945
signal réfléchi 8878
signal standardisé 6697
signal synchronisant 9847
signal utile 6745
signal vidéo 11062
signaler 6301, 8884
signalisation 8882, 11707
signature 4996, 6170, 8893
signe 6170, 11701

signe moins 6404
signe négatif 6573, 6576, 11704
signe plus 7066
signe positif 7066
signer 6171, 8892
silence 6908, 8108
silencieux 8114, 9375
silicate 8899
silicium 8901
silicone 8900
silo 9039, 11151
simplification 10748
simplifier 862, 10747
simulateur 8903
simulation 6513, 7710
simulation de soudage 8635
simuler 6512, 8904
simultané 4063, 4803, 8905, 11963, 11989
simultanéité 4039, 4064, 9848
s'incliner 4930, 5088, 6577, 8498
sinusoïdal 8917
site 7060, 9332
situation 5663, 8923, 9244, 12000
socle 1249, 1567, 1771, 3789, 3813, 8938, 8942, 9263, 9800, 10541, 10552, 10566, 10572
sodium 6559
soie 8760
soigner 1354
sol 1768, 3074, 4176
sol de fondation 1270
solénation 2496
solide 3440, 3444, 3461, 3462, 3480, 5211, 6214, 6271, 8944, 11966
solidification 3144, 10783
solidifier 3143, 3482, 10782
solidité 2034, 3455, 9166
solubilité 6018
soluble 6002
soluble dans l'alcool 393
soluble dans l'eau 11330
solution 882, 6022, 6025
solution approximative 6544
solution aqueuse 6029
solution de refroidissement 5567
solution graphique 6028
solution saline 8138
solvant 6031
sommaire 4677, 11964
somme de la diagonale principale 9150
somme d'impulsions 4602
somme vectorielle 9820
sommer 9825

sommet 1461, 5367, 8333, 9101, 11431
son 8200, 10081
son audible 4466
son continu 2044
son différentiel 2211
son d'interférence 4747, 9423
son par impulsions 4592
sondage 282, 3320, 8957
sondage du champ 3369
sondage du défaut 3262
sondage par impulsion et écho 2575, 4543
sondage ultrasonore 10351
sonde 2942, 3774, 6035, 6320, 7268, 8820, 8948, 9156, 9815, 11214
sonde à courants de Foucault 11616
sonde à écho 2577
sonde à induction par aimant 6110
sonde circulante 8952
sonde d'activation 372
sonde d'angle 11600
sonde de dosimétrie 9515, 9535
sonde de mesure 6314, 6323, 9894, 10012
sonde d'espace 7524
sonde d'essai 7299, 9894, 10012
sonde d'essai à flux de dispersion 9680
sonde électrodynamique 8950
sonde électronique 2889
sonde émettrice 8815
sonde extérieure tournante 1123
sonde intérieure tournante 4694
sonde magnétique 6141
sonde magnétométrique 6129
sonde multiélément 6272
sonde neutronique 6623
sonde sans contact 8949, 8951
sonde tournante 8952
sonographie 8254, 8961
sonomètre 8242, 8265
sonore 378, 8201
s'opposer 1053, 1307, 2782, 11538
sorption 8964
sortant 1042
sorte de défaut 3266
sorte de rayonnement 9580
sorte de rayons 9480
sortie 1034, 1037, 1061, 1160
sortie d'air 6053
sortie d'amplificateur 10952
sortie de récepteur 2943

sortie des données 2011
sortir 1159, 4345, 4347, 4350
soudabilité 8596
soudable 6037, 8595
soudage 6041, 8603, 8640
soudage à arc protégé 8543
soudage à (com)pression 7158
soudage à froid 4908
soudage à la thermite 10033
soudage à l'arc 5897
soudage à l'étain 6041
soudage à l'hydrogène atomique 723
soudage à percussion 9457
soudage à superposition 948
soudage à ultrasons 10358
soudage arcatom 723
soudage au plasma 7030
soudage autogène 1186, 3863
soudage bout à bout 9793, 9794
soudage bout à bout par étincelles 30
soudage de matière plastique 5595
soudage de tubulure 9804
soudage d'entretien 4710
soudage des fontes 4213
soudage électronique 2900
soudage fort 4288
soudage par bombardement électronique (soudage BE) 2892
soudage par (com)pression 7158
soudage par diffusion 2218
soudage par étincelles 29
soudage par faisceau d'électrons 2892
soudage par friction 7666
soudage par fusion 8454
soudage par points 7353
soudage par résistance 11535
soudage par résistance par points 11532
soudage par résistance par pression 11531
soudage par ultrasons 10358
soudage sous flux 10569
soudage sous l'eau 10597
soudage sous pression 2449
soudé à l'autogène 1185
soudé par cordons d'angle 4979
soudé par faisceau d'électrons 2891
soudé par points 7350
souder 6039, 8602, 10861, 11970
souder [sur] 550
souder à l'étain 6039, 11392

souder (dans) 2699
souder fortement 4287
souder par immersion 9903
soudeur 8604
soudeuse automatique 8594
soudure 6036, 8615, 8636
soudure à (com)pression 7159
soudure à couvre-joint 5714
soudure à froid 8637
soudure à l'arc 1781, 5898, 5899
soudure à recouvrement 10271, 10274
soudure à superposition 949
soudure bord à bord 9791
soudure bout à bout 9791, 9795
soudure circonférentielle 8123
soudure d'aluminium 426
soudure d'angle 4978
soudure de tube 7950
soudure de tubulure 9805
soudure dure 4286
soudure en filet 6555
soudure en hélice 9098
soudure en ligne continue 6555
soudure en matière plastique 5596
soudure fermante 193, 8436
soudure forte 4286
soudure longitudinale 5704
soudure par (com)pression 7159
soudure par cordons d'angle 4980
soudure par couture 6555
soudure par points 7354, 7355, 10691
soudure sèche 6043
soudure spirale 9098
souffle 3170
souffler 6006
soufflure 1692, 3856, 7111
soufflure sphéroïdale 3861
soufflure vermiculaire 8419
soufflures alignées 7116
soufflures en chapelet 7116
soufre 8590
souiller 11003
soulever 860, 4321, 4399
soupape 10652
soupape à tiroir 8378
souple 3587, 8462
souplesse 1620
souplisseau 4827
source 7395, 7401, 9545
source de bruit 9417
source de chaleur 11273, 11278
source de courant 9748

source de courant alternatif 11379
source de grande activité 7396, 9546
source de lumière 5919
source de neutrons 6625
source de neutrons du réacteur nucléaire 5053
source de neutrons pulsatoire 4583
source de perturbation 9417
source de photons 7007
source de rayonnement 9521, 9613
source de rayons X 8048
source de son 8244
source d'électrons 2888
source d'émission acoustique 2926, 8222
source d'erreur 3312, 3322
source d'ions 4776
source d'irradiation 9543
source d'ultrasons 10355
source ponctuelle 7352, 7397
source radioactive 7398, 9521, 9547, 9613
source thermique 11273, 11278
source thermo-ionique 10030
source ultrasonore 10355
sous crépi 10570
sous eau 10591
sous enduit 10570
sous surface 6750
sous-critique 10562
sous-ensemble 1277
sous-exposition 10542
sous-marin 10591
sous-microscopique 9809
sous-produit 6564, 6569
soutenir 915, 1053, 4252, 9801, 10117, 10581, 11538
souterrain 10561
soutien 4253
spacieux 3975
spallation nucléaire 5071
spatial 7520
spécial 9079
spécialité 1500, 3186
spécification 1508, 11157
spécification de qualité 4221
spécification d'essai 7250, 7325
spécifique 9080
spécimen 7180, 7183, 7195, 7288, 11480
spécimen à contrôler 5327
spécimen de test 7284, 7288
speckle 4108

spectral 9052
spectre 9062
spectre acoustique 8263
spectre continu 9063
spectre d'absorption 236
spectre d'absorption de rayons X 7964
spectre d'amplitudes 437
spectre de conversion 5345
spectre de lignes 5948
spectre de masse 6206
spectre de raies 5948
spectre de rayons X 8026
spectre de réseau 4010
spectre de vibration 8740
spectre d'émission 2930
spectre d'émission de rayons X 7991
spectre d'énergie 2997
spectre des fréquences 3749
spectre d'impulsion 4598
spectre d'oscillation 8740
spectre du rayonnement diffusé 9697
spectre du rayonnement indépendant 1830
spectre neutronique 6632
spectre nucléaire 5060
spectre protonique 7234
spectrographie à rayons X 8023
spectrographie à résonance nucléaire 5055
spectrographie de masse 6202
spectromètre 9057
spectromètre à rayons X 8024
spectromètre alpha 400
spectromètre de masse 6203
spectromètre de masse à émission ionique secondaire 8790
spectrométrie 9058
spectrométrie Auger 984
spectrométrie de fluorescence X 8000
spectrométrie d'impulsions 4597
spectrométrie d'impulsions ultrasonores 10347
spectrométrie neutronique 6630
spectrométrie ultrasonore 10360
spectroscope 9059
spectroscopie 9060
spectroscopie à électrons Auger 983
spectroscopie Auger 983
spectroscopie de Moessbauer 6483
spectroscopie gamma 3834
spectroscopie infra-rouge 4668

spectroscopie neutronique 6631
spectroscopie nucléaire 5059
spectroscopie par rayons X 8025
spectroscopie photoélectronique 6993
spectroscopique 9061
sphère 5542, 9081, 11874
sphérique 5551, 9082
spin 9089
spin isotopique 4848
spiral 8505, 9096
spirale 9095
spiralé 9096, 11454
spirale cylindrique 8506, 9097
spire 11577
spire voisine 6508, 11578
splendide 4015
spongieux 8572
spontané 9111
spot 3584, 7347
spot focal 1840
spot lumineux 1840, 5876, 5912
stabilisateur 9163
stabilisation 1468, 9162, 9165
stabiliser 1467, 9164, 10782
stabilité 2034, 3455, 4249, 5261, 9166, 11526
stabilité à la lumière 5893
stabilité de forme 3968
stabilité de fréquence 3735, 3743, 3750
stabilité dimensionelle 2232
stabilité géométrique 3662
stabilité thermique 11247, 11257
stable 1503, 2033, 3448, 3471, 8115, 9161, 9264, 9265, 9268, 9346, 10467
stade 9784, 12000
stade de développement 3062
stand 9237
standard 6676, 7631, 9246, 11157
standard de référence 1605, 7609
standard DIN 2233
standardisation 9256
standardisation internationale 6699
standardisé 2683, 6677, 9247
standardiser 6688, 6694, 9255, 10749
start 456, 2712, 2746, 9293
station 7128, 9243, 9266, 9296, 9333, 11460
station d'essai 7301, 7303
station d'étalonnage 2600
stationnaire 3441, 3471, 6846, 6939, 8111, 8115, 9264, 9268, 9297, 10467

statique 9295, 9298
statistique 9299, 9300
statistique d'erreur 3319
stator 9262, 9302
stéréogramme 9338, 9341
stéréophotographie 9342
stéréo-radioscopie 9340
stéréoscopie 7523, 8759, 9343
stéréoscopie à rayons X 8027
stimulation 580, 618, 3124, 9379
stimuler 366, 579, 3120, 7445, 9380
stockage 2762, 9045, 10580
stocker 2749, 2758, 10548, 10579
stop 2761, 9377, 9392, 9394
stopper 245, 1762, 9066, 10699
stratification 8365, 8368, 8375
stratifié 8363, 8373, 8376, 11077
stratifié moulé 8370
striction 2736, 7429
strident 8302
strie 7776, 8430, 9663, 9712
strier 9713
strioscopie 8434
stroboscope 9715
strontium 9765
structure 566, 823, 1260, 1262, 3886, 4078, 5248, 6437, 9767, 9768, 9769, 11978
structure à gros grains 4149
structure à nids d'abeilles 4456
structure atomique 763, 797
structure cristalline 5518, 5528
structure de fissure 7844, 7886
structure de l'image 1653
structure de molécule 6462
structure de surface 6756
structure des grains 5406
structure du réseau 4007, 4012
structure en acier 9215
structure en nid d'abeille 11170
structure moléculaire 6462
structure mosaïque 6480
structure nucléaire 5021, 5063
style 1260, 1262, 1286, 6437
subdivision 243, 928, 9944, 10989
sublimation 9807
submergé 10591
submerger 9902, 10927
subséquent 597
substance 6253, 6270, 6421, 9383, 9810
substance adsorbante 343, 348, 8963
substance adsorbée 342, 8962, 8965, 9386
substance chimique 1921, 7551

substance de décontamination 2112, 3045
substance étrangère 3703
substance fille 11794
substance luminescente 5881
substance organique 9387
substance radio-opaque 5308
substantiel 11505
substituer 3139
substitution 3127
substrat 4188, 4195, 9812, 10126, 10129
successif 838, 4367, 9816
succession 837, 3641, 7677
succession d'écho multiple 6276
succession d'impulsions 4552, 7330
succion 8168
sucement 8168
sucer 593, 921, 8167, 8444
suie 8126
suite 837, 3641, 7677, 11968
suite de programme 7208
suite des opérations 697, 704
sujet 4674, 9383
sulfate 9817
sulfite 9819
sulfure 9818
sulfureux 8592
sulfurifère 8592
supercritique 10266
superficie 3555, 3564, 6749
superposer 10242, 10268
superposition 9827, 10269
superposition des amplitudes 439
superposition d'impulsions 4606, 4607
supersensible 4415
superstructures 4385, 4389
supplément 499, 3090, 11992, 11997
supplémentaire 11993
support 872, 4188, 4195, 4253, 4254, 5671, 9263, 9301, 9800, 9812, 10119, 10126, 10129, 10563
supporter 4252, 9801, 10117, 10581
support-palpeur 7272
supposition 557, 10881, 11113
suppression 1151, 9067, 9076, 10549, 10888
suppression de bande latérale 8774
suppression de bruits perturbateurs 3054
suppression de parasites 9436

suppression d'écho 2580
suppression des bruits 3949
suppression des parasites 9399
suppression d'interférences 9436
suppression du bruit 7544
supprimer 861, 863, 1071, 1146, 10544
supprimer les bruits 3051
supprimer les bruits radioélectriques 3053
supputation 4151, 10292
supra-conducteur 9828, 9829
supra-conductible 9828
supra-conduction 9830
sûr 8838, 10493, 10525
sur chantier 4699
suramplifier 10306
surcharge 1304, 10230, 10231, 10276
surcharger 10267, 10275, 10306
surchauffer 10261
surdimensionner 10238
surdosage 10239
sûreté 10494
sûreté à l'égard d'irradiation 9615
sûreté de soudage 8633
sûreté du réacteur 5054, 7580
sûreté du réacteur nucléaire 5054
surexposition 10232
surface 3555, 6749
surface courbée 3557, 6752
surface d'absorption 227
surface de contact 5276
surface de fissure 7868
surface de friction 7665
surface de frottement 7665
surface de glissement 4069, 8130
surface de glissière 4069, 8130
surface de l'atome 792
surface de séparation 4127, 10176, 10188
surface du liquide 3626
surface équipotentielle 683
surface inclinée 3558
surface limite 4127, 10176
surface plane 6751
surface réfléchissante 7619
surhaussement 10262
surhaussement à la racine 11659
surhaussement de l'amplitude 438
surimposer 10268
surmenage 10230, 10276
surmodulation 10280
surmoduler 10306
surmouler 2672, 10802

surpression 10241
sursaturer 10289
surveillance 926, 1088, 1136,
    5316, 5317, 7645, 9366
surveillance à distance 3420
surveillance de la charge 1410
surveillance de sûreté 8851
surveillance des fissures 7889
surveillance d'exploitation 1564
surveillance du milieu ambiant
    10386
surveillance du rayonnement
    9536
surveiller 1087, 1135, 7640, 9358,
    10316
susceptibilité 455, 9834
susceptibilité à la fissuration
    7829
susceptibilité à la fissuration à
    chaud 11296
susceptibilité à la fissuration à
    froid 4905
susceptibilité à la fissuration
    (d'une soudure) 8631
susceptibilité aux criques 7834
susceptibilité aux criques de
    soudage 8631
susceptibilité aux fissure 7809
susceptibilité aux interférences
    9398
s'user 150, 829, 3136, 10702
suspendre 852, 2757, 4268
suspension 853, 854, 8416, 9833
suspension à ressort 855
suspension cardan 856
suspension élastique 855
svelte 8417
symbole 9835, 11703
symétrie 9836
symétrique 9839
symétrique par rapport à l'axe
    1202
symétriser 9838
symposium 9840, 9869, 10898
synchrone 4042, 4063, 9841,
    11963, 11989
synchronisation 4757, 9843
synchronisation externe 3708
synchroniser 9844
synchronisme 4039, 4041, 4064,
    9848
synthétique 9850
synthétiser 10917, 11977
syntonisation 73, 254, 2759,
    10245
syntonisation aiguë 256
syntonisation lâche 258

syntoniser 74, 253, 2755
systématique 9852
système à vide 10625, 10634
système automatique 527
système d'asservissement 8832
système de circuit 5863
système de coordonnées 321,
    5365
système de lentilles 5968
système de localisation 6850
système de mémorisation 9048
système de pompage 7343, 7346
système de réglage 7642, 7648,
    9364
système de sécurité 8860
système de sous-ensembles 1278
système de transmetteurs 3867
système de transmission 10313
système de tubes 5864, 7946
système d'emmagasinage 9048
système des kits 1278
système d'évaluation 1173
système d'exploration 281
système d'exploration multicanal
    6291
système différentiel 2210
système film/écran 3523
système magnétique 6146
système multiple 6285
système on-line à temps réel 6817
système protecteur 8860
système réfrigérateur 5575
système semiautomatique 9851
système ultrasonore à impulsions
    4609

T

tabellaire 9858, 9867
table 8111, 9859, 9863, 10301
table de plomb 1740
table des matières 4680
table d'essais 7292
table d'isotopes 4849
table roulante 3590
tableau 1631, 9859, 9865, 10301
tableau de bord 728
tableau de commande 8292
tableau de distribution 8292
tableau de signalisation 8890
tableau d'instruments 728, 4718,
    4722
tableau noir 9865
tablette 9860, 9864
tabulateur 9861
tache 3582, 8467
tâche 690, 848, 8352

tache exploratrice 273
tache fluorescente 5876
tache lumineuse 5912
tache noire 9335
tachymètre 2385, 9862
taille 4154, 8483, 9639
taille de trempe 4274, 4280
tambour 10205, 11194
tambour d'irradiation 1516
tamis métallique 2339
tamiser [la lumière] 23
tangente 1472, 9877
tangentiel 9878
tank 9880, 11151
tantale 9881
tapage 5712
tapis 1377, 10564
tapis roulant 3437, 6473
tapure 4222, 6380, 7790
taquet 595
tarauder 1786
tas 501, 584, 4300, 4308, 9443
taux 1080, 1549, 4099, 6304,
    7387, 7489
taux de comptage 4540, 11686
taux de défaillance 1020
taux de dégagement de l'énergie
    2993
taux de distorsion harmonique
    5134
taux de dose 2318, 2321
taux de fluage 5511
taux de modulation 6444
taux de non-détection 6637
taux de propagation de fissure
    7847
taux d'erreurs 3315
taux d'événements 3085
taux d'impulsions 4586
taux d'ionisation 4788
taux d'ondes stationnaires 9322
taux d'utilisation 1084
taxer 176, 2726, 8313
technétium 9916
technicien d'essai 7256, 7306
technique 7970, 7242, 9917, 9918,
    10757, 10771
technique à exposition
    permanente 2026
technique à sonde unique 2692
technique à transillumination
    2518
technique aéronautique 6071
technique atomique 5064
technique conventionnelle 10763
technique cryogénique 9832,
    10065

technique d'assemblage 3773
technique de collage 5110
technique de contact 5286
technique de contrôle 7243, 7305, 7322
technique de déviation du flux par aimantation 9681
technique de flux de dispersion à champ alternatif 11357
technique de mesure de radiation 9516
technique de mesure des rayonnements 9609
technique de palpage delta 2117
technique de pose double 2271
technique de prise [de vue f] 899
technique de réglage 7643, 7649
technique de soudage 8645
technique de surveillance 10320
technique delta 2118
technique d'émission acoustique 8223
technique des entraînements électromagnétiques flottants 8588
technique des isotopes 4851, 4854
technique des kits 1273
technique des mesures 6327
technique des mesures de radiation nucléaire 5062
technique des micro-ondes 6390
technique des radioéléments traceurs 7462
technique des rayons X 8051
technique des traceurs radioactifs 10112
technique d'essai 7243, 7305, 7322
technique d'exploration delta 2118
technique d'imagerie ultrasonore 10332
technique d'immersion 4494, 9905
technique d'impulsions 4603
technique d'irradiation 1515
technique du grossissement 10818
technique du tracement par caustique 9151
technique du type tandem 9875
technique du vide 10635
technique d'utilisation 10772
technique en temps réel 2586, 7585
technique inductive 10764
technique infra-rouge 4672

technique module 6455
technique nucléaire 798, 5064
technique par immersion 9905
technique phaselock 6955
technique réplique 41, 5651, 7709
technique tandem 9875
technique tandem à multi-palpeurs 6292
technique ultrasonore 10350, 10363, 10366
technologie 9919
technologie à couche épaisse 2188
technologie à couche mince 2481
technologie de bloc 1765
technologie de couche hybride 8369
technologie des couches 8374
technologie du matériel 11486
teint 3231
teinte 3230, 3231, 10083, 10093
teinte d'échauffement 536, 541
teinture 3228
télé 3397
téléaction 3423
télécabine 8587
télécaméra 3415
télécommande 3399, 3400, 3401, 3411, 3416, 3418
télécommandé 3405
téléférique 2347, 8763
téléguidage 3408
téléguider 3407
télémesure 3410
télémètre 252, 9954
téléphérique 8587
téléphone 9953
téléréglé 3405
télésurveillance 3420
télésurveillé 3419
téléthermographie 9956
téléviser 10308
téléviseur 3414
télévision [TV] 3413
télévision en court-circuit 5633
télévision industrielle 4651, 5633
tellure 9957
témoin 5326
température absolue 4986, 9958
température ambiante 7529, 10385, 11858
température dans la zone de transition 10257
température de couleur 3229
température de Curie 1947
température de fusion 8455

température de l'éprouvette 7191
température de recuit 4097
température de recuit détenteur 9009
température de salle 7529, 10385
température de soudage 8639
température d'écrouissage 10947
température d'extérieur 1125
température d'inflammation 3071, 3574
température d'intérieur 4696
température d'opération 717
température du CND (= Contrôle Non-Destructif) 6562
température élevée 9959
température et pression normales 6679
température initiale 476
température intérieure 4696
température Kelvin 4986, 9958
température limite 4141
température naturelle 2617
température superficielle 6782
temporaire 5629, 5640, 7065, 9138, 9992, 11164, 11762
temporiser 11041
temps 2021, 11721, 11726
temps d'amortissement 1108
temps d'attardement 11015
temps de charge 1405, 1416
temps de chauffage 505, 4325
temps de contact 5273, 5289
temps de conversion 5350, 10449
temps de croissance 617
temps de décharge 3029, 3032
temps de déclenchement 9378
temps de décollage 59
temps de décroissance 58
temps de défaillance 1023
temps de descente 58, 3202
temps de descente d'impulsion 4519
temps de développement 3061, 3064
temps de fermeture 8437
temps de maintien 4256
temps de mémorisation 9040
temps de montée 617
temps de montée d'impulsion 4527
temps de nonopération 1023
temps de parcours 5738
temps de pénétration 2639
temps de pose 1427, 1430, 3179
temps de prise 895, 1430
temps de propagation 5738

temps de propagation d'impulsion 4576
temps de réaction 7556, 7561
temps de réchauffage 3153
temps de recouvrement 3095
temps de relâchement 58, 4519
temps de relaxation 7702
temps de remise 3095
temps de rétablissement 3095
temps de retard 11046
temps de rotation 10413
temps de transit 5738
temps de transit d'impulsion 4576
temps d'égouttement 300
temps d'émulsification 2957
temps d'enregistrement 896, 9040
temps d'essai 7251
temps d'établissement 617
temps d'exploration 271, 290
temps d'inactivité 8113, 9270, 9378
temps d'intégration 4727
temps mort 1182, 10108
temps réel 2582
temps vide 5765
tenace 9291, 9323, 9463, 11670
ténacité 11671
ténacité de rupture 1882
tendance 9993, 10171
tendance à la fissuration 7809, 7834, 7866
tendance de développement 3063
tendre 670, 8999
tendu 3442, 9463
teneur 3907
teneur en carbone 5187
teneur en cobalt 5168
teneur en ferrite 3426
teneur en graphite 4112
teneur en humidité 3491
teneur en hydrogène 11337
teneur en informations 4657
teneur en manganèse 6155
tenir 4224, 4252, 10117
tension 9001, 9002
tension alternative 11365
tension compensatrice 1049, 5217
tension continue 4054
tension critique 4140, 9005
tension de batterie 1257
tension de cisaillement 8529
tension de commande 9363
tension de compensation 1049, 5217
tension de compression 2451
tension de dispersion 9690

tension de flambage 1581, 5153
tension de flexion 1627
tension de grille 4013
tension de Hall 4248
tension de modulation 6446
tension de polarisation 7078, 11161
tension de polarisation de grille 4013
tension de référence 1609
tension de seuil 8653
tension de sonde 8954
tension de traction 11914
tension d'ionisation 4789
tension du signal 8894
tension étalon 1609
tension extérieure 3706
tension extrême 4139
tension impulsionnelle 4595
tension induite 4641, 9004
tension initiale 471, 472
tension interne 2614, 7742
tension mesurée 6324
tension non-pondérée 3706
tension normale 6692
tension parasite 9420
tension perturbatrice 9420
tension résiduelle 2614, 7742
tension superficielle 6781
tension thermique 11277
tension thermoélectrique 10048
tension transitoire 1049, 5217
tenue 10823
terbium 9994
terme 4075, 9995, 9996
terme de correction 5419
terme technique 3187
terminaison 187, 1331, 2959, 2974
terminer 185, 866, 1329, 1343
ternaire 9997
terne 6257, 10213
ternissement 10214, 10215
ternissure 540
terrain 1768, 3074, 4176, 7060
terrain à bâtir 1279
terrain à expérimenter 10981
terrain contaminé 3870
terre 1768, 3074, 3077, 4176, 6185
terre glaise 10082
terre rare 3075
test 3119, 7178, 10002, 10284, 10969
test de fiabilité 12006
test des matériaux 11482
test on line 2585

tester 1086, 7196
tête 5367, 5368, 9101, 11214
tête angulaire 11600
tête chercheuse 276
tête de détection 7268
tête de mesure 6320, 7268, 8948
tête d'effacement 6009
tête magnétique 6121
tête polaire 7092
tête vibrante 8692
téton 4943, 5610
texture 3886, 6495, 6499, 9769, 10020, 10021, 11167
théorème 5782, 7630, 8157
théorie 5779
théorie du champ 3389
théorie non-linéaire 10025
théorique 10024
thérapie isotopique 4843
thermion 10029
thermique 10027, 10031
thermistor 4323, 10032
thermocouple 10037
thermodynamique 10035
thermoélectrique 10036
thermographie 10038
thermoluminescence 10039
thermomètre 10042
thermomètre à rayonnement 9616
thermonucléaire 10043
thermoplastique 10044
thermorégulateur 11275
thermostat 10045
thermo-tension 10048
thèse 5782, 7630
thorium 10051
thulium 10052
tige 8197, 8381, 9271
tige de jauge 6218
tige filetée 3983
tirage 6907, 11892
tirant 510
tirer 11849
tiroir 2739, 8378
tiroir alimentation 6591
tiroir normalisé 6685
tiroir rack 6685
tissu 3977, 3978, 9382, 10216
tissu métallique 2340
titane 10075
toile 3978, 10216
toile métallique 2340
toit d'impulsion 4536
tôle 1706
tôle alliée 1708
tôle d'acier allié 9203

tôle d'acier profilée 11410
tôle d'acier trempée et revenue 9204
tôle d'alliage 1708
tôle d'aluminium 423
tôle de cuivre 5598
tôle de jonction 5160
tôle de noyau 5025
tôle de protection 31
tôle de recouvrement 31
tôle de refroidissement 5562
tôle en plomb 1729
tôle enduite 1707
tôle entaillée 7047
tôle épaisse en acier 9202
tôle étamée 11398
tôle fine 3335
tôle forte 4146
tôle laminée 11190
tôle laminée à froid 1238
tôle métallique 6343
tôle mince 3335
tôle ondulée 11410
tôle profilée 3664
tolérance 308, 6184
tolérance admise 9088, 10078
tolérance de forme 3657
tolérance de fréquence 3719
tomber 54, 215, 3199, 4357, 8907
tome 1221, 1897
tomogramme 10079
tomographie à ultrasons 10364
tomographie commandée par calculateur électronique 1939, 10080
tomographie commandée par ordinateur 5239
ton 10081
topogramme 10094
topographie 10095
topographie à rayons X 8054
tordre 2358, 10730, 11026
torsade 2380, 11027
torsader 10730
torsion 2379, 10097, 10677, 10731
tortu 5533
total 3952, 11097
totalisateur d'impulsions 4596
totalité 3959
touche 9889
touche de commande 1323
touche de libération 1077
toucher 544, 1469, 9450, 9660, 10072, 10168, 11984
tour 2360, 2366, 2378, 5480, 10404, 10416, 11457

tour de réfrigération 5576
tourbillon 11606
tourillon 11697
tournant 8074, 10409
tourner 2357, 2359, 5479, 8073, 10401, 10408, 11455
tourner (le commutateur) 2723
trace 1211, 9148, 9149, 11383
tracé 526, 3065, 5938, 5951, 10166, 10857, 11715
tracé de ligne 5865
trace du caustique 819
tracement de courbe 5622
tracer 969, 11712, 11850
traceur 10111
traceur de courbes 5627
traceur radioactif 7461, 10111
traction 11890, 11893
traditionnel 5337, 10114, 10326
traduction 10421
traduire 10298, 10430, 10443, 11011
trafic 10833
train 11891
train à brames 1813
train à fil machiné 2351
train de roues 7466
train d'impulsions 4552, 4591, 4593, 4625, 7330
train d'ondes 11450
train pour tôles 1719
traînage 3194
traînée 8430
traîner 11851
trait 5937, 9711, 11710
trait fin 5939
traitement 826, 1311, 1356, 4354, 8966
traitement à chaud 10822, 11243
traitement complémentaire 6503, 6510
traitement de criques 7824
traitement de film 3517
traitement de l'information 2019, 4658
traitement de pellicule 3517
traitement de signaux assisté par ordinateur 8891
traitement d'image 1658
traitement du film 3532
traitement préalable 11114
traitement superficiel 6754
traitement thermique 10822, 11243
traiter 1309, 1353, 10665
trajectoire 1211, 10406, 11383
trajectoire d'électron 2878

trajectoire du faisceau 9506, 9625
trajectoire du rayon 9541
trajet 5737
trame 7484
tranchant 8299
tranche 8323
trancher 194, 8470
tranquille 3471, 8114, 9375
transbordement 10403
transceiver 10137
transcoder 10399
transcristallin 10147
transducteur 2942, 6320, 7268, 8685, 8948, 9156, 10313, 10445, 11214
transducteur acoustique 8273
transducteur céramique 5003, 7019, 11223
transducteur de mesure 6314
transducteur de projection 8815
transducteur d'informations 2020
transducteur électroacoustique 11217
transducteur électrodynamique 11218
transducteur électrooptique 11219
transducteur électrostatique 11220
transducteur focalisé 3635
transducteur interdigital 4737, 4918, 11221
transducteur magnétostrictif 11222
transducteur piézoélectrique 11223
transducteur thermique 10028, 11224
transduction acoustique 8235, 8271
transférer 5830, 10299, 10307, 10375, 10443, 11011, 11208
transfert 10138, 10153, 10247, 10310
transfert de chaleur 11248, 11281, 11284
transfert de charge 5657, 5660, 10402
transfert d'impulsions 4541, 4608
transfo 10142
transformateur 10142, 11216
transformateur de fréquence 3761
transformateur de mesure 11216
transformateur différentiel 2201
transformation 10140, 10376, 10446, 11012

transformation atomique 803
transformation d'atome 800
transformation de Fourier 3679
transformation de fréquence 3753
transformation de Lorentz 6001
transformation de phase 6977, 6980
transformation d'électricité 2851
transformation d'énergie 2998
transformation des coordonnées 5366
transformation d'onde 11447
transformation générale 10141
transformation martensitique 10447
transformer 10143, 10299, 10307, 10375, 10443, 11011, 11208
transgranulaire 10144
transilluminer 2516
transistor 10145
transit 2502, 10146
transition 10249, 11351
transition solide-liquide 10250
translation 10376, 10446
translation de fréquence 3756
translucide 2477, 2527, 5905
translucidité 2526, 2544, 5906
transmetteur 8809, 8816
transmetteur sonore 8259
transmettre 2507, 5830, 8814, 10297, 10307, 10309
transmissibilité 2509, 2511
transmission 1113, 10148, 10247, 10310, 10376, 10446
transmission acoustique 8235, 8271
transmission de chaleur 11248, 11281, 11284
transmission de rayonnement 2546
transmission des données 6338
transmission d'image 1654
transmission d'impulsions 4541, 4608
transmittance 2509, 2511
transmutation 10446
transmutation atomique 800
transmutation d'atome 803
transmutation nucléaire 5068
transparence 2509, 2526, 2544, 5906, 9494, 10152
transparent 2527, 2543, 5905, 9493, 10151
transport 10153, 10247, 10310, 10833

transportable 1584, 6012, 6848, 10116, 10154
transporter 69, 103
transporteur 3653
transporteur spatial 7530
transposer 10430, 10443, 11011
transposition 10432, 10446
transposition de fréquence 3756
transversal 7404, 7405, 7406, 10158
transverse 10158
trapézoïdal 10164
trappe 5097
travail 689, 1293, 1311, 1356, 1380
travail à chaud 11230
travail de déformation 10798
travail de frottement 7670
travail d'expulsion 1161
travail effectif 695, 6736
travail indiqué 694
travail spécifique de déformation 719, 3660
travail utile 695, 6736
travaillé partout 1310
travailler 1309, 1353
travaux publics 1289
traverse 8646, 9640, 10167, 10967
traverse à double fil 2275
traverse à double fil en platine 7035
traverse à fils 2350
traversé par courant 9742
traversée 2499, 2501, 6901
traverser 2493, 2513, 2522, 2550, 5496, 8472, 10286
tréfilage à froid 4913
tréfiler 11848
treillage 4005, 4008
treillis 4005, 4008, 7484
treillis métallique 2339
trembler 3137, 8531, 11873
trembloter 11873
trempage 482
trempe 202, 482, 1055, 4278, 4293, 9990
trempé à l'eau et revenu 11346
trempe de la surface 6769
trempe en coquille 2716, 11765
trempe et revenu 10822, 11243
tremper 201, 211, 481, 1054, 2772, 3092, 4277, 9902, 9989, 10136, 10820, 10927
trépied 9301, 10572
très contrasté 5310
très sensible 4391
triage 826, 4354, 8966

triangulaire 2387
triboluminescence 10193
tridimensionnel 2386
trigger 10196, 10198
tripolaire 2389
tritium 11335
tronçon 9630
tronquage de l'extrémité de la fissure 7879
tropicalisé 10207
trou 1787, 1791, 2486, 2499, 5972, 5975, 5976, 6805, 9278
trou à fond plat 3551, 8134
trou cylindrique 1788, 1792, 12048
trou de faisceau 1511, 9510
trou d'homme 6165, 8185
trou d'observation 8316
trou du collimateur 5200
trouble 1018, 6870, 9424
troublé 3972
trouble d'exploitation 1563
troubler 1328, 8194, 9402
trouer 2489, 2532
trouver 845, 3005, 3476, 4343
tube 1837, 5861, 7924, 7940, 7941, 7946, 8418
tube à ailettes circulaires 7786, 7931
tube à cordon de soudure longitudinal 7933
tube à grand diamètre 7926
tube à mémoire 9047
tube à micro-foyer 3339
tube à nervures 7931
tube à paroi épaisse 7927
tube à paroi mince 7929
tube à petit diamètre 7928
tube à rayons 9557
tube à rayons X 8022
tube bouilleur 8873, 8875
tube cathodique 4969
tube circulaire 5488, 7937
tube compteur 11689
tube compteur à bore 1805
tube compteur à brome 1858
tube compteur alpha 398, 406
tube compteur Geiger-Müller 3909
tube d'acier 9223
tube de chargement 9267
tube de chaudière 5076
tube de comptage 11689
tube de focalisation 3636
tube de gainage 1844, 4474
tube de gaine 4474

tube de générateur de vapeur 1964
tube de grand diamètre 4169
tube de pression 2445
tube de télévision 3412
tube en béton précontraint 8997
tube en cuivre 5604
tube en fer 2833
tube en plomb 1741
tube flexible 7925, 7930
tube fluorescent 5882
tube image de télévision 3412
tube image enregistreur 1652
tube intensificateur d'images 1662
tube isolant 4824
tube lisse 4026
tube mémoire d'image 1652
tube plastique 5594
tube protecteur 8554
tube rigide 7936
tube roentgen 8022
tube sans couture 7934
tube sans soudure 7934
tube soudé 7932
tube soudé en hélice 7935
tube télescopique 9955
tubulaire 7942
tubulure 7938, 7951, 9803
tuner 10217
tungstène 11649
tunnel 10218
turbine 10221
turbine à vapeur 1966
turbo-générateur 10224
turbo-génératrice 10224
turbulence 10226, 11607
turbulent 10225, 11610
tuyau 4920, 5849, 5860, 5861, 7924, 7941, 7946
tuyau à câble 4877
tuyau à gaz 3859, 3862
tuyau à nervures 7786
tuyau d'acier 9223
tuyau de plomb 1741
tuyau de prise [d'eau] 9267
tuyau de protection 8554
tuyau flexible 8418
tuyau forcé 2436
tuyau rigide 7936
tuyauterie 5849, 5864, 7946
tuyère 2551
type 1028, 1260, 1262, 1286, 3654, 6437, 6497, 10227
type de fissure 7812, 7888
type normalisé 2684, 9250

U

ultra-sensible [à] 10246
ultrason 10330
ultrasonique à haute puissance 4403
ultrasonore 10330
ultraviolet 10367
uni 7021
unidirectionnel 2743, 4053
unifier 10749
uniforme 2682, 4032, 4045, 7638
uniformité 4033, 4046, 4455
unilatéral 2743
union 598, 2677, 10671, 10687, 10752, 11975
unique 2792, 10755
unir 10750, 11974
unitaire 10509
unité 2675, 2676, 2677, 2683, 6181, 6192, 6677, 9247, 9922
unité d'accord 10217
unité de mesure 6192
unité dérivée 2678
unité embrochable 9313
unité imaginaire 2679
unité périphérique 2680
unité pratique 2681
univers 11452
uranium 10618
uranium appauvri 10619
uranium enrichi 10620
usage 650, 1083, 1442, 2713, 3873, 6748, 11017, 11019, 11024
usage spécial 8956
usager 1441, 10703
user 149, 11016
user en frottant 184
usinage 1311, 1356
usinage de métal 6341
usinage de tôles 1710
usine 525, 1556, 2709, 11459
usine de force motrice 5464
usine électrique marémotrice 3991
usine solaire 8960
usiner 1309, 1353, 10665
usité 5337, 10114, 10326
usuel 5337, 10114, 10326
usure 25, 28, 830, 997, 10667, 10903
utile 1814, 2597, 6742, 11018, 11626
utilisable 646, 1814, 2597, 6742, 11018, 11626
utilisateur 649, 1441, 10703

utilisation 650, 1083, 1442, 2713, 3873, 6748, 11017, 11024
utilisation multiple 6273, 6278
utiliser 648, 831, 947, 1082, 1440, 3874, 6738, 11016, 11023

V

vacance 4009
vacuomètre 10550, 10630
vagabonder 10623
valence 10638, 11504
valeur absolue 219
valeur calculée 11499
valeur caractéristique 4994
valeur chromatique 3230
valeur constante 2052
valeur de consigne 8946
valeur de crête 4418, 8336, 9105
valeur de mesure 6336
valeur de seuil 8654
valeur effective 2599
valeur efficace 2599
valeur expectée 3154, 11500
valeur extrême 3181
valeur finale 2976
valeur fondamentale 1043
valeur initiale 477, 1043, 4199
valeur instantanée 977, 6468
valeur intégrale 3958
valeur limite 4143
valeur maximum 4171, 4418, 8336, 9105
valeur mesurée 6336, 11501
valeur minimum 6398
valeur moyenne 2541, 6431
valeur moyenne quadratique 6432, 7358
valeur nominale 6582, 8947
valeur numérique 11679
valeur propre 2618
valeur réciproque 4981
valeur thermique 11288
valeurs 487, 2009, 11502
valorisation 10744, 11503
valoriser 10740
vanadium 10639
vanne à vide 10637
vanne d'arrêt 246
vapeur d'eau 11320
vaporiser 1958, 10713
variabilité 10642, 10657, 10660, 10964
variable 10641, 10643, 10658, 10659
variation 2, 451, 8574, 10439, 10644, 10662, 11349

variation de charge 1404, 1415
variation de courant 9733, 9752
variation de fréquence 3722, 3748
variation de largeur 1828
variation de phase 6957
variation de pression 2405
variation de résistance 11523, 11534
variation de synchronisme 4043
variation de température 9975
variation de tension 9028
varié 10900
varier 1, 450, 8573, 10435, 10646, 10661, 11360
variété 10901
vase 3883
vase Dewar 2150
vecteur 11718
vecteur de champ 3390
vecteur radial 5845
vecteur spatial 10647
vecteur unité 2685
vecteur-potentiel 10651
véhicule à moteur 6485
véhicule spatial 7508
vélocité acoustique 8253
vendre 10431
vent 11572
vente 171, 10832
ventilateur 6068, 10654
ventilation 1432, 6083, 10653
ventilation forcée 3698
ventiler 1431, 2519, 3037, 6052, 6066
ventre 1265
ventre d'onde 11429
ventre d'oscillation 8723
ventru 1266
vérificateur 7256
vérificateur de la rigidité diélectrique 2536
vérificateur de polarité 7083, 7094
vérification 10971
vérification de gaz de fumée 7491
vérification de polarité 7084
vérification rapide 8479
vérifier 1086, 5324, 6518, 7196, 7254, 10582, 10972
verni 4019
vernier 3336
vernir 7090
vernis 5650
vernis de résine synthétique 5584
vernis givré 7687
vernis protecteur 8549

verre de plomb 1737
verre de protection 8544
verre de sécurité 8845
verre grossissant 10816
verre infrangible 8845
verrine 4083
verrouillage 9065, 9067, 9076, 9077, 10549, 10888
verrouillement 10914
verrouiller 9066, 10699, 10887
vers le haut 959
version 63
version malette 1030, 5176
version miniature 6400
vertical 914, 8821, 10996
vésiculeux 1698
vêtement de protection 8536, 8548
vêtement de sûreté 8536, 8548
vêtements de protection contre les rayonnements 9528
vibrateur 8131, 8133, 8685, 8729, 11054
vibration 6922, 8683, 8696
vibration acoustique 8258
vibration double 2285
vibration longitudinale 5705, 5998
vibration naturelle 2613
vibration radiale 7440, 8712
vibration sonore 8258
vibration transversale 10160
vibrer 3137, 6921, 8531, 8682, 11055, 11873
vibreur 10546, 11800
vibrothermographie 11056
vice de construction 5265
vidanger 3036, 5762
vide 5761, 5973, 6078, 7501, 10624
vide poussé 4423
vider 1063, 3036, 3165, 5762
vidicon 11064
vie 11798
vieillir 410, 10743
vieillissement 411, 417
vieillissement artificiel 412
vieillissement par l'écrouissage 7602
vif 4339
violet 11085
virage 1623
virgule décimale 2155
virtuel 8328, 11086
vis 8503
vis Parker 8474
viscosimètre 11088, 11672

viscosité 11671
visible 8862
visière 8316
visqueux 2183, 11087, 11670
vissage 10700, 10922
visser 599, 2737, 10921
visualisation du champ sonore 8231, 8233
visualisation stroboscopique 8864
visualisation ultrasonore 10331
visualiser 10, 665, 8863
visuel 11090
vitesse 3963, 8477
vitesse à l'impact 952
vitesse angulaire 11598
vitesse au choc 952
vitesse d'avance 11159
vitesse de balayage 274
vitesse de bande 9665
vitesse de circulation 10410
vitesse de contrôle 7264
vitesse de coupe 8486
vitesse de croissance 11176
vitesse de déformation 76
vitesse de déplacement 11210
vitesse de désintégration 10448, 11796
vitesse de fissuration 1869
vitesse de l'air 6075
vitesse de l'onde de Rayleigh 6786
vitesse de marche 708
vitesse de passage 2514
vitesse de phase 6967
vitesse de propagation 1001, 3677
vitesse de propagation de fissure 7820, 7846, 7854, 7903
vitesse de propagation d'onde 11428
vitesse de rayon 9553
vitesse de réaction 7557
vitesse de refroidissement 90
vitesse de relaxation 3047
vitesse de réponse 608
vitesse de rotation 2362, 8070
vitesse de soudage 8608
vitesse de travail 708
vitesse de traversée 2514
vitesse d'élongation de la fissure 7895
vitesse d'enregistrement 8512
vitesse d'exploration 274
vitesse d'onde 11439
vitesse d'ultrason 10343
vitesse finale 2964
vitesse initiale 465

vitesse moyenne 2540
vitesse normale 6686
vitesse périphérique 10372
vitesse supersonique 10290
vitesse supraacoustique 10290
vitesse tangentielle 9879
vitre 8322
vitre protectrice 8555
vitreux 4016
vobulateur 11643
vobulation 11645
vobuler 11644
voie 1211, 4065, 4923, 5847, 9630, 9644, 9646, 10315, 11383
voie de propagation 1003
voile 8420, 10215
voilement 1579
voir 1443, 1542
voisin 492, 549, 621, 1436
voisinage 6506, 10379
voiture 5463, 11177
voiture d'auscultation des rails 8384
voiture pour la défectoscopie de rails 8384
vol spatial 7509
volant 8749
volatilisation 10738, 10786
volatiliser 10785
voltmètre 11102
voltmètre numérique 2224
volume 1221, 1897, 4675, 7497, 7511, 11103
volume atomique 804
volume d'air 6087
volume de grain 5408
volume sonore 2554, 5745
volume unité 2686
vrai 9898, 11625
vraie grandeur 4158, 4857
vraie valeur 4858
vue 602, 7204, 8484

vue de côté 8772
vue de dessus 2354
vue d'en haut 2354
vue en coupe 7424
vue en plan 925, 2354
vue extérieure 1110
vue latérale 8772

W

wattmètre 5814
wobbulateur 11643
wobbulation 11645
wobbulation de fréquence 3763
wobbuler 11644
wolfram 11649

X

xéroradiographie 11662

Y

ytterbium 11666
yttrium 11667

Z

zéro 6726
zinc 11859
zincage à chaud 3503
zingage au feu 3503
zinguer 11039
zircaloy 11864
zirconium 11865
zone 1455, 3869, 11874
zone à contrôler 7328

zone à petite charge 5115
zone active 11875
zone comprimée 2467
zone contrôlée 7248
zone d'accélération 1488, 1494
zone d'adhérence 4230
zone d'audibilité 4459
zone de charges d'espace 7517, 7519
zone de contrôle 5330, 7328
zone de cristal 5529
zone de diffusion 2220
zone de fusion 8456
zone de la fissure 7852, 7912
zone de la soudure 8617
zone de passage 2504, 10311
zone de protection 8537, 8561
zone de réaction 7562
zone de silence 11877
zone de sondage 7328
zone de surveillance 10317
zone de transition 10251, 10253, 10259
zone d'extrémité 2977
zone d'interférence 4743, 4748, 9407, 9430
zone d'inversion 4760
zone distante 3424
zone éloignée 3424
zone extérieure 7474, 7483
zone fondue 8456
zone marginale 7483
zone morte 10105, 10109, 11877
zone neutre 11876
zone ombreuse 8310, 8311
zone proche 6557
zone prohibitive 9064, 9078
zone régionale 6536, 6557
zone tendue 11917
zone thermiquement affectée [ZTA] 11252, 11878

Das technische Wissen der
GEGENWART

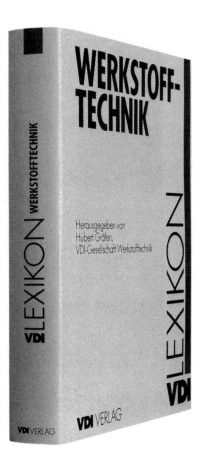

Das Lexikon

Das VDI-Lexikon Werkstofftechnik erscheint als viertes, in der Sammlung der lexikalischen Werke zu bedeutenden Fachdisziplinen der Technik: Ein Meilenstein in der Geschichte der technisch-wissenschaftlichen Literatur.
Aufgabe dieser Fachlexika ist es, Ingenieuren, Ingenieurstudenten und Naturwissenschaftlern einen mühelosen Zugang zu einem enormen Wissensschatz zu ermöglichen. Ein unentbehrliches Werk für jeden, der einen Einstieg in neue Wissensgebiete sucht oder der seine Kenntnisse über aktuelle Themen zum Stand der Technik und der Technik-Anwendung erweitern möchte.

Das VDI-Lexikon Werkstofftechnik zeigt, wie der technische Fortschritt und seine Umsetzung in die Praxis sowie die industrielle Weiterentwicklung mit dem Stand der Werkstofftechnologie verbunden sind.

VDI-Lexikon Werkstofftechnik
Hrsg. von Hubert Gräfen. 1991.
1182 Seiten, 997 Bilder, 188 Tabellen. 16,8 x 24 cm. In Leinen gebunden mit Schutzumschlag.
DM 278,—/250,20*
ISBN 3-18-400893-2

Der Inhalt

Rund 3 000 Stichwörter bzw. Stichwortartikel sind durch zahlreiche Funktionszeichnungen, Bilder und Tabellen ergänzt, die ein einfaches Verständnis der Texte gewährleisten. Bis zum letztmöglichen Augenblick wurden noch Stichworte aus Gebieten mit einer regen Forschungsaktivität ergänzt und teilweise aktualisiert. Das ausgefeilte Verweissystem sowie die Hinweise auf vertiefende Literatur geben dem Leser die Möglichkeit, seine Kenntnisse zu erweitern und zu vertiefen.

Bereits erschienene Fachlexika:

Lexikon Elektronik und Mikroelektronik

Lexikon Informatik und Kommunikationstechnik

VDI-Lexikon Bauingenieurwesen

VDI-Lexikon Meß- und Automatisierungstechnik (1992)

Folgende Fachlexika sind in Vorbereitung:

VDI-Lexikon Energietechnik (1993)

Lexikon Maschinenbau Produktion Verfahrenstechnik (1994)

Lexikon Umwelttechnik (1994)

Der Herausgeber

Prof. Dr. rer. nat. Dr.-Ing. E. h. Hubert Gräfen

Prof. Gräfen, Jahrgang 1926, studierte Chemie an der Universität Köln und TH Aachen, wo er 1954 mit dem Diplom in Technischer Chemie abschloß.
1954 bis 1970 war er Leiter der Korrosionsabteilung der Materialprüfung der BASF Ludwigshafen und promovierte 1962 am Max-Planck-Institut für Metallforschung in Stuttgart. Von 1970 bis 1988 war er als Direktor und Leiter des Ingenieurfachbereichs Werkstofftechnik der Bayer AG Leverkusen tätig.
Ab 1970 Lehrbeauftragter an der TU Hannover, Institut für Werkstofftechnik, 1972 Habilitation und 1976 Ernennung zum außerplanmäßigen Professor. Seit 1984 Wahrnehmung von Lehraufträgen an den Technischen Universitäten Clausthal und München.
Von 1974 bis 1983 war Prof. Gräfen Vorsitzender der VDI-Gesellschaft Werkstofftechnik, seit 1987 Vorsitzender des DVM (Deutscher Verband für Materialforschung und -entwicklung e.V.). Er ist Mitglied des Kuratoriums der DECHEMA, Frankfurt/M.
1989 wurde ihm die Ehrendoktorwürde (Dr.-Ing. E. h.) durch die Fakultät für Bergbau, Hüttenwesen mit Maschinenwesen der TU Clausthal verliehen.
Prof. Gräfen ist Autor von mehr als 140 Fachaufsätzen in technisch-wissenschaftlichen Zeitschriften und von zahlreichen Kapiteln in technisch-wissenschaftlichen Büchern.

Die Autoren

70 hervorragende Fachleute aus Forschung, Lehre und Praxis haben ihr Wissen in dieses Lexikon eingebracht, sowohl in wissenschaftlich präzisen Definitionen als auch in fundierten, vertiefenden Abhandlungen.
Ein Wissensschatz, der in dieser Form vorbildlich ist.

— COUPON — — — — — — — — —
IW 4/92
Bitte einsenden an:
VDI-Verlag, Vertriebsleitung Bücher, Postfach 10 10 54, 4000 Düsseldorf 1 oder an Ihre Buchhandlung.
O Ja, ich bestelle das VDI-Lexikon Werkstofftechnik zum Preis von DM 278,—/250,20*
ISBN 3-18-400893-2
* Preis für VDI-Mitglieder, auch im Buchhandel.
O Ja, bitte senden Sie mir den ausführlichen Prospekt für das VDI-Lexikon Werkstofftechnik
Informieren Sie mich über das:
O VDI-Lexikon Energietechnik
O Lexikon Elektronik und Mikroelektronik
O VDI-Lexikon Bauingenieurwesen
O VDI-Lexikon Umwelttechnik
O Lexikon Maschinenbau Produktion Verfahrenstechnik
O Lexikon Informatik und Kommunikationstechnik
O VDI-Lexikon Meß- und Automatisierungstechnik

Name _____

Vorname _____

Straße/Nr. _____

PLZ/Ort _____

Datum _____

Unterschrift _____

VDI-Mitglieds-Nr. _____

VDI VERLAG
Postfach 10 10 54, 4000 Düsseldorf 1

AKTUELLES WERKSTOFFWISSEN FÜR INGENIEURE

VDI-Lexikon Werkstofftechnik
Hrsg. VDI-Gesellschaft
Werkstofftechnik/Hubert Gräfen
1991. IX, 1172 S., 997 Abb.,
188 Tab. 24 x 16,8 cm. Gb.
DM 278,—/250,20*
ISBN 3-18-400893-2

Plastics in Automotive Engineering
Hrsg. VDI-Gesellschaft
Kunststofftechnik.
1991. VIII. 322 S., 239 Abb.,
43 Tab. DIN A5. Br.
DM 248,—/223,20*
ISBN 3-18-401144-5

Hans Domininghaus
Die Kunststoffe und ihre Eigenschaften
3., neubearb. Aufl. 1988.
XI, 905 S. DIN A5. Gb.
DM 198,—/178,20*
ISBN 3-18-400846-0

Karlheinz G. Schmitt-Thomas/
Reinhard Siede
Technik und Methodik der Schadenanalyse
1989. IX, 167 S., 99 Abb., 24 Tab.
DIN A5. Br.
DM 48,—/43,20*
ISBN 3-18-400845-2
Die Technik und die Methodik der Schadenanalyse wird mit diesem Buch als integraler Bestandteil technischer Entwicklung verstanden. Dargestellt wird, wie mit Hilfe geeigneter Untersuchungsverfahren kennzeichnende Merkmale gewonnen werden, um die Art des Schadens zu bestimmen.

Werner Schatt
Sintervorgänge NEU
1992. Ca. 350 S. 24 x 14,8 cm. Gb.
Ca. DM 98,—/88,20*
ISBN 3-18-401218-2
Das Sintern, als wichtige Teiloperation in der Pulvermetallurgie wird in diesem Werk ausführlich erläutert.

Strangguß
Leistungsvermögen hochbeanspruchter Bauteile. NEU
Hrsg. Winfried Dahl.
1992. Ca. 150 S. DIN A5. Br.
Ca. DM 68,—/61,20*
ISBN 3-18-401197-6
Das Werk gibt — anhand einer eingehenden Literaturauswertung — einen umfassenden Überblick zu dem Stand der Technik und über die Eigenschaften von im Strang gegossenen Bauteilen für die Antriebstechnik sowie eine Bewertung betreffs Eignung von im Strang vergossenen Material für die vorgesehenen Zwecke, wobei die Qualität von Fertigprodukten aus Block- und Strangguß verglichen wird.

Rainer Schmidt
Werkstoffeinsatz in biologischen Systemen NEU
In Vorbereitung.
Ca. 250 S., 400 Abb. DIN A5. Br.
DM 78,—/70,20
ISBN 3-18-401198-4

Hans-Jürgen Bargel u. a.
Werkstoffkunde
Hrsg. Hans-Jürgen Bargel/
Günter Schulze
5., neubearb. u. erw. Aufl. 1988.
XVIII, 393 S., 554 Abb., 76 Tab.
24 x 16,8 cm. Gb.
DM 48,—/43,20*
ISBN 3-18-400823-1

Werner Goedecke
Wörterbuch der Werkstoffprüfung NEU
Deutsch/Englisch/Französisch
2. Aufl. 1992. Ca. 750 S. DIN A5. Gb.
Ca. DM 168,—/151,20*
ISBN 3-18-401159-3
Einige Tausend einschlägige Begriffe mit den entsprechenden Übersetzungen und Registern für die jeweiligen Sprachen.

In den letzten Jahren hat eine Vielzahl von Modifikationen durch chemische (CO-, Pfropf- und Blockpolymerisation) und physikalische Maßnahmen (Füllen, Verstärke, Schäumen und Legieren) zu einer wesentlichen Erweiterung des Kunststoffangebotes beigetragen.

Kurt Moser
Faser-Kunststoff-Verbund
Herstellung und Berechnung von Bauteilen. NEU
1992. Ca. 520 S. DIN A5. Br.
Ca. DM 168,—/151,20*
ISBN 3-18-401187-9
Eine Einführung und Analyse des Faser-Kunststoff-Schichtenverbunds und seiner Ausgangsstoffe.

Fortschritte bei der Formgebung in Pulvermetallurgie und Keramik NEU
Hrsg. Hans Kolaska.
1991. Ca. 556 S., 221 Abb., 20 Tab.
DIN A5. Br. Ca. DM 188,—/169,20*
ISBN 3-18-401220-4
Vorträge zur gleichnamigen Tagung des Fachverbandes Pulvermetallurgie vom 28./29. November 1991 in Hagen sowie entsprechender Produktpräsentationen zahlreicher Hersteller.